Allgemeine Wirtschaftslehre für kaufmännische Berufe

von

Dipl.-Hdl.
Dr. Eberhard May
Studiendirektor

Dipl.-Kfm.
Hans-Jürgen Fuß
Oberstudiendirektor

Dipl.-Hdl.
Günther Beer
Studiendirektor

winklers verlag

Vorwort

Das vorliegende Lehrbuch orientiert sich in Aufbau und Inhalt am Rahmenlehrplan der Kultusministerkonferenz aus dem Jahre 1995. Es eignet sich deshalb für den Unterrichtseinsatz in allen Bundesländern.

Das Buch ist folgendermaßen aufgebaut:

- Ausführliche, strukturierte Informationen (gestützt durch Beispiele, Schaubilder, Skizzen und Abbildungen) aus dem Wirtschafts- und Rechtsleben sollen die Schülerinnen und Schüler zur Fachkompetenz führen.
- Tafelanschriebförmige Zusammenfassungen am Ende von abgegrenzten Lernkapiteln geben einen schnellen Überblick über den vorangegangenen Lehrstoff und erleichtern das Lernen und Wiederholen.
- Der umfassende Aufgabenteil stellt auf das eigenständige Erarbeiten von Problemlösungen ab und eignet sich zur Übung und Anwendung des Gelernten. Mit einzelnen Fragen wird an das allgemeine und betriebliche Erfahrungswissen der Schüler angeknüpft. Verschiedene Probleme können als Ausgangssituation für einen handlungsorientiert gestalteten Unterricht genutzt werden.

Zahlreiche Angaben von Gesetzen und Paragrafen sollen zum Nachschlagen der Gesetzestexte ermuntern.

Ein ausführliches Inhalts- und Stichwortverzeichnis erleichtern das Aufspüren von Begriffen für die Handhabung des Buches.

Sommer 1996 — Die Verfasser

Vorwort zur 4. Auflage

Insbesondere das neue Schuldrecht machte erneut eine Überarbeitung des Lehrbuchs erforderlich. In diesem Zusammenhang wurden natürlich auch alle anderen Kapitel aktualisiert, sodass das Werk nun wieder auf dem neuesten Stand ist.

Frühjahr 2003 — Die Verfasser

4., überarbeitete Auflage, 2003
© Winklers Verlag
im Westermann Schulbuchverlag GmbH
Postfach 11 15 52 · 64230 Darmstadt
Telefon: 06151 8768-0 Fax: 06151 8768-61
http://www.winklers.de
Druck: westermann druck GmbH, Braunschweig
ISBN 3-8045-**3652**-2

36522

Inhaltsverzeichnis

36524

1 Rechtliche und soziale Rahmenbedingungen menschlicher Arbeit im Betrieb

1.1 Die Berufsbildung

Die Bundesrepublik Deutschland ist ein Staat mit nur unbedeutenden Bodenschätzen, aber mit hoher Bevölkerungsdichte. Der Wohlstand der Bürger hängt deshalb in einem hohen Maße von der beruflichen Leistungsfähigkeit der Arbeitnehmer ab. Hochwertige, international wettbewerbsfähige Güter und Dienstleistungen können nur erstellt werden, wenn die Arbeitnehmer im höchsten Maße qualifiziert sind. Die Berufsausbildung hat die Aufgabe, junge Arbeitnehmer zur Ausübung einer qualifizierten Berufstätigkeit zu befähigen. Neben der Vermittlung von Fertigkeiten und Kenntnissen sind aber auch noch soziale, individuelle und ökologische Fähigkeiten wichtig.

Berufliche Bildung stellt somit

- ***neben den übrigen Zweigen der Bildung (Gymnasium, Universität) einen eigenen gleichberechtigten Bildungsbereich dar und***
- ***legt als Erstausbildung die Grundlage für die berufliche Weiterbildung.***

1.1.1 Das duale Ausbildungssystem

Unter dualem Ausbildungssystem bzw. dualer Berufsausbildung versteht man eine Ausbildung, die durch

- ***eine Unterweisung im Betrieb und***
- ***den Unterricht in der Berufsschule***

erfolgt.

Der Ausbildungsbetrieb und die Berufsschule verfolgen **gemeinsam** das Ziel, die für einen zu erlernenden Beruf erforderlichen Fertigkeiten und Kenntnisse zu vermitteln. Während sich der Betrieb berufspraktischen Fähigkeiten widmet, ist es die Aufgabe der Berufsschule, berufstheoretisches und allgemeines Wissen zu unterrichten.

Für neu geordnete Berufe wird im ersten Ausbildungsjahr in der Grundstufe eine berufliche Grundbildung vermittelt. Sie wird entweder als Berufsgrundbildungsjahr in kooperativer Form oder als Berufsgrundbildungsjahr in vollzeitschulischer Form (Berufsgrundschuljahr) durchgeführt. Im Berufsgrundschuljahr (Berufe der Hauswirtschaft, Holz verarbeitende Berufe) hat die Berufsschule neben den allgemeinen und fachtheoretischen Kenntnissen auch die fachpraktischen Kenntnisse und Fertigkeiten zu vermitteln. Im (üblichen) Berufsgrundbildungsjahr in kooperativer Form fehlt die Fachpraxis. Der Berufsschüler ist zugleich Auszubildender. Auf die einjährige Grundstufe baut eine meist zweijährige Fachstufe auf.

Die Neuordnung der Ausbildungsberufe ist eine Folge der Ausbreitung der Informations- und Kommunikationstechnik. Die Veränderungen in der Arbeitswelt führen auch zu neuen Herausforderungen für die duale Ausbildung. Neben der fachlichen Qualifikation muss künftig der Vermittlung grundlegender, breit verwertbarer **„Schlüsselqualifikationen"** eine große Beachtung geschenkt werden. Die Arbeitnehmer müssen ihre Aufgaben ganzheitlich und flexibel lösen. Im Einzelnen werden folgende Qualifikationen gefordert:

- Verbesserung der Ausdrucksfähigkeit („Sprachkompetenz"),
- Förderung sozialer Eigenschaften, um die Teamfähigkeit zu verbessern („soziale Kompetenz"),
- Förderung des kulturellen Wissens, um die Einigung Europas zu erleichtern,
- Entwicklung von Handlungskompetenz,
- Förderung des „vernetzten" Denkens, das ganzheitliches Problemlösen ermöglicht,
- Förderung des ökologischen Denkvermögens,
- Förderung der Kritikfähigkeit.

Die Kooperation bzw. die Arbeitsteilung zwischen den Betrieben und den Schulen wird aus dem folgenden Schaubild deutlich:

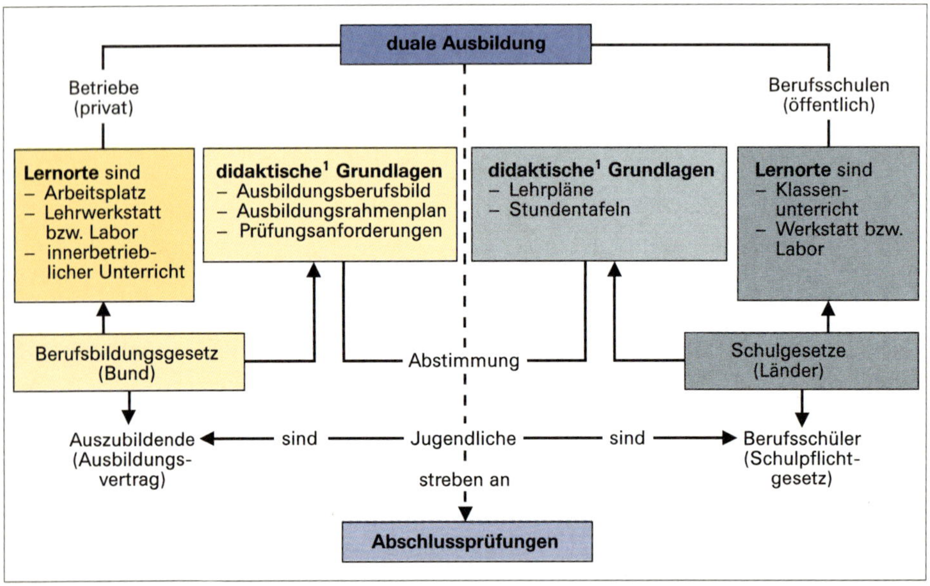

Die Schulen und die Betriebe sind gegenwärtig herausgefordert neue Ausbildungsmethoden (Planspiele, Lernen in der Übungsfirma, Projektarbeit, Arbeiten mit der Literatur usw.) zu entwickeln, die eine Vermittlung solcher Qualifikationen ermöglichen.

1 didaktisch = unterrichtskundlich

1.1.2 Das Berufsbildungsgesetz (BBiG)

Die Berufsausbildung ist in Deutschland in einem Bundesgesetz, dem **Berufsbildungsgesetz (BBiG),** geregelt.

Dieses Gesetz regelt z. B.

- die Zuständigkeit für die Berufsausbildung (z. B. Industrie- und Handelskammer, Handwerkskammer),
- den Inhalt des Ausbildungsvertrages,
- die Ausbildungsberechtigung,
- die Ausbildungsordnung (Berufsbild, Ausbildungsrahmenplan, Prüfungsanforderungen),
- das Prüfungswesen,
- die berufliche Fortbildung und Umschulung.

Die schulische Ausbildung wird durch die Bundesländer (Schulpflichtgesetz, Lehrpläne usw.) geregelt.

1.1.3 Die Ausbildungsordnung

Der rechtliche Rahmen der Berufsausbildung wird durch die **Ausbildungsordnungen** abgesteckt. Sie werden durch den Bundesminister für Wirtschaft und Arbeit erlassen.

Die einzelne Ausbildungsordnung legt fest

- die **Bezeichnung** des Ausbildungsberufes,
- die **Ausbildungsdauer,**
- die Fertigkeiten und Kenntnisse, die Gegenstand der Berufsausbildung sind **(Ausbildungsberufsbild),**
- eine Anleitung zur sachlichen und zeitlichen Gliederung der Fertigkeiten und Kenntnisse **(Ausbildungsrahmenplan),**
- die **Prüfungsanforderungen** für die Abschlussprüfung.

Das **Berufsbild** weist (zumeist in knapper Form) die Kenntnisse und Fertigkeiten aus, die in dem genannten und staatlich anerkannten Beruf (z. B. Kommunikationselektroniker, Kaufmann/Kauffrau für Bürokommunikation) zu fordern sind. Der **Ausbildungsrahmenplan** nimmt eine sachliche und zeitliche Gliederung vor und stellt damit die Grundlage für die betrieblichen Ausbildungspläne dar. Die **Prüfungsanforderungen** enthalten konkrete Angaben über den Prüfungsgegenstand bzw. die Prüfungsgebiete und deren Gewichtung.

1.1.4 Der Ausbildungsvertrag

Die Berufsausbildung wird durch einen schriftlichen Vertrag zwischen dem Ausbildenden (z. B. Betrieb) und dem Auszubildenden begründet. Ist der Auszubildende noch minderjährig, so unterschreibt auch sein gesetzlicher Vertreter (Vater, Mutter, Vormund). Der Vertrag muss mindestens enthalten (§ 4 Abs. 1 BBiG):

- Art, sachliche und zeitliche Gliederung sowie Ziel der Berufsausbildung, insbesondere die Berufstätigkeit, für die ausgebildet werden soll,
- Beginn und Dauer der Ausbildung,
- Ausbildungsmaßnahmen außerhalb der Ausbildungsstätte,
- Dauer der regelmäßigen täglichen Ausbildungszeit,
- Dauer der Probezeit,
- Zahlung und Höhe der Vergütung,
- Dauer des Urlaubs,
- Kündigungsvoraussetzungen.

Das Ausbildungsverhältnis ist bei der **zuständigen Stelle** (z. B. Industrie- und Handelskammer, Handwerkskammer) in das **Verzeichnis der Berufsausbildungsverhältnisse** einzutragen (§ 31 f BBiG). Damit wird eine erste Bedingung für die Teilnahme an der Abschlussprüfung erfüllt.

Die Regelung und die **Überwachung** der Berufsausbildung erfolgen durch die zuständigen Stellen. Dies sind z. B. die

Industrie- und Handelskammer	→ für industrielle und für kaufmännische Berufe,
Handwerkskammer	→ für handwerkliche Berufe, Büroberufe,
Ärztekammer	→ für Arzthelfer/innen,
Behörden	→ für hauswirtschaftliche Berufe.

Nach dem BBiG obliegen den zuständigen Stellen folgende Aufgaben:
- **Überwachung** der Durchführung der Berufsausbildung (§ 45),
- **Förderung** der Berufsausbildung durch **Beratung** der Ausbildenden und der Auszubildenden (§ 45),
- **Eignungsfeststellung** der Ausbildungsbetriebe (§ 23),
- **Verkürzung der Ausbildungszeit** (§ 29 Abs. 2),
- **Verlängerung der Ausbildungszeit** (§ 29 Abs. 3),
- Führen des **Verzeichnisses der Berufsausbildungsverhältnisse** (§§ 31 bis 33),
- Errichtung der **Prüfungsausschüsse und die Abnahme der Abschlussprüfungen** (§ 36)
- **Erlass der Prüfungsordnung** (§ 41),
- Durchführung von **Zwischenprüfungen** (§ 41).

Im Ausbildungsvertrag verpflichten sich Ausbildender und Auszubildende/Auszubildender zur Einhaltung der im BBiG formulierten **Pflichten:**

Pflichten des Ausbildenden (§§ 6 bis 8, 10)

Ausbildungspflicht	Er muss die Fertigkeiten und Kenntnisse, die das Berufsbild vorschreibt, vermitteln. Er muss den Auszubildenden zum Besuch der Berufsschule und zur Führung eines Berichtsheftes anhalten. Ausbildungsmittel (Werkzeuge usw.) sind kostenlos zur Verfügung zu stellen.
Fürsorgepflicht	Dem Auszubildenden dürfen nur Verrichtungen übertragen werden, die dem Ausbildungszweck dienen und seinen körperlichen Kräften angemessen sind. Der Auszubildende ist zur Sozialversicherung anzumelden, die Bestimmungen des Jugendarbeitsschutzgesetzes sind einzuhalten.
Freistellungspflicht	Der Auszubildende ist zum Berufsschulunterricht, zu Prüfungen und zu überbetrieblichen Maßnahmen freizustellen.

Vergütungspflicht	Dem Auszubildenden ist die in den Tarifverträgen bzw. im Ausbildungsvertrag vereinbarte Vergütung zu zahlen.
Zeugnispflicht	Der Ausbildende hat dem Auszubildenden bei Beendigung des Ausbildungsverhältnisses ein Zeugnis auszustellen. Dieses muss Angaben über Art, Dauer und Ziel der Ausbildung sowie über die erworbenen Fertigkeiten und Kenntnisse enthalten. Auf Verlangen des Auszubildenden sind auch Angaben über Führung, Leistung und besondere fachliche Fähigkeiten aufzunehmen.

Pflichten des Auszubildenden (§ 9)

Lernpflicht	Er hat sich zu bemühen, die Fertigkeiten und Kenntnisse zu erwerben, die erforderlich sind, um das Ausbildungsziel zu erreichen.
Dienstleistungspflicht	Er muss die ihm im Rahmen seiner Ausbildung aufgetragenen Verrichtungen sorgfältig ausführen.
Gehorsamspflicht	Er muss den Weisungen des Ausbildenden oder anderer weisungsbefugter Personen folgen. Die im Ausbildungsbetrieb geltende Ordnung ist zu beachten.
Schweigepflicht	Über Geschäftsgeheimnisse (z. B. Umsatz, Kundenlisten) ist Stillschweigen zu wahren.
Haftpflicht	Er muss Werkzeuge, Maschinen und sonstige Einrichtungen pfleglich behandeln. Eine Haftpflicht entsteht für vorsätzlich und für grob fahrlässig verursachte Schäden.
Schulpflicht	Er muss am Berufsschulunterricht und an überbetrieblichen Ausbildungsmaßnahmen teilnehmen.
Führung des Berichtsheftes	Er muss ein Berichtsheft führen, wenn dies von ihm im Rahmen der Ausbildung verlangt wird.
Gesetzliches Wettbewerbsverbot	Nach § 60 HGB darf er ohne Einwilligung des Ausbildenden keine Nebenbeschäftigung ausüben.

Beginn und Beendigung der Berufsausbildung

Das Ausbildungsverhältnis beginnt mit der **Probezeit.** Sie muss mindestens einen Monat und darf höchstens drei Monate betragen (§ 13 BBiG). Während der Probezeit kann das Ausbildungsverhältnis jederzeit **ohne Einhaltung einer Kündigungsfrist** gekündigt werden. **Nach Ablauf** der Probezeit ist dies nur noch **schriftlich** unter **Angabe von Gründen** möglich (§ 15 BBiG),

- wenn ein **wichtiger Grund** vorliegt (z. B. grobe Pflichtverstöße gegen §§ 6 bis 10 BBiG). Jede Seite kann fristlos kündigen, allerdings nur innerhalb von zwei Wochen nach Bekanntwerden des Kündigungsgrundes. Jede Seite kann Schadensersatz (z. B. für Insertionskosten[1]) verlangen, wenn die andere Seite den Schaden zu vertreten hat (§ 16 BBiG).
- Bei einem **Berufswechsel.** Es ist eine Kündigungsfrist von vier Wochen einzuhalten.
- Beim Tod des Ausbildenden oder beim Konkurs des Betriebes. Auch hier gilt eine Kündigungsfrist von vier Wochen.

Das Ausbildungsverhältnis **endet** mit dem Ablauf der Ausbildungszeit. Besteht der Auszubildende vorher die Abschlussprüfung, so endet die Ausbildung mit dem Bestehen der

1 Kosten für Zeitungsanzeige

Prüfung. Besteht er die Prüfung nicht, so verlängert sich das Ausbildungsverhältnis auf sein Verlangen hin bis zur nächstmöglichen Wiederholungsprüfung, höchstens jedoch um ein Jahr (§ 14 BBiG).

Die zuständige Stelle kann die Ausbildungszeit **auf Antrag kürzen,** wenn zu erwarten ist, dass der Auszubildende das Ausbildungsziel in der kürzeren Zeit erreicht (§ 29 BBiG). Bei Vorliegen eines mittleren Bildungsabschlusses ist in der Regel eine Verkürzung um sechs Monate, für Abiturienten um ein Jahr möglich.

Aufgaben

1. Begründen Sie, warum die Berufsausbildung in Deutschland für den Wohlstand der Bürger eine besondere Bedeutung hat.
2. Welche Bedeutung hat das BBiG für die Ausbildung?
3. Welches Ordnungsmittel gibt Auskunft über Fertigkeiten und Kenntnisse eines Ausbildungsberufes?
4. Welche Pflichten hat der Ausbildende und welche der Auszubildende?
5. Was gilt für die Kündigung von Ausbildungsverträgen vor und nach Beendigung der Probezeit?
6. Wann enden Ausbildungsverhältnisse?
7. Manfred Bergler hat an der Realschule einen mittleren Bildungsabschluss erworben. Kann er seine Ausbildungszeit verkürzen? Wenn ja, was müsste er tun?
8. Werten Sie den Stellenmarkt Ihrer Tageszeitung aus. Gibt es heute immer noch typische Männer- und Frauenberufe oder hat im Berufsleben die Gleichberechtigung Fortschritte gemacht? Welche Rolle spielt dabei die Ausbildung von jungen Frauen in gewerblich-technischen Berufen?
9. Fertigen Sie ein Bewerbungsschreiben und einen Lebenslauf an und führen Sie in einem Rollenspiel ein Vorstellungsgespräch.
10. Entwerfen Sie einen Ausbildungsvertrag für Inge Weihert, geb. 2. September 1986 in Sömmerda, wohnhaft in 99084 Erfurt, Lange Gasse 42.
    Ausbildungsbetrieb: Hahn & Klein, 99084 Erfurt, Parkstr. 14 – 18
    Ausbildungsberuf: Industriekauffrau.
    Achten Sie darauf, dass alle Mindestangaben enthalten sind.

1.2 Der Arbeitsvertrag

Ein Arbeitsverhältnis besteht dann, wenn Arbeitgeber und Arbeitnehmer einen Arbeitsvertrag abgeschlossen haben.

Der Arbeitsvertrag **begründet** das Arbeitsverhältnis und **regelt** die **rechtlichen Verpflichtungen** zwischen Arbeitnehmer und Arbeitgeber. Der Arbeitsvertrag ist ein Unterfall des Dienstvertrages.

Zustandekommen eines Arbeitsvertrages:

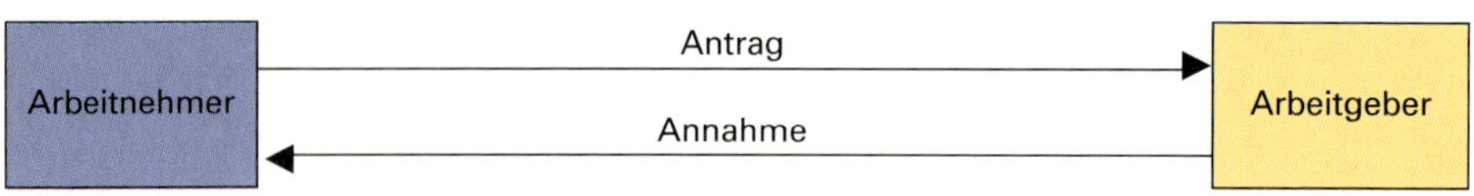

Der Arbeitsvertrag ist ein zweiseitiges Rechtsgeschäft, das durch zwei übereinstimmende Willenserklärungen zustande kommt.

Formvorschriften:

- Formfreiheit: mündlich, schriftlich oder stillschweigend.
- Schriftform:
  - bei verschiedenen Tarifverträgen (z. B. BAT),
  - bei Berufsausbildungsverträgen,
  - bei vertraglichem Wettbewerbsverbot der kaufmännischen Angestellten.

Der fehlerhafte Arbeitsvertrag

- Bei mangelnder Geschäftsfähigkeit (§§ 105, 107, 108, 112 BGB, aber nach § 113 BGB Arbeitsmündigkeit Minderjähriger),
- bei Verstoß gegen gesetzliche Verbote (§ 134 BGB),
- bei Verstoß gegen die guten Sitten (§ 138 BGB)

ist der Vertrag **von Anfang an nichtig.**

Der Dienstvertrag (§§ 611 – 630 BGB) regelt die Beziehungen zwischen den **selbstständig Tätigen** (z. B. der Behandlungsvertrag mit einem Arzt, der Beratungsvertrag mit einem selbstständigen Rechtsanwalt). Die Bestimmungen des Dienstvertrages **gelten auch für Arbeitnehmer,**

- einmal als Mindestvorschriften, z.B. bei der Kündigung (§§ 622 – 626) und bei der Entgeltfortzahlung (§ 616 BGB),
- zum anderen, wenn keine speziellen Gesetze vorgehen.

Jeder Arbeitsvertrag ist ein Dienstvertrag, aber nicht jeder Dienstvertrag ist ein Arbeitsvertrag.

Für den **Inhalt des Arbeitsvertrages** gilt der **Grundsatz der Vertragsfreiheit.** Das bedeutet, dass Arbeitgeber und Arbeitnehmer beliebige Arbeitsbedingungen vereinbaren können. Eine Reihe von **Schutzgesetzen** sorgt dafür, dass der Arbeitnehmer nicht unangemessen benachteiligt wird. Sie enthalten **Mindestbedingungen,** die im Arbeitsvertrag nicht zuungunsten des Arbeitnehmers abgeändert werden dürfen.

1.2.1 Inhalt des Arbeitsvertrages

Der Inhalt eines Arbeitsverhältnisses wird außer durch den Arbeitsvertrag bestimmt durch

- Gesetze (z.B. §§ 611 – 630 BGB, §§ 59 – 65, 73 – 81 HGB, Kündigungsschutzgesetz, Entgeltfortzahlungsgesetz, Bundesurlaubsgesetz, Berufsbildungsgesetz, Arbeitszeitgesetz, Mutterschutzgesetz),
- Tarifverträge,
- Betriebsvereinbarungen,
- Weisungen des Arbeitgebers.

Vor der Einstellung eines Arbeitnehmers ist die Zustimmung des Betriebsrates einzuholen (§ 99 BetrVG).

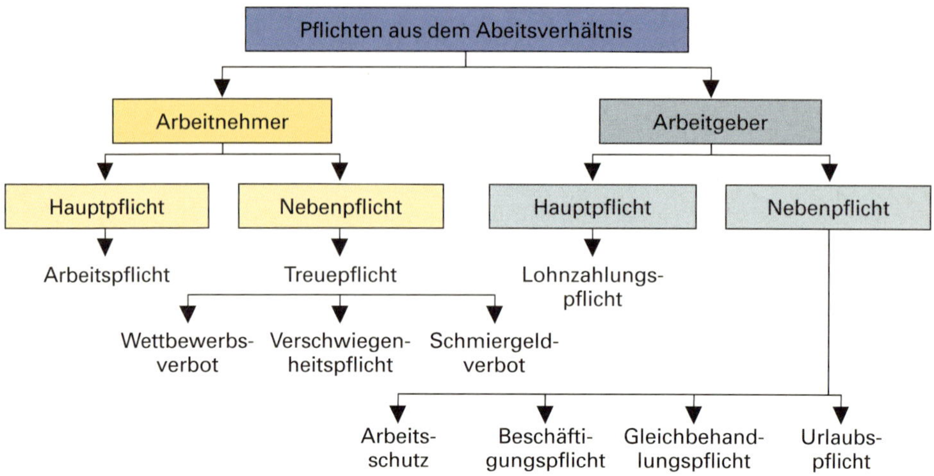

Außerdem ist der Arbeitgeber tarifvertraglich verpflichtet zur

- Entgeltfortzahlung an gesetzlichen Feiertagen,
- Entgeltfortzahlung bei Arbeitsunfähigkeit wegen Krankheit und Kuren,
- Entgeltfortzahlung bei Arbeitsunfall und
- zur Erfüllung öffentlicher Ehrenämter, zu allgemeinen Vorsorgeuntersuchungen.

Ein Arbeitsvertrag soll möglichst alle Punkte enthalten, die für die Regelung des Arbeitsverhältnisses wichtig sind:

- Beginn des Arbeitsverhältnisses
- Lohn oder Gehalt
- sonstige Bezüge
- Probezeit
- Arbeitszeit mit Pausen
- Kündigungsfristen
- Dauer des Jahresurlaubs
- Zuschläge für Überstunden
- Nebentätigkeiten
- Sozialleistungen
- Wettbewerbsverbot
- Reisekosten
- Gratifikation
- Dienstbefreiungen
- Versetzungen

Für alle Arbeitnehmer des Tarifkreises gelten dann einheitliche Arbeitsbedingungen, z. B. über Arbeitszeit, tarifliches Entgelt, Urlaub, vermögenswirksame Leistungen, betriebliche Altersversorgung.

Oft wird dem Arbeitsverhältnis ein **Probearbeitsverhältnis** vorgeschaltet. Für Berufsausbildungsverträge gilt eine Probezeit von mindestens einem Monat und höchstens 3 Monaten (§ 13 BBiG), die meisten Tarifverträge bestimmen als Höchstdauer 3 Monate.

Probearbeitsverhältnis als befristetes Arbeitsverhältnis:
Das Arbeitsverhältnis endet automatisch mit dem Ablauf der Probezeit. Eine Kündigung ist nicht nötig. Die Vertragspartner können sich nun entscheiden, ob sie ein Arbeitsverhältnis auf unbefristete Zeit abschließen wollen.

Der Arbeitsvertrag von unbestimmter Dauer mit einer vorgeschalteten Probezeit:
Während der Probezeit gelten die gesetzlichen (2 Wochen) oder tarifvertraglichen Mindestkündigungsfristen, damit sich beide Vertragspartner schnell voneinander trennen können. Der Ablauf der Probezeit führt also nicht zur automatischen Beendigung des Arbeitsverhältnisses, sondern verlängert es auf unbestimmte Zeit.

Das befristete Arbeitsverhältnis:
Es wird nur für eine bestimmte Dauer abgeschlossen, z. B. bei Saisonarbeiten, Aushilfsarbeiten: Dem Arbeitnehmer wird nur eine vorübergehende Beschäftigung angeboten. Das Arbeitsverhältnis endet mit dem Ablauf der Zeit, für die es eingegangen ist. Eine ordentliche Kündigung des befristeten Arbeitsverhältnisses ist nur nach besonderer Vereinbarung möglich. Eine außerordentliche Kündigung ist bei Vorliegen besonderer Gründe möglich.

Gründe für die Beendigung des Arbeitsverhältnisses:
- durch Zeitablauf bei befristeten Arbeitsverträgen,
- durch gegenseitige Vereinbarung (Aufhebungsvertrag),
- durch Kündigung unter Einhaltung der gesetzlichen bzw. tarifvertraglichen Kündigungsfristen,
- durch Anfechtung des Arbeitsvertrages (§§ 119, 123 BGB),
- durch Urteil des Arbeitsgerichts,
- bei Tod des Arbeitnehmers.

Das Arbeitsverhältnis endet nicht durch
- Tod des Arbeitgebers, • Insolvenz, • Streik, • Verkauf des Unternehmens.

1.2.2 Individuelles und kollektives Arbeitsrecht

1.2.2.1 Individuelles Arbeitsrecht

Das individuelle Arbeitsrecht regelt die Rechtsbeziehungen zwischen dem einzelnen Arbeitnehmer und seinem Arbeitgeber.

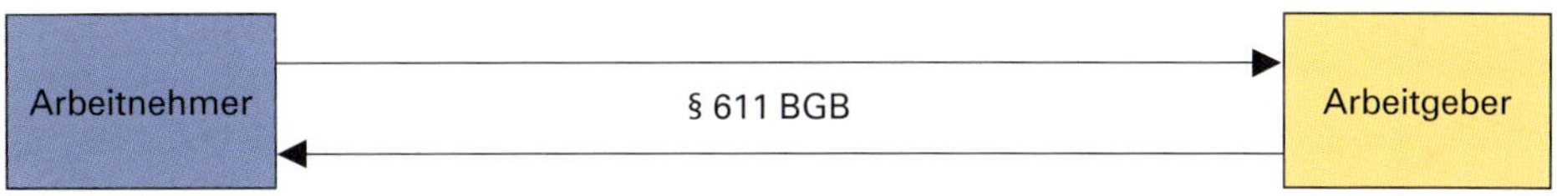

Im Mittelpunkt der Betrachtung stehen der **Arbeitsvertrag (Arbeitsvertragsrecht)** und die **Arbeitsschutzvorschriften (Arbeitsschutzrecht),** die der Staat erlassen hat und deren Einhaltung er überwacht und mit behördlichem Zwang durchsetzt.

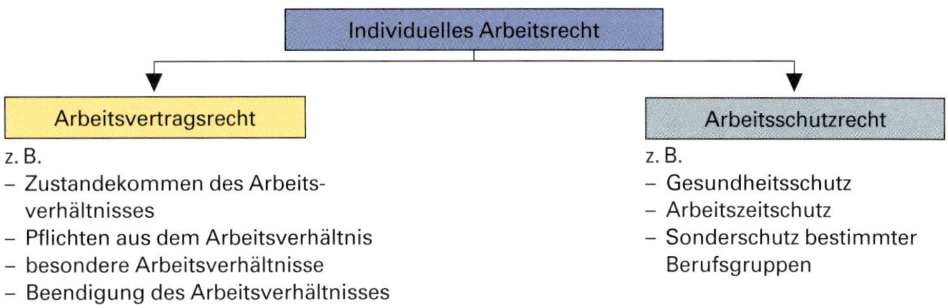

1.2.2.2 Kollektives Arbeitsrecht

Die Regelungen des Arbeitsvertrages und die Bestimmungen des Arbeitsschutzes können im Betrieb verschiedentlich verletzt werden. Der einzelne Arbeitnehmer ist nicht in der Lage, sich in allen Fällen dagegen erfolgreich zur Wehr zu setzen. **Zum Schutz des Arbeitnehmers** sind kollektive Einrichtungen geschaffen worden:
Betriebsrat und Gewerkschaft.

Im Übrigen wären die Arbeitsgerichte überfordert, wollten sie alle Konflikte lösen, die das betriebliche Arbeitsleben mit sich bringt.

Das kollektive Arbeitsrecht befasst sich mit dem Recht der Gewerkschaften und Arbeitgebervereinigungen und ihren Verträgen und Kämpfen (Arbeitsverfassung). Dagegen regelt es in der Betriebsverfassung das Rechtsleben im Betrieb (bzw. der Unternehmung).

Die Betriebsverfassung legt fest, an welchen Entscheidungen des Arbeitgebers der Betriebsrat zu beteiligen ist. Betriebsrat und Arbeitgeber können Betriebsvereinbarungen schließen, die auf die Arbeitsbedingungen Einfluss nehmen (z. B. auf die Arbeitsordnung).

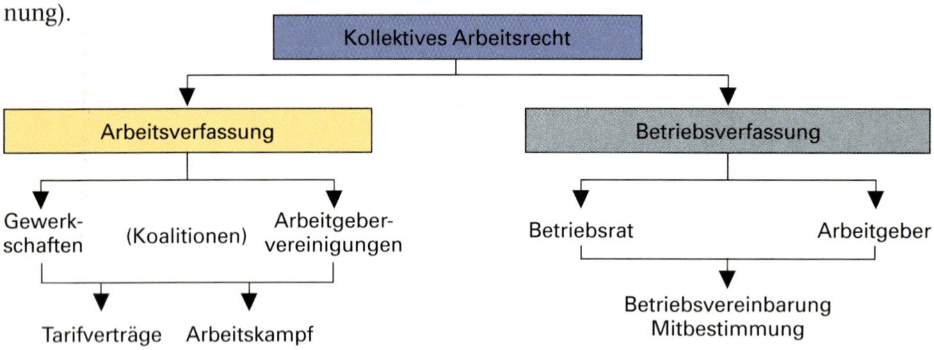

Der Zusammenhang zwischen individuellem und kollektivem Arbeitsrecht wird z. B. deutlich

- bei Kündigungen von Arbeitnehmern,
- bei Arbeitsverträgen von nicht gewerkschaftlich organisierten Arbeitnehmern, welche die Klausel enthalten: „Es gelten im Übrigen die Bestimmungen des Tarifvertrages der bayerischen Metallindustrie."

Zusammenfassung

1.

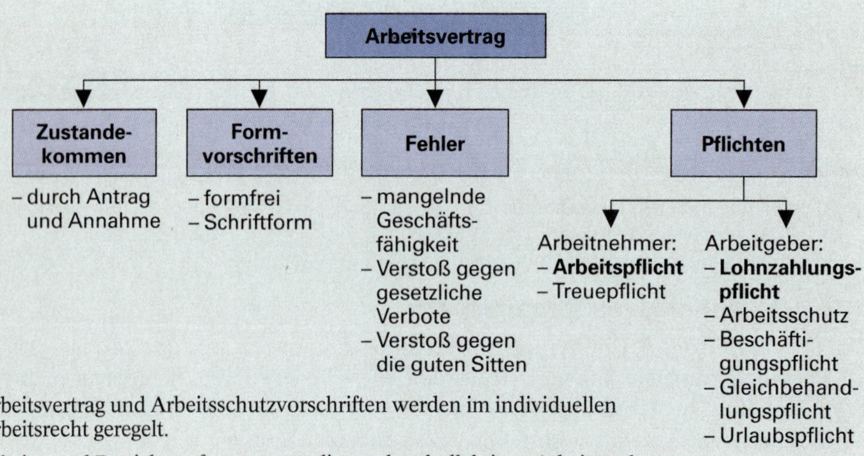

2. Arbeitsvertrag und Arbeitsschutzvorschriften werden im individuellen Arbeitsrecht geregelt.
3. Arbeits- und Betriebsverfassung unterliegen dem kollektiven Arbeitsrecht.

Aufgaben

1. Auf welche Bereiche erstreckt sich der Arbeitnehmerschutz?
2. Wie kommt der Arbeitsvertrag zustande und in welchen Fällen ist er anfechtbar?
3. Welche Pflichten ergeben sich aus einem Arbeitsverhältnis?
4. Lesen Sie Ihren Ausbildungsvertrag durch und stellen Sie die Gemeinsamkeiten bzw. Unterschiede zu einem Arbeitsvertrag heraus.
5. Angenommen, ein Unternehmen bietet Ihnen nach Ihrer Ausbildungszeit einen befristeten Arbeitsvertrag an. Worauf müssen Sie besonders achten?

1.3 Rechtliche Bestimmungen zum Schutz des Arbeitnehmers

1.3.1 Notwendigkeit von Arbeitsschutzgesetzen

Da der einzelne Arbeitnehmer in der Regel auf seinen Arbeitsplatz angewiesen und gegenüber dem Arbeitgeber in der schwächeren Position ist, muss er gegen besondere Gefährdungen geschützt werden.

Gefährdungen durch	Beispiele	Schutz durch
die Lage der Arbeitszeit.	Zu lange Arbeitszeiten, Arbeitszeiten ohne ausreichende Pausen usw.	ArbZG, JArbSchG, MuSchG u. a. m.
Arbeitsplätze, von denen gesundheitliche Gefährdungen ausgehen.	Arbeitsplätze ohne ausreichende Bewegungsfreiheit, Arbeitsplätze mit schädlichen Umwelteinflüssen, Arbeitsplätze mit einseitiger körperl. und geistiger Belastung, Arbeitsplätze mit fehlenden Schutzvorrichtungen.	Arbeitsstättenverordnung, Arbeitssicherheitsgesetz, Unfallverhütungsvorschriften.
Zeiten, in denen der Arbeitnehmer nicht arbeiten kann.	Lohnausfall/ bei Krankheiten, im Urlaub, bei persönlichen Abwesenheitszeiten.	Bundesurlaubsgesetz, Entgeltfortzahlungsgesetz.
Auflösung des Arbeitsverhältnisses.	Verlust des Arbeitsplatzes – durch Rationalisierungsinvestitionen, – durch ungerechtfertigte Kündigungen, – bei Insolvenzen.	Kündigungsschutzgesetz, BGB, Insolvenzordnung.
fehlende Erholung während des Jahres.	Überbeanspruchung der Kräfte des Arbeitnehmers durch keinen, zu wenig oder aufgesplitterten Urlaub.	Bundesurlaubsgesetz.

Der Staat hat sich der gefährdeten Stellung des Arbeitnehmers angenommen und eine Reihe von Arbeitsschutzvorschriften (Arbeitsschutzrecht) erlassen, deren Einhaltung er **überwacht** und mit **behördlichem Zwang durchsetzt** (Gewerbeaufsichtsämter, Bergbaubehörde, Hauptfürsorgestelle, Polizeibehörden). Das Arbeitsschutzrecht begründet öffentlich-rechtliche Verpflichtungen der Arbeitgeber und Arbeitnehmer gegenüber dem **Staat.**

Der Arbeitnehmerschutz erstreckt sich auf

- Arbeitszeitschutz,
- Entgeltschutz,
- Urlaubsschutz,
- Gesundheitsschutz,
- Kündigungsschutz,
- Sonderschutz bestimmter Berufsgruppen.

Die Arbeitsgerichtsbarkeit sorgt dafür, dass der Schutz des Arbeitnehmers auch durchgesetzt werden kann (vgl. 1.9).

1.3.2 Der Kündigungsschutz

1.3.2.1 Kündigung und Kündigungsfristen

Die Kündigung ist eine einseitige, empfangsbedürftige Willenserklärung, die das Arbeitsverhältnis für die Zukunft von einem bestimmten Zeitpunkt an aufhebt.

Die Kündigungserklärung ist dem Empfänger in dem Moment zugegangen, in dem sie in den Machtbereich des Empfängers gelangt ist. Das bedeutet, dass mit dem Zeitpunkt der täglichen Briefkastenentleerung der Empfänger von der Kündigung Kenntnis genommen hat.

Jede Kündigung hat grundsätzlich **schriftlich** zu erfolgen.

Für die Kündigung sind **Kündigungsfristen und Kündigungstermine vorgeschrieben.**

Kündigungsfrist ist der Zeitraum, der zwischen dem Zugang der Kündigung und der Beendigung des Arbeitsverhältnisses liegen muss. **Kündigungstermin** ist der Zeitpunkt, zu dem die Beendigung des Arbeitsverhältnisses zulässig ist. Wir unterscheiden die **ordentliche (fristgemäße)** und **außerordentliche (fristlose) Kündigung.**

Kündigung

ordentliche Kündigung (§ 620 ff. BGB) | **außerordentliche Kündigung** (§ 626 BGB)

Beendigung des Arbeitsverhältnisses durch ordentliche Kündigung

Mitarbeiter können jederzeit unter Einhaltung der **Grundkündigungsfrist** ihr Arbeitsverhältnis beenden. Firmenseitige Kündigungen von Mitarbeitern, deren Arbeitsverhältnis beim Zugang der Kündigung länger als 6 Monate besteht, sind nur wirksam, wenn sie sozial gerechtfertigt sind (§ 1 KSchG). Gründe für die **soziale Rechtfertigung** können liegen:

- in der **Person** des Mitarbeiters,
- im **Verhalten** des Mitarbeiters oder
- in **dringenden betrieblichen Erfordernissen.**

Die **Grundkündigungsfrist,** die Arbeitnehmer und Arbeitgeber einzuhalten haben, beträgt vier Wochen zum 15. des Monats oder zum Monatsende.

Ausnahmen:

- Bei **Aushilfsarbeitsverhältnissen** bis zur Dauer von drei Monaten kann die Grundkündigungsfrist einzelvertraglich gekürzt werden (Kündigung zu jedem Termin und mit jeder Frist, also monatlich, wöchentlich, täglich).

- In Betrieben, in denen in der Regel nicht mehr als **zwanzig Arbeitnehmer** beschäftigt sind – ohne Auszubildende –, kann durch Einzelvertrag eine vierwöchige Grundkündigungsfrist ohne festen Kündigungstermin vereinbart werden.
- **Probezeit:** Die Kündigungsfrist während einer vereinbarten Probezeit, die höchstens sechs Monate betragen darf, beträgt zwei Wochen. Sofern ausnahmsweise ein Probearbeitsverhältnis von längerer Dauer vereinbart wird, gilt die gesetzliche Grundkündigungsfrist.
- **Verlängerte Kündigungsfristen nur bei Kündigung durch den Arbeitgeber.** Sie betragen (nach Betriebszugehörigkeit):

2 Jahre – 1 Monat zum Monatsende	12 Jahre – 5 Monate zum Monatsende
5 Jahre – 2 Monate zum Monatsende	15 Jahre – 6 Monate zum Monatsende
8 Jahre – 3 Monate zum Monatsende	20 Jahre – 7 Monate zum Monatsende
10 Jahre – 4 Monate zum Monatsende	

Berücksichtigt wird dabei die Betriebszugehörigkeit des Arbeitnehmers vom **25. Lebensjahr** an. Die verlängerten Kündigungsfristen für die Arbeitgeberkündigung gelten auch in Betrieben, die nicht mehr als **zwanzig Arbeitnehmer** beschäftigen.

Einzelvertraglich kann eine Verlängerung sämtlicher Kündigungsfristen vereinbart werden.

Eine Tariföffnungsklausel gilt für

- die Kündigungsfrist während der Probezeit,
- die Grundkündigungsfrist,
- die verlängerten Kündigungsfristen.

Die Tariföffnungsklausel bedeutet, dass die Tarifpartner, also Gewerkschaften und Arbeitgeberverbände, in der Gestaltung der Kündigungsfristen frei bleiben.

Die Tarifpartner können sich durchaus auf andere Fristen einigen. Die Vorschrift des § 622 Abs. 4 BGB gestaltet alle Kündigungsfristen für Tarifverträge frei (tarifdispositiv), damit die Besonderheiten einzelner Wirtschaftsbereiche oder Beschäftigungsgruppen berücksichtigt werden können. Das Gesetz lässt also sowohl eine Verkürzung als auch eine Verlängerung durch Tarifvertrag zu.

Beendigung des Arbeitsverhältnisses durch außerordentliche Kündigung

Das Arbeitsverhältnis kann aus wichtigem Grund ohne Einhaltung der Kündigungsfrist gekündigt werden, wenn unter Berücksichtigung aller Umstände des Einzelfalles und unter Abwägung der Interessen des Unternehmens und des Mitarbeiters die **Fortsetzung des Arbeitsverhältnisses** bis zum Ablauf der Kündigungsfrist **unzumutbar** ist.

Dies ist immer dann der Fall, wenn

- beharrliche Arbeitsverweigerung,
- schwere Verletzung der betrieblichen Ordnung,
- dauerhafte Arbeitsunfähigkeit oder
- durch Tatsachen objektiv begründeter Verdacht einer strafbaren Handlung vorliegt.

Die Kündigung kann nur innerhalb von 2 Wochen erfolgen. Die Frist beginnt, wenn der Arbeitgeber sichere Kenntnisse der für die Kündigung maßgebenden Tatsachen erlangt hat. Maßgeblich für die Einhaltung der Frist ist der Zeitpunkt, an dem die Kündigung dem Mitarbeiter zugeht.

1.3.2.2 Allgemeiner Kündigungsschutz

Der Arbeitnehmer bedarf zu seiner Existenzsicherung eines besonderen Schutzes seines Arbeitsplatzes. Gegen ordentliche Kündigungen des Arbeitgebers ist der Arbeitnehmer durch das Kündigungsschutzgesetz (KSchG) geschützt, wenn die Kündigung sozial nicht gerechtfertigt ist.

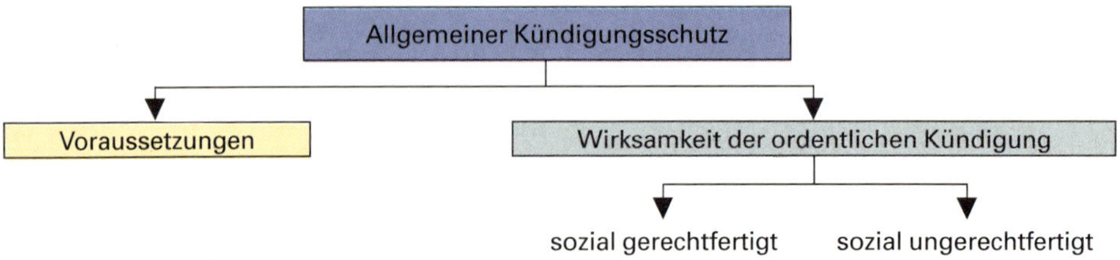

Die Arbeitnehmer genießen den allgemeinen Kündigungsschutz, wenn folgende **Voraussetzungen** erfüllt sind:

- **Betriebsgröße:** Der Arbeitnehmer muss in einem Betrieb beschäftigt werden, in dem in der Regel mehr als 5 Arbeitnehmer ausschließlich Auszubildende beschäftigt werden (§ 23 KSchG).
- **Wartezeit:** Der Arbeitnehmer muss mehr als 6 Monate im selben Betrieb oder Unternehmen ohne Unterbrechung (inklusive Ausbildung) beschäftigt gewesen sein. Die Beschäftigung wird rechtlich nicht unterbrochen durch Krankheit, Urlaub, Wehr- und Zivildienst, Mutterschaftszeiten, Elternzeit, Streik.

Sind diese Voraussetzungen erfüllt, ist die ordentliche Kündigung nur dann wirksam, wenn sie **sozial gerechtfertigt** ist (§ 1 KSchG).

Sozial gerechtfertigt ist eine Kündigung, wenn die Kündigungsgründe

- in der Person des Arbeitnehmers liegen.

Beispiele: *Langfristige Erkrankungen des Arbeitnehmers, bei der eine Wiedergenesung nicht abzusehen oder mit einer Wiedererkrankung zu rechnen ist; mangelnde geistige oder körperliche Eignung des Arbeitnehmers.*

- im **Verhalten** des Arbeitnehmers liegen.

Beispiele: *Schuldhafte Verletzungen des Arbeitsvertrages (häufige Unpünktlichkeit, Arbeitsverweigerung, wiederholtes unentschuldigtes Fehlen), mangelnde Leistungen.*

- in **dringenden betrieblichen Erfordernissen** liegen. Der Arbeitgeber hat bei der Auswahl der zu kündigenden Arbeitnehmer **soziale Gesichtspunkte** zu berücksichtigen (Alter, Betriebszugehörigkeit, Familienstand, Zahl der zu versorgenden Kinder, Vermögensverhältnisse). Unterlässt er dies, ist die Kündigung **sozial ungerechtfertigt.**

Beispiele: *Rationalisierungsmaßnahmen, Rohstoff- oder Energiemangel, Absatzschwierigkeiten, Produktionsänderungen.*

Eine Kündigung ist **sozial ungerechtfertigt**, wenn

- die Kündigung gegen eine Richtlinie über die personelle Auswahl bei Kündigungen verstößt (§ 95 BetrVG),

- der Arbeitnehmer an einem anderen Arbeitsplatz im selben Betrieb oder in einem anderen Betrieb des Unternehmens weiterbeschäftigt werden kann,
- die Weiterbeschäftigung des Arbeitnehmers nach zumutbaren Umschulungs- oder Fortbildungsmaßnahmen möglich ist oder
- eine Weiterbeschäftigung des Arbeitnehmers unter geänderten Arbeitsbedingungen möglich ist und der Arbeitnehmer sein Einverständnis hiermit erklärt hat und der Betriebsrat aus einem dieser Gründe binnen Wochenfrist schriftlich widersprochen hat.

Vorrang der betrieblichen Interessen (§ 1 Abs. 3 Satz 2 KSchG): Die sozialen Interessen der Arbeitnehmer haben zurückzutreten, wenn der Betrieb als solcher davon **nachteilig** betroffen würde. Das bedeutet, dass der Arbeitgeber die betrieblichen Interessen nicht hinter die sozialen Interessen des Arbeitnehmers zurückzustellen braucht.

1.3.2.3 Besonderer Kündigungsschutz

Einen besonderen Kündigungsschutz genießen bestimmte Arbeitnehmergruppen.

- **Kündigungsschutz nach dem Mutterschutzgesetz (MuSchG)**
  Die Kündigung gegenüber Arbeitnehmerinnen ist während der Schwangerschaft und bis zum Ablauf von 4 Monaten nach der Entbindung unzulässig, wenn der Arbeitgeber die Schwangerschaft oder Entbindung zur Zeit der Kündigung kannte oder innerhalb von 2 Wochen nach Zugehen der Kündigung erfährt. Während der Elternzeit darf der Arbeitgeber das Arbeitsverhältnis nicht kündigen.
- **Kündigungsschutz für Schwerbehinderte (SchwbG)**
  Ordentliche wie außerordentliche Kündigungen gegenüber Schwerbehinderten bedürfen nach dem Schwerbehindertengesetz der Zustimmung der Hauptfürsorgestelle. Erfolgt die Zustimmung nicht, ist die Kündigung nichtig.
- **Soldaten und Zivildienst Leistende (ArbPlSchG)**
  Nach dem Arbeitsplatzschutzgesetz dürfen Soldaten während des Grundwehrdienstes oder einer Wehrübung nicht ordentlich gekündigt werden. Das Recht zur außerordentlichen Kündigung bleibt bestehen, aber nicht aus Anlass der Einberufung. Auch vor und nach dem Wehrdienst kann der Arbeitgeber das Arbeitsverhältnis nicht kündigen, wenn der Anlass der Wehrdienst ist. Für den Zivildienst gelten die entsprechenden Bestimmungen.
- **Mitglieder des Betriebsrates, des Personalrates, der Jugend- und Auszubildendenvertretung (KSchG)**
  Sie genießen einen absoluten Schutz vor ordentlichen Kündigungen während und ein Jahr nach der Amtszeit. Die außerordentliche Kündigung der genannten Personen aus wichtigem Grund bedarf der Zustimmung des Betriebs- oder Personalrates.
- **Auszubildende (BBiG):** Nach der Probezeit ist keine ordentliche Kündigung möglich (§ 15 BBiG).
- **Mütter und Väter (BErzGG):**
  Eine ordentliche und außerordentliche Kündigung ist nicht möglich, und zwar < 6 Wochen vor Beginn bis Ende der Elternzeit (§ 18 BErzGG).

Zusammenfassung

Folgende Fragen müssen im Zusammenhang mit der Kündigung geklärt werden:

1. Handelt es sich um eine ordentliche oder außerordentliche Kündigung?
2. Sind die Kündigungsfristen eingehalten worden?
3. Besteht ein allgemeiner Kündigungsschutz?
   a) Sind die Voraussetzungen erfüllt?
   b) Ist die Kündigung sozial gerechtfertigt oder sozial nicht gerechtfertigt?
4. Besteht ein besonderer Kündigungsschutz?

Aufgaben

1. Ein kaufmännischer Angestellter mit gesetzlicher Kündigungsfrist will seinen Arbeitsplatz zum 30. Juni lösen. Wann muss die Kündigung erfolgen?
2. Ein Arbeitgeber möchte einem 24-jährigen Arbeitnehmer ordentlich kündigen. Er soll am 31. Dez. aus dem Betrieb ausscheiden. Wann muss der Arbeitgeber spätestens kündigen, wenn er die gesetzlichen Kündigungsfristen wahren will?
3. Ein Arbeiter von 35 Jahren, der 10 Jahre dem Betrieb angehört, kündigt 4 Wochen vor Ende des Monats. Hat er fristgemäß gekündigt, um sein Arbeitsverhältnis aufzulösen?
4. Ein Angestellter ist 40 Jahre alt und seit 10 Jahren im Betrieb beschäftigt. Welchen Kündigungsschutz genießt er nach dem Kündigungsfristengesetz?
5. Welche Vorschriften müssen bei der Kündigung Schwerbehinderter beachtet werden?
6. Für welche Zeit genießen Frauen während der Schwangerschaft und nach der Entbindung einen besonderen Kündigungsschutz?
7. Ein Betrieb ist wegen Absatzschwierigkeiten gezwungen, verschiedene Betriebsteile stillzulegen. Ihm stehen folgende Arbeitnehmer für die Entlassung zur Auswahl:
   - Arbeiter A, 50 Jahre alt, 20 Jahre Betriebszugehörigkeit, verheiratet;
   - Arbeiter B, 35 Jahre alt, 5 Jahre Betriebszugehörigkeit, 3 zu versorgende Kinder;
   - Arbeiter C, 28 Jahre alt, 5 Jahre Betriebszugehörigkeit, 1 zu versorgendes Kind, verheiratet, auf mehreren Fortbildungslehrgängen gewesen.

   Bei welchem Arbeitnehmer würde die Kündigung sozial weniger gerechtfertigt sein?
8. Prüfen Sie folgende Fälle:
   a) Einem Angestellten, der 15 Jahre dem Betrieb angehört, wird fristgemäß gekündigt, weil er in den letzten Jahren immer wieder langfristig erkrankt war. Nach Auskunft des Arztes besteht keine Aussicht, dass der Arbeitnehmer wieder voll genesen wird.
   b) Ein Arbeitgeber kündigt einem jungen Arbeitnehmer das Arbeitsverhältnis, als er erfährt, dass dieser in einem halben Jahr seinen Wehrdienst ableisten muss.
   c) Einer Arbeitnehmerin, die ihren Arbeitgeber nicht von der Schwangerschaft unterrichtet hat, wird fristgemäß gekündigt. Sie verweist auf ihre Schwangerschaft.
   d) Einem Mitglied der Jugend- und Auszubildendenvertretung wird aus wichtigem Grund fristlos gekündigt, ohne dass der Betriebsrat verständigt wurde.

1.3.3 Der Jugendarbeitsschutz

Jugendarbeitsschutz für wen – und wann?

Das Jugendarbeitsschutzgesetz gilt für die Beschäftigung aller Personen, die noch nicht 18 Jahre alt sind (Jugendliche und Kinder).

Arbeitszeit – 5-Tage-Woche

- Die Arbeitszeit der Jugendlichen darf nur 8 Stunden täglich und nur 40 Stunden wöchentlich betragen. Sie darf auf 8 ½ Stunden täglich verlängert werden, wenn sie dafür an einzelnen Werktagen derselben Woche verkürzt wird. In der Landwirtschaft dürfen Jugendliche über 16 Jahre während der Erntezeit bis zu 9 Stunden täglich und bis zu 85 Stunden in der Doppelwoche beschäftigt werden.
- Jugendliche dürfen nur an **5 Tagen in der Woche** beschäftigt werden.

Sonntagsruhe – Feiertagsruhe

- Auch an Sonntagen dürfen Jugendliche grundsätzlich nicht beschäftigt werden.
- Abweichend davon ist die Beschäftigung an Sonntagen zulässig
  - in Krankenanstalten sowie in Alten-, Pflege- und Kinderheimen,
  - in der Landwirtschaft und Tierhaltung mit Arbeiten, die auch an Sonn- und Feiertagen naturnotwendig vorgenommen werden müssen,
  - im Familienhaushalt, wenn der Jugendliche in die häusliche Gemeinschaft aufgenommen ist,
  - im Schaustellergewerbe,
  - bei Musikaufführungen, Theatervorstellungen und anderen Aufführungen sowie bei Direktsendungen im Rundfunk und Fernsehen,
  - beim Sport,
  - im ärztlichen Notdienst,
  - im Gaststättengewerbe.
- Jeder 2. Sonntag soll, mindestens 2 Sonntage im Monat müssen beschäftigungsfrei bleiben. Die 5-Tage-Woche ist stets durch Freistellung an einem anderen berufsschulfreien Tag sicherzustellen.
- Am 1. Weihnachtsfeiertag, am 1. Januar, am 1. Osterfeiertag und am 1. Mai dürfen Jugendliche überhaupt nicht beschäftigt werden. Darüber hinaus dürfen Jugendliche am Heiligen Abend und an Silvester nur bis 14 Uhr tätig sein.

Ruhepausen – Freizeit – Urlaub

- Jedem Jugendlichen sind Ruhepausen wie folgt zu gewähren:
  - bei einer Arbeitszeit von mehr als 4½ bis zu 6 Stunden 30 Minuten,
  - bei einer Arbeitszeit von mehr als 6 Stunden 60 Minuten.

  Als Ruhepausen gelten nur Arbeitsunterbrechungen von mindestens 15 Minuten. Länger als 4½ Std. hintereinander dürfen Jugendliche nicht beschäftigt werden.
- Lage der Ruhepausen:
  frühestens **1 Stunde nach Beginn** und spätestens **1 Stunde vor Ende** der Arbeitszeit.
- Nach Beendigung der täglichen Arbeitszeit hat der Jugendliche bis zum nächsten Arbeitsbeginn eine ununterbrochene Freizeit von **mindestens 12 Stunden** zu erhalten.
- Für jedes Kalenderjahr ist dem Jugendlichen ein bezahlter Erholungsurlaub wie folgt zu gewähren:
  - mindestens 30 Werktage, wenn der Jugendliche zu Beginn des Kalenderjahres noch nicht 16 Jahre alt ist,
  - mindestens 27 Werktage, wenn der Jugendliche zu Beginn des Kalenderjahres noch nicht 17 Jahre alt ist,
  - mindestens 25 Werktage, wenn der Jugendliche zu Beginn des Kalenderjahres noch nicht 18 Jahre alt ist.

Berufsschule und Prüfungen

- Der **Jugendliche** ist für die Teilnahme am Berufsschulunterricht von jeglicher Beschäftigung **freizustellen.**
  Er darf nicht beschäftigt werden
  - vor einem vor 9 Uhr beginnenden Unterricht,
  - **einmal in der Woche** an einem Berufsschultag mit mehr als 5 Unterrichtsstunden von mindestens je 45 Minuten,
  - in Berufsschulwochen mit einem planmäßigen Blockunterricht von mindestens 25 Stunden an mindestens 5 Tagen; zusätzliche betriebliche Ausbildungsveranstaltungen bis zu 2 Stunden wöchentlich sind zulässig.
- Der **Jugendliche** ist weiter freizustellen
  - für die Teilnahme an Prüfungen und außerbetrieblichen Ausbildungsmaßnahmen, die aufgrund öffentlicher oder vertraglicher Bestimmungen außerhalb der Ausbildungsstätte durchgeführt werden,
  - an Arbeitstagen, die der schriftlichen Abschlussprüfung unmittelbar vorangehen.
- Ein Entgeltausfall darf in keinem Fall eintreten.
- Die Vorschriften über die bezahlte **Freistellung für den Berufsschulunterricht** gelten auch für über 18 Jahre alte Personen, die noch berufsschulpflichtig sind.
- Die gesetzlichen Bestimmungen zur Freistellung von einer Beschäftigung im Betrieb **vor und nach** der Berufsschule werden auf Auszubildende unter 18 Jahre beschränkt (2. Gesetz zur Änderung des JArbSchG).

  Das bedeutet, dass volljährige Auszubildende auch an Tagen, an denen sie mehr als fünf Unterrichtsstunden in der Schule Unterricht hatten, den Betrieb aufsuchen müssen. Die tatsächlichen Berufsschulzeiten einschließlich der Pausen werden als Arbeitszeit verrechnet. Die Differenz zur üblichen Arbeitszeit ist im Betrieb „abzuarbeiten“.

Nachtruhe

- Grundsätzlich dürfen Jugendliche nur in der Zeit von **6 Uhr bis 20 Uhr** beschäftigt werden.
  Soweit es zur Erreichung des Ausbildungszieles erforderlich ist, dürfen Jugendliche über 16 Jahre
  - im Gaststättengewerbe bis 22 Uhr,
  - in Bäckereien und Konditoreien sowie in der Binnenfischerei ab 5 Uhr,
  - in Molkereien, im Bergbau und in Hüttenwerken ab 6 Uhr,
  - in der Landwirtschaft ab 5 Uhr oder bis 21 Uhr,
  - in mehrschichtigen Betrieben bis 23 Uhr

  tätig sein.
  Jugendliche über 17 Jahre dürfen in Bäckereien ab 4 Uhr beschäftigt werden.

Samstagsruhe

- **An Samstagen** dürfen Jugendliche grundsätzlich **nicht** beschäftigt werden. Zulässig ist die Beschäftigung an Samstagen nur
  - in Krankenanstalten sowie in Alten-, Pflege- und Kinderheimen,
  - in offenen Verkaufsstellen, in Betrieben mit offenen Verkaufsstellen, in Bäckereien und Konditoreien, im Friseurhandwerk und im Marktverkehr,
  - im Verkehrswesen,
  - im Familienhaushalt,

- im Gaststätten- und Schaustellergewerbe,
- bei Musikaufführungen, Theatervorstellungen und anderen Aufführungen, bei Aufnahmen im Rundfunk sowie bei Film- und Fotoaufnahmen,
- bei außerbetrieblichen Ausbildungsmaßnahmen,
- beim Sport und
- im ärztlichen Notdienst,
- in Reparaturwerkstätten für Kraftfahrzeuge.

- Mindestens 2 Samstage sollen im Monat beschäftigungsfrei bleiben. Werden Jugendliche an Samstagen beschäftigt, ist die 5-Tage-Woche dadurch sicherzustellen, dass sie an einem anderen berufsschulfreien Arbeitstag derselben Woche von der Arbeit freigestellt werden.

Können Jugendliche in Verkaufsstellen, Betrieben mit offenen Verkaufsstellen, in Bäckereien, Konditoreien, im Frisörhandwerk und im Marktverkehr an Samstagen nicht 8 Stunden beschäftigt werden, kann die ausfallende Arbeitszeit an dem Tag bis 13 Uhr ausgeglichen werden, an dem die Jugendlichen Ersatzfreizeit erhalten müssen.

Beschäftigungsverbote und Beschäftigungsbeschränkungen

- Jugendliche dürfen grundsätzlich **nicht mit gefährlichen Arbeiten beschäftigt** werden. Das sind:
  - Arbeiten, die ihre Leistungsfähigkeit übersteigen,
  - Arbeiten, bei denen sie sittlichen Gefahren, schädlichen Einwirkungen von Lärm, Erschütterungen, Strahlen oder von giftigen, ätzenden oder reizenden Stoffen ausgesetzt sind,
  - Arbeiten, bei denen ihre Gesundheit durch Hitze, Kälte oder starke Nässe gefährdet wird.
- Jugendliche dürfen auch nicht beschäftigt werden
  - mit Akkordarbeit und sonstigen Arbeiten, bei denen durch ein gesteigertes Arbeitstempo ein höheres Entgelt erzielt werden kann,
  - mit Arbeiten, bei denen ihr Arbeitstempo nicht nur gelegentlich vorgeschrieben, vorgegeben oder auf andere Weise erzwungen wird.

Gesundheitliche Betreuung

- Für die Durchführung aller Untersuchungen hat der Arbeitgeber den Jugendlichen von der Arbeit ohne Entgeltausfall freizustellen. Die Kosten der Untersuchungen trägt das Land.
- **Erstuntersuchung**

  Ein Jugendlicher darf erst beschäftigt werden, wenn er innerhalb der letzten 14 Monate von einem Arzt nach seiner Wahl untersucht worden ist und dem Arbeitgeber eine von diesem Arzt ausgestellte Bescheinigung vorliegt.
- **Erste Nachuntersuchung**
  Ein Jahr nach Aufnahme der ersten Beschäftigung ist dem Arbeitgeber eine weitere Bescheinigung darüber vorzulegen, dass der Jugendliche nachuntersucht worden ist.

Aufsicht

- Die Aufsicht über die Ausführung des Jugendarbeitsschutzgesetzes und der einschlägigen Rechtsverordnungen obliegt den Gewerbeaufsichtsämtern, in Bergbaubetrieben den Bergämtern.

- Die Gewerbeaufsichtsämter
  - sind berechtigt die Arbeitsstätten Jugendlicher zu besichtigen,
  - haben schwerwiegende Verstöße gegen das Gesetz den Industrie- und Handelskammern sowie Handwerkskammern und Arbeitsämtern mitzuteilen,
  - können unter bestimmten Voraussetzungen befristete Ausnahmen bewilligen und
  - sind über die Ausstellung von Lohnsteuerkarten an Kinder durch die ausstellende Behörde zu unterrichten.

Strafen und Bußgelder

- Wer als Arbeitgeber vorsätzlich oder fahrlässig gegen die Vorschriften des Jugendarbeitsschutzgesetzes verstößt, handelt ordnungswidrig und kann mit einer **Geldbuße bis zu 10.000,00 €** belegt werden.

  Vorsätzliche Verstöße, durch die Kinder oder Jugendliche in ihrer Gesundheit oder Arbeitskraft gefährdet werden, können sogar mit **Freiheitsstrafe** bis zu einem Jahr oder mit Geldstrafe bestraft werden. Das Gleiche gilt, wenn Verstöße beharrlich wiederholt werden. Wer die Gefahr fahrlässig verursacht, kann mit Freiheitsstrafe bis zu sechs Monaten oder mit Geldstrafe bis zu 180 Tagessätzen bestraft werden.
- Ein Bußgeldkatalog trägt dazu bei, dass die Verfolgung und Ahndung von Verstößen intensiviert und einheitlich im Bundesgebiet gehandhabt wird.

Auszug aus: Gesetz zum Schutze der arbeitenden Jugend (Jugendarbeitsschutzgesetz), Abdruck herausgegeben vom Bayerischen Staatsministerium für Arbeit, Familie und Sozialordnung, Nr. 10/91/32.

Aufgaben

Prüfen Sie folgende Fälle nach dem JArbSchG:

1. Ein 17-jähriger Auszubildender, der in einer Textilfabrik ausgebildet wird, soll in den nächsten Wochen in der Versandabteilung schwere Kisten verladen.
2. Ein 17-jähriger Hilfsarbeiter arbeitet in der Bauindustrie im Gruppenakkord.
3. Ein Betrieb setzte für die jugendlichen Auszubildenden folgende Arbeitszeiten und Pausen fest:

Arbeitsbeginn	6 Uhr,	Frühstückspause	8 bis 08:10 Uhr,
Arbeitsende	15 Uhr,	Mittagspause	12 bis 12:30 Uhr.

4. Ein Betrieb beginnt um 7 Uhr mit der Arbeit. Die jugendlichen Auszubildenden haben um 08:50 Uhr Berufsschulbeginn. Der Ausbildungsleiter möchte, dass die Jugendlichen von 7 Uhr bis 08:30 Uhr beschäftigt werden.
5. Ein 19-jähriger Auszubildender soll 5 Tage lang hintereinander 10 Stunden arbeiten, weil im Büro mehrere Angestellte erkrankt sind.
6. Ein 15-jähriger hat von 8 Uhr bis 11:20 Uhr und von 13 Uhr bis 14:30 Uhr Berufsschulunterricht und soll ab 15 Uhr wieder im Betrieb arbeiten.
7. Ein 17-jähriger Auszubildender beginnt am 1. Aug. seine Berufsausbildung und möchte im Januar des folgenden Jahres Urlaub machen. Wie viel Urlaubstage stehen ihm zu?
8. Ein jugendlicher Auszubildender ist an einem Wochentag 6 Stunden im Betrieb beschäftigt. Wie lange muss die Ruhepause mindestens sein?
9. Ein jugendlicher Auszubildender soll wegen Inventurarbeiten bis 22 Uhr arbeiten.

1.3.4 Der Mutterschutz

Das Mutterschutzgesetz (MuSchG) schützt Frauen während der Schwangerschaft und nach der Entbindung.

Der Mutterschutz erstreckt sich auf weibliche Beschäftigte, die in einem Arbeitsverhältnis stehen oder als Heimarbeiterinnen, Hausgehilfinnen, Tagesmädchen tätig sind. Er gilt nicht für Hausfrauen, selbstständig Tätige und Beamtinnen.

Mitteilung der Schwangerschaft

durch die Arbeitnehmerin	durch den Arbeitnehmer
Der Arbeitgeber **soll** von der werdenden Mutter über ihre Schwangerschaft und den voraussichtlichen Termin ihrer Niederkunft informiert werden (Sollvorschrift). Der Arbeitgeber kann die Schutzvorschriften nur dann einhalten, wenn er von der Schwangerschaft Kenntnis hat. Auf sein Verlangen und seine Kosten hat die werdende Mutter ein Zeugnis eines Arztes oder einer Hebamme vorzulegen.	Das Gewerbeaufsichtsamt und der Betriebsrat sind zu benachrichtigen.

Das Mutterschutzgesetz verbietet

allen Frauen	Frauen mit ärztlich bestätigter Gefährdung	Frauen mit bestimmten Arbeiten
eine Beschäftigung in den letzten **6 Wochen** vor der Entbindung (es sei denn, die Schwangere erklärt sich dazu bereit). Nach der Geburt darf die Wöchnerin **8 Wochen** – bei Früh- und Mehrlingsgeburten 12 Wochen – nicht beschäftigt werden.	alle Beschäftigungen, welche das Leben und die Gesundheit der Mutter oder des Kindes gefährden.	die Fortdauer dieser Beschäftigung. Zu den **verbotenen Arbeiten** zählen z. B. – schwere körperliche Arbeiten, – Arbeiten, bei denen die Frau gesundheitsgefährdenden Stoffen oder Strahlen, Staub, Dämpfen, Hitze, Kälte, Nässe, Erschütterungen ausgesetzt ist, – Arbeiten, die ein ständiges Stehen erfordern, – Akkordarbeit, – Fließbandarbeit mit vorgeschriebenem Arbeitstempo, – Mehrarbeit, Nachtarbeit, Arbeit an Sonn- und Feiertagen, – Arbeiten auf Beförderungsmitteln.

Der Arbeitsplatz für werdende und stillende Mütter muss so gestaltet werden, dass ein Schutz von Leben und Gesundheit gewährleistet ist.

Während der **Freistellungsfristen** (sechs Wochen vor und acht Wochen nach der Niederkunft) erfolgt die **Lohnzahlung** durch die Krankenkasse und den Arbeitgeber.

Kündigungsschutz besteht ab Schwangerschaftsbeginn bis 4 Monate nach der Entbindung.

Die Bestimmungen über den Mutterschutzurlaub sind durch das **Bundeserziehungsgeldgesetz** (BErzGG) abgelöst worden. Das Gesetz sieht die Gewährung von

- **Erziehungsgeld** und
- einer **Elternzeit** vor.

Eltern sollen in der Lage sein sich in den ersten Monaten nach der Geburt eines Kindes ganz der Pflege und Erziehung ihres Kindes zu widmen, ohne Angst um den Arbeitsplatz haben zu müssen.

Erziehungsgeld

- **für alle Mütter** (auch Hausfrauen, Selbstständige, mithelfende Familienangehörige) **und Väter,**
  - die ihr Kind selbst betreuen und
  - keine oder keine volle Erwerbstätigkeit ausüben.
- **Höhe des Erziehungsgeldes:** bis 307,00 € monatlich (einkommensabhängig)
  - für die Dauer von 24 Monaten.

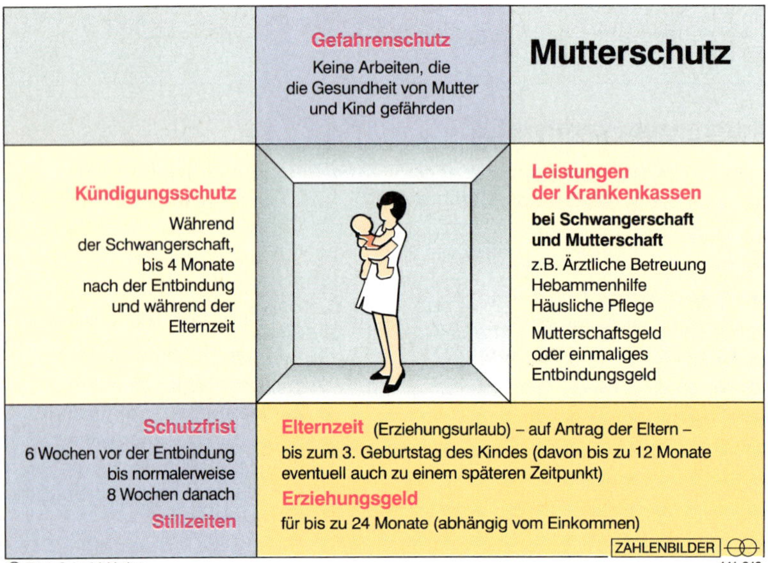

- **Zusätzlich zu anderen Sozialleistungen**
  Das Erziehungsgeld wird zusätzlich gezahlt zu
  - Wohngeld, Arbeitslosenhilfe, Sozialhilfe, Arbeitslosengeld,
  - Kindergeld, Kindergeldzuschlag.

Angerechnet auf das Erziehungsgeld wird das Mutterschaftsgeld der gesetzlichen Krankenkasse in der Zeit der gesetzlichen Mutterschutzfrist.

Elternzeit

- **für Mütter und Väter,**
  - die in einem Arbeitsverhältnis stehen und
  - die ihr Kind nach Ablauf der Mutterschutzfrist selbst betreuen wollen.

  Ist einer der Partner Hausfrau oder Hausmann, so hat der andere **keinen Anspruch** auf eine Elternzeit.

- **Dauer der Elternzeit**
  - im Anschluss an die Mutterschutzfrist (Antragstellung spätestens 4 Wochen nach der Geburt des Kindes), bis zu **36 Monaten** nach der Geburt des Kindes.

- **Soziale Absicherung der Mütter oder Väter während der Elternzeit**
  - Es gilt der gleiche Kündigungsschutz wie für Mütter während der Schwangerschaft und der Mutterschutzfrist. Auch Väter haben diesen Kündigungsschutz. Nur in Ausnahmefällen kann die zuständige Behörde eine Kündigung zulassen.
  - In der Rentenversicherung wird das **erste Lebensjahr** des Kindes als Versicherungszeit angerechnet. Die Rentenansprüche steigen also während der Elternzeit.
  - Die Kranken- und Arbeitslosenversicherung bestehen **beitragsfrei** fort.
  - Unabhängig von der Freistellung bleiben das **Arbeitsverhältnis** und die **Betriebszugehörigkeit** bestehen.

  Der Arbeitnehmer muss eine Kündigungsfrist von drei Monaten einhalten, wenn er das Arbeitsverhältnis zum Ende der Elternzeit kündigen will.

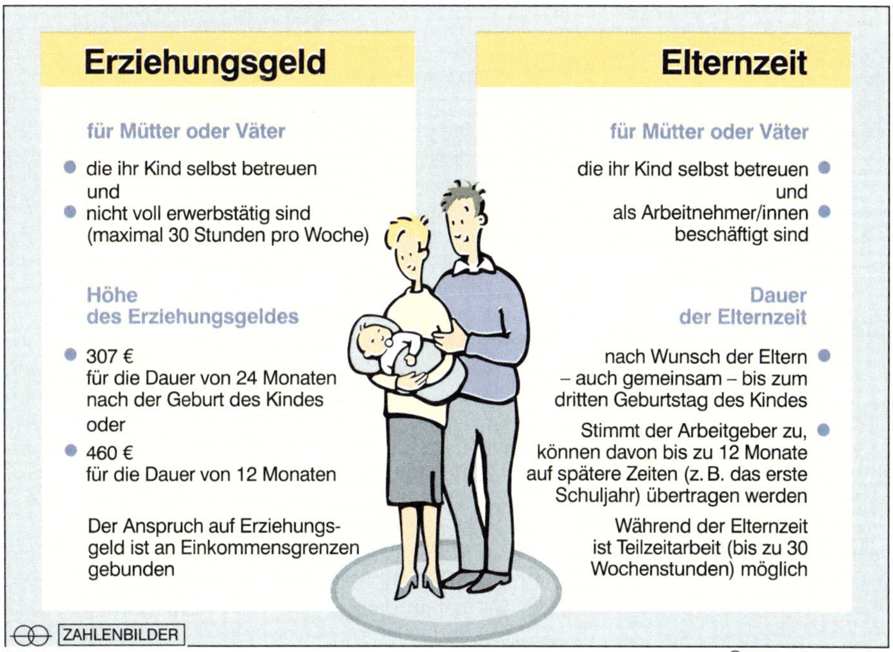

141 214 © Erich Schmidt Verlag

Aufgaben

Prüfen Sie folgende Fälle nach dem MuSchG:

1. Eine Mutter hat von der Möglichkeit der Elternzeit Gebrauch gemacht. Der Arbeitgeber kündigt ihr an dem Tag, an dem das Kind 1 Jahr alt wird.
2. Einer Frau im 3. Monat der Schwangerschaft wird vom Betrieb Akkordarbeit angeboten. Sie akzeptiert, weil sie dann mehr verdienen kann.
3. Einer Mutter ohne Elternzeit wird 5 Monate nach der Entbindung gekündigt.

4. Eine werdende Mutter erklärt sich bereit bis 2 Wochen vor der Entbindung im Betrieb zu arbeiten, eine andere Frau möchte 4 Wochen nach der Entbindung im Betrieb ihre Beschäftigung wieder aufnehmen.
5. Frau Schabel, von Beruf Hausfrau, ist Mutter geworden. Ihr Mann, Sachbearbeiter in einer Textilfabrik, beantragt beim Arbeitgeber die Elternzeit. Kann der Ehemann die Elternzeit beanspruchen?

1.3.5 Der Arbeitsschutz (Gesundheits- und Unfallschutz)

Der Betriebsschutz umfasst alle technischen Maßnahmen, welche die aus dem Betrieb drohenden Gefahren beseitigen sollen.

Die Rechtsgrundlage bildet die **Gewerbeordnung (GewO)** mit zahlreichen auf ihr beruhenden Sondergesetzen. Dazu kommen die vielfältigen von den Berufsgenossenschaften erlassenen Unfallverhütungsvorschriften.

gesetzliche Regelung	wesentlicher Inhalt
Gewerbeordnung (GewO)	„Die Gewerbeunternehmer sind verpflichtet, die Arbeitsräume, Betriebsvorrichtungen, Maschinen und Gerätschaften so einzurichten und zu unterhalten und den Betrieb so zu regeln, dass die Arbeiter gegen Gefahren für Leben und Gesundheit so weit geschützt sind, wie es die Natur des Betriebs gestattet."
Arbeitsstättenverordnung (ArbStättVO)	Sie gilt für gewerbliche Arbeitsstätten, ausgenommen Reisegewerbe, Marktverkehr, Straßen-, Schienen- und Luftfahrzeuge. Es werden Mindestnormen für Belüftung, Beheizung, Beleuchtung und für den Schutz gegen Lärm, Gase, Dämpfe und Staubunfälle in den verschiedenen Räumen der Arbeitsstätte festgesetzt. Dem Arbeitnehmer müssen bestimmte Einrichtungen zur Verfügung stehen, wie z. B. Pausen, Bereitschafts- und Liegeräume, Sanitätsräume.
Arbeitssicherheitsgesetz (ASiG)	Der Arbeitgeber ist verpflichtet Betriebsärzte, Sicherheitsingenieure und andere Fachkräfte für Arbeitssicherheit zu bestellen. Sie haben die Aufgabe, den Arbeitgeber beim Arbeitsschutz und bei der Unfallverhütung in allen Fragen des Gesundheitsschutzes und der Arbeitssicherheit einschließlich der menschengerechten Gestaltung der Arbeit zu unterstützen (§§ 1 – 6 ASiG). Zur Durchführung des Gesetzes dienen die Unfallverhütungsvorschriften.

Aber nicht nur der Arbeitgeber hat zur Verhütung von Arbeitsunfällen und Berufskrankheiten Pflichten. Die **Arbeitnehmer** sind verpflichtet

- Schutzausrüstungen zu benutzen,
- alle Weisungen in Bezug auf den Unfall- und Gesundheitsschutz zu befolgen,
- Gebäude, Maschinen, Anlagen und sonstige Gerätschaften nicht unbefugt oder zweckentfremdet zu benutzen,
- sicherheitstechnische Mängel zu beseitigen bzw. dem Verantwortlichen zu melden.

1.4 Der Tarifvertrag

1.4.1 Bedeutung

Damit der Arbeitnehmer im Arbeitsvertrag nicht einseitig der wirtschaftlichen Macht des Arbeitgebers ausgeliefert ist, haben die Gewerkschaften mit den Arbeitgebern Tarifverträge ausgehandelt. Sie sind für die Regelung der Arbeitsbedingungen von besonderer Bedeutung. Hier kommt in den Verhandlungen mit den Arbeitgebern den Arbeitnehmern die mächtige Position der Gewerkschaften zugute.

1.4.2 Wirkungen

Die Bestimmungen des Tarifvertrages wirken

- **unmittelbar und**
- **zwingend**

auf die Mitglieder von Gewerkschaft und Arbeitgeberverband ein.

Unmittelbar bedeutet, dass die vereinbarten Arbeitsbedingungen automatisch gelten.

Zwingende Geltung heißt, dass andere als die tariflichen Regelungen nicht vereinbart werden dürfen. Wird durch den Arbeitsvertrag der Arbeitnehmer besser gestellt als im Tarifvertrag vorgesehen ist, so wird die zwingende Geltung vom **Günstigkeitsprinzip durchbrochen.**

Außerdem regelt der Tarifvertrag

- **die Rechte und Pflichten der Vertragsparteien** (Gewerkschaften und Arbeitgeberverbände), z. B.
  - die **Friedenspflicht** (Während der Laufzeit des Tarifvertrages sind Kampfmaßnahmen über den Tarifvertrag untersagt.),
  - die **Einwirkungspflicht** (Die Mitglieder der Tarifparteien sind zur Tariftreue anzuhalten. Hiernach darf z. B. der Arbeitgeber im Arbeitsvertrag den Arbeitnehmer nicht schlechter stellen als der Tarifvertrag vorsieht und keine tarifwidrigen Abreden vornehmen.).

1.4.3 Abschluss des Tarifvertrages

Die Fähigkeit, Tarifverträge abschließen zu können, also **tariffähige Partei** zu sein, kommt den

- **einzelnen Gewerkschaften,**
- **den Arbeitgebervereinigungen** sowie auch **einzelnen Arbeitgebern** zu.

1.4.4 Tarifgebundenheit

Tarifgebundenheit: Die tariflichen Regelungen gelten nur für die tarifgebundenen Personen, also den Mitgliedern der Tarifvertragsparteien.

Das bedeutet, dass der Arbeitgeber mit den **nicht** gewerkschaftlich organisierten Arbeitnehmern vom Tarifvertrag abweichende, für den Arbeitnehmer nachteilige Bedingungen vereinbaren kann.

Solche Arbeitnehmer können z. B. keine Ansprüche

- auf tarifliches Urlaubsgeld,
- auf tarifliches Weihnachtsgeld,
- auf höhere Tariflöhne,
- auf tariflichen Entgeltausgleich bei Leistungsminderung

geltend machen.

Vereinbarung: Es ist bekannt, dass auch Nichtgewerkschaftler den Tariflohn und andere tarifliche Leistungen erhalten. **In ihrem Arbeitsvertrag wurden die Bestimmungen des Tarifvertrages zum Inhalt gemacht.** Sie erhalten dann die tariflichen Leistungen aus dem Arbeitsvertrag. Dies gilt für viele größere Betriebe und für den öffentlichen Dienst, wo der Tarifvertrag auf eine Vielzahl von Arbeitsverhältnissen einwirkt. Aber auch in solchen Fällen wirkt der Tarifvertrag **nicht unmittelbar und zwingend.** Arbeitgeber und Arbeitnehmer können zu jeder Zeit vom Tarifvertrag abweichende, d. h. für den Arbeitnehmer auch ungünstigere Vereinbarungen treffen.

Wird in einen Arbeitsvertrag die Klausel **„im Übrigen gelten die Bestimmungen des Tarifvertrages“** aufgenommen, so gelten die tariflichen Regelungen nur, soweit im Arbeitsvertrag nichts anderes enthalten ist. **Der Arbeitsvertrag** wird in solchen Fällen **durch den Tarifvertrag ergänzt.**

Allgemeinverbindlichkeit: Der Grundsatz, dass der Tarifvertrag **unmittelbar und zwingend** nur für die tarifgebundenen Personen gilt, kann im öffentlichen Interesse durchbrochen werden (§ 5 Tarifvertragsgesetz). Der Tarifvertrag kann vom Bundes- oder Landesarbeitsminister für **allgemein verbindlich** erklärt werden. Das bedeutet, dass bei einem für allgemein verbindlich erklärten Tarifvertrag der Arbeitnehmer nicht Mitglied der Gewerkschaft und der Arbeitgeber nicht Mitglied der Tarifvertragspartei zu sein braucht, damit dieser gilt. Die Allgemeinverbindlichkeitserklärung muss **öffentlich bekannt gegeben** werden und im Tarifregister (geführt beim Bundesminister für Wirtschaft und Arbeit bzw. bei den Arbeitsministerien der Bundesländer) eingetragen werden.

Ist ein Tarifvertrag für allgemein verbindlich erklärt worden, ist es einem Arbeitgeber nicht möglich, Nichtgewerkschaftsmitglieder zu schlechteren Bedingungen zu beschäftigen als ihre Kollegen, die gewerkschaftlich organisiert sind. In Zeiten der Arbeitslosigkeit entfällt für den Arbeitgeber der Anreiz, hauptsächlich nur „Nichtorganisierte“ zu beschäftigen.

1.4.5 Inhalt des Tarifvertrages

Nach dem Inhalt unterscheidet man

- **Rahmen- oder Manteltarifverträge,**
- **Lohn- und Gehaltstarife.**

Rahmen- oder Manteltarifverträge: Sie regeln **allgemeine Arbeitsbedingungen,** z. B. Einstellungen, Kündigungen, Zeugniserteilung, regelmäßige Arbeitszeit, Mehrarbeit, Sonn- und Feiertagsarbeit, Nachtarbeit, Nachtschichtarbeit, Kurzarbeit, Leistungszulage, Arbeitsverhinderung und -versäumnis, Krankheit und Todesfall, Arbeitsformen und ihre Entlohnung, Lohnberechnung und Auszahlung, Urlaub, Lohn- bzw. Gehaltsgruppeneinteilung, Akkorddurchführungsbestimmungen, Arbeitnehmervertretung, Schlichtung von Streitigkeiten.

Lohn- und Gehaltstarife gelten meist nur 1 Jahr und enthalten die Lohntafel bzw. Gehaltstabelle. Aus ihnen lassen sich die Lohnsätze bzw. Gehälter ablesen, je nachdem, in welche Lohn- bzw. Gehaltsgruppe der Arbeitnehmer aufgrund seiner Arbeitsbewertung eingestuft wurde.

1.4.6 Geltungsbereich des Tarifvertrages

Ob ein Tarifvertrag anwendbar ist, hängt davon ab, ob die Arbeitsverhältnisse in seinen Geltungsbereich fallen.

Geltungsbereiche

zeitlich	räumlich	fachlich	persönlich
Der Tarifvertrag endet durch – Kündigung, – Zeitablauf, – Aufhebungsvertrag. Die Bestimmungen des Tarifvertrages gelten auch nach seinem Ablauf weiter, bis sie durch andere Abmachungen ersetzt werden. In der Zwischenzeit können Arbeitgeber und Arbeitnehmer andere Bedingungen vereinbaren, da der Tarifvertrag keine normative (zwingende) Wirkung mehr besitzt.	Man unterscheidet – Firmen-, – Orts-, – Landes-, – Bundestarife. Es gilt der für den Betrieb räumlich zuständige Tarifvertrag.	Nach dem Grundsatz der **Tarifeinheit** soll in jedem Betrieb nur ein Tarifvertrag gelten, der sich nach dem Betriebszweck des Hauptbetriebes richtet.	Der Tarifvertrag gilt für alle tarifgebundenen Personen innerhalb des fachlichen Geltungsbereiches. Dennoch können für Arbeiter und Angestellte verschiedene Tarifverträge abgeschlossen werden. Desgleichen können Auszubildende ausgenommen werden.

I. Geltungsbereich § 1

Der Tarifvertrag gilt:

1. **räumlich**: Für das Land Bayern.
2. **fachlich:** Für alle Betriebe, Betriebsabteilungen und Ingenieurbüros der Metallindustrie, ferner für deren Hilfs- und Nebenbetriebe einschließlich der Niederlassungen, soweit diese dem Betriebszweck des Hauptbetriebes dienen.

   Protokollnotiz zu Ziff. 2:

   Die Tarifvertragsparteien sind sich darüber einig, dass für die Frage, ob ein Betrieb in den Geltungsbereich des Tarifvertrages fällt, die Verbandszugehörigkeit des Arbeitgebers maßgebend ist.
3. **persönlich:** (I) Für alle kaufmännischen und technischen Angestellten sowie Meister, soweit für sie die in der Gruppeneinteilung dieses Vertrages aufgeführten Tätigkeitsmerkmale zutreffen, ferner für die kaufmännisch und technisch Auszubildenden nach Maßgabe des § 13.

   (II) Nicht als Angestellte im Sinne dieses Vertrages gelten:

   a) Vorstandsmitglieder und gesetzliche Vertreter von juristischen Personen und Personengesamtheiten;

   b) Geschäftsführer und Betriebsleiter, die selbstständig zur Einstellung und Entlassung von Arbeitnehmern befugt sind;

   c) leitende Angestellte, denen Prokura oder Handlungsvollmacht erteilt ist;

   d) sonstige Angestellte, deren Gehalt auf außertariflicher Grundlage über den Rahmen des höchsten Tarifsatzes der Gruppe VII um 20 v. H. hinausgehend geregelt wird.

aus: Manteltarifvertrag für die Angestellten der bayerischen Metallindustrie

Zusammenfassung

Tarifvertrag

Wirkungen	Abschluss	Bindung	Geltungsbereich	Inhalt
- unmittelbar - zwingend	- zwischen Gewerkschaft und Arbeitgebervereinigung - zwischen Gewerkschaft und einzelnen Arbeitgebern	- tarifliche Gebundenheit - Vereinbarung - Allgemeinverbindlichkeitserklärung	- zeitlich - räumlich - fachlich - persönlich	- Rahmen- od. Manteltarifverträge - Lohn- und Gehaltstarife

Aufgaben

1. Was bedeutet die unmittelbare und zwingende Geltung des Tarifvertrages?
2. Wer kann Tarifverträge abschließen und welche Arten gibt es?
3. Was versteht man unter Tarifgebundenheit?
4. Der Betriebsschlosser Schuster, der nicht Mitglied der IG Metall ist, meldet bei seinem Arbeitgeber, der Elektra AG, Anspruch auf tarifliches Weihnachtsgeld an. Der Arbeitgeber lehnt dies mit der Begründung ab, dass der Arbeitsvertrag eine solche Bedingung nicht enthalte.
5. Würde sich für Schuster etwas ändern,
   a) wenn für die Elektroindustrie ein allgemein verbindlicher Tarifvertrag gelten würde,
   b) wenn in seinem Arbeitsvertrag der Inhalt des zuständigen Tarifvertrages vereinbart wurde?
6. Was besagt der Grundsatz der Tarifeinheit?
7. Der Betriebsschlosser Schuster, der Mitglied der IG Metall geworden ist, nimmt eine neue Stellung bei der Textil GmbH West an. Er möchte wissen, ob für ihn der Tarifvertrag der Textilindustrie oder derjenige der Metallindustrie zuständig ist.

1.5 Der Arbeitskampf

1.5.1 Allgemeines

Tarifverträge sind entweder nach einer Mindestlaufzeit kündbar oder von vornherein befristet. Es muss ein neuer Tarifvertrag abgeschlossen werden. In den meisten Fällen haben die Gewerkschaften das Ziel, in dem neuen Tarifvertrag für ihre Mitglieder höhere Löhne und/oder bessere Arbeitsbedingungen durchzusetzen. Sofern die Verhandlungen scheitern und auch ein besonderes Schlichtungsverfahren zu keinem Ergebnis führt, wird die Gewerkschaft versuchen wirtschaftlichen Druck auf die Gegenseite auszuüben, um zur Anerkennung ihrer Forderungen zu gelangen.

Als Kampfmittel dient der Gewerkschaft der Streik. Das dem Streik entsprechende Kampfmittel des Arbeitgebers ist die Aussperrung.

Der Gesetzgeber hat den Arbeitskampf für verfassungsmäßig erklärt (Art. 9 Abs. 3 GG).

1.5.2 Der Streik

Der Streik ist die gemeinsame Arbeitseinstellung mehrerer Arbeitnehmer innerhalb eines Betriebes oder Berufes mit dem Ziel, Verbesserungen der Arbeitsbedingungen durchzusetzen. Es besteht bei den Arbeitnehmern die Absicht, nach Beendigung des Streiks die Arbeit wieder aufzunehmen.

Bevor eine Gewerkschaft einen Streik vorbereitet und ausruft, erfolgt unter den betreffenden Gewerkschaftsmitgliedern eine **Urabstimmung.** In ihr müssen sich mindestens 75 % der Gewerkschaftsmitglieder in geheimer Wahl für den Streik aussprechen, damit der Vorstand der Gewerkschaft den Streik ausrufen kann.

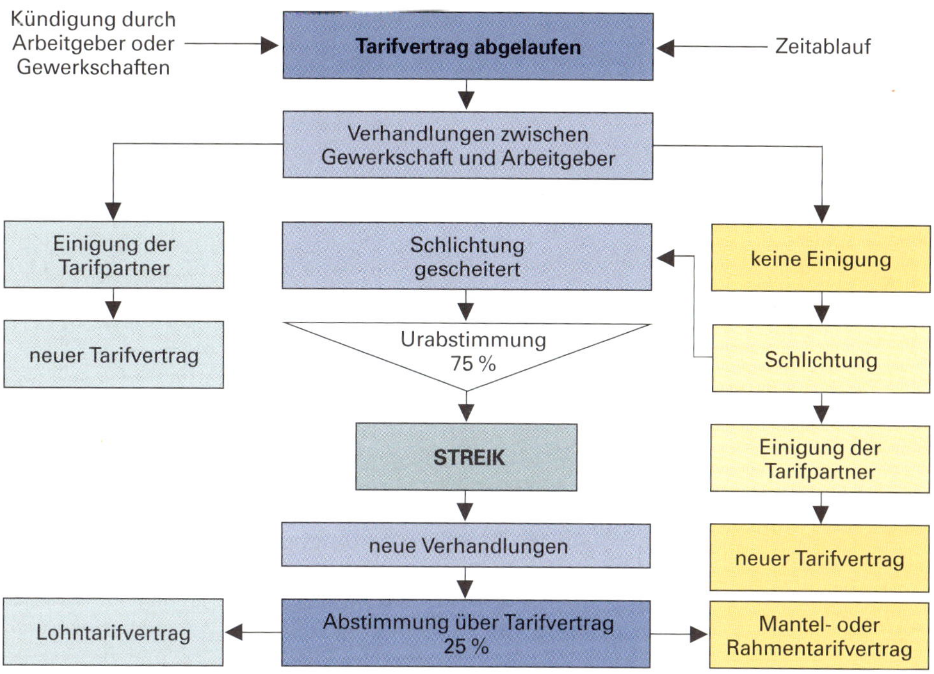

Während des Streiks verhandeln die sozialen Gegner weiter. Kommt es zu einem Kompromiss, müssen 25 % der betroffenen Gewerkschaftsmitglieder diesem zustimmen, damit er als Tarifvertrag Gültigkeit hat.

Vom **Teilstreik** sprechen wir, wenn in einem Betriebsteil gestreikt wird, von einem **Schwerpunktstreik** dann, wenn in einzelnen Betrieben eines Wirtschaftszweiges (z. B. der Stahlindustrie) gestreikt wird.

1.5.3 Die Aussperrung

Die Aussperrung besteht in dem Ausschluss der Arbeitnehmer von der Arbeit mit der Absicht, die Arbeitnehmer nach Beendigung des Arbeitskampfes zur Arbeitsleistung wieder zuzulassen.

Die bestreikten Arbeitgeber sind berechtigt auf einen Streik mit der **Abwehraussperrung** zu reagieren. Geht die Initiative zur Aussperrung von den Arbeitgebern aus, spricht man von einer **Angriffsaussperrung.**

Anders als beim Streik ist die **Aussperrung umstritten.** Die **Gewerkschaften** bezweifeln, dass die Aussperrung verfassungsmäßig zulässig ist. Andere Meinungen besagen, dass die Abwehraussperrung verfassungsrechtlich gewährleistet ist, weil die Arbeitgeber bei Teil- und Schwerpunktstreiks entsprechende Kampfmittel benötigen. Dagegen sind **Angriffsaussperrungen,** die das Ziel verfolgen,

- übertarifliche Löhne, die auf den Allgemeinen Arbeitsbedingungen beruhen, herabzusetzen,
- einen Tarifvertrag zu schlechteren als den bisherigen Bedingungen abzuschließen,

verfassungsrechtlich umstritten.

1.5.4 Wirkungen des Arbeitskampfes

Ein Streik berührt **nicht den Bestand des Arbeitsverhältnisses,** ebenso wenig führt eine darauf folgende Abwehraussperrung zur Entlassung der Arbeitnehmer. Das Arbeitsverhältnis wird **suspendiert** (zeitweilig außer Kraft gesetzt) und die beiden Hauptpflichten (Arbeitsleistung, Lohnzahlung) ruhen. **Das bedeutet, dass für die Dauer des Arbeitskampfes**

- ***die Arbeitnehmer keinen Anspruch auf Lohn haben,***
- ***die Gewerkschaftsmitglieder Streikunterstützung erhalten (ca. 2/3 v. Bruttolohn),***
- ***die Arbeitnehmer kein Arbeitslosengeld erhalten (bei Bedürftigkeit Sozialhilfe),***
- ***die Arbeitnehmer keine Lohnfortzahlung wegen Krankheit erhalten,***
- ***das Recht der Arbeitnehmer auf Urlaub entfällt,***
- ***die gesetzliche Krankenversicherung bestehen bleibt (beitragsfreies Versicherungsverhältnis). Obwohl also keine Pflichtbeiträge zu zahlen sind, bleibt der Arbeitnehmer voll krankenversichert und hat Anspruch auf Krankengeld,***
- ***die Mitgliedschaft zur Rentenversicherung bestehen bleibt. Die Dauer des Arbeitskampfes ist weder Beitrags- noch Ausfallzeit. Nachteilig auf die Anzahl der Versicherungsjahre wirkt sich allerdings nur aus, wenn der Arbeitskampf länger als 1 Monat dauert.***

Ist der Arbeitskampf beendet, ist der Arbeitgeber verpflichtet die Arbeitnehmer weiterzubeschäftigen, es sei denn, er reagiert mit einer Aussperrung. In den meisten Fällen enthält der Tarifvertragsabschluss ohnehin eine Wiedereinstellungsklausel.

Zusammenfassung

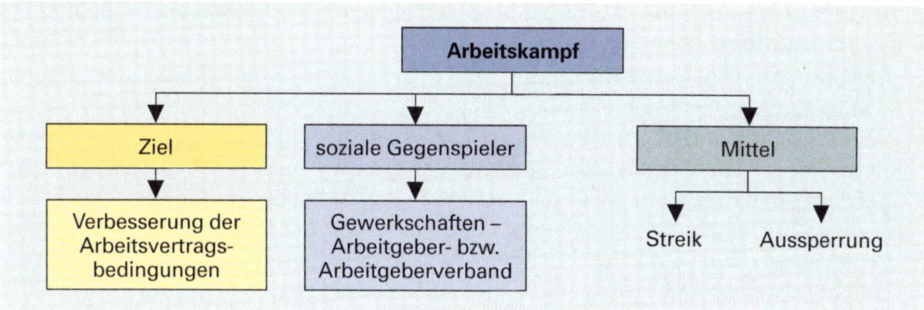

Aufgaben

1. Was ist ein Streik und welche Arten kennen Sie?
2. Ist der Betriebsrat berechtigt die Belegschaft zum Streik aufzurufen?
3. Welche Voraussetzungen müssen erfüllt sein, damit eine Gewerkschaft einen Streik ausrufen kann?
4. Warum sind wilde und politische Arbeitskämpfe rechtswidrig?
5. Worin unterscheidet sich die Abwehraussperrung von der Angriffsaussperrung?
6. Welche Wirkungen hat der Arbeitskampf auf das Arbeitsverhältnis?

1.6 Mitwirkung und Mitbestimmung der Arbeitnehmer

1.6.1 Das Betriebsverfassungsgesetz (BetrVG)

Die Demokratisierung der Gesellschaft darf nicht vor der Berufs- und Arbeitswelt Halt machen. Deshalb erließ der Gesetzgeber das BetrVG, das dem Arbeitnehmer über den Betriebsrat Mitbestimmungs- und Mitwirkungsrechte im Betrieb in sozialen, personellen und wirtschaftlichen Angelegenheiten einräumt.

Der Betriebsrat

Wahl (§ 7 BetrVG)	**Zusammensetzung** (§ 9 BetrVG)	**Amtszeit** (§ 21 BetrVG)
Alle Arbeitnehmer, die das 18. Lebensjahr vollendet haben, sind wahlberechtigt. Sofern sie 6 Monate dem Betrieb angehört haben, sind sie zum Betriebsrat wählbar.	Betriebe mit 5 – 20 wahlberechtigten Arbeitnehmern erhalten einen Betriebsobmann, Betriebe mit 21 – 50 Arbeitnehmern erhalten 3 Mitglieder des Betriebsrates, darüber hinaus kommt es auf die Anzahl der Arbeitnehmer an.	Sie beträgt 4 Jahre. Die Wahlen finden alle 4 Jahre in der Zeit vom 1. März bis 31. Mai eines Jahres statt.

Die **Neufassung** des BetrVG setzt folgende **Schwerpunkte:**

- Mit einem **vereinfachten Wahlverfahren** soll besonders für **Kleinbetriebe** die Bildung eines Betriebsrates vereinfacht werden.
- **Arbeiter** und **Angestellte** wählen die Betriebsratsmitglieder nicht mehr in getrennten Wahlgängen, sondern **gemeinsam.**
- Wahlberechtigt sind jetzt auch **Leiharbeiter.** Voraussetzung für ihr Wahlrecht ist, dass sie seit mindestens drei Monaten im Betrieb beschäftigt sind.
- **Stärkung der Position** von **Frauen** und von **Jugendlichen** im Betrieb. Frauen und Männer müssen entsprechend ihrem Gesamtanteil an der Belegschaft im Betriebsrat vertreten sein. Eine **Quote** für den Anteil der Geschlechter ist damit vorgeschrieben.
- Die Aufgaben des Betriebsrates werden erweitert um seine Einbeziehung in Fragen des **Umweltschutzes,** bei **Weiterbildungsmaßnahmen** und bei Aufgaben der **Integration von ausländischen Mitarbeitern.**

In Betrieben ab 200 Arbeitnehmern ist mindestens ein Betriebsrat freizustellen. Die genaue Anzahl der freizustellenden Betriebsratsmitglieder hängt auch von der Anzahl der Arbeitnehmer ab.

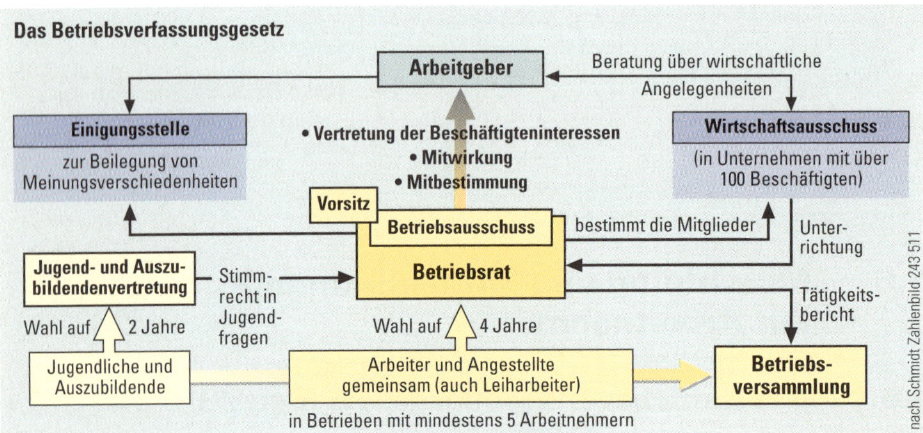

Das Gebot der Zusammenarbeit verpflichtet Arbeitgeber und Betriebsrat (§ 2 Abs. 1 BetrVG) trotz ihrer natürlichen Interessengegensätze vertrauensvoll und zum Wohle des Betriebs (z. B. Erhaltung der Marktstellung, Konkurrenzfähigkeit) zusammenzuarbeiten. Die Bestimmungen des Tarifvertrages sind dabei selbstverständlich zu beachten. Der **Vorrang der Tarifautonomie** äußert sich z. B. darin, dass

- **Arbeitsentgelte** und sonstige **Arbeitsbedingungen,** die durch Tarifvertrag geregelt sind, nicht Gegenstand einer Betriebsvereinbarung zwischen Arbeitgeber und Betriebsrat sein können (allerdings kann der Tarifvertrag ergänzende Betriebsvereinbarungen gestatten),
- in **sozialen Angelegenheiten** der Betriebsrat nur **dann** mitbestimmen kann, sofern dafür **keine tarifliche Regelung** besteht (z. B. Einführung von Kurzarbeit).

Arbeitgeber und Betriebsrat sollen sich mindestens einmal im Monat zu einer Besprechung zusammenfinden. Können sie über streitige Fragen keine Einigung erzielen, so ist die betriebliche Einigungsstelle (vgl. § 76 BetrVG) anzurufen. Neben den besonderen Mitwirkungs- und Mitbestimmungsrechten hat der Betriebsrat zunächst einen **allgemeinen Aufgabenbereich** zu erfüllen:

- Er überwacht die Einhaltung der zugunsten der Arbeitnehmer geltenden Gesetze, Unfallverhütungsvorschriften, Tarifverträge, Betriebsvereinbarungen.
- Er nimmt Anregungen der Arbeitnehmer und der Jugend- und Auszubildendenvertretung entgegen und prüft sie. Sollten sie berechtigt sein, versucht er beim Arbeitgeber ihre Verwirklichung.
- Er widmet seine besondere Aufmerksamkeit der Eingliederung Schwerbehinderter und anderer schutzbedürftiger Arbeitnehmer sowie ausländischer Arbeitnehmer im Betrieb und der Beschäftigung älterer Arbeitnehmer.

Damit der Betriebsrat seine gesetzlichen Aufgaben durchführen kann, muss er vom Arbeitgeber **rechtzeitig** und **umfassend unterrichtet** werden. Die erforderlichen Unterlagen sind ihm dafür auszuhändigen (die Schutzvorschriften des Datenschutzes greifen nicht, vgl. § 80 Abs. 2 BetrVG). Betriebsräte sind vom Arbeitgeber mit den Geräten der modernen Informations- und Kommunikationstechnik auszustatten.

Mitwirkung und Mitbestimmung des Betriebsrates

Mitwirkung	**Mitbestimmung**
Der Arbeitgeber hat den Betriebsrat zu unterrichten bzw. anzuhören oder zur Beratung hinzuzuziehen. Die Entscheidung trifft allein der Arbeitgeber.	Der Arbeitgeber benötigt für eine Entscheidung die Zustimmung des Betriebsrates.

in

sozialen Angelegenheiten	**personellen Angelegenheiten**	**wirtschaftlichen Angelegenheiten**
z. B. Betriebsordnung, Arbeitszeit, Urlaub, Arbeitsschutz, Unfallschutz, Arbeitssicherheit, Sozialeinrichtungen, Entlohnung	z. B. Einstellung, Auswahl, Personalplanung, Personalbeurteilung, Versetzung, Umgruppierung, Berufsbildung, Entlassung, Kündigung, Weiterbildungsmaßnahmen, Durchführung von Gruppenarbeit	z. B. wirtschaftliche Lage des Unternehmens, Produktions- und Absatzlage, Rationalisierungsvorhaben, Einführung neuer Arbeitsmethoden, Einschränkung und Stilllegung bzw. Verlegung des ganzen Betriebes oder wesentlicher Teile

Außerdem muss der Unternehmer den Betriebsrat in alle **umweltschutzrelevanten** Fragen und Untersuchungen einbeziehen.

Die Abstufung der **Rechte** geht aus folgender Übersicht hervor:

Was der Arbeitgeber beachten muss

Mitbestimmung im engeren Sinne	**Der Betriebsrat bestimmt mit**	Arbeitgeber und Betriebsrat haben ein gleichberechtigtes Initiativrecht. Sie können Entscheidungen nur gemeinsam treffen. Bei unüberbrückbaren Meinungsverschiedenheiten entscheidet die Einigungsstelle. Beispiele: Arbeitszeit, Sozialplan, Lohngestaltung
	Der Betriebsrat muss zustimmen	Der Arbeitgeber darf eine Maßnahme nur mit Einverständnis des Betriebsrats durchführen. Der Betriebsrat hat aber kein Recht zur Durchsetzung eines Alternativvorschlages. Beispiele: Einstellungen, Versetzungen, Ein- und Umgruppierungen

Was der Arbeitgeber beachten muss

Mitwirkung		
	Der Betriebsrat muss mitberaten	Arbeitgeber und Betriebsrat erörtern eine Angelegenheit in einem gemeinsamen Gespräch. Beispiele: Gestaltung von Arbeitsplatz, Arbeitsablauf und Arbeitsumfang
	Der Betriebsrat muss angehört werden	Arbeitgeber teilt dem Betriebsrat seine Absichten mit und fordert den Betriebsrat unter Fristsetzung zur Stellungnahme auf. Beispiel: Entlassungen
	Der Betriebsrat muss informiert werden	Der Arbeitgeber teilt dem Betriebsrat anhand von Unterlagen seine Pläne mit. Beispiel: Personalplanung

Quelle: Horst-Udo Niedenhoff, Mitbestimmung in der Bundesrepublik Deutschland, 12. Auflage, Deutscher Instituts-Verlag, Köln. Institut der deutschen Wirtschaft Köln

Eine wichtige **Aufgabe des Betriebsrates** ist zwischen Arbeitgeber und Arbeitnehmern bei betrieblichen Konflikten **zu vermitteln** und **auszugleichen.**

Die Mitwirkung des Betriebsrates bei Kündigungen nach § 102 BetrVG

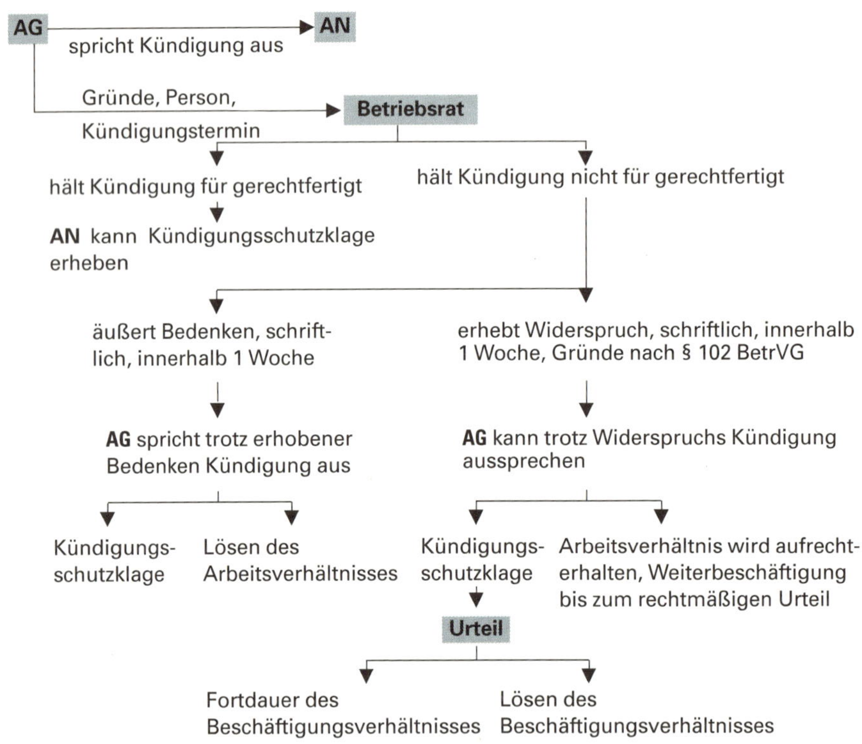

Die Belange der jugendlichen Arbeitnehmer gegenüber dem Betriebsrat und dem Arbeitgeber werden von der **Jugend- und Auszubildendenvertretung** wahrgenommen. Insbesondere betrifft dies Fragen der Berufsausbildung sowie die Einhaltung von Vorschriften und Gesetzen, welche die jugendlichen Arbeitnehmer betreffen (JArbSchG). Die Jugend- und Auszubildendenvertretung kann 1 Vertreter in die Betriebsratssitzungen entsenden und hat bei Abstimmungen, welche die jugendlichen Arbeitnehmer betreffen, volles Stimmrecht.

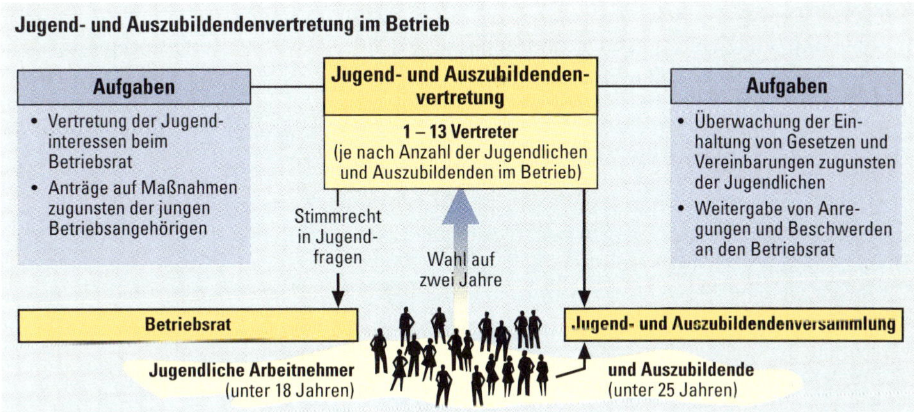

nach: Schmidt, Zahlenbild 243 513

Die Betriebsvereinbarung

Arbeitgeber und Betriebsrat können Rechte und Pflichten aus dem Arbeitsverhältnis regeln.

Werden derartige Vereinbarungen schriftlich niedergelegt, von beiden Seiten unterzeichnet und im Betrieb an geeigneter Stelle ausgelegt, so handelt es sich um Betriebsvereinbarungen (§ 77 BetrVG).

„Arbeitsentgelte und sonstige Arbeitsbedingungen, die durch Tarifvertrag geregelt sind oder üblicherweise geregelt werden, können nicht Gegenstand einer Betriebsvereinbarung sein" (§ 77 Abs. 3 BetrVG), es sei denn, der Tarifvertrag lässt dies ausdrücklich zu.

In den meisten Fällen regelt die Betriebsvereinbarung

- **Arbeitsbedingungen,** z. B. Beginn und Ende der Arbeitszeit,
- **Arbeitsordnung,** z. B. Benutzung von Umkleide- und Waschräumen, Kontrollmaßnahmen, Verfahren bei Krankmeldungen, Rauchverbote, Parkplatzbenutzung.

Betriebsvereinbarungen gelten für **alle** Arbeitnehmer zwingend. Durch einen Arbeitsvertrag darf also ein Arbeitnehmer nicht schlechter gestellt werden.

Eine Betriebsvereinbarung kann mit einer Frist von drei Monaten ohne besonderen Grund gekündigt werden. Es sei denn, dass etwas anderes vereinbart wurde.

Zusammenfassung

1. Das Betriebsverfassungsgesetz regelt die Zusammenarbeit zwischen Arbeitgeber und Arbeitnehmer.
2. Der Betriebsrat wird von allen Arbeitnehmern, die das 18. Lebensjahr vollendet haben, gewählt. Seine Amtszeit beträgt 4 Jahre.
3. Zum Betriebsrat können alle Arbeitnehmer, die 6 Monate dem Betrieb angehört haben, gewählt werden.
4. Zu seinen Aufgaben gehört
   - bei unterschiedlichen Interessen zwischen Arbeitgeber und Arbeitnehmern zu vermitteln und auszugleichen.
   - Gesetze und Betriebsvereinbarungen zu überwachen.
   - in sozialen, personellen und wirtschaftlichen Angelegenheiten mitzuwirken und mitzubestimmen.

Aufgaben

1. Die Lohn- und Gehaltsbuchhaltung wird auf ein neues EDV-System umgestellt. Einem 35-jährigen Angestellten, der dort seit 10 Jahren beschäftigt wird, ist fristgemäß gekündigt worden, weil der Arbeitgeber glaubt, dass der Angestellte sich nicht mehr auf das neue System einstellen kann. Er beabsichtigt einen jungen Arbeitnehmer mit EDV-Erfahrung einzustellen. Der Lohnbuchhalter weist den Arbeitgeber bei der Kündigung darauf hin, dass er sich auf speziellen Kursen EDV-Kenntnisse aneignen möchte und erhebt Kündigungseinspruch beim Betriebsrat. Was muss bzw. kann der Betriebsrat tun?
2. Suchen Sie anhand der angegebenen Paragrafen aus dem BetrVG die Mitbestimmungsrechte des Betriebsrates heraus.
3. Stellen Sie eine Auswahl von Angelegenheiten zusammen, bei denen der Betriebsrat nur mitwirken kann.
4. Führen Sie Gespräche vor Ort: Lassen Sie sich von Betriebsräten über deren Erfahrungen mit der innerbetrieblichen Mitbestimmung berichten.
5. Bewerten Sie die Praxis: Welche Funktion muss der Klassen- oder Schulsprecher bzw. der Betriebsrat erfüllen, um den Erwartungen und Interessen der Schülerschaft/Arbeitnehmerschaft gerecht zu werden?

1.6.2 Die Mitbestimmung (Unternehmensverfassungsrecht)

Während das Betriebsverfassungsgesetz die Zusammenarbeit zwischen Arbeitgeber und Arbeitnehmern im Betrieb regelt, befasst sich die Mitbestimmung mit der Beteiligung der Arbeitnehmer an der Leitung des Unternehmens (außerbetriebliche Unternehmensmitbestimmung).

Die Notwendigkeit der Mitbestimmung wird damit begründet, dass in einer Wirtschaftsordnung der Arbeitnehmer nicht vornehmlich Objekt fremder Entscheidungen sein darf. Er muss das Recht haben, an unternehmerischen Entscheidungen, die seinen Lebensbereich berühren, beteiligt zu werden.

365242

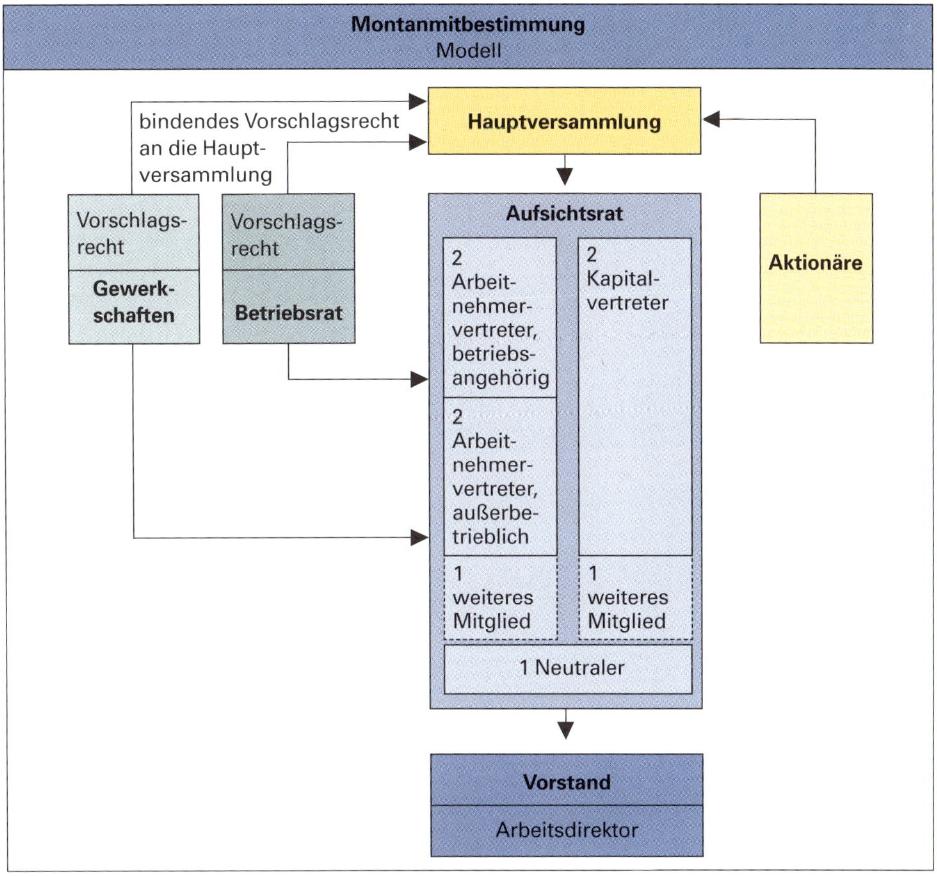

aus: Mitbestimmung, Hrsg.: Bundesminister für Arbeit und Sozialordnung

Die Montanmitbestimmung (Montanmitbestimmungsgesetz)

Geltungsbereich: Sie findet Anwendung auf Unternehmen der Montanindustrie (Bergbau, Eisen und Stahl erzeugende Industrie), die in der Rechtsform einer Aktiengesellschaft, einer Gesellschaft mit beschränkter Haftung oder einer Kommanditgesellschaft auf Aktien betrieben werden und mehr als 1000 Arbeitnehmer haben.

Der **neutrale Mann** soll als 11. Mitglied (15. bzw. 21. Mitglied bei größeren Aufsichtsräten) im paritätisch besetzten Aufsichtsrat Stimmengleichheit verhindern. Er muss bei der Bestellung das Vertrauen aller Beteiligten besitzen.

Der **Arbeitsdirektor** kann nicht gegen die Stimmen der Mehrheit der Arbeitnehmervertreter im Aufsichtsrat bestellt werden. Er muss also das Vertrauen der Arbeitnehmervertreter besitzen. Mit dem Arbeitsdirektor sollen die Arbeitnehmer eine weitere Möglichkeit erhalten auf die Unternehmensentscheidungen Einfluss zu nehmen. Zu seinem Arbeitsgebiet gehören insbesondere

- die Personalabteilung, menschengerechte Arbeitsgestaltung, Leistung und Lohn, Arbeitssicherheit, Tariffragen.

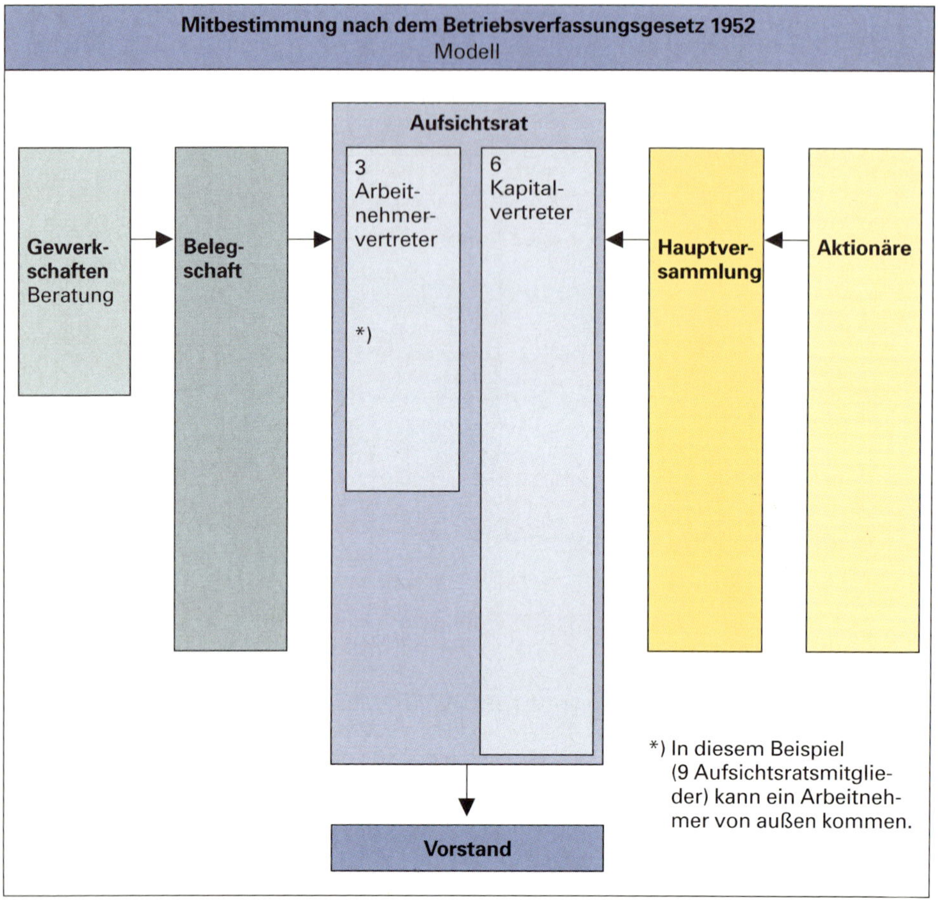

aus: Mitbestimmung, Hrsg.: Bundesminister für Arbeit und Sozialordnung

Die Eindrittelbeteiligung (BetrVG 1952)

Geltungsbereich: Sie gilt für Unternehmen, die mehr als 500 und weniger als 2000 Arbeitnehmer beschäftigen und in einer der folgenden Rechtsformen betrieben werden:

- Aktiengesellschaft
- Kommanditgesellschaft auf Aktien
- Gesellschaften mit beschränkter Haftung
- Erwerbs- und Wirtschaftsgenossenschaften

Mitbestimmungsgesetz von 1976

Geltungsbereich: Es gilt für Unternehmen, die mehr als 2000 Arbeitnehmer beschäftigen und in der Rechtsform einer

- Aktiengesellschaft,
- Kommanditgesellschaft auf Aktien,
- Gesellschaft mit beschränkter Haftung,
- Erwerbs- und Wirtschaftsgenossenschaft betrieben werden.

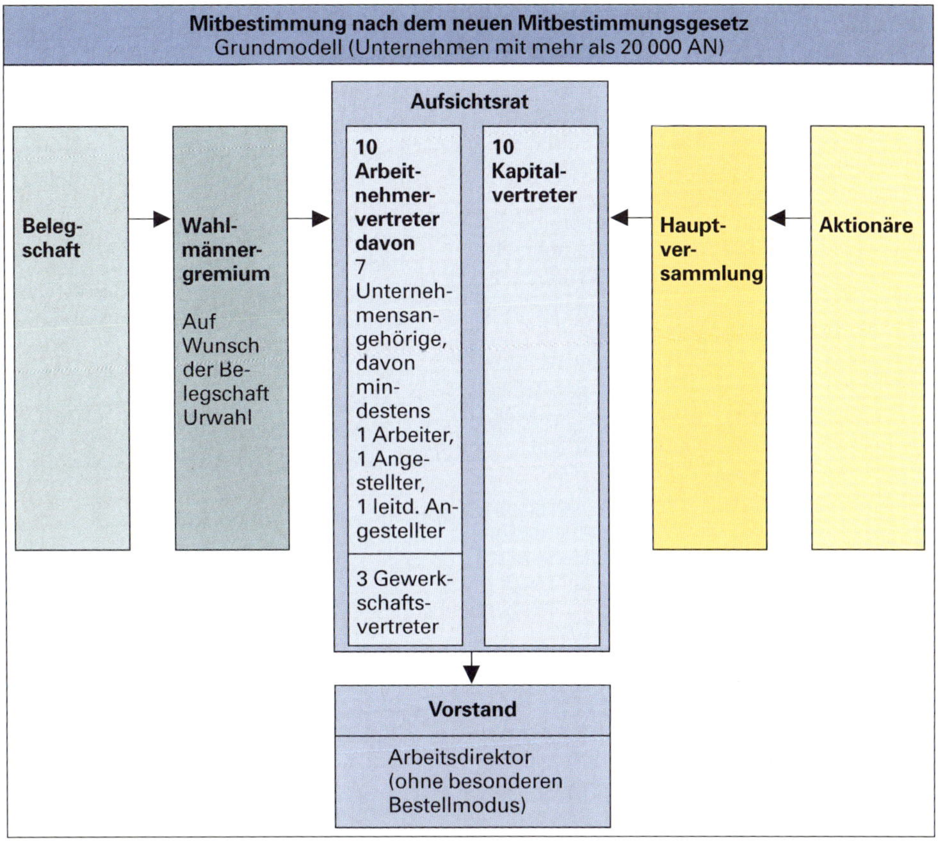

aus: Mitbestimmung, Hrsg.: Bundesminister für Arbeit und Sozialordnung

Zusammensetzung des Aufsichtsrates

Der Aufsichtsrat wird mit der gleichen Zahl von Anteilseignern und Arbeitnehmern besetzt:

in Unternehmen mit

bis zu 10 000 Arbeitnehmern im Verhältnis 6 : 6	bis zu 20 000 Arbeitnehmern im Verhältnis 8 : 8	mehr als 20 000 Arbeitnehmern im Verhältnis 10 : 10

je 2 Sitze für Gewerkschaftsvertreter

Die **volle** paritätische[1] Mitbestimmung ist nicht erreicht, weil die Anteilseigner den Aufsichtsratsvorsitzenden stellen und dieser mit einem doppelten Stimmrecht ausgestattet ist. Das bedeutet, dass bei Stimmengleichheit die Kapitalseite den Ausschlag gibt. Auf der Arbeitnehmerbank (4, 6 oder 7 Sitze) nehmen Arbeiter, Angestellte sowie leitende Angestellte entsprechend ihrem Anteil an der Gesamtbelegschaft Platz, jedoch ist ihnen mindestens 1 Sitz garantiert.

1 pari = gleich

Pro- und Contraargumente zur Mitbestimmung

Pro (Arbeitnehmerargumente)

- Arbeitnehmer und Anteilseigner müssen in der Unternehmensleitung gleichberechtigt und gleichgewichtig sein.
- Unsere Wirtschaftskraft beruht u. a. auf der Bereitschaft der Arbeitnehmer und der Gewerkschaften, mit den Unternehmern zusammenzuarbeiten. Faire Zusammenarbeit kann nur auf der Grundlage der Mitbestimmung gedeihen.
- Unternehmerische Entscheidungen berühren auch die Lebensinteressen der Arbeitnehmer; deshalb darf ihre demokratische Mitsprache nicht ausgeschlossen sein.
- Die Mitbestimmung verbessert die Leistung des Arbeitnehmers, weil er ein größeres Interesse am Unternehmen hat und er mitbestimmungsberechtigter Partner ist.
- Die Mitbestimmung macht den Arbeitsplatz sicherer und schützt vor der Willkür des Arbeitgebers.

Contra (Arbeitgeberargumente)

- Die Gewerkschaften haben durch die Mitbestimmung in den Aufsichtsräten, durch das Auftreten als Tarifpartner und durch die Interessenvertretung der Arbeitnehmer mehr Gewicht als die Kapitalseite.
- Die Mitbestimmung lähmt die unternehmerische Tätigkeit und gewährleistet keine zügigen Entscheidungen. Die Gewerkschaften verfolgen bei Entscheidungen ihre eigenen Interessen.
- Ein Unternehmen lässt sich nicht nach demokratischen Spielregeln führen. Die Arbeitnehmer können ihre Anliegen über die Parteien und das Parlament geltend machen.
- Die Arbeitnehmer wollen und können nicht die Verantwortung im Unternehmen übernehmen. Die Unternehmer müssen für die Richtigkeit der getroffenen Entscheidungen allein geradestehen.
- Die Gesetze des Arbeitsrechts und die Sozialgesetzgebung sichern den Arbeitnehmer umfassend ab.

Zusammenfassung

Die Mitbestimmungsgesetze regeln die Beteiligung der Arbeitnehmer an der Leitung des Unternehmens.

Mitbestimmung

Gesetz über die Mitbestimmung der Arbeitnehmer in den Aufsichtsräten und Vorständen der Unternehmen des Bergbaus und der Eisen und Stahl erzeugenden Industrie von 1951 (Montanmitbestimmungsgesetz)	Betriebsverfassungsgesetz von 1952	Gesetz über Mitbestimmung der Arbeitnehmer von 1976 (Mitbestimmungsgesetz)
↓	↓	↓
paritätisch besetzter Aufsichtsrat mit einem Arbeitsdirektor als Vorstandsmitglied	Eindrittelbeteiligung der Arbeitnehmer im Aufsichtsrat	paritätisch besetzter Aufsichtsrat mit einem Arbeitsdirektor als Vorstandsmitglied und mit Sonderstellung der leitenden Angestellten

365246

Aufgaben

1. Nehmen Sie Stellung zu den Pro- und Contraargumenten zur Mitbestimmung. Welche sind Ihrer Meinung nach überzeugend?
2. Suchen Sie weitere Argumente der Arbeitnehmer- und Unternehmerseite zur paritätischen Mitbestimmung.
3. Welche Auswirkungen hat das Doppelstimmrecht des Aufsichtsratsvorsitzenden **(Mitbestimmungsgesetz 1976)** und wie ist die Rolle des „neutralen Mannes“ **(Montanmitbestimmung)** zu bewerten?
4. Wo werden Ihrer Ansicht nach die Interessen der Arbeitnehmer am stärksten vom wirtschaftlichen Handeln und Denken berührt und wo sollte die Mitbestimmung ansetzen? Am Arbeitsplatz, im Unternehmen oder in der Gesamtwirtschaft?
5. Die überwiegende Zahl der Arbeitnehmer hat vielfältige Mitbestimmungsrechte. **Nur das Gewicht** der Mitbestimmung ist unterschiedlich. Beurteilen Sie aufgrund der folgenden Abbildung die Mitbestimmung nach qualitativen und quantitativen Gesichtspunkten.

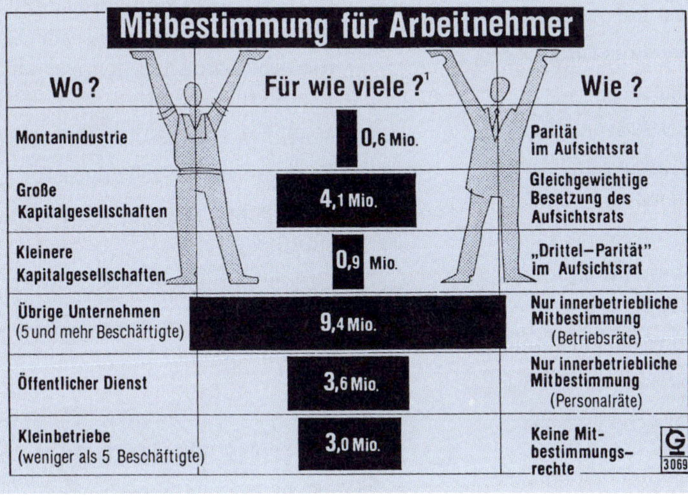

1 alte Bundesländer

1.7 Soziale Sicherung der Arbeitnehmer

1.7.1 Ziele und Probleme der Sozialversicherung

Der Mensch ist in seinem Leben Risiken wie Krankheit, Unfall, Alter und Arbeitslosigkeit ausgesetzt. In der Industriegesellschaft ist die Familie meistens nicht in der Lage, ihre Mitglieder ausreichend abzusichern. Vermögende Personen können sich gegen Gefährdungen ihrer Existenz durch ihr Kapital absichern. Bei den übrigen Personen besteht die Sicherung darin, dass sie aus einem Arbeitsverhältnis ein Einkommen beziehen.

Das Ziel der sozialen Sicherung von Millionen von Menschen muss es sein, das Arbeitsverhältnis vor Verlust, Gefährdungen oder Verhinderung der Aufnahme zu schützen.

Die **Sozialversicherung** knüpft an die Gefährdungen an, denen die Menschen als Arbeitnehmer ausgesetzt sind. Es besteht eine **gesetzliche** Versicherungspflicht. Dem Einzelnen bleibt nicht überlassen, ob er sein Leben absichert oder nicht. Die Beiträge werden nicht nach der Höhe des Risikos, sondern nach der **Höhe des Einkommens** berechnet. Trotzdem erhalten alle Versicherten die gleichen Sachleistungen **(Solidaritätsprinzip).** Der Charakter der Sozialversicherung als **Solidarversicherung** kommt u. a. darin zum Ausdruck, dass die arbeitenden Versicherten für diejenigen mitzahlen, die krank sind. Die Versicherungsgemeinschaft finanziert ebenso die Leistungen, die an die Kinder, Jugendlichen und an die Alten fließen.

1.7.2 Die Entwicklung der sozialen Sicherung

1883 Krankenversicherung für Arbeiter

1884 Unfallversicherung

1889 Invaliditäts- und Alterssicherung

1911 Angestelltenversicherung

1927 Arbeitslosenversicherung

1952 Mutterschutzgesetz

1957 Reform der Rentenversicherung

1963 Neuregelung der gesetzlichen Unfallversicherung

1969 Arbeitsförderungsgesetz

1969 Lohnfortzahlung für Arbeiter im Krankheitsfall

1971 Unfallversicherung für Schüler, Studenten und Kinder in Kindergärten

1974 Schwerbehindertengesetz

1975 Gesetz über die Krankenversicherung der Studenten

1977 Gesetz zur Dämpfung der Ausgabenentwicklung und zur Strukturverbesserung in der gesetzlichen Krankenversicherung

1984 Vorruhestandsgesetz

1985 Bundeserziehungsgeldgesetz

1989 Gesetz zur Strukturreform im Gesundheitswesen

1995 Gesetz zur Pflegeversicherung tritt in Kraft.

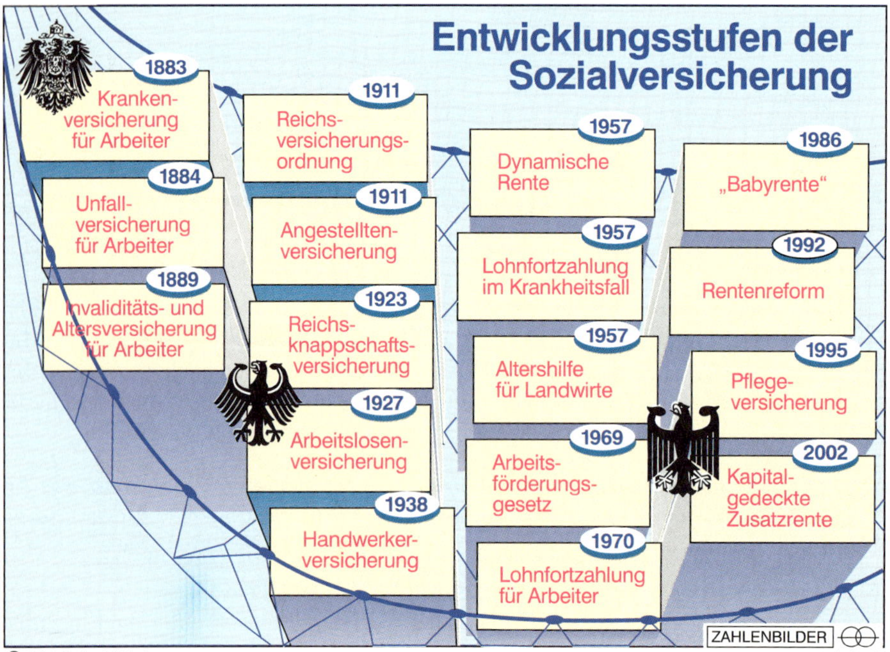

 141 508

1.7.3 Zweige der Sozialversicherung

Vier Sozialversicherungszweige gehen aus der folgenden Nettolohnabrechnung hervor.

Bruttolohn	Lohnsteuer	Solidarzuschlag	Kirchensteuer	Krankenversicherung	Rentenversicherung	Arbeitslosenversicherung	Pflegeversicherung	Gesamtabzüge	Nettolohn
1.700,00	239,16	13,15	19,13	123,25	165,75	55,25	14,45	630,14	1.069,86

Der Arbeitnehmer hat zu zahlen für

• Krankenversicherung 14,5 %	123,25 €
• Rentenversicherung 19,5 %	165,75 €
• Arbeitslosenversicherung 6,5 %	55,25 €
• Pflegeversicherung 1,7 %	14,45 €
	358,70 €

Diesen Beitrag bezeichnen wir als **Arbeitnehmerbeitrag**. Den gleichen Betrag zur Sozialversicherung zahlt der Arbeitgeber **(Arbeitgeberanteil).**

Der fünfte Zweig der Sozialversicherung ist die **Unfallversicherung.** Die Beiträge hierzu zahlt der Arbeitgeber allein.

Die **Krankenkassen** sind verpflichtet den gesamten Sozialversicherungsanteil in einer Summe einzuziehen. Sie leiten die einzelnen Beiträge an die zuständigen Versicherungszweige weiter.

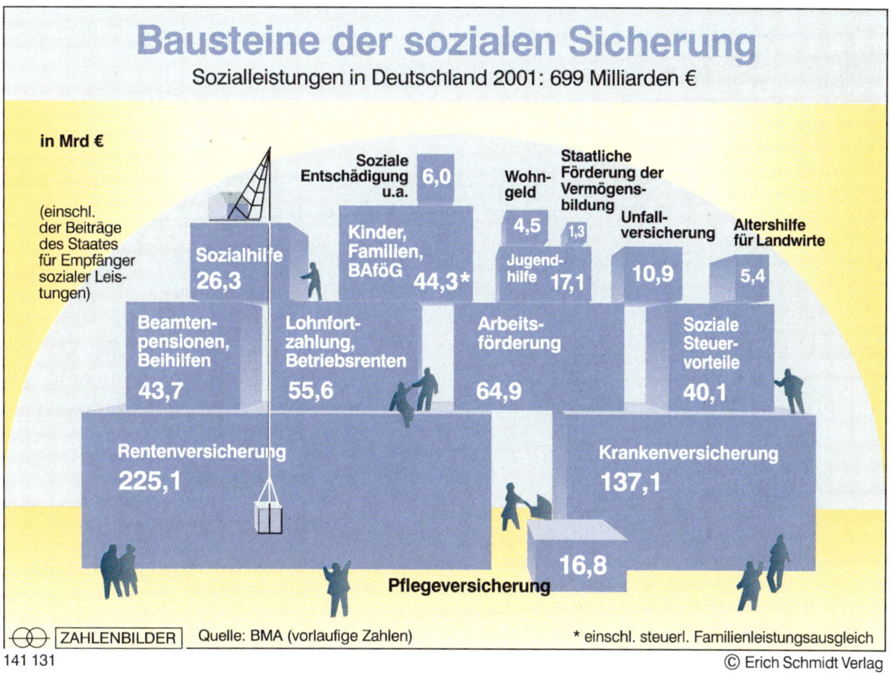

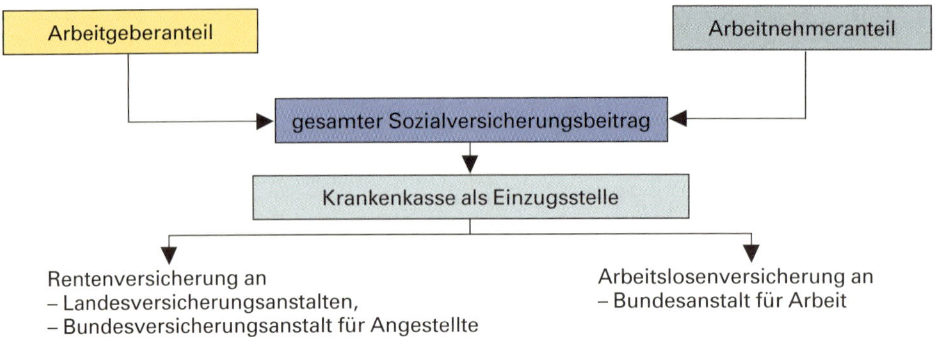

1.7.4 Die Krankenversicherung

Versicherte Personen

Arbeiter, Angestellte, Rentner, Übergangsgeldbezieher, Studierende, Arbeitslose, Landwirte, Bergleute, einige Selbstständige, Auszubildende.

Angestellte, Arbeiter und Selbstständige sind nur dann **pflichtversichert,** wenn ihr Einkommen 75 % der Beitragsbemessungsgrenze der Rentenversicherung nicht überschreitet (2003 : 75 % von 5.100,00 € = 3.825,00 €). Die Beiträge werden aber höchstens von der Beitragsbemessungsgrenze der Krankenversicherung (2003: 3.450,00 €) erhoben. Versicherungsberechtigte Personen können sich **freiwillig** versichern bzw. in eine **private** Krankenversicherung eintreten, wenn ihre Einkommen über dieser Grenze liegen.

Finanzierung

- Beiträge der Versicherten (Beitragssätze der einzelnen Krankenkassen sind verschieden, 2003: ca. 7,2 %),
- Beiträge der Arbeitgeber (ca. 7,2 %),
- Beiträge der Rehabilitationsträger und der Träger der Rentenversicherung der Arbeiter und Angestellten,

- Zuschuss des Bundes zu den Studentenbeiträgen,
- Bundesanstalt für Arbeit,
- bei **Geringverdienern** (bis zu einem monatlichen Arbeitsentgelt von 400,00 €) trägt der Arbeitgeber den Beitrag allein.

Eine geringfügige Beschäftigung bis zu einem monatlichen Arbeitsentgelt von 400,00 € ist versicherungsfrei, es sei denn, die Beschäftigung erfolgt im Rahmen einer betrieblichen Berufsausbildung. Diese ist unabhängig von der Höhe der Vergütung immer versicherungspflichtig.

Die Versicherten haben sich an den Kosten bestimmter Leistungen zu beteiligen **(Eigenbeteiligung).** Dabei handelt es sich vor allem um

- Zuzahlungen zu Arznei-, Verband- und Heilmitteln,
- Zuzahlungen zu stationären Vorsorge- und Rehabilitationsleistungen,
- Zuzahlungen zur Krankenhausbehandlung,
- den Kostenanteil bei der Versorgung mit Zahnersatz,
- Fahrtkosten.

Eine teilweise oder vollständige Befreiung von der Selbstbeteiligung gilt für Personen, die finanziell überfordert sind (z. B. Bezieher von Sozialhilfe, von Arbeitslosenhilfe, von Ausbildungsförderung).

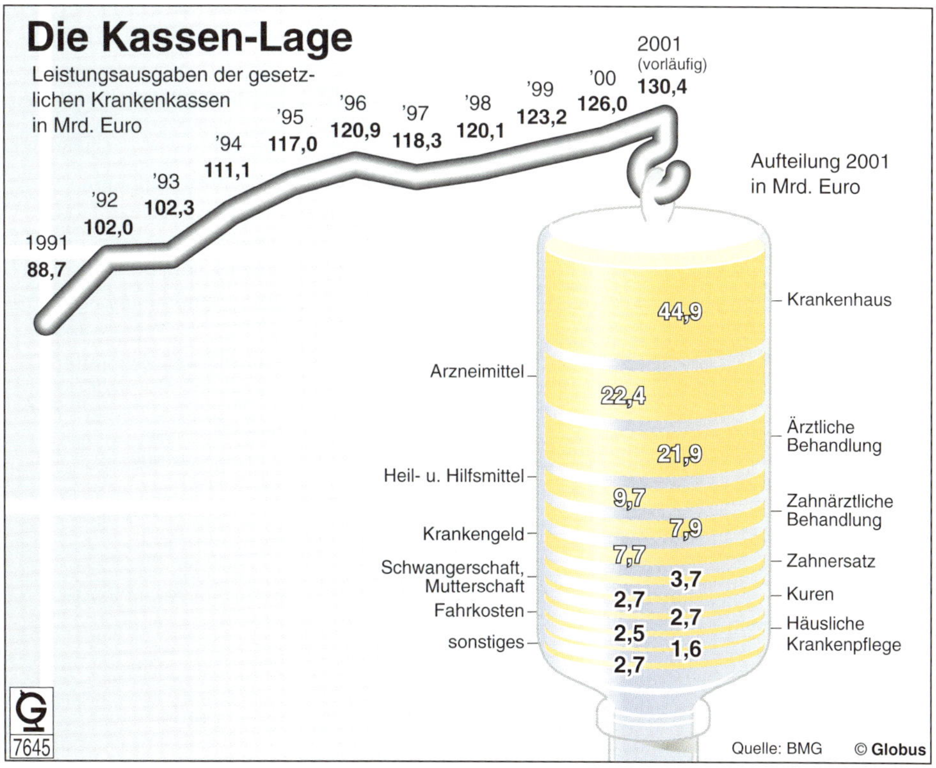

Übersicht über die Leistungen der Krankenversicherung

Aufgabenbereich	versicherungsrechtliche Bezeichnung der Leistung	Art der Ausführung
Vorsorge	Maßnahmen zur Früherkennung von Krankheiten	ärztliche Untersuchung
	Maßnahmen zur Verhütung von Krankheiten	z. B. Kuren, Impfungen, Vorsorge (z. T. Eigenbeteiligung)
Heilung von Krankheit	Krankenpflege	ärztliche und zahnärztliche Behandlung, Zahnersatz, Arznei-, Verband-, Heilmittel (z. T. Eigenbeteiligung) orthopädische Versorgung, Belastungserprobung, Arbeitstherapie
	Krankenhauspflege	stationäre ärztliche und zahnärztliche Behandlung, Zahnersatz[1] pflegerische Betreuung[1] Arznei-, Verband-, Heilmittel, orthopädische Versorgung[1] Belastungserprobung, Arbeitstherapie
	Behandlung in Kur- oder Spezialeinrichtungen	ärztliche u. pflegerische Betreuung, medizinische Versorgung (z. T. Eigenbeteiligung)
	Hauspflege	ärztliche u. pflegerische Betreuung zu Hause
	Hilfen für Genesende	Aufenthalt in einem Genesungsheim
Schwangerschaft und Entbindung	Mutterschaftshilfe	ärztliche Untersuchung u. Betreuung während der Schwangerschaft und zur Entbindung Hebammenhilfe Arznei- und Heilmittel, stationäre Entbindung und Pflege, Hauspflege Pauschbetrag bei Entbindung, einmaliges Mutterschaftsgeld
Empfängnisregelung Sterilisation, Schwangerschafts-abbruch	sonstige Hilfen	ärztliche Beratung, Untersuchung, Behandlung Arznei-, Heil-, empfängnisregelnde Mittel Krankenhauspflege
Weiterführung von Haushalt u. Betrieb, Sicherung des Einkommens, Todesfall	Haushaltshilfe Betriebshilfe Krankengeld Mutterschaftsgeld Sterbegeld	Ersatzkraft oder Übernahme der dafür angemessenen Kosten
(Schwer-) Pflegebedürftigkeit	häusliche und stationäre Pflege	Leistungen in vielschichtiger Form (1.7.7)

aus: Übersicht über die soziale Sicherung, BMi für Arbeit und Sozialordnung, Bonn

1 zum Teil Eigenbeteiligung

365252

Gewährung von Krankengeld: Es beträgt grundsätzlich 70 % des regelmäßigen Arbeitsentgelts (höchstens 90 % des Nettolohns). Das Krankengeld wird ohne zeitliche Begrenzung bezahlt, jedoch bei Arbeitsunfähigkeit wegen derselben Krankheit höchstens 78 Wochen innerhalb von 3 Jahren. Danach muss die Rente beantragt werden. Während der ersten sechs Wochen der Krankheit erhält der Arbeitnehmer 70 % seines Arbeitsentgelts vom Arbeitgeber weiterbezahlt. Alternativ kann der Arbeitnehmer eine entsprechende Anrechnung von Urlaubstagen verlangen (für 5 Krankheitstage 1 Urlaubstag). Es gilt eine Wartezeit von 1 Monat Beschäftigung.

Versicherungsträger

- Allgem. Ortskrankenkassen (AOK)
- Ersatzkassen
- Betriebskrankenkassen (BKK)
- Innungskrankenkassen (IKK)
- Bundesknappschaft
- Seekrankenkasse
- Landwirtschaftliche Krankenkasse

1.7.5 Die Rentenversicherung der Arbeiter und Angestellten

Versicherte Personen

Arbeiter, Angestellte, Auszubildende, Wehr- und Zivildienstleistende, Personen, die ein freiwilliges soziales Jahr ableisten, Arbeitslose, Entwicklungshelfer, Übergangsgeldbezieher, Behinderte, die z. B. in Berufsbildungswerken beschäftigt werden, Selbstständige **auf Antrag.**

Finanzierung

- Beiträge des Versicherten → 9,75 % }
- Beiträge des Arbeitgebers → 9,75 % } des Arbeitsverdienstes bis zur Höhe der Beitragsbemessungsgrenze 5.100,00 € bzw. 4.250,00 € in den neuen Bundesländern.
- Zuschüsse des Bundes
- Der Arbeitgeber trägt den Beitrag allein, wenn das monatliche Bruttoarbeitsentgelt des Versicherten unter der Geringverdienergrenze von 400,00 € bleibt. Selbstständige und Versicherungsberechtigte zahlen ihre Beiträge allein.

Leistungen

- Maßnahmen zur Erhaltung, Besserung, Wiederherstellung der Erwerbsfähigkeit
- Rente wegen Berufs- oder Erwerbsunfähigkeit
- Witwen-/Witwer- und Waisenrente, Renten an frühere Ehegatten
- Altersruhegeld
- Krankenversicherung der Rentner (Beitragszuschüsse)

Die Aufteilung der Rente wegen verminderter Erwerbsfähigkeit in Berufs- und Erwerbsunfähigkeitsrenten wurde ab 2001 durch eine zweistufige Erwerbsminderungsrente ersetzt.

- Eine volle Erwerbsminderungsrente erhält künftig derjenige, der weniger als 3 Stunden auf dem allgemeinen Arbeitsmarkt tätig sein kann,
- eine halbe Erwerbsminderungsrente erhält, wer zwischen 3 und weniger als 6 Stunden arbeiten kann.

Allerdings erhalten Versicherte, die am Arbeitsmarkt keinen entsprechenden Teilzeitarbeitsplatz finden, die volle Erwerbsminderungsrente. Wer noch mindestens sechs Stunden täglich arbeiten kann, bekommt keine Rente für Erwerbsminderung. Die auftretenden **Leistungsminderungen** in der Rentenversorgung sollte der Arbeitnehmer durch **private Vorsorge** ausgleichen.

Besondere Bedeutung kommt der **Altersrente** zu. Sie ist an einige Vorbedingungen gebunden.

Die Altersrente

Das Rentenzugangsalter für Frauen von 60 Jahren wird seit 2000 in jährlichen Schritten angehoben. Ab 2005 beträgt es 65 Jahre. Das Rentenzugangsalter für Männer liegt bereits seit 2002 bei 65 Jahren.

Wartezeit

Voraussetzung für die Rentengewährung ist die Erfüllung einer Mindestversicherungszeit (Wartezeit). Die allgemeine Wartezeit beträgt fünf Kalenderjahre. Sie ist Voraussetzung für die Altersrente ab Vollendung des 65. Lebensjahres, für die Rente wegen verminderter Erwerbsfähigkeit und für alle Renten wegen Todes. Die allgemeine Wartezeit ist vorzeitig erfüllt, wenn der Versicherte erwerbsunfähig wird oder stirbt.

Nach dem Gesetz zur Förderung eines gleitenden Übergangs in den Ruhestand ergeben sich folgende Möglichkeiten:

- **Altersteilzeit:** Sie ist möglich ab 55 Jahren unter Förderung des Arbeitsamtes. Die Förderung ist möglich, wenn der frei werdende Arbeitsplatz mit einem Arbeitslosen oder einem Auszubildenden wieder besetzt wird. Bei der Altersteilzeit wird die Arbeitszeit bei einem Verdienst von 70 % halbiert.
- **Früher in Rente – weniger Rente:** Dabei wird der Rentenanspruch um monatlich 0,3 % für die Zeit des früheren Rentenbeginns gekürzt. Frühester Rentenbeginn ist mit 60 Jahren.

Die **künftige Finanzentwicklung** der Rentenversicherung wird von folgenden Faktoren bestimmt:

- **Der frühe Rentenbeginn:** In den letzten zwanzig Jahren hat sich eine deutliche Vorverlagerung des Rentenbeginns gezeigt, z. B. sind aus dem Altersjahrgang 1920 nur noch rund 20 % der Frauen und Männer mit Vollendung des 65. Lebensjahres in die Altersrente gegangen. Der frühere Rentenbeginn führt einerseits zu **längeren Rentenlaufzeiten** und andererseits zu einer **höheren Anzahl von Rentnern.**
- **Die steigende Lebenserwartung:** Die Lebenserwartung der Menschen ist im letzten Jahrhundert fast ständig gestiegen. Im Jahre 1996 lag
  - die Lebenserwartung für Männer bei ca. 78,5 Jahren und
  - die der Frauen bei etwa 83,5 Jahren.

  In 25 Jahren soll die Lebenserwartung um 3,5 bzw. 4,5 Jahre gestiegen sein.
- **Die veränderte Erwerbstätigkeit:** Weil die Ausbildungsphase der Menschen sich in den letzten Jahren verlängert hat, schiebt sich auch ihr Eintritt in das Erwerbsleben hinaus.

- **Das zahlenmäßige Verhältnis zwischen Rentnern und Beitragszahlern (Rentenquotient):** Modellrechnungen zur Bevölkerungsentwicklung haben ergeben, dass die Zahl der Rentner im Verhältnis zu den Erwerbstätigen und damit den Beitragszahlern in den kommenden Jahren zunehmen wird, und zwar
  - von 50 % im Jahre 1990
  - auf 74 % im Jahre 2010
  - und 117 % im Jahre 2030.

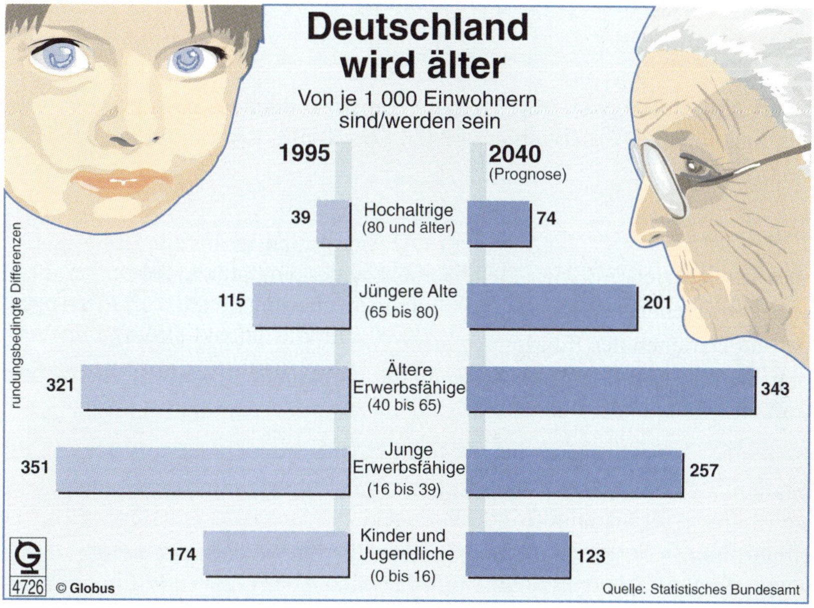

In weniger als einem Jahrhundert wird sich die Bevölkerungspyramide in Deutschland vermutlich auf den Kopf gestellt haben. Statt 35 % Kinder und Jugendliche im Jahre 1950 wird es im Jahre 2040 wohl nur noch 18 % geben. Und statt 15 Prozent Anteil der Älteren 90 Jahre später 34 Prozent.

Wenn solche Verhältniszahlen über so lange Zeiträume auch mit vielen Unsicherheiten verbunden sind, so zeigen sie doch gewisse Tendenzen auf.

Eine wichtige Aufgabe für die künftige Finanzentwicklung der Rentenversicherung wird es sein, das finanzielle Gleichgewicht zwischen der Einnahmen- und Ausgabenseite sicherzustellen.

Schwerpunkte der Rentenreform:

- **Rentendynamik** bedeutet, dass die Renten der allgemeinen Lohnentwicklung angepasst werden, aber sie werden nicht mehr stärker steigen als die **Nettolöhne.** Renten und Nettolöhne entwickeln sich also gleichgewichtig.
- Die **Anhebung der Altersgrenzen** erfolgt schrittweise vom Jahr 2000 an, bis die **Regelaltersgrenze** von **65 Jahren** wieder erreicht ist.
- Die **Beitragssätze** betragen
  - im Jahre 2003 19,5 % und
  - im Jahre 2010 voraussichtlich 21,5 %.

  Dieses Festsetzungsverfahren soll sicherstellen, dass die Einnahmen die Ausgaben decken.

Versicherungsträger

- für die Rentenversicherung der Angestellten: die Bundesversicherungsanstalt in Berlin,
- für die Rentenversicherung der Arbeiter: die Landesversicherungsanstalten.

1.7.6 Die Arbeitslosenversicherung

Versicherte Personen

Pflichtversichert sind alle Arbeiter, Angestellten und Auszubildenden. **Versicherungsfrei** sind Selbstständige, Beamte, Arbeitnehmer ab 65. Lebensjahr, Rentner wegen Erwerbsunfähigkeit.

Finanzierung

- Beiträge des Versicherten → 3,25 %
- Beiträge des Arbeitgebers → 3,25 %

} des Arbeitsverdienstes bis zur Höhe der Beitragsbemessungsgrenze der Rentenversicherung (2003: 5.100,00 € bzw. 4.250,00 € für die neuen Länder)

- Zuschüsse und Darlehen des Bundes.
- Der Arbeitgeber trägt den Beitrag allein, wenn das monatliche Arbeitsentgelt 400,00 € (Geringverdienergrenze) nicht übersteigt.

Durch die anhaltende Arbeitslosigkeit hat der Staat erhebliche

- **Mehrausgaben,** z. B. für Arbeitslosengeld bzw. -hilfe, Beiträge für die Kranken- und Rentenversicherung, für Sozialhilfe und Wohngeld,
- **Mindereinnahmen,** z. B. durch Beitragsausfälle für die Sozialversicherung, durch Entgehen von direkten Steuereinnahmen (insbesondere der Lohn- und Einkommensteuer) und indirekten Steuereinnahmen (insbesondere der Umsatzsteuer).

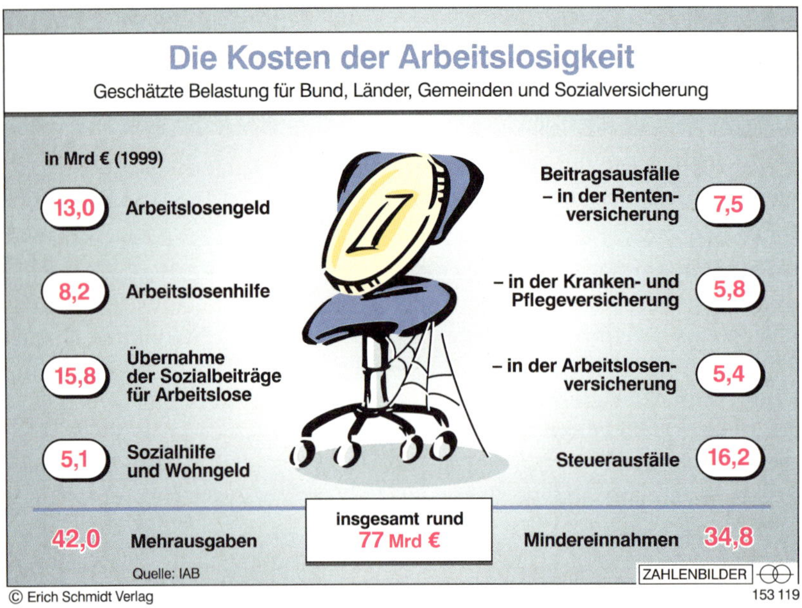

153 119

Leistungen

- **Arbeitsvermittlung,** Berufsberatung, Vermittlung von Berufsausbildungsstellen, Umschulung, berufliche Fortbildung, Leistungen zur Erhaltung und Schaffung von Arbeitsplätzen, berufliche Rehabilitation
- **Unterhaltsgeld** bei Maßnahmen zur Eingliederung in den Arbeitsprozess, berufliche Fortbildung, Umschulung
- **Kurzarbeitergeld**
- **Insolvenzausfallgeld** bei Ansprüchen auf Arbeitsentgelt für die letzten 3 Monate des Arbeitsverhältnisses vor Eröffnung des Insolvenzverfahrens
- Zahlung von Beiträgen zur **Renten-, Kranken- und Pflegeversicherung** der Arbeitslosen und für bestimmte Rehabilitanten
- **Förderung** der ganzjährigen Beschäftigung in der Bauwirtschaft (z. B. Zahlung von Schlechtwettergeld)
- **Arbeitslosengeld**
- **Arbeitslosenhilfe**

Arbeitslosengeld

Anspruch auf Arbeitslosengeld hat jeder Versicherte, der

- **arbeitslos** ist,
- der Arbeitsvermittlung zur **Verfügung** steht,
- sich beim Arbeitsamt arbeitslos **gemeldet** und Arbeitslosengeld **beantragt** hat,
- die **Anwartschaft** erfüllt hat, d. h. in den letzten drei Jahren vor der Arbeitslosenmeldung mindestens 360 Kalendertage versicherungspflichtig beschäftigt war.

Das **Arbeitslosengeld** beträgt etwa 67 % des zuvor erzielten Nettoeinkommens und wird für höchstens 32 Monate gewährt (kinderlose Empfänger erhalten nur 60 %). Es wird **versagt**, wenn der Arbeitslose seiner Meldepflicht ohne wichtigen Grund nicht nachkommt. Der Anspruch wird **gesperrt,** wenn der Arbeitslose

- das Arbeitsverhältnis selbst gelöst oder durch ein vertragswidriges Verhalten Anlass für die Kündigung gegeben hat oder
- eine vom Arbeitsamt angebotene zumutbare Arbeit nicht angenommen oder angetreten hat oder
- eine Maßnahme zur beruflichen Förderung nicht wahrgenommen hat oder abbricht.

Die Sperrzeit beträgt 12 Wochen, in den letzten beiden Fällen 8 Wochen.

Dauer des Anspruchs

Die Dauer des Anspruchs auf Arbeitslosengeld richtet sich nach der Dauer der beitragspflichtigen Beschäftigung und dem Lebensalter des Betroffenen.

Bemessungsgrundlage des Arbeitslosengeldes

Die Bemessungsgrundlage für das Arbeitslosengeld ist das durchschnittliche Arbeitsentgelt in den letzten 3 Monaten vor der Entstehung des Anspruchs auf Arbeitslosengeld. Nicht zum Arbeitslosengeld zählen Überstundenzuschläge, besondere Zuwendungen, wie z. B. Weihnachts- und Urlaubsgeld.

Arbeitslosenhilfe

Wer die Voraussetzungen für den Bezug von Arbeitslosengeld noch nicht bzw. nicht mehr erfüllt, kann für ein Jahr Arbeitslosenhilfe beantragen. Anspruch auf Arbeitslosenhilfe hat, wer

- arbeitslos ist,
- der Arbeitsvermittlung zur Verfügung steht,
- sich beim Arbeitsamt arbeitslos gemeldet hat,
- Arbeitslosenhilfe beantragt hat,
- **bedürftig** ist, d. h., das Einkommen oder Vermögen des Arbeitslosen oder seiner Familienangehörigen reicht für den Lebensunterhalt nicht aus.

Die **Arbeitslosenhilfe** beträgt etwa 57 % des zuvor erzielten Nettoarbeitsverdienstes (kinderlose Empfänger erhalten 53 %). Im Gegensatz zum Arbeitslosengeld hat die Arbeitslosenhilfe den Charakter einer Fürsorgeleistung und wird aus dem Bundeshaushalt finanziert. Beide gemeinsam werden wie die Rentenversicherung dynamisiert.

Insolvenzausfallgeld

Arbeitnehmer erhalten für die letzten 3 Monate vor Eröffnung des Insolvenzverfahrens das volle Nettoeinkommen vom Arbeitsamt bezahlt. Daneben werden die für die letzten 3 Monate fälligen Beiträge zur Krankenversicherung, Rentenversicherung, Pflegeversicherung und zur Arbeitslosenversicherung an die zuständige Stelle entrichtet.

Kurzarbeitergeld

Das Kurzarbeitergeld vergütet beschäftigten Arbeitnehmern einen Teil der Lohneinbuße, die sie durch einen vorübergehenden Arbeitsausfall innerhalb ihres Beschäftigungsbetriebes erleiden. Es dient damit gleichermaßen sozialpolitischen, arbeitsmarktpolitischen, betriebs- und wirtschaftspolitischen Zwecken:

- Der Lebensstandard des von Arbeitsausfall und damit Entgeltausfall betroffenen Arbeitnehmers wird in etwa erhalten (sozialpolitischer Zweck).
- Der Betrieb behält seine eingearbeitete Belegschaft und kann bei verbesserter Auftragslage schnellstmöglich zur früheren Produktionsauslastung zurückkehren (betriebswirtschaftlicher Zweck).
- Beschäftigungsverhältnisse werden stabilisiert, der Fortbestand vom Auftragsmangel betroffener Betriebe gesichert, zugleich bleibt die Kaufkraft des Kurzarbeiters weitgehend erhalten (volkswirtschaftlicher Zweck).

Das Kurzarbeitergeld wird bis zu 6 Monate (in Ausnahmefällen bis 24 Monate) und bis zu 63 % des ausfallenden Nettogehalts bezahlt. Arbeitnehmer mit Kindern erhalten 68 %.

Schlechtwettergeld

Es dient der Aufrechterhaltung der Beschäftigung der Bauarbeiter bei unvermeidbaren witterungsbedingten Unterbrechungen der Bautätigkeit. Schlechtwettergeld wird gewährt, wenn der Arbeitsausfall ausschließlich durch Witterungsgründe verursacht ist und an einem Arbeitstag mindestens eine Stunde der Arbeitszeit ausfällt.

Versicherungsträger

Träger der Arbeitslosenversicherung als auch der Arbeitsförderung ist die **Bundesanstalt für Arbeit** in Nürnberg. Ihr sind die Landesarbeitsämter und die Arbeitsämter angegliedert.

365258

1.7.7 Die Pflegeversicherung

Versicherte Personen

Alle Personen, die in der gesetzlichen Krankenversicherung versichert sind, und zwar sowohl die freiwillig als auch die pflichtversicherten, werden Mitglieder der **Pflegesozialversicherung. Freiwillig Versicherte** in der gesetzlichen Krankenversicherung können in einer Übergangszeit zu einer Privatversicherung wechseln. Alle **Privatkrankenversicherten** werden Mitglieder einer privaten Pflegeversicherung, die die gleichen Leistungen wie die Sozialkasse gewähren muss.

Finanzierung

Der Beitragssatz beträgt 1,7 % des beitragspflichtigen Einkommens. Die Höchstgrenze ist die Beitragsbemessungsgrenze der gesetzlichen Krankenversicherung. Die Beiträge werden von den Versicherten und den Arbeitgebern je zur Hälfte aufgebracht.

Bei **Rentnern** trägt die Rentenversicherung die Hälfte. Die Beiträge für **Arbeitslose** trägt die Bundesanstalt für Arbeit.

Unterhaltsberechtigte **Kinder** und **Ehegatten,** deren monatliches Gesamteinkommen die Geringfügigkeitsgrenze nicht übersteigt, sind im Rahmen der Familienversicherung beitragsfrei mitversichert.

Beihilfeberechtigte **Beamte** müssen für den nicht abgedeckten Rest eine Versicherung abschließen.

Zum Ausgleich der Arbeitgeberkosten haben sich viele Länder zur Streichung eines Feiertags verpflichtet, der immer auf einen Werktag fällt. Wo dies nicht möglich ist, zahlen die Arbeitnehmer den vollen Beitrag.

Leistungen

Sie richten sich danach, ob **häusliche** oder **stationäre** Pflege erforderlich ist, und nach dem **Grad der Pflegebedürftigkeit.** Den Grad der Pflegebedürftigkeit legt der medizinische Dienst fest.

Pflegestufe I: **Erheblich pflegebedürftig,** das heißt Hilfebedarf mindestens einmal täglich mit bis zu zwei Verrichtungen.

Pflegestufe II: **Schwer pflegebedürftig,** das heißt Hilfebedarf mindestens dreimal täglich zu verschiedenen Tageszeiten.

Pflegestufe III: **Schwerst pflegebedürftig,** das heißt Hilfebedarf rund um die Uhr.

Leistungen zu Hause	Leistungen stationärer Pflege
Pflegestufe I: 205,00 € Pflegegeld oder 384,00 € Sachleistungen	durchschnittlich 1.023,00 €
Pflegestufe II: 410,00 € Pflegegeld oder 921,00 € Sachleistungen	bis zu 1.279,00 € für pflegebedingte Aufwendungen
Pflegestufe III: 665,00 € Pflegegeld oder 1.432,00 € Sachleistungen	bis zu 1.432,00 € für pflegebedingte Aufwendungen

Die Pflegeversicherung

Seit dem 01.04.1995 gibt es Leistungen aus der Pflegeversicherung für die häusliche Pflege und seit dem 01.07.1996 für Pflegebedürftige in Heimen. Die Pflegeversicherung ist Pflicht für alle krankenversicherten Bürger.

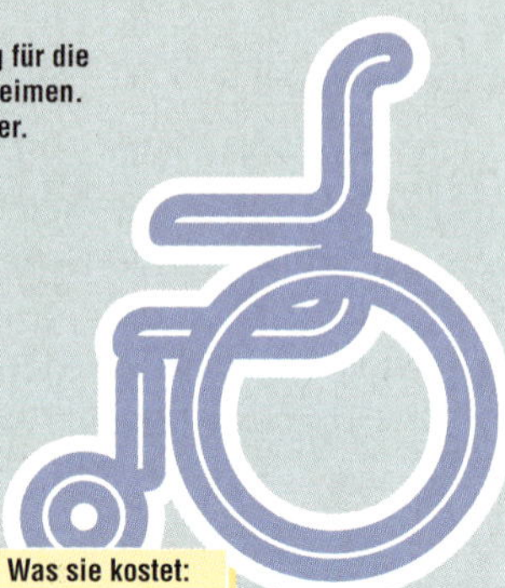

Was sie leistet:

Häusliche Pflege

	Übernahme der Kosten für ambulante Pflegedienste (Sachleistungen) monatlich	Zuschuss für pflegende Angehörige, Nachbarn oder Freunde (Geldleistung) monatlich
Pflegestufe I (erheblich Pflegebedürftige; mind. 1,5 Std./Tag)	**384 Euro**	**205 Euro**
Pflegestufe II (schwer Pflegebedürftige; mind. 3 Std./Tag)	**921 Euro**	**410 Euro**
Pflegestufe III (Schwerstpflegebedürftige; mind. 5 Std./Tag)	**1.432 Euro**	**665 Euro**

Sach- und Geldleistungen können auch kombiniert in Anspruch genommen werden. Daneben gibt es ergänzende Leistungen bei Ausfall der Pflegepersonen, bei Tages- und Nachtpflege sowie Kurzzeitpflege.

Stationäre Pflege in Heimen	monatlich
Pflegestufe I (erheblich Pflegebedürftige; mind. 1,5 Std./Tag)	**1.023 Euro**
Pflegestufe II (schwer Pflegebedürftige; mind. 3 Std./Tag)	**1.279 Euro**
Pflegestufe III (Schwerstpflegebedürftige; mind. 5 Std./Tag)	**1.432 Euro**

Was sie kostet:

- Der Pflegeversicherungsbeitrag liegt bei **1,7 %** des Bruttoverdienstes bis zur Beitragsbemessungsgrenze von **3.450,00 Euro (2003):**
  Die eine Hälfte **(0,85 %)** zahlt der Arbeitnehmer*, maximal **29,33 Euro monatlich,** die andere Hälfte zahlt der Arbeitgeber (zum Ausgleich wurde ein Feiertag, der Buß- und Bettag, gestrichen).
  (*In Sachsen, wo kein Feiertag gestrichen wurde, übernimmt der Arbeitnehmer **1,35 %**.)
- Rentner zahlen **0,85 %** der Rente, die Rentenversicherung übernimmt die andere Hälfte.
- Beschäftigte, die freiwillig gesetzlich pflegeversichert oder privat pflichtversichert sind, erhalten einen Beitragszuschuss vom Arbeitgeber.

Quelle: BMG, AOK, BEK © **Globus** 7450

Pflegegeld und Sachleistungen können auch kombiniert in Anspruch genommen werden. Zu den Sachleistungen zählen z. B. die Pflegesätze durch ambulante Dienste. Bei der stationären Pflege trägt der Pflegebedürftige die Kosten für Unterkunft und Verpflegung.

Versicherungsträger

- Soziale Pflegeversicherung: Pflegekassen, die bei jeder **gesetzlichen Krankenkasse errichtet worden sind.**
- Private Pflegeversicherung: private Pflegeversicherungsunternehmen.

Die Höhe der Pflegeleistungen wird der Entwicklung angepasst. Wegen der dynamischen Beitragsbemessungsgrenze steigt das vorhandene Einnahmevolumen entsprechend der Lohnentwicklung. Preissteigerungen können damit ausgeglichen werden.

1.7.8 Die Unfallversicherung

Versicherte Personen

Pflichtversichert sind

- alle Arbeitnehmer und bestimmte Selbstständige während der beruflichen Tätigkeit, auf dem Weg von und zur Arbeit,

- Kinder während des Kindergartenbesuchs,
- Schüler und Studenten während des Besuchs der Schule oder Hochschule, auf dem Weg zur oder von der Schule bzw. Hochschule.

Finanzierung

Die Beiträge tragen die **Arbeitgeber allein** (für Schüler der Schulaufwandsträger). Die Höhe ist abhängig von

- dem Arbeitsverdienst aller Versicherten in dem Unternehmen und
- dem Grad der Unfallgefahr.

Leistungen

Sie beziehen sich einerseits auf die **Unfallverhütung** und andererseits darauf, die **Unfallfolgen** zu beseitigen bzw. zu mildern.

Die Unternehmen sind verpflichtet jeden Unfall zu melden. Je nach Art und Schwere des Unfalls wird von Amts wegen festgestellt, ob die Erwerbsfähigkeit wiederhergestellt werden kann oder in welcher Höhe eine Rente zu zahlen ist (bei bleibenden Schäden oder Tod des Versicherten).

147 114

Entstehen des Leistungsanspruchs

Versicherte haben Anspruch auf Leistung bei Arbeits- und Wegeunfällen und Berufskrankheiten.

- **Arbeitsunfälle,** z. B. Unfälle am Arbeitsplatz, bei Betriebsveranstaltungen, -ausflügen und Betriebssport, Botengängen, beruflichen Reisen u. a. m.
- **Wegeunfälle,** z. B. Unfälle, die sich auf dem Weg von der Wohnung des Versicherten bis zu seiner Arbeitsstätte ereignen, unabhängig von dem benutzten Verkehrsmittel;

- **Berufskrankheiten:** Voraussetzung für die Anerkennung ist ein ursächlicher Zusammenhang zwischen der versicherten Tätigkeit und der Berufskrankheit (z. B. Infektionskrankheiten beim Pflegepersonal in Krankenhäusern).

Art und Umfang der Leistungen

- **Unfallverhütung:** Die Berufsgenossenschaften erlassen **Unfallverhütungsvorschriften** und überwachen diese durch Aufsichtsbeamte. Die **Unternehmer** sind verpflichtet
  - die Arbeitsstätten, Betriebseinrichtungen, Maschinen und Werkzeuge so einzurichten, dass die Arbeitnehmer gegen Unfälle und Berufskrankheiten geschützt sind,
  - auf die Einhaltung der Unfallverhütungsvorschriften zu achten (Bekanntgabe an die Arbeitnehmer, Hinweise auf Beachtung).

Die **Arbeitnehmer** haben die Unfallverhütungsvorschriften unbedingt zu beachten.

Unternehmen, die mehr als zwanzig Mitarbeiter beschäftigen, müssen einen oder mehrere **Sicherheitsbeauftragte** bestellen. Sie unterstützen den Unternehmer bei der Durchführung des Unfallschutzes.

- **Heilbehandlung:** Dadurch sollen die Folgen eines Unfalles oder einer Berufskrankheit beseitigt oder gemildert werden, z. B. durch ärztliche und zahnärztliche Behandlung, Arznei-, Verband- und Heilmittel, Ausstattung mit Körperersatzteilen sowie stationäre Behandlung.
- **Verletztengeld:** Ist der Verletzte oder Erkrankte länger als sechs Wochen arbeitsunfähig, erhält er von der Berufsgenossenschaft das Verletztengeld bezahlt. Es wird auf die gleiche Weise wie das Krankengeld berechnet und für die Dauer der Arbeitsunfähigkeit bezahlt.
- **Berufshilfe:** Ist es auch durch Hilfen nicht möglich, dass der Verletzte seine bisherige Berufstätigkeit wieder ausführen kann, so soll er für einen anderen Beruf ausgebildet werden. Die Kosten für die Ausbildung und Umschulung übernimmt die Berufsgenossenschaft. Während der Berufshilfe erhält der Versicherte Übergangsgeld.
- **Verletztenrente:** Der Versicherte hat Anspruch auf Verletztenrente, wenn seine Erwerbsfähigkeit länger als 26 Wochen um mindestens 20 % gemindert ist. Die Höhe der Rente richtet sich nach der Erwerbsminderung und dem Jahreseinkommen. Bei der Vollrente (Erwerbsminderung 100 %) erhält der Betroffene zwei Drittel des Jahresarbeitsverdienstes.
- **Hinterbliebenenrente:** Sollte der Versicherte an den Folgen eines Unfalls oder einer Berufskrankheit gestorben sein, wird Witwenrente, Witwerrente, Waisenrente, Elternrente oder Geschiedenenrente gewährt.

Versicherungsträger sind die Berufsgenossenschaften und die Versicherungsträger der öffentlichen Hand.

Zusammenfassung

Krankenversicherung ist eine Versicherung, die dem Einzelnen und seiner Familie bei Krankheit, Mutterschaft und Tod Hilfen gewährt. Man unterscheidet Pflichtversicherte und freiwillig Versicherte. Die Beitragssätze sind unterschiedlich (durchschnittlich ca. 14,4 % des Bruttoverdienstes). Arbeitgeber und Arbeitnehmer zahlen je die Hälfte.

Rentenversicherung ist eine Versicherung, die bei Erwerbsminderung, Alter und Tod Renten gewährt. Arbeiter und Angestellte sind pflichtversichert, die freiwillige Mitgliedschaft steht jedermann offen. Der Beitragssatz beträgt 2003 19,5 % des Bruttoverdienstes und wird je zur Hälfte vom Arbeitgeber und Arbeitnehmer getragen. Freiwillig Versicherte zahlen den vollen Beitrag. Rentner sind gegen Krankheit versichert.

Arbeitslosenversicherung ist eine Versicherung, die Arbeitslosen Arbeitslosengeld oder Arbeitslosenhilfe gewährt. Daneben hat sie die Aufgabe, Arbeitsplätze zu erhalten und zu schaffen. Arbeiter und Angestellte sind pflichtversichert. Der Beitragssatz beträgt 6,5 % (2003) und wird je zur Hälfte vom Arbeitgeber und Arbeitnehmer getragen.

Pflegeversicherung ist eine Pflichtversicherung, die rund 80 Millionen Bundesbürgern Schutz vor den besonderen Belastungen bei Pflegebedürftigkeit bietet. Es gilt der Grundsatz, dass jeder bei der Kasse pflegeversichert sein muss, bei der er krankenversichert ist. Die Beiträge tragen Arbeitnehmer und Arbeitgeber je zur Hälfte. Die Leistungen richten sich nach der Pflegebedürftigkeit und beziehen sich auf die häusliche oder stationäre Pflege.

Unfallversicherung: Ihre vordringlichste Aufgabe ist die Verhütung von Unfällen. Pflichtversichert ist der überwiegende Teil der Bevölkerung. Die Beiträge zahlt allein der Unternehmer. Die Höhe ist abhängig vom Arbeitsverdienst aller Versicherten und vom Grad der Unfallgefahr des Betriebes.

Aufgaben

1. Welche Verpflichtung hat ein erkrankter Mitarbeiter gegenüber dem Arbeitgeber?
2. Zu welchem Zeitpunkt beginnt die Krankenversicherungspflicht der Arbeitnehmer?
3. Welche Personen sind zum freiwilligen Beitritt in die Krankenversicherung berechtigt?
4. Von welcher Stelle wird der Gesamtsozialversicherungsbeitrag eingezogen?
5. Unterbreiten Sie Vorschläge, wie die Kostenexplosion in der Krankenversicherung gestoppt werden kann.
6. Der kaufmännische Angestellte Uwe Sebald, 50 Jahre, hat sich von einer Infektionskrankheit nie mehr erholt. Er überlegt, wovon er leben soll, wenn er seinen Beruf aus gesundheitlichen Gründen nicht mehr ausüben kann.
7. Erklären Sie den Begriff „Rentendynamik“.
8. Welche Probleme ergeben sich bei der Sicherstellung der Rente über das Jahr 2003 hinaus? Welche Lösungsmöglichkeiten erkennen Sie?
9. Frau Kinzel, 40 Jahre alt, Hausfrau, hat seit ihrer Heirat vor 15 Jahren nicht mehr versicherungspflichtig gearbeitet. Bis zur Heirat wurden für sie 72 Pflichtmonatsbeiträge abgeführt. Hat Frau Kinzel bei Erreichen des Rentenalters Anspruch auf Altersrente? Überprüfen Sie die Möglichkeit einer freiwilligen Versicherung.
10. Gert Lüders, im 2. Jahr der Ausbildung zum Industriekaufmann, erleidet einen schweren Sportunfall, durch den er erwerbsunfähig wird. Welche Leistungen kann Gert Lüders beanspruchen?
11. Prüfen Sie, ob in einem der folgenden Fälle Erwerbsunfähigkeit vorliegt:
    - Eine Angestellte kann wegen chronischer Sehnenscheidenentzündung nicht mehr an der Schreibmaschine arbeiten. Sie ist durchaus imstande andere Arbeiten im Büro zu verrichten.
    - Ein Sachbearbeiter im Personalwesen, 45 Jahre alt, wird nach einer Operation stark gehbehindert. Er kann seine Arbeitsstelle nur noch im Pkw erreichen. Dazu ist er nach ärztlichem Gutachten auch in der Lage, außerdem hat er eine jahrelange Fahrpraxis aufzuweisen;

- wie ist der Fall zu beurteilen, wenn der Sachbearbeiter 56 Jahre alt ist und sich aufgrund seines Alters und seiner starken Kurzsichtigkeit nicht zutraut einen Führerschein zu erwerben?

12. Der Dreher Leitner, seit 25 Jahren ununterbrochen versicherungspflichtig beschäftigt, wird arbeitslos. Er möchte in seinem Beruf gern wieder arbeiten und meldet sich arbeitslos. Gleichzeitig beantragt er Arbeitslosengeld. Hat Herr Leitner Anspruch auf Arbeitslosengeld und wenn ja, für welchen Zeitraum und in welcher Höhe?
13. Wer kann Arbeitslosenhilfe beanspruchen? In welcher Höhe ist sie zu gewähren?
14. Welche Leistungen gewährt die Unfallversicherung
    - bei einem tödlichen Arbeitsunfall,
    - bei einer durch Arbeitsunfall bedingten 50%igen Erwerbsminderung des Arbeitnehmers?
15. Nennen Sie Gründe, warum die Pflegeversicherung in der Bundesrepublik Deutschland notwendig wurde.
16. Wodurch unterscheiden sich Pflegesachleistungen und Pflegegeld?
17. Welche Kosten deckt die stationäre Pflege nicht ab?

1.8 Die Einkommensteuererklärung des Arbeitnehmers

1.8.1 Das Wesen der Einkommensteuer

Unter Einkommensteuer versteht man die Steuer, die auf die Einkünfte natürlicher Personen erhoben wird.

Dabei gilt als Grundsatz, dass der einzelne Steuerpflichtige nach seiner wirtschaftlichen und damit steuerlichen Leistungsfähigkeit besteuert werden soll:

- Personen mit einem niedrigen Einkommen entrichten keine oder nur geringe Steuern.
- Personen mit einem hohen Einkommen zahlen eine höhere Steuer.

Dies führt zu folgendem Grundsatz bei der Einkommensteuer, der das Gerechtigkeitsprinzip bei der Besteuerung zum Ausdruck bringt:

Je höher das Einkommen ist, desto höher ist die Steuerbelastung.

Bei der Einkommensteuer handelt es sich um ein wirtschafts- und gesellschaftspolitisches Instrument erster Ordnung, wie folgende Beispiele zeigen:

- Ist die steuerfreie **Sozialhilfe höher als das steuerfreie Einkommen,** so stellt sich Arbeitnehmern mit einem Einkommen, das knapp über dem Sozialhilfeniveau liegt, die Frage: Lohnt es sich für mich überhaupt noch, zur Arbeit zu gehen (Problem der Steuergerechtigkeit)? Es droht ein Ausstieg in die Arbeitslosigkeit und/oder ein Abwandern in die illegale Schattenwirtschaft (Schwarzarbeit). Es kommt zu Einnahmeausfällen bei der Einkommensteuer und der Sozialversicherung.
- Ist zum Beispiel der **Spitzensteuersatz** zu hoch, so lohnt es sich für einen Spitzenverdiener (z. B. einen selbstständigen Handwerksmeister oder einen leitenden Angestellten) nicht mehr, noch mehr zu verdienen: Der Leistungswille erschlafft (Problem des Leistungsanreizes). Zugleich sinkt die Investitionsbereitschaft bei Klein- und Mittelbetrieben, da die Fähigkeit abnimmt, die Investitionen aus Gewinnen zu finanzieren (Problem der Investitionsbereitschaft).

- Eine Senkung des Spitzensteuersatzes behandelt die Arbeitnehmer mit geringem Einkommen ungerecht, da die Besteuerung nicht mehr nach dem Gerechtigkeitsprinzip erfolgt.
- Andererseits muss die Masse der Arbeitnehmer mit geringem oder mittlerem Einkommen zur Besteuerung herangezogen werden, wenn der Staat mit der Einkommensteuer ein nennenswertes Steueraufkommen erzielen will. Gleichzeitig nimmt die Zahl der Arbeitnehmer zu, die bei gleich bleibendem Steuertarif in eine immer höhere Progressionszone hineinwächst (Problem des Leistungsanreizes).
- Eine **Einkommensteuererhöhung** verringert die Massenkaufkraft und senkt damit die Nachfrage nach Konsumgütern, d. h., ein Teil der gesamtwirtschaftlichen Nachfrage fällt aus. Dies kann in Zeiten eines schwachen Wirtschaftswachstums bzw. eines Rückgangs des Wirtschaftswachstums die Wirtschaftstätigkeit negativ beeinflussen (Problem des Wirtschaftswachstums).
- Geht eine Senkung des Spitzensteuersatzes Hand in Hand mit einer Erhöhung bei den niedrigen Steuersätzen, so kommt es zu einer staatlich geförderten **Einkommensumverteilung** (Problem der gerechten Einkommensverteilung).

Die Einkommensteuerschuld entsteht am Ende eines jeden Kalenderjahres (Veranlagungszeitraum) und wird vom Finanzamt im Rahmen des Veranlagungsverfahrens festgesetzt.

Damit die Staatseinnahmen das ganze Kalenderjahr hindurch kontinuierlich fließen, werden auf die Jahresschuld Abschlagszahlungen veranlagt:

- Bei der veranlagten Einkommensteuer (Einkommensteuer der Arbeitgeber) werden **vierteljährliche Vorauszahlungen** verlangt, die im Rahmen der Steuerfestsetzung (Einkommensteuerbescheid) festgelegt werden. Der Einkommensteuerpflichtige muss den geforderten Betrag zum 10. März, 10. Juni, 10. Sept. und 10. Dez. eines jeden Jahres beim Finanzamt einzahlen (§ 37 EStG).
- Bei der Lohnsteuer (Einkommensteuer der Arbeitnehmer) werden **monatliche Vorauszahlungen** im Rahmen des Lohnsteuerabzugs durch den Arbeitgeber einbehalten und von diesem zum Steuertermin (10. des Folgemonats) an das Finanzamt weitergeleitet (§ 38 EStG).

Aus der Sicht der Finanzierung des Staatshaushaltes handelt es sich bei der Einkommensteuer um die **Steuer mit dem höchsten Steueraufkommen.**

Bei der Einkommensteuer handelt es sich um eine Gemeinschaftsteuer: Das Steueraufkommen wird auf Bund, Länder und Gemeinden im Verhältnis 42,5 : 42,5 : 15 aufgeteilt.

Rechtsgrundlage für die Erhebung der Einkommensteuer sind

- das **Einkommensteuergesetz (EStG),**
- die zu diesem Gesetz ergangenen **Durchführungsverordnungen** (EStDV: Einkommensteuerdurchführungsverordnung; LStDV: Lohnsteuerdurchführungsverordnung) und
- die **Urteile** der Finanzgerichte und des Bundesfinanzhofs (Richterrecht).

Dagegen sind die ergangenen **Steuerrichtlinien** (EStR: Einkommensteuerrichtlinien, LStR: Lohnsteuerrichtlinien) nur Weisungen für den internen Gebrauch der Finanzverwaltung (Dienstanweisungen, Verwaltungsvorschriften). Sie sollen sicherstellen, dass die einkommensteuerrechtlichen Regelungen in allen Zweifels- und Auslegungsfragen in allen Finanzämtern gleich angewendet werden.

1.8.2 Die Einkunftsarten

Um möglichst alle natürlichen Personen bei der Einkommensteuer zu erfassen, kennt das EStG **sieben Einkunftsarten,** aus denen sie Einkünfte erzielen können (§ 2 EStG):

Einkunftsarten			
Gewinneinkünfte		**Überschusseinkünfte**	
1. Einkünfte aus Land- und Forstwirtschaft	Weinbau, Tierzucht, Fischzucht, Imkerei, Tierhaltung, Ackerbau, Waldbau einschließlich ihrer Nebenbetriebe	4. Einkünfte aus nichtselbstständiger Tätigkeit	Löhne, Gehälter, Pensionen pensionierter Beamter
2. Einkünfte aus Gewerbebetrieb	Einzelunternehmen, OHG, KG in Industrie, Handel, Handwerk	5. Einkünfte aus Kapitalvermögen	Zinsen, Dividende, Gewinnanteile
3. Einkünfte aus selbstständiger Tätigkeit	freie Berufe (Ärzte, Rechtsanwälte, Fahrlehrer), Testamentsvollstrecker, Künstler, Schriftsteller	6. Einkünfte aus Vermietung und Verpachtung	Miete, Pacht, Lizenzeinnahmen
		7. sonstige Einkünfte	Spekulationsgewinne, Renten aus der gesetzlichen Sozialversicherung

Betriebseinnahmen	Einnahmen
– Betriebsausgaben	– Werbungskosten
= Gewinn oder Verlust	= Überschuss oder Verlust

Arbeitnehmer erzielen Einkünfte aus nichtselbstständiger Tätigkeit: Diese werden als Arbeitslohn bezeichnet, womit der Gesetzgeber den Bruttoarbeitslohn meint (§ 2 LStDV).

Arbeitslohn kann dem Steuerpflichtigen zufließen aus einem

- gegenwärtigen Dienstverhältnis (z. B. als Arbeiter, Angestellter oder Beamter),
- früheren Dienstverhältnis (z. B. Renten aus einer betrieblichen Altersversorgung, Pension eines pensionierten Beamten).

Der Arbeitslohn kann in Geld oder Geldwerten (Sachbezüge, z. B. freie Wohnung, Kleidung, Kost) bestehen.

1.8.3 Die Lohnsteuer

Bei der Lohnsteuer handelt es sich um eine besondere Erhebungsform der Einkommensteuer: Bei Arbeitnehmern werden die Einkommensteuervorauszahlungen monatlich im Rahmen des Quellenabzugs beim Arbeitgeber erhoben (Abzugsverfahren).

1.8.3.1 Die Lohnsteuerkarte

Grundlagen des Abzugsverfahrens sind die Lohnsteuerkarte und die Lohnsteuertabellen.

Jeder Arbeitnehmer bekommt im dritten Quartal eines jeden Kalenderjahres von seiner Gemeindeverwaltung automatisch die **Lohnsteuerkarte** für das kommende Jahr ausgehändigt (§ 39 EStG):

In der Lohnsteuerkarte sind die Religionszugehörigkeit des Lohnsteuerpflichtigen, sein Geburtsdatum, die Zahl seiner Kinder (Kinder unter 18 Jahren) und seine Steuerklasse eingetragen.

Durch diese Eintragungen sollen die persönlichen Verhältnisse des Steuerpflichtigen bei der Ermittlung der Lohnsteuer berücksichtigt werden: Es soll ein Beitrag zur Steuergerechtigkeit geleistet werden.

- Die **Religionszugehörigkeit** entscheidet, ob der Arbeitnehmer **Kirchensteuer** zahlen muss oder nicht.
- Das **Geburtsdatum** entscheidet darüber, ob der Steuerpflichtige einen **Altersentlastungsbetrag** eingeräumt bekommt oder nicht. Diesen Freibetrag erhalten alle Steuerpflichtigen, die das 64. Lebensjahr erreicht haben.
- Die **Zahl der Kinder unter 18 Jahren** bestimmt das **Kindergeld,** das dem Arbeitnehmer grundsätzlich mit der Lohn-/Gehaltszahlung ausgezahlt wird. Für die Auszahlung des Kindergeldes ist grundsätzlich der Arbeitgeber zuständig; Kleinbetriebe mit bis zu 50 Beschäftigten können sich von dieser Pflicht befreien lassen. An ihre Stelle tritt die Familienkasse des Arbeitsamtes.

Um einen Zinsverlust durch zu viel entrichtete Lohnsteuer zu vermeiden, sollte der Lohnsteuerpflichtige vor Beginn des Kalenderjahres Frei- und Pauschbeträge in seine Lohnsteuerkarte eintragen und falsche Eintragungen berichtigen lassen.

Durch diese Eintragungen sollen die persönlichen Verhältnisse des Steuerpflichtigen bei der Ermittlung der Lohnsteuer berücksichtigt werden. Es soll ein Beitrag zur Steuergerechtigkeit geleistet werden.

Bei der Eintragung der Frei- und Pauschbeträge bzw. Berichtigung falscher Eintragungen muss der Steuerpflichtige unterschiedliche Wege gehen:

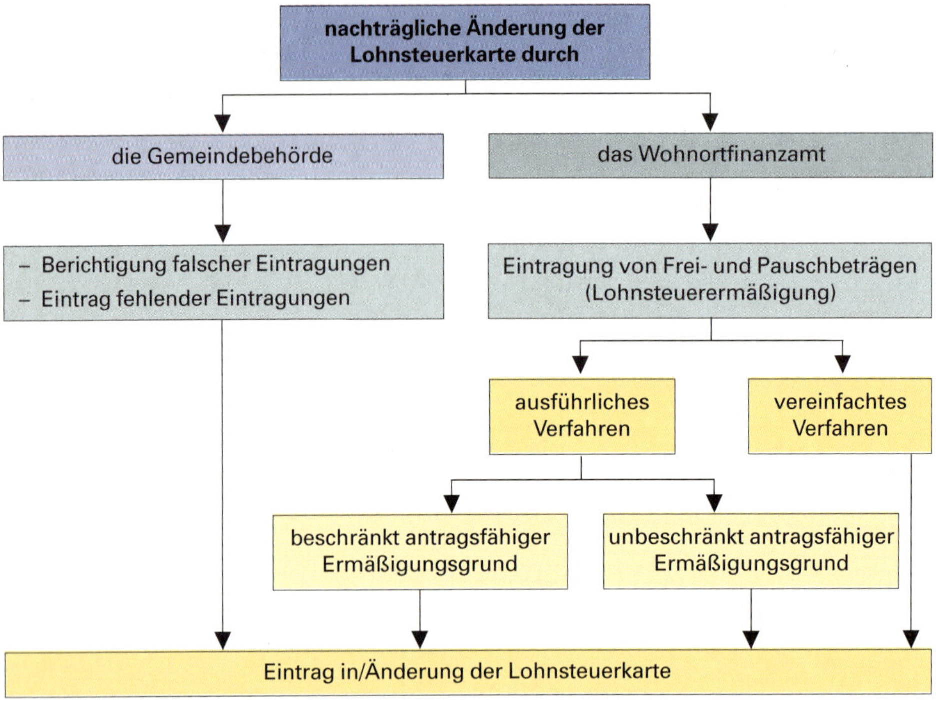

Durch Eintragungen bzw. Änderungen, die die Gemeindebehörde auf der Lohnsteuerkarte vornimmt, lässt sich der monatliche Lohnsteuerabzug mindern.

Es sind zwei Fälle zu unterscheiden:

- **Die Eintragungen in der Lohnsteuerkarte sind fehlerhaft oder fehlen.** Beim **Erhalt der Lohnsteuerkarte** sollte der Arbeitnehmer überprüfen, ob die Eintragungen der Gemeindebehörde richtig sind. Er sollte eine Berichtigung vornehmen lassen, damit die richtigen Angaben beim Lohnsteuerabzug durch den Arbeitgeber berücksichtigt und die Lohnsteuerkarte für die folgenden Kalenderjahre richtig ausgestellt werden können.
- **Änderungen sind im Laufe des Kalenderjahres eingetreten** (z. B. durch Eheschließung, Geburt eines Kindes). Der Arbeitnehmer hat in diesem Fall bis zum 30. November des Kalenderjahres Zeit, seine Lohnsteuerkarte entsprechend ändern zu lassen, sodass die Änderung beim Lohnsteuerabzug vom Arbeitgeber berücksichtigt werden kann. Nach diesem Zeitpunkt können diese Berichtigungen nur noch in der Einkommensteuererklärung, die für das entsprechende Kalenderjahr gilt, berücksichtigt werden.

Im Rahmen der Lohnsteuerermäßigung (§ 39 a EStG) trägt das Wohnortfinanzamt auf Antrag des Arbeitnehmers Frei- und Pauschbeträge ein.

Das **ausführliche Verfahren der Lohnsteuerermäßigung** ist notwendig, wenn der Arbeitnehmer

- das erste Mal einen Frei- oder Pauschbetrag in seine Lohnsteuerkarte eintragen lässt (beschränkt antragsfähiger Ermäßigungsgrund bzw. unbeschränkt antragsfähiger Ermäßigungsgrund);
- einen höheren Freibetrag als im laufenden Kalenderjahr beantragen will.

Es müssen alle erforderlichen Einzelangaben auf dem Antragsformular gemacht und die erforderlichen Belege (z. B. die Schulbesuchsbestätigung bei Kindern über 18 Jahre, der Spendennachweis, der Schwerbeschädigtenausweis) vorgelegt werden.

Es liegt das erste Mal ein beschränkt antragsfähiger Ermäßigungsgrund vor:

- Eintragungsgründe sind allein **erhöhte Werbungskosten, erhöhte Sonderausgaben und außergewöhnliche Belastungen,**
- die in ihrer Summe die **Antragsgrenze** von 600,00 € übersteigen müssen.

Erhöhte Werbungskosten (vgl. Werbungskosten) liegen vor, wenn die voraussichtlichen Aufwendungen den Arbeitnehmerpauschbetrag von 1.044,00 € übersteigen.

Erhöhte Sonderausgaben (vgl. Sonderausgaben) liegen vor, wenn es sich bei den geltend gemachten Aufwendungen um übrige Sonderausgaben handelt, die den Sonderausgabenpauschbetrag von 36,00 € übersteigen.

Bei den **außergewöhnlichen Belastungen** (vgl. außergewöhnliche Belastungen) werden die geltend gemachten Aufwendungen ohne Rücksicht auf einen Pauschbetrag in ihrer beantragten Höhe anerkannt.

Beispiel:

	Werbungskosten:	*3.680,00 €*
–	*Arbeitnehmerpauschbetrag*	*1.044,00 €*
=	*erhöhte Werbungskosten*	*2.636,00 €*
	übrige Sonderausgaben	*900,00 €*
–	*Sonderausgabenpauschbetrag*	*36,00 €*
=	*erhöhte Sonderausgaben*	*864,00 €*
	erhöhte Werbungskosten	*2.636,00 €*
+	*erhöhte Sonderausgaben*	*864,00 €*
+	*außergewöhnliche Belastungen*	*600,00 €*
=	*beantragter Freibetrag*	*4.100,00 €*

Da dieser Betrag über der Antragsgrenze von 600,00 € liegt, kann ein Freibetrag von 4.100,00 € in die Lohnsteuerkarte eingetragen werden.

Es liegt das erste Mal ein unbeschränkt antragsfähiger Ermäßigungsgrund vor:

- Pauschbetrag für Behinderte und Hinterbliebene;
- Freibetrag zur Förderung des Wohneigentums: Für die selbst genutzte Wohnung wird ein Abzugsbetrag eingetragen. Steuerpflichtige in den alten Bundesländern können anstelle des Abzugsbetrags einen Verlust aus Vermietung und Verpachtung eintragen lassen.
- Freibetrag für Verluste aus anderen Einkunftsarten (z. B. Verluste aus Land- und Forstwirtschaft).

Das **vereinfachte Verfahren der Lohnsteuerermäßigung** ist möglich, wenn der Arbeitnehmer

- keinen höheren Freibetrag als im Vorjahr, d. h., der Freibetrag soll gleich hoch oder niedriger sein, oder
- nur eine Änderung der Kinderzahl beantragt.

Für den **Zeitpunkt,** ab dem der Arbeitgeber die im Rahmen der Lohnsteuerermäßigung eingetragenen Frei- und Pauschbeträge bei der Lohnsteuerermäßigung berücksichtigen muss, gelten folgende Regelungen:

- Wird der Antrag auf Lohnsteuerermäßigung bis zum 31. Dez. eines Kalenderjahres gestellt, so gilt der Freibetrag bereits ab dem 1. Jan. des folgenden Kalenderjahres.
- Der Antrag kann bis zum 30. Nov. des Kalenderjahres gestellt werden, für den er gelten soll.
- Nach diesem Zeitpunkt können diese Beträge nur noch in der Einkommensteuererklärung, die für das entsprechende Kalenderjahr gilt, berücksichtigt werden.

Nach dem Ablauf des Kalenderjahres muss der Arbeitgeber dem Arbeitnehmer die Lohnsteuerkarte zurückgeben. Sie muss folgende Angaben enthalten: Arbeitslohn, einbehaltene Lohnsteuer, einbehaltene Kirchensteuer, vermögenswirksame Leistungen, ausgezahltes Kindergeld, einbehaltene Sozialversicherungsbeiträge, Arbeitgeberanteil zur gesetzlichen Rentenversicherung.

1.8.3.2 Steuerklassen

Die **Steuerklasse** spielt eine entscheidende Rolle bei der Ermittlung der Lohnsteuer. Die Gestaltung der **sechs Steuerklassen** (§ 38b EStG) wird von sozialpolitischen Gesichtspunkten beeinflusst: Bei gleichem Einkommen ist z. B. die steuerliche Leistungsfähigkeit eines allein stehenden Arbeitnehmers größer als die von verheirateten Arbeitnehmern, von denen nur einer Arbeitslohn bezieht.

Steuerklasse	Steuerpflichtige
I	a) ledige Arbeitnehmer b) verwitwete oder geschiedene Arbeitnehmer c) dauernd getrennt lebende Ehepaare
II	nicht verheiratete und verheiratete, aber getrennt lebende Arbeitnehmer, die mindestens ein Kind allein erziehen, mindestens einen halben Kinderfreibetrag[1] und den Haushaltsfreibetrag[2] bekommen
III	a) verheiratete Arbeitnehmer, bei denen nur ein Ehegatte Arbeitslohn bezieht b) verheiratete Arbeitnehmer, bei denen beide Ehegatten Arbeitslohn beziehen, auf Antrag beider Ehepartner wurde aber ein Ehegatte in die Steuerklasse V eingestuft
IV	zusammenlebende verheiratete Arbeitnehmer, die beide Arbeitslohn beziehen und nicht die Steuerklassen III und V gewählt haben
V	verheiratete Arbeitnehmer, deren Ehepartner auf Antrag beider Ehegatten in die Steuerklasse III eingestuft wurde
VI	a) Arbeitnehmer, die nebeneinander von mehreren Arbeitgebern Arbeitslohn beziehen und deshalb eine zweite oder weitere Lohnsteuerkarten benötigen b) Arbeitnehmer, die ihrem Arbeitgeber keine Lohnsteuerkarte vorgelegt haben

1 Voraussetzung für einen Kinderfreibetrag ist der Elternstatus. Er beträgt je Elternteil 2.904,00 €. In bestimmten Fällen oder auf Antrag wird er auf einen Elternteil vereinigt, d. h. 5.808,00 €.

2 Voraussetzungen für einen Haushaltsfreibetrag in Höhe von 2.340,00 € sind Kinderfreibetrag und Zugehörigkeit (lt. Melderegister) des Kindes zum Haushalt des allein erziehenden Arbeitnehmers.

1.8.3.3 Der Steuertarif

Die Höhe der Einkommensteuer bestimmt sich nach dem Einkommensteuertarif. Dieser folgt dem Grundsatz „Je höher das Einkommen, desto höher die steuerliche Leistungsfähigkeit“ und hat folgenden Aufbau:

(1) Grundfreibetrag (Steuersatz: 0 %) von 0 bis 7.235 €,

(2) untere Zone (Steuersatz: 19,9 % – 25 %) von 7.236 – 9.251 €,

(3) Progressionszone (Steuersatz: 25 % – 48,5 %) von 9.252 – 55.007 €,

(4) Proportionalzone (Steuersatz: 48,5 %) ab 55.008 €.

Die €-Beträge verstehen sich als zu versteuernde Einkommen.

Der Einkommensteuertarif 2002 (Grundtabelle)

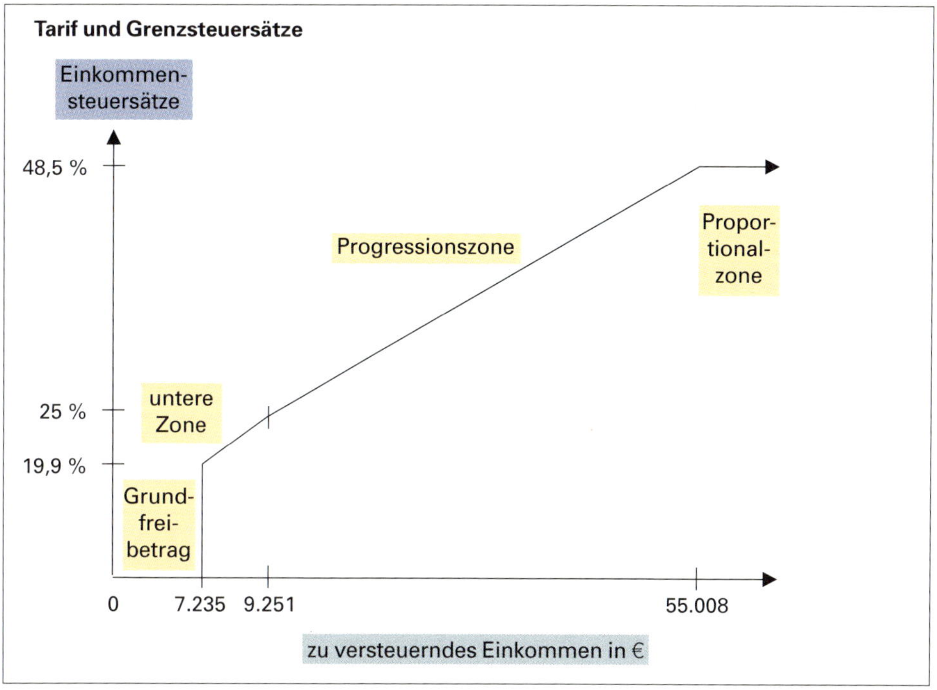

Die Grundtabelle gilt nur für **allein stehende Arbeitnehmer.** Für verheiratete Arbeitnehmer, die beide unbeschränkt steuerpflichtig sind, besteht das **Splittingverfahren:** Sie können wählen, ob sie getrennt oder zusammen zur Einkommensteuer veranlagt werden wollen. Bei der Zusammenveranlagung (§ 32 a Abs. 5 EStG) wird

- zunächst das gemeinsame Einkommen ermittelt und dann halbiert,
- der Steuerbetrag nach der Grundtabelle festgestellt und
- anschließend verdoppelt.

Um die Steuerermittlung zu vereinfachen, wird die so genannte **Splittingtabelle** verwendet. Aufgrund des Splittingeffekts verdoppeln sich der allgemeine Grundfreibetrag und die jeweiligen Einkommensgrenzen des Steuertarifs. Die Steuerschuld eines allein stehenden Steuerpflichtigen ist demnach höher als diejenige eines Ehepaares mit demselben Gesamteinkommen.

Aus den Einkommensteuertabellen werden Lohnsteuertabellen abgeleitet (§ 38 c EStG):

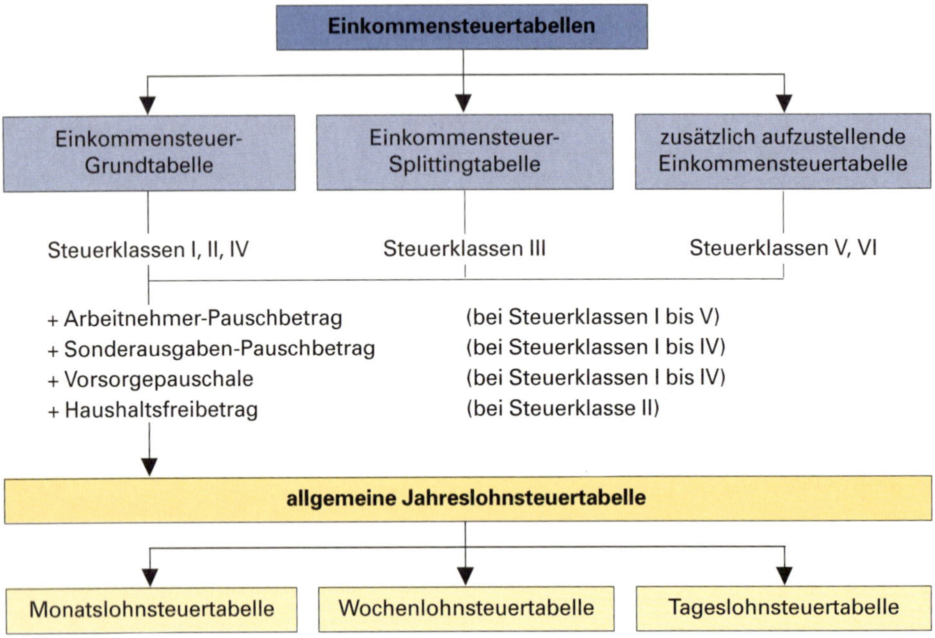

Diese Lohnsteuertabellen werden bei der Ermittlung der Lohnsteuer benutzt. Da in sie bereits der Grundfreibetrag, der Arbeitnehmer-Pauschbetrag, der Sonderausgaben-Pauschbetrag, die Vorsorgepauschale und der Haushaltsfreibetrag eingearbeitet sind, bedeutet dies:

Für einen Arbeitnehmer sind erst dann Lohnsteuern zu zahlen, wenn sein zu versteuerndes Einkommen die Summe aller Frei- und Pauchbeträge übersteigt.

1.8.3.4 Der Arbeitnehmer rechnet mit dem Finanzamt ab

Wie wir gesehen haben, handelt es sich bei der Einkommensteuer um eine Jahressteuer, auf die der Arbeitnehmer im Rahmen der monatlichen Lohnsteuerermittlung Vorauszahlungen leistet. Diese Vorauszahlungen sind von der Höhe des zu versteuernden Arbeitslohnes abhängig und sind deshalb im Verlauf des Jahres unterschiedlich hoch. Gründe dafür sind z. B. das Urlaubsgeld, Monate mit Überstundenentgelt, Weihnachtsgeld, Krankheit mit einer Dauer von mehr als sechs Wochen.

Daraus ergibt sich, dass die Formel „12 x einbehaltene Monatslohnsteuer = Jahreslohnsteuer“ nicht stimmen kann. Der Arbeitnehmer muss also mit dem Finanzamt die Höhe der zu zahlenden Einkommensteuer abrechnen. Dies geschieht auf zwei Wegen:

- Lohnsteuerjahresausgleich durch den Arbeitgeber
- Abgabe einer Einkommensteuererklärung

1.8.3.4.1 Der Lohnsteuerjahresausgleich

Ein Arbeitgeber, der zehn Arbeitnehmer beschäftigt, ist grundsätzlich verpflichtet, für seine unbeschränkt steuerpflichtigen Arbeitnehmer zum 31. Dezember einen Lohnsteuerjahresausgleich vorzunehmen (§ 42 b EStG).

Für einen **Lohnsteuerjahresausgleich** müssen folgende **Voraussetzungen** erfüllt sein:

- Der unbeschränkt steuerpflichtige Arbeitnehmer muss während des abgelaufenen Kalenderjahres (Ausgleichsjahres) ständig in einem Dienstverhältnis gestanden haben.
- Die für das Ausgleichsjahr Lohnsteuer (lt. Monats-, Wochen- oder Tageslohnsteuertabelle) einbehaltene Lohnsteuer übersteigt die auf den Jahresarbeitslohn entfallende Jahreslohnsteuer (lt. Jahreslohnsteuertabelle).

Die zu viel einbehaltene Lohnsteuer wird dem Arbeitnehmer spätestens im März des folgenden Kalenderjahres erstattet.

Hat der Arbeitgeber einen Lohnsteuerjahresausgleich durchgeführt, so sollte dies den Arbeitnehmer nicht daran hindern, die Abgabe einer Steuererklärung in Erwägung zu ziehen (vgl. Antragsveranlagung).

1.8.3.4.2 Die Einkommensteuererklärung

1.8.3.4.2.1 Pflichtveranlagung und Antragsveranlagung

Mithilfe einer Einkommensteuererklärung kann jeder Arbeitnehmer nach dem Ablauf eines Kalenderjahres mit dem Finanzamt auf Heller und Pfennig abrechnen.

Nach Ablauf eines Kalenderjahres müssen bei den Lohnsteuerpflichtigen zwei Gruppen unterschieden werden:

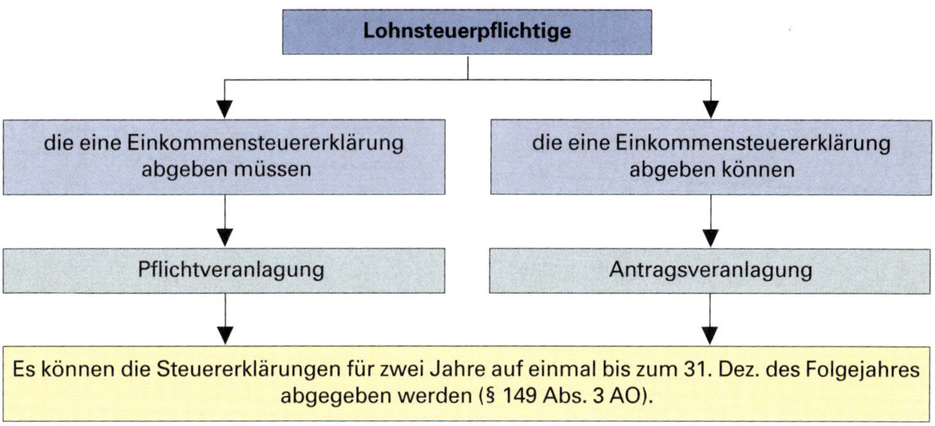

Das bedeutet z. B., dass die Steuererklärungen für die Jahre 2002 und 2003 bis zum 31. Dez. 2004 abzugeben sind.

Personen, die Einkünfte aus nicht selbstständiger Tätigkeit beziehen, sind unter bestimmten Bedingungen gezwungen eine Einkommensteuererklärung abzugeben (Pflichtveranlagung).

Verpflichtet zur Abgabe einer Steuererklärung **(Pflichtveranlagung)** sind Arbeitnehmer, wenn

- die Gemeindebehörde auf der Lohnsteuerkarte falsche Tatsachen eingetragen hat, die den Steuerpflichtigen begünstigen, und er es unterließ, diese Tatsachen berichtigen zu lassen (z. B. falsche Steuerklasse bei einem Ehepaar, das dauernd getrennt lebt);
- im Rahmen der Lohnsteuerermäßigung ein Frei- bzw. Pauschbetrag in die Lohnsteuerkarte eingetragen wurde;
- die Einkünfte, von denen keine Lohnsteuer einbehalten wurde, mehr als 410,00 € betragen (z. B. Einkünfte aus Vermietung und Verpachtung);
- er von mehreren Arbeitgebern gleichzeitig einen Arbeitslohn bezogen hat;
- die Einkünfte aus Kapitalvermögen 1.601,00 € bei Ledigen bzw. 3.202,00 € bei Verheirateten übersteigen.

Alle anderen lohnsteuerpflichtigen Personen unterliegen der Antragsveranlagung.

Antragsveranlagung bedeutet, dass dieser Personenkreis bis zum 31. Dez. des übernächsten Jahres (für 2002: 31. Dez. 2004) eine **Einkommensteuererklärung abgeben können.** Dies empfiehlt sich für diesen Personenkreis z. B. immer in folgenden Fällen:

- Die Werbungskosten, Sonderausgaben oder außergewöhnlichen Belastungen übersteigen die in die Lohnsteuertabellen eingearbeiteten Frei- und Pauschbeträge.
- Ehegatten sind Doppelverdiener.
- Der Lohnsteuerpflichtige hat auf der Lohnsteuerkarte die Steuerklasse oder die Zahl der zu berücksichtigenden Kinder nicht zu seinen Gunsten ändern lassen.
- Es wurde kein Lohnsteuerfreibetrag auf der Lohnsteuerkarte eingetragen.
- Der gezahlte Lohn/das gezahlte Gehalt schwankte im Verlauf des Jahres (z. B. durch Urlaubsgeld, Weihnachtsgeld, Überstundenvergütung).
- Der Steuerpflichtige hat nicht das ganze Jahr gearbeitet.
- Es soll die Arbeitnehmersparzulage beantragt werden.

In jedem Fall wird die Einkommensteuer bei **Einkünften aus nicht selbstständiger Tätigkeit** nach folgendem Schema ermittelt:

	Bruttoarbeitslohn			
–	*Arbeitnehmer-Pauschbetrag*			*1.044,00 €*
=	*Einkünfte aus nichtselbständiger Tätigkeit*			
–	*übrige Sonderausgaben*			
	mindestens Sonderausgaben-pauschbetrag	*Ledige*		*36,00 €*
		Verheiratete		*72,00 €*
–	*Vorwegabzug*	*Ledige*	*max.*	*3.068,00 €*
		Verheiratete	*max.*	*6.136,00 €*
–	*außergewöhnliche Belastungen*			
=	*Einkommen*			
–	*Altersentlastungsbetrag*		*max.*	*1.908,00 €*
=	*Zu versteuerndes Einkommen*			

▼

Einkommensteuertabelle

▼

Einkommensteuer

– *Steuerermäßigung (z. B. für Mitgliedsbeiträge und Spenden an politische Parteien)*

– *gezahlte Lohnsteuer/einbehaltene Körperschaft-/Kapitalertrag- /Zinsabschlagsteuer*

= *Erstattungsbetrag/Abschlusszahlung*

Bevor das Finanzamt die Steuerschuld ermittelt, muss es feststellen, ob es für den Arbeitnehmer steuerlich günstiger ist, das Kindergeld oder den Kinderfreibetrag zu wählen.

Aufgrund der Einkommensteuererklärung des Arbeitnehmers ergeht vom Finanzamt ein **Einkommensteuerbescheid.** Gegen diesen kann der Steuerpflichtige innerhalb eines Monats **Einspruch einlegen.** Wird der **Einspruch vom Finanzamt abgelehnt,** kann der Steuerpflichtige gegen die Einspruchsentscheidung des Finanzamts **Klage beim Finanzgericht** erheben.

1.8.3.4.2.2 Abzugsfähige Aufwendungen

Um die individuelle Lage des Arbeitnehmers zu berücksichtigen, kann der Arbeitnehmer über die genannten Frei- und Pauschbeträge hinaus sein Einkommen um seine tatsächlichen Aufwendungen kürzen.

Obwohl sich diese Kürzungsmöglichkeiten auf bestimmte, im Einkommensteuergesetz ausdrücklich genannte Möglichkeiten beschränken, werden hier sozialpolitische Gesichtspunkte berücksichtigt.

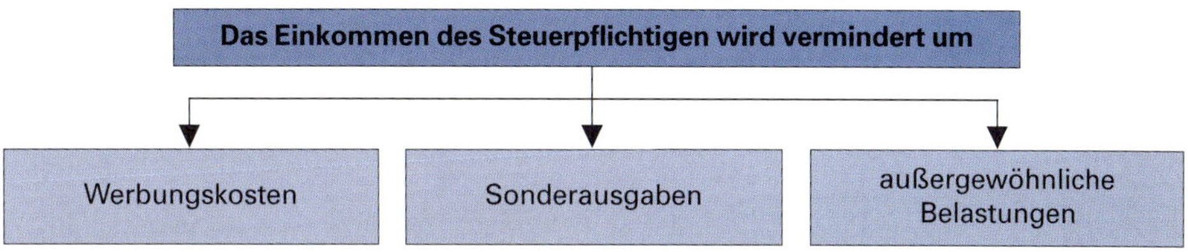

Werbungskosten sind alle Aufwendungen, die zur Erwerbung, Sicherung und Erhaltung der Einnahmen entstehen (§ 9 EStG).

Es handelt sich also um Aufwendungen, welche die Berufsausübung mit sich bringt. Da in der Einkommensteuertabelle bereits ein Arbeitnehmerpauschbetrag in Höhe von 1.044,00 € eingearbeitet ist, braucht der Steuerpflichtige seine Werbungskosten nur anzugeben und mit Belegen nachzuweisen, wenn sie den Pauschbetrag übersteigen. Als Werbungskosten kommen in Betracht:

- **Aufwendungen für die Fahrten zwischen Wohnung und Arbeitsplatz:** Für diese Aufwendungen gibt es eine verkehrsmittelunabhängige Entfernungspauschale von 0,36 € bzw. 0,40 € ab 10 km je Entfernungskilometer für den Weg von der Wohung zur Arbeitsstätte. Dabei spielt es keine Rolle, ob man die Strecke mit dem Pkw, dem öffentlichen Verkehrsmittel, dem Fahrrad, in einer Fahrgemeinschaft oder gar zu Fuß zurücklegt. Berücksichtigt wird die kürzeste Straßenverbindung, nicht der tatsächlich genommene Weg.
- **Beiträge zu Berufsverbänden:** z. B. Gewerkschaftsbeitrag, Beitrag zum Technikerverband;
- **Aufwendungen für typische Arbeitsmittel:** z. B. Fachliteratur, Berufskleidung, Büromaterial, Sicherheitskleidung;
- **Aufwendungen für Dienstreisen:** z. B. Reisekosten, Übernachtungskosten, gekürzt um den vom Arbeitgeber erstatteten Betrag;
- **Aufwendungen für die Fortbildung im ausgeübten Beruf:** z. B. Kursgebühren, Prüfungsgebühren für den Sprachkurs eines Sachbearbeiters in der Exportabteilung;

- **Aufwendungen für ein Arbeitszimmer,** wenn dieses beruflich notwendig ist und ausschließlich beruflich genutzt wird: z. B. Abschreibung eines Schreibtisches, eines PC, anteilige Miete;
- **beruflich bedingte Umzugskosten;**
- **Bewerbungskosten:** z. B. Inserate, Telefonate, Kopierkosten, Reisekosten.

Aufwendungen für die Ernährung, Kleidung und Wohnung sind Kosten der privaten Lebensführung und werden als Werbungskosten nicht anerkannt.

Eine zweite Gruppe von berücksichtigungsfähigen Aufwendungen sind die **Sonderausgaben** (§ 10, 10 b, 10 c EStG).

Sonderausgaben sind Ausgaben der privaten Lebensführung, die steuerlich abzugsfähig sind.

Ihre Abzugsfähigkeit wird aus sozialen, wirtschaftlichen und politischen Gründen zugelassen.

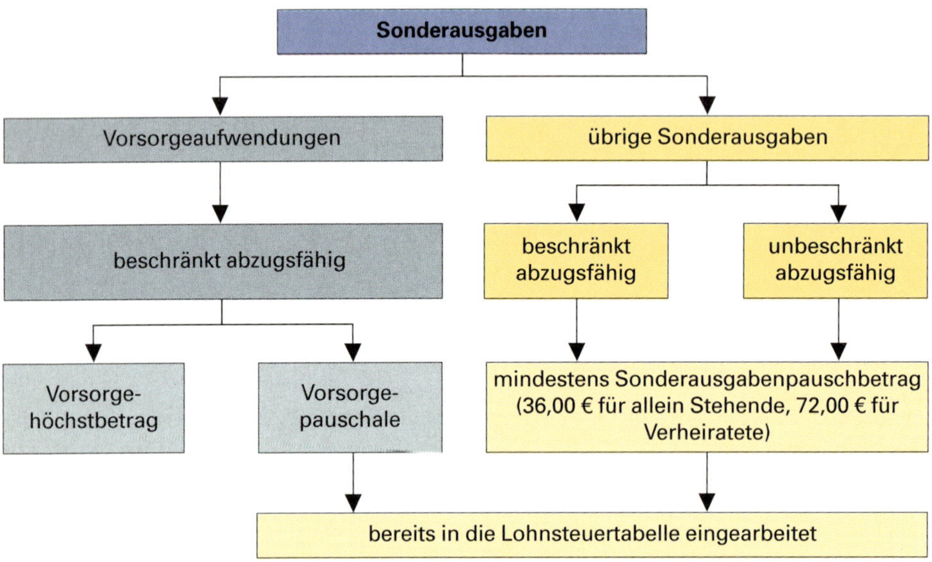

Vorsorgeaufwendungen sind Ausgaben für die private Daseinsvorsorge.

Zu ihnen gehören die

- Arbeitnehmeranteile zur gesetzlichen Sozialversicherung,
- Beiträge zur freiwilligen Angestellten- und Arbeiterrentenversicherung und die Höherversicherung,
- Beiträge zur privaten Lebens-, Kranken-, Pflege-, Unfall- und Haftpflichtversicherung,

Bei der Lohnsteuer werden Vorsorgeaufwendungen im Rahmen der Vorsorgepauschale oder des Vorsorgehöchstbetrages berücksichtigt.

Die **Vorsorgepauschale** wird automatisch berücksichtigt

- beim monatlichen Lohnsteuerabzug,
- bei der Einkommensteuererklärung, wenn der Steuerpflichtige auf einen Einzelnachweis seiner Vorsorgeaufwendungen verzichtet.

Der **Vorsorgehöchstbetrag** wird bei den Steuerpflichtigen angewendet, die bei der Einkommensteuererklärung einen Einzelnachweis ihrer Vorsorgeaufwendungen führen. Diesen Steuerpflichtigen wird mindestens die Vorsorgepauschale gewährt.

Bestimmte Ausgaben, die zu den übrigen Sonderausgaben zählen, sind steuerlich nur beschränkt absetzbar.

Dazu gehören

- **Aufwendungen für die Aus- bzw. Weiterbildung** in einem nicht ausgeübten Beruf (Höchstbetrag 924,00 € bei allein Stehenden, 1.848,00 € bei Verheirateten), wenn das volljährige Kind auswärtig untergebracht ist.
- **Spenden:** Bis zu 5 % des Gesamtbetrags der Einkünfte können für Spenden an gemeinnützige Organisationen (z. B. einen Sportverein, eine Kirche) steuerlich abgesetzt werden; weitere 5 % können für Spenden für kulturelle, wissenschaftliche und mildtätige Zwecke abgesetzt werden.
- **Spenden an politische Parteien:** Spenden bis zu 1.534,00 € (allein Stehende)/ 3.068,00 € (Verheiratete) können zu 50 % direkt von der Steuerschuld abgezogen werden. Ausgaben über diese Grenzen hinaus können bis zu weiteren 1.534,00 €/ 3.068,00 € als Sonderausgaben abgesetzt werden.

Bestimmte Ausgaben, die zu den übrigen Sonderausgaben zählen, sind steuerlich unbeschränkt absetzbar.

Dazu gehören die im Kalenderjahr gezahlte **Kirchensteuer** (abzüglich der erstatteten Kirchensteuer) und die **Steuerberatungskosten.**

Außergewöhnliche Belastungen sind Ausgaben, die aufgrund besonderer Umstände zwangsläufig anfallen.

Durch außergewöhnliche Belastungen wird der Steuerpflichtige, verglichen mit durchschnittlich nach Familienstand, Vermögen und Einkommen vergleichbaren Steuerpflichtigen, härter getroffen (§ 33 f EStG). Solche Aufwendungen sind deshalb steuerlich abzugsfähig: Dem Steuerpflichtigen wird dabei eine **zumutbare Eigenbelastung** auferlegt oder ein **Höchstbetrag** (Pauschbetrag) zugestanden. In Betracht kommen z. B.:

- **nicht gedeckte Krankheits-, Unfall-, Kur-, Pflege-, Beerdigungskosten,**
- **Kinderbetreuungskosten** bei einem kranken oder behinderten Kind,
- **Ausbildungsfreibetrag** für Kinder über dem 18. Lebensjahr,
- **Pauschalbeträge für Körperbehinderte,** abhängig vom Grad der Behinderung,
- **Pflegepauschalbetrag,** wenn eine ständig hilflose Person häuslich gepflegt wird,
- **Pflegefreibetrag** für die Beschäftigung einer Haushaltshilfe, wenn ein Verwandter pflegebedürftig ist.

1.8.4 Die Steuerquote

$$\text{Steuerquote} = \frac{\text{steuerliche Gesamteinnahme des Staates}}{\text{Bruttoinlandsprodukt zu jeweiligen Preisen}}$$

Mithilfe der Steuerquote werden gegenübergestellt:

- das Gesamtsteueraufkommen in einem Land (bei uns der Gebietskörperschaften: Bund, Länder und Gemeinden) und
- die wirtschaftliche Leistung eines Landes.

In ihr kommt die Steuerpolitik eines Staates zum Ausdruck: **Je höher die Steuerquote ist, desto höher der Anteil am Bruttoinlandsprodukt, der durch den Staat verwaltet wird;** dem Bürger wird entsprechend die Verfügungsmacht über einen Teil seines Einkommens entzogen.

Eine steigende Steuerbelastung führt dazu, dass der Bürger nicht bereit ist die vom Staat verlangten Steuern zu bezahlen. Er sucht Schlupflöcher, um seine persönliche Steuerbelastung zu senken (z. B. Schwarzarbeit, Deklarierung persönlicher Ausgaben als Betriebsausgaben bei der Einkommensteuererklärung, Verschweigen von Einkünften, wie z. B. Zinsen).

Der Staat versucht immer wieder, durch eine **Steuerreform** (meist eine Reform der Einkommensteuer) die hohe Steuerbelastung zu senken. Doch stellt sich nach einigen Jahren heraus, dass dieses Ziel verfehlt wurde: Durch **heimliche Steuererhöhungen** steigt die Steuerbelastung erneut an. Dies ist z. B. der Fall, wenn in Lohnverhandlungen eine Erhöhung der Arbeitnehmereinkommen vereinbart wurde und damit gleichzeitig die Steuerbelastung zunimmt.

Neben den Steuern verlangt der Staat noch Sozialversicherungsbeiträge. **Steuereinnahmen und Sozialversicherungsbeiträge zusammen ergeben die Abgaben.** Besonders für internationale Vergleiche ist es wichtig, die Abgaben zu vergleichen, da andere Staaten (z. B. das Vereinigte Königreich) ihr Sozialversicherungssystem mehr über die Steuern als über Sozialversicherungsbeiträge finanzieren:

$$\text{Abgabenquote} = \frac{\text{steuerliche Gesamteinnahmen + einbehaltene Sozialabgaben}}{\text{Bruttoinlandsprodukt zu jeweiligen Preisen}}$$

Die Abgabenquote bewegt sich gegenwärtig auf 50 % zu. Damit kassiert der Staat jeden zweiten vom Arbeitnehmer verdienten Euro. In Schweden liegt sie noch höher, in den USA dagegen nur bei ca. 30 %.

Der Staat verspricht sich durch eine Absenkung der Abgabenquote

- das verfügbare Einkommen der Haushalte zu erhöhen,
- die betrieblichen Lohnsteuerkosten zu senken.

Die **Senkung der Abgabenquote** ist ein staatliches Ziel, die **Konjunktur** zu **beleben**.

Zusammenfassung

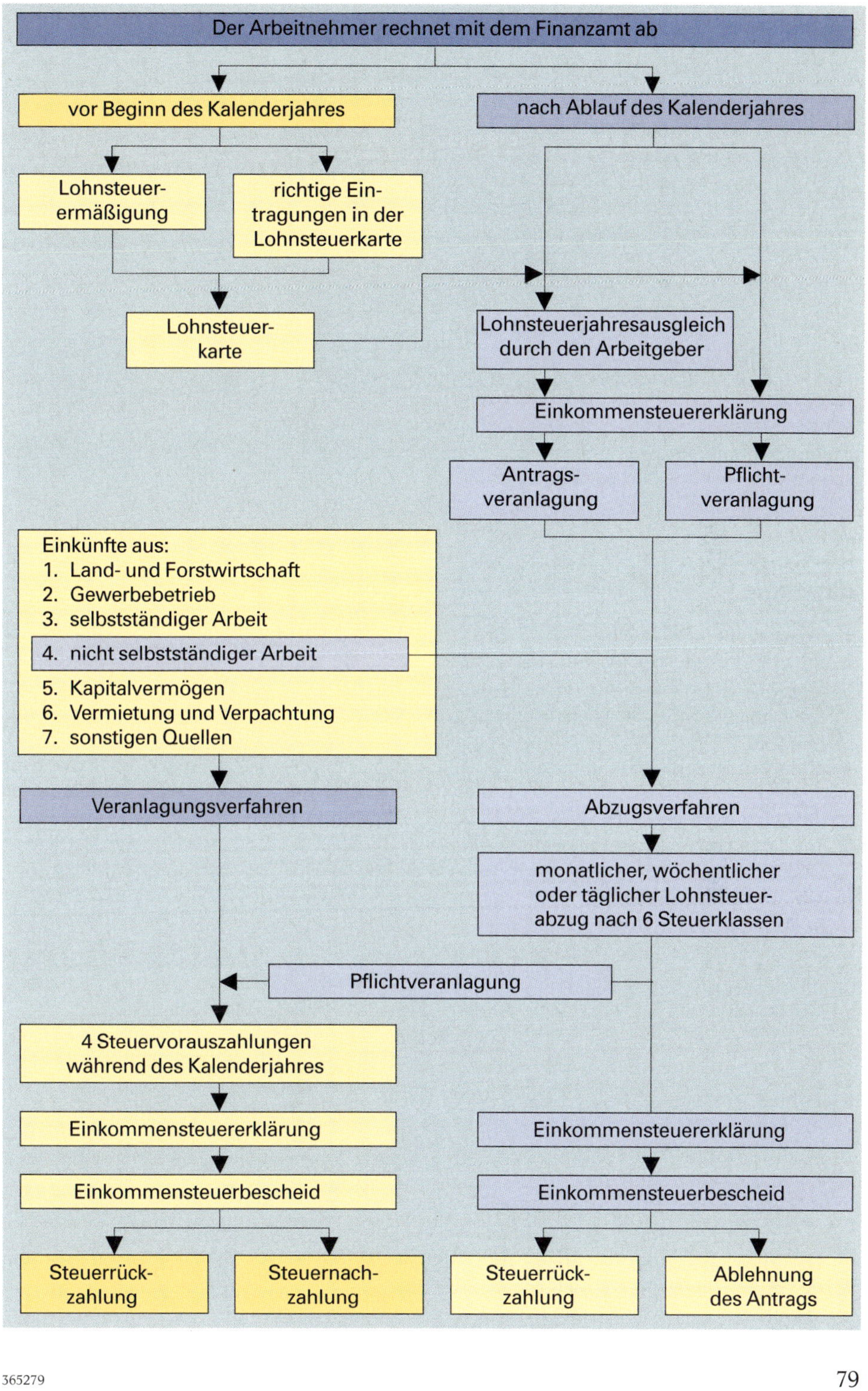

Staffelung des Steuertarifs:

- Grundfreibetrag
- untere Proportionalzone
- Progressionszone
- obere Proportionalzone

Ermittlung der Einkommensteuerschuld

	Einnahmen aus nicht selbstständiger Arbeit
–	Werbungskosten (bzw. Arbeitnehmerpauschbetrag)
=	Einkünfte aus nicht selbstständiger Tätigkeit
–	übrige Sonderausgaben
–	Vorsorgeaufwendungen
–	außergewöhnliche Belastungen
=	Einkommen
–	Altersentlastungsbetrag
=	zu versteuerndes Einkommen

Werbungskosten: Aufwendungen für Erwerb, Sicherung und Erhaltung der Einnahmen;
Sonderausgaben: Vorsorgeaufwendungen, übrige Sonderausgaben;
Außergewöhnliche Belastungen: über das durchschnittliche, für den Steuerpflichtigen zumutbare Ausmaß hinausgehende Aufwendungen.

Aufgaben

1. Wodurch unterscheiden sich Einkommen- und Lohnsteuer?
2. Welche Aufgabe hat die Lohnsteuerkarte? Wer stellt sie aus? Wer trägt Änderungen im Familienstand und Steuerfreibeträge ein?
3. Warum sind Werbungskosten unbeschränkt abzugsfähig, Sonderausgaben und außergewöhnliche Belastungen dagegen nur beschränkt abzugsfähig?
4. Besorgen Sie sich beim Finanzamt die Anleitung zur Einkommensteuererklärung sowie die amtlichen Formulare und füllen Sie diese für sich selbst aus. (Vergessen Sie das Einreichen beim Finanzamt für sich selbst nicht!)
5. Erklären Sie folgende Aussage: „Lohnsteuerpflichtige verschenken jährlich Beträge in Milliardenhöhe, weil sie auf einen Antrag auf Einkommensteuererklärung verzichten.“
6. Welche Steuerklasse ist richtig?
   a) Manfred Eckert, ledig, 52 Jahre;
   b) Babette Maier, ledig, 24 Jahre, 1 Kind;
   c) Karlheinz Straßner, verheiratet, die Ehefrau arbeitet;
   d) Hermann und Elfriede Rauch, 3 Kinder, Elfriede befindet sich in Steuerklasse V;
   e) Willi Heider, ledig, arbeitet nebenberuflich als Kellner im Gasthaus „Zum Blauen Affen“;
   f) Otto und Hanne Fuß, beide berufstätig, er hat seine Steuerkarte nicht abgegeben.
7. Ordnen Sie die folgenden Aufwendungen nach
   a) Werbungskosten,
   b) Vorsorgeaufwendungen,
   c) übrigen Sonderausgaben,
   d) außergewöhnlichen Belastungen,
   e) nicht abzugsfähigen Aufwendungen.

   Gewerkschaftsbeiträge, Beiträge zum Fußballverein, Kirchensteuer, Ausgaben für Fachliteratur, Ausgaben für Zahnersatz, Arbeitgeberanteil zur Sozialversicherung, Arbeitnehmeranteil zur Sozialversicherung, Kauf eines Fernsehapparates, Spende für die Opfer

365280

einer Erdbebenkatastrophe, Gebühren für einen Computerkurs, Beiträge zur Bausparkasse, Lebensversicherungsprämie, Kosten für Hausgehilfin, Haftpflichtversicherung, Hausratversicherung, Monatsfahrkarte für die Straßenbahn.

8. Wie werden die Einkommensteuer und die Lohnsteuer erhoben?
9. Begründen Sie, warum sich die Gestaltung der Einkommensteuer am Gerechtigkeitsprinzip orientieren sollte.
10. Erklären Sie den Begriff Gemeinschaftsteuer an einem Beispiel.
11. Nennen Sie die Rechtsgrundlagen der Einkommenbesteuerung.
12. Welche Rolle spielen die Steuerrichtlinien?
13. Nennen Sie die sieben Einkunftsarten; geben Sie für jede Einkunftsart zwei Beispiele.
14. Erklären Sie den Begriff Arbeitslohn.
15. Beschreiben Sie das Verfahren der Lohnsteuerermäßigung anhand von Beispielen.
16. Schildern Sie den Aufbau des Einkommensteuertarifs 2002.
17. Für welche Arbeitnehmer gilt die Einkommensteuer-Grundtabelle, für welche die Einkommensteuer-Splittingtabelle? Welcher Grundsatz spricht für die Splittingtabelle?
18. Nennen und beschreiben Sie die Verfahren, mit deren Hilfe der Arbeitnehmer mit dem Finanzamt abrechnen kann.
19. Nennen Sie die Formeln zur Errechnung der Steuer- bzw. Abgabenquote.
20. Vergleichen Sie folgende Länder miteinander:

    Das Land A hat eine Steuerquote von 20,6% und eine Abgabenquote von 29,4%.

    Das Land B hat eine Steuerquote von 24,4% und eine Abgabenquote von 39,7%.
21. Ingeborg Kulweit arbeitet als Managerin eines Autohauses; sie ist verheiratet und hat drei schulpflichtige Kinder; ihr Ehemann Georg ist Hausmann. In ihre Lohnsteuerkarte hat Frau Kulweit einen Freibetrag über 2.400,00 € wegen erhöhter Werbungskosten, erhöhter Sonderausgaben und außergewöhnliche Belastungen eintragen lassen.

    Folgende Angaben finden sich auf ihrer Lohnsteuerkarte: Bruttoarbeitslohn 63.200,00 €, einbehaltene Lohnsteuer 9.200,00 €, einbehaltener Solidaritätszuschlag 315,00 €, einbehaltene Kirchensteuer des Arbeitnehmers 456,00 €, steuerfreie Arbeitgeberleistungen für Fahrten zwischen Wohnung und Arbeitsstätte 360,00 €, Arbeitnehmeranteil am Gesamtsozialversicherungsbeitrag 11.172,00 €.

    Beim Sortieren der Steuerunterlagen findet Herr Kulweit folgende Belege: Spende an das Rote Kreuz 30,00 €, Privathaftpflichtversicherung 160,00 €, Kfz-Haftpflichtversicherung 720,00 €, Fahrt zur Arbeitsstätte 20 Entfernungskilometer täglich an 230 Tagen im Jahr, Risikolebensversicherung 890,00 €, Taschenbücher als Ratgeber zum Ausfüllen der Steuererklärung 25,80 €, Rezeptgebühren 90,00 €, Zuzahlung zur Brille der Tochter Jeanette 430,00 €, Gewerkschaftsbeiträge 960,00 €, Mitgliedsbeitrag zu einem Automobilclub 76,00 €, Arbeitsmäntel in den Farben des Autohauses 210,00 € (wird vom Arbeitgeber so verlangt), Kirchensteuerrückzahlung für das Vorjahr 81,00 €, Krankenhauszusatzversicherung 614,00 €, gebrauchter PC für Sohn Mike 1.000,00 €.

    a) In welche Lohnsteuerklasse ist Frau Kulweit einzuordnen?
    b) Welche Behörde hat den Freibetrag in die Lohnsteuerkarte eingetragen?
    c) Unterliegen die Kulweits der Pflicht- oder der Antragsveranlagung? Begründen Sie Ihre Antwort.
    d) Besorgen Sie sich bei Ihrem Finanzamt die notwendigen Steuerformulare und die Broschüre „Anleitung zur Einkommensteuererklärung“. Erstellen Sie die Einkommensteuererklärung für das Ehepaar Kulweit.
    e) Stellen Sie fest, ob das Ehepaar Kulweit Steuern erstattet bekommt oder nachzahlen muss? Wie wirkt sich der Lohnsteuerjahresausgleich des Arbeitgebers bei Erstattung bzw. Nachzahlung aus?
    f) Das Ehepaar Kulweit ist mit dem Steuerbescheid des Finanzamts nicht einverstanden. Was kann es unternehmen, um seine Ansprüche durchzusetzen?

1.9 Die Arbeits- und Sozialgerichtsbarkeit

1.9.1 Die Arbeitsgerichtsbarkeit

Individuelles und kollektives Arbeitsrecht müssen für die Betroffenen notfalls durchsetzbar sein. Dazu dienen die Arbeitsgerichte. Als solche gelten für sie die Grundsätze des Zivilprozesses mit verschiedenen arbeitsgerichtlichen Besonderheiten.

1.9.1.1 Aufbau

Die Arbeitsgerichtsbarkeit verfügt über **drei Instanzen:**

- **Arbeitsgericht,**
- **Landesarbeitsgericht,**
- **Bundesarbeitsgericht.**

Die ersten beiden Instanzen sind mit **1 Berufsrichter** und mit **2 Beisitzern** (ehrenamtliche Richter) besetzt, nur das Bundesarbeitsgericht weist **3 Berufsrichter** und **2 Beisitzer** auf. In allen Instanzen stammen die Beisitzer aus den Kreisen der Arbeitgeberverbände bzw. der Gewerkschaften. Sie haben die gleichen Rechte und Pflichten wie die Berufsrichter und haben bei der Beratung des Urteils gleiches Stimmrecht. Ihre Mitwirkung soll gewährleisten, dass die Verbindung mit dem alltäglichen Wirtschaftsleben nicht verloren geht. Dem Berufsrichter obliegt als Vorsitzer die Leitung der Sitzung.

Gegen die Urteile der 1. Instanz kann

- **Berufung beim Landesarbeitsgericht** (Streitwert mindestens 600,00 €) eingelegt werden.

Gegen die Urteile des Landesarbeitsgerichts ist

- die **Revision beim Bundesarbeitsgericht** möglich, wenn die Rechtssache grundsätzliche Bedeutung hat.

1.9.1.2 Zuständigkeit

Sachlich zuständig sind Arbeitsgerichte bei Streitigkeiten

- zwischen Arbeitgeber und Arbeitnehmer (z. B. bei Kündigungen),
- zwischen den Arbeitnehmern (z. B. bei Lohnstreitigkeiten aus dem Gruppenakkord),
- zwischen den Tarifvertragsparteien bei tariflichen Streitigkeiten (z. B. über die Auslegung eines Tarifvertrages),
- aus dem Betriebsverfassungsgesetz (z. B. über die Befugnisse des Betriebsrates).

Örtlich zuständig ist das Arbeitsgericht, das sich

- am Wohnsitz des Beklagten,
- am Erfüllungsort befindet, an dem die Leistung zu erfüllen war (am Ort des Betriebssitzes, am Ort der Zweigniederlassung).

1.9.1.3 Urteilsverfahren

Das Verfahren vor den Arbeitsgerichten soll schneller, verständlicher und billiger als der Zivilprozess der ordentlichen Gerichte sein.

Prozessvertretung vor dem Arbeitsgericht:

- Jede Partei kann sich selbst vertreten,
- die Parteien lassen sich durch volljährige Personen vertreten,
- die Parteien lassen sich durch Vertreter von Gewerkschaften oder Arbeitgeberverbänden vertreten,
- die Parteien lassen sich durch Rechtsanwälte vertreten (Pflicht beim Bundesarbeitsgericht).

Das Verfahren wird in Gang gesetzt durch die

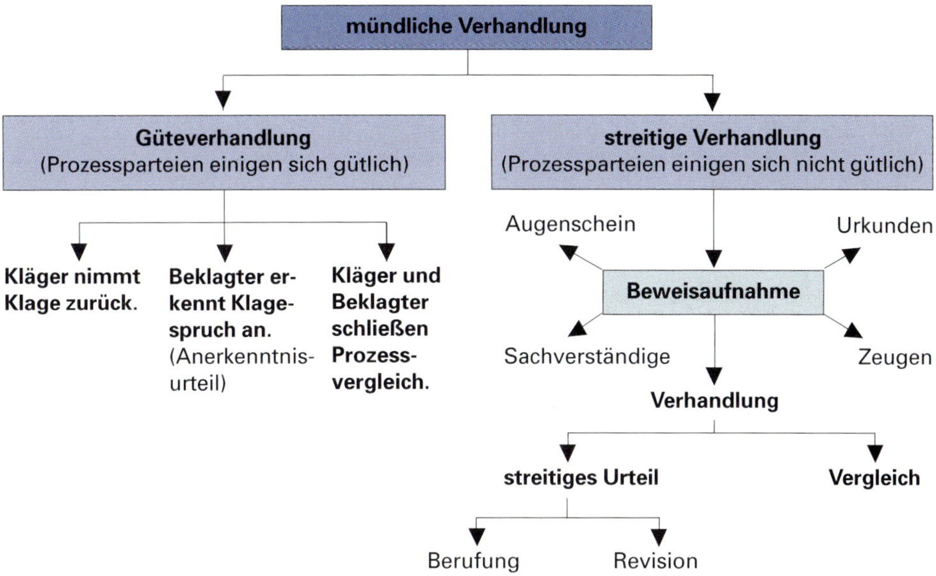

1.9.1.4 Beschlussverfahren

Verhandelt werden Streitigkeiten aus dem kollektiven Arbeitsrecht, insbesondere diejenigen, die sich aus der Durchführung des Betriebsverfassungsgesetzes und des Mitbestimmungsgesetzes ergeben.

Die wesentlichen Unterschiede zum Urteilsverfahren zeigt folgende Abbildung:

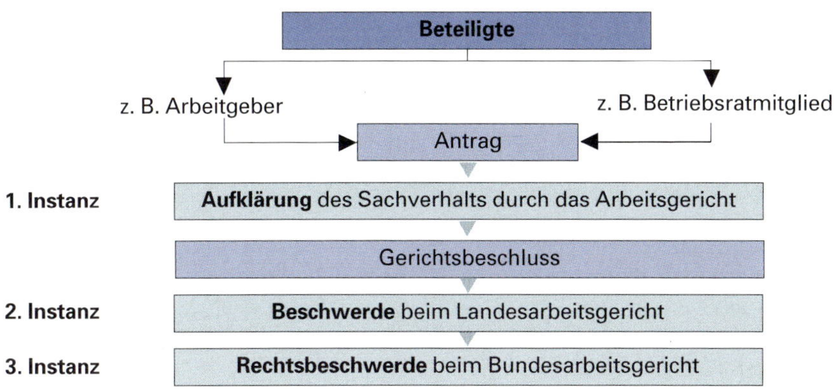

Weitere Unterschiede:

- **Im Urteilsverfahren** hat das Gericht nicht von Amts wegen Nachforschungen über den Sachverhalt anzustellen. Es liegt an den Prozessparteien, alle Tatsachen und Beweismittel zur Begründung ihrer Rechte vorzutragen.
- **Im Beschlussverfahren** hat das Gericht den Sachverhalt aufzuklären und kann von sich aus Ermittlungen anstellen.

Zusammenfassung

1. Instanzen der Arbeitsgerichtsbarkeit

Bundesarbeitsgericht
3 Berufsrichter — 2 Beisitzer

↑ **Revision:** grundsätzliche Bedeutung der Rechtssache

Landesarbeitsgericht
1 Berufsrichter — 2 Beisitzer

↑ **Revision:** Streitwert mindestens 600,00 €

Arbeitsgericht
1 Berufsrichter — 2 Beisitzer

2. **Arbeitsgericht**

Zuständigkeit
- sachliche
- örtliche

Verfahren
- Urteilsverfahren (individuelles Arbeitsrecht)
  - Güteverhandlung
  - streitige Verhandlung
- Beschlussverfahren (kollektives Arbeitsrecht)

Aufgaben

1. Bei welchem Gericht kann
   - eine Gewerkschaft verklagt werden, die einen rechtswidrigen Streik ausgerufen hat,
   - ein Arbeitnehmer seinen Anspruch auf Urlaub einklagen,
   - ein freier Handelsvertreter seinen Anspruch auf Provision einklagen,
   - ein Vorstandsmitglied einer Aktiengesellschaft den Anspruch auf Tantiemen einklagen?
2. Inwiefern ist das Verfahren der Arbeitsgerichtsbarkeit schneller und billiger als der Zivilprozess eines ordentlichen Gerichts?
3. Wer kann vor dem Arbeitsgericht klagen und wo kann geklagt werden?
4. Wie wird geklagt?
5. Worin unterscheidet sich das Urteilsverfahren vom Beschlussverfahren? Stellen Sie unterschiedliche Begriffe gegenüber.

1.9.2 Sozialgerichtsbarkeit

Bei Streitigkeiten über Ansprüche auf öffentlich-rechtliche Sozialleistungen (z. B. Berufsunfähigkeits- oder Erwerbsunfähigkeitsrente) sind die Sozialgerichte zuständig. Eine Ausnahme bilden die Auseinandersetzungen in Bezug auf die Sozialhilfe und die Kriegsopferfürsorge, die von den Verwaltungsgerichten behandelt werden.

1.9.2.1 Aufbau

Die Sozialgerichtsbarkeit ist dreistufig aufgebaut:

- Sozialgericht,
- Landessozialgericht,
- Bundessozialgericht.

In der **ersten Instanz** entscheiden die **Sozialgerichte.** Bei ihnen sind **Kammern** gebildet in Angelegenheiten

- der Sozialversicherung,
- der Arbeitslosenversicherung (einschließlich der übrigen Aufgaben der Bundesanstalt für Arbeit),
- der Kriegsopferversorgung,
- des Kassenarztrechts,
- des Schwerbehindertengesetzes,
- des Bundeskindergeldgesetzes.

Jede Kammer ist mit einem Berufsrichter und zwei Beisitzern (ehrenamtliche Richter) besetzt. Die ehrenamtlichen Richter werden auf Vorschlag der Gewerkschaften bzw. Arbeitgeberverbände auf vier Jahre durch die Landesregierungen bzw. durch den Bundesminister für Wirtschaft und Arbeit berufen. Sie üben ihr Amt mit denselben Rechten und Pflichten wie die Berufsrichter aus und sind von Weisungen frei. Bei Abstimmungen haben sie gleiches Stimmrecht wie die Berufsrichter.

Beim **Landessozialgericht** wird über **Berufungen** gegen Urteile aus der ersten Instanz entschieden. Das Landessozialgericht ist die zweite und letzte Tatsacheninstanz. Statt Kammern gibt es hier **Senate,** die wie die Kammern dieselbe Gliederung nach Sachgebieten haben. Jeder Senat entscheidet mit einem Vorsitzenden, zwei weiteren Berufsrichtern und zwei ehrenamtlichen Richtern. Das Landessozialgericht prüft erneut den Streitfall und berücksichtigt neu vorgebrachte Tatsachen und Beweismittel. Es weist entweder die Berufung zurück oder hebt das Urteil des Sozialgerichts auf und entscheidet selbst in der Sache.

Das **Bundessozialgericht** (Sitz in Kassel) entscheidet über die **Revision** gegen Urteile des Landessozialgerichts. Seine Senate sind genauso besetzt wie die des Landessozialgerichts. Die Revision ist zulässig bei Rechtssachen

- von grundsätzlicher Bedeutung,
- bei einer Abweichung von anderen Entscheidungen des Bundessozialgerichts oder Bundesverfassungsgerichts.

Neben der eigentlichen Revision gibt es das Rechtsmittel der Sprungrevision. Hier wird das Landessozialgericht übergangen und gegen ein Urteil des Sozialgerichts gleich Revision beim Bundessozialgericht eingelegt. Auch in diesem Fall muss der Streitfall von grundsätzlicher Bedeutung sein.

1.9.2.2 Zuständigkeit

Sachlich zuständig ist die Sozialgerichtsbarkeit bei Streitigkeiten in Angelegenheiten

- der **Sozialversicherung.** Hierzu zählen Streitigkeiten
  - aus der Kranken- und Unfallversicherung,
  - aus der Rentenversicherung der Arbeiter und Angestellten (einschließlich Knappschaftsversicherung),
  - zwischen Ärzten, Zahnärzten, Krankenhäusern und Krankenkassen und deren Verbänden.
- der **Pflegeversicherung.**
- der **Arbeitslosenversicherung** (einschließlich Arbeitsvermittlung, Arbeitslosenhilfe, Förderungsmaßnahmen nach dem Arbeitsförderungsgesetz).
- der **Kriegsopferversorgung** mit Ausnahme der Kriegsopferfürsorge.
- nach dem **Bundeskindergeldgesetz** und dem **Häftlingshilfegesetz.**

Die örtliche Zuständigkeit des Sozialgerichts richtet sich nach dem Wohnsitz, Aufenthaltsort oder Beschäftigungsort des Klägers. Der Kläger hat die Wahl, wenn der Wohnsitz und der Beschäftigungsort verschieden sind.

1.9.2.3 Gang des Verfahrens

Eine Klage beim Sozialgericht ist nur dann zulässig, wenn zuvor ein Widerspruchsverfahren vorausging.

Möchte beispielsweise ein Arbeitnehmer gegen einen amtlichen Bescheid einer Verwaltungsbehörde zu seiner Berufsunfähigkeitsrente vorgehen, so muss er binnen eines Monats nach Zustellung des Bescheids **Widerspruch** erheben. Die Verwaltung überprüft nochmals ihre Entscheidung. Sie hat nun die Möglichkeit, den Bescheid abzuändern. Tut sie dies nicht, d.h., gibt sie dem Widerspruch nicht statt, so muss sie einen schriftlichen **Widerspruchsbescheid** ausstellen. Gegen diesen kann dann **Klage** beim Sozialgericht erhoben werden.

Die **Klageschrift** ist schriftlich beim örtlich zuständigen Sozialgericht einzureichen. Es besteht aber auch die Möglichkeit, die Klageerhebung durch einen Urkundsbeamten vornehmen zu lassen, der bei jedem Sozialgericht zur Verfügung steht und den Antragsteller berät.

In der Klageschrift sollen der Kläger, die beklagte Behörde, der Streitgegenstand und der Antrag enthalten sein. Das Gericht leitet nun das Verfahren ein. Die **Klagefrist** beträgt einen Monat nach Zustellung des Widerspruchsbescheides.

Im Gegensatz zum Zivilprozess gilt für das sozialgerichtliche Verfahren der **Amtsermittlungsgrundsatz:** Das Gericht erforscht den Sachverhalt von Amts wegen. Es ist nicht an Beweisanträge oder den Vortrag der Beteiligten gebunden. Es erhebt selbst den Beweis. Als Beweismittel stehen dem Sozialgericht

- Urkunden,
- Zeugenvernehmung,
- Inaugenscheinnahme,
- Anhörung von Sachverständigen zur Verfügung.

Das Verfahren kann abgeschlossen werden

- **ohne gerichtliche Entscheidung,** z.B.
  - durch Klagerücknahme,
  - durch außergerichtlichen Vergleich zwischen den Beteiligten,
  - durch Anerkenntnis des Anspruchs durch den beklagten Versicherungsträger.
- **durch Gerichtsbescheid** ohne Mitwirkung der ehrenamtlichen Richter, wenn der Sachverhalt geklärt ist und die Sache keine besonderen rechtlichen Schwierigkeiten bereitet.
- **durch Urteil.** Es ist rechtskräftig, wenn es nicht angefochten wird.

Zusammenfassung

1. Instanzen der Sozialgerichtsbarkeit

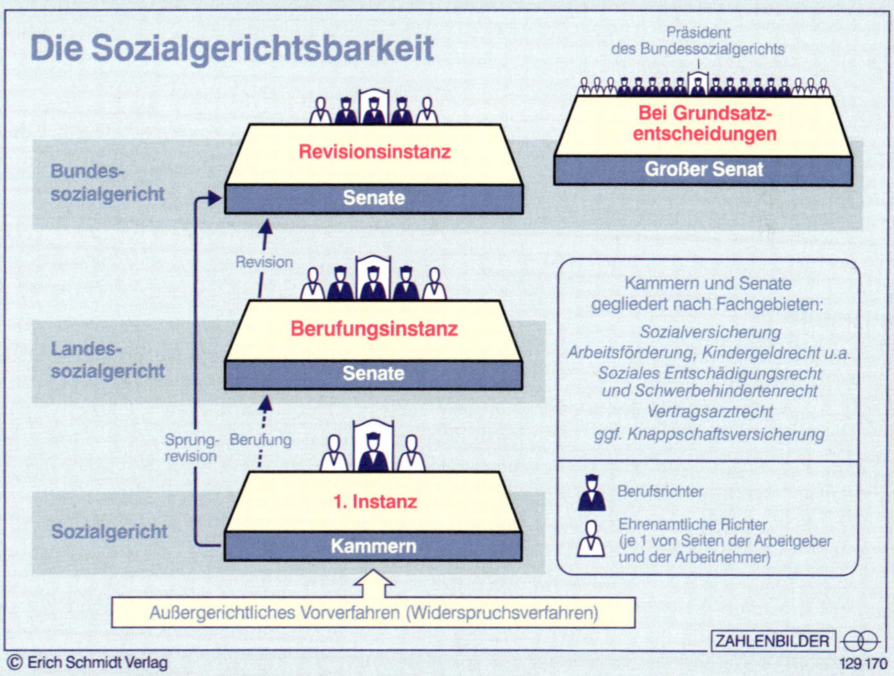

2. Gang des Verfahrens

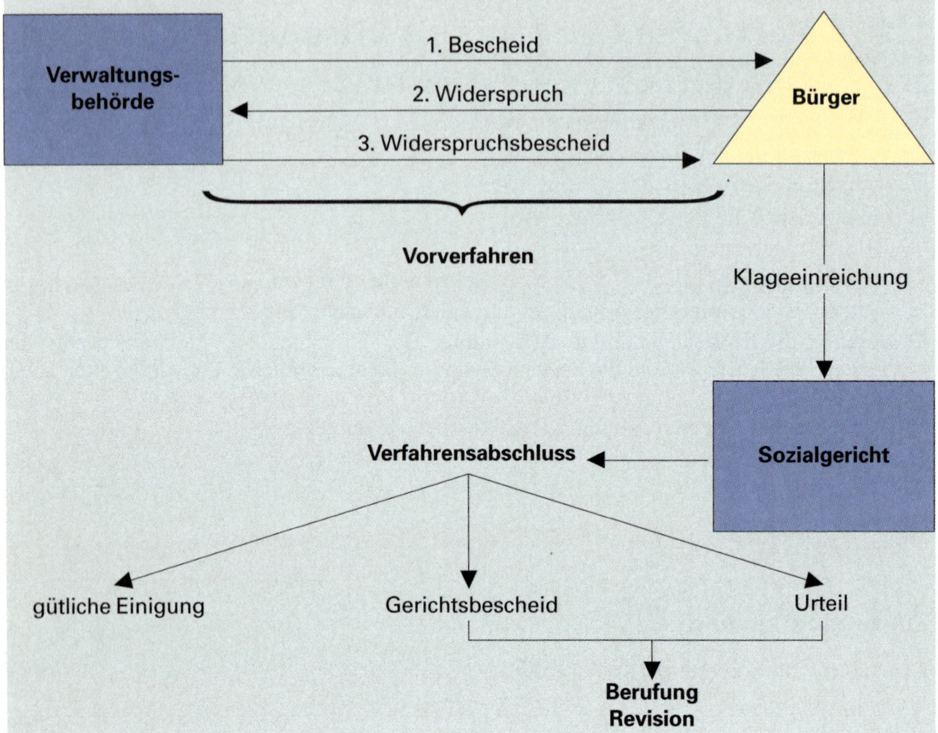

Aufgaben

1. Frau Seebeck aus Erfurt war 60 Monate einschließlich ihrer Ausbildungszeit als Verkäuferin beschäftigt. Bis zum Rentenalter war sie als Hausfrau tätig. Mit 64 Jahren stellt sie den Antrag auf Altersrente, der aber abschlägig beschieden wird. Frau Seebeck will nach dem 5-wöchigen Urlaub mit ihrem Mann das Gericht anrufen.
2. Herr Huber aus Straubing ist Rentner geworden. Er glaubt, dass seine Rentenbezüge zu niedrig berechnet wurden. An wen kann sich Herr Huber wenden?
3. Herr Becker, 58 Jahre alt, befindet sich seit einem halben Jahr im Vorruhestand. Die Höhe seiner Bezüge ist seiner Ansicht nach nicht korrekt berechnet worden; er möchte deshalb vor dem Arbeitsgericht klagen. Was würden Sie ihm raten?
4. Frau Biber aus Schwerin hat gegen den abschlägigen Bescheid, ihr Leistungen aus der Unfallversicherung zu gewähren, Widerspruch bei der zuständigen Verwaltungsbehörde erhoben. Schildern Sie den Gang des sozialgerichtlichen Verfahrens bis zum möglichen Abschluss.

2 Rechtliche Grundlagen des Wirtschaftens

2.1 Rechtsnormen für das Wirtschaftsleben

2.1.1 Öffentliches und privates Recht

Zwischen dem Betrieb und seiner Umwelt bestehen vielfältige rechtliche Beziehungen, die durch Vorschriften, die **Rechtsnormen,** geregelt werden. Man unterscheidet zwei **Rechtsgebiete:**

privates Recht

Alle Rechtsnormen, die das Verhältnis der Einzelnen zueinander regeln, sind dem Gebiet des Privatrechts zuzuordnen.

Zwischen den Einzelnen besteht ein Verhältnis der Gleichordnung. „Einzelne" können sein: ein oder mehrere Bürger, ein oder mehrere Betriebe („Private").

Beispiel: *„Durch den Mietvertrag wird der Vermieter verpflichtet dem Mieter den Gebrauch der vermieteten Sache während der Mietzeit zu gewähren. Der Mieter ist verpflichtet dem Mieter den vereinbarten Mietzins zu entrichten" (§ 535 BGB).*

öffentliches Recht

Alle Rechtsnormen, die das Verhältnis zwischen dem Einzelnen und dem Staat regeln, gehören zum öffentlichen Recht.

Zwischen dem Staat und dem Einzelnen besteht ein Verhältnis der Über- und Unterordnung. In Bezug auf das Wirtschaftsleben bedeutet „Staat" meist öffentliche Verwaltung, d.h. die Staatsverwaltung (Bund, Länder) und Selbstverwaltung (Kreise, Gemeinden, Körperschaften und Anstalten des öffentlichen Rechts[1]).

Beispiel: *„Wer gewerbsmäßig Leben oder Eigentum fremder Personen bewachen will (Bewachungsgewerbe), bedarf der Erlaubnis. Die Erlaubnis kann unter Auflagen erteilt werden. Sie ist zu versagen, wenn ..." (§ 34 a Abs. 1 GewO).*

Wichtige Unterschiede zwischen öffentlichem und privatem Recht

Gesichtspunkt	öffentliches Recht	privates Recht
Kann die Norm durch eine Vereinbarung der Beteiligten geändert werden?	Nein; es handelt sich stets um **zwingendes Recht.**	Ja; an den Stellen, an denen dies der Gesetzgeber zulässt **(dispositives Recht).**
Besteht ein Freiheitsspielraum?	Da ein Gesetz keinen Einzelfall regeln kann, besteht ein **Ermessungsspielraum** für die Verwaltung.	Der **Grundsatz der Vertragsfreiheit** ermöglicht es, dass – dispositives Recht durch Vertrag geändert, – nicht gesetzlich geregelte Tatbestände vertraglich geregelt werden können.

1 Beispiele für Körperschaften sind die berufsständischen Vereinigungen (z.B. Handwerkskammern, Industrie- und Handelskammern).
Beispiele für Anstalten sind die Bundesanstalt für den Güterfernverkehr oder die Deutsche Bundesbank.

Gesichtspunkt	öffentliches Recht	privates Recht
Wie wird eine Entscheidung herbeigeführt?	Durch einen **Verwaltungsakt** der Behörde.	Durch einen **Vertrag** zwischen den beteiligten Parteien.
Wie werden Verstöße geahndet?	Durch **Strafen,** die die Behörde verhängt.	Durch **Klagen** auf Vertragserfüllung, Unterlassung oder Schadensersatz, die eine Partei erhebt.

Beide Rechtsgebiete fußen auf dem **Grundgesetz,** d. h., keine ihrer Rechtsnormen darf der Verfassung widersprechen: Alle Rechtsnormen müssen **verfassungskonform** sein.

Den beiden großen Rechtsgebieten sind folgende Teilbereiche und Rechtswege zuzuordnen:

Grundgesetz

öffentliches Recht	privates Recht
– Arbeitsschutzrecht – Prozessrecht – Strafrecht – Verkehrsrecht – Baurecht – Gewerberecht – Sozialrecht – Steuerrecht	– Arbeitsvertragsrecht – Urheberrecht – Gesellschaftsrecht – Wertpapierrecht – Handelsrecht – Bürgerliches Recht (z. B. Sachenrecht, Recht der Schuldverhältnisse)

Rechtswege

– Strafgericht (Amtsgericht) – Verwaltungsgericht – Arbeitsgericht – Sozialgericht – Finanzgericht	– Zivilgericht (Amtsgericht) – Patentgericht (Ausnahme: Arbeitsvertragsrecht)

2.1.2 Rechtsnormen

Die beiden Rechtsgebiete und ihre Teilbereiche werden durch Rechtsnormen ausgefüllt. Wir unterscheiden zwei Gruppen von Rechtsnormen:

Gesetzesrecht	Gewohnheitsrecht
Dieses Recht wird von den Institutionen, die dazu berechtigt sind, schriftlich niedergelegt (geschriebenes Recht).	Dieses Recht beruht auf langer Übung und wird von der Allgemeinheit bzw. den beteiligten Parteien als Recht anerkannt (ungeschriebenes Recht).

Zum **Gesetzesrecht** gehören Gesetze, Rechtsverordnungen und Satzungen.

Beispiele: *„Der Bundestag hat mit Zustimmung des Bundesrates das folgende **Gesetz** beschlossen."*

*„Aufgrund des § 16 Abs. 3 Satz 1 der Gewerbeordnung ... **verordnet** die Bundesregierung nach Anhörung des in § 16 Abs. 3 bezeichneten Ausschusses mit Zustimmung des Bundesrates: ..."*

*„Die Gemeinde Langensendelbach erlässt aufgrund des Art. 1 des Gemeindeabgabengesetzes ... mit Genehmigung des Landratsamtes Forchheim ... folgende **Satzung** über die Erhebung einer Feuerschutzabgabe in der Gemeinde Langensendelbach."*

Gesetze werden von der Legislative erlassen. Zur gesetzgebenden Gewalt gehören der Bundestag, der Bundesrat und die Länderparlamente.

Rechtsverordnungen werden von der Exekutive erlassen. Durch Art. 80 GG sind die Bundesregierung, ein Bundesminister und die Landesregierungen ermächtigt, **aufgrund eines Gesetzes** eine Rechtsverordnung zu erlassen. Dadurch wird es möglich, Rechtsnormen einfacher und schneller an die wirtschaftlich-technische Entwicklung anzupassen.

Beispiel: *Genehmigungspflichtige Anlagen nach § 16 GewO: Danach sind Anlagen, die z. B. die Anwohner eines Betriebes belästigen können, genehmigungspflichtig. In einer Verordnung zu § 16 GewO sind die entsprechenden Anlagen verzeichnet.*

Satzungen ermöglichen es den Selbstverwaltungsorganen, ihre eigenen Angelegenheiten mit allgemein verbindlicher Wirkung zu regeln.

Beispiele:
- *Satzungen der Industrie- und Handelskammern*
- *Haushaltssatzungen der Gemeinden*
- *Friedhofssatzungen der Gemeinden*

Rechtsnormen, die zum Gesetzesrecht gehören, müssen **öffentlich bekannt gemacht** werden (z. B. Bundesgesetze im Bundesgesetzblatt, Rechtsverordnungen einer Landesregierung im Gesetz- und Verordnungsblatt des Landes, Satzungen einer Gemeinde im Amtsblatt).

Das **Gewohnheitsrecht** dagegen ist ungeschriebenes Recht. Durch das Wegerecht z. B. ist ein Landwirt berechtigt über ein fremdes Grundstück zu seinen Äckern zu fahren. Für das Wirtschaftsleben wichtig sind die Sicherungsübereignung, die positive Vertragsverletzung und das Verschulden beim Vertragsschluss.

Die Rechtsnormen haben eine doppelte Bedeutung:

- Die Summe aller Rechtsnormen ergeben die Rechtsordnung, die von jedermann (Privaten oder Staat) zu beachten ist. Man spricht deshalb vom **objektiven Recht.**
- Lassen sich aus dem objektiven Recht Berechtigungen oder Rechtsansprüche einer Person ableiten, so liegt **subjektives Recht** vor (z. B. Anspruch auf Schmerzensgeld aus einem Verkehrsunfall).

Zusammenfassung

Rechtsnormen für das Wirtschaftsleben

öffentliches Recht	privates Recht
Es regelt die Beziehungen zwischen dem Staat und der Wirtschaft bzw. den Wirtschaftssubjekten.	Es regelt die Beziehungen zwischen den Wirtschaftssubjekten.
Sie werden durch Rechtsnormen ausgefüllt.	
Gesetzesrecht (geschriebenes Recht) – Gesetze – Rechtsverordnungen – Satzungen Gewohnheitsrecht (ungeschriebenes Recht)	

- Objektives Recht: Summe aller Rechtsnormen.
- Subjektives Recht: Berechtigungen und Rechtsansprüche, die sich aus den Rechtsnormen ableiten lassen.

Aufgaben

1. Ermitteln Sie weitere Beispiele für die verschiedenen Rechtsquellen.
2. Ordnen Sie diese Rechtsquellen den Rechtsgebieten und den Rechtswegen zu.
3. Durch welche Rechtsquellen beeinflusst die Gemeinde ihren Ausbildungsbetrieb?
4. Nehmen Sie Stellung zu folgender Behauptung: „Der Gesetzgeber neigt immer mehr dazu, Gesetze für Einzelfälle zu erlassen."
5. Nennen Sie Fälle für subjektives Recht aufgrund Ihrer Erfahrungen.

2.2 Rechtssubjekte

Personen, die innerhalb der Rechtsnormen des Privatrechts als Träger des Rechts tätig werden, werden als Rechtssubjekte bezeichnet.

Das BGB kennt zwei Arten von **Personen:**

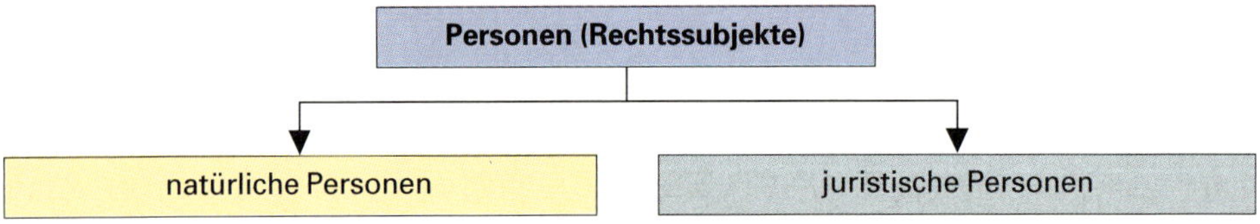

„Natürliche Person" ist der juristische Ausdruck für **Mensch.**

„Juristische Personen" sind Vereinigungen von Personen oder auf Dauer gebundene Vermögensmassen,

- die eine eigene organisatorische Einheit besitzen,
- denen die Rechtsordnung die Rechtsfähigkeit verleiht.

Es handelt sich um eigene Rechtspersönlichkeiten, die durch ihre **Organe** oder **besondere Vertreter** handeln. Die Art der Organe ist in Gesetzen oder in der Satzung der juristischen Person festgelegt.

Man unterscheidet folgende **juristische Personen:**

juristische Personen des Privatrechts Die Entstehung und Verfassung beruhen auf den Rechtsnormen des Privatrechts, insbesondere des Gesellschaftsrechts.	juristische Personen des öffentlichen Rechts Die Entstehung und Verfassung beruhen auf den Rechtsnormen des öffentlichen Rechts. Gleichwohl können sie privatrechtlich handeln (z. B. Kauf von Grundstücken, Mieten von Geschäftsräumen).
– eingetragene Idealvereine (e. V.) Ihr Zweck ist nicht auf einen wirtschaftlichen Geschäftsbetrieb gerichtet (z. B. Sportverein, Kunstverein). – wirtschaftliche Vereine Ihr Zweck ist auf einen wirtschaftlichen Geschäftsbetrieb gerichtet. – Aktiengesellschaften (AG) – Gesellschaften mit beschränkter Haftung (GmbH) – Kommanditgesellschaften auf Aktien (KGaA) – eingetragene Genossenschaften (eG) – Versicherungsvereine auf Gegenseitigkeit (VVaG) – Stiftungen des Privatrechts	– Körperschaften, z. B. • Gebietskörperschaften (Bund, Länder, Gemeinden) • Sozialversicherungsträger (z. B. Ortskrankenkassen) • Industrie- und Handelskammern – Anstalten, z. B. • Deutsche Bundesbank • Rundfunk- und Fernsehanstalten • öffentlich-rechtliche Kreditinstitute (Sparkassen, Girozentralen) – Stiftung, z. B. • Stiftung Warentest • Stiftung Preußischer Kulturbesitz

Keine juristischen Personen sind die Personengesellschaften – offene Handelsgesellschaft (OHG) und Kommanditgesellschaft (KG) – sowie die Partnerschaft. Sie handeln nicht durch Organe, sondern durch Geschäftsführer, die in der Regel mit den Eigentümern identisch sind.

Rechtssubjekt kann nur sein, wer die Rechtsfähigkeit besitzt.

2.2.1 Rechtsfähigkeit

Unter Rechtsfähigkeit versteht man die Fähigkeit, Träger von Rechten und Pflichten zu sein.

Das bedeutet: Ein Säugling kann Erbe seines Vaters werden. Der Nachlass kann sowohl aus Rechten (z. B. Forderungen, Eigentumsrechten) als auch aus Pflichten (z. B. Verbindlichkeiten, Dauerschuldverhältnissen) bestehen.

Natürliche Personen (Menschen) besitzen die Rechtsfähigkeit:

- Sie beginnt mit der Vollendung der Geburt (§ 1 BGB).
- Sie endet mit dem Tode oder der Todeserklärung (z. B. bei Verschollenen).

Juristischen Personen wird die Rechtsfähigkeit verliehen durch

- die **Eintragung** in ein öffentliches Register (z. B. Eintragung eines Vereins in das Vereinsregister),

- **Verwaltungsakt** (z.B. Genehmigung einer privatrechtlichen Stiftung durch das Amtsgericht),
- ein **Gesetz** (z.B. Bundesanstalt für Arbeit durch das Arbeitsförderungsgesetz).

Entsprechend wird einer juristischen Person die Rechtsfähigkeit **entzogen.**

2.2.2 Geschäftsfähigkeit

Ein neugeborenes Kind kann keine Erbschaft ablehnen, da es nicht **rechtswirksam** handeln kann. Voraussetzung für rechtswirksame Handlungen ist die **Geschäftsfähigkeit.**

Unter Geschäftsfähigkeit versteht man die Fähigkeit, durch eine eigene Willenserklärung rechtswirksam Rechte und Pflichten zu erwerben.

Das BGB stuft die Geschäftsfähigkeit unter den Gesichtspunkten **„Alter“** und **„geistige Reife“** ab:

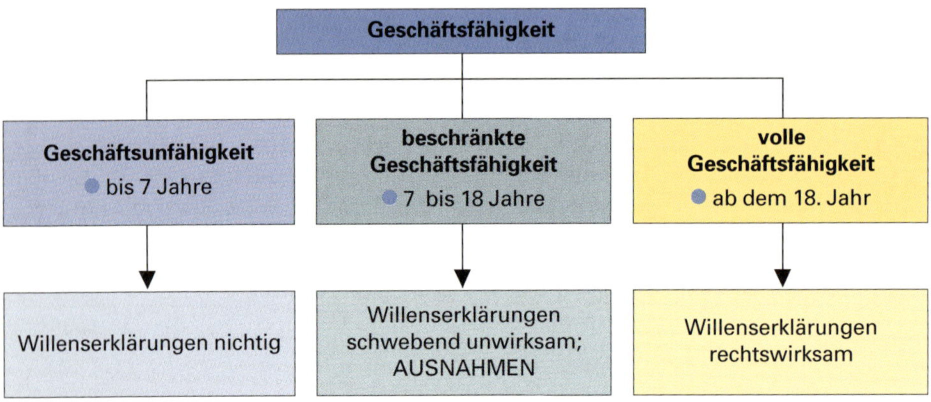

Begriff	Begriffsbeschreibung
Geschäftsunfähigkeit	Minderjährige vor Vollendung des 7. Lebensjahres und ihnen gleichgestellte Personen sind geschäftsunfähig (§ 104 Satz 1 BGB). „Gleichgestellte Personen“ sind Volljährige, die – auf Dauer geistesgestört sind (§ 104 Satz 2 BGB), – bewusstlos oder vorübergehend geistesgestört sind (§ 105 Satz 2 BGB).
beschränkte Geschäftsfähigkeit	Minderjährige, die bereits das 7. Lebensjahr, aber noch nicht das 18. Lebensjahr vollendet haben, sind beschränkt geschäftsfähig (§ 106 BGB).
(volle) Geschäftsfähigkeit (= Volljährigkeit)	Jeder Mensch, der das 18. Lebensjahr vollendet hat, ist geschäftsfähig (§ 2 BGB).

Durch die jeweilige Stufe der Geschäftsfähigkeit wird bestimmt, in welchem Umfang die Handlung einer natürlichen Person rechtswirksam ist:

- Ein **unbeschränkt Geschäftsfähiger** handelt **stets rechtswirksam.**
- Willenserklärungen eines **Geschäftsunfähigen** sind **stets nichtig,** d. h., sie werden vom Gesetz so behandelt, als gäbe es sie überhaupt nicht (§ 105 Abs. 1 BGB). Anstelle des Geschäftsunfähigen handeln seine **Eltern** oder ein **Vormund** (gesetzlicher Vertreter).
- Willenserklärungen **beschränkt Geschäftsfähiger** sind **schwebend unwirksam** (§ 108 BGB), d. h., keiner der Vertragspartner kann ein Recht aus dem Vertrag ableiten. Dieser Schwebezustand kann jedoch behoben werden:

Ein beschränkt Geschäftsfähiger kann rechtswirksam handeln, wenn eine der folgenden Möglichkeiten zutrifft:

- Die vorherige Zustimmung (Einwilligung) der gesetzlichen Vertreter liegt vor (§ 107 BGB).
- Die nachträgliche Zustimmung (Genehmigung) der gesetzlichen Vertreter wird nachgereicht (§ 108 BGB).
- Durch seine Willenserklärung erlangt er nur einen rechtlichen Vorteil (z. B. Entgegennahme einer Schenkung, § 107 BGB).
- Der Vertrag wird durch den „Taschengeldparagrafen" (§ 110 BGB) gedeckt. Dies ist immer dann der Fall, wenn der beschränkt Geschäftsfähige Geld ausgibt, das ihm
  - vom gesetzlichen Vertreter zur freien Verfügung überlassen wurde (Taschengeld),
  - vom gesetzlichen Vertreter zu einem bestimmten Zweck überlassen wurde,
  - mit Zustimmung des gesetzlichen Vertreters von einem Dritten (z. B. Tante, Großmutter) für einen bestimmten Zweck (z. B. Kauf einer Stereoanlage) überlassen wurde.
- Mit Genehmigung des Vormundschaftsgerichts betreibt er einen Gewerbebetrieb selbstständig (z. B. einen ererbten Betrieb) **und**

  die Rechtsgeschäfte fallen im Zusammenhang mit dieser Tätigkeit an (z. B. Kauf eines Grundstücks für Geschäftszwecke, § 112 BGB).
- Er wurde vom gesetzlichen Vertreter zum Abschluss eines Dienst- oder Arbeitsverhältnisses ermächtigt (§ 113 BGB).

Für Volljährige kann vom Vormundschaftsgericht ein Betreuer bestellt werden (§ 1896 f BGB).

Voraussetzungen für die Betreuung eines **Volljährigen** sind:

- Es liegt eine psychische Krankheit vor.
- Es liegt eine körperliche, geistige oder seelische Behinderung vor.
- Das Vormundschaftsgericht hat die Betreuung beschlossen.

Der Gerichtsbeschluss bleibt jedoch ohne Auswirkung auf die Geschäftsfähigkeit des Betreuten. Dies ändert sich jedoch, wenn das Gericht den **Einwilligungsvorbehalt** anordnet. Durch den Vorbehalt wird der Betreute einem **beschränkt Geschäftsfähigen** gleichgestellt:

- Er benötigt die Einwilligung des Betreuers, wenn er rechtswirksame Willenserklärungen abgeben will.
- Er kann rechtswirksame Willenserklärungen abgeben, die ihm lediglich einen rechtlichen Vorteil bringen.

Er ist stets einem **Volljährigen** gleichgestellt, wenn es sich um

- geringfügige Geschäfte des täglichen Lebens (z. B. Einkauf von Lebensmitteln),
- die Eheschließung,
- das Testament handelt.

Juristische Personen erhalten die Geschäftsfähigkeit zusammen mit der Rechtsfähigkeit verliehen.

Zusammenfassung

Rechtssubjekte
Träger des Rechts

natürliche Personen	**juristische Personen**
(Menschen)	(Personenvereinigungen oder Vermögensmassen mit eigener Rechtspersönlichkeit)

Sie verfügen über folgende Eigenschaften:

Rechtsfähigkeit
(Fähigkeit, Träger von Rechten und Pflichten zu sein)

natürliche Personen	juristische Personen
– Beginn: Vollendung der Geburt – Ende: Tod oder Todeserklärung	– Beginn: Eintragung in ein öffentliches Register, Gesetz, Verwaltungsakt – Ende: Löschung im Register, Gesetz, Verwaltungsakt

Geschäftsfähigkeit
(Fähigkeit, durch eigene Willenserklärung rechtswirksam Rechte und Pflichten zu erwerben)

natürliche Personen	juristische Personen
Sie wird vom Menschen in drei Stufen erworben: – Geschäftsunfähigkeit – beschränkte Geschäftsfähigkeit – Geschäftsfähigkeit	– Sie wird der juristischen Person zugleich mit der Rechtsfähigkeit verliehen. – Die juristische Person handelt durch Organe.

Personengesellschaften und Partnerschaften sind keine Rechtssubjekte.

Aufgaben

1. Ist ein Rechtsgeschäft zustande gekommen?
   a) Der neunzehnjährige Friedrich verliert beim Wetten auf der Trabrennbahn 5.000,00 €.
   b) Klaus hat als Fünfzehnjähriger mit Zustimmung seiner Eltern einen Arbeitsvertrag geschlossen. Diesen hat er zwei Jahre später gekündigt, da er als Lkw-Beifahrer mehr Geld verdient.
   c) Moritz ist sechs Jahre alt. Seine Großmutter schenkt ihm 100,00 € mit der Auflage, sich mit diesem Geld ein Sportrad zu kaufen.
   d) Die sechzehnjährige Astrid darf monatlich 110,00 € ihrer Ausbildungsbeihilfe als Taschengeld behalten. Nachdem sie acht Monate lang gespart hat, kauft sie sich einen CD-Player für 400,00 €.
   e) Die sechzehnjährige Schülerin Gisela hebt von ihrem Sparbuch 400,00 € ab und kauft sich davon einen CD-Player.
   f) Eine entfernte Verwandte hat den Eltern des zwölfjährigen Peter 150,00 € übersandt mit der Bitte, diese ihrem Sohn mit der Auflage auszuhändigen, damit seine Modelleisenbahnanlage zu vergrößern. Peter kauft sich mit diesem Geld eine Autorennbahn.
   g) Rainer ist siebzehneinhalb Jahre alt und besitzt einen Führerschein der Klasse 3. Er kauft sich heimlich einen Gebrauchtwagen für 3.000,00 €.
   h) Jürgen ist fast achtzehn Jahre alt und betreibt eine von seinem Vater ererbte Spritzgießerei. Um seinen Arbeitnehmern den täglichen Weg zur Arbeit zu erleichtern, erwägt er den Kauf eines Kleinbusses. Der Autohändler gewährt ihm 20 % Rabatt auf den Kaufpreis des Busses, wenn er gleichzeitig ein Wohnmobil kauft. Da Jürgen in zwei Monaten ohnehin volljährig wird und dieses Ereignis mit einer Rundreise durch Skandinavien zu feiern gedenkt, schließt er einen Kaufvertrag über beide Kraftfahrzeuge ab.
   i) Otto ist vierzig Jahre alt. Er hat von seinem Vater mehrere Mietshäuser geerbt, sodass er über ein Monatseinkommen von 7.500,00 € verfügt. Dem Einzelhändler, bei dem er ständig die neuesten Hi-Fi-Geräte kauft, ist bekannt, dass Otto als Säugling schwer erkrankt war und seitdem geistesgestört ist.
   j) Mit ihrem Einverständnis wurde Olga unter Betreuung gestellt. Obwohl ihr Haushaltsgeld monatlich nur 400,00 € beträgt, kauft sie weiterhin exklusive Einrichtungsgegenstände auf Abzahlung.
2. Eine Aktiengesellschaft wird in das Handelsregister eingetragen. Vergleichen Sie diesen Vorgang mit der Geburt eines Menschen.
3. Warum ist eine juristische Person stets voll geschäftsfähig, während eine natürliche Person diesen Zustand nur stufenweise erreicht?
4. Grenzen Sie folgende Begriffe voneinander ab: Rechtsfähigkeit, Geschäftsfähigkeit.
5. Nennen Sie Fälle, in denen eine juristische Person des öffentlichen Rechts
   a) privatrechtlich,
   b) öffentlich-rechtlich handelt.

2.3 Rechtsobjekte

Sachen und Rechte, die Gegenstand des Rechtsverkehrs sind, werden als Rechtsobjekte bezeichnet.

Nach § 90 BGB versteht man unter **Sachen** körperliche Gegenstände und unter **Rechten** unkörperliche Gegenstände.

Die Summe aller Gegenstände, über die eine Person verfügt, heißt **Vermögen.**

2.3.1 Sachen

Das BGB teilt die Sachen nach verschiedenen Gesichtspunkten ein:

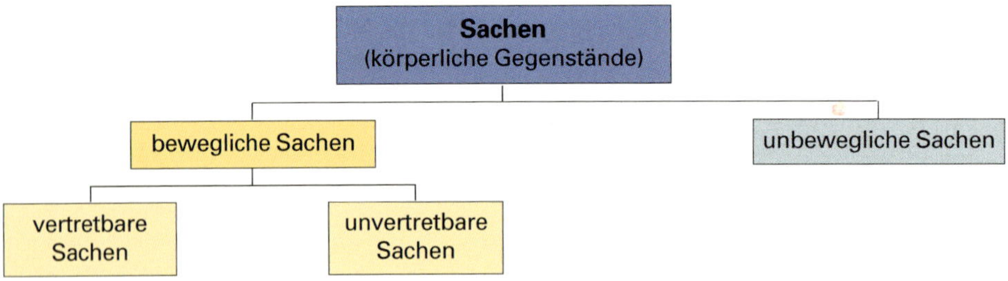

Bewegliche Sachen (Mobilien) sind alle Sachen, die nicht Grundstücke oder Grundstücksbestandteile (**unbewegliche Sachen** oder Immobilien) sind. Zu den Immobilien zählen auch Schiffe und das Erbbaurecht.

Diese Unterscheidung ist wichtig im Hinblick auf den Abschluss eines Kaufvertrages, die Übereignung und die Verpfändung.

Die **beweglichen Sachen** können weiterhin unterteilt werden: **Vertretbare Sachen** sind objektiv nach Maß, Zahl oder Gewicht bestimmbar (§ 91 BGB); sie sind durch gleiche Sachen ersetzbar (z. B. Erzeugnisse aus der Massen- oder Serienproduktion wie Nägel, Schrauben, Kraftfahrzeuge, Konfektionskleidung). Alle anderen Sachen sind **unvertretbar,** d. h. einmalig in ihrer Art (z. B. Erzeugnisse der Einzelfertigung wie Maßanzug, Gemälde).

Diese Unterscheidung ist wichtig im Hinblick auf die Qualität der Lieferung bei Gattungsschulden, das Unvermögen bei der Lieferung und den Umtausch bei der Mängelrüge.

Zerlegt man eine **bewegliche Sache** auf **mechanischem Wege,** so erhält man ihre **Bestandteile** (z. B. Zerlegung eines Kraftfahrzeugs in Motor, Getriebe, Sitze, Räder usw.). Lassen sich die Bestandteile nicht trennen, ohne dass

- eines der Bestandteile zerstört oder
- in seinem Wesen verändert wird,

so handelt es sich um **wesentliche Bestandteile** (§ 93 BGB). Solche Bestandteile können z. B. nicht verkauft werden (z. B. Wagen einer Schreibmaschine).

Grundstücke lassen sich durch **räumliche Abgrenzung** in **Bestandteile** auflösen (z. B. lässt sich ein Grundstück teilen). Diese Bestandteile können getrennt veräußert, unterschiedlich belastet (z. B. durch ein Grundpfandrecht) oder Gegenstand besonderer Rechte (z. B. Nießbrauch) sein. **Wesentliche Bestandteile** eines Grundstückes sind solche, die mit ihm fest verbunden sind (z. B. Gebäude, Pflastersteine, § 94 BGB).

Maschinen zählen in der Regel nicht zu den wesentlichen Grundstücksbestandteilen; sie sind vielmehr als **Zubehör** anzusehen (§ 98 BGB). Darunter versteht man bewegliche Sachen, die

- kein Bestandteil der Hauptsache (z. B. eines Fabrikgebäudes) sind,
- aber dem wirtschaftlichen Zweck der Hauptsache (z. B. der Produktion von Kraftfahrzeugen) dienen (§ 97 BGB).

Zubehör kann getrennt von der Hauptsache veräußert oder belastet werden, was besonders für die Kreditsicherung (z. B. durch Sicherungsübereignung) von Bedeutung ist.

2.3.2 Rechte

Rechte lassen sich aus dem Vermögen oder dem Schutzbedürfnis einer Person ableiten:

Rechte
(unkörperliche Gegenstände)

Vermögensrechte	**Persönlichkeitsrechte**
Rechte, die sich aus dem Vermögen einer Person ableiten lassen.	Rechte, die sich aus dem Schutzbedürfnis einer Person arbeiten lassen.
– Rechte aus Schuldverhältnissen (z. B. Forderung) – dingliche Rechte • Eigentum • Pfandrecht • Grundpfandrecht – eigentumsähnliche Rechte • Urheber- und Erfinderrecht • Erbbaurecht – Erbrecht	– allgemeines Persönlichkeitsrecht – Namensrecht – Firmenrecht – Familienrecht

Diese Rechte können

- gegenüber jedermann geltend gemacht werden: **absolute Rechte** (Herrschaftsrechte) (z. B. dingliche Rechte);
- nur gegenüber bestimmten Personen geltend gemacht werden: **relative Rechte** (z. B. Rechte aus Schuldverhältnissen).

Aus allen Rechten lässt sich ein Anspruch ableiten:

Unter Anspruch versteht man das Recht, von einem anderen ein Tun oder Unterlassen zu verlangen.

Beispiel:
- ***Tun:*** *Wir fordern einen Schuldner auf, seine Verbindlichkeit zu bezahlen.*
- ***Unterlassen:*** *Ein Industriebetrieb fordert Betriebsfremde auf, ihre Kraftfahrzeuge nicht mehr auf den betriebseigenen Parkplätzen abzustellen.*

Zusammenfassung

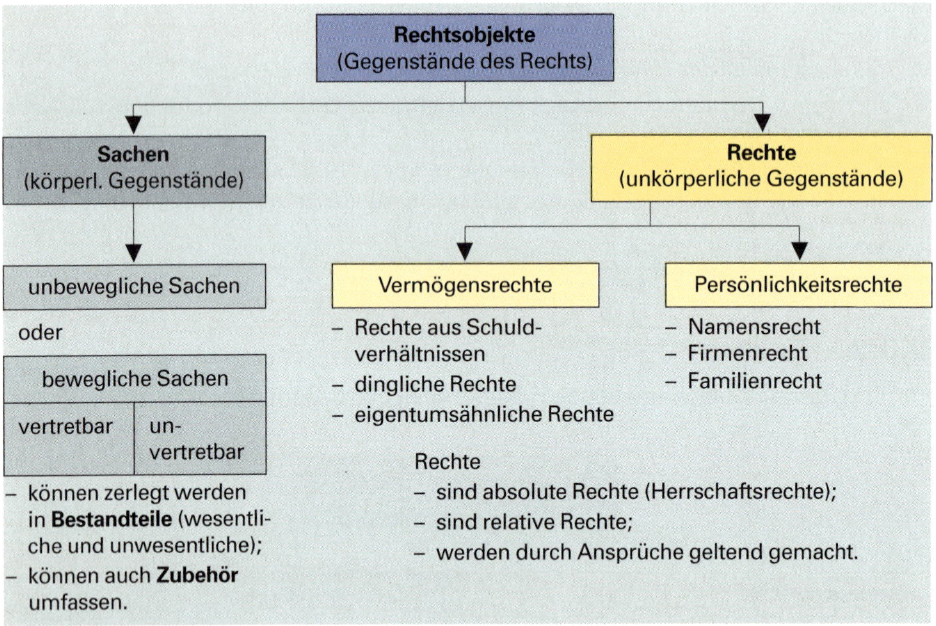

Aufgaben

1. Nach welchen Gesichtspunkten werden Sachen eingeteilt? Begründen Sie diese Einteilung.
2. Überlegen Sie: Aus welchen wirtschaftlichen Gründen nennt das BGB neben den Sachen auch die Rechte?
3. Erklären Sie die Begriffe Rechtssubjekt und Rechtsobjekt.
4. Nennen Sie je vier Beispiele für wesentliche und unwesentliche Bestandteile einer beweglichen Sache und begründen Sie Ihre Antworten.
5. Nennen Sie je acht Beispiele für vertretbare und unvertretbare Sachen.
6. Nennen Sie je vier Beispiele für wesentliche Bestandteile und für Zubehör einer unbeweglichen Sache und begründen Sie Ihre Antworten.
7. Grenzen Sie die Begriffe „Sache“ und „Recht“ voneinander ab.
8. Nach welchen Gesichtspunkten werden Sachen eingeteilt?
9. Was versteht man unter einem Anspruch?
10. Nennen Sie sechs Beispiele für Ansprüche.

2.3.3 Besitz und Eigentum

Das **grundlegende dingliche Recht** ist das **Recht auf Eigentum.** (Die Bezeichnung „dingliche Rechte“ rührt daher, dass diese Rechte von einem „Ding“ oder einer Sache abgeleitet werden.) Eng mit dem Eigentum verbunden ist der Besitz.

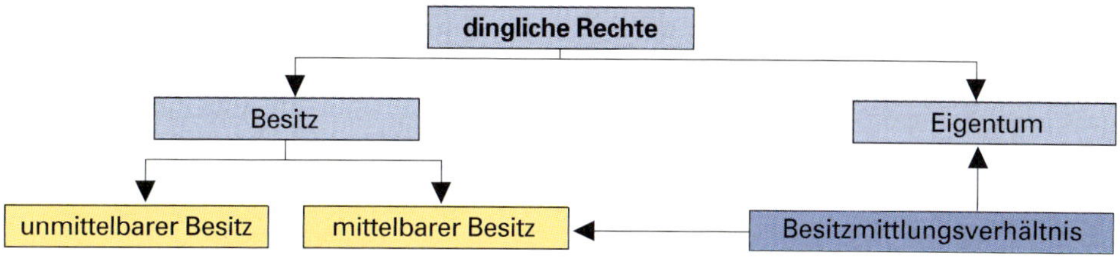

Unter (unmittelbarem) Besitz versteht man die tatsächliche Herrschaft über eine Sache (§ 854 Abs. 1 BGB).

„Tatsächliche Herrschaft“ bedeutet, dass der Besitzer die Sache ordnungsgemäß benutzen darf; er kann sie aber auch beschädigen oder vernichten.

Beispiel:
- *Einen geliehenen Pkw kann man, wie vorgesehen, für die Urlaubsreise benutzen.*
- *Man kann aber auch die Fenster mit einem Hammer einschlagen.*
- *Es ist sogar möglich, ihn in Brand zu stecken und zu vernichten.*

Es ist eine ganz andere Frage, ob
- *der Besitzer dem Eigentümer gegenüber schadensersatzpflichtig wird;*
- *der Besitz rechtmäßig erworben wurde oder nicht (z. B. durch Diebstahl).*

Eigentum bedeutet die rechtliche Herrschaft über eine Sache (§ 903 BGB).

„Rechtliche Herrschaft“ bedeutet, dass der Eigentümer
- mit der Sache beliebig verfahren kann (z. B. verleihen, verkaufen, vernichten, belasten);
- andere von jeder Einwirkung ausschließen kann (z. B. vom Befahren eines Grundstücks).

Der Eigentümer kann eine Sache vernichten, ohne jemandem gegenüber schadensersatzpflichtig zu werden.

Die **Grenzen des Eigentums** werden gesetzt durch
- Rechte Dritter,
- gesetzliche Bestimmungen (§ 903 BGB),
- die Sozialbindung des Eigentums (Art. 14 GG).

In der Regel sind Besitzer und Eigentümer **personengleich.** Sie können aber auch **personenverschieden sein.**

Beispiel: *Die August Mayer KG schließt mit der Wohnungsbau GmbH einen Vertrag über die Vermietung von Büroräumen ab.*

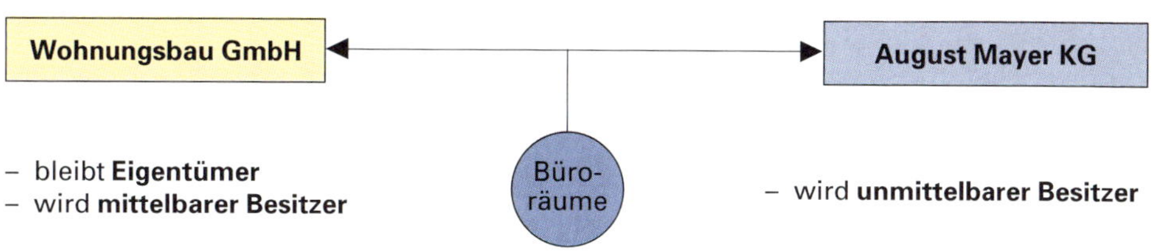

Der unmittelbare Besitzer kann sich gegen Maßnahmen des Eigentümers wehren, die ihm den Besitz entziehen oder ihn in seinem Besitz stören.

Das bedeutet: Der Besitzer kann den Eigentümer z. B. am Betreten der Mieträume ohne seine Erlaubnis hindern, er kann ihm die Vermietung der Räume an einen Dritten untersagen (§ 858 ff. BGB).

Die Wohnungsbau GmbH bleibt Eigentümer und wird **mittelbarer Besitzer** (§ 868 BGB).

Der mittelbare Besitzer kann vom unmittelbaren Besitzer die Herausgabe der Sache verlangen.

Dies ist z. B. bei einem Mietvertrag nach Ablauf der vereinbarten Mietdauer der Fall.

Werden unmittelbarer Besitz und Eigentum für eine bestimmte Zeit getrennt, so liegt ein Besitzmittlungsverhältnis vor.

Solche Verhältnisse sind von großer Bedeutung für das Wirtschaftsleben. Beispiele sind: Pfandvertrag, Sicherungsübereignungsvertrag, Eigentumsvorbehalt, Pachtvertrag, Mietvertrag (Leasingvertrag), Vertrag über die Lagerung von Waren.

Zusammenfassung

Besitz und Eigentum	
unmittelbarer Besitz	**Eigentum**
(tatsächliche Herrschaft über eine Sache)	(rechtliche Herrschaft über eine Sache)
Besitzer und Eigentümer können verschiedene Personen sein:	
unmittelbarer Besitzer	mittelbarer Besitzer = Eigentümer
kann sich gegen Maßnahmen des Eigentümers wehren, die – ihm den Besitz entziehen, – ihn im Besitz stören.	kann vom unmittelbaren Besitzer die Herausgabe der Sache verlangen.
Besitzmittlungsverhältnis (Besitzkonstitut)	
Trennung von unmittelbarem Besitz und Eigentum – durch Vertrag, – auf eine bestimmte Zeit.	

Aufgaben

1. Welche wirtschaftliche Bedeutung hat das Besitzmittlungsverhältnis?
2. Stellen Sie mithilfe einer Zeichnung dar, wie Besitz und Eigentum auf mehrere Personen verteilt werden können.
3. Erklären Sie den Begriff „dingliches Recht“.
4. Nennen Sie vier Vertragsarten, die zu einem Besitzmittlungsverhältnis führen.
5. Kann der unmittelbare Besitzer die Sache beschädigen oder vernichten?
6. Wodurch werden dem Eigentumsrecht Grenzen gesetzt? Nennen Sie Beispiele.
7. Nehmen Sie Stellung zu folgender Aussage: „Der Besitz steht über dem Eigentum.“

2.4 Rechtsgeschäfte

2.4.1 Wesen und Arten

Mithilfe von Rechtsgeschäften regeln Rechtssubjekte ihre Beziehungen zueinander bzw. zu Rechtsobjekten.

Beispiele:
- ***zueinander:*** *Arbeitsvertrag zwischen dem Buchhalter Huber und der Industrie AG.*
- ***zu Rechtsobjekten:*** *Die Industrie AG kauft vom Landwirt Meier ein Grundstück.*

Rechtsgeschäfte beruhen auf Willenserklärungen Privater,
- ***die eine Rechtswirkung herbeiführen sollen,***
- ***die von den Beteiligten gewollt wird.***

Beispiele:
- ***Willenserklärung Privater:*** *Den Gegensatz dazu bildet der Verwaltungsakt einer Behörde.*
- ***Rechtswirkung:*** *Die Industrie AG wird Eigentümer des Grundstücks.*
- ***Gewollt:*** *Landwirt Meier will sein Eigentum am Grundstück aufgeben.*

Nach der Anzahl der Willenserklärungen, die zum Zustandekommen eines Rechtsgeschäftes notwendig sind, unterscheidet man:

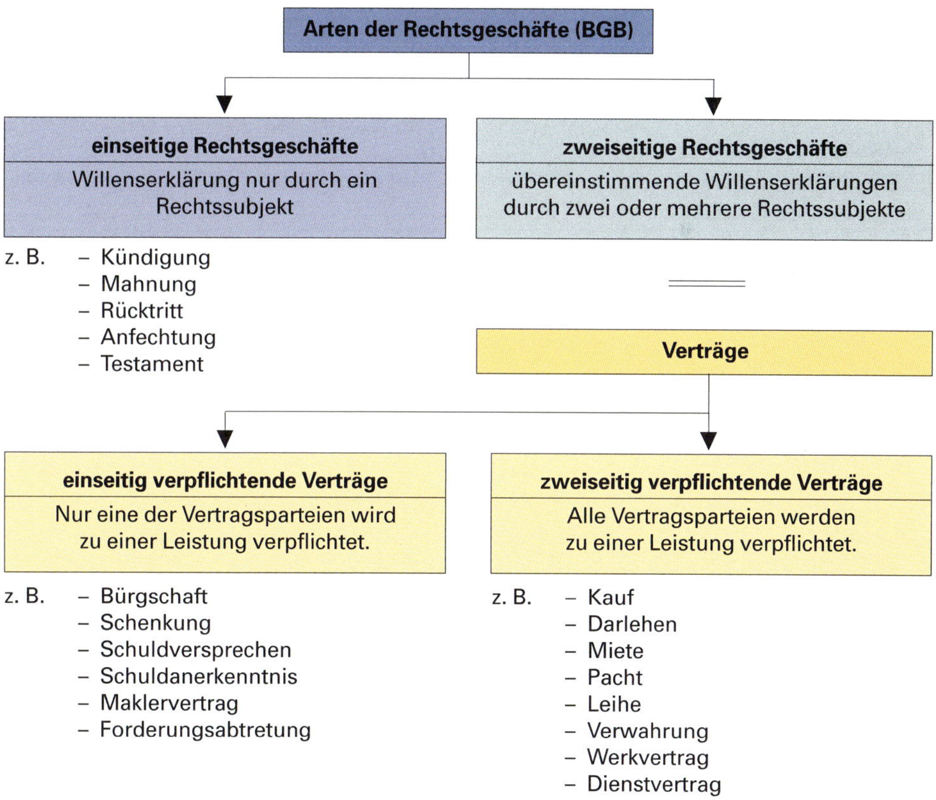

2.4.2 Das Verpflichtungsgeschäft

2.4.2.1 Abschluss eines Kaufvertrages

Bei einem Kaufvertrag handelt es sich um ein **zweiseitiges Rechtsgeschäft.**

Zum Zustandekommen eines Kaufvertrages benötigen wir mindestens zwei übereinstimmende Willenserklärungen,

- ***die empfangsbedürftig sind,***
- ***die von Rechtssubjekten abgegeben werden,***
- ***welche in der Lage sind rechtswirksam ihren Willen zu erklären.***

Dies können neben juristischen Personen nur solche natürlichen Personen, die über die benötigte Geschäftsfähigkeit verfügen.

Anfrage

Nehmen wir an, die Industrie AG möchte ihren Maschinenpark um eine Drehmaschine erweitern. Natürlich kauft sie die Maschine nicht beim erstbesten Lieferanten, sondern sie möchte möglichst günstig einkaufen. Sie verschickt deshalb an mehrere mögliche Lieferanten eine **Anfrage.** Dadurch soll erkundet werden,

- ob der Lieferant die gewünschte Drehmaschine überhaupt liefern kann,
- zu welchen Bedingungen er liefert.

- ***Durch eine Anfrage wird ein Verkäufer (Lieferant) vom Käufer aufgefordert ein Angebot abzugeben.***
- ***Eine Anfrage hat keine rechtliche Wirkung.***

Angebot (Antrag)

Unter den **Angeboten,** die bei der Industrie AG **eingegangen** sind, befindet sich eines der Maschinenbau GmbH:

Durch ein Angebot (juristisch: Antrag) wird einem anderen der Abschluss eines Vertrages zu den im Angebot genannten Bedingungen angetragen.

Da es sich beim Angebot um eine **empfangsbedürftige Willenserklärung** handelt, wird es erst **mit** seinem **Zugang wirksam:**

Wer einem anderen die Schließung eines Vertrages anträgt, ist an den Antrag gebunden (§ 145 BGB).

Die **Bindung an das Angebot** bedeutet, dass die Maschinenbau GmbH es **nicht mehr widerrufen** kann. Allerdings gilt diese Bindung nicht unbegrenzt:

Der Antrag erlischt,

- ***wenn er dem Antragenden gegenüber abgelehnt oder***
- ***wenn er nicht rechtzeitig angenommen wird (§ 146 BGB).***

Ablehnung eines Antrags

Bezogen auf die Industrie AG bedeutet dies: Will sie das Angebot nicht annehmen (z.B. weil es zu ungünstig ist), so muss sie es **ablehnen.**

Ein Antrag kann
- ***durch Stillschweigen oder***
- ***förmlich abgelehnt werden.***

Beispiele:
- ***Stillschweigen:*** *Die Industrie AG lässt nichts mehr von sich hören.*
- ***Förmliche Ablehnung:*** *Es wird ein entsprechender Brief geschrieben, ein entsprechender Telefonanruf vorgenommen oder ein entsprechendes Fax geschickt.*

Annahme eines Antrags

Will sie das Angebot **annehmen,** so muss sie dies **rechtzeitig** tun. Zwei Fälle sind zu unterscheiden:

- ***Ein Angebot unter Anwesenden (mündlich, fernmündlich) muss sofort angenommen werden (§ 147 Abs. 1 BGB).***
- ***Ein Angebot unter Abwesenden (brieflich, fernschriftlich, telegrafisch) muss***
  - ***innerhalb der verkehrsüblichen Zeit (§ 147 Abs. 2 BGB),***
  - ***auf mindestens gleichschnellem Weg angenommen werden.***

Die **verkehrsübliche Zeit** lässt sich wie folgt errechnen:

	normale Laufzeit des Angebots
+	angemessene Überlegungsfrist
+	normale Laufzeit der Annahme
=	verkehrsübliche Zeit

Geht die Annahme der Maschinenbau GmbH **zu,** so ist ein **Kaufvertrag zustande gekommen:**

Ein Kaufvertrag kommt durch zwei übereinstimmende, empfangsbedürftige Willenserklärungen zustande, die Angebot (Antrag) und Annahme heißen.

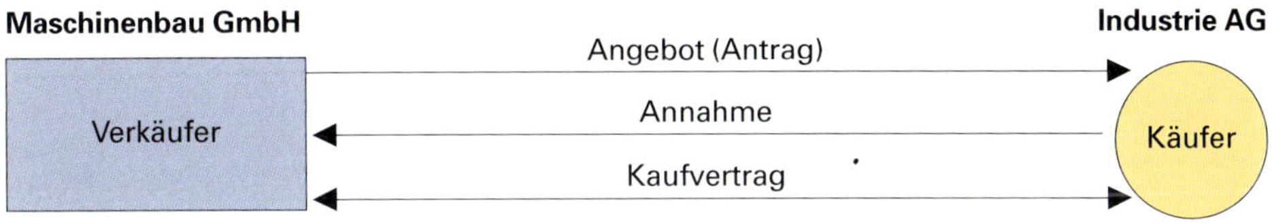

Auftragsbestätigung

Häufig übersendet der Verkäufer im Wirtschaftsleben noch eine Auftragsbestätigung an den Käufer, obwohl bereits ein Kaufvertrag zustande gekommen ist. Zwei Fälle treten auf: Die Auftragsbestätigung

- **stimmt** mit dem Inhalt von Angebot und Annahme **überein;**
- **weicht** vom Inhalt von Angebot und Annahme **ab.**

Eine Auftragsbestätigung, die inhaltlich mit dem Angebot des Verkäufers und der Annahme des Käufers übereinstimmt, hat keine rechtliche Wirkung.

Eine **übereinstimmende Auftragsbestätigung** hat den Zweck,

- dem Käufer den Eingang seiner Annahme zu bestätigen und
- Beweise zu sichern.

Anders ist es bei einer **abweichenden Auftragsbestätigung.** Sie wird benutzt, um bisher nicht besprochene Vertragsinhalte **nachzuschieben.** Sie enthält z. B. **erstmalig Angaben** über den Erfüllungsort, den Gerichtsstand, den Gefahren- und Eigentumsübergang.

Weicht eine Auftragsbestätigung inhaltlich von Angebot und Annahme ab, so muss der Käufer sofort widersprechen. Andernfalls wird der Inhalt der Auftragsbestätigung zum Vertragsinhalt.

Dies gilt nur, wenn beide Vertragspartner **Kaufleute** sind: Bei der Auftragsbestätigung handelt es sich um ein **kaufmännisches Bestätigungsschreiben.**

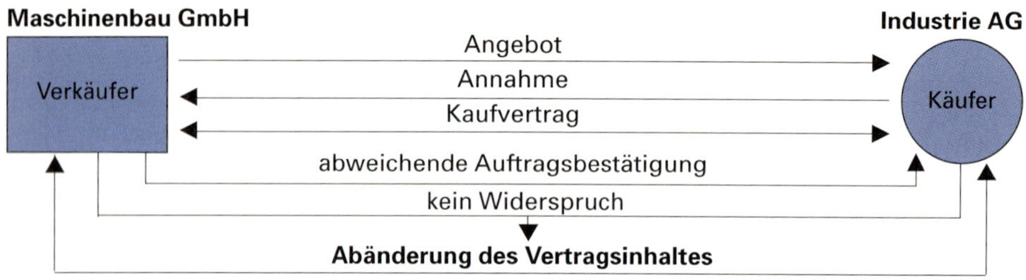

Bestellung und Bestellungsannahme

Im Wirtschaftsleben sind die Rollen von Käufer und Verkäufer häufig vertauscht: Die Industrie AG möchte 10 000 Schrauben einkaufen. Aufgrund ihrer Unterlagen (Preiskartei, Lieferantenkartei) ist bekannt, dass Müller & Co. am günstigsten sind. Der Kaufvertrag kommt in diesem Fall wie folgt zustande:

Geht der Antrag vom Käufer aus, so kann ihn der Verkäufer durch

- ***eine Auftragsbestätigung,***
- ***konkludentes oder schlüssiges Handeln,***
- ***Stillschweigen annehmen.***

Beispiele:
- ***Auftragsbestätigung:*** *Sie stellt die Annahme dar.*
- ***Schlüssiges Handeln:*** *Müller & Co. liefern die Schrauben.*
- ***Stillschweigen:*** *Ein Angebot kann durch Stillschweigen angenommen werden, wenn nach der Verkehrssitte keine Annahmeerklärung zu erwarten ist (§ 151 BGB). Dies ist insbesondere der Fall, wenn zwischen den Vertragspartnern rege Geschäftsbeziehungen bestehen („Hoflieferant“).*

Besonderheiten beim Antrag

Die Maschinenbau GmbH unterbreitet ihr gesamtes Angebot oder Teile davon **„freibleibend“.** Durch diese Klausel schließt sie die Gebundenheit an den Antrag aus. Da dieser **bestimmt** sein muss, liegt **kein Antrag** vor, sondern ein **unbestimmtes Angebot.** Es handelt sich um die **Aufforderung zur Abgabe eines Angebots,** das dann von der Industrie AG in Form einer Bestellung unterbreitet wird.

Das Gleiche gilt, wenn die Maschinenbau GmbH ihr Angebot mit der Klausel **„solange Vorrat reicht“** versieht. Die Annahme erfolgt in diesem Fall meist durch Zusendung der Ware aufgrund der Bestellung.

Die Maschinenbau GmbH hat ihr Angebot **befristet** (z. B. „An dieses Angebot sind wir vier Wochen, gerechnet ab Datum des Poststempels, gebunden.“). Die Industrie AG muss das Angebot innerhalb dieser Frist annehmen (§ 148 BGB).

Die Übersendung von Prospekten, Preislisten, Mustern u. Ä. stellt eine Aufforderung zur Abgabe eines Angebots dar.

Die Aufforderung zur Abgabe eines Angebots (Antrags) hat dieselbe rechtliche Wirkung wie eine Anfrage.

Besonderheiten bei der Annahme

Die Industrie AG **nimmt** das Angebot **verspätet an:** Die **verspätete Annahme** gilt als Antrag an die Maschinenbau GmbH (§ 150 Abs. 1 BGB).

Etwas anderes ist es, wenn die Industrie AG die Annahme **rechtzeitig abgesandt** hat, die Annahme aber **verspätet zugegangen** ist (z. B. durch eine Verzögerung bei der Beförderung): Will die Maschinenbau GmbH das Zustandekommen des Vertrages verhindern, so muss sie den verspäteten Eingang unverzüglich rügen. Andernfalls gilt die Annahme als rechtzeitig erfolgt (§ 149 BGB).

Die Industrie AG **nimmt** den Antrag **unter Erweiterungen** (z. B. auf zwei Drehmaschinen), Einschränkungen („Die Annahme gilt nur, wenn die Lieferung binnen drei Wochen erfolgt.“) oder **sonstigen Abänderungen an** (z. B. Änderung der Zahlungsbedingungen): Durch die **modifizierte Annahme lehnt** sie das Angebot der Maschinenbau GmbH **ab** und **unterbreitet** ihr zugleich ein **neues Angebot** zu ihren Bedingungen (§ 150 Abs. 2 BGB).

Die verspätete oder modifizierte Annahme eines Angebots bedeutet

- ***die Ablehnung des ursprünglichen Angebots,***
- ***die Unterbreitung eines neuen Angebots.***

Widerruf

Durch einen Widerruf soll erreicht werden, dass eine Willenserklärung als nicht abgegeben gilt.

Da bei einem Vertrag eine Willenserklärung mit ihrem **Zugang rechtswirksam** wird, muss der **Widerruf spätestens gleichzeitig mit der Willenserklärung beim Empfänger eingehen:** Erfolgt sie z. B. per Brief, so muss der Widerruf deshalb durch ein schnelleres Medium erfolgen (z. B. durch Eilbrief, Anruf, Fax, Fernschreiben).

Zusammenfassung

Zustandekommen eines Kaufvertrages (Verpflichtungsgeschäft)

Der Verkäufer ist an das Angebot gebunden, es sei denn, es
- ist freibleibend (unbestimmt);
- wird rechtzeitig widerrufen;
- wird vom Käufer abgelehnt;
- wird vom Käufer nicht rechtzeitig angenommen.

Der Käufer muss das Angebot rechtzeitig annehmen:
- unter Anwesenden sofort,
- unter Abwesenden innerhalb der verkehrsüblichen Zeit.

Nimmt der Käufer das Angebot verspätet oder unter Änderungen an, so unterbreitet er dem Verkäufer ein Angebot.

häufig: Auftragsbestätigung

Im Wirtschaftsleben häufig:

durch
- Auftragsbestätigung
- schlüssiges Handeln (Lieferung)
- Stillschweigen

Aufgaben

1. Erklären Sie den Begriff „Rechtsgeschäft“.
2. Wie kann man die Rechtsgeschäfte einteilen?
3. Jensen & Co. bestellen 100 m^3 Blech bei der Großhandlung Huber. Wie kommt der Kaufvertrag zustande?
4. Was versteht man unter einer Anfrage?
5. Was versteht man unter einem Antrag?
6. Erklären Sie den Begriff „Bindung an das Angebot“.
7. Wann muss ein unbefristetes Angebot angenommen werden?
8. Wie kann ein Angebot abgelehnt werden?
9. Wann erlischt ein Angebot?
10. Welche rechtlichen Wirkungen kann eine Auftragsbestätigung haben?
11. Wie kann ein Antrag angenommen werden, der vom Käufer ausgeht?
12. Überlegen Sie: Ist die Zusendung von Prospektmaterial als Angebot zu betrachten?
13. Die Annahme von Jensen & Co. auf ein unbefristetes Angebot der Fahrradfabrik Müller trifft nach 14 Tagen ein. Ist ein Kaufvertrag zustande gekommen?
14. Welche rechtliche Wirkung hat eine modifizierte Annahme?
15. Welche Wirkung wird mit einem Widerruf beabsichtigt?

3652108

2.4.2.2 Rechte und Pflichten aus dem Kaufvertrag

Ist zwischen der Industrie AG und der Maschinenbau GmbH ein Kaufvertrag zustande gekommen, so sind sie zu folgenden Handlungen verpflichtet:

Der Verkäufer (Maschinenbau GmbH) ist verpflichtet dem Käufer (Industrie AG)
- ***die Sache (Drehmaschine) zu übergeben und***
- ***das Eigentum an ihr zu verschaffen.***

Der Käufer ist verpflichtet
- ***den vereinbarten Kaufpreis zu bezahlen und***
- ***die gekaufte Sache abzunehmen (§ 433 BGB).***

Jeder hat eine oder mehrere Leistungen („übergeben, verschaffen, bezahlen, abnehmen") zu erbringen. Da die jeweilige **Leistung geschuldet** wird, handelt es sich beim **Kaufvertrag** um ein **Schuldverhältnis** (§ 241 BGB):

Rechtsgeschäfte, durch die zwischen den Vertragspartnern ein Schuldverhältnis begründet wird, heißen Verpflichtungsgeschäfte.

Jeder Vertragspartner kann von seinem Schuldner verlangen, dass er seine Leistungen aus dem Kaufvertrag unter Berücksichtigung der allgemeinen Vorschriften des BGB erbringt (§ 241 ff. BGB):

Der jeweilige Schuldner muss seine Leistung
- ***vereinbarungsgemäß (vertragsgemäß),***
- ***nach dem Grundsatz von Treu und Glauben,***
- ***unter Berücksichtigung der Verkehrssitte***

erbringen (§ 242 BGB).

Daraus lassen sich folgende konkrete Pflichten ableiten:

Jeder Vertragspartner muss seine Pflichten
- ***zur rechten Zeit,***
- ***am rechten Ort,***
- ***in der rechten Art und Güte erbringen.***

Dabei ist immer zu beachten:

- **Vereinbarungen** der Vertragspartner haben den **Vorrang.**
- **Fehlen Vereinbarungen** der Vertragspartner, so gelten die gesetzlichen Vorschriften des BGB.

Leistung zur rechten Zeit

Der **Verkäufer** muss zur vereinbarten Zeit dem Käufer **Besitz und Eigentum an der Sache** verschaffen.

Der Käufer muss zur vereinbarten Zeit

- die gekaufte Sache **abnehmen,**
- den vereinbarten Kaufpreis bezahlen, d. h. dem Verkäufer **Besitz und Eigentum am Geld** verschaffen.

Ist nichts anderes vereinbart, so sind die Geldschulden dann rechtzeitig beglichen, wenn das Geld **rechtzeitig abgesandt** wurde (z. B. durch Übergabe des Überweisungsauftrags an das Kreditinstitut und Kontodeckung).

Wurde **nichts vereinbart,** so ist jede Leistung **sofort fällig** (§ 271 Abs. 1 BGB). Wurde eine **Zeit vereinbart,** so kann der jeweilige Schuldner seine Verpflichtung vorher erbringen (§ 271 Abs. 1 BGB). Nur bei einem **Fixgeschäft** sind die Leistungen genau zum vereinbarten Zeitpunkt zu erbringen.

Leistung am rechten Ort

Der **Verkäufer** muss seine Leistungen am **vereinbarten Ort** erbringen. Es bestehen folgende Möglichkeiten:

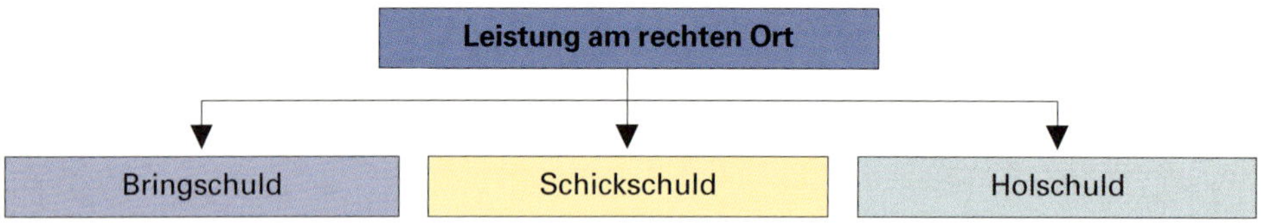

- Der Verkäufer muss die Sache zum Käufer bringen **(Bringschuld).** Erfüllungsort ist der Wohnsitz des Käufers.
- Erfüllungsort bleibt der Wohnsitz des Verkäufers, dieser muss jedoch die Sache an den Wohnsitz des Käufers schicken **(Versendungskauf § 447 BGB, Schickschuld).**

Ist **nichts vereinbart,** so gilt § 269 BGB:

- Erfüllungsort ist der Wohnsitz des Verkäufers, der Käufer muss die Sache abholen **(Holschuld);**
- es sei denn, aus den Umständen, insbesondere aus der Natur der Leistung, ergibt sich etwas anderes (z. B. Heizöllieferung stets Bringschuld, Handelsgeschäfte meist Schickschulden).

Der **Käufer** muss seine Leistungen am **vereinbarten Ort** erbringen. Es gibt folgende Möglichkeiten:

- Der Käufer muss die **Sache** beim Verkäufer abholen **(Holschuld).** Erfüllungsort ist der Wohnsitz des Verkäufers.
- **Geldschulden** sind meist **Schickschulden** (§ 270 BGB).

Ist **nichts vereinbart,** so muss der Käufer das **Geld**

- auf seine Gefahr und
- seine Kosten

dem Verkäufer übersenden (§ 270 BGB). Erfüllungsort bleibt der Wohnsitz des Käufers (§ 270 Abs. 4 BGB).

Leistung in der rechten Art und Güte

Der **Verkäufer** muss eine Sache liefern, die nach Art und Güte dem Vertrag entspricht. Ist **nichts vereinbart,** so hat bei vertretbaren Sachen **(Gattungsschulden)** der Verkäufer eine Sache **mittlerer Art und Güte** zu liefern (§ 243 Abs. 1 BGB).

2.4.3 Das Erfüllungsgeschäft (Erfüllung eines Kaufvertrages)

Innerhalb dieses Rahmens wird der Kaufvertrag erfüllt: Die Maschinenbau GmbH muss der Industrie AG das Eigentum an der Drehmaschine verschaffen, die Industrie AG muss die Maschine abnehmen. Es kommt ein **dinglicher Vertrag** zwischen beiden Vertragspartnern zustande, durch den das Eigentumsrecht an der Maschine geändert wird:

Verträge, durch die ein Recht an einem Gegenstand verändert wird, heißen Verfügungsgeschäfte oder Erfüllungsgeschäfte.

Der **Eigentumsübergang** an der Drehmaschine **(bewegliche Sache)** geht wie folgt vor sich (§ 929 BGB):

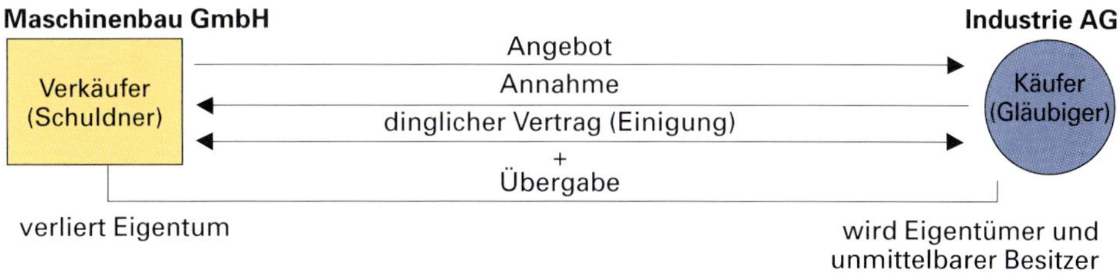

Der **Eigentumsübergang** an einem Grundstück **(unbewegliche Sache)** erfolgt nach einer eigenen gesetzlichen Regelung (§§ 873, 925 BGB):

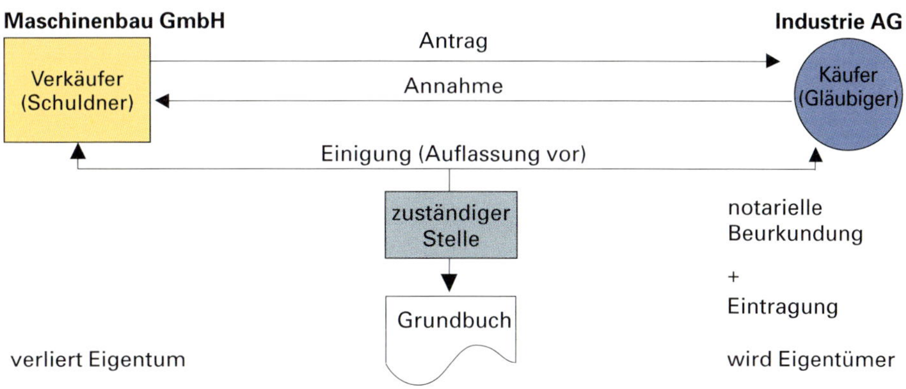

Dadurch hat die Maschinenbau GmbH ihre Verpflichtungen erfüllt; das Schuldverhältnis ist insoweit erloschen (§ 362 Abs. 1 BGB). Die **Industrie AG** muss noch ihrer Pflicht der **Zahlung des** vereinbarten **Kaufpreises** nachkommen:

- Bezahlt sie mit **Bargeld,** so muss zwischen den Vertragspartnern ein **dinglicher Vertrag** abgeschlossen und das Bargeld übergeben werden.
- Bezahlt sie mit **Buchgeld** (z. B. durch eine Überweisung), so **tritt** sie eine **Forderung** an die Maschinenbau GmbH **ab.** Auch dazu ist ein Vertrag notwendig (Abtretungsvertrag § 398 BGB), der ebenfalls ein **Verfügungsgeschäft** darstellt:

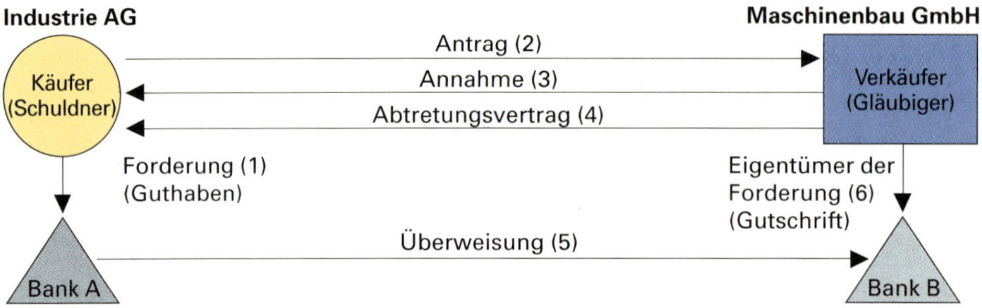

Durch Abnahme der Sache und Zahlung des Kaufpreises ist die Industrie AG ihren Verpflichtungen nachgekommen; das Schuldverhältnis ist erloschen (§ 362 Abs. 1 BGB).

Zusammenfassung

Erfüllung eines Kaufvertrages	
Pflichten aus dem Verpflichtungsgeschäft	
Vertrag, durch den ein Schuldverhältnis zwischen den Vertragspartnern begründet wird.	
Verkäufer	Käufer
– Übergabe der Sache – Verschaffung des Eigentums	– Abnahme der Sache – Zahlung des vereinbarten Kaufpreises
– zur rechten Zeit – am rechten Ort – in rechter Art und Güte	
↓	
Erfüllung durch Verfügungsgeschäft (Erfüllungsgeschäft)	
Vertrag über eine Rechtsänderung an einem Gegenstand	
Gegenstand	erforderliche Rechtshandlungen
bewegliche Sache	Einigung und Übergabe
unbewegliche Sache	Auflassung und Eintragung
Recht	Abtretungsvertrag
↓	
Erlöschen des Schuldverhältnisses	

3652112

Aufgaben

1. Grenzen Sie die Begriffe „Verpflichtungsgeschäft“ und „Erfüllungsgeschäft“ gegeneinander ab.
2. Welche Pflichten ergeben sich für die Vertragspartner aus dem Kaufvertrag?
3. Was versteht man unter einem Schuldverhältnis?
4. Wie müssen die Leistungen aus einem Kaufvertrag erbracht werden?
5. Ziehen Sie Folgerungen aus der Formulierung „Ist nichts anderes vereinbart, ...“
6. Erklären Sie die folgenden Pflichten:
   a) Leistung zur rechten Zeit,
   b) Leistung am rechten Ort,
   c) Leistung in der rechten Art und Güte.
7. Erklären Sie die Begriffe „Holschuld“, „Bringschuld“ und „Schickschuld“ an je einem Beispiel.
8. Was versteht man unter Gattungsschulden?
9. Was versteht man unter einem „dinglichen Vertrag“?
10. Schildern Sie, wie der Eigentumsübergang bei
    a) beweglichen Sachen,
    b) unbeweglichen Sachen,
    c) Forderungen erfolgt.
11. Wann erlischt ein Schuldverhältnis?
12. Überlegen Sie: Muss der Käufer stets unmittelbarer Besitzer werden?

2.5 Vertragsfreiheit

2.5.1 Grundsatz der Vertragsfreiheit

Das Bürgerliche Recht, insbesondere das **Recht der Schuldverhältnisse,** beruht auf dem **Grundsatz der Vertragsfreiheit** (§ 305 BGB):

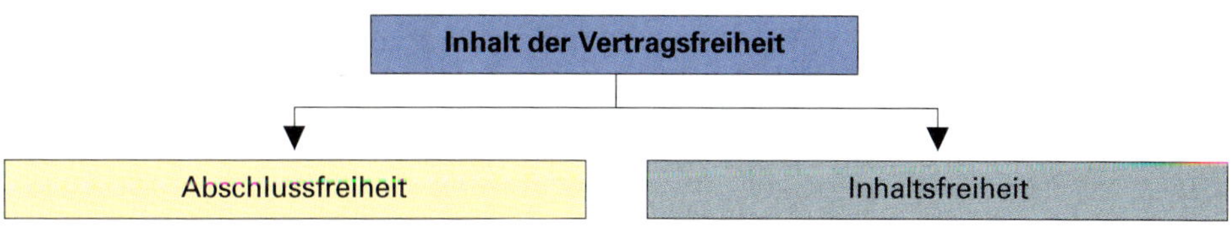

Jedem Rechtssubjekt ist es freigestellt,
– ob und mit wem es einen Vertrag schließen will (Abschlussfreiheit),
– welchen Inhalt dieser Vertrag haben soll (Inhaltsfreiheit).

Das bedeutet:

- Niemand kann gezwungen werden, mit einer bestimmten Person einen Vertrag abzuschließen.
- Gesetzliche Regelungen können jederzeit durch vertragliche Regelungen ersetzt werden.

- Nur dort, wo keine vertraglichen Abmachungen getroffen wurden, gelten die gesetzlichen Regelungen.
- Es dürfen Verträge geschlossen werden, die im Gesetz nicht geregelt sind.

Die Inhaltsfreiheit ermöglicht es, die Verträge genau an die Umstände des Einzelfalles anzupassen.

2.5.2 Grenzen der Vertragsfreiheit

Der Grundsatz der Vertragsfreiheit stellt aber keinen Freibrief dar: Ihm sind durch das Gesetz und das Gewohnheitsrecht Grenzen gesetzt.

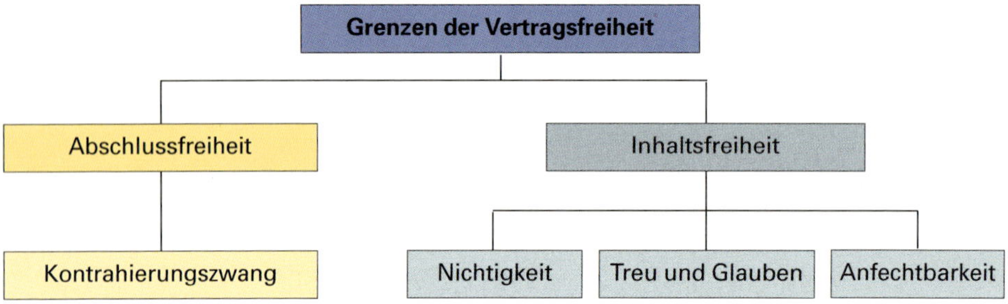

2.5.2.1 Kontrahierungszwang

Bestimmte Rechtssubjekte müssen mit jedem, der ihnen ein entsprechendes Angebot unterbreitet, einen Vertrag schließen (Kontrahierungszwang).

Die Pflicht zum Abschluss eines Vertrages kann sich ergeben aus

- einem **Gesetz:** Personenbeförderung durch Straßenbahn, Omnibuslinien (§ 22 PBefG);
- einer **Monopolstellung:** z. B. Lieferung von Strom, Gas, Wasser; Eintrittskarten zu Theatern, Museen.

Durch den Kontrahierungszwang wird die Abschlussfreiheit beseitigt, um die Allgemeinheit mit bestimmten Lieferungen und Leistungen zu versorgen.

2.5.2.2 Schutz vor Missbrauch der Vertragsfreiheit

Ein Grundsatz, der das Vertragsrecht durchzieht, lautet: „Verträge sind so zu erfüllen, wie sie abgeschlossen wurden.“ Um die Allgemeinheit vor einem Missbrauch der Vertragsfreiheit zu schützen, hat der Gesetzgeber bestimmte Rechtsgeschäfte für

- **ungültig** (nichtig),
- **anfechtbar** erklärt.

3652114

2.5.2.2.1 Nichtige Rechtsgeschäfte

Ungültige (nichtige) Verträge bestehen nur dem Anschein nach und sind deshalb gegenüber jedermann ohne Rechtswirkung.

Nichtig sind folgende Rechtsgeschäfte:

Grund für Nichtigkeit	Beispiele
Rechtsgeschäfte **Geschäftsunfähiger und ihnen Gleichgestellter** (§§ 104, 105 BGB)	Die sechsjährige Heidrun kauft sich Inlineskates zu 148,00 €.
Scheingeschäft (§ 117 BGB)	Ein Handelsvertreter verkauft einen Personenwagen für 5.000,00 €. Um Steuern zu sparen, werden im schriftlichen Kaufvertrag nur 1.500,00 € genannt.
Scherzgeschäft (§ 118 BGB)	Ein durstiger Zecher erklärt: „Wer mir ein Glas Bier organisiert, erhält 250,00 €!"
Rechtsgeschäfte, die **gegen ein gesetzliches Verbot verstoßen** (§ 134 BGB)	– Veräußerungsverbot der Firma (§ 23 HGB) – Entlohnung der Arbeiter mit Sachen (§ 115 GewO)
Rechtsgeschäfte, die **gegen die guten Sitten verstoßen** (§ 138 BGB)	Ein Geldverleiher verlangt 35 % Zinsen (Wuchergeschäft).
Rechtsgeschäfte, die mit einem **Formmangel** behaftet sind (§ 125 BGB)	– Grundstückskaufvertrag ohne notarielle Beurkundung (§ 313 BGB) – Anmeldung zum Vereinsregister ohne die Unterschriften aller Vorstandsmitglieder (§ 77 BGB) – Erbvertrag ohne notarielle Beurkundung (§ 2276 BGB)
Rechtsgeschäfte, die eine **unmögliche Leistung** zum Gegenstand haben (§ 306 BGB)	Es wird ein Vertrag über die Herstellung einer Maschine geschlossen, für die niemand das Know-how besitzt.

Zweck der Nichtigkeit ist es, Rechtsgeschäfte, die vom Inhalt her der Rechtsordnung widersprechen, gar nicht erst zustande kommen zu lassen.

2.5.2.2.2 Anfechtbare Rechtsgeschäfte

Anfechtbare Verträge sind gültige Rechtsgeschäfte; sie leiden jedoch an einem Mangel, der es ermöglicht, sie nichtig zu machen.

Rechtsgeschäfte können aus folgenden Gründen angefochten werden:

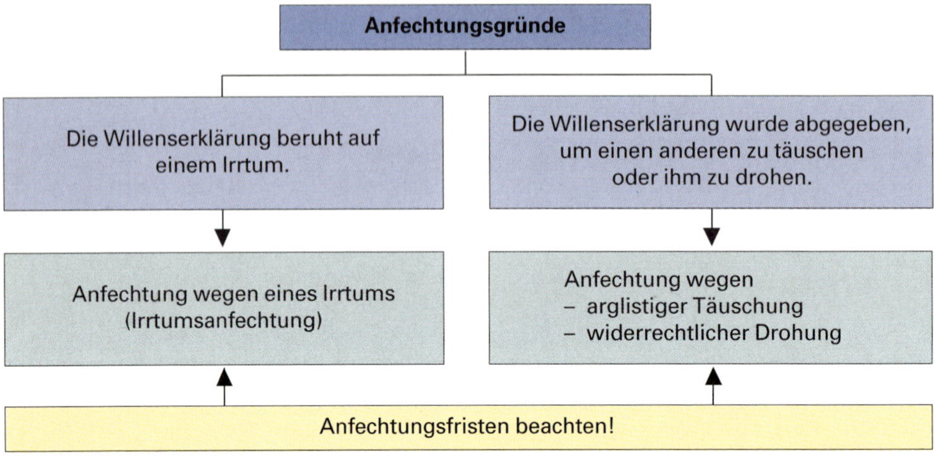

Irrtumsanfechtung	**Beispiele**
Irrtum in der **Erklärungshandlung** (§ 119 Abs. 1 BGB)	Der Anbieter verspricht oder verschreibt sich; statt 481 € äußert er 184 €.
Irrtum über den **Inhalt der Erklärung** (§ 119 Abs. 1 BGB)	Ein Tourist aus Berlin bestellt in einem oberbayerischen Gasthaus einen Pfannkuchen (Pfannkuchen in Berlin = „Berliner" im allgemeinen Sprachgebrauch) und erhält entgegen seinen Erwartungen einen Eierkuchen.
Irrtum in der **verkehrswesentlichen Eigenschaft einer Person oder Sache** (§ 119 Abs. 2 BGB)	– Es wird ein Arbeitsvertrag geschlossen in der Annahme, der Bewerber habe eine langjährige Erfahrung im Rechnungswesen. – Es wird ein Einzelhandelsbetrieb gekauft in der Annahme, er liege im Geschäftszentrum einer Stadt.
Irrtum des Übermittlungsboten (§ 120 BGB)	Ein Telegramm geht verstümmelt ein. Eine Nachbarin wird beauftragt 4 Brötchen einzukaufen; sie bringt aber 8 Brötchen mit.

Von der Irrtumsanfechtung ausgeschlossen ist der Motivirrtum (Irrtum im Beweggrund).

Beispiel: *Jemand kauft eine Wiese in der Erwartung, sie werde Bauland.*

Weitere Anfechtungsgründe	**Beispiele**
Arglistige Täuschung (§ 123 BGB)	Ein Gebrauchtwagenhändler klärt einen Kunden nicht darüber auf, dass es sich um einen Unfallwagen handelt.
Widerrechtliche Drohung (§ 123 BGB)	Ein Arbeitgeber droht mit der fristlosen Kündigung, wenn der Arbeitnehmer einer Änderungskündigung nicht zustimmt.

Die Anfechtung erfolgt formlos durch eine empfangsbedürftige Erklärung des Anfechtungsberechtigten gegenüber dem Anfechtungsgegner (§ 143 Abs. 1 BGB).

Dabei sind **Verjährungsfristen** zu beachten:

- Beim **Irrtum** muss die Anfechtung unverzüglich, d. h. ohne schuldhaftes Zögern, erfolgen (§ 122 BGB).
- Die Anfechtung wegen **Täuschung und Drohung** muss innerhalb eines Jahres erfolgen (§ 124 BGB).

Gerechnet wird jeweils ab dem Zeitpunkt, an dem der Anspruchsberechtigte Kenntnis vom Anfechtungsgrund erhalten hat. 30 Jahre nach Vertragsschluss ist jede Anfechtung ausgeschlossen.

Zu beachten ist, dass der wegen eines Irrtums Anfechtende schadensersatzpflichtig ist (§§ 122, 252 BGB).

Zweck der Anfechtung ist es,
– einen Irrtum, der begangen wurde, zu beheben;
– sich gegen eine arglistige Täuschung oder widerrechtliche Drohung zu wehren.

2.5.2.3 Grundsatz von Treu und Glauben

Die **Rechtsprechung** hat unter Auslegung der §§ 157, 242 BGB folgenden Grundsatz herausgearbeitet:

Jedermann hat den Grundsatz von Treu und Glauben zu beachten, wenn er seine Rechte geltend macht oder seine Pflichten erfüllt.

Das bedeutet: Innerhalb eines Schuldverhältnisses müssen sich beide Partner so verhalten, wie es das Rechtsempfinden verlangt – selbst wenn sie das Gesetz auf ihrer Seite haben.

Beispiele:

- *Die Industrie AG hat über einen längeren Zeitraum hinweg geduldet, dass die Maschinenbau GmbH eine ihrer Marken benutzt. Sie kann nicht auf Unterlassung klagen **(Verwirkung).***
- *Der Landwirt Huber hat der Industrie AG ein Grundstück vor den Toren der Stadt verkauft. Ihm war bekannt, dass die Industrie AG innerhalb der nächsten zehn Jahre eine Werkssiedlung auf dem Grundstück errichten wollte. Wird das Grundstück nicht zu Bauland, so ist der Vertrag nichtig **(Wegfall der Geschäftsgrundlage).***
- *Übt ein OHG-Gesellschafter sein Widerspruchsrecht nach § 115 HGB aus, so darf er sich dabei nur von den Interessen der OHG leiten lassen. Widerspricht er aus privaten Gründen, so ist sein Widerspruch wirkungslos **(unzulässige Rechtsausübung).***

Zusammenfassung

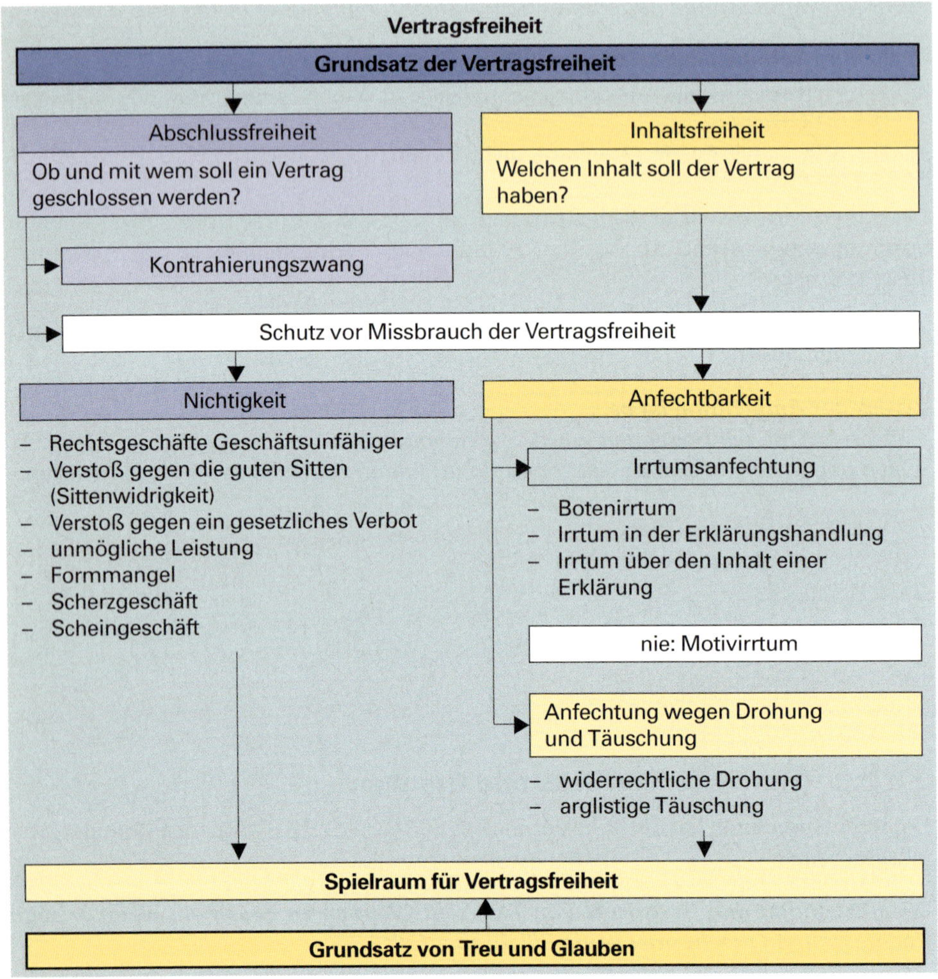

Aufgaben

1. Was besagt der Grundsatz der Vertragsfreiheit?
2. Was versteht man unter Kontrahierungszwang?
3. Grenzen Sie Nichtigkeit und Anfechtbarkeit gegeneinander ab.
4. Nennen Sie fünf Rechtsgeschäfte, die nichtig sind, und bilden Sie je ein Beispiel.
5. Nennen Sie vier Anfechtungsgründe.
6. Welche Folgen hat die Anfechtung wegen Irrtums?
7. Nennen Sie die Verjährungsfristen der Anfechtung.
8. Was versteht man unter Motivirrtum? Welche Rechtsfolgen ergeben sich daraus?
9. Was versteht man unter dem Grundsatz von Treu und Glauben?
10. Überlegen Sie: Warum schränkt die Rechtsordnung die Vertragsfreiheit ein?

2.6 Störungen bei der Erfüllung des Kaufvertrages

Störungen bei der Erfüllung des Kaufvertrages treten auf, wenn einer der Vertragspartner seine Pflichten nicht ordnungsgemäß erfüllt.

Nach der Pflicht, die verletzt wird, unterscheiden wir folgende **Störungen:**

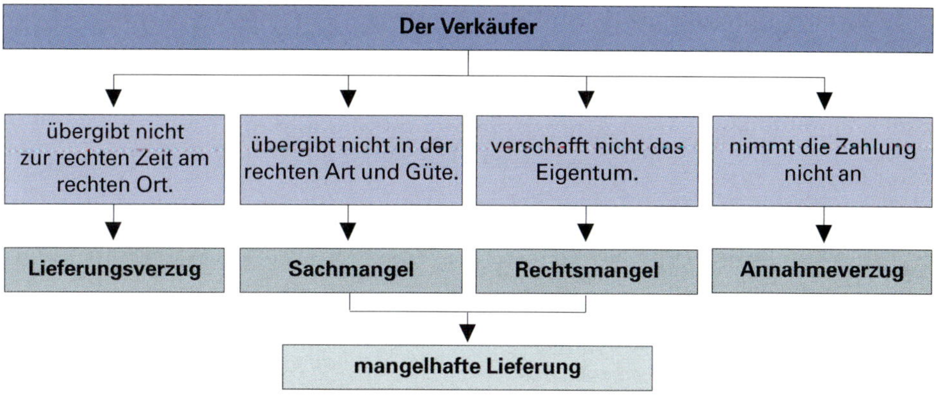

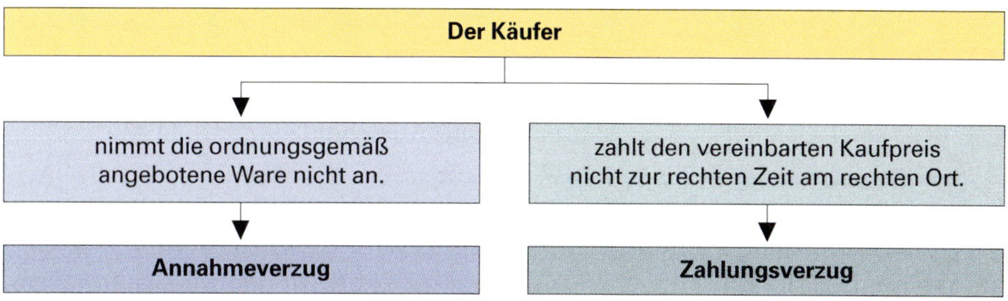

2.6.1 Lieferungsverzug („Nicht-Rechtzeitig-Leistung")

Durch den Kaufvertrag wird der Verkäufer verpflichtet die bestellten Waren zur rechten Zeit am rechten Ort zu übergeben.

Kommt er dieser Pflicht nicht nach, so gerät er in den **Lieferungsverzug.**

Die Voraussetzungen für den Lieferungsverzug sind:
- ***Fälligkeit der Leistung,***
- ***Mahnung durch den Käufer,***
- ***Verschulden des Verkäufers.***

Fälligkeit der Leistung (§ 286 BGB)

Es sind zwei unterschiedliche Situationen zu beachten:

- Der Liefertermin steht kalendermäßig fest **(Termingeschäft):** z. B. Lieferung am 12. Aug. 2003, lieferbar eine Woche vor Ostern.
- Der Liefertermin steht kalendermäßig nicht fest: z. B. Lieferung frühestens im September, lieferbar ab Ostern, Lieferung sofort.

Mahnung (§ 286 BGB)

Der Käufer muss die Leistung bei oder nach **Eintritt der Fälligkeit** angemahnt haben. Die Pflicht zur Mahnung **entfällt** bei

- **Termingeschäften** (§ 286 Abs. 2 BGB),
- **Selbstinverzugsetzung des Verkäufers** (§ 286 BGB): Der Verkäufer erklärt, dass er nicht liefern kann oder will.

Verschulden (Vertretenmüssen) (§ 286 Abs. 4 BGB)

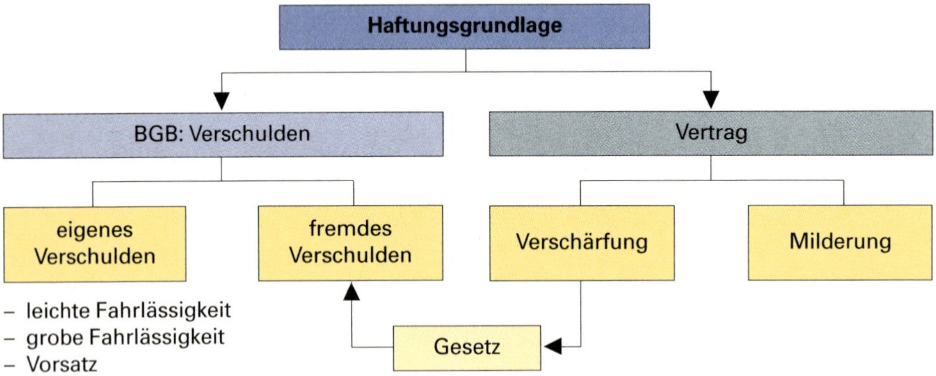

Das BGB unterscheidet folgende **Abstufungen des Verschuldens** (§ 276 BGB):

- **Leichte Fahrlässigkeit:** Es wird die im Verkehr erforderliche Sorgfalt außer Acht gelassen.
- **Grobe Fahrlässigkeit:** Es wird in grober Weise gegen die Sorgfaltspflicht verstoßen.
- **Vorsatz:** Der Handelnde verstößt bewusst gegen das Recht und will den Schadenseintritt herbeiführen.

Die sich aus dem Verschulden ergebende **Haftung** kann **verschärft** werden durch

- **Vertrag:** (z. B.: „Der Verkäufer übernimmt jede Haftung einschließlich der für höhere Gewalt.")
- **Gesetz:** Der Verkäufer haftet
  - nicht nur für **eigenes Verschulden** (§ 276 BGB),
  - sondern auch für das **Verschulden seines Erfüllungsgehilfen** (Haftung für fremdes Verschulden) (§ 278 BGB). Darunter versteht man Personen, deren sich der Verkäufer zur Erfüllung seiner Verpflichtungen bedient (z. B. Mitarbeiter im Versand).

Die **Haftung** kann **gemildert** werden durch einen Vertrag mithilfe von **Freizeichnungsklauseln** (z. B.: „Der Verkäufer haftet nur für Vorsatz.").

Die Voraussetzung des Verschuldens **entfällt bei Gattungsschulden;** sie ist nur bei **Stückschulden** notwendig.

Der Lieferungsverzug hat zur Folge, dass
– die Haftung des Verkäufers auf den Zufall ausgedehnt wird (§ 287 BGB),
– der Käufer neben der Erfüllung auch den Ersatz des Verzugsschadens verlangen kann (§§ 280 Abs. 1, 286 BGB)

Anspruch auf Erfüllung (§ 433 BGB)

Der Lieferungsverzug ändert nichts daran, dass der Verkäufer die Sache liefern muss.

Der Käufer wird **auf der Lieferung bestehen,** weil z. B.

- inzwischen bei anderen Lieferanten höhere Preise gelten,
- es sich bei der bestellten Ware um eine Spezialanfertigung handelt,
- andere Lieferanten lange Lieferfristen haben,
- der Lagerbestand zur Neige geht,
- die Beschaffung der Ware anderweitig nicht möglich ist.

Ersatz des Verzugsschadens (§§ 280 Abs. 1, 286 BGB)

Daneben kann er den Ersatz des Schadens verlangen, der ihm durch den Verzug entstanden ist **(Verzugsschaden).** Dieser umfasst alle Vermögensnachteile, die dem Käufer durch den Verzug entstanden sind. Der Käufer muss den Schaden durch eine **Schadensberechnung** nachweisen:

- **Konkreter** (tatsächlicher) **Schaden** (§§ 249, 251 BGB): z. B. Kosten bei anderweitiger Eindeckung (Deckungskauf); Vertragsstrafen, da er selbst in Lieferungsverzug geraten ist; Schadensersatzleistungen an eigene Kunden; Kosten durch geringere Kapazitätsauslastung.
- **Abstrakter** (angenommener) **Schaden** (§ 252 BGB): Durch den Lieferungsverzug ist dem Käufer ein **Gewinn entgangen,** da er einen Auftrag nicht annehmen konnte.

Da der Verzugsschaden, insbesondere der abstrakte Schaden, nur sehr schwer errechnet werden kann, werden im Kaufvertrag häufig **Vertrags- oder Konventionalstrafen** vereinbart (z. B. 1.000,00 € für jeden Tag des Verzuges). Neben der Vertragsstrafe kann der Käufer die Erfüllung verlangen.

Der Käufer kann aber **noch weitere Rechte** geltend machen. **Voraussetzung** für die Geltendmachung von Rechten aus dem Vertrag sind:

- eine Nachfristsetzung
- und ein fruchtloser Fristablauf.

Nachfristsetzung (§ 323 Abs. 1 BGB)

Der Käufer setzt dem Verkäufer eine **angemessene** Nachfrist, innerhalb der er seine Lieferung (Leistung) erbringen soll.

Fruchtloser Fristablauf (§ 323 Abs. 1 BGB)

Die gesetzte angemessene Nachfrist muss verstrichen sein, ohne dass der Verkäufer geliefert hat.

Diese Voraussetzungen müssen **nicht erfüllt** werden, wenn

- der Käufer wegen des Verzugs an der verspäteten Lieferung **kein Interesse** mehr hat (**Interessenwegfall,** § 323 Abs. 2 BGB): z. B. Lieferung von Ostereiern aus Schokolade nach Ostern (Zweckkauf);
- der Verkäufer die Lieferung endgültig und ernsthaft **verweigert.**

Leistet der Lieferer (der Schuldner) nach erfolglosem Ablauf einer angemessenen Nachfrist **nicht,** so kann der Käufer (der Gläubiger)

- **Schadensersatz statt Leistung** (§ 281 BGB) wegen Nichtleistung verlangen
  oder
- **vom Vertrag zurücktreten** wegen Nichtleistung (§ 323 BGB)
  oder
- **weiter Erfüllung** verlangen (§ 281 BGB).

Der Käufer wird den **Rücktritt wählen,** wenn

- der Kaufvertrag für ihn ungünstige Bestimmungen enthält (z. B. inzwischen eingetretene Preissenkungen; inzwischen eingetroffene, in anderer Hinsicht günstigere Angebote);
- er keine Schadensersatzansprüche gegen den Verkäufer hat.

Wählt der Käufer den **Schadensersatz wegen Nichtleistung** (§ 281 BGB), so kann er den Ersatz aller ihm durch den Verzug entstandenen Schäden verlangen. Die Schadensersatzberechnung erfolgt wie beim Verzugsschaden. Wird zugleich eine Vertragsstrafe fällig, so kann der Käufer auch den Schaden verlangen, der über die Vertragsstrafe hinausgeht (§ 340 Abs. 2 BGB).

Legt der Käufer aber weiterhin Wert auf die Lieferung der Ware, so kann er weiter auf **Erfüllung** des Vertrages pochen.

Zusammenfassung

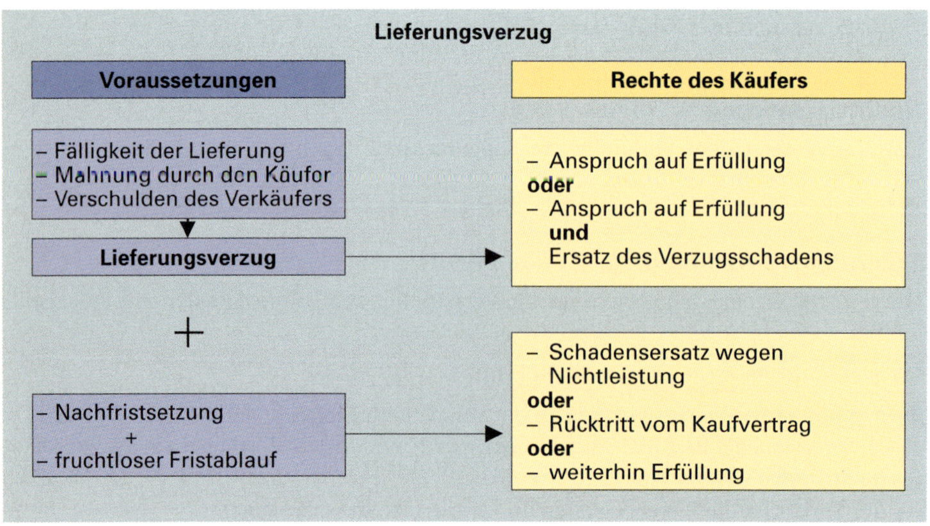

Aufgaben

1. Wann kommt ein Lieferer in Verzug? Welche Rechte stehen dann dem Käufer zu?
2. Von welchen Rechten macht der Käufer bei Lieferungsverzug Gebrauch, wenn
   a) inzwischen Preissteigerungen eingetreten sind,
   b) ihm inzwischen günstigere Angebote vorliegen,
   c) es sich bei der bestellten Ware um eine Spezialanfertigung handelt,
   d) es sich um einen guten Lieferanten handelt und die zeitliche Verzögerung unerheblich ist,
   e) andere Lieferanten lange Lieferfristen haben?
3. Ein Lieferant hat trotz mehrfacher Mahnungen die Ware 7 Wochen zu spät geliefert. Der Käufer bestand auf der Lieferung, weil die Preise inzwischen für die betreffende Ware gestiegen sind (um 20 %). Was wird der Käufer unternehmen?
4. Ein Lieferant erfüllt den Kaufvertrag auch nach Festsetzung einer angemessenen Nachfrist nicht. Was kann der Besteller unternehmen?
5. Kann der Besteller Ersatz des Verzugsschadens fordern, wenn er die verspätete Lieferung angenommen hat? Begründen Sie die Antwort.
6. Kann der Besteller Schadensersatz wegen Nichtleistung fordern, wenn er die verspätete Lieferung angenommen hat? Begründen Sie Ihre Antwort.
7. Welche Voraussetzungen müssen erfüllt sein, damit der Käufer vom Kaufvertrag zurücktreten kann?
8. Wann wird der Käufer Rücktritt vom Vertrag, wann Schadensersatz wegen Nichtleistung verlangen?
9. Welchen Vorteil hat die Vereinbarung einer Vertragsstrafe gegenüber der Berechnung eines Verzugsschadens?
10. Was versteht man unter einer Vertragsstrafe?
11. Schließen Vertragsstrafe und
    a) Verzugsschaden,
    b) Schadensersatz wegen Nichtleistung
    einander aus?
12. Beurteilen Sie den folgenden Auszug aus den Allgemeinen Lieferbedingungen unter den Gesichtspunkten
    a) Verwendbarkeit gegenüber Kaufleuten,
    b) Übereinstimmung mit den gesetzlichen Regelungen.
    „Haftung bei Lieferverzug durch Zufall, Katastrophen, höhere Gewalt wird nicht übernommen. Wir sind bemüht jede Lieferung so rasch wie möglich zu bewirken, ohne jedoch eine Gewähr für Einhaltung eines Liefertermins zu übernehmen. Lieferungs- und Versandmöglichkeiten bleiben in jedem Fall vorbehalten."

2.6.2 Mangelhafte Lieferung (Mängelrüge)

Allgemein geltende Regelungen

Im § 433 BGB werden die wesentlichen Pflichten von Käufer und Verkäufer geregelt:

(1) Durch den Kaufvertrag wird der Verkäufer einer Sache verpflichtet, dem Käufer die Sache zu übergeben und das Eigentum an der Sache zu verschaffen. **Der Verkäufer hat dem Käufer die Sache frei von Sach- und Rechtsmängeln zu verschaffen.**

(2) Der Käufer ist verpflichtet dem Verkäufer den vereinbarten Kaufpreis zu zahlen und die gekaufte Sache abzunehmen.

Ein Kaufvertrag ist demnach nur dann ordnungsgemäß erfüllt, wenn Verkäufer und Käufer alle folgende Pflichten erfüllt haben:

- Übergabe der Sache
- Übertragung des Eigentums
- **keine Sach- und Rechtsmängel**

- Bezahlung des Kaufpreises
- Abnahme der gekauften Sache

Demnach gibt es zwei verschiedene Arten von Mängeln: den Sachmangel und den Rechtsmangel. Was jeweils darunter zu verstehen ist, wird in den nächsten Kapiteln näher beleuchtet.

2.6.2.1 Rechtsmängel

Ein Rechtsmangel (§ 435 BGB) liegt vor, wenn

- der Verkäufer nicht in der Lage ist dem Käufer den **Besitz an der Sache zu verschaffen:** Aufgrund eines Leihvertrages ist ein anderer unmittelbarer Besitzer.
- der Verkäufer nicht in der Lage ist dem Käufer das **Eigentum an der Sache zu verschaffen:** Die Sache ist einem anderen gestohlen worden.
- die **Sache mit Rechten Dritter belastet** ist: Es kann sich um dingliche Rechte wie Hypothek, Grundschuld oder um schuldrechtliche Rechte wie Miete oder Pacht handeln;
- es sei denn, der **Käufer kannte den Rechtsmangel beim Vertragsabschluss** (§ 442 Abs. 1 BGB); davon sind jedoch dingliche Rechte und öffentliche Lasten ausgenommen.

Kommt der Verkäufer seiner Pflicht, den Rechtsmangel zu beseitigen, nicht nach, so wird er behandelt, als ob er sich im Lieferungsverzug befindet.

Der **Käufer** hat bei Rechtsmängeln folgende Rechte (§ 437 Abs. 1 BGB):

- **Erfüllungsanspruch** (§ 439 BGB): Er kann vom Verkäufer die Beseitigung des Rechtsmangels verlangen.
- **Rücktritt vom Vertrag** (§§ 440, 323, 326 BGB): Nach Nachfristsetzung und fruchtlosem Fristablauf kann er vom Vertrag zurücktreten oder den Kaufpreis mindern (§ 441 BGB).
- **Schadensersatz:** Sind die Voraussetzungen erfüllt, so kann er Schadensersatz (§§ 440, 280, 281, 283 BGB) oder nach § 284 BGB Ersatz vergeblicher Aufwendungen verlangen.

Zusammenfassung

Rechtsmängelhaftung

Rechtsmangel

- bei der Besitzverschaffung
- bei der Verschaffung des Eigentums
- durch Belastung der Sache mit Rechten Dritter

Dem Käufer bei Vertragsabschluss unbekannt.

↓

Rechte des Käufers

- Erfüllungsanspruch
- Rücktritt vom Vertrag
- Minderung des Kaufpreises
- Schadensersatz
- Ersatz vergeblicher Aufwendungen

Aufgaben

1. Welche Pflichten hat der Verkäufer aus dem Kaufvertrag?
2. Was versteht man unter einem Rechtsmangel?

2.6.2.2 Sachmängel

Ein Sachmangel ist abhängig von der Beschaffenheit der Sache zum Zeitpunkt des Gefahrenübergangs. Eine genaue Definition gibt der § 434 Abs. 1 – 3 BGB.

Sachmangel § 434

↓

Beschaffenheit der Sache zum Zeitpunkt des Gefahrenübergangs

vertraglich vereinbart

z. B.
- Edelstahl rostfrei rostet
- wasserfeste Jacke ist wasserdurchlässig
- 100 % nickelfreier Schmuck enthält Nickel
- gekaufte Sache entspricht nicht der Probe bzw. dem Muster (z. B. Teppiche, Polsterbezüge, Tapeten usw. entsprechen nicht dem ursprünglichen Muster beim Einkauf)

vertraglich nicht vereinbart

§ 434 I

Nr. 1:
keine Eignung für vertraglich vorausgesetzte Verwendung, *z. B. Grafikkarte eines neu erworbenen PC zu leistungsschwach für Standardsoftware*

Nr. 2:
- keine Eignung für gewöhnliche Verwendung, *z. B. Reagenzgläser sind nicht feuerfest*
- keine übliche Beschaffenheit und keine Beschaffenheit, die vom Käufer nach Art erwartet werden kann, *z. B. Steakmesser sind stumpf*

§ 434 II

- unsachgemäße Montage des Verkäufers, *z. B. Verkratzen der Arbeitsfläche bei Einbau einer neuen Küche*
- mangelhafte Montageanleitung *(IKEA-Klausel)*

§ 434 III

Lieferung einer
- anderen Sache, *z. B. DVD-Film wurde bestellt, der Film wird aber auf Videokassette geliefert.*
- zu geringen Menge, *z. B. Bestellung von 100 Handys, geliefert werden nur 50.*

2.6.2.2.1 Rechte des Käufers bei Sachmängeln (§ 437 BGB)

Der Käufer kann bei Mängeln

- Nacherfüllung,
- Rücktritt vom Kaufvertrag,
- Minderung des Kaufpreises,
- Schadensersatz,
- Ersatz vergeblicher Aufwendungen

verlangen.

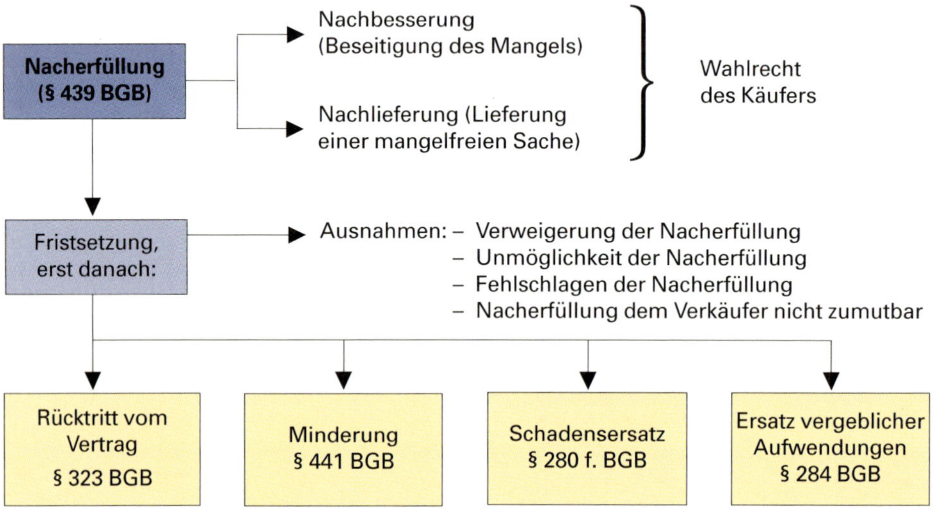

Nacherfüllung (§ 439 BGB)

Der Käufer der mangelhaften Sache kann zunächst wählen, ob der Verkäufer bei Mängeln an der Sache eine kostenlose Reparatur durchführen soll (Nachbesserung) oder ob er dem Käufer gleich eine neue, mangelfreie Sache liefern muss.

Beispiel: *Die Complex GmbH kauft beim Autohaus Rapid einen nagelneuen Kleintransporter. Durch einen Fertigungsfehler hat das Fahrzeug nach 3000 km Fahrleistung einen Getriebeschaden. Auf Wunsch der Complex GmbH wird der Schaden repariert. Die Kosten (Abschleppen, Materialkosten, Arbeitslohn) muss das Autohaus tragen.*

Unter Umständen muss der Verkäufer aber unverhältnismäßig hohe Kosten tragen. Für diese Fälle hat der Gesetzgeber dem Verkäufer ein Widerspruchsrecht zugestanden.

Beispiel: *Herr Schmidt möchte seiner Frau zum Geburtstag eine Freude bereiten und kauft von Herrn Müller einen gebrauchten Pkw für 1.500,00 €. Herr Müller will noch seine wertvolle Stereoanlage aus dem Pkw ausbauen. Dabei passiert ihm ein Fehler beim Abklemmen der Stromkabel und das Auto geht in Flammen auf. Eine Reparatur des Schadens wäre in diesem Fall so teuer, dass es den Kaufpreis um ein Vielfaches übersteigen würde. Herr Müller kann deshalb eine Reparatur ablehnen. Herr Schmidt hat Anspruch auf Lieferung eines mangelfreien Pkw gegen Rückgabe des mangelhaften* ***(Nacherfüllung = Ersatzlieferung).***

Rücktritt (§ 323 BGB)

Ein Käufer kann vom Vertrag zurücktreten, wenn der Verkäufer in einer vom Käufer gesetzten, angemessenen Nachfrist

- die Leistung nicht erbringt (Lieferung einer mängelfreien Sache) oder
- keine Nacherfüllung erfolgt,

wenn also trotz dieser Maßnahmen nicht der gewünschte Erfolg eintritt.

Hierbei gilt: Nach § 440 BGB ist eine Nacherfüllung spätestens nach dem zweiten erfolglosen Nachbesserungsversuch fehlgeschlagen.

Beispiel: *Die Complex GmbH setzt dem Autohaus Rapid eine Frist von 14 Tagen, um das Getriebe nachzubessern. Nach 2 Tagen hat das Autohaus die fehlerhaften Getriebeteile durch neue ersetzt.*

Aber wenige Tage später ist das Getriebe wieder kaputt. Das Autohaus Rapid möchte sich weiteren Ärger ersparen und tauscht sofort das gesamte Getriebe aus. Bei Abholung des Fahrzeugs kommt der Fahrer der Complex GmbH ganze 3 km weit, als das Getriebe ein weiteres Mal kaputtgeht. Entnervt tritt der Geschäftsführer der Complex GmbH vom Vertrag zurück.

Minderung des Kaufpreises (§ 441 BGB)

Eine Minderung des Kaufpreises kann der Käufer **auch bei unerheblichen Mängeln** verlangen. Der Betrag der Minderung misst sich nicht anhand der Kosten für die Nachbesserung, sondern an dem Kaufpreis oder dem tatsächlichen Preis. Das heißt, dass die wesentliche Berechnungsgrundlage der Minderung der Kaufpreis ist. Auch bei diesem Recht muss der Käufer dem Verkäufer erfolglos eine Frist zur Nacherfüllung gesetzt haben.

Die Herabsetzung des Kaufpreises sollte den Betrag ausmachen, um den der Wert der Sache gemindert wird.

Beispiele:
- *An der Autokarosserie sind Lackschäden (Kratzer).*
- *In Kleidungsstücken sind Webfehler eingewoben.*
- *kleine Kratzer an Küchengeräten*
- *Software hat unerheblichen Programmierfehler (z. B. bei der grafischen Benutzeroberfläche, ohne dass der eigentliche Programmablauf gestört wird).*

Schadensersatz (§§ 280, 281 BGB)

Neben der Minderung des Kaufpreises und dem Rücktritt vom Kaufvertrag kann der Käufer Ersatz für den entstandenen Schaden verlangen. Voraussetzungen für den Anspruch auf Schadensersatz sind:

- Pflichtverletzung des Schuldners (Verkäufers)
- Vertretenmüssen des Schuldners (Verkäufers)

Schadensersatz kann der Käufer bei fruchtlosem Ablauf der Nachfrist verlangen.

↓

Schadensersatz ◄—— statt der Leistung ——► Mangelfolgeschaden

- Schadensersatz wegen Schlechterfüllung
- Schadensersatz statt der ganzen Leistung

Schadensersatz wegen Schlechterfüllung bedeutet: Ersatz der Wertminderung.

Schadensersatz statt der ganzen Leistung bedeutet: Rückgabe des Gegenstandes, der mit einem **erheblichen Mangel** behaftet ist, Zug um Zug gegen Zahlung von Schadensersatz in Höhe des Wertes des Gegenstandes. Voraussetzung auch hier ist die erfolglos abgelaufene Frist zur Nacherfüllung (z. B. Rückgabe eines Neufahrzeugs, das nach mehrmaliger, erfolgloser Nachbesserung erheblich im Wert gemindert ist.).

Der Schaden kann auch darin bestehen, dass der Verkäufer die Nacherfüllung verzögert, z. B. die Maschine nicht innerhalb der gesetzten Frist repariert. Dadurch kommt es zu einem Produktionsausfall.

Beispiel: *Fehlerhafte Handys werden an den Einzelhändler Franz Blechschmidt geliefert. Diese hatte er extra aufgrund der gestiegenen Nachfrage seiner Kunden bestellt. Die Handys muss Franz Blechschmidt an das Werk zurückgeben, während seine Kundschaft sich anderweitig mit Handys versorgt. Herr Blechschmidt hat somit Anspruch auf den Ersatz des entgangenen Gewinns.*

Schadensersatz wegen Mangelfolgeschaden: In diesem Fall ist dem Käufer ein Schaden entstanden, der über den Nachteil an der verkauften Sache hinausgeht, z. B. hat er sich an einem schadhaften Maschinenteil verletzt oder der Käufer hat wegen der Reparatur an der schadhaften Sache weitere Kosten (z. B. Abschleppen des schadhaften Pkws, Taxikosten). Bei einem Schadensersatz wegen Mangelfolgeschäden ist eine **Frist sinnlos,** da der entstandene Schaden durch Nacherfüllung nicht behebbar ist.

Ersatz vergeblicher Aufwendungen (§ 284 BGB)

Statt Schadensersatz zu verlangen, kann der Gläubiger (Käufer) verlangen, dass ihm alle Aufwendungen ersetzt werden, die er im Zusammenhang mit der erwarteten Leistung im Voraus getätigt hat (z. B. Ersatz von Vertragskosten).

Beispiel: *In der Druckerei Schwarz GmbH soll eine Großdruckanlage mit Transportsystem installiert werden. Hierzu hat der Geschäftsführer Stefan Schwarz von einer Zeitarbeitsfirma einen Montagetrupp bestellt. Als die Arbeiten beginnen sollen, wird festgestellt, dass die Anlage schwere Mängel aufweist. Stefan Schwarz muss den Montagetrupp unverrichteter Dinge wegschicken. Er hat aber Anspruch gegen den Verkäufer der Anlage, die ihm hieraus entstandenen Kosten ersetzt zu bekommen.*

2.6.2.2.2 Verjährung und Befristung der Sachmängelhaftung

Das Gesetz schreibt für die Rechte des Käufers eine Fristsetzung vor. Erst wenn die Frist verstrichen ist und der gewünschte Erfolg nicht eingetreten ist, kann der Käufer von seinen Rechten Gebrauch machen. Die Nacherfüllung gilt nach dem zweiten erfolglosen Nacherfüllungsversuch als **fehlgeschlagen.** Die **Fristsetzung entfällt** bei: Weigerung des Verkäufers zur Nacherfüllung, bei zweimaligem Fehlschlagen der Nachbesserung, bei Fixkauf, bei Zweckkauf, bei besonderen Umständen.

Der Käufer muss seine Rechte aus mangelhaften Lieferungen innerhalb von **2 Jahren** geltend machen; danach sind sie **verjährt** (§ 438 Abs. 1 BGB). Bei gebrauchten Sachen ist die Gewährleistungspflicht des Verkäufers auf ein Jahr verkürzt (§ 475 Abs. 2 BGB).

Wird der Vertrag zwischen zwei Unternehmern geschlossen, so kann der Verkäufer im Vertrag seine Haftung für aufgetretene Mängel verkürzen oder ausschließen. In seinen

Allgemeinen Geschäftsbedingungen kann die Haftung bei neuen Sachen auf ein Jahr befristet werden, bei gebrauchten Sachen auch auf weniger als ein Jahr.

Bei einem Privatkunden kann der Verkäufer diese Frist nicht verkürzen oder gar ausschließen. Hier gilt die Zweijahresfrist. Die Rechte des Käufers wegen eines Mangels sind ausgeschlossen, wenn er bei Vertragsabschluss den Mangel kannte (§ 442 BGB).

2.6.2.2.3 Regelungen zum Verbrauchsgüterkauf

Kauft ein Verbraucher eine bewegliche Sache von einem Unternehmer (z. B. von einem Einzelhändler) im Rahmen seines Handelsgewerbes, so handelt es sich um einen Verbrauchsgüterkauf (§ 474 BGB).

Unternehmer können natürliche oder juristische Personen, aber auch Personengesellschaften sein. Verkaufen diese Personen bewegliche Sachen an natürliche Personen für deren private Verwendung (§ 13 BGB), so gelten die Vorschriften über den **Verbrauchsgüterkauf.**

Für diesen Vertrag gelten folgende **Besonderheiten:**

- Die **Vorschriften** über den Verbraucherschutz **können nicht** durch zusätzliche Vereinbarungen oder durch Allgemeine Geschäftsbedingungen **ausgeschlossen** werden (§ 475 BGB).
- Der Käufer hat ausdrücklich einen **Anspruch auf** Lieferung einer **mangelfreien Sache.**
- Die Gewährleistungsfrist beträgt **zwei** Jahre.
- Macht der private Käufer einen Mangel an der Kaufsache geltend, so muss der **Verkäufer** innerhalb von **sechs** Monaten nachweisen, dass er eine mangelfreie Ware geliefert hat (Beweislastumkehr, § 476 BGB).
- Nach Ablauf dieser sechs Monate geht die Beweislast für die nächsten 18 Monate für das Vorliegen eines Mangels zum Kaufzeitpunkt auf den Käufer über.
- Der Verkäufer haftet auch für eine fehlerhafte Montageanleitung („Ikea-Klausel").
- Der Verkäufer hat einen **Rückgriffsanspruch** gegen seinen Lieferanten, wenn er wegen eines Sachmangels in Anspruch genommen wird (§ 478 BGB).
  - Der Verkäufer muss dem Lieferanten keine Nachfrist mehr setzen, um Schadensersatz, Minderung und Rücktritt vom Kaufvertrag verlangen zu können.
  - Er kann Ersatz seiner Aufwendungen fordern.
  - Er darf durch getroffene Vereinbarungen gegenüber seinem Lieferanten nicht benachteiligt werden.
  - Der Verkäufer behält das Rückgriffsrecht auch dann, wenn er seine Rügefrist versäumt hat.
- Beim Kauf einer gebrauchten Sache kann die Gewährleistungsfrist auf zwölf Monate verkürzt werden.

Der Verkäufer hat folgende Rechte:

- ***Anspruch auf Erfüllung und Ersatz der Mehraufwendungen,***
- ***Hinterlegung,***
- ***Selbsthilfeverkauf,***
- ***Klage auf Abnahme.***

Erfüllung und Ersatz der Mehraufwendungen (§§ 433, 304 BGB)

Der Verkäufer kann **neben der Erfüllung** vom Käufer den **Ersatz aller Aufwendungen** verlangen, die ihm durch

- das erfolglose Angebot (z. B. Transportkosten),
- die Aufbewahrung (z. B. Lagerkosten),
- die Pflege (z. B. Kühlung von verderblichen Waren) der nicht angenommenen Leistung entstanden sind.

Der Lieferer wird auf Erfüllung bestehen, wenn wie bei der Einzel- oder Auftragsfertigung Sonderwünsche des Käufers erfüllt wurden, die Erzeugnisse anderweitig entweder gar nicht oder nur mit großen Verlusten verkauft werden können.

Hinterlegung

Durch die Hinterlegung der beweglichen Sache **(Ware)** in einem öffentlichen Lagerhaus oder an einem sonstigen Ort wird der Verkäufer von seiner **Verpflichtung zur Lieferung befreit** (§ 378 BGB, § 373 HGB). Die Hinterlegung ist dem Käufer unverzüglich anzuzeigen. Der Käufer trägt die anfallenden Kosten.

Selbsthilfeverkauf (§ 373 Abs. 2 – 5 HGB)

Der Verkäufer kann auf die Abnahme verzichten und die Ware **öffentlich versteigern lassen (öffentliche Versteigerung).** Bei der **öffentlichen Versteigerung** ist

- dem Käufer die **Versteigerung anzudrohen:** Der Verkäufer setzt ihm eine angemessene Nachfrist für die Abnahme und **droht** ihm gleichzeitig **mit der öffentlichen Versteigerung,** wenn die **Frist fruchtlos verstreicht.**
- dem Käufer Ort und Zeit der Versteigerung **mitzuteilen,** damit sich dieser evtl. beteiligen kann.
- der **Erlös abzurechnen.** Ein Mindererlös ist vom Käufer zu tragen, ein Mehrerlös steht dem Käufer zu.

Hat die **Ware einen festen Börsen- oder Marktpreis,** so kann die Veräußerung nach Androhung von einem Makler vorgenommen werden **(Freihandverkauf).** Eine Mitteilung über den Ort und die Zeit der Veräußerung entfällt.

Droht der Ware eine Qualitätsminderung durch Verderb, so kann der Verkäufer den Verkauf selbst besorgen **(Notverkauf).** Hier braucht der Lieferer den Notverkauf nicht mehr anzudrohen. Es bleibt für den Verkäufer nur die Abrechnungspflicht.

Klage auf Abnahme

Der Verkäufer kann den Käufer mit dem Ziel verklagen, dass dieser vom Gericht zur **Abnahme** der Ware **verurteilt** wird (Leistungsklage, § 253 ZPO).

Verzicht auf die Vertragserfüllung

Der Verkäufer kann auf die Erfüllung des Vertrages verzichten und die **Ware an andere Abnehmer veräußern.** Dies empfiehlt sich, um einem guten Kunden entgegenzukommen

3652134

(Kulanz); wenn bei anderen Kunden höhere Preise durchgesetzt werden können oder wenn sich bei Kunden die Kreditwürdigkeit deutlich verschlechtert hat.

Dieser Schritt setzt voraus, dass Verkäufer und Käufer sich auf einen **Rücktritt vom Kaufvertrag einigen.**

Verschulden des Käufers

Nimmt der Käufer die Ware **schuldhaft** nicht an, so stehen dem Verkäufer auch die Rechte aus dem Lieferungsverzug zu **(Abnahmeverzug).** Die Voraussetzungen des Lieferungsverzugs (Fälligkeit, Verschulden, Mahnung) müssen erfüllt sein.

Annahmeverzug des Verkäufers

Verweigert der Verkäufer die Annahme der Zahlung, so

- geht die **Vergütungsgefahr** auf ihn über (§ 324 Abs. 2 BGB),
- entfällt die **Zinspflicht des Käufers** (§ 301 BGB).

In der Regel wird der Käufer das **Geld** bei der Hinterlegungsstelle des zuständigen Amtsgerichts **hinterlegen,** um von seiner Leistung befreit zu werden (§ 372 ff. BGB).

Zusammenfassung

Annahmeverzug

Voraussetzungen

– ordnungsgemäßes Angebot der Leistung durch den Schuldner
– Nichtannahme der Leistung durch den Gläubiger

Annahmeverzug des Käufers

Rechtsfolgen

– Haftungsbeschränkung
– Gefahrenübergang bei Gattungsschulden

Rechte des Verkäufers

– Anspruch auf Erfüllung und Ersatz der Mehraufwendungen
– Hinterlegung
– Selbsthilfeverkauf (öffentliche Versteigerung)
– Freihandverkauf
– Notverkauf
– Klage auf Abnahme

in der Praxis häufig: Verzicht auf Vertragserfüllung

bei Verschulden des Käufers: **Abnahmeverzug**

Annahmeverzug des Verkäufers

– Übergang der Vergütungsgefahr
– Wegfall der Zinspflicht

in der Praxis üblich: Hinterlegung

Schadensersatz statt Leistung (§ 281 Abs. 1,2)

Der Verkäufer wird dieses Recht nur geltend machen, wenn ihm ein Schaden entstanden ist.

Für den **BGB-Werkvertrag** (§ 632 a) besteht ein **Abschlagszahlungsanspruch** des Auftragnehmers. Besteller von Werkleistungen werden verpflichtet

- für in sich abgeschlossene Teile
- für eigens angefertigte Teile
- für angelieferte Stoffe und Bauteile

Abschlagszahlungen zu leisten (§ 632 a BGB). Nach § 641 BGB hat der Auftragnehmer (z. B. Bauunternehmer) einen **sofort fälligen Zahlungsanspruch** gegen seinen Auftraggeber (z. B. Bauträger), wenn dieser von einem Dritten (z. B. Bauherrn) bereits Zahlungen erhalten hat.

Zusammenfassung

Voraussetzungen	Rechte des Verkäufers
spätestens 30 Tage nach Zugang und Fälligkeit einer Rechnung ↓ **Zahlungsverzug**	– Anspruch auf Erfüllung – Verzugszinsen – Rücktritt vom Vertrag – Ersatz des weitergehenden Schadens

- Rücktritt vom Vertrag meist im Rahmen des Eigentumsvorbehalts vereinbart
- Schadensersatz wegen Nichtleistung äußerst selten

Aufgaben

1. Unter welcher Voraussetzung tritt ein Zahlungsverzug ein?
2. Welche Rechte hat der Verkäufer aus dem Zahlungsverzug?
3. Was versteht man
   a) unter einem weitergehenden Schaden,
   b) unter dem Verbot der Zinseszinsen?
4. Welche Rolle spielen vertragliche Regelungen beim Zahlungsverzug?

2.6.4.2 Verjährung von Forderungen

Für alle Forderungen gelten Zeitspannen, nach deren Ablauf der Schuldner nicht mehr zahlen muss, aber zahlen kann. Dem Schuldner steht dann die Einrede der Verjährung zu; die Forderung kann nicht mehr eingeklagt werden. Begleicht der Schuldner dennoch eine bereits verjährte Forderung, so kann er die geleistete Zahlung nicht mehr zurückverlangen (§ 214 BGB).

Die regelmäßige Verjährungsfrist beträgt 3 Jahre.

Verjährungsfrist	Art der Ansprüche	Beginn der Verjährung
3 Jahre (§ 195 BGB)	Regelmäßige Verjährungsfrist für alle Ansprüche, für die keine besonderen Fristen festgelegt sind, insbesondere bei Vertragsverletzungen, aus denen sich vertragliche oder gesetzliche Ansprüche ableiten (z. B. bei Lieferungs-, Zahlungs- und Annahmeverzug)	Schluss des Kalenderjahres, in dem • Entstehung des Anspruchs **und** • Kenntnis des Gläubigers (§ 199 Abs. 1 BGB)

Beispiel: *Das Transportfahrzeug einer Spedition wird am 20.02.2002 in einen Verkehrsunfall verwickelt. Der Fahrer ist schuldlos. Die Schäden am Fahrzeug repariert eine Fachwerkstatt am 10.03.02. Die Versicherung des Unfallverursachers erstattet die Kosten. Erst am 30.01.2005 wird im Rahmen einer TÜV-Untersuchung ein weiterer Schaden festgestellt, der unmittelbar auf den Unfall zurückzuführen ist. Die Reparaturkosten in Höhe von 6.400,00 € möchte die Spedition vom Unfallverursacher bzw. dessen Versicherung erstattet bekommen.*

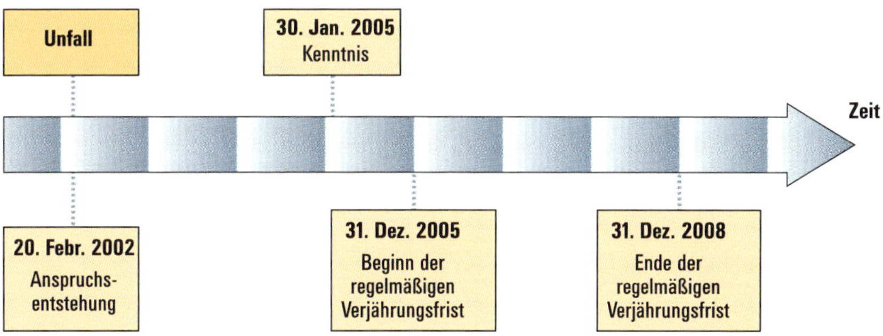

Der Anspruch der Spedition verjährt erst am 31.12.2008 (= fast sieben Jahre nach dem Unfall).

Da der Beginn der Verjährung die Kenntnis des Gläubigers voraussetzt, könnte der Schuldner auch Jahrzehnte später noch in Anspruch genommen werden. Deshalb gibt es für die regelmäßige Verjährung eine Verjährungshöchstgrenze. Sie beträgt 10 Jahre ab Fälligkeit (Entstehung) des Anspruchs.

Neben der allgemeinen Verjährungsfrist von 3 Jahren gibt es bei mangelhafter Lieferung und Leistung eine **zweijährige,** bei Rechten an Grundstücken eine **zehnjährige** und für genau beschriebene Ansprüche eine **dreißigjährige** Verjährungsfrist.

Verjährungsfrist	Art der Ansprüche	Beginn der Verjährung
2 Jahre (§ 438 BGB)	Mängelansprüche des Kauf- und Werkvertrags auf: • Nacherfüllung • Schadensersatz • Ersatz der vergeblichen Aufwendungen	Ablieferung der Sache, Abnahme des Werkes
10 Jahre (§ 196 BGB)	Grundstücke	Fälligkeit des Anspruchs
30 Jahre (§ 197 BGB)	• Herausgabeansprüche aus Eigentum und anderen Rechten • rechtskräftig festgestellte Ansprüche • Ansprüche aus vollstreckbaren Vergleichen/Urkunden • familien- und erbrechtliche Ansprüche	Fälligkeit des Anspruchs
(§199 BGB)	• Schadensersatzansprüche aus Verletzung des Lebens, des Körpers, der Gesundheit oder der Freiheit	Begehung der Handlung

Neubeginn der Verjährung (§ 212 BGB)

Die Verjährungsfrist beginnt in folgenden Fällen erneut in voller Länge zu laufen:

- Der Schuldner erkennt dem Gläubiger gegenüber den Anspruch durch Abschlagszahlung, Zinszahlung, Sicherheitsleistung oder in anderer Weise an **(= Schuldanerkenntnis).**
- Es wird eine gerichtliche oder behördliche **Vollstreckungshandlung** vorgenommen oder beantragt.

Beispiel: *Die Verjährungsfrist für eine Forderung (fällig: 12.08.2003) der Miraculix GmbH beträgt drei Jahre. Am 15.12.2004 werden die bis dahin aufgelaufenen Verzugszinsen überwiesen. Damit beginnt die Verjährungsfrist ab diesem Zeitpunkt erneut für drei Jahre zu laufen:*

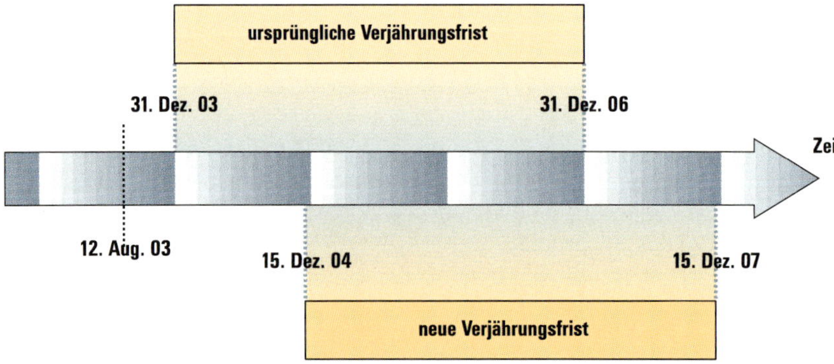

Hemmung der Verjährung (§ 204 ff. BGB)

Während der Zeit der Hemmung ruht die Verjährung. Fällt der Hemmungsgrund weg, so läuft die restliche Verjährungszeit zu Ende.

Gründe für Hemmung und deren Wirkungen:

- Hemmung der Verjährung durch Rechtsverfolgung
  - Klageerhebung
  - Zustellung des gerichtlichen Mahnbescheids
  - Anmeldung eines Anspruchs im Insolvenzverfahren
  - Beginn eines schiedsrichterlichen Verfahrens

  Die Hemmung der Verjährung durch Rechtsverfolgung endet sechs Monate nach einer rechtskräftigen Entscheidung.
- Ansprüche gegen geschäftsunfähige oder beschränkt geschäftsfähige Personen ohne gesetzlichen Vertreter. Die Hemmung endet sechs Monate nach Vollendung der Volljährigkeit.
- Ansprüche in Nachlassfällen sind bis sechs Monate nach ihrer Klärung gehemmt.
- Berechtigte Leistungsverweigerung des Schuldners mit Duldung des Gläubigers. Die Hemmung endet mit Ablauf der Stundung.
- Höhere Gewalt innerhalb der letzten sechs Monate der Verjährungsfrist, die den Gläubiger hindert seine Ansprüche zu verfolgen.
- Familiäre und ähnliche Ansprüche sind gehemmt, solange die Ehe besteht (zwischen Ehegatten) oder während der Minderjährigkeit der Kinder (zwischen Eltern und Kindern).

Beispiel: *Die Verjährungsfrist für eine Forderung an die Sport GmbH beträgt drei Jahre (fällig: 09.05.2002). Nach Ablauf eines Jahres erfährt die Miraculix GmbH, dass ihr Kunde Insolvenzantrag gestellt hat, worauf sie ihre Ansprüche sofort dem Insolvenzverwalter meldet.*

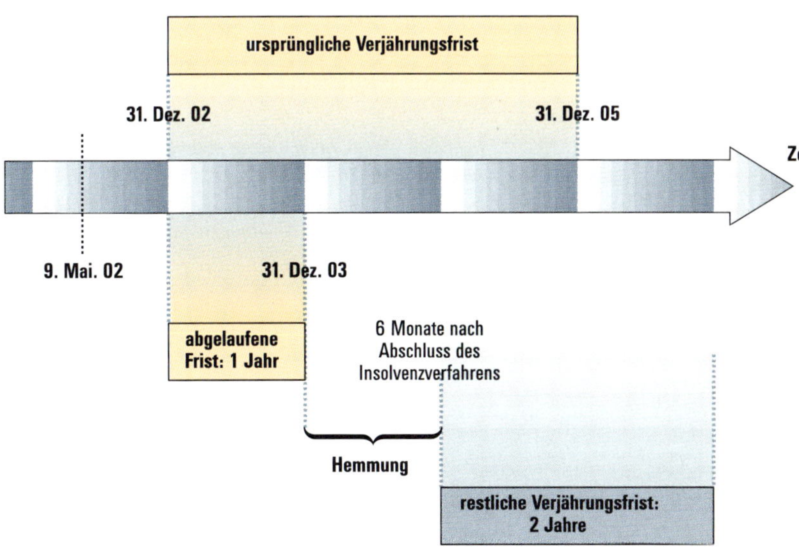

Zusammenfassung

1. Forderungen verjähren nach Ablauf bestimmter Zeitspannen. Der Schuldner muss dann nicht mehr zahlen.
2. Die regelmäßige Verjährungsfrist beträgt 3 Jahre und beginnt am Schluss des Kalenderjahres, in dem der Anspruch entsteht und der Gläubiger ihn kennt.
3. Neben der allgemeinen Verjährungsfrist von 3 Jahren gibt es bei mangelhafter Lieferung und Leistung eine zweijährige, bei Rechten an Grundstücken eine zehnjährige und für genau beschriebene Ansprüche eine dreißigjährige Verjährungsfrist.
4. Liegt ein Grund für den Neubeginn der Verjährung vor, so beginnt die Verjährungsfrist erneut in voller Länge zu laufen.
5. Während der Zeit der Hemmung ruht die Verjährung. Fällt der Hemmungsgrund weg, so läuft die restliche Verjährungszeit zu Ende.

Aufgaben

1. Welche Verjährungsfristen bestehen bei Ansprüchen
   a) aus Warenlieferungen an Einzelhändler,
   b) aus Warenlieferungen an Belegschaftsmitglieder,
   c) unseres Spediteurs,
   d) auf Zinsen gegenüber unserer Hausbank,
   e) gegenüber einem Kunden, dem wir ein Darlehen gewährt haben?
2. Warum werden zum Ende eines Kalenderjahres vermehrt gerichtliche Mahnverfahren eingeleitet?
3. Durch welche Maßnahmen wird ein Neubeginn der Verjährung bewirkt?
4. Wann tritt eine Hemmung der Verjährung ein?
5. Überlegen Sie: Welche Gedanken könnten den Gesetzgeber bewogen haben den Tatbestand der Verjährung zu formulieren?

2.6.4.3 Mahnverfahren

Durch eine Mahnung versucht der Gläubiger, eine Geldforderung einzutreiben.

Man unterscheidet:

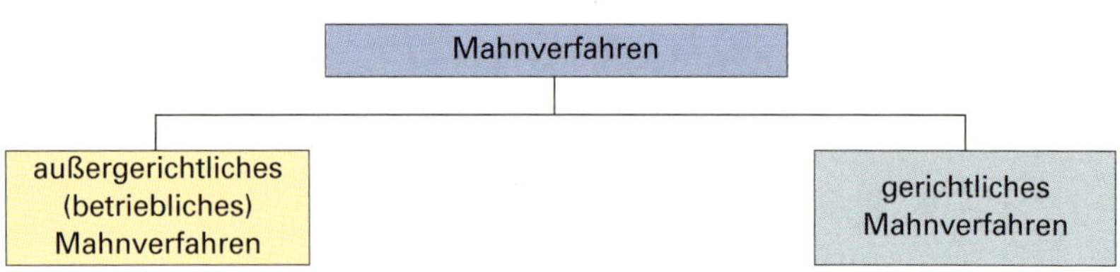

2.6.4.3.1 Außergerichtliches (betriebliches) Mahnverfahren

Das außergerichtliche oder betriebliche Mahnverfahren soll den Schuldner veranlassen seinen Zahlungsverzug zu beenden, ohne dass zusätzliche Kosten verursacht werden.

Hat der Schuldner **am Fälligkeitstag nicht bezahlt,** so versucht man, ihn durch **Mahnschreiben** zu bewegen, seiner **Zahlungsverpflichtung nachzukommen.** Da sich zwischen dem Lieferer und seinen Kunden unterschiedlich gute geschäftliche Beziehungen entwickeln, ist zu empfehlen **verschiedene Mahnverfahren** anzuwenden. Manche Kunden fühlen sich durch die Mahnung bzw. durch den im Mahnschreiben angeschlagenen Ton verletzt. Ein generelles Verfahren, das für alle Kunden angewendet werden kann, gibt es nicht. Der Betrieb muss aus Gründen der Vereinfachung der Verwaltung trotzdem versuchen mit **wenigen Mahnverfahren** auszukommen. In der Praxis werden für die einzelnen Mahnverfahren **Kennziffern** gebildet, die das Vorgehen gegenüber den Kunden festlegen. Es können beispielsweise folgende **Mahnschlüssel** vergeben werden:

0 → die Forderung wurde voll ausgeglichen, der Betrag kommt in die Liste der ausgeglichenen Posten, keine Mahnung erforderlich;

1 → die Forderung wurde nicht oder nur teilweise beglichen; es wird durch Standardbrief gemahnt;

2 → die Forderung wurde nicht oder nur teilweise beglichen; der Kunde wird durch individuelles Schreiben gemahnt;

3 → die Forderungen an den Kunden sind nicht beglichen; der Kunde bezahlt monatlich oder vierteljährlich, Mahnungen sind nicht erforderlich (Mahnsperre);

4 → der Kunde wurde bereits mehrmals erfolglos gemahnt, der Fall wird der Klageabteilung oder dem Rechtsanwalt übergeben.

Ein **ausführliches Mahnverfahren** kann beispielsweise folgendes Aussehen haben:

Zeit	Maßnahme	Inhalt
10 Tage nach Fälligkeit	Erinnerung	durch Zusendung eines neuen Angebots, einer Rechnungsabschrift oder eines Kontoauszuges
14 Tage später	1. Mahnung	höfliche Aufforderung zur Zahlung, Androhung des Einzugs durch ein Inkassoinstitut oder durch eine Postnachnahme
14 Tage später	2. Mahnung	scharfe Aufforderung zur Zahlung, Androhung des Einzugs durch ein Inkassoinstitut oder durch eine Postnachnahme
14 Tage später	3. Mahnung	Setzung eines letzten Termins, Androhung von gerichtlichen Maßnahmen
14 Tage später	Schreiben eines Rechtsanwalts	Setzen eines „allerletzten" Termins, Androhung des gerichtlichen Mahnverfahrens
14 Tage später	Beantragung und Zustellung eines Mahnbescheides	Einleitung des gerichtlichen Mahnverfahrens

Für betriebliche Zwecke wird dieses Vorgehen im Ablauf und im Mahnrhythmus variiert. Meistens beschränken sich die Betriebe auf drei Mahnbriefe im Abstand von zwei Wochen, beginnend 10 Tage nach Fälligkeit.

Zusammenfassung

Außergerichtliches (betriebliches) Mahnverfahren

Zweck → Eintreibung der offenen Forderungen

Verfahren → Zahlungserinnerung

→ 3 Mahnschreiben in regelmäßigen zeitlichen Abständen, die im Ton immer schärfer werden

→ Anwaltsschreiben

ohne Erfolg → Einleitung eines gerichtlichen Mahnverfahrens

Aufgaben

1. Ordnen Sie das betriebliche Mahnverfahren in den Zahlungsverzug ein.
2. Warum wird der Ton der Mahnschreiben immer schärfer?
3. Nehmen Sie Stellung zu folgender Behauptung: „Das betriebliche Mahnverfahren ist dann am erfolgreichsten, wenn es alle Kunden gleich scharf anpackt."
4. Überlegen Sie: Welche Vorteile hat ein gleich bleibender Mahnrhythmus?
5. Welche Mahnverfahren gibt es in Ihrem Betrieb? Besorgen Sie sich Vordrucke bzw. maschinelle Mahnungen und bestimmen Sie das Vorgehen und den Inhalt der Mahnschreiben anhand der obigen Übersicht.

2.6.4.3.2 Gerichtliches Mahnverfahren

Hat der Schuldner auf die Mahnschreiben nicht reagiert, so verbleibt als letzter Weg die Betreibung eines gerichtlichen Mahnverfahrens. Häufig ist die Einleitung eines gerichtlichen Mahnverfahrens die letzte Möglichkeit, die Verjährung einer offenen Forderung abzubiegen.

Durch das gerichtliche Mahnverfahren kann eine offene Forderung auf einfache, schnelle und Kosten sparende Weise eingetrieben werden.

In diesem Verfahren heißen der Verkäufer (Gläubiger) Antragsteller und der Käufer (Schuldner) Antragsgegner.

Das Verfahren beginnt mit dem **Antrag auf Erlass eines Mahnbescheides.** Zuständig für den Erlass sind **zentrale Mahngerichte.** Diese Gerichte arbeiten mit automatisierten Mahnverfahren. Dies bedeutet, dass die für den Mahnbescheid notwendigen Daten im Wege der **Datenfernübertragung** zu übermitteln sind. Unternehmen, die nicht so verfahren (können), müssen fest vorgeschriebene **Formulare** verwenden, welche die Grundlage der Datenerfassung der Gerichte sind. Die zentralen Mahngerichte garantieren den Erlass des Mahnbescheides (bzw. des Vollstreckungsbescheides) spätestens für den folgenden Arbeitstag, der dem Tag des Eingangs folgt.

Beim Erlass des Mahnbescheids wird vom Gericht nicht überprüft, ob der im Mahnbescheid geltend gemachte Anspruch tatsächlich zu Recht besteht (Die sog. Schlüssigkeitsprüfung entfällt also).

Über die vom Gericht besorgte Zustellung an den Antragsgegner erhält der Antragsteller eine Mitteilung.

Nach der Zustellung des Mahnbescheids hat der Antragsgegner folgende Möglichkeiten:
- ***Er bezahlt: Das gerichtliche Mahnverfahren ist beendet.***
- ***Er legt Widerspruch ein.***
- ***Er schweigt.***

Der Antragsgegner legt Widerspruch ein (§ 694 ff. ZPO)

Der Antragsgegner kann **innerhalb von zwei Wochen schriftlich Widerspruch** bei dem Gericht einlegen, das den Mahnbescheid erlassen hat. Damit wird das **streitige Verfahren** von Amts wegen an das örtlich und sachlich zuständige Gericht verwiesen. **Örtlich zuständig** ist das Gericht, in dessen Bezirk der anzuwendende **Gerichtsstand** liegt. **Sachlich zuständig** ist

- das **Amtsgericht:** Gegenstandswert unter 5.000,00 €;
- das **Landgericht:** Gegenstandswert über 5.000,00 €.

Da die Angabe des Anspruchsgrundes im Mahnbescheid entbehrlich ist, muss der Antragsteller nun die **Anspruchsbegründung** nachholen. Das **gerichtliche Klageverfahren** hat begonnen; eine **mündliche Verhandlung** wird angesetzt.

Der Antragsgegner schweigt (§ 699 ff. ZPO)

Reagiert der Antragsgegner auf den Mahnbescheid nicht, so kann der Antragsteller

- **frühestens** nach dem Ende der Widerspruchsfrist,
- **spätestens** nach einer Frist von sechs Monaten

den Antrag auf Erlass eines **Vollstreckungsbescheids** stellen: Der Antragsteller kann die **Zwangsvollstreckung betreiben,** wenn der Vollstreckungsbescheid

- vom Gericht von Amts wegen,
- vom Gerichtsvollzieher im Auftrag des Auftragstellers

zugestellt wurde.

Der Antragsgegner hat nun folgende Möglichkeiten:
- ***Er bezahlt: Das gerichtliche Mahnverfahren ist beendet.***
- ***Er legt Einspruch ein.***
- ***Er schweigt.***

Der Antragsgegner legt Einspruch ein (§§ 339, 700 ZPO)

Der Antragsgegner kann **innerhalb von zwei Wochen** nach der Zustellung **schriftlich Einspruch** erheben. Der weitere Verlauf des Verfahrens ist identisch mit dem Verfahren beim Mahnbescheid.

Der Einspruch gegen den Vollstreckungsbescheid verhindert die Zwangsvollstreckung nicht.

Der Vollstreckungsbescheid stellt einen **vorläufig vollstreckbaren** Titel dar, der sich auf die Forderung und die bisher entstandenen Verfahrenskosten erstreckt. Allerdings sollte der Antragsteller vorsichtigen Gebrauch von dieser Möglichkeit machen: Sollte durch das Urteil sein **Anspruch** ganz oder teilweise **abgewiesen** werden, so ist er dem Antragsgegner gegenüber **schadensersatzpflichtig.** Um die Zwangsvollstreckung zu vermeiden, muss der Antragsgegner gleichzeitig mit dem Einspruch einen Antrag auf Einstellung der Zwangsvollstreckung stellen. Von ihm verlangt das Gericht Sicherheiten.

Der Antragsgegner schweigt (§ 704 ff. ZPO)

Nach Ablauf der Einspruchsfrist wird der Vollstreckungsbescheid **rechtskräftig.** Der Antragsteller kann zur Befriedigung seiner Forderung einschließlich der Zinsen und Verfahrenskosten die Zwangsvollstreckung in das Vermögen des Antragsgegners betreiben; der Antragsgegner kann sich nicht mehr dagegen wehren.

Zusammenfassung

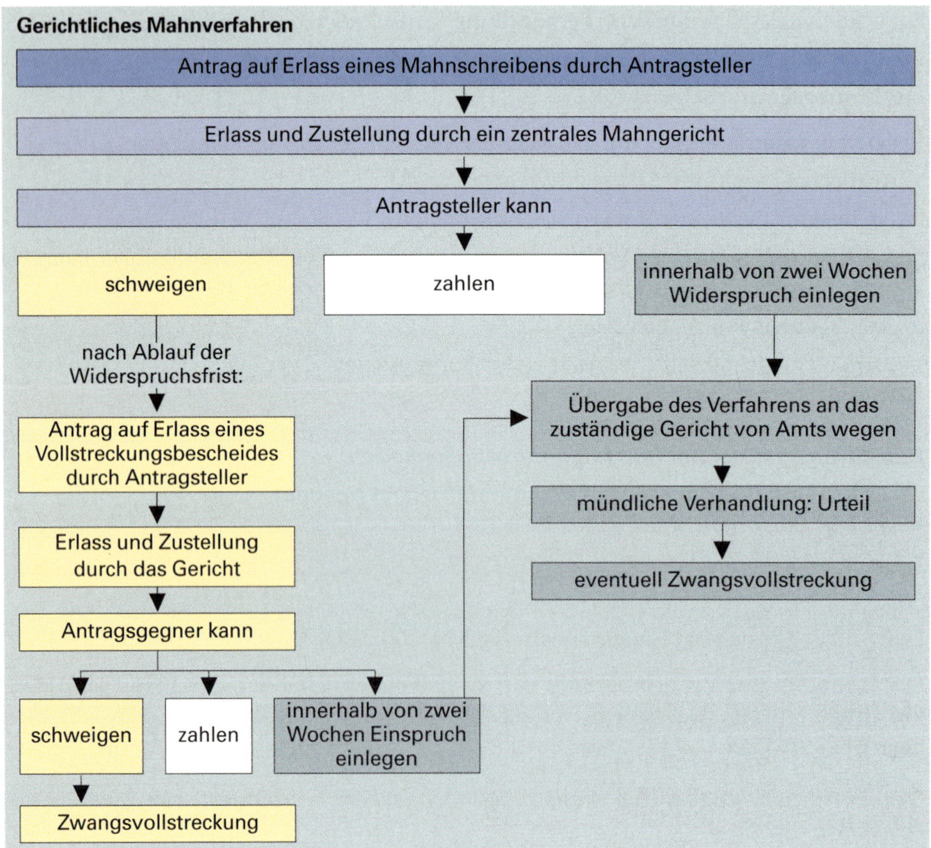

3652146

Aufgaben

1. Hahn & Klein in Gelsenkirchen haben an die Complex GmbH in Kiel eine fällige Warenforderung in Höhe von 4.000,00 €. Hahn & Klein wollen nach drei fruchtlosen Mahnungen einen Mahnbescheid erwirken. Besorgen Sie sich einen Vordruck für den Mahn- und den Vollstreckungsbescheid und füllen Sie diesen aus.
   a) Welches Gericht ist zuständig?
   b) Was bewirken Widerspruch bzw. Einspruch während des Verfahrens?
   c) Kann die Complex GmbH nach Zustellung des Vollstreckungsbescheids die Zwangsvollstreckung noch verhindern?
   d) Welches Gericht ist in einem Zivilprozess zuständig?
2. Überlegen Sie: Warum wird beim Erlass eines Mahnbescheids nicht überprüft, ob der Anspruch zu Recht besteht?
3. Was kann der Antragsgegner nach der Zustellung eines Mahnbescheids unternehmen?
4. Wann kann ein Vollstreckungsbefehl beantragt werden?
5. Was kann der Antragsgegner nach der Zustellung eines Vollstreckungsbescheids unternehmen?
6 Warum sollte der Antragsteller mit der Zwangsvollstreckung warten, bis die Einspruchsfrist abgelaufen ist?
7. Wann beginnt das gerichtliche Klageverfahren?

2.7 Wichtige Verträge des Wirtschaftslebens

2.7.1 Werkvertrag

Vertragsart	**Werkvertrag** (§ 631 ff. BGB)
Begriff	Ein Unternehmer verpflichtet sich zur Herstellung eines Werkes gegen die Entrichtung einer vereinbarten Vergütung.
Gegenstand	● Herstellung einer Sache (z. B. Lohnauftragsfertigung) ● Veränderung einer Sache (z. B. Reparatur) ● Herbeiführung eines Erfolges durch Arbeit oder Dienstleistung (z. B. Gutachten, Revisionsarbeiten)
Pflichten des Unternehmers	● vertragsgemäße Herstellung des Werkes ● rechtzeitige Herstellung des Werkes ● mangelfreie Herstellung des Werkes ● vertragsgemäße Beschaffung von Zutaten oder sonstigen Nebensachen
Pflichten des Bestellers	● Zahlung der vereinbarten Vergütung ● Abnahme des vertragsgemäß erstellten Werkes ● Bereitstellung des Materials ● vereinbarungsgemäße Mitwirkung bei der Herstellung des Werkes

2.7.2 Mietvertrag und Pachtvertrag

Vertragsart	Mietvertrag (§ 535 ff. BGB)	Pachtvertrag (§ 581 ff. BGB)
Begriff	Er ermöglicht die Nutzung einer Sache während eines vereinbarten Zeitraumes gegen Entgelt.	Er ermöglicht die Nutzung eines Gegenstandes und den Genuss des Ertrages während eines vereinbarten Zeitraumes gegen Entgelt.
Gegenstand	Sache ● Grundstücke ● (Grundstücks-)Räume ● bewegliche Sachen	● Gegenstand – bewegliche Sachen – unbewegliche Sachen – Rechte ● Ertrag („Fruchtgenuss"), der bei ordnungsgemässer Bewirtschaftung des Gegenstandes erzielt wird.
Pflichten des Vermieters/ Verpächters	● gewährt dem Mieter/Pächter den Gebrauch der Mietsache/des gepachteten Gegenstandes während der Mietzeit/Pachtzeit; ● überlässt die Mietsache/den verpachteten Gegenstand in einem Zustand, der ihre/seine vertragsgemäße Nutzung ermöglicht; ● erhält die Mietsache/den verpachteten Gegenstand in diesem Zustand.	
Pflichten des Mieters/ Pächters	● zahlt den Mietzins/Pachtzins; ● behandelt die Mietsache/den gepachteten Gegenstand pfleglich; ● benutzt die Mietsache/den gepachteten Gegenstand nicht vertragswidrig; ● gibt nach Beendigung des Miet-/Pachtverhältnisses die Mietsache/den gepachteten Gegenstand zurück; ● duldet Maßnahmen des Vermieters/Verpächters, die zur Erhaltung der Mietsache/des gepachteten Gegenstandes dienen.	
Sonstiges	● Vermieterpfandrecht/Verpächterpfandrecht ● Schriftform notwendig ● „Verkauf bricht nicht Miete/Pacht!" ● Mieter/Pächter ist unmittelbarer Besitzer der Mietsache/des gepachteten Gegenstandes.	

Einen Sonderfall dieser Verträge stellt der **Leasingvertrag** dar:

Unter Leasing versteht man die Miete oder Pacht von Investitionsgütern: Dem Leasingnehmer wird vom Leasinggeber das Nutzungsrecht an den geleasten Gütern gegen die regelmäßige Zahlung eines Entgelts eingeräumt.

Jedoch wird mittlerweile der Begriff Leasing auch für

- die Miete von Konsumgütern („Leasen Sie Ihren neuen Wagen, dann können Sie sich zusätzlich eine Urlaubsreise leisten!"),
- die Vermittlung bzw. Beschäftigung von Zeitarbeitskräften („Personalleasing")

verwendet.

2.7.3 Dienstvertrag

In einem Dienstvertrag wird die Erbringung einer Leistung gegen Entgelt vereinbart. (§ 611 Abs. 1 BGB)

Gegenstand eines Dienstvertrages können **Dienste** (Leistungen) **jeglicher Art** sein (§ 611 Abs. 2 BGB):

- Dienste höherer Art: z. B. Arzt, Rechtsanwalt, Architekt (§ 622 BGB)
- sonstige Dienstleistungen: z. B. Hausmeister, Gepäckträger, Gärtner

Es kommt nicht darauf an, ob der Dienst zu einem Erfolg führt oder nicht.

Die **Pflichten des Dienstherrn** sind:

- Zahlung der vereinbarten Vergütung auch für vorübergehende und unverschuldete Dienstverhinderung (§§ 611 Abs. 1, 612, 614, 616 ff. BGB). Die Vergütung kann in Geld oder Sachen bestehen („freie Kost und Logis" bei einer Hausgehilfin);
- Schutz des Dienstpflichtigen gegen Gefahren für Leben und Gesundheit (Fürsorgepflicht) (§ 618 Abs. 1 BGB).

Die **Pflichten des Dienstpflichtigen** sind:

- Leistungserbringung gemäß Vertrag (§ 611 Abs. 1 BGB)
- höchstpersönliche Erbringung der Leistung (§ 613 BGB)
- Treue und Gehorsam
- Schweigepflicht

2.7.4 Darlehensvertrag

Durch den Darlehensvertrag wird der Darlehensgeber verpflichtet dem Darlehensnehmer einen bestimmten Geldbetrag in vereinbarter Höhe zur Verfügung zu stellen (§ 488 BGB).

Mit dem Vertrag wird der Kreditnehmer verpflichtet

- **Zinsen** in vereinbarter Höhe zu zahlen und
- das Darlehen bei Fälligkeit **zurückzuzahlen.**

Wird im Darlehensvertrag nichts vereinbart, so sind die Zinsen nach Ablauf eines Jahres fällig. Ist das Darlehen schon vorher rückzahlbar, so sind die Zinsen mit der Rückerstattung zu begleichen. Ist für die Rückzahlung kein Zeitpunkt bestimmt, so ist diese nach der Kündigung (durch den Darlehensgeber oder den Darlehensnehmer) zu leisten. Die Kündigungsfrist beträgt drei Monate.

Der **Darlehensnehmer** kann einen Darlehensvertrag, der für einen **bestimmten Zeitraum** zu einem **festen Zinssatz** vereinbart wurde, in folgenden Fällen ganz oder teilweise kündigen (§ 489 BGB):

- Die Zinsbindung endet vor der Rückzahlung; es wurde keine Vereinbarung über den weiteren Zinssatz getroffen. Das Darlehen muss dann einen Monat vor Ablauf der Zinsbindung zu diesem Termin gekündigt werden.
- Bei Verbraucherdarlehen nach einer Mindestlaufzeit von sechs Monaten unter Einhaltung einer Kündigungsfrist von weiteren drei Monaten, soweit das Darlehen nicht durch ein Grundpfandrecht gesichert ist.

Der **Darlehensnehmer** kann einen Darlehensvertrag mit einem **veränderlichen** Zinssatz jederzeit unter Einhaltung einer Kündigungsfrist von drei Monaten kündigen. Dieses Kündigungsrecht kann **nicht** durch vertragliche Vereinbarungen ausgeschlossen werden.

Der **Darlehensgeber** kann ein Darlehen **fristlos** kündigen, wenn in den Vermögensverhältnissen des Schuldners eine wesentliche Verschlechterung einzutreten droht (§ 490 BGB).

Schließen Unternehmer als Darlehensgeber mit **Verbrauchern** Darlehensverträge ab, so gelten besondere Vorschriften (§ 491 ff. BGB):

- Darlehensverträge mit Verbrauchern bedürfen mindestens der **Schriftform,** soweit nicht strengere Vorschriften wie die notarielle Beurkundung oder Beglaubigung gemacht werden. Der Abschluss über elektronische Medien (Internet) ist ausgeschlossen.
- Der Darlehensnehmer muss den Vertrag **eigenhändig unterzeichnen.** Für den Darlehensgeber ist dies nicht vorgeschrieben.
- Der Vertrag muss folgende Bedingungen enthalten (§ 491 BGB):
  - den Nettodarlehensbetrag,
  - den Gesamtbetrag der Raten,
  - Art und Weise der Rückzahlung,
  - den Zinssatz einschließlich aller Kosten,
  - den effektiven Jahreszinssatz,
  - zu bestellende Sicherheiten.

Werden Formvorschriften nicht eingehalten, so ist der Verbraucherdarlehensvertrag nichtig (§ 494 BGB).

Dem Darlehensnehmer steht ein **Widerrufsrecht** nach § 355 BGB zu, d. h., der Verbraucher kann innerhalb von **zwei Wochen** ohne Angabe von Gründen zurücktreten.

Die Vorschriften über den Verbraucherdarlehensvertrag gelten in folgenden Fällen **nicht:**

- für Kleindarlehen unter 200,00 €,
- für Darlehen beim Arbeitgeber unter den marktüblichen Zinssätzen,
- für Darlehen im Rahmen der Wohnbauförderung und
- für Darlehen der öffentlichen Haushalte unter den marktüblichen Zinssätzen.

2.7.5 Verträge in der Praxis der Wirtschaft

Die im BGB geregelten Vertragsarten werden im Wirtschaftsleben häufig abgewandelt.

Es werden Verträge geschlossen, die

- mehrere typische Verträge umfassen (z. B.: Ein Kreditvertrag enthält einen Darlehens- und Bürgschaftsvertrag.);
- in anderen Gesetzen geregelt sind (z. B. Kommissionsvertrag im HGB, Vertrag über die Annahme eines Schecks zahlungshalber im Scheckgesetz)
- in mehreren Gesetzen, Verordnungen oder Satzungen geregelt sind (z. B. Energielieferungs-, Fracht-, Speditions-, Lagervertrag);
- dem Gewohnheitsrecht entspringen (z. B. Sicherungsübereignungsvertrag).

Darüber hinaus gestattet es der Grundsatz der Vertragsfreiheit, gesetzliche Regelungen durch vertragliche zu ersetzen.

Zusammenfassung

Wichtige Vertragsarten des Wirtschaftslebens	
Werkvertrag	Herstellung eines Werkes (aus bereitgestellten Stoffen) gegen Entgelt
Mietvertrag	Nutzung einer Sache gegen Entgelt
Pachtvertrag	Nutzung eines Gegenstandes und „Genuss der Früchte" gegen Entgelt
Dienstvertrag	Erbringung eines Dienstes gegen Entgelt
Darlehensvertrag	Überlassung von Geld gegen Rückzahlung (Tilgung) und Verzinsung
Die vertraglichen Regelungen des Wirtschaftslebens weichen häufig von den gesetzlichen Regelungen ab.	

Aufgaben

1. Warum weichen die in der Praxis geschlossenen Verträge häufig von den Regelungen des BGB ab?
2. Welche Vertragsart liegt vor?
   a) Ein Architekt wird beauftragt einen Bauplan zu erstellen.
   b) Ein Schneider stellt einen Maßanzug her.
   c) Ein Kaufhaus bestellt 600 Anzüge bei einer Kleiderfabrik.
   d) Ein Kranbetrieb hilft bei der Installation einer Maschine.
   e) Die Nutzung leerer Geschäftsräume wird vereinbart.
   f) Ein Ehepaar mietet ein Einfamilienhaus mit Kirschgarten; die Kirschen darf es ernten.
   g) Eine Bank lässt 20 000 Scheckformulare drucken.
   h) Die Nutzung einer Fabrikhalle, die mit elektrischen Anschlüssen versehen ist, wie sie ein Gewerbebetrieb benötigt, wird vereinbart.
   i) Herr Meyer borgt sich von seinem Nachbarn einen Sack Rasendünger und verspricht, so schnell wie möglich einen Sack zurückzugeben.
   j) Ein Handelsvertreter nimmt bei seiner Bank einen Kredit auf, um seinen neuen Geschäftswagen bezahlen zu können.
   k) Tochter Mareike leiht sich bei ihrem Vater 10,00 € aus, um einen Discobesuch finanzieren zu können.
3. Nehmen Sie anhand eines Beispiels Stellung zu folgender Behauptung: „Die Rechte des einen Vertragspartners sind die Pflichten des anderen."

2.8 Regelungen zum Schutz der Verbraucher

2.8.1 Allgemeine Geschäftsbedingungen

Viele Betriebe nutzen den **Grundsatz der Vertragsfreiheit** und verfassen **Allgemeine Geschäftsbedingungen** (AGB):

Allgemeine Geschäftsbedingungen sind alle für eine Vielzahl von Verträgen vorformulierten Vertragsbedingungen, die eine Vertragspartei (Verwender) der anderen Vertragspartei bei Abschluss eines Vertrages stellt (§ 305 BGB).

Die AGB können **erarbeitet** werden von

- einem **Betrieb;**
- einem **Verband,** sodass sie für eine ganze Branche gelten (anmeldepflichtige Konditionskartelle, § 2 GWB).

Gegenstand der AGB sind z. B.

- Eigentumsvorbehalt,
- Gefahrenübergang,
- Erfüllungsort,
- Gerichtsstand,
- Sachmängelhaftung,
- Abtretungsverbote,
- Zahlungsbedingungen,
- Versand- und Verpackungskosten.

Wer im Geschäftsleben Allgemeine Geschäftsbedingungen verwendet, gibt damit seinen möglichen Geschäftspartnern bekannt, zu welchen Bedingungen er bereit ist Verträge abzuschließen.

Da es sich um Verträge handelt, gibt es in der Regel **zwei Verwender** (Beispiel: Kaufvertrag):

- den **Verkäufer:** Er verfügt über **Allgemeine Lieferungs- u. Zahlungsbedingungen.**
- den **Käufer:** Er legt seine **Einkaufsbedingungen** zugrunde.

Beide Vertragspartner sind bestrebt die Bedingungen für sich möglichst günstig zu gestalten, d. h. die **Risiken** möglichst umfassend auf den Vertragspartner **abzuwälzen.**

Schwächerer Vertragspartner ist häufig der **Verbraucher:** Als Laie ist er nicht in der Lage, das **„klein Gedruckte"** in den AGB zu verstehen. Oft ist ihm das **Vorhandensein** von AGB **unbekannt.**

Deshalb hat der Gesetzgeber eingegriffen:

AGB werden nur dann **Bestandteil eines Vertrages,** wenn der **Verwender bei Vertragsabschluss**

- den Verbraucher **ausdrücklich** auf sie **hinweist,**
- der **Verbraucher** die Möglichkeit hat, in zumutbarer Weise von ihrem Inhalt **Kenntnis zu nehmen,**
- der **Verbraucher** mit ihrer Geltung **einverstanden** ist.

Dabei ist zu beachten:

- Zweifel bei der Auslegung der AGB gehen zulasten des Verwenders (§ 305 c BGB).
- Vereinbarungen der Vertragspartner, die den AGB widersprechen, gelten.
- **Individuelle Vertragsabreden** haben Vorrang vor Allgemeinen Geschäftsbedingungen.

In Bezug auf den Verbraucher kennen die AGB

- **absolut verbotene Klauseln,**
- **„gefährliche" Klauseln.**

Absolut verbotene Klauseln werden kein Bestandteil des Vertrages oder sind nichtig („Klauselverbote ohne Wertungsmöglichkeit", § 309 BGB).

Absolut verboten sind z. B.:

- **Überraschende Klauseln:** Der Eigentümer eines Einfamilienhauses kauft eine Heizungsanlage; die AGB enthalten den automatischen Abschluss eines Wartungsvertrages. Diese Klausel ist **kein Bestandteil des Vertrages.**
- Preiserhöhungen innerhalb von vier Monaten nach Vertragsabschluss;
- Ausschluss des Leistungsverweigerungs- oder Zurückbehaltungsrechts;
- Vereinbarung einer Vertragsstrafe;
- Ausschluss des Rücktritts bei Verzug des Verwenders;
- Beschränkung der Gewährleistung auf Nachbesserung;
- Berechnung von Reparaturkosten innerhalb der Garantiezeit;
- Verkürzung der gesetzlichen Verjährungsfristen.

„Gefährliche" Klauseln sind grundsätzlich rechtswirksam; jedoch ist von Fall zu Fall zu prüfen, ob eine unangemessene Benachteiligung des Verbrauchers vorliegt oder nicht („Klauselverbote mit Wertungsmöglichkeit", § 308 BGB).

Zu den **„gefährlichen" Klauseln** zählen:

- unangemessen lange und unbestimmte Annahme- und Lieferfristen;
- unangemessen lange oder ungenau bestimmte Nachfrist;
- Rücktrittsvorbehalte des Vertragspartners;
- unangemessen hohe Nutzungsentschädigung bei Rücktritt oder Kündigung.

Da das Gesetz nicht alle denkbaren, für den Verbraucher nachteiligen Klauseln enthalten kann, gibt es eine **Generalklausel:**

Niemand darf durch Bestimmungen der AGB unangemessen benachteiligt werden; insbesondere ist dabei der Grundsatz von Treu und Glauben zu beachten (§ 307 BGB).

Wurde durch Gerichtsurteil die Unterlassung einer Klausel angeordnet, so ist sie für alle Geschäfte mit einem Verbraucher unwirksam **(Drittwirkung des Unterlassungsgebotes).**

Das AGB-Gesetz gilt nicht für Verträge von Verbrauchern, denen staatlich genehmigte Geschäftsbedingungen zugrunde liegen.

2.8.2 Schutz bei Verbraucherkrediten

Der Schutz des Verbrauchers als Darlehensnehmer ist in den §§ 491 – 506, 358 f. und 655 a – e BGB geregelt und umfasst folgende Fälle:

- Abschluss eines **Kreditvertrages** (z. B. Aufnahme eines Darlehens, Gewährung eines Zahlungsaufschubes, Abschluss eines Ratenkaufvertrages).
- Verträge, die eine wiederkehrende Leistung zum Inhalt haben (z. B. ein Zeitschriftenabonnement, die Mitgliedschaft in einem Buchclub).
- Kaufverträge, die die Lieferung einer Sache, verbunden mit einer Dienst- oder Werkleistung, zum Inhalt haben (z. B. ein Fernlehrkurs).
- Abschluss eines **Kreditvermittlungsvertrages.**
- Überziehungskredite.

Wird z. B. ein **Abzahlungsgeschäft** (Kauf auf Raten, Kauf gegen Teilzahlung) getätigt, so verlangt der Verbraucherschutz, dass

- der **Vertrag schriftlich** geschlossen wird und folgende **Pflichtangaben** enthalten muss: Barzahlungspreis, Teilzahlungspreis, effektiver Jahreszins, Anzahl, Höhe und Fälligkeit der Raten, Kosten einer eventuellen Versicherung (z. B. Kreditausfallversicherung, Lebensversicherung), Bezeichnung der zu stellenden Sicherheit (z. B. ein Eigentumsvorbehalt, verboten ist die Besicherung durch Wechsel oder Scheck).
- der Käufer (Kreditnehmer) **innerhalb von zwei Wochen** nach dem Vertragsschluss **schriftlich** ohne Angabe von Gründen und ohne Schadensersatzverpflichtung **widerrufen** kann;
- der Kreditnehmer über sein **Widerrufsrecht schriftlich belehrt** werden soll. Dies geschieht z. B. durch folgenden Passus im Vertrag:

Nur bei Ratengeschäften auszufüllen.

Die heute unterzeichnete Bestellung wird erst wirksam, wenn der Besteller sie nicht gegenüber dem

Verkaufsbüro	Ort	Straße

binnen einer Frist von einer Woche schriftlich widerruft.

Zur Wahrung der Frist genügt die rechtzeitige Absendung des Widerrufs. Der Besteller bestätigt, eine Kopie der Bestellung mit der Belehrung über sein Widerrufsrecht erhalten zu haben.

Ort	Tag/Unterschrift des Bestellers

Wird der Vertrag nicht schriftlich geschlossen oder fehlen Pflichtangaben, so ist der Vertrag nichtig. Fehlt die schriftliche Belehrung über das Widerrufsrecht, so kann der Kunde so lange widerrufen, solange er den Kaufpreis noch nicht voll bezahlt hat. Die Höhe der Verzugszinsen ist auf fünf Prozent über dem jeweils geltenden Basiszinssatz begrenzt.

2.8.3 Verbraucherschutz bei Haustür- und ähnlichen Geschäften (§ 312 und 312 a BGB)

Die Vorschriften über den Widerruf von Haustürgeschäften und ähnlichen Geschäften bestimmen, dass

- der Käufer einen bei diesen Gelegenheiten abgeschlossenen Vertrag **innerhalb von zwei Wochen widerrufen** kann;
- der Käufer **schriftlich über sein Widerrufsrecht belehrt** werden soll und dass er die Belehrung durch seine **Unterschrift bestätigen** soll. Fehlt die Belehrung und/oder die Unterschrift, so kann der Käufer bis zum Ablauf eines Monats nach der Erbringung der beiderseitigen Leistungen (Übergabe und Übereignung der Ware bzw. Annahme der Ware und Zahlung des Kaufpreises) widerrufen;

- der **Gerichtsstand sich nach dem Wohnort des Käufers** richtet.

Dem Kauf an der Haustür ist gleichzusetzen: Vertragsabschlüsse am Arbeitsplatz, in öffentlichen Verkehrsmitteln, auf der Straße und bei Freizeitveranstaltungen, auf Kaffeefahrten.

Ausnahmen:

- Es handelt sich um einen **Bagatellkauf** (Betrag bis 40,00 €).
- Der „Vertreter" wurde vom Kunden selbst bestellt.

Die **Zivilprozessordnung** bestimmt, dass sich der Gerichtsstand für den Verbraucher als Schuldner stets nach seinem Wohnort richtet (§ 29 Abs. 2 ZPO).

2.8.4 Verbraucherschutz bei Fernabsatzverträgen (§ 312 b – d BGB)

Die Vorschriften gelten für Verträge über die Lieferungen von Waren oder die Erbringung von Dienstleistungen, die zwischen einem Unternehmer und einem Verbraucher unter ausschließlicher Verwendung von **Fernkommunikationsmitteln** abgeschlossen werden.

Kernpunkt ist das Widerrufsrecht: Innerhalb von 14 Tagen können Versandgeschäfte ohne Angabe von Gründen vom Käufer rückgängig gemacht werden.

Diese Vorschriften schaffen für den Käufer Sicherheit und Transparenz. Kein Verbraucher weiß beim E-Commerce, ob die bestellte Ware tatsächlich die erwartete Qualität aufweist.

Die Vorschrift zielt besonders auf Bestellungen ab, die über das Internet und über E-Mails erfolgen (§ 312 e BGB).

Das Widerrufsrecht verlängert sich auf **vier Monate,** wenn der Verkäufer dem Online-Kunden wichtige Informationen wie die Allgemeinen Geschäftsbedingungen oder seinen Firmensitz verschweigt. Die Portokosten für die Rücksendung trägt der Verkäufer, wenn der Warenwert der Bestellung mindestens 40,00 € beträgt. Die Schutzvorschriften gelten **nicht** für Verträge über Fernunterricht, Finanzgeschäfte, Wertpapierdienstleistungen, für den Abschluss von Versicherungen und über die Lieferungen von Lebensmitteln und Getränken, die am Wohnsitz bzw. dem Arbeitsort ausgeliefert werden.

Aufgaben

1. Heinz Krahmer kauft bei Hahn & Klein eine Stereoanlage. Bei den Vertragsverhandlungen äußert er den Wunsch, die Anlage ins Haus geliefert zu bekommen. Der Verkäufer sagt dies zu. Bei der Auslieferung ereignet sich ein Verkehrsunfall, bei dem die Anlage zerstört wird. Hahn & Klein verweisen auf die allgemeinen Geschäftsbedingungen, die auf der Rückseite des Vertrags abgebildet seien. Darin legt der Lieferer fest, dass als Erfüllungsort der Einzelhandelsbetrieb gelte. Krahmer sei bereits Eigentümer und müsse bezahlen. Auf das „klein Gedruckte" müsse der Verkäufer nicht besonders hinweisen. Wie ist die Rechtslage?
2. Fred Klinger kauft sich einen neuen PC. Der Verkäufer verweist in seinen AGB darauf hin, dass Preiserhöhungen, die während der Lieferzeit auftreten, von Klinger getragen werden müssten. Bei Lieferung nach drei Monaten verlangt der Verkäufer statt der vereinbarten 1.200,00 € nun 1.450,00 € und begründet dies mit dem Hinweis auf die AGB.

3. Manfred Elinger kauft sich ein neues Motorrad. In den AGB werden die Rechte aus mangelhafter Lieferung auf eine Nachbesserung beschränkt. Nach Lieferung tritt immer wieder ein Schaden an der Vergaseranlage auf, der in mehreren kostenlosen Reparaturen nicht beseitigt werden kann. Wie ist die Rechtslage?
4. Manfred Wenteler kauft einen neuen Pkw. Während der Garantiezeit tritt ein Schaden an der Bremsanlage auf. Der Pkw-Händler ersetzt die schadhaften Teile kostenlos, berechnet aber 125,00 € für die Arbeitszeit, die für die Reparatur erforderlich war. Darf dies der Händler?
5. Der Eigentümer eines Einfamilienhauses erwirbt eine Heizanlage; die AGB enthalten den automatischen Abschluss eines Wartungsvertrages. Ist dieser gültig?
6. Für die Versorgung einer Familienfete im Freien bestellt Georg Schloten bei einer Cateringfirma ein Buffet der Spitzenklasse und Getränke im Gesamtwert von 2.500,00 €. Der Catering-Betrieb verlangt für den Fall, dass die Feier wegen Schlechtwetter ausfällt, eine Vertragsstrafe in Höhe von 4.000,00 €. Ist dies möglich?
7. Walter Schmitt erwirbt einen Elektrogrill. Nach einem Schaden, den er nicht zu vertreten hat, möchte er das Gerät umtauschen. Der Verkäufer verweist auf seine AGB. Schmitt lehnt deren Gültigkeit ab, da sie vom Händler und nicht von einem Verband ausformuliert und auch nicht beim Bundeskartellamt registriert seien. Hat er Recht?
8. Der leidenschaftliche Kneipenbesucher Ewald Florau bezieht zum 1. April eine neue Wohnung. Für seine gute Stube bestellt er schon lange vorher eine Theke aus afrikanischem Kirschholz. Am 1. April ist die Theke noch nicht eingebaut. Der Schreiner beruft sich auf lange Lieferfristen seines Holzhändlers und sagt den Einbau zum 1. August zu. Im Übrigen verweist er auf seine AGB, die Florau akzeptiert habe und die Nachfristen von sechs Monaten zuließen. Wer hat Recht?
9. Der Hobbybastler Taps kauft eine Schleifmaschine zum Preis von 60,00 €. Diese tut zwei Monate ihren Dienst, dann tritt ein Konstruktionsfehler zutage. Taps tritt vom Vertrag zurück. Der Händler verlangt mit einem Hinweis auf seine AGB eine Nutzungsentschädigung von 40,00 €. Kann er dies?
10. Reinhard Glotzer erwirbt einen neuen Fernseher Marke „Planatron“. Die AGB sehen vor, dass Verpackung und Versand zulasten des Käufers gehen. Mündlich wird Glotzer allerdings zugesagt, dass die Auslieferung kostenlos erfolgen solle, da das Lieferfahrzeug an diesem Tag sich ohnehin in der Wohngegend Glotzers aufhielte. Nach Lieferung stellt ihm der Händler für die Auslieferung 60,00 € in Rechnung. Was gilt?
11. Luftig möchte mit seiner neuen Flamme Urlaub auf den Malediven machen. Er vereinbart mit dem Reisebüro, dass er vom Gesamtpreis für Flug und Vollpension in Höhe von 2.400,00 € eine Anzahlung in Höhe von 1.000,00 €, Fälligkeit sofort, leistet. Einschließlich 12 % Zinsen und einer Bearbeitungsgebühr von 100,00 € müsse er anschließend zwölfmal monatlich 150,00 € tilgen. Luftig ist einverstanden und schließt ab. Seine Mutter meint allerdings, der Vertrag sei nichtig, mit der Begründung, es würden Pflichtangaben fehlen. Hat sie Recht?
12. Der 17-jährige Ralf kauft sich eine Stereoanlage und vereinbart Monatsraten von 40,00 €. Dies könne er locker aus seinem Taschengeld bezahlen. Gilt der Vertrag?
13. Kaum 18 Jahre alt geworden, schließt er mündlich den gleichen Vertrag ab. Gilt er jetzt?
14. Die 28-jährige Hausfrau erfüllt sich einen Lebenstraum. Sie kauft sich ein Klavier und vereinbart in Schriftform Ratenzahlung. Noch am gleichen Tag widerruft sie nach einem heftigen Streit mit ihrem Ehemann telefonisch. Wie ist die Rechtslage?
15. Was gilt, wenn der Widerruf schriftlich nach zwei Wochen erfolgt?
16. Sie widerruft nach drei Tagen schriftlich ohne Angaben von Gründen. Ist der Widerruf gültig?
17. Die 16-jährige Anita tritt einem Buchclub bei, schon nach drei Wochen bereut sie den Beitritt. Kann sie noch zurücktreten?
18. Der 19-jährige Gerhard abonniert die Sportzeitschrift „Klopfer“. Nach drei Tagen widerruft er schriftlich. Ist dies möglich?
19. Die Hausfrau Marion Hain kauft bei einer Kaffeefahrt Bettdecken im Wert von 1.250,00 €. Wieder zu Hause bereut sie den Kauf. Kann sie zurücktreten?

20. Marion bestellt zu Hause Besen u. Ä. im Wert von 32,50 € vom Blindenhilfswerk. Am Abend regt sich der Ehemann fürchterlich auf. Kann sie jetzt noch widerrufen?
21. Schon zwei Tage später kauft sie von einem „Vertreter" zu Hause einen Staubsauger. Der Verkäufer klärt sie nicht über ihr Widerrufsrecht auf. Ihrem Mann verschweigt sie wegen der vorausgegangenen Auseinandersetzung den Kauf. Nach drei Wochen erhält sie die Auftragsbestätigung. Der Ehemann meint, sie könne noch von ihrem Rücktrittsrecht Gebrauch machen. Stimmt dies?

2.8.5 Produkthaftungsgesetz

Auch im **Produkthaftungsgesetz** finden sich Vorschriften zum Schutze des Verbrauchers: Bei Gewährleistung, Garantie und Kulanz geht es um einen **Schaden (Fehler) am gekauften Produkt.** Ein ganz anderes Problem liegt vor, wenn es um einen **Folgeschaden** geht:

Verursacht ein Fehler an einer Sache einen Schaden an einer anderen Sache oder einer Person, so liegt ein Folgeschaden vor.

Beispiele:
- *Einem Mann bricht die Zahnprothese, als er in ein Wurstbrot beißt. In der Wurst, die aus einer Konserve stammte, befand sich ein Schweinezahn.*
- *Jemand schließt einen CD-Player falsch an das Stromnetz an. Dadurch steht das Gehäuse unter Strom, er erhält einen Stromschlag und muss wegen des erlittenen Schocks ins Krankenhaus eingeliefert werden. Da die Bedienungsanleitung missverständlich war, hatte er die Anschlüsse vertauscht.*

Ein **Folgeschaden** kann also bestehen in

- der **Schädigung einer Sache** (Bruch der Zahnprothese) oder
- der **Körperverletzung oder Tötung einer Person** (Krankenhausaufenthalt wegen des Schocks).

Es ist eine Frage der **Produkt- oder Produzentenhaftung,** ob der Hersteller der Wurstkonserve bzw. des CD-Players **Schadensersatz** leisten muss oder nicht.

Unter Produkt- oder Produzentenhaftung versteht man die Haftung des Herstellers für Folgeschäden aus dem Gebrauch oder Verbrauch eines Produkts, wenn die Schädigung durch einen Produktfehler verursacht wurde.

Der **Fehler** kann ein

- **Konstruktionsfehler** (z. B.: Das Gehäuse einer Waschmaschine steht unter Strom.);
- **Fabrikationsfehler** (z. B.: Bei einer Serie Autoreifen misslingt das 100%ige Verschweißen von Karkasse und Decke.);
- **Instruktionsfehler** (z. B. eine missverständliche Bedienungsanleitung) sein.

Nach dem Produkthaftungsgesetz gibt es **weitere Ausnahmen** von der verschuldensunabhängigen Haftung: Der Hersteller haftet nicht, wenn

- das Produkt zum Zeitpunkt der Markteinführung zwingenden Rechtsvorschriften entsprach;
- der Fehler bei Markteinführung noch nicht vorhanden war;
- es sich um unverarbeitete Naturprodukte der Landwirtschaft und Jägerei handelt.

Da das Produkthaftungsgesetz auf einer EU-Richtlinie beruht, haftet jeder **Hersteller mit Sitz in einem EU-Land.** Hersteller im Sinne des Gesetzes sind darüber hinaus

- **Importeure,** die die Ware aus Drittländern (das sind Länder, die nicht der EU angehören) eingeführt haben;
- **Handelsunternehmen** (Groß- und Einzelhändler), die ihren **Markennamen** auf das Produkt aufgebracht haben;
- **Einzelhändler,** die dem Kunden nicht innerhalb von vier Wochen mitteilen, wer Hersteller bzw. Importeur des Produkts ist.

Der Verbraucher ist bei der Durchsetzung seines Schadensersatzanspruchs an **Fristen** gebunden:

- Das fehlerhafte Produkt darf nicht älter als 10 Jahre sein.
- Zwischen dem Schadensereignis und der Geltendmachung des Schadens dürfen nicht mehr als drei Jahre liegen.

Für die **Höhe des Schadenersatzes** gelten folgende Regelungen:

- Einen **Sachschaden,** der 500,00 € nicht übersteigt, muss der Verbraucher allein tragen **(Selbstbehalt).** Ab 500,00 € haftet der Hersteller ohne Rücksicht auf die Schadenshöhe: Es gibt bei Sachschäden **keine Haftungsbeschränkung (Obergrenze).**
- Bei einem **Personenschaden** haftet der Hersteller bis zu einer **Haftungsobergrenze** von 85 Millionen €, bei Arzneimitteln bis 120 Millionen €. Diese Regelung gilt auch für Produkte, die beruflich genutzt werden.
- Der Schadensersatz erstreckt sich **nicht auf Schmerzensgeld.**

Wer als geschädigter Verbraucher dem Hersteller (mit Sitz in der Bundesrepublik Deutschland) ein **Verschulden nachweist,** kann nach der **Rechtsprechung** (Gerichtsurteile)

- bei Personen- und Sachschäden Schadensersatz in unbegrenzter Höhe,
- bei Personenschäden auch Schmerzensgeld verlangen.

Die Produzentenhaftung kann der Hersteller nicht durch seine Allgemeinen Geschäftsbedingungen ausschließen.

Zusammenfassung

Der Hersteller eines fehlerhaften Produktes haftet	
nach der Rechtsprechung	aufgrund des Produkthaftungsgesetzes
nur, wenn er den Fehler verschuldet hat (verschuldungsabhängige Haftung);	stets, auch wenn er den Fehler nicht verschuldet hat (verschuldungsunabhängige Haftung);
nur, wenn eine Serie von Produkten Fehler aufweist, jedoch nie für Ausreißer;	stets, auch für Ausreißer;
nie für Fehler, die dem Entwicklungsrisiko zuzurechnen sind. (Ausnahme: Haftung der Arzneimittelhersteller nach dem Arzneimittelgesetz)	

Aufgaben

1. Käthe Schreier erwirbt einen sehr modischen Nicki, Farbe: Rot. Die an einer Innennaht angebrachten Etiketten zeigen an, dass der Pulli waschmaschinenfest und farbecht sei. Auf die Nachfrage Käthes bei einer Verkäuferin wird dies nochmals bestätigt. Nach der ersten Wäsche stellt sie fest, dass alle übrigen Wäschestücke rot eingefärbt sind. Auf ihre Reklamation hin macht die Verkäuferin geltend:
   a) Neue Pullis müssten auch bei einer derartigen Auszeichnung zum ersten Mal mit der Hand gewaschen werden.
   b) Außerdem leiste ihr Betrieb nur Schadensersatz für von ihm selbst gelieferte Produkte. Die übrigen in der Waschmaschine sich befindlichen Textilien gingen ihn folglich auch nichts an.
   c) Bei dem gekauften Pulli handele es sich um einen „Ausreißer", der in der Endfertigung nicht mit Appretur behandelt worden sei. Nach BGB und HGB käme somit eine Haftung nicht in Betracht.
   d) In den gültigen AGB wäre die Haftung sowieso ausgeschlossen.
   e) Der Schaden beträgt insgesamt 425,00 €.

   Wie ist die Rechtslage?
2. Otto Platte nimmt ein kreislaufstabilisierendes Präparat ein. Auf dem Beipackzettel wird auf Nebenwirkungen wie Haarausfall hingewiesen. Als Platte tatsächlich die Haare ausfallen, verlangt er Schadensersatz, zumindest aber den Kaufpreis für drei füllige Toupets in Höhe von 1.350,00 €. Ist seine Forderung berechtigt?
3. Edi Wenteler kauft bei einem Landwirt und privat engagierten Jäger Hirschlende. Zu Hause weigert sich Margarete – seine Ehefrau – das Fleisch zu essen. Sie hätte Angst vor BSE. Edi verweist auf das Produkthaftungsgesetz, mit dem Hinweis, dass bei Personenschäden die Haftungsobergrenze 85 Millionen € betrüge. Haftet der Landwirt?
4. Ewald Bachmeier erwirbt ein in Japan produziertes CD-Gerät. Aufgrund eines Konstruktionsfehlers stehen Teile des Gerätes unter Strom. In seiner Abwesenheit bricht deshalb Feuer aus. Der Schaden beträgt 80.000,00 €. Der Importeuer verneint Haftungsansprüche. Seine Begründung: Das Produkthaftungsgesetz beruhe auf einer EU-Richtlinie und Japan sei nun einmal nicht Mitglied in der EU. Was gilt?
5. Bachmeier schon wieder im Pech: Bei Tempo 160 km/h zerreißt es ihm einen Reifen. Der Wagen erleidet einen Totalschaden, zwei weitere Fahrzeuge werden in den Unfall verwickelt. Der Sachschaden beträgt insgesamt 70.000,00 €. Die Polizei stellt fest, dass die Schadenursache ein Autoreifen Bachmeiers war, bei dem Karkasse und Decke nicht fest verschweißt waren. Wer haftet für den Sachschaden?
6. Bei seiner sonntäglichen Wanderung erwirbt Sonny Lächler bei einem Gastwirt eine Dose Bratwurstgehäck. Wieder zu Hause probiert er sogleich den Doseninhalt. Dabei beißt er auf einen Schweinezahn, seine Zahnprothese zerbricht. Eine neue Prothese kostet 2.000,00 €. Nach vier Jahren erklärt ihm ein juristisch vorgebildeter Student, dass der Gastwirt nach dem Produkthaftungsgesetz haftet. Nach Abzug des Selbstbehalts könne er 1.737,00 € vom Gastwirt fordern. Hat der Student Recht?
7. Edi Wenteler bestellt zu Hause im Internet eine Ausgabe von 10 CDs mit aktueller Rock- und Bluesmusik. Am folgenden Tag merkt er, dass er falsche Artikelnummern eingegeben und damit klassische Musik geordert hat. Was können Sie ihm raten?

2.8.6 Preisauszeichnungspflicht

Das Preisgesetz und die Preisauszeichnungsverordnung verpflichten Betriebe, die

- dem Letztverbraucher Waren oder Leistungen **anbieten** oder
- den Letztverbraucher mit dem **Ziel der Vertragsanbahnung umwerben,**

zur Angabe von Preisen. Die Preisauszeichnungspflicht umfasst:

- die Angabe von **Bruttopreisen,** also einschließlich der Mehrwertsteuer,
- die Angabe von **Verkaufs- oder Leistungseinheiten,**
- **Gütebezeichnungen.**

Mit der Verpflichtung zur Endpreisangabe soll verhindert werden, dass der Verbraucher seine Preisvorstellungen anhand untereinander nicht vergleichbarer Preise, Einzelpreise, Teilpreise oder Preisbeispiele bilden muss. So sind

- **pauschalierte Versandkosten** in den Endpreis einzubeziehen, wenn sie unabhängig von Mengen oder Gewichten erhoben werden,
- **Zusätze „+ Mehrwertsteuer“** unzulässig, wenn der Verbraucher zu einer unzutreffenden Vorstellung über den Warenendpreis gelangt,
- Angebote unzulässig, wenn der Gesamtpreis mit einer **Prozentangabe** berechnet werden muss,
- **Kopplungen** von Dienstleistungen und Waren in einer Anzeige nur zulässig, wenn der Gesamtpreis beider Leistungen genannt wird.

Die Preisangabenverordnung unterscheidet ausdrücklich zwischen einem **„Angebot“** und **„bloßer Werbung“:**

- **Schriftliche Angebote** unterliegen immer der Preisauszeichnungspflicht.
- Bei der **Werbung** in Zeitungen, Zeitschriften, Prospekten, auf Plakaten, im Rundfunk oder Fernsehen steht es dem Werbetreibenden frei, den Preis anzugeben. Tut er dies, so gilt die Preisauszeichnungsverordnung.
- In **mündlichen Angeboten** besteht keine Pflicht zur Preisangabe. Werden Preise genannt, müssen diese der Preisauszeichnungsverordnung entsprechen.
- Hersteller und Importeure dürfen mit **unverbindlichen Preisempfehlungen** werben.

Die Preisauszeichnungspflicht gilt auch für handwerkliche Einzelhandelsbetriebe (Bäckereien, Metzgereien), Dienstleistungsbetriebe (Frisöre, Schuster), Hotels, Tankstellen, Gaststätten und Kreditinstitute. Eine Ausnahme macht die Preisauszeichnungsverordnung in den Tarifen für Gas, Wasser, Fernwärme und Elektrizität. Hier ist es möglich, Preise zu nennen, die die Mehrwertsteuer nicht enthalten.

Innerhalb der EU muss neben dem Verkaufspreis der „Grundpreis“ einer Ware bzw. der „Preis je Maßeinheit“ angegeben werden.

„Grundpreis“ bzw. „Preis je Maßeinheit“ ist der Endpreis einschließlich der Mehrwertsteuer für ein Kilogramm, einen Liter, einen Meter oder eine andere Mengeneinheit, die für das betreffende Erzeugnis allgemein verwendet wird und üblich ist. Dies trägt der Tatsache Rechnung, dass bestimmte Produkte in anderen Maßeinheiten (z. B. 375 g) als ein Kilogramm, ein Liter usw. verkauft werden. Der Grundpreis ist **in unmittelbarer Nähe** des Verkaufspreises aufzuführen.

Bei Waren, deren Nenngewicht üblicherweise **250 Gramm** oder Milliliter nicht übersteigt, dürfen als Mengeneinheit für den Grundpreis **100 Gramm** bzw. 100 Milliliter verwendet werden. Darunter fallen besonders

- Lebensmittel,
- Wasch- und Reinigungsmittel,
- Kosmetikartikel.

Von der Verpflichtung, den Grundpreis anzugeben, sind **Getränke** ausgenommen, soweit diese üblicherweise z. B. in 0,7-Liter-Flaschen angeboten werden. Für Katalog-Anbieter und Internet-Anbieter gilt, dass die Angabe des Grundpreises direkt neben der abgebildeten Ware vorzunehmen ist. Alternativ dazu sind besondere Preislisten anzubieten.

Aufgaben

1. Josef Brösel feiert im Gasthaus „Zum blauen Affen" Geburtstag. Für seine Gesellschaft wurde pro Menü ein Preis von 40,00 € vereinbart. Nach dem Fest berechnet ihm der Wirt einschließlich 16 % MWSt und 14 % Bedienungsgeld 52,00 € pro Menü. Was muss Brösel zahlen?
2. Sonny Lächler wird im Gasthaus Rindslende zu 6,00 € angeboten. Lächler bestellt, der Wirt berechnet 12,00 € pro kg. Was ist zu bezahlen?
3. Brösel möchte seine Wohnung renovieren. Der Farbenhändler bietet 8-Kilo-Packungen Farbe an. Der Preis beträgt 315,00 € %-Kilo. Ist die Preisangabe so in Ordnung?
4. In einem regionalen Fernsehspot wirbt ein Möbelhändler für eine Polstergarnitur „der Extraklasse" ohne Nennung von Preisen. Verstößt er gegen die Preisauszeichnungsverordnung?
5. Robert Flegel bietet in seinem Verkaufsprospekt Mountainbikes zum Preis von 325,00 € („unverbindliche Preisempfehlung") an. R. Treter möchte kurze Zeit später eines erwerben. Flegel verlangt jetzt 425,00 € für das gleiche Rad. Kann er dies?
6. Manfred Schleicher bekommt über seine Firma einen Einkaufsausweis für den Großhandelsbetrieb „Der graue Markt". Von der Gelegenheit, billig einkaufen zu können, macht Schleicher sehr gern Gebrauch. Nach der Lieferung stellt ihm der Händler die ausgezeichneten Preise plus 16 % MWSt in Rechnung. Schleicher meint, der Großhändler verstoße gegen die Preisauszeichnungsverordnung. Hat er Recht?
7. Der Kneipenwirt Bello Schmidt hängt vor seiner Eingangstür eine Tafel auf, die er täglich mit dem jeweiligen Angebot (z. B. „Goldbarsch mit Salatteller") beschriftet. Ist dies so in Ordnung?
8. Wenteler geht nach längerer Zeit mal wieder zum Frisör. Er bestellt „Runderneuerung": Haare waschen, schneiden, rasieren. Vorher verlangt er eine Preisliste. Darf er das?
9. Willy Winzig möchte sich ein Haus bauen. Deshalb erkundigt er sich bei den Städtischen Werken über die Tarife für Gas, Wasser, Fernwärme und Elektrizität. Er erhält eine Preisliste. Erst durch Zufall erfährt er, dass alle Preise die MWSt nicht enthalten. Verstoßen die Städtischen Werke gegen die Preisauszeichnungsverordnung?
10. Werner Burkhard fährt mit seinem Pkw auf der Autobahn zwischen Leipzig und Berlin. Da sein Benzinvorrat zur Neige geht, möchte er tanken. Dabei fällt ihm auf, dass er die Preise auf der Autobahn noch nicht einsehen kann, er erfährt sie erst nach der Einfahrt in die Tankstelle. Wird der Preisauszeichnungsverordnung entsprochen?

Zusammenfassung

Allgemeine Geschäftsbedingungen und Verbraucherschutz

Vertragsabschluss

- Die AGB müssen ausdrücklich vereinbart werden.
- Vereinbarungen der Vertragspartner haben Vorrang vor den AGB.

Inhalt

absolut verbotene Klauseln (stets nichtig)
z. B.
- überraschende Klauseln
- Vertragsstrafen
- nur Nachbesserung

„gefährliche" Klauseln (können im Einzelfall nichtig sein)
- unangemessene Nachfrist
- unangemessene Lieferzeit

→ keine unangemessene Benachteiligung des Verbrauchers

sonstige Klauseln

→ Auslegung anhand der Generalklausel („Treu und Glauben")

→
- Zweifel bei der Auslegung zulasten des Verwenders
- Drittwirkung des Unterlassungsgebotes

Verbraucherschutz

- **Verbraucherkredit:**
  - Schriftform mit Pflichtangaben
  - Widerrufsrecht (schriftliche Belehrung!)
  - Höhe der Zinsen begrenzt
- **Haustürgeschäft:**
  - Schriftform
  - Widerrufsrecht (schriftliche Belehrung!)
- **Preisauszeichnung:**
  - Die Preisauszeichnungspflicht umfasst die Bruttopreise (Endverkaufspreise), Verkaufs- und Leistungseinheiten sowie die Gütebezeichnungen.
  - Der Hersteller darf mit seiner unverbindlichen Preisempfehlung werben.
  - Es müssen Preisverzeichnisse aushängen.
- **Fernabsatz:**
  - Für Bestellungen über Internet bzw. E-Mail gilt ein Widerrufsrecht innerhalb von 14 Tagen.

Produkt- bzw. Produzentenhaftung

Rechtsprechung
→ verschuldensabhängige Haftung
- Haftung für Sach- und Personenschäden unbegrenzt
- Schmerzensgeld
- gilt innerhalb der Bundesrepublik Deutschland

Produkthaftungsgesetz
→ verschuldensunabhängige Haftung
- Haftung für Sachschäden erst ab 500,00 €
- Haftungsobergrenze bei Personenschäden
- kein Schmerzensgeld
- gilt innerhalb der EU

keine Haftung bei Fehlern aufgrund des Entwicklungsrisikos (Ausnahme: Arzneimittel)

2.9 Zahlungsverkehr

2.9.1 Zahlungsmittel

Der Zahlungsverkehr wird durch folgende **Zahlungsmittel** (Geldarten) abgewickelt:

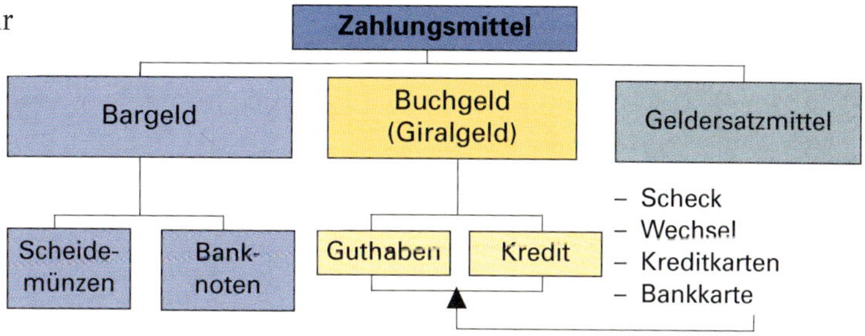

- **Bargeld:** Als **gesetzliche Zahlungsmittel** gelten **Banknoten,** die in jeder Höhe, und **Münzen,** die von privaten Gläubigern nur in begrenztem Umfang angenommen werden müssen.

In der Bundesrepublik Deutschland wird der größte Teil des Zahlungsverkehrs nicht mit Bargeld, sondern mit **Geldersatzmitteln bargeldlos** abgewickelt:

- **Buch- oder Giralgeld:** Über **täglich fällige Sichteinlagen** bei den Kreditinstituten kann der Kontoinhaber durch Scheck oder durch **Überweisung** verfügen. Diese bargeldlose Art des Zahlungsverkehrs nehmen besonders gern die Betriebe untereinander, aber auch Privatleute mit ihren Lohn- und Gehaltskonten in Anspruch. Buchgeld entsteht durch Bargeldeinzahlungen oder durch Einräumung von Kredit seitens der Bank. Da das Buchgeld bei den Banken lediglich auf den Speichermedien von Datenverarbeitungsanlagen aufgezeichnet ist, verwendet man zuweilen auch den Ausdruck Computergeld.
- Weitere **Geldersatzmittel:** Zur Begleichung von Rechnungen können auch **Schecks** und **Wechsel** verwendet werden. Bargeldloser Zahlungsausgleich ist auch durch **Kreditkarten** möglich. Die direkte Abbuchung von Beträgen durch elektronische Kassensysteme z. B. im Einzelhandel unter Verwendung der **Bankkarte (POS- Banking),** die Verfügung im Internet, das Telefonbanking und das Handybanking stellen die neuesten Entwicklungen bei der bargeldlosen Zahlung dar.

Innerhalb des bargeldlosen Zahlungsverkehrs geht die Tendenz eindeutig zum beleglosen Zahlungsverkehr.

2.9.2 Zahlungsarten

Einem Schuldner, der seine Verbindlichkeiten begleichen will, stehen folgende **Zahlungsarten** zur Verfügung:

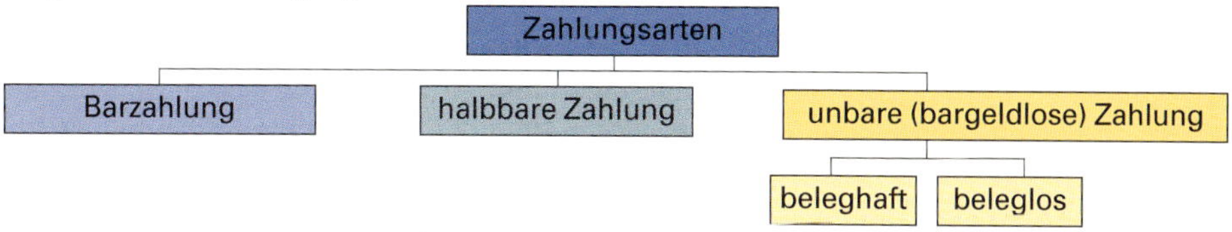

- Bei **Barzahlung** zahlt der Schuldner mit Bargeld, der Gläubiger erhält Bargeld.
- Bei der **halbbaren Zahlung** zahlt der Schuldner bar auf ein Konto des Gläubigers ein bzw. der Schuldner lässt von seinem Konto abbuchen, der Gläubiger erhält Bargeld.
- Bei der **bargeldlosen Zahlung** wird das Konto des Schuldners belastet, auf dem Konto des Gläubigers erfolgt eine Gutschrift. Hier wird nur Buchgeld bewegt.
- Der bargeldlose Zahlungsverkehr ist **beleghaft,** wenn z. B. ein bei der Y-Bank in Kiel eingereichter Scheck mit der Post zur Z-Bank in Annaberg geschickt wird, wo er dem Konto des Ausstellers belastet wird.
- Verbleibt der Scheck dagegen bei der Y-Bank in Kiel und erfolgt die Belastung der Z-Bank ausschließlich auf elektronischem Weg (z. B. durch Datenträgeraustausch), so liegt ein **belegloser Zahlungsverkehr** vor.

2.9.3 Die Barzahlung

Bei der Barzahlung übergibt der Schuldner dem Gläubiger Bargeld.

Der Schuldner kann die Zahlung **persönlich** vornehmen oder sich eines **Boten** als Bevollmächtigten (Angestellter, Geschäftsfreund, Vertreter) bedienen. Der Gläubiger erstellt dem Schuldner eine **Quittung** als Beleg und Beweisurkunde; im Einzelhandel besteht die Quittung im Kassenbon.

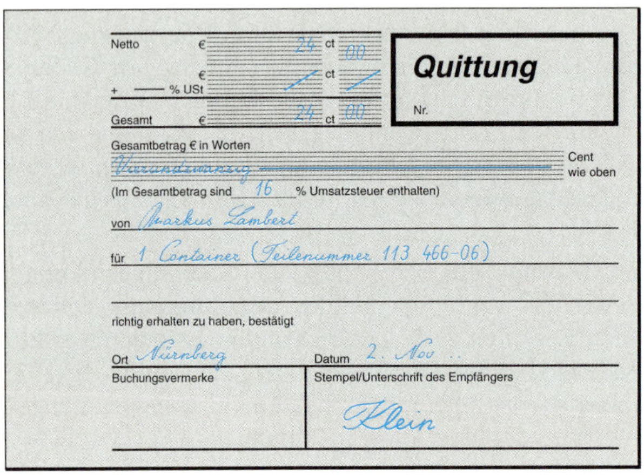
Quittung Nr.

Netto € 24 ct 00
+ —— % USt € — ct —
Gesamt € 24 ct 00

Gesamtbetrag € in Worten Vierundzwanzig Cent wie oben
(Im Gesamtbetrag sind 16 % Umsatzsteuer enthalten)
von Markus Lambert
für 1 Container (Teilenummer 113 466-06)

richtig erhalten zu haben, bestätigt
Ort Nürnberg Datum 2. Nov ..
Buchungsvermerke
Stempel/Unterschrift des Empfängers Klein

Der Schuldner kann Geldbeträge auch mit der Hilfe der Post übermitteln.

Eine unverzügliche Zustellung von Geld ist durch den Expressbrief der Deutschen Post Express GmbH möglich.

Beim Versenden von Bargeld im **Post-Expressbrief** ist zu beachten, dass Bargeld nur bis maximal 500,00 € versichert ist.

Sicherer ist die Übermittlung von Bargeld im **Minutenservice** der Postbank. Der Schuldner zahlt das Geld am Postbankschalter bar ein und informiert den Gläubiger über die Einzahlung und die zugeteilte Auftragsnummer. Der Gläubiger bekommt dann nach Angabe der Auftragsnummer, des Vor- und Nachnamens des Auftraggebers sowie Vorlage eines gültigen Ausweises das Geld am Postbankschalter bar ausbezahlt.

Die Barzahlung wird im Wirtschaftsleben vermieden, da sie umständlich, langsam, unsicher und teuer ist. Sie kommt hauptsächlich beim Kauf von Konsumgütern im Einzelhandel vor. Industrie- und Großhandelsbetriebe zahlen u. a. die Hausfracht, Vorschüsse und Spesen bar aus.

Zusammenfassung

Zahlungsmittel

Barzahlung ↓ | Buchgeld | Geldersatzmittel

Zahlungsart

Barzahlung ↓ | halbbare Zahlung | bargeldlose Zahlung

Formen der Barzahlung	
unmittelbare Zahlung gegen Quittung	mithilfe der Deutschen Post AG
– persönlich – durch Boten	– Expressbrief – Minutenservice

Aufgaben

1. Erklären Sie die Zahlungsarten.
2. Nennen Sie die Arten der Barzahlung.
3. Überlegen Sie: Warum sollte man bei jeder Barzahlung auf einer Quittung bestehen?
4. Wie kann man den Briefdienst der Deutschen Post AG bei der Barzahlung einsetzen?
5. In welchen Branchen ist die Barzahlung von Bedeutung, in welchen ist sie bedeutungslos? Begründen Sie Ihre Antwort.
6. Nennen Sie die Zahlungsmittel.
7. Welche Tendenz ist bei der Verwendung der Zahlungsmittel – auch bei Privatpersonen – erkennbar?

2.9.4 Die halbbare Zahlung

Bei der halbbaren Zahlung verfügt entweder der Schuldner oder der Gläubiger über ein Konto bei einer Geschäftsbank oder der Postbank.

Bei der halbbaren Zahlung muss man zwei Fälle unterscheiden:

halbbare Zahlung

Der Einzahler (Schuldner) hat kein Konto, der Zahlungsempfänger (Gläubiger) hat ein Konto: – Zahlschein – Überweisung/Zahlschein – Nachnahme	Der Schuldner hat ein Konto, der Zahlungsempfänger hat kein Konto bzw. der Schuldner kennt die Bankverbindung des Gläubigers nicht: – Barscheck (nur Kreditinstitut) – Minutenservice

2.9.4.1 Das Konto

Als **geeignete Konten** kommen jeweils in Betracht:

- **Kontokorrentkonto** (§ 355 HGB): Es weist Sichteinlagen (und kurzfristige Kredite) aus, wird kreditorisch (auf Guthabenbasis) oder debitorisch (auf Kreditbasis, Kontoüberziehung) geführt; Guthaben und Kredite sind täglich fällig.
- **Gehaltskonto:** Es ist ein Konto für Arbeitnehmer, auf dem die monatlichen Arbeitsentgelte (Lohn, Gehalt, Bezüge) eingehen. Es gelten besondere Geschäftsbedingungen. Es wird wie ein Kontokorrentkonto geführt.
- **Girokonto:** Es wird nur kreditorisch geführt. Girokonten gibt es bei
  - den Landeszentralbanken.
  - der Postbank (kurzfristige Überziehungen möglich, entgeltpflichtig). Diese Konten heißen Postbankkonten.
  - Kreditinstituten, wenn die Möglichkeit einer Kontoüberziehung nicht vereinbart worden ist (z. B. bei beschränkt Geschäftsfähigen, die über kein eigenes Einkommen verfügen).

2.9.4.2 Zahlschein und Barscheck

Mithilfe des Zahlscheins kann bezahlt werden, wenn der Zahlungsempfänger ein Konto hat.

Der **Zahlschein** ist in Aussehen und Aufbau bei allen Geschäftsbanken und der Postbank vollkommen gleich: Er besteht aus der Gutschriftsanzeige, der Einzahlerquittung und dem Überweisungsauftrag.

Als **kombinierter Beleg Überweisung/Zahlschein** wird in der Praxis besonders häufig verwendet:

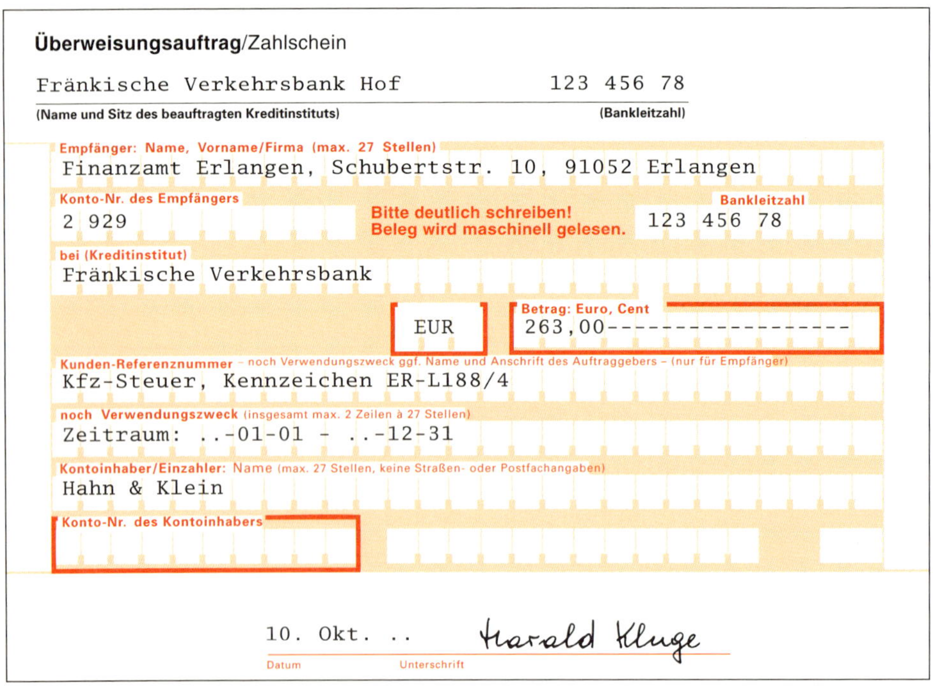
Überweisungsauftrag/Zahlschein

Fränkische Verkehrsbank Hof 123 456 78

(Name und Sitz des beauftragten Kreditinstituts) (Bankleitzahl)

Empfänger: Name, Vorname/Firma (max. 27 Stellen)
Finanzamt Erlangen, Schubertstr. 10, 91052 Erlangen

Konto-Nr. des Empfängers: 2 929

Bitte deutlich schreiben! Beleg wird maschinell gelesen.

Bankleitzahl: 123 456 78

bei (Kreditinstitut): Fränkische Verkehrsbank

EUR

Betrag: Euro, Cent: 263,00-----------------

Kunden-Referenznummer – noch Verwendungszweck ggf. Name und Anschrift des Auftraggebers – (nur für Empfänger)
Kfz-Steuer, Kennzeichen ER-L188/4

noch Verwendungszweck (insgesamt max. 2 Zeilen à 27 Stellen)
Zeitraum: ..-01-01 - ..-12-31

Kontoinhaber/Einzahler: Name (max. 27 Stellen, keine Straßen- oder Postfachangaben)
Hahn & Klein

Konto-Nr. des Kontoinhabers

10. Okt. .. Harald Kluge

Datum Unterschrift

Die Gebührenregelungen für Einzahlungen mithilfe des Zahlscheines sind bei den einzelnen Geschäftsbanken und der Postbank unterschiedlich.

Mithilfe des Barschecks kann bezahlt werden, wenn der Zahlungsempfänger kein Konto hat.

Bei der Bezahlung mit Barscheck verfügt der Schuldner über sein Guthaben zugunsten des Gläubigers, der den angewiesenen Betrag von der bezogenen Geschäftsbank bar erhält. Natürlich kann der Gläubiger einen Barscheck auch auf seinem Konto gutschreiben lassen; dann handelt es sich allerdings um eine Form der bargeldlosen Zahlung.

2.9.4.3 Nachnahme

Bei der Nachnahme muss der Zahlungsempfänger (Gläubiger) über ein Konto verfügen.

Versendet der Verkäufer eine Ware per Nachnahme, so will er sicherstellen, dass dem Käufer die Ware nur gegen Bezahlung des Kaufpreises ausgehändigt wird (Zug-um-Zug-Geschäft).

Es handelt sich bei der Nachnahme um

- eine **halbbare Zahlung,** wenn der Käufer (Schuldner) seine Schuld mit Bargeld begleicht;
- eine **bargeldlose Zahlung,** wenn der Käufer seine Schuld mit einem Verrechnungsscheck begleicht.

Der eingezogene Betrag (abzüglich etwaiger Entgelte, die der Käufer zu tragen hat), wird dem Konto, das der Verkäufer angegeben hat, gutgeschrieben.

Dem Käufer steht das **Recht der Annahmeverweigerung** zu, um sich z. B. vor der Zusendung unbestellter Ware oder vor einer anderen als der vereinbarten Versendungsart zu schützen. In diesem Fall geht die Sendung als unzustellbar an den Absender zurück.

Der Versand per Nachnahme wird von der Deutschen Post AG als zusätzliche Leistung im Frachtdienst (z. B. Nachnahmepaket), der Deutschen Bahn AG (Ladungsverkehr), der BahnTrans (Stückgutverkehr), den privaten Paketzustelldiensten und den privaten Kurierdiensten gegen die Zahlung eines Entgeltes angeboten.

Bei der **Deutschen Post AG** gibt es folgende **Besonderheiten:**

- Der Nachnahmebetrag ist beim Brief auf 1.600,00 € und 3.500,00 € beim Paket pro Sendung begrenzt.
- An der **Nachnahmepaketkarte** hängt ein **Zahlschein,** den der Verkäufer ausstellt und der Post übergibt. Die Nachnahme lautet auf den Betrag der Forderung zuzüglich des Entgelts der Sendung (Beförderungsentgelt) und des Entgelts für die Geldübermittlung. Die Post schreibt den eingezogenen Betrag abzüglich des Entgelts für die zusätzlichen Leistungen dem Postbankkonto des Gläubigers gut.

Die Nachnahme erhält zunehmend Konkurrenz durch den Lastschriftauftrag (Einzugsermächtigung) und die Kreditkarten.

Nachnahmebrief und Nachnahmepaketkarte werden häufig als vierte Mahnung im Rahmen des betrieblichen Mahnverfahrens eingesetzt, um bei säumigen Kunden Forderungen einzutreiben.

2.9.4.4 Besonderheiten bei der Postbank AG

Bei der Postbank gibt es bei der halbbaren Zahlung folgende Besonderheiten. Voraussetzung für die Benutzung dieser Zahlungsarten ist, dass der Schuldner über ein Postbankkonto verfügt:

- Zahlungsanweisung (zur Verrechnung, mit Auszahlung am Schalter)
- Minutenservice

Dem Postbankkonto wird der in der Zahlungsanweisung genannte Betrag zuzüglich des Entgelts für die Auszahlung belastet. Die Zahlungsanweisung zur Verrechnung mit Auszahlung am Schalter wird verwendet, wenn der Zahlungsempfänger kein Konto hat oder aus einem bestimmten Grund Bargeld haben möchte. Bei der Zahlungsanweisung gibt es einen Höchstbetrag von 1.500,00 €.

Die Zahlungsanweisung zur Verrechnung wird von Kunden der Postbank mit umfangreichem Zahlungsverkehr verwendet, wenn die Kontoverbindung des Zahlungsempfängers nicht bekannt ist und der geschuldete Betrag 1.500,00 € nicht übersteigt.

Solche Kunden sind z. B. Versicherungen, die ihren Kunden Beiträge zurückerstatten.

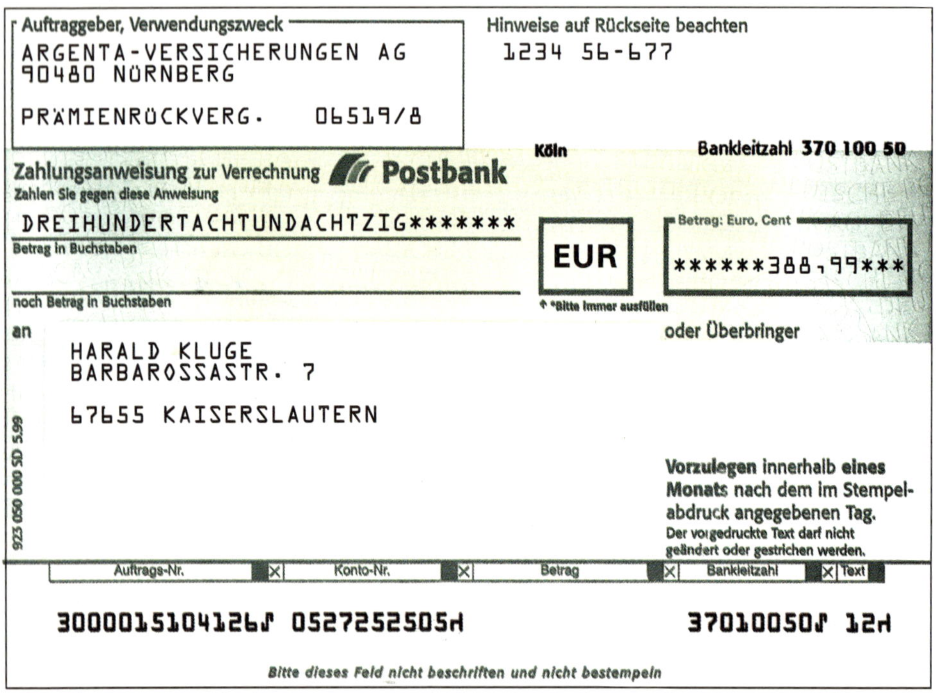
Auftraggeber, Verwendungszweck
ARGENTA-VERSICHERUNGEN AG
90480 NÜRNBERG
PRÄMIENRÜCKVERG. 06519/8

Hinweise auf Rückseite beachten
1234 56-677

Köln Bankleitzahl 370 100 50

Zahlungsanweisung zur Verrechnung Postbank
Zahlen Sie gegen diese Anweisung

DREIHUNDERTACHTUNDACHTZIG*******
Betrag in Buchstaben

noch Betrag in Buchstaben

EUR
Betrag: Euro, Cent
*****388,99***
*Bitte immer ausfüllen

an
HARALD KLUGE
BARBAROSSASTR. 7
67655 KAISERSLAUTERN

oder Überbringer

Vorzulegen innerhalb eines Monats nach dem im Stempelabdruck angegebenen Tag.
Der vorgedruckte Text darf nicht geändert oder gestrichen werden.

923 050 000 SD 5.99

Auftrags-Nr. | Konto-Nr. | Betrag | Bankleitzahl | Text

3000015104126 0527252505 37010050 12

Bitte dieses Feld nicht beschriften und nicht bestempeln

Der Empfänger oder ein Beauftragter kann die Zahlungsanweisung

- am Schalter eines Postamtes zur **Barauszahlung** vorlegen **(halbbare Zahlung)**; es wird ein Auszahlungsentgelt verlangt (Höchstbetrag 1.500,00 €).
- auf seinem **Konto gutschreiben** lassen (**bargeldlose Zahlung,** Höchstbetrag 10.000,00 €).

Der Minutenservice der Postbank ermöglicht außer der Zahlungsform bar gegen bar auch eine halbbare Zahlung, da der Inhaber eines Postscheckkontos diesen Service auch per Telefonbanking nutzen kann.

Zusammenfassung

Zahlungsmittel

Bargeld ↓ | Buchgeld ↓ | Geldersatzmittel ↓

Formen der halbbaren Zahlung

Der Schuldner hat kein Konto.	Der Zahlungsempfänger hat kein Konto.
– Zahlschein – Überweisung/Zahlschein – Nachnahme	– Barscheck – Zahlungsanweisung zur Verrechnung mit Auszahlung am Schalter (Postbank) – Postbank-Minutenservice

Der Zahlungsempfänger hat ein	Der Schuldner hat ein

– Kontokorrentkonto.
– Gehaltskonto.
– Girokonto.
– Postbankkonto.

Aufgaben

1. Wodurch unterscheidet sich die halbbare Zahlung von der Barzahlung?
2. Welche Möglichkeiten hat der Inhaber eines Kontos bei der Postbank, seine Verbindlichkeiten zu begleichen, wenn der Gläubiger kein Konto bei der Postbank hat?
3. Warum werden vom Gläubiger bereits ausgefüllte Überweisungen/Zahlscheine gern benutzt?
4. Warum benutzt der Gläubiger die Nachnahme?
5. Was ist bei der Postnachnahme Besonderes zu beachten?
6. Wer bietet neben der Post ebenfalls einen Nachnahmeversand an?
7. Wann verwendet der Schuldner eine Zahlungsanweisung zur Verrechnung mit Auszahlung am Schalter?
8. Stellen Sie die Gebührenregelung Ihrer Geschäftsbank bzw. Ihrer Postbank beim Zahlschein fest.

2.9.5 Die bargeldlose Zahlung

2.9.5.1 Die Gironetze

Voraussetzung für den bargeldlosen Zahlungsverkehr mithilfe der Kreditinstitute und der Postbank sind die Gironetze.

Unter Kreditinstituten versteht man Banken, Genossenschaftsbanken (Volks- und Raiffeisenbanken) und Sparkassen. Diese Banken bzw. Bankengruppen können untereinander nicht direkt in Verbindung treten, sie benötigen dazu die **Gironetze** (Zahlungsverkehrsnetze):

Gironetze

im **Fernzahlungsverkehr**
Gironetze der
- Deutschen Bundesbank
- Postbank
- Sparkassen
- Genossenschaftsbanken
- Großbanken

im **Ortszahlungsverkehr**
- Zweiganstalten der Landeszentralbanken (LZB-Abrechnung)

Diese **Gironetze** machen es möglich, dass ein Schuldner, der ein Konto bei einer beliebigen Bank hat, Verbindlichkeiten bei einem Gläubiger begleichen kann, der eine ganz andere Bankverbindung unterhält.

2.9.5.2 Die bargeldlose Zahlung im Überblick

Der bargeldlose Zahlungsverkehr setzt voraus, dass Schuldner und Gläubiger ein Konto bei einem Kreditinstitut oder der Postbank besitzen.

Beim bargeldlosen Zahlungsverkehr wird nur **Buchgeld** bewegt, d. h. Geld, das sich als Guthaben oder Kredit auf Konten befindet. Der bargeldlose Zahlungsverkehr ist deshalb

- **sicher** (kein Verlust, kein Diebstahl, durch den Einsatz der Datenverarbeitung sind Buchungsfehler kaum möglich);
- **schnell** (die Buchungen erfolgen über die Gironetze);
- **bequem** (der Schuldner füllt die Vordrucke an seinem Schreibtisch aus, der Gläubiger bekommt einen Kontoauszug nach erfolgter Gutschrift häufig sogar ins Haus gesandt);
- **billig** (auch wenn die Kreditinstitute und Postbanken Gebühren für Buchungen und Kontoauszüge berechnen, ist der Aufwand im Vergleich zur baren und halbbaren Zahlung gering).

Aus Gründen der Rationalisierung (Ersparnis von Arbeitskosten) des bargeldlosen Zahlungsverkehrs stellen die Kreditinstitute verstärkt **vom beleghaften auf den beleglosen Zahlungsverkehr** um. Es werden bereits mehr als 90 % der Daueraufträge beleglos abgewickelt.

Es kommen folgende **Möglichkeiten** der bargeldlosen Zahlung in Betracht:

bargeldlose Zahlung

Möglichkeiten
- (Einzel-)Überweisung
- Überweisung/Zahlschein
- Eilüberweisung
- Sammelüberweisung
- Dauerauftrag
- Lastschriftverkehr
- Verrechnungsscheck
- Wechsel
- POS-Banking
- Datenträgeraustausch
- Homebanking (T-Online-Zahlungsverkehr)
- Kreditkarte
- Telefonbanking

Konten
- Kontokorrentkonto
- Gehaltskonto
- Girokonto
- Postbankkonto

2.9.5.3 Überweisung

Mithilfe der (Einzel-)Überweisung kann der Inhaber eines geeigneten Kontos Geld auf ein anderes geeignetes Konto überweisen.

Die Überweisung erfolgt durch ein zweiteiliges **Formular,** das im Durchschreibeverfahren auszufüllen ist. Es besteht aus

- dem **Überweisungsauftrag** für die kontoführende Stelle des Zahlers,
- dem **Durchschlag (Quittung)** für den Auftraggeber.

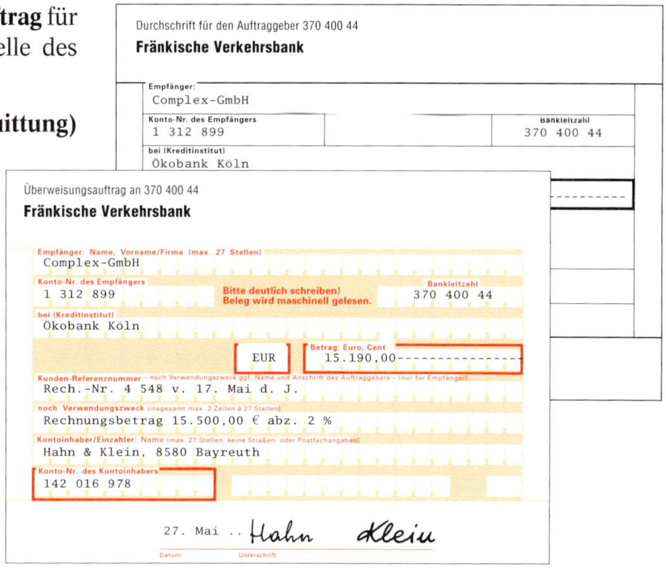

Durchschrift für den Auftraggeber 370 400 44
Fränkische Verkehrsbank
Empfänger: Complex-GmbH
Konto-Nr. des Empfängers: 1 312 899
Bankleitzahl: 370 400 44
bei (Kreditinstitut): Ökobank Köln

Überweisungsauftrag an 370 400 44
Fränkische Verkehrsbank
Empfänger: Name, Vorname/Firma (max. 27 Stellen): Complex-GmbH
Konto-Nr. des Empfängers: 1 312 899
Bitte deutlich schreiben! Beleg wird maschinell gelesen.
Bankleitzahl: 370 400 44
bei (Kreditinstitut): Ökobank Köln
EUR
Betrag: Euro, Cent: 15.190,00---------------
Kunden-Referenznummer – noch Verwendungszweck ggf. Name und Anschrift des Auftraggebers – (nur für Empfänger): Rech.-Nr. 4 548 v. 17. Mai d. J.
noch Verwendungszweck (insgesamt max. 2 Zeilen à 27 Stellen): Rechnungsbetrag 15.500,00 € abz. 2 %
Kontoinhaber/Einzahler: Name (max. 27 Stellen, keine Straßen- oder Postfachangaben): Hahn & Klein, 8580 Bayreuth
Konto-Nr. des Kontoinhabers: 142 016 978
27. Mai .. Hahn Klein
Datum Unterschrift

Einzelüberweisungen gibt es auch in **maschinenlesbarer Ausführung,** wodurch bei der Datenerfassung erhebliche Kosten gespart werden **(Klarschriftleseverfahren)**. Es wird möglich, den bargeldlosen Zahlungsverkehr zu rationalisieren und zu automatisieren.

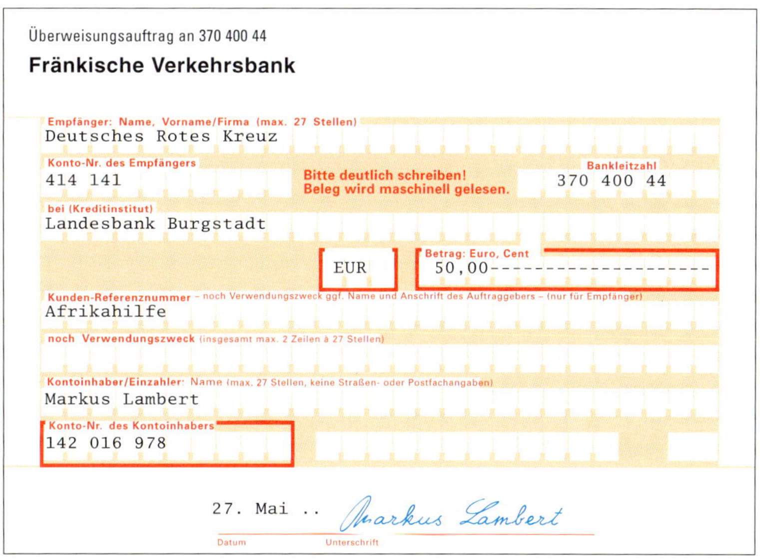

Überweisungsauftrag an 370 400 44
Fränkische Verkehrsbank
Empfänger: Name, Vorname/Firma (max. 27 Stellen): Deutsches Rotes Kreuz
Konto-Nr. des Empfängers: 414 141
Bitte deutlich schreiben! Beleg wird maschinell gelesen.
Bankleitzahl: 370 400 44
bei (Kreditinstitut): Landesbank Burgstadt
EUR
Betrag: Euro, Cent: 50,00-------------------
Kunden-Referenznummer – noch Verwendungszweck ggf. Name und Anschrift des Auftraggebers – (nur für Empfänger): Afrikahilfe
noch Verwendungszweck (insgesamt max. 2 Zeilen à 27 Stellen)
Kontoinhaber/Einzahler: Name (max. 27 Stellen, keine Straßen- oder Postfachangaben): Markus Lambert
Konto-Nr. des Kontoinhabers: 142 016 978
27. Mai .. Markus Lambert
Datum Unterschrift

Eilüberweisungen sind Überweisungen, bei denen die Laufzeit der Überweisung verkürzt ist.

Eine Verkürzung der Laufzeiten ist z. B. notwendig, wenn

- jemand schnell einen größeren Geldbetrag benötigt, aber keine Möglichkeit hat, sich direkt an sein kontoführendes Kreditinstitut zu wenden (weil er sich z. B. im Ausland im Urlaub befindet);
- ein größerer Geldbetrag überwiesen und der Zinsverlust, der durch die üblichen Laufzeiten entsteht, gering gehalten werden soll.

Eine Eilüberweisung kostet ein Extraentgelt.

Sammelüberweisungen fassen mehrere Einzelüberweisungen eines Kontoinhabers an verschiedene Gläubiger zu einem Buchungsposten auf seinem Konto zusammen.

Eine **Sammelüberweisung** setzt sich aus folgenden **Bestandteilen** zusammen:

- **Einzelüberweisungen** an die verschiedenen Zahlungsempfänger
- **Verzeichnis der Einzelüberweisungen**
- **Sammelüberweisung** über den Gesamtbetrag der Einzelüberweisungen

Sammelüberweisungen haben folgende **Vorteile:**

- Sie erhöhen den wirtschaftlichen Einsatz von Büromaschinen und Datenverarbeitungsanlagen.
- Es werden Buchungsgebühren gespart, da anstelle von z. B. 20 Einzelüberweisungen nur die Sammelüberweisung gebucht wird.

Sie eignen sich besonders für Zahlungen des täglichen Geschäftsverkehrs.

Mit einem Dauerauftrag erteilt der Kontoinhaber seiner kontoführenden Stelle Anweisung, regelmäßig wiederkehrende Zahlungen in gleich bleibender Höhe zu einem bestimmten Termin auf das Konto des Gläubigers zu überweisen.

Beispiele: *Miete, Beiträge, Ratenzahlungen, Versicherungsprämien, Betriebsrenten, Mitgliedsbeiträge bei der Industrie- und Handelskammer und bei Verbänden.*

Daueraufträge können jederzeit widerrufen oder geändert werden.

Abwicklung eines Dauerauftrags (Dauerüberweisung)

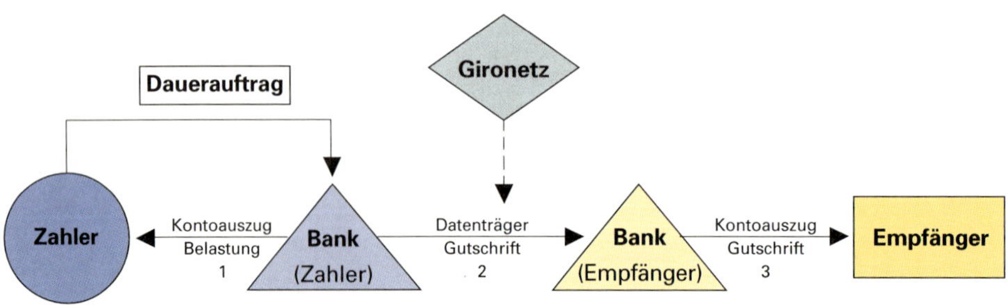

Mithilfe von Lastschriften leistet der Schuldner regelmäßig wiederkehrende Zahlungen in gleicher oder wechselnder Höhe.

Beispiele: *Telefonrechnung, Gemeindeabgaben (z. B. Müllabfuhr, Straßenreinigung, Grundsteuer, Energierechnung), Tageszeitung, Krankenkassenbeiträge, Lieferantenrechnungen.*

Beim **Lastschriftauftrag** muss man zwei **Arten** unterscheiden:

Lastschriften

- Einzugsermächtigungsverfahren
- Abbuchungsauftragsverfahren (nur Kreditinstitute)

Beim Lastschriftauftrag im Einzugsermächtigungsverfahren ermächtigt der Kontoinhaber den Zahlungsempfänger schriftlich, Beträge bei Fälligkeit von seinem Konto einzuziehen.

Erscheint dem Kontoinhaber die Buchung der Höhe oder dem Grund nach unberechtigt, so kann er innerhalb von 6 Wochen **Widerspruch** erheben. Die kontoführende Stelle schreibt den Betrag zulasten des Zahlungsempfängers dem Konto wieder gut.

Abwicklung einer Einzugsermächtigung

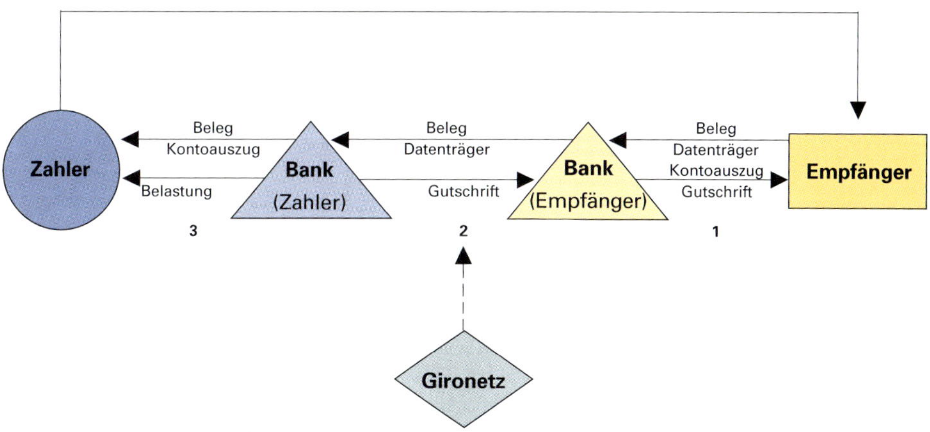

Beim Abbuchungsauftragsverfahren erteilt der Kontoinhaber seinem kontoführenden Institut den Auftrag, die von einem bestimmten Zahlungsempfänger vorgelegten Lastschriften einzulösen.

Über die Abbuchung erhält der Kontoinhaber einen **Lastschriftbeleg** oder einen entsprechenden **Vermerk auf dem Kontoauszug.**

Die Möglichkeit des Widerspruchs ist bei diesem Verfahren nicht gegeben. Der Zahler kann lediglich den Abbuchungsauftrag insgesamt widerrufen.

Abwicklung eines Abbuchungsauftrags

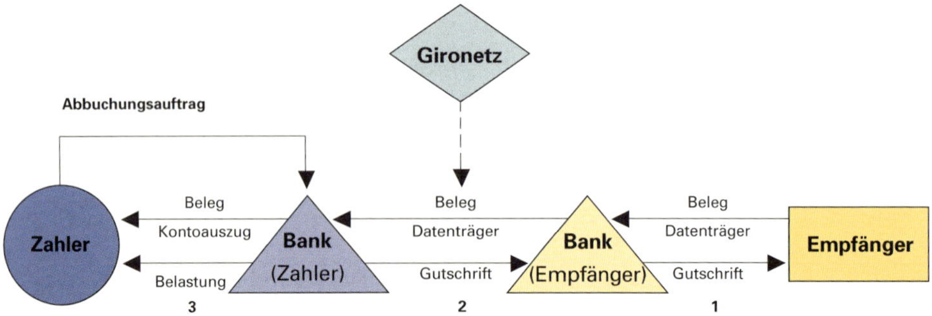

Dauerauftrag, Einzugsermächtigung und **Abbuchungsauftrag** haben für den Schuldner folgende **Vorteile:**

- Sie ersparen dem Schuldner Zeit und Arbeit.
- Der Schuldner kommt nicht in Zahlungsverzug, da eine pünktliche Zahlung gewährleistet ist.

2.9.5.4 Die Zahlung mit Verrechnungsscheck

Ein Verrechnungsscheck, d. h. ein Scheck mit dem Vermerk „Nur zur Verrechnung", darf an den Zahlungsempfänger nicht bar ausgezahlt, er muss auf seinem Konto gutgeschrieben werden.

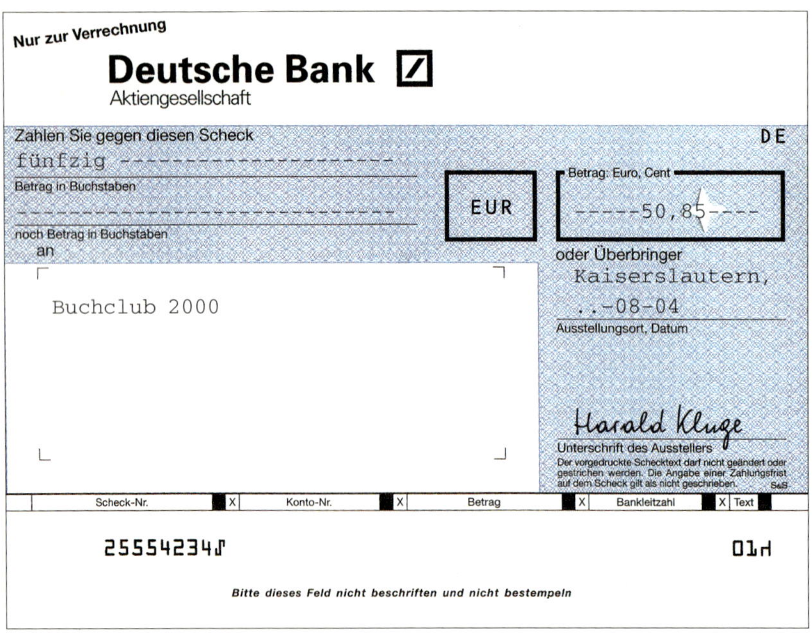

Eine besondere Art des Verrechnungsschecks stellt der Talonscheck dar:

Absender:
Hahn & Klein
95448 Bayreuth

Betrag: Euro, Cent
----1.512,80

Bitte verwenden Sie den anhängenden Scheck wie folgt:
Rechnung(en) vom/Nr.

28. Sept. 20..

913 711

Nur zur Verrechnung

Deutsche Bank
Aktiengesellschaft

Zahlen Sie gegen diesen Scheck
eintausendfünfhundertzwölf---
Betrag in Buchstaben
----
noch Betrag in Buchstaben

EUR

Betrag: Euro, Cent
----1.512,80

DE

an
Kundendienst Rosshirt
Saalestraße 12
95030 Hof/Saale

oder Überbringer
95448 Bayreuth
8. Okt. 20..
Ausstellungsort, Datum

Hahn
Unterschrift des Ausstellers
Der vorgedruckte Schecktext darf nicht geändert oder gestrichen werden. Die Angabe einer Zahlungsfrist auf dem Scheck gilt als nicht geschrieben.

003 03002 00 8 01

Scheck-Nr. | Konto-Nr. | Betrag | Bankleitzahl | Text

255542344 01H

Bitte dieses Feld nicht beschriften und nicht bestempeln

Der **Talon** (Anhängsel) dient dazu, dem Zahlungsempfänger mitzuteilen, aus welchem Grund (z. B. Rechnung Nr. ...) der Scheck übersandt wurde. Gleichzeitig kann er als Buchungsbeleg benutzt werden. Talonschecks werden in einen Fensterbriefumschlag gesteckt versandt: Es wird ein Rationalisierungseffekt erzielt.

Ein oder mehrere Verrechnungs- oder auch Barschecks werden mithilfe des Formulars **„Scheckeinreichung"** beim Kreditinstitut bzw. mithilfe des Formulars **„Postgiroauftrag"** bei der Postbank durch den Zahlungsempfänger zum Einzug eingereicht:

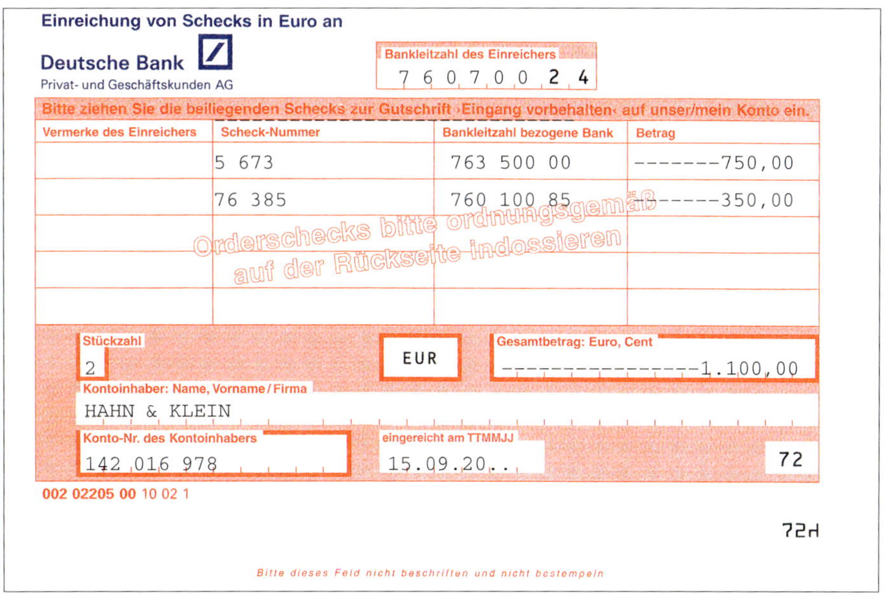
Einreichung von Schecks in Euro an

Deutsche Bank
Privat- und Geschäftskunden AG

Bankleitzahl des Einreichers
7 6 0 7 0 0 2 4

Bitte ziehen Sie die beiliegenden Schecks zur Gutschrift ›Eingang vorbehalten‹ auf unser/mein Konto ein.

Vermerke des Einreichers	Scheck-Nummer	Bankleitzahl bezogene Bank	Betrag
	5 673	763 500 00	-------750,00
	76 385	760 100 85	-------350,00

Orderschecks bitte ordnungsgemäß auf der Rückseite indossieren

Stückzahl
2

EUR

Gesamtbetrag: Euro, Cent
----------------1.100,00

Kontoinhaber: Name, Vorname/Firma
HAHN & KLEIN

Konto-Nr. des Kontoinhabers
142 016 978

eingereicht am TTMMJJ
15.09.20..

72

002 02205 00 10 02 1

72H

Bitte dieses Feld nicht beschriften und nicht bestempeln

Der zweiteilige Vordruck dient als

- **Quittung** für den Scheckeinreicher,
- **Auftrag** für die kontoführende Stelle.

Schecks werden grundsätzlich „E. v.“ **(Eingang vorbehalten)** gutgeschrieben: Wird die Einlösung des Schecks durch die bezogene Bank verweigert (weil z. B. die Deckung fehlt), gilt die Gutschrift auf dem Konto des Scheckeinreichers als nicht erfolgt.

Postbank-Schecks sind stets Verrechnungsschecks.

2.9.5.5 Die Zahlung mit Wechsel

Bei der bargeldlosen Zahlung mit Wechsel sind zwei Fälle zu unterscheiden:

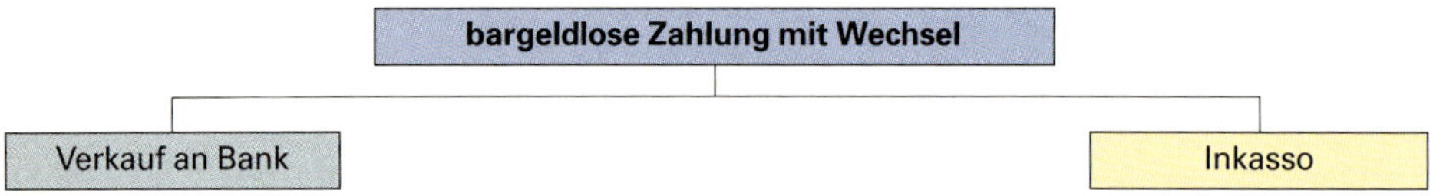

Beim Wechsel liegt eine bargeldlose Zahlung vor, wenn ein Wechsel bei einem Kreditinstitut zum Verkauf eingereicht und der Barwert dem Konto des Scheckeinreichers gutgeschrieben wird.

Der Wechselinhaber reicht den Wechsel (siehe 2.9.7) mit einer **Wechseleinreichung (Quittung)** bei seinem Kreditinstitut ein: Es kommt zwischen dem Wechseleinreicher und dem Kreditinstitut ein Kreditvertrag zustande. Die Bank schreibt den Wechsel zum **Barwert** (Wechselsumme abzüglich Zins, Provision, Gebühren und Auslagen) dem Konto des Wechseleinreichers gut.

Wird der Betrag eines Wechsels am Fälligkeitstag vom Konto des Bezogenen abgebucht und dem Konto des Wechseleinreichers gutgeschrieben, so handelt es sich ebenfalls um eine bargeldlose Zahlung.

Der Wechsel wird ebenfalls mit einer **Wechseleinreichung** beim Kreditinstitut eingereicht. Er trägt auf der Rückseite ein **Inkassoindossament.**

Das Kreditinstitut reicht den Wechsel an das Kreditinstitut des Bezogenen weiter, das aus dem **Zahlstellenvermerk** (siehe 2.9.7) ersichtlich ist. Dieses wendet sich an seinen Kunden, den Bezogenen, mit einem Schreiben, durch das er aufgefordert wird, auf seinem Konto für die nötige Deckung am Fälligkeitstag zu sorgen:

Reicht die Deckung am Fälligkeitstag aus, belastet das Kreditinstitut das Kundenkonto mit dem Wechsel und überweist den eingezogenen Betrag mithilfe der Gironetze auf das Konto des Wechseleinreichers.

2.9.5.6 Der Einsatz der Datenverarbeitung beim Zahlungsverkehr

Die Kreditinstitute und Postbanken bieten Kunden, die eine elektronische Datenverarbeitungsanlage besitzen, besondere Dienstleistungen an.

Diese Dienstleistungen ermöglichen es, den bargeldlosen Zahlungsverkehr zu rationalisieren und zu automatisieren:

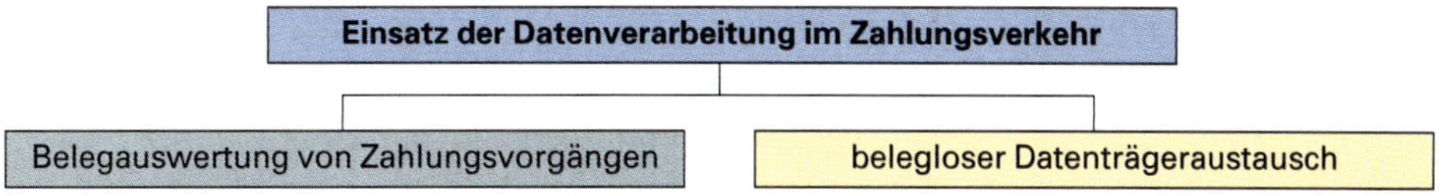

Bei der **Belegauswertung von Zahlungsvorgängen** (BAZ) erhalten die Kontoinhaber

- entweder ihre Zahlungseingänge und Zahlungsausgänge von der kontoführenden Stelle auf **Magnetdatenträgern** (Magnetband, Magnetplatte, Diskette) zur Endverbuchung, wenn sie die Daten maschinell weiterverarbeiten können,
- oder **Kontoauszüge,** wenn Sie die Daten nicht maschinell weiterverarbeiten können. Bei vielen Kreditinstituten sind dabei **Kontoauszug und Buchungsbeleg identisch,** d. h., der Kontoinhaber erhält keine Belege (z. B. Empfängerabschnitt der Überweisung) mehr oder er erhält die Belege nur auf seinen besonderen Wunsch hin.

Die kontoführende Stelle übernimmt die **maschinell-optische Bearbeitung der Zahlungsverkehrsbelege:** Neben standardisierten, mit **OCR-A-1 codierten Belegen** (Überweisung/Zahlschein, Lastschriften, Schecks) können auch standardisierte, **handschriftliche Belege** (Überweisung/Zahlschein) in die EDV eingelesen und dort verarbeitet werden.

Beim **beleglosen Zahlungsverkehr** werden als Zahlungsträger Magnetdatenträger benutzt: An die Stelle von **Belegen** (Überweisungen und Lastschriften) treten **Datensätze.**

Der Kontoinhaber

- gibt seine **Zahlungsausgänge und Lastschriften,** gespeichert auf Magnetdatenträgern, an die kontoführende Stelle
- und erhält seine **Zahlungseingänge** von der kontoführenden Stelle auf Magnetdatenträgern.

Innerhalb des Bankensystems werden diese Magnetdatenträger im **Magnetband-Clearing-Verfahren** (DTA-Clearing) verarbeitet.

Für den beleglosen Datenträgeraustausch eignen sich insbesondere

- **Massenzahlungen** (z. B. die Zahlung von Löhnen, Gehältern, Renten, Pensionen, die Überweisung von einbehaltenen vermögenswirksamen Leistungen usw., der Einzug von Lastschriften wie z. B. der Einzug von Versicherungsprämien und Rechnungsbeträgen).
- Er ist aber auch für **Individualzahlungen** (z. B. die Bezahlung von Rechnungen, Überweisung der Umsatzsteuervoranmeldung) geeignet, wenn diese beim Kontoinhaber in größerer Zahl anfallen und er den Zahlungsverkehr elektronisch abwickelt.

Die Vorteile des maschinellen Belegleseverfahrens und des beleglosen Datenträgeraustauschs bestehen darin, dass

- die Zahl der personalintensiven Belegerfassungen reduziert wird **(Einsparung von Personalkosten);**
- weniger oder gar keine Belege bearbeitet werden müssen, wodurch die Personalkosten ebenfalls sinken.

2.9.5.7 Aktuelle Möglichkeiten beim bargeldlosen Zahlungsverkehr

Aktuelle Möglichkeiten beim bargeldlosen Zahlungsverkehr sind:

- POS-Banking (ec-Kasse)
- Homebanking
- Kreditkarten

Das POS-Banking soll es dem Verbraucher ermöglichen, ohne Bargeld oder Scheck, sondern nur mithilfe einer Bankkarte oder Kundenkarte einzukaufen.

POS-Banking (Point-of-Sale-Banking = Bankgeschäft am Kaufort) ermöglicht in Deutschland unter dem Namen **ec-Kasse** den **bargeldlosen** bzw. **beleglosen Einkauf** im Einzelhandel, an Tankstellen, in Restaurants, Hotels usw.

Beim POS-Banking gibt es zwei Verfahren:

- Das Kreditgewerbe übernimmt eine **Zahlungsgarantie.**
- Das Kreditgewerbe übernimmt **keine Zahlungsgarantie** (POZ-Banking = POS-Banking ohne Zahlungsgarantie).

Der Einkaufsbetrag wird

- sofort vom Konto des Karteninhabers abgebucht, wenn der POS im Onlineverfahren mit der kontoführenden Stelle verbunden ist;
- erst mit zeitlicher Verzögerung abgebucht, wenn das Offlineverfahren verwendet wird.

Durch die ec-Kasse wird die EC-Karte zu einer Kreditkarte.

Das Homebanking soll es dem Kunden der Kreditinstitute und der Postbanken ermöglichen, mithilfe von Onlinediensten seine Bankgeschäfte vom Wohnzimmer bzw. Büro aus abzuwickeln.

Das **Homebanking** eröffnet folgende Möglichkeiten:
- Es können Überweisungen vorgenommen werden.
- Es können der Kontostand und Börsenkurse abgefragt werden.
- Daueraufträge können eröffnet, geändert oder widerrufen werden.
- Es können Vordrucke angefordert werden.
- Es können Mitteilungen abgesandt und empfangen werden.
- Es können Geldanlagen vorgenommen werden.

Um missbräuchliche Verfügungen zu vermeiden, bestehen für die T-Online-Kontoführung in Deutschland folgende **Sicherungen:**

- Die **Nummer des Girokontos.**
- Die **persönliche Identifikationsnummer** (PIN) und
- die **Transaktionsnummer** (TAN) als „Online-Unterschrift" sind nur dem Kontoinhaber bekannt.

Das **Telefonbanking** bietet die gleichen Möglichkeiten wie das T-Online-Banking. Der Kontakt zum Bankkunden wird über einen Sprachcomputer hergestellt, der im Falle von Verfügungen (Überweisungen) an einen Sachbearbeiter der Bank weitervermittelt.

Durch die Verwendung von Kreditkarten ist es möglich, Rechnungen bargeldlos zu bezahlen.

Eine Kreditkarte kann jedermann bei einer **Kreditkartenorganisation** direkt oder über sein **Kreditinstitut** bzw. beim **Herausgeber** der Karte (z. B. einem Warenhaus, Versandhaus, Möbelhändler) beantragen. Für **Geschäftsleute** gibt es besondere Kreditkarten, deren Benutzung Vorteile bietet, die besonders für viel Reisende angenehm sind. Nach der Überprüfung seiner **Kreditwürdigkeit** erhält der Antragsteller eine Kreditkarte übersandt. Neben Zahlung mithilfe eines **Leistungsbelegs** gibt es bei den Kreditkarten auch eine **beleglose Zahlung.**

Monatlich erhält der Karteninhaber eine **Sammelabrechnung** in Form eines Kontoauszuges. Anhand seiner Unterlagen kann der Kreditkarteninhaber die Sammelabrechnung überprüfen und notfalls die Abrechnung beanstanden. Der Gesamtbetrag wird vom Konto des Kreditkarteninhabers abgebucht, da der Kontoinhaber bei Antragstellung der Kreditkartenorganisation bzw. dem Herausgeber der Kreditkarte eine Einzugsermächtigung erteilt hat.

Kreditkarten kann man auch benutzen, um telefonisch, schriftlich oder mithilfe des PC **Bestellungen aufzugeben.** Der Rechnungsbetrag wird dann über die Kreditkartenorganisation im Zuge der monatlichen Sammelabrechnung vom Konto des Karteninhabers abgebucht. Dieser Einsatz der Kreditkarte **ersetzt** den **Nachnahmeversand.**

2.9.5.8 Besonderheiten bei der Postbank AG

Die Zahlungsanweisung zur Verrechnung ist ein Weg des Zahlungsausgleichs für Zahlungen an Empfänger, deren Kontoverbindung nicht bekannt ist.

Die Zahlungen werden als Datensätze auf einem Magnetband erfasst. Anhand des eingesandten Magnetbandes druckt die Postbank die Zahlungsanweisungen zur Verrechnung. Zahlungsanweisungen sind bis zu einem Höchstbetrag von 1.500,00 € zulässig. Der Zahlungsempfänger kann sich den Betrag auf seinem Konto **gutschreiben** oder am Schalter bar auszahlen lassen (vgl. 2.9.4.4).

Zur **Beschleunigung von dringlichen Aufträgen** bestehen folgende Möglichkeiten:

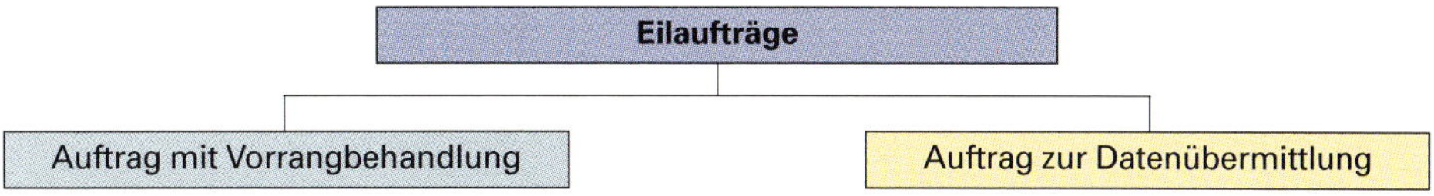

- Werden Empfänger- und Zahlerkonto bei **derselben Postbank** geführt, so werden Überweisungen mit dem **Hinweis „Vorrangbehandlung“** am Tage ihres Eingangs behandelt **(„Auftrag zur Vorrangbehandlung“).**
- Wird das Empfängerkonto bei einer **anderen Postbank** geführt, werden Überweisungen mit dem **Hinweis „Tel.“** am Tage ihres Eingangs bearbeitet und dem Empfängerkonto auf elektronischem Wege (z. B. Telex, Telefax, Telegramm) zur taggleichen Buchung übermittelt **(„Auftrag zur Datenübermittlung“).**

Zusammenfassung

Zahlungsmittel

Bargeld — Buchgeld — Geldersatzmittel

Formen der bargeldlosen Zahlung

Formen	Anmerkung
– (Einzel-)Überweisung	auch maschinenlesbar, entweder durch Verwendung eines maschinenlesbaren Drucks oder auch von handschriftlichen Eintragungen
– Eilüberweisung	verkürzte Laufzeit (gegenüber der Überweisung)
– Sammelüberweisung	spart Buchungsgebühren
– Dauerauftrag	bei stets gleich bleibenden Beträgen, spart Zeit und Kosten, verhindert Zahlungsverzug
– Lastschriftauftrag – Einzugsermächtigung – Abbuchungsauftrag	bei gleich bleibenden oder schwankenden Beträgen (nur bei Kreditinstituten), sparen Zeit und Kosten, verhindern Zahlungsverzug
– Verrechnungsscheck	**nur** Gutschrift auf Konto, **keine** Barauszahlung
– Wechsel	bargeldlos bei Diskont und Inkasso (heute üblich)
– Zahlungsanweisung zur Verrechnung	Zahlungen an Empfänger mit unbekannter Konto-Verbindung
– Eilauftrag	verkürzte Laufzeit (gegenüber der Überweisung bei der Postbank)

Elektronische Datenverarbeitung beim Zahlungsverkehr

- Belegauswertung von Zahlungsvorgängen: Belege werden auf Magnetdatenträgern von den Kreditinstituten und Postbanken erfasst und an Kontoinhaber weitergegeben (Zeit- und Kostenersparnis).
- Belegloser Zahlungsverkehr: Zwischen Kreditinstitut/Postbank und Kontoinhaber werden Magnetdatenträger ausgetauscht (Zeit- und Kostenersparnis).
- Magnetband-Clearing-Verfahren: Zwischen Kreditinstituten, Postbanken und Landeszentralbanken erfolgt die Abrechnung mithilfe des Austausches von Magnetbändern.

Aktuelle Möglichkeiten beim bargeldlosen Zahlungsverkehr

– POS-Banking	beleglos
– Homebanking	beleglos
– Kreditkarten	teilweise beleglos
– Telefonbanking	beleglos

Aufgaben

1. Welche Vorteile bietet der bargeldlose Zahlungsverkehr?
2. Nennen Sie Gründe für die Einführung des beleglosen Zahlungsverkehrs.
3. Nennen Sie die Voraussetzungen für den
   a) bargeldlosen Zahlungsverkehr,
   b) beleglosen Zahlungsverkehr.

4. Die Müller & Co. Heizungstechnik haben bei der Sanitärgroßhandels GmbH eine Rechnung über 1.490,00 € offen.
   a) Welche Möglichkeiten haben sie, die Rechnung bargeldlos zu bezahlen?
   b) Besorgen Sie sich die entsprechenden Formulare und füllen Sie diese aus.
5. Warum werden vom Gläubiger bereits ausgefüllte Formulare Überweisung/Zahlschein von ihm und vom Schuldner gerne benutzt?
6. Schildern Sie, wie man von einem Konto der Postbank Geld auf ein Konto bei einem Kreditinstitut überweisen kann.
7. Wodurch unterscheiden sich Dauerauftrag und Lastschriftauftrag?
8. Überlegen Sie: Warum kann gegen einen Dauerauftrag kein Widerspruch eingelegt werden, wohl aber gegen einen Lastschriftauftrag?
9. Was versteht man unter einem Sammelauftrag? Nennen Sie die Bestandteile und Vorteile eines Sammelauftrags.
10. Überlegen Sie: Welche Gründe gibt es, vom Sammelauftrag auf den beleglosen Datenträgeraustausch umzusteigen?
11. Schildern Sie den Ablauf
    a) der Belegauswertung von Zahlungsvorgängen,
    b) des beleglosen Datenträgeraustausches,
    c) des Magnetband-Clearing-Verfahrens.
12. Nennen Sie die Bestandteile einer Überweisung und deren Verwendung.
13. Wodurch unterscheiden sich Dauerauftrag (Dauerüberweisung), Abbuchungsauftrag und Einzugsermächtigung?
14. Schildern Sie die Abwicklung von Dauerauftrag, Einzugsermächtigung und Abbuchungsauftrag.
15. Überlegen Sie: Warum erfolgt die Gutschrift bei einem Verrechnungsscheck nur E. v.?
16. Wie wird ein Barscheck bei der Bank zum Einzug eingereicht?
17. Beschreiben Sie Situationen, in denen ein Wechsel als bargeldloses Zahlungsmittel verwendet wird.
18. Überlegen Sie: Warum wird im Geschäftsleben immer mehr auf den automatisierten Zahlungsverkehr übergegangen?
19. Welche Daten eignen sich für den automatisierten Zahlungsverkehr?
20. Wie können sich Hahn & Klein davor schützen, dass im Lastschriftverkehr unberechtigte Abbuchungen vorgenommen werden?
21. Nennen und beschreiben Sie die neuen Methoden beim bargeldlosen bzw. beleglosen Zahlungsverkehr.
22. Von welcher Zahlungsart sollen Hahn & Klein jeweils Gebrauch machen?
    a) Ein Angestellter hat während einer Auslandsreise einen Unfall erlitten und benötigt dringend Geld,
    b) Monatsmiete für Bürogebäude,
    c) monatliche Fernsprechgebühren,
    d) monatliche Steuern (Umsatzsteuer, Lohnsteuer usw.),
    e) Lieferantenrechnungen,
    f) Energie- und Wasserrechnung der städtischen Werke,
    g) Rechnung der Vertragstankstelle,
    h) Auslagenersatz für Geschäftsreise eines Mitarbeiters.
23. Überlegen Sie: In welchem Wirtschaftszweig herrscht welche Art des Zahlungsverkehrs? Wie wird die zukünftige Entwicklung sein?
24. Beschreiben Sie den beleglosen Datenträgeraustausch.
25. Überlegen Sie sich Beispiele, für die die Zahlungsanweisung zur Verrechnung geeignet erscheint.

26. Welche Zahlungsbelege Ihres Ausbildungsbetriebes werden vorcodiert? Warum?
27. Welche Vor- und Nachteile werden mit dem POS-Banking auftreten?
28. Nennen Sie Möglichkeiten des beschleunigten Zahlungsvorgangs.
29. Wie entsteht Buchgeld?
30. Mithilfe welcher Geldarten wird heute der Geldverkehr überwiegend abgewickelt? Begründen Sie Ihre Antworten.

Zusammenfassung

Der Zahlungsverkehr

Der **Gläubiger** hat / Der **Schuldner** hat	**kein Konto**	ein **Postbankkonto**	ein **Bankkonto**
kein Konto	persönliche Zahlung Zahlung durch Boten Post-Expressbrief Postbank-Minutenservice	Zahlschein Nachnahme	Zahlschein
ein **Postbankkonto**	Zahlungsanweisung zur Verrechnung mit Auszahlung am Schalter Minutenservice	Überweisung Verrechnungsscheck Zahlungsanweisung zur Verrechnung Datenträgeraustausch Homebanking	Überweisung Verrechnungsscheck Zahlungsanweisung zur Verrechnung Datenträgeraustausch Homebanking
ein **Bankkonto**	Barscheck	Überweisung Verrechnungsscheck Datenträgeraustausch Kreditkarte Homebanking Barscheck POS-Banking	Überweisung Verrechnungsscheck Datenträgeraustausch Kreditkarte POS-Banking Homebanking Wechsel

2.9.6 Der Scheck

Der Scheck ist die Anweisung eines Kontoinhabers an sein Geldinstitut, bei Sicht aus seinem Guthaben eine bestimmte Summe zu zahlen.

Eine Urkunde gilt als Scheck, wenn sie folgende sechs Bestandteile enthält (Art. 1 ff. ScheckG):

- Die Bezeichnung **Scheck** im Text der Urkunde.
- Die **Anweisung zur Zahlung einer bestimmten Summe.** Bei Abweichungen zwischen der Angabe in Ziffern und in Worten gilt die in Worten bezeichnete Summe.
- Den **Namen des Bezogenen.** Dies kann nur ein Geldinstitut sein (passive Scheckfähigkeit der Banken und Sparkassen).
- Den **Zahlungsort.** Fehlt dieser, so gilt der bei der bezogenen Bank angegebene Ort.

- **Ort und Datum** der Ausstellung. Fehlt der Ort der Ausstellung, so gilt der Ort, der beim Namen des Ausstellers angegeben wurde.
- Die **Unterschrift des Ausstellers.**

Um die Abwicklung des Scheckverkehrs besonders bei den Banken zu erleichtern, enthalten die Scheckvordrucke, welche die Banken ihren Kunden aushändigen, **kaufmännische Bestandteile:** Schecknummer (wichtig für das Sperren eines Schecks), Kontonummer, Bankleitzahl, Angabe des Zahlungsempfängers und die Überbringerklausel.

Deutsche Bank
Aktiengesellschaft
DE
Zahlen Sie gegen diesen Scheck
eintausendfünfhundertzwölf-------
Betrag in Buchstaben
noch Betrag in Buchstaben
EUR
Betrag: Euro, Cent
---------1.512,80
an Kundendienst Roßhirt, Hof/Saale oder Überbringer
Bayreuth, den 20. Mai 20..
Ausstellungsort, Datum
Unterschrift des Ausstellers
003 03031 00 8 01
Der vorgedruckte Schecktext darf nicht geändert oder gestrichen werden. Die Angabe einer Zahlungsfrist auf dem Scheck gilt als nicht geschrieben.
Scheck-Nr. | Konto-Nr. | Betrag | Bankleitzahl | Text
275345020 82070000 01
Bitte dieses Feld nicht beschriften und nicht bestempeln

Die Scheckarten

Wir unterscheiden:

Scheckarten

nach der Einlösung
- Barscheck
- Verrechnungsscheck

nach dem Empfänger
- Inhaberscheck
- Namensscheck (Orderscheck)

nach dem Bezogenen
- Bankscheck
- Postbankscheck

Der Inhaberscheck enthält die Überbringerklausel. Jeder Scheckeinreicher gilt deshalb als Berechtigter.

Die Bank darf zwar die Legitimation des Einreichers prüfen, muss dies aber nicht. Der Scheck kann formlos übertragen werden. Die Übertragung mit einem Indossament (Giro) ist trotzdem ratsam, weil der Übertragende damit für die Einlösung des Schecks haftet. Übertragungen von Schecks sind in der Praxis allerdings außerordentlich selten.

Beim Orderscheck fehlt die Überbringerklausel. Die Angabe des Zahlungsempfängers ist deshalb notwendig.

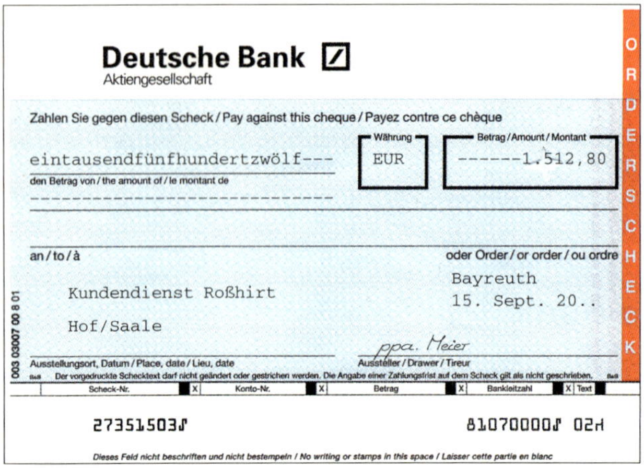

Dieser Scheck kann nur durch einen auf der Rückseite angebrachten Übertragungsvermerk **(Indossament)** weitergegeben werden. Der zur Einreichung Berechtigte ist in der Scheckurkunde also immer namentlich genannt. Der Orderscheck kommt in der Praxis bei Auslandsgeschäften und beim Zahlungsverkehr zwischen Betrieben vor, wenn hohe Summen (z. B. Bezahlung von Importrechnungen, Anzahlungen im Großanlagengeschäft bei Vertragsschluss) transferiert werden.

Der Barscheck kann dem Berechtigten am Schalter des bezogenen Kreditinstituts bar ausgezahlt werden.

Wegen der Verlust- und Diebstahlgefahr kommt der **Verrechnungsscheck** (Art. 39 ScheckG) häufiger vor. Jeder Barscheck kann jederzeit durch den Vermerk „nur zur Verrechnung" zu einem Verrechnungsscheck gemacht werden. Umgekehrt ist dies nicht möglich.

Für den Verrechnungsscheck besteht ein Auszahlungsverbot.

Die Kreditinstitute schreiben die Schecksumme folglich grundsätzlich auf dem angewiesenen Konto bzw. auf dem Konto des Einreichers gut.

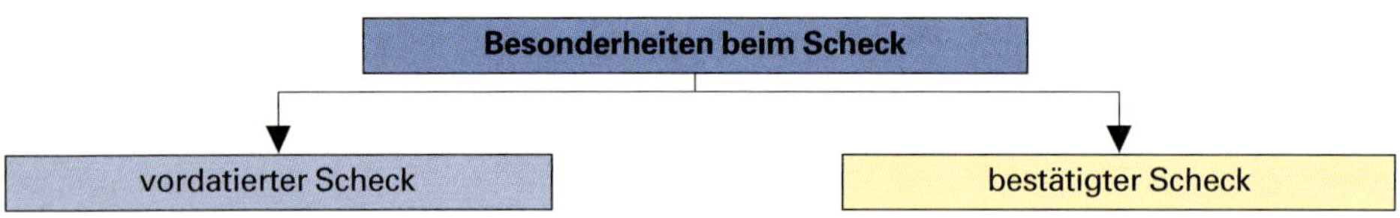

Beim vordatierten Scheck gibt der Aussteller ein in der Zukunft liegendes Ausstellungsdatum an.

Durch die Vordatierung soll die Vorlegungsfrist für den Scheck verlängert werden. Der Grund ist darin zu sehen, dass das Konto des Scheckausstellers im Augenblick der Ausstellung keine Deckung aufweist. Der Scheck wird demnach zunächst

- als **Kreditmittel** und
- erst später als Zahlungsmittel benutzt.

Allerdings dürfen vordatierte Schecks sofort eingereicht werden, da Schecks bei Sicht fällig sind (Art. 28 ScheckG). Die Vordatierung ist also nur dann wirkungsvoll, wenn der Schecknehmer den Scheck nicht vorzeitig einlöst.

Beim bestätigten LZB-Scheck garantiert die Deutsche Bundesbank jedem Inhaber die Einlösung des auf sie gezogenen Schecks.

Aussteller eines bestätigten LZB-Schecks ist ein Kreditinstitut im Auftrag eines Kunden, der selbst bei keiner Landeszentralbank (LZB) ein Konto unterhält. Bestätigte LZB-Schecks werden insbesondere bei größeren Geldbeträgen ausgestellt, um

- an der **Zahlungsfähigkeit des Schuldners keinen Zweifel aufkommen zu lassen,**
- die Übertragbarkeit des Schecks zu sichern.

Allerdings gilt die Einlösegarantie der LZB nur für einen Zeitraum von acht Tagen.

Die Einlösung des Schecks

Der Scheck ist **bei Sicht,** d. h., wenn er der bezogenen Bank vorgelegt wird, fällig. Dabei sind gesetzliche Vorlegungsfristen zu beachten (Art. 29 ScheckG):

- 8 Tage, wenn der Ausstellungsort in der Bundesrepublik Deutschland liegt,
- 20 Tage, wenn der Ausstellungsort in Europa bzw. in einem Mittelmeerland liegt,
- 70 Tage, wenn der Ausstellungsort außerhalb Europas liegt.

Nach Ablauf der Vorlegungsfrist kann die bezogene Bank allerdings den Scheck noch einlösen, sie muss dies aber nicht. Gleichfalls ist nach Ablauf der Vorlegungsfrist ein Widerruf des Schecks möglich.

Bei **Verlust des Schecks** ist die Bank zu benachrichtigen und **der Scheck zu sperren**. Zweckmäßigerweise ist der Bank die Schecknummer mitzuteilen.

Die Nichteinlösung des Schecks (Art. 40 ff. ScheckG)

Wird der Scheck innerhalb der Vorlegungsfrist vorgelegt und wegen mangelnder Deckung nicht eingelöst, muss der Scheckinhaber seine Vormänner und den Aussteller benachrichtigen. Der Inhaber des Schecks kann mit seinem **Rückgriffsrecht** geltend machen:

- die Schecksumme,
- mindestens 6 % Zinsen bzw. um 2 % höhere Zinsen als der Diskontsatz der Landeszentralbank,
- ⅓ % Provision aus der Schecksumme,
- die Auslagen.

Zusammenfassung

1. Beim Inhaberscheck ist jeder Scheckinhaber berechtigt den Scheck zur Einlösung einzureichen. Bei Orderschecks fehlt die Überbringerklausel.
2. Verrechnungsschecks werden auf dem Konto des Einreichers gutgeschrieben.
3. Postbankschecks sind stets Verrechnungsschecks.
4. An Geldautomaten kann mithilfe der Bankkarte mit Magnetstreifen Bargeld ausgezahlt werden. Dazu ist die persönliche Geheimzahl notwendig. Dieselbe Handhabung ermöglicht die Bezahlung an EC-Kassen (POS-Banking).
5. Bei Verlust der Bankkarte und beim Bekanntwerden der Geheimzahl ist das Kreditinstitut unverzüglich zu benachrichtigen. Nur dann tritt eine Haftung des Instituts ein.
6. Der Scheck ist bei Sicht fällig. Inlandsschecks sind innerhalb von 8 Tagen nach der Ausstellung einzulösen.

Aufgaben

1. Suchen Sie in dem abgebildeten Scheckformular die gesetzlichen und die kaufmännischen Bestandteile.
2. Welche Sicherheit bietet der Verrechnungsscheck im Falle des Verlusts?
3. Für welche Zahlungen wird die Firma Hahn & Klein einen Scheck verwenden?
4. Wann ist ein am 5. Mai ausgestellter und auf den 10. Juni vordatierter Scheck fällig?
5. Welche Bedeutung hat die Überbringerklausel?
6. Welche Garantie gilt bei der Inanspruchnahme von Geldautomaten und beim POS-Banking?
7. Welche Pflichten und Rechte hat ein Scheckinhaber bei der Nichteinlösung des Schecks?

2.9.7 Der Wechsel

Der Elektrogerätehersteller Hahn & Klein in Bayreuth kauft am 7. Juli Walzbleche im Wert von 25.000,00 € beim Walzwerk Mainstahl AG in Frankfurt. Hahn & Klein befinden sich in einem Liquiditätsengpass. Sie bitten den Lieferer um Stundung. Das Walzwerk verfügt im Augenblick über 15.000,00 € flüssige Mittel, hat aber selbst eine fällige Zahlungsverpflichtung in Höhe von 40.000,00 € an das Hüttenwerk Alte Hütte GmbH in Dortmund für die Lieferung von Roheisen. Welche für alle Seiten befriedigende Lösung bietet sich an?

Das Walzwerk stellt einen Wechsel aus, mit dem die Firma Hahn & Klein verpflichtet wird, nach drei Monaten (7. Oktober) die Summe von 25.000,00 € zu zahlen. Man sagt: **Der Aussteller zieht einen Wechsel auf den Bezogenen.** Dies ist für die Mainstahl AG nur dann sinnvoll, wenn sie den Wechsel der Alten Hütte GmbH **in Zahlung geben** oder an eine Bank verkaufen kann. Die Bank (bzw. der Lieferer) stellt in diesem Fall Kredit zur Verfügung. Der Wechsel stellt also ein **Kreditmittel** und ein **Zahlungsmittel** dar.

Die Mainstahl AG gibt den Wechsel in Zahlung.	Die Mainstahl AG verkauft den Wechsel an die Bank.

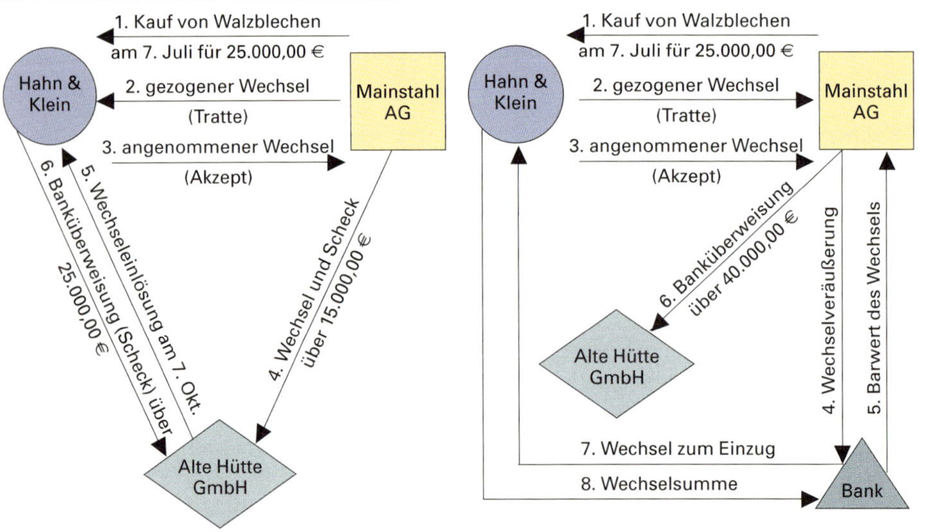

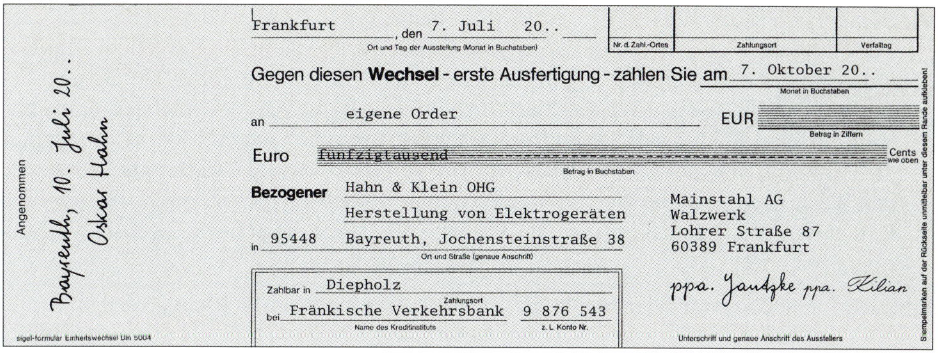
Frankfurt, den 7. Juli 20..
Ort und Tag der Ausstellung (Monat in Buchstaben)
Nr. d. Zahl.-Ortes | Zahlungsort | Verfalltag

Gegen diesen **Wechsel** - erste Ausfertigung - zahlen Sie am 7. Oktober 20..
Monat in Buchstaben

an eigene Order EUR
Betrag in Ziffern

Euro fünfzigtausend Cents wie oben
Betrag in Buchstaben

Bezogener Hahn & Klein OHG
Herstellung von Elektrogeräten
in 95448 Bayreuth, Jochensteinstraße 38
Ort und Straße (genaue Anschrift)

Zahlbar in Diepholz
Zahlungsort
bei Fränkische Verkehrsbank 9 876 543
Name des Kreditinstituts z. L. Konto Nr.

Mainstahl AG
Walzwerk
Lohrer Straße 87
60389 Frankfurt

ppa. Jautzke ppa. Kilian
Unterschrift und genaue Anschrift des Ausstellers

Angenommen
Bayreuth, 10. Juli 20..
Oskar Hahn

sigel-formular Einheitswechsel DIN 5004

Stempelmarken auf der Rückseite unmittelbar unter diesem Rande aufkleben!

Dieser Wechsel könnte auch auf **fremde Order** ausgestellt werden. In diesem Fall erscheint die Alte Hütte GmbH als Wechselnehmer in der Urkunde.

Das Wesen des Wechsels

Der gezogene Wechsel (Tratte) ist eine Aufforderung des Wechselausstellers an den Bezogenen, bei Fälligkeit eine bestimmte Summe zu zahlen. Mit der Akzeptierung durch den Bezogenen entsteht für diesen die Verpflichtung, den angenommenen Wechsel (Akzept) am Fälligkeitstag einzulösen.

Wechselschulden sind abstrakt, d. h., sie sind losgelöst von den Rechtsverhältnissen, die zur Wechselzahlung geführt haben. Der Wechsel begründet folglich eine eigenständige Verbindlichkeit. Die Wechselurkunde ist ein **„geborenes Orderpapier“**, das nur durch **Indossament übertragen** werden kann.

Vor der Akzeptierung haftet der Aussteller für die Einlösung und die Annahme des Wechsels. Mit seiner Unterschrift quer auf den Wechsel („quer schreiben“) begründet der **Bezogene** seine Haftung. Das Wort **Akzept** hat eine zweifache Bedeutung. Man versteht darunter

- die **Annahmeerklärung** des Bezogenen (Art. 21 ff. WG),
- den **akzeptierten Wechsel.**

In der Praxis werden Wechsel auch ohne Akzept in Umlauf gesetzt. Jeder Wechselnehmer ist dann berechtigt, die Akzeptierung zu verlangen.

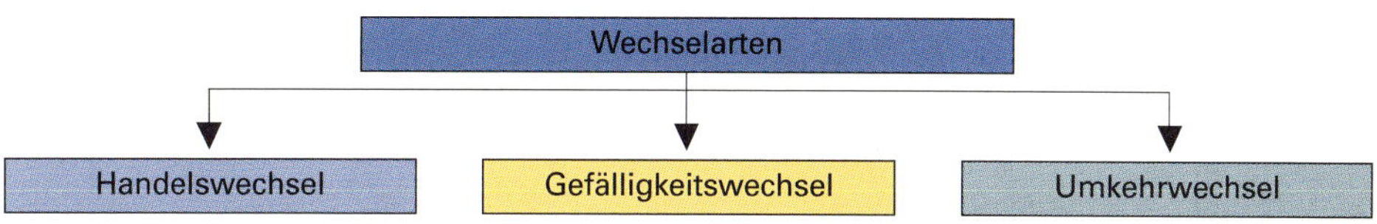

- **Handelswechseln** liegt ein Warengeschäft zugrunde.
- Nimmt der Bezogene nur zur Geldbeschaffung einen Wechsel an, ohne dass eine Warenschuld besteht, so spricht man von einem Finanzwechsel oder **Gefälligkeitswechsel**.

- In manchen Branchen (z. B. in der Textilindustrie) ist folgendes Verfahren üblich: Der **Verkäufer** stellt einen Wechsel **an eigene Order aus,** versieht ihn mit einem **Blankoindossament** und schickt ihn dem Käufer mit der Bitte um Annahme. Der **Käufer akzeptiert** den Wechsel und **diskontiert** ihn bei seiner Bank. Aus der Wechselsumme **bezahlt** er seine Schuld mit **Verrechnungsscheck** (unter Abzug von Skonto zuzüglich des Diskonts und der Wechselspesen). Am Verfalltag löst der Käufer als Bezogener den Wechsel ein. Solche Wechsel heißen **Umkehrwechsel,** da statt des Verkäufers der Käufer den Wechsel diskontiert. Der Vorgang wird auch als **Scheck-Wechsel-Verfahren** bezeichnet.

Beispiel: *Die Complex GmbH schuldet zum 12. Aug. an Hahn & Klein 25.000,00 €. Die Zahlungsbedingung lautet: Bei Barzahlung 2 % Skonto, in 30 Tagen netto Kasse. Die Complex GmbH befindet sich in einem Liquiditätsengpass, müsste also auf den Skontoabzug verzichten.*

Lösung mit Umkehrwechsel (auch: Scheck-Wechsel-Verfahren):

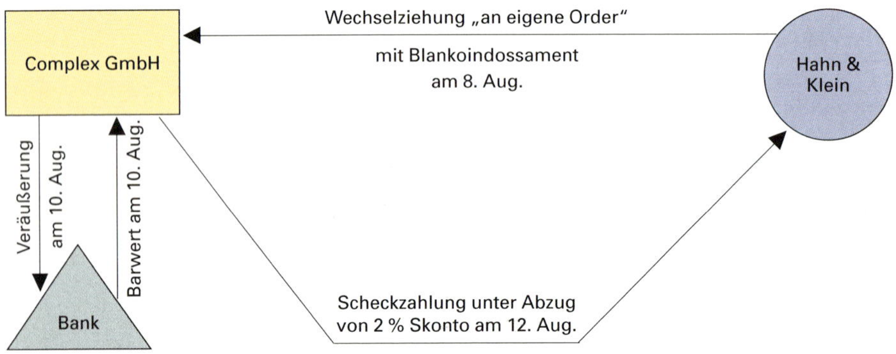

Mit dem Verrechnungsscheck zum Ausgleich der Warenschuld (unter Abzug von 2 % Skonto) überweist die Complex GmbH den Zins und die Wechselspesen (am 12. Aug.). Die endgültige Zahlung erfolgt am 12. Sept. mit der Einlösung des Wechsels.

Die gesetzlichen Bestandteile des Wechsels (Art. 1 ff. WG)

- Die Bezeichnung **Wechsel** im Text der Urkunde.
- Die unbedingte **Anweisung, eine bestimmte Summe zu zahlen.** Der Betrag ist in Worten anzugeben. Lautet der Wechsel auf eine ausländische Währung, so kann er in Landeswährung zum Tageskurs des Verfalltages eingelöst werden (Art. 41 WG).
- **Ort und Datum der Ausstellung.** Das Ausstellungsdatum ist in Buchstaben anzugeben. Die üblichen Abkürzungen für die Monate sind gestattet. Fehlt der Ausstellungsort, so gilt der beim Namen des Ausstellers angegebene Ort als Ausstellungsort.
- Die **Unterschrift des Ausstellers** begründet dessen Haftung für die Annahme und die Einlösung des Wechsels durch den Bezogenen (Art. 9 WG). Durch die Angabe der Anschrift des Ausstellers wird sichergestellt, dass dieser im Falle der Nichteinlösung leicht benachrichtigt werden kann.

- Der **Name des Bezogenen.** Der Wechsel ist bereits als Tratte rechtsgültig. Die Unterschrift des Bezogenen ist deshalb kein gesetzlicher Bestandteil. Gibt sich der Aussteller selbst als Bezogener an, so spricht man vom trassiert-eigenen Wechsel. Dies kommt vor, wenn zwei zu einem Konzern gehörende Firmen Wechsel aufeinander ziehen.
- Der **Name des Wechselnehmers** ist immer anzugeben. Beim Wechsel an **fremde Order** gibt der Aussteller einen Dritten (z. B. Alte Hütte GmbH) als Wechselnehmer an. Beim Wechsel an **eigene Order** bezeichnet sich der Aussteller selbst als Wechselnehmer („an mich selbst", „an eigene Order").
- Nach der **Verfallzeit** ist der Wechsel entweder (Art. 33 ff. WG)
  - ein **Tagwechsel** (Datowechsel), die Verfallzeit ist kalendermäßig bestimmt, z. B. fällig am 12. August 20.., oder
  - ein **Sichtwechsel,** der bei Vorlage fällig wird (spätestens ein Jahr nach der Ausstellung ist dieser Wechsel zur Zahlung vorzulegen), oder
  - ein **Nachsichtwechsel,** der eine bestimmte Frist (z. B. 90 Tage) nach Vorlage (Sicht) zur Zahlung fällig wird.
- Die **Angabe des Zahlungsortes** ist wichtig, da Wechselschulden Holschulden darstellen, d. h., der Wechselinhaber muss den Wechsel am Wohn- oder Geschäftssitz des Bezogenen präsentieren. Um einen bargeldlosen Wechseleinzug zu gewährleisten, gibt man in der Praxis eine Bank als Zahlstelle ein (Domizilierung).

Die Verwendung des Wechsels

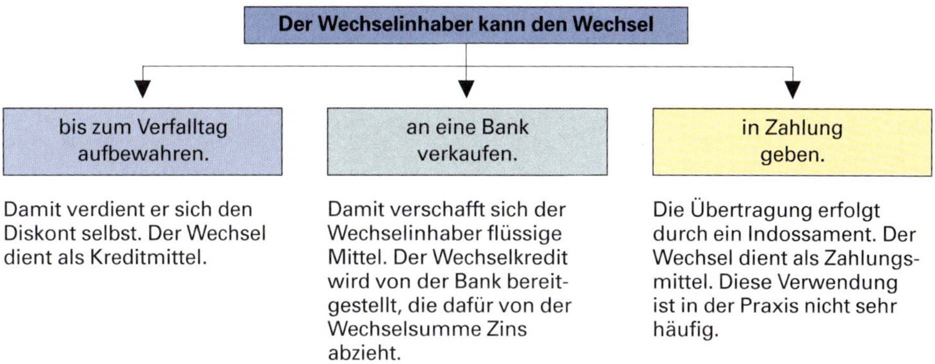

Da der Wechsel ein Orderpapier darstellt, muss der Wechselinhaber in der Urkunde als Berechtigter bezeichnet werden. Bei der Diskontierung und der Übertragung an einen Lieferer ist dies durch einen Übertragungsvermerk auf der Rückseite des Wechsels (Indossament oder Giro) möglich.

Das Indossament hat folgende Wirkungen (Art. 14 ff. WG):

- **Übertragungswirkung** (Transportfunktion). Die Rechte aus dem Papier werden auf einen Dritten übertragen.
- **Ausweisfunktion** (Legitimationsfunktion). Der neue Inhaber wird im Indossament bezeichnet.
- **Haftungswirkung** (Garantiefunktion). Jeder, der ein Indossament auf den Wechsel setzt, haftet seinen Nachmännern für die Akzeptierung und für die Einlösung des Wechsels.

Das vollständige Indossament (Vollindossament) lautet, wenn z. B. die Firma Lutz KG auf die Complex GmbH überträgt: „für mich an die Order der Complex GmbH, Konstanz, den 23. Sept. 20.. Karl Lutz". Durch das **Inkassoindossament** wird eine Bank bevollmächtigt einen Wechsel einzuziehen (Art. 18 WG).

Der Wechsel ist am Zahlungstag (Verfalltag) oder an einem der beiden folgenden Werktage zur üblichen Geschäftszeit vorzulegen.

Fällt der Verfalltag auf einen Samstag, einen Sonntag oder einen Feiertag, dann ist der nächstfolgende Werktag der Zahlungstag.

Der Wechselinhaber bevollmächtigt zum Wechseleinzug meist sein Kreditinstitut durch ein Inkassoindossament. Die Wechselsumme wird auf Veranlassung des Kreditinstituts vom Kontokorrentkonto des Bezogenen bei der Zahlstelle abgebucht und auf dem Kontokorrentkonto des Wechseleinreichers gutgeschrieben.

Weitere Bevollmächtigte können sein:

- sonstige Personen (Boten, Geschäftsfreunde, Angestellte).

Der Einzug des Wechsels (Art. 38 ff. WG)

Da der Wechsel eine **Holschuld** darstellt, ist er am Wohn- bzw. Geschäftssitz des Bezogenen oder bei der angegebenen Zahlstelle einzuziehen. Die Kosten des Einzugs zahlt der Wechselinhaber.

Zusammenfassung

1. Der Wechsel ist ein
   - Kreditmittel,
   - Zahlungsmittel,
   - Sicherungsmittel.
2. Die Tratte ist ein gezogener Wechsel.
   Das Akzept ist ein vom Bezogenen angenommener Wechsel bzw. die Annahmeerklärung.
3. Handelswechsel: Ihm liegt ein Warengeschäft zugrunde.
   Finanzwechsel: Er dient der Geldbeschaffung.
   Umkehrwechsel: Er dient der Geldbeschaffung zum Zwecke der Skontierung von Lieferantenrechnungen.
4. Verwendung des Wechsels: Der Inhaber kann den Wechsel
   - diskontieren,
   - in Zahlung geben,
   - selbst behalten.
5. Der Wechsel ist ein Orderpapier. Die Übertragung erfolgt durch ein Indossament. Dieses hat
   - Übertragungsfunktion,
   - Ausweisfunktion,
   - Haftungsfunktion.
6. Wechselschulden sind Holschulden.

Aufgaben

1. Suchen Sie in dem abgebildeten Formular die gesetzlichen und die kaufmännischen Bestandteile.
2. Wie sieht der Wechsel an eigene Order aus? Warum kommt er in der Praxis häufiger vor als der Wechsel an fremde Order?
3. Welche Bedeutung hat die Unterschrift des Ausstellers für die Sicherheit des Wechsels?
4. Überlegen Sie: Welche Gründe veranlassen einen Aussteller (z. B. Mainstahl AG), dem Verlangen nach Wechselfinanzierung seitens des Bezogenen nachzukommen?
5. Die Mainstahl AG in Frankfurt hat mehrere fällige Kundenwechsel. Auf welche Weise würden Sie diese einziehen? Bezogener ist
   a) Jautzke & Co., Ruhpolding, Wechselsumme 22.500,00 €,
   b) Schmitt & Lutz, Wismar, Wechselsumme 40.000,00 €,
   c) Komplett GmbH, Schopfloch, Zahlstelle Sparkasse Ansbach, Wechselsumme 5.000,00 €.
6. An welchem Tag kann ein Wechsel spätestens zur Zahlung vorgelegt werden? Verwenden Sie den jeweiligen Jahreskalender. Wechsel fällig am:
   a) 15. März b) 9. Mai c) 12. Aug. d) 6. Nov. e) 22. Dez.

3 Ziele und Rahmenbedingungen für unternehmerisches Handeln

3.1 Die Zielvorstellungen im Betrieb

Wollen wir die langfristig angelegte Unternehmenspolitik (z. B. Investitionsentscheidungen), aber auch kurzfristige Maßnahmen (tägliches Verhalten den Kunden, Lieferern, dem Personal, überhaupt der Öffentlichkeit gegenüber) verstehen, so müssen wir die erklärten Absichten, d.h. die Zielvorstellungen des Unternehmens analysieren.

3.1.1 Allgemeine Ziele

Verzinsung des investierten Kapitals

Die meisten **Unternehmungen** in einer marktwirtschaftlichen Wirtschaftsordnung versuchen möglichst viel („maximal") Gewinn zu erwirtschaften. Da für die Formulierung des Gewinnziels der „maximale" Gewinn ein viel zu unklarer Begriff ist, legen die Unternehmer je nach ihrem subjektiven Anspruch den Gewinn fest, mit dem sie sich zufrieden geben würden.

Der Maßstab für den zufrieden stellenden Gewinn ist das eingesetzte Eigenkapital.

Beziehen wir den Gewinn auf das eingesetzte Eigenkapital, dann erhalten wir die **Rentabilität (des Eigenkapitals):**

$$\text{Rentabilität des Eigenkapitals} = \frac{\text{Gewinn} \cdot 100}{\text{eingesetztes Eigenkapital}}$$

Als Untergrenze für die Rentabilität ist dabei der Bankzinssatz für langfristige Gelder anzusehen. Erzielt ein Unternehmen bei einem Kapitaleinsatz von 150 Mio. € einen Reingewinn von 4,5 Mio. €, so entspricht dieser einer Kapitalverzinsung von 3 %. Werden auf dem Kapitalmarkt mehr als diese 3 % als Verzinsung für langfristig angelegtes Kapital angeboten, so ist diese Rentabilität eindeutig zu niedrig. Der Unternehmer könnte sein Kapital ertragreicher als im eigenen Unternehmen investieren! Außerdem verschlechtern sich bei solch niedriger Rentabilität die Möglichkeiten der Fremdfinanzierung. Die Rentabilität bzw. der Gewinn ist eine wichtige Größe für die betriebliche Planung. Die Festlegung der Rentabilität erfolgt heute vielfach unter dem Aspekt der Gewinnausschüttung. Je höher diese ist, desto besser ist der Zugang zum Kapitalmarkt („shareholder value").

Das Solidaritätsprinzip

Genossenschaftliche Betriebe haben die Absicht, die Leistungsfähigkeit ihrer Mitglieder zu stärken. (Parole der ersten Genossenschaften: „Einer für alle, alle für einen!")

Beispiel: *Einkaufsgenossenschaften (z. B. des Spielwarenhandels, der Drogisten) versuchen durch Zusammenfassung von Kleinaufträgen zu großen Bestellungen die Vorteile des Großeinkaufs zu erhalten und diese an ihre angeschlossenen Betriebe weiterzugeben.*

In der Praxis werden die von der Genossenschaft erwirtschafteten Gewinne nicht voll an die Genossen weitergegeben. Man verwendet diese Gewinnanteile zur Rationalisierung, aber auch zur Expansion. Ziel hierfür ist, die Wettbewerbsfähigkeit der Genossenschaft selbst zu erhalten und zu stärken.

Das Kostendeckungsprinzip

Öffentliche Betriebe (Energie- und Wasserversorgung, Krankenkassen, Nahverkehr, Theater, gemeinnütziger Wohnungsbau) sollen gemeinschaftliche, d. h. öffentliche Bedürfnisse decken. Ihr Ziel kann es nicht sein, bedeutende Gewinne zu erwirtschaften. Um dauerhaft wirtschaften zu können, müssen solche Betriebe aber zumindest ihre Kosten decken. Geringe Gewinne werden natürlich gern in Kauf genommen.

Manchmal erzielen auch öffentliche Betriebe stattliche Gewinne, ohne dass man dann die Preise für ihre Leistungen herabsetzt. Solche Gewinne werden dazu verwendet, Verluste von Schwesterfirmen abzumildern.

Das Sicherheitsstreben

Auf **risikoreichen Märkten** geben sich Unternehmer oft mit den Entscheidungen zufrieden, die das geringste unternehmerische Risiko bergen (z. B. bei der Auswahl zukünftiger Absatzgebiete im Export).

Umweltverträglichkeit betrieblicher Maßnahmen

Hemmungsloses Umsatz- und Gewinnstreben kann zu großen, nicht mehr gutzumachenden **Umweltschäden** führen. Deshalb sind betriebliche Maßnahmen auf ihre Umweltverträglichkeit zu prüfen. Viele Betriebe richten Abteilungen ein, deren Aufgabe es ist, eine ökologische Kontrolle vorzunehmen. Dies verursacht natürlich höhere betriebliche Kosten, kann aber über einen Prestigegewinn auch zu zusätzlichen Erträgen führen.

Soziale Ziele

Mit der Formulierung und der Durchsetzung sozialer Ziele (z. B. Sicherung des Arbeitsplatzes, menschenwürdige Gestaltung der Arbeitsplätze, gerechte Entlohnung, Mitbestimmung) versucht der Betrieb, eine hohe Motivation seiner Mitarbeiter zu gewährleisten.

3.1.2 Die wirtschaftlichen Ziele im Einzelnen

Materielle und „immaterielle" Ziele

Zur Führung des Betriebes wird man versuchen, **materielle Ziele** in Messzahlen auszudrücken und damit kontrollierbar zu machen.

- Neben der Rentabilität des Eigenkapitals, die mit Zahlen der Gewinn- und Verlustrechnung und der Bilanz errechnet wird – also eine periodenbezogene Größe darstellt –, kann auch noch eine **Rentabilitäts**ziffer **für** einzelne **Investitionen** ermittelt werden:

$$\text{Rentabilität der Investition} = \frac{\text{Ertrag aus der Investition} \cdot 100}{\text{investiertes Kapital}}$$

  Im Unterschied zu der uns schon bekannten Rentabilität des Eigenkapitals spielt es hier keine Rolle, ob die Investition mit Eigen- oder Fremdkapital finanziert wurde. Betrachtet man die Höhe des Ertrages aus einer Investition als den Kapitalrückfluss aus einer Investition (amerikanisch: **ROI = Return on Investment),** so erkennt man unter mehreren Investitionsmöglichkeiten die günstigste für das Unternehmen. Die Schwäche dieses Verfahrens liegt allerdings in der kurzfristigen Betrachtungsweise, die **zukünftige Kosten und Erträge** nicht berücksichtigt.

- Mithilfe der **Wirtschaftlichkeit** beziehen wir die Erträge auf die Aufwendungen einer Periode (oder einer Investition):

$$\text{Wirtschaftlichkeit} = \frac{\text{Erträge}}{\text{Aufwendungen}}$$

  Da es sich bei der Wirtschaftlichkeit um eine **Wertgröße** handelt, bei der Wertschwankungen (stark schwankende Rohstoffpreise, Lohnerhöhungen, aber auch unterschiedliche Verkaufspreise für ein Produkt) die Beurteilungsmöglichkeit der Messziffer beeinträchtigen, ist diese Größe zur Zielplanung weniger geeignet. Man nimmt dafür besser eine **Mengengröße.**

- Diese Mengengröße heißt **Produktivität:**

$$\text{Produktivität} = \frac{\text{Ausbringungsmenge (Stück, kg, hl)}}{\text{Einsatzmenge (Stück, kg, hl)}}$$

  Diese Formel ist für die betriebliche Anwendung viel zu allgemein, da man schlecht Fertigerzeugnisse (Fahrräder) auf die Einsatzmenge (Stahlrohre, Teile) beziehen kann. Deshalb wird diese Messzahl je nach Bedarf abgewandelt:

$$\text{Produktivität einer Maschine} = \frac{\text{Ausbringungsmenge}}{\text{Maschinenlaufzeit (in Stunden)}}$$

$$\text{Arbeitsproduktivität} = \frac{\text{Ausbringungsmenge}}{\text{geleistete Arbeitsstunden}}$$

  oder

$$\text{Arbeitsproduktivität} = \frac{\text{Ausbringungsmenge}}{\text{Mitarbeiterzahl}}$$

- Um in der Marktwirtschaft überleben zu können, muss eine Unternehmung ihren laufenden Zahlungsverpflichtungen nachkommen können. Sie muss „liquide", d. h. zahlungsfähig sein. Deshalb ist die Aufrechterhaltung einer ausreichenden **Liquidität** mehr als ein Unternehmensziel: Sie ist eine Mindestbedingung!

$$\text{Liquidität} = \frac{\text{Zahlungsmittel + geldnahe Vermögensteile}}{\text{kurzfristige Verbindlichkeiten}}$$

Aktiva	Bilanz (in Tsd. €)		Passiva
Anlagen	750	Eigenkapital	720
Vorräte	450	Darlehen	380
Forderungen	220	Verbindlichkeiten	400
Zahlungsmittel	80		
	1.500		1.500

Die Liquidität wäre in diesem Fall 0,75 oder 75 %.

Eine Verbesserung der einzelnen Messziffern ist ein vages Ziel. Die konkrete Verwirklichung dieser Ziele erfolgt in den einzelnen Teilbereichen der Unternehmung:

Konkrete Ziele im Bereich		
der Beschaffung	**der Produktion**	**des Absatzes**
– Erzielung von Rabatten – Senkung der Bezugskosten – Senkung des Lagerbestandes	– Personaleinsparungen – Senkung der Materialausschussquote – Beschleunigung der Produktion – Verbesserung der Auslastung der Maschinen – Erhöhung der Vorräte (ständige Produktionsbereitschaft) – Verringerung der Typenvielfalt	– Erhöhung des Marktanteils – Einführung eines neuen Erzeugnisses – Einführung eines neuen Markennamens – Werbemaßnahmen zur Erhöhung des Bekanntheitsgrades – Erweiterung der Typenvielfalt

der Verwaltung	der Finanzierung
– Einführung der Datenverarbeitung – Einführung eines neuen Kontenrahmens – Personaleinsparungen – Umstrukturierung der Aufbauorganisation – Änderung von Arbeitsabläufen	– Verbesserung der Liquidität – Rückzahlung von Fremdkapital und damit Verminderung der Zinsen – Aufnahme neuer Kredite – Ausgabe neuer Aktien

Alle bisher genannten Ziele sollen materielle Vorteile bringen. Häufig werden aber Absichten verfolgt, die nicht unmittelbar eine Gewinnabsicht **(„immaterielle Ziele")** erkennen lassen:

- Aufbau einer „guten" öffentlichen Meinung (Rüstungsbetrieb stellt in der Werbung sein sonstiges Produktionsprogramm vor). Man spricht von **Publicrelations.**
- Prestigedenken veranlasst, repräsentative Gebäude, Fahrzeuge, Einrichtungsgegenstände zu erwerben.
- Ein Industriebetrieb treibt Grundlagenforschung.

Vordergründig betrachtet, handelt es sich hier um die Verfolgung immaterieller Ziele, zumindest aber um eine Beeinträchtigung der Gewinnerzielungsabsicht. Doch wird man leicht einsehen, dass auch solche Maßnahmen langfristig die Wettbewerbsfähigkeit der Unternehmung stärken sollen.

Lang- und kurzfristige Ziele

Grundsätzlich sind betriebliche Vorhaben langfristig angelegt (Marktbeherrschung, Umsatzerhöhung, Investition). Deshalb müssen betriebliche Maßnahmen auch in kurzer Sicht in die langfristige Zielprojektion[1] eingebettet sein. Doch können wir immer wieder beobachten, dass kurzfristige Ziele den langfristigen scheinbar zuwiderlaufen:

- Durch „Kampfpreise“ wird die Ertragssituation kurzfristig verschlechtert.
- Kauf eines vorläufig noch nicht benötigten Grundstücks.

Solche Maßnahmen belasten zwar kurzfristig den Erfolg, dienen aber langfristig dazu, Gewinne zu erwirtschaften. Ein Ziel ist jedoch immer kurzfristig zu verwirklichen:

Ausreichende Liquidität, ohne die der Betrieb sehr schnell in Zahlungsschwierigkeiten käme.

Konkurrierende Ziele

Manchmal prallen im Betrieb Meinungen (d. h. Zielvorstellungen) von Mitarbeitern oder gar von Abteilungen aufeinander, die das angestrebte Gesamtziel gefährden:

- Der Lagerleiter möchte mehr Lagerfläche, die Geschäftsleitung lieber die Lagervorräte einschränken.
- Vertriebsleute wollen eine Werbemaßnahme durchführen, Ingenieure das Geld lieber für Produktverbesserungen verwenden.
- Die Produktionsabteilung möchte Personal einsparen, der Betriebsrat mehr Arbeitsplätze schaffen.

Wenn man nun schon um das Vorhandensein solcher konkurrierender Ziele weiß, ist es erforderlich, dass alle verfolgten Absichten sichtbar gemacht und diskutiert werden. Dazu müssen die beteiligten Personen angehört und in den Planungsprozess verantwortlich einbezogen werden. Die Planung hat auch die Aufgabe, dafür zu sorgen, dass Ziele formuliert werden, die von den beteiligten Personen und Abteilungen anerkannt werden. So dürfen Umsatzvorgaben für Bezirksreisende nicht über deren Köpfe hinweg festgelegt werden. Solche Plandaten stoßen häufig auf Ablehnung. („Die da oben sind ja alle Spinner.“)

3.1.3 Ökologische Ziele

Jede wirtschaftliche Betätigung beeinträchtigt die Umwelt. Um betriebliche Ziele zu erreichen, muss der Betrieb ökologische Ziele formulieren. Dafür ist es erforderlich, eine Klärung der Umweltverträglichkeit des Betriebes und seiner Produkte herbeizuführen.

1 **Zielprojektion:** in Vorgabezahlen ausgedrückte Unternehmensziele

Als Instrument **betrieblicher Umweltschutzmaßnahmen** wurde durch das Institut für ökologische Wirtschaftsforschung in Zusammenarbeit mit Industriebetrieben das „Öko-Controlling" entwickelt. Hier soll die betriebliche Planung, Steuerung und Kontrolle unter ökologischen Aspekten erfolgen. Durch Analysen verschiedener betrieblicher Zusammenhänge und Gegebenheiten („Bilanzen") sollen ökologische Schwachstellen sichtbar werden.

Im Einzelnen werden folgende „Bilanzen" geführt:

- Die **Input-Output-Bilanz:**

Input-Output-Systematik

Stoff- und Energiebilanz

Input	Output
I. Stoffe	**I. Produkte**
1. Rohstoffe	1. Primärprodukte
2. Hilfsstoffe	2. Kuppelprodukte
3. Betriebsstoffe	
4. Weitere Materialien	**II. Stoffliche Emissionen**
	1. Abfall
II. Energien	2. Abwasser
1. gasförmig	3. Abluft
2. flüssig	
3. fest	**III. Energetische Emissionen**
	1. Abwärme
	2. Lärm

- In **Prozessbilanzen** wird dargestellt, welche Umweltwirkungen im Laufe des Fertigungsprozesses durch die Anwendung verschiedener Arbeitsverfahren und -techniken auftreten.
- Die **Produktbilanz** gibt die ökologischen Wirkungen eines Produkts in allen seinen Lebensstufen wieder. Es werden die Umwelteinflüsse von der Urproduktion über die Grundstofferzeugung und die Weiterverarbeitung bis hin zu Transport, Konsum und Entsorgung dargestellt. Diese Bilanz löst eventuell produktpolitische Entscheidungen aus.
- **Substanzbilanz:** Dargestellt werden die betriebliche Nutzung der Bodenfläche, Eingriffe in Landschaftsstrukturen sowie die ökologische Betrachtung des Betriebsvermögens.

Dieser Analyse der Umweltsituation folgt eine **ökologische Bewertung** der Bilanzen. Sie wird in Kategorien vorgenommen:

Kategorie A	großes ökologisches Problem, großer Handlungsbedarf
Kategorie B	ökologisches Problem vorhanden, mittlerer Handlungsbedarf
Kategorie C	kein ökologisches Problem, kein Handlungsbedarf

Aufgrund der Bewertung der ökologischen Situation des Unternehmens erfolgt die Erarbeitung und die Definition der **ökologischen Unternehmensziele.** Um eine möglichst große Akzeptanz durch die Geschäftsleitung und die Belegschaft zu erzielen, ist es empfehlenswert, in die Arbeitsgruppe neben Umweltexperten den Betriebsrat und die Leitung mit einzubeziehen. Die formulierten Ziele werden umgesetzt. Die Kontrolle hält die gemachten Erfahrungen fest und gibt sie zur Zielkorrektur weiter.

Mithilfe der Öko-Audit-Verordnung[1] versucht die EU ein Umweltmanagement europaweit zu ermöglichen. Unternehmen, die sich daran beteiligen

- ***führen aktiv Umweltschutz durch,***
- ***erhalten ein Zertifikat, mit dem sie werben können.***

Zur Konkretisierung der ökologischen Ziele sind **neun Bedingungen** einzuhalten:

1. Umweltpolitik:

Die Unternehmen müssen sich zu einer Umweltpolitik verpflichten, mit der

- die einschlägigen Umweltvorschriften national und EU-weit eingehalten werden,
- der betriebliche Umweltschutz angemessen und kontinuierlich verbessert und
- der Stand der Technik im Unternehmen verwirklicht wird.

2. Umweltprüfung:

In einer Umweltprüfung muss das Unternehmen alle umweltrelevanten Tatbestände in einer ersten Bestandsaufnahme darlegen.

3. Umweltprogramm:

Ein Umwelt-Leitfaden soll beschreiben, mit welchen Instrumenten das Umweltprogramm im Unternehmen umgesetzt werden soll.

4. Umweltmanagementsystem:

In einem Umweltmanagementsystem sind Organisationsstruktur, Zuständigkeiten, Verfahren, Abläufe und Mittel zur Verringerung der Umweltbelastung festzulegen.

5. Umweltbetriebsprüfung:

Eine Umweltbetriebsprüfung stellt alle drei Jahre fest, ob Organisationsmanagement und Betriebsabläufe mit Umweltpolitik und Umweltprogramm übereinstimmen.

6. Umwelterklärung:

Nach jeder Umweltbetriebsprüfung muss das Unternehmen eine Umwelterklärung veröffentlichen.

7. Umweltgutachter:

Ein unabhängiger Sachverständiger prüft, ob Umweltpolitik, Umweltprogramm, Umweltmanagementsystem, die Umweltbetriebsprüfung und die Umwelterklärung der EU-Verordnung entsprechen.

8. Umweltregister:

Die Teilnahme am Öko-Audit wird ins **EU-Standortregister** eingetragen (bei der IHK).

9. Teilnahmeerklärung:

Mit der **Teilnahmeerklärung** wird das Unternehmen berechtigt mit dem Audit Öffentlichkeitsarbeit zu betreiben.

---

1 Audit = Kontrolle, Überwachung

3.1.4 Soziale Ziele

Die Verwirklichung sozialer Ziele soll eine hohe Mitarbeitermotivation erreichen und erhalten. Insofern ist damit auch die Erhöhung der Arbeitsproduktivität verbunden.

Im Einzelnen kommen in Betracht:

Finanzielle Absicherung der Mitarbeiter und deren Familien:

- Gestaltung des Lohnsystems
- Erfolgsbeteiligung
- Altersversorgung
- Vermögensbildung in Arbeitnehmerhand

Arbeitszeitgestaltung:

- flexible (gleitende) Arbeitszeit
- Einrichtung von Arbeitszeitkonten
- Einrichtung von Teilzeitarbeitsplätzen
- Aufteilung eines Arbeitsplatzes auf mehrere Personen („Jobsharing")
- angemessene Pausenregelung

Arbeitsplatzgestaltung:

- Gestaltung von angemessenen Arbeitsbedingungen
- Gestaltung von Großraumbüros

Förderung bestimmter Personen:

- Verwirklichung der Mitbestimmung
- Frauenförderung
- Förderung von Schwerbehinderten

Absicherung und Gestaltungshilfe für die Freizeit:

- Werkswohnungen
- Errichtung von betrieblichen Sportplätzen bzw. von Betriebssportgruppen
- Einrichtung von Bibliotheken

Solche Maßnahmen sollen helfen ein gedeihliches Betriebsklima zu schaffen („Humanrelations")

Zusammenfassung

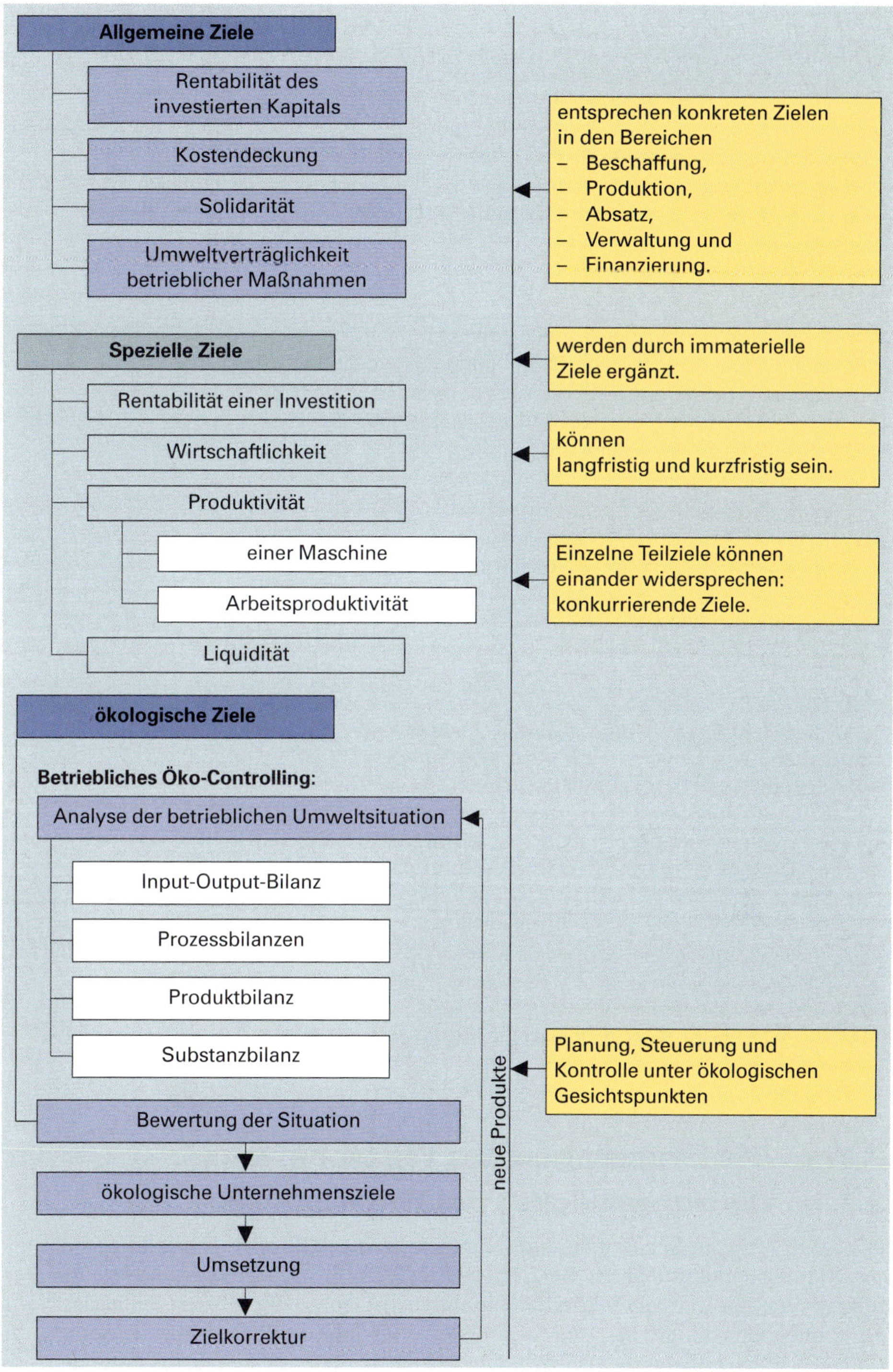

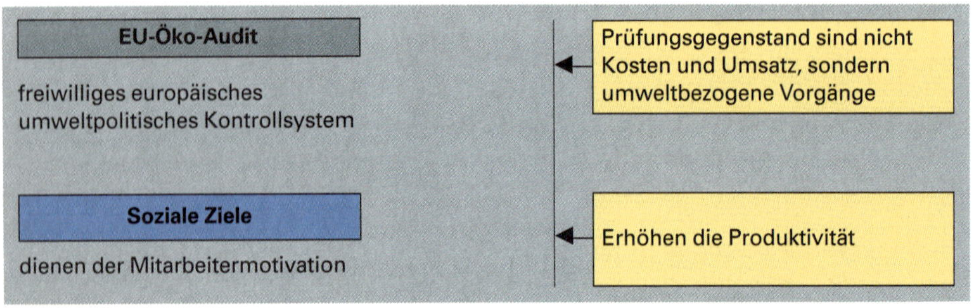

Aufgaben

1. Warum ist der Bankzinssatz für langfristige Gelder die Untergrenze für die Rentabilität?
2. Suchen Sie weitere Beispiele für konkurrierende Zielvorstellungen.
3. Berechnen Sie als vertriebliche Produktionskennziffern für einen Supermarkt:
   - Umsatz pro Quadratmeter Verkaufsfläche,
   - Umsatz pro Verkaufsmitarbeiter,
   - Umsatz pro Mitarbeiter,
   - durchschnittlicher Umsatz pro Artikel.

   Gehen Sie dabei von folgenden Zahlen aus: Umsatz 10,2 Millionen €, Verkaufsfläche 400 Quadratmeter, 12 Verkaufsmitarbeiter, insgesamt 20 Beschäftigte; es werden 1 600 Artikel geführt.
4. Welche konkreten Ziele lassen sich in Ihrem Ausbildungsbetrieb feststellen?
5. Errechnen Sie die Rentabilität des Eigenkapitals und die Wirtschaftlichkeit. (Ertrag 40,3 Mio. €, Aufwand 39,2 Mio. €, Eigenkapital 7,5 Mio. €)
6. Nehmen Sie Stellung zu folgender Aussage: „Es muss das Ziel der Unternehmensleitung sein, alle Ziele – auch die immateriellen – als materielle Ziele zu formulieren."
7. Warum ist die Liquidität eine Mindestbedingung?
8. Überprüfen Sie Ihre gegenwärtige Ausbildungsabteilung auf umweltverträgliche Arbeitsmittel.
9. Es wird immer wieder behauptet, ein wirksamer Umweltschutz schaffe neue Arbeitsplätze. Überprüfen Sie die Behauptung auf ihre Gültigkeit.
10. Ökologische Maßnahmen der Betriebe führen oft zu erhöhten Produktionskosten. Müssen Betriebe deshalb auf solche Maßnahmen verzichten?
11. Welche Aufgaben könnte ein Umweltbeauftragter in einem Fertigungsbetrieb haben?
12. Welche Vorteile bringt das EU-Öko-Audit? Wo sehen Sie die Grenzen?
13. Welche sozialen Zielvorstellungen werden in Ihrem Ausbildungsbetrieb verwirklicht?
14. Wo sehen Sie die Grenzen für soziale betriebliche Ziele?

3.2 Die Grundlagen des Wirtschaftens

3.2.1 Die Notwendigkeit des Wirtschaftens

Wir leben nicht im Schlaraffenland. Nur ganz wenige Güter (z. B. die Luft) stellt uns die Natur zur unmittelbaren Bedürfnisbefriedigung in unbegrenzter Menge zur Verfügung. Von der Luft allein können wir aber nicht leben. Wir müssen die in der Natur vorkommenden Güter be- und verarbeiten, um unsere Bedürfnisse befriedigen zu können. Wirtschaftsbetriebe übernehmen (neben den privaten Haushaltungen) die konsumgerechte Aufbereitung der in der Natur vorkommenden Güter. Da diese Güter nur in begrenzten Mengen vorkommen, also knapp sind, müssen wir sparsam mit ihnen umgehen.

Allerdings müssen auch heute schon wirtschaftliche Maßnahmen ergriffen werden, um die Qualität des „freien“ Gutes Luft zu sichern (z. B. Verordnungen zur Begrenzung von Abluftschadstoffen).

Wir müssen wirtschaften, um knappe Güter in einer konsumgerechten Form für die Bedürfnisbefriedigung bereitzustellen.

3.2.1.1 Die Bedürfnisse

Die Bedürfnisse stellen die Motive für das ökonomische Handeln dar. Treten bei uns Gefühle des Mangels auf (z. B. Hunger, Durst), so entsteht das Bestreben, dieses Mangelerlebnis zu beseitigen.

Wir wollen das aufgetretene Bedürfnis befriedigen (z. B. durch Essen, Trinken). Beurteilen wir die Bedürfnisse nach ihrer Dringlichkeit, so stellen wir fest, dass diese für uns nicht gleich wichtig sind. Manche Bedürfnisse müssen unbedingt befriedigt werden; viele werden nur befriedigt, um sich einen bestimmten Lebensstandard zu schaffen oder zu erhalten. Oft werden solche Bedürfnisse von der Gesellschaft geweckt. Wer auf eine Bedürfnisbefriedigung verzichtet, kann nicht „mitreden“ und läuft im schlimmsten Fall Gefahr, von der Gesellschaft geächtet zu werden (z. B. beim Verzicht auf bestimmte Kleidungsstücke im Beruf wie der Krawatte).

Wir unterscheiden nach der Dringlichkeit:

- **Existenzbedürfnisse** wie Essen, Trinken, Wohnen, Bewegung, Information. Die Deckung dieser Bedürfnisse ist für das Überleben unbedingt erforderlich.
- **Kulturbedürfnisse.** Viele Bedürfnisse treten erst mit einem kulturell-zivilisatorischen Entwicklungsstand der Gesellschaft auf (z. B. Autofahren, Unterhaltung, Bildung, Urlaub). Die Deckung dieser Bedürfnisse ist nicht unbedingt erforderlich; sie kann in schlechten Zeiten unterbleiben bzw. hinausgeschoben werden (z. B. der Kauf eines neuen Autos).
- **Luxusbedürfnisse** wie das Verlangen, eine Weltreise zu machen, oder der Wunsch, eine Entfernung in einem Sportwagen zurückzulegen.

Man kann die Bedürfnisse weiter in **Individual-** und in **Kollektiv-** oder **Gemeinschaftsbedürfnisse** einteilen, je nachdem, ob ein Bedürfnis bei einer einzelnen Person oder bei einer Gruppe von Personen auftritt:

- **Individualbedürfnisse:** Essen, Trinken, Erholung usw.
- **Gemeinschaftsbedürfnisse:** Straßenbau, Unterricht, Sicherheit für die Bürger eines Staates usw.

3.2.1.2 Der Bedarf

Für die Umsatzplanung der Unternehmen ist die Unterscheidung der Begriffe Bedürfnis und Bedarf nötig: So erfahren wir in einer Befragung, dass sehr viele Autofahrer gern einen Sportwagen besitzen würden. Doch

- der Wunsch wird nie Wirklichkeit, weil z. B. Sportwagen über eine zu geringe Zahl von Sitzplätzen verfügen und
- die Kaufkraft zur Anschaffung und zur Unterhaltung des Wagens fehlt.

Fallen solche Absatzhemmnisse weg, so wird das Bedürfnis wirtschaftlich interessant. Wir sprechen dann von Bedarf.

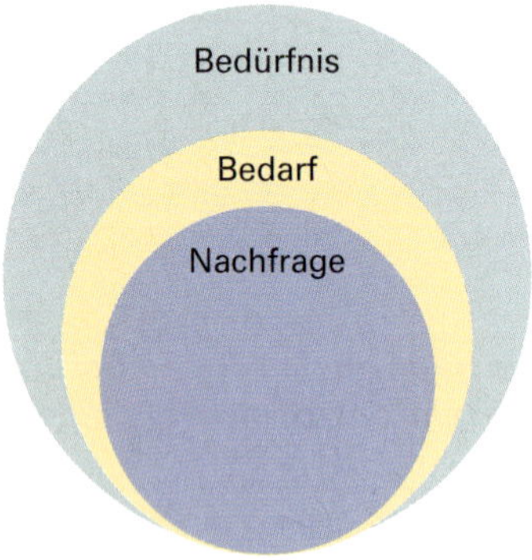

Bedarf ist die Summe aller durch einen Kaufwunsch und durch Kaufkraft (Einkommen, Vermögen) abgestützten Bedürfnisse.

Der auf dem Markt tatsächlich realisierte Bedarf heißt Nachfrage.

Die Werbung versucht, den Bedarf zu wecken, indem sie bei den Verbrauchern Konsumwünsche erzeugt. Oft kommt der Einführung neuer Erzeugnisse (z. B. Camcorder) eine Bedarfsströmung seitens der Verbraucher entgegen. Bei diesem **latenten Bedarf**[1] ersparen sich die Anbieter besonders intensive Werbemaßnahmen.

3.2.1.3 Die Güter

Güter sind die Mittel, mit denen eine Bedürfnisbefriedigung herbeigeführt wird.

Mittel, welche die Natur unbegrenzt und unentgeltlich zur Verfügung stellt, nennen wir freie Güter (z. B. Luft, Meerwasser, Sand in der Wüste). Die meisten Güter stehen allerdings nur in einem begrenzten Umfang und nicht in der von uns gewünschten Art und Weise zur Verfügung (Rohstoffe, Energie). Wir müssen deshalb bei der bedarfsgerechten Aufbereitung und beim Konsum dieser Güter sparsam mit ihnen umgehen. Man spricht folglich von knappen Gütern oder von Wirtschaftsgütern. Dies können sein:

- **Sachgüter** (z. B. Lebensmittel, Bücher, Elektrogeräte),
- **Dienstleistungen** (z. B. Reparaturen, Beratung, Unterricht),
- **Rechte** (z. B. Patente, Lizenzen, Markenname, Nutzungsrechte).

1 latenter Bedarf = vorhandener, aber noch nicht zutage getretener Bedarf

 3652202

Aber auch die freien Güter unterliegen immer mehr der Bewirtschaftung. Durch die zunehmende Umweltverschmutzung müssen Flüsse und Seen, aber auch das Meerwasser „aufbereitet“, d. h. gereinigt, werden. Vielen Industriebetrieben werden Auflagen gemacht, um eine weitere Umweltverschmutzung zu verhindern.

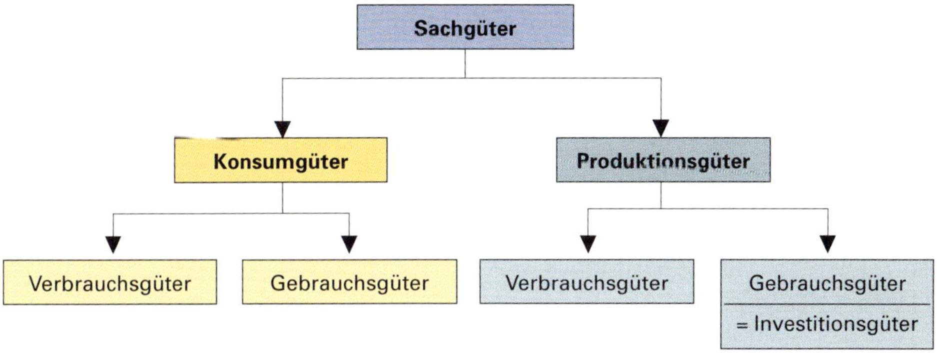

Eine weitere Unterscheidung teilt die Güter in **Konsum-** (z. B. Lebensmittel, Fernsehgeräte) und **Produktionsgüter** (z. B. Drehbank, Rohstoffe) ein, je nachdem, ob als Abnehmer der private Konsument oder ein Wirtschaftsbetrieb auftritt. Konsumgüter dienen der unmittelbaren Bedürfnisbefriedigung, Produktionsgüter werden bei der Herstellung und beim Vertrieb aller Güter benötigt. Wir finden sowohl bei Konsumgütern als auch bei Produktionsgütern reine **Verbrauchsgüter** und **Gebrauchsgüter.** Verbrauchsgüter verlieren durch eine einmalige Verwendung ihren wirtschaftlichen Wert, Gebrauchsgüter durch eine mehrmalige Nutzung. Die Unternehmen drücken die Wertminderung von Gebrauchsgütern durch die Abschreibung aus. Manche Erzeugnisse können sowohl den Konsum- als auch den Produktionsgütern zugerechnet werden. Automobile und PCs werden von Haushaltungen und von Betrieben nachgefragt. Die Vertriebsaktivitäten der Hersteller sind folglich auf den Abnehmerkreis abzustimmen.

Maschinen, Fahrzeuge, Einrichtungsgegenstände, die von Betrieben angeschafft werden, nennen wir **Investitionsgüter,** ihre Produzenten Betriebe der Investitionsgüterindustrie. Da mithilfe der Investitionsgüter die Produktion und der Vertrieb der übrigen Güter bewirkt wird, ist diesem Bereich besondere Aufmerksamkeit zu schenken. Auf eine Erhöhung der Nachfrage nach Investitionsgütern folgt eine Steigerung der gesamten Güterproduktion, da die Betriebe ihre neu angeschafften Anlagen auch nutzen wollen. Natürlich wird eine Investition nur dann vorgenommen, wenn die Unternehmer eine Erhöhung der Nachfrage erwarten.

Unter den Gütern gewinnen **Dienstleistungen** ein immer stärkeres Gewicht. Wirtschaftszweige mit hohen Zuwachsraten in diesem Bereich sind z. B. die Tourismusbranche, Versicherungen, Banken, Reparatur- und Servicebetriebe, Beratungsdienste. Diese Betriebe beschäftigen zunehmend viele Menschen, während im Produktionsbereich die Beschäftigtenzahl rückläufig ist. Man spricht deshalb schon von einer Dienstleistungsgesellschaft.

Eine besondere Bedeutung für die Befriedigung der Bedürfnisse von Haushalten und von Unternehmen kommt dem **Informationsbedürfnis** zu. Viele Unternehmen bieten in diesem Wirtschaftsbereich Leistungen an: Presse, Fernsehen, Marktforschungsgesellschaften, Adressverlage, Rechtsanwälte, Betriebe der Datenverarbeitung usw.

3.2.1.4 Das ökonomische Prinzip

Wir arbeiten wirtschaftlich, wenn wir mit knappen Gütern eine größtmögliche Bedürfnisbefriedigung erzielen.

Dieser Grundsatz gilt für jedes wirtschaftliche Handeln. Wir sprechen vom ökonomischen (wirtschaftlichen) Prinzip oder vom Rationalprinzip.

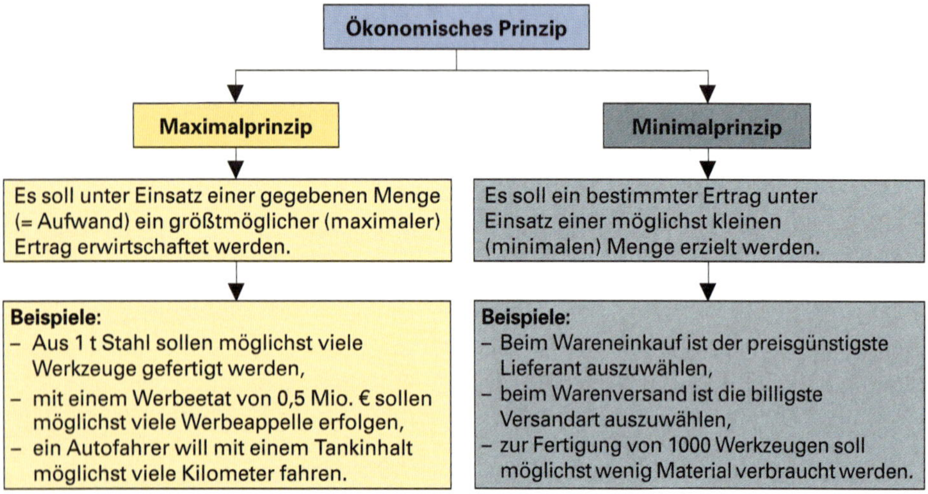

Das ökonomische Prinzip kommt in den Zielvorstellungen der Unternehmung zum Ausdruck und wird deshalb durch verschiedene Kennziffern dargestellt.

Zusammenfassung

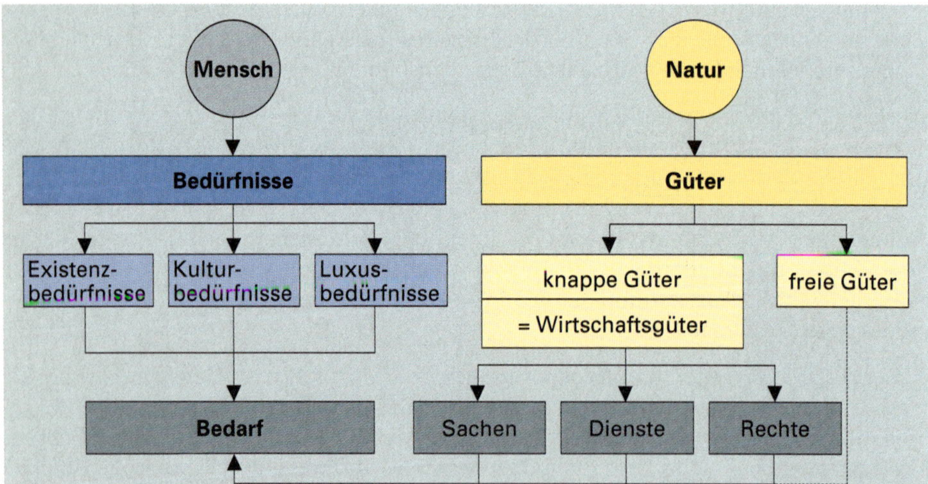

- Güter, die von privaten Haushaltungen gekauft werden, heißen Konsumgüter. Werden sie von Betrieben gekauft, nennen wir sie Produktionsgüter.
- Gebrauchsgüter, die von den Betrieben angeschafft werden, heißen Investitionsgüter.

- Minimalprinzip: möglichst geringer Aufwand ⟶ gegebener Ertrag
- Maximalprinzip: gegebener Aufwand ⟶ möglichst hoher Ertrag

Aufgaben

1. Nennen Sie weitere Existenz-, Kultur- und Luxusbedürfnisse.
2. Der für das „tägliche Leben" nicht erforderliche Teil des Einkommens wird „frei verfügbares" Einkommen genannt. Für welche Güter ist die Höhe dieses frei verfügbaren Einkommens wichtig? Warum?
3. Unterscheiden Sie: Bedürfnis – Bedarf – Nachfrage.
4. Warum machen Konsumgüter andere Vertriebsaktivitäten erforderlich als Produktionsgüter?
5. Welche Produzenten von Investitionsgütern kennen Sie?
6. Nennen Sie weitere Beispiele für das Maximal- und das Minimalprinzip.

3.2.2 Die Produktionsfaktoren

Produktionsfaktoren sind die aus technischen oder wirtschaftlichen Gründen zur Produktion von wirtschaftlichen Gütern unentbehrlichen Elemente.

Die Wirtschaftstheorie versucht Beziehungen zwischen dem Einsatz an Produktionsfaktoren (Input) und den erstellten Leistungen (Output) herzustellen. Dabei geht es in der **Volkswirtschaftslehre** um Erkenntnisse bei der Erstellung des Bruttoinlandsprodukts, der Ermittlung des Wirtschaftswachstums, der Einkommensbildung und der Einkommensverteilung. In der **Betriebswirtschaftslehre** geht es um die Wirtschaftlichkeit der Produktion. Es sollen Rationalisierungsmaßnahmen, d. h. Verbesserungen bei der Kosten- und Ertragssituation der Betriebe, sichtbar werden. Für die Zwecke der Volkswirtschaftslehre genügt deshalb eine globale Einteilung der Produktionsfaktoren, während die Betriebswirtschaftslehre eine detailliertere Aufteilung vornimmt.

3.2.2.1 Die volkswirtschaftlichen Produktionsfaktoren

Sehen wir uns einfache Produktionsvorgänge an: In der Landwirtschaft entsteht durch die Bearbeitung des Bodens ein Ertrag, der Töpfer entnimmt der Natur Tonerde und fertigt daraus einen Krug. In beiden Fällen entstehen Fertigerzeugnisse. Wir erkennen die **ursprünglichen** (originären) **Produktionsfaktoren Boden** (bzw. Natur) und **Arbeit.** Doch mit diesen beiden Elementen kommt man in der Regel nicht aus. Bei schwierigeren Produktionsvorgängen und um wirtschaftlicher arbeiten zu können, erstellt man Maschinen und Werkzeuge zur Fertigung der Konsumgüter. Zur rationellen Fertigung schlägt man also eine **„Umwegproduktion"** ein. Die Maschinen und Werkzeuge stellen den **abgeleiteten Produktionsfaktor Kapital** dar. Man bezeichnet Kapital in der Volkswirtschaftslehre folglich auch als **„produzierte Produktionsmittel".** Bei hoch entwickelten Volkswirtschaften ist der Anteil des Kapitals sehr hoch.

Produktion durch wirtschaftliche Kombination der Produktionsfaktoren

Boden (Natur)	+	**Arbeit** (menschliche Arbeitskraft)	+	**Kapital** (produzierte Produktionsmittel)
ursprüngliche Produktionsfaktoren				abgeleiteter Produktionsfaktor

Der Produktionsfaktor Boden

Der Produktionsfaktor Boden ist **absolut knapp,** d. h., er ist nicht vermehrbar.

Unter Boden versteht man in der Volkswirtschaftslehre die wirtschaftlich genutzte Natur.

Der Boden leistet durch seine ökonomische Nutzung einen dreifachen Beitrag:

Ökonomische Funktionen des Bodens

- Abbau von Rohstoff- und Energievorkommen (Ressourcen)
- Anbau (Landwirtschaft)
- Standort für Unternehmen und Haushalte

Beim **Abbau von Rohstoff- und Energievorkommen** treten heute **große Probleme** für die Menschen auf: Die **Endlichkeit vieler Rohstoffe** (vor allem Gold, Silber, Zink usw.) und der **Energie** (Öl, Kohle, Erdgas, Uran) ist deutlich bewusst geworden.

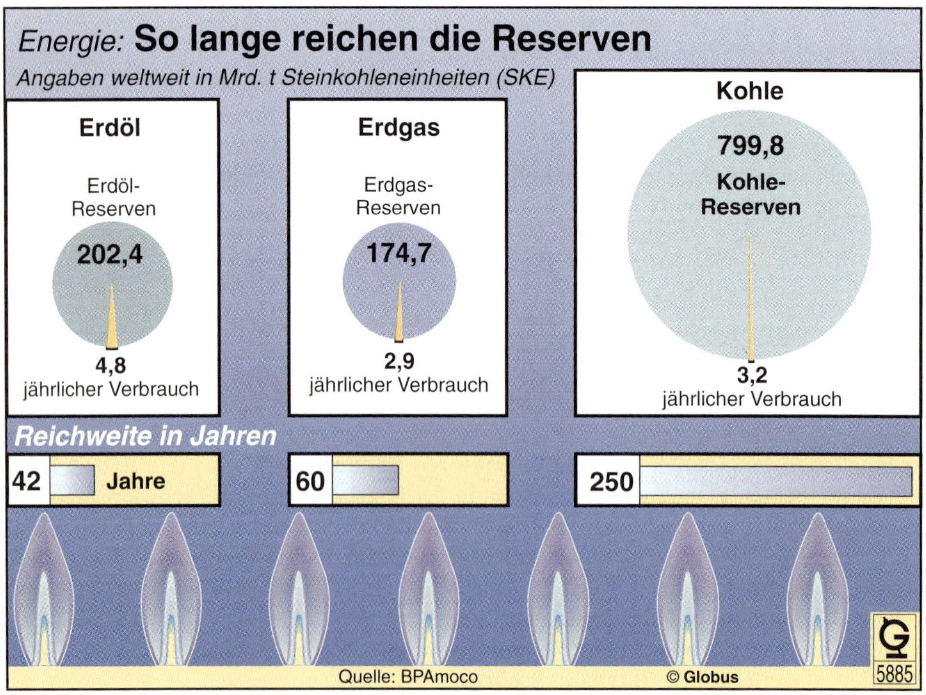

Für die Industrienationen ist es besonders schmerzlich, dass die wichtigsten Ressourcen[1] vorwiegend in den Entwicklungsländern zu finden sind. Es ist somit ein wichtiges Ziel der deutschen Wirtschaftspolitik, die Beschaffung der Rohstoffe und der Energie zu sichern.

Mit der zunehmenden Verknappung der Ressourcen gehen Preissteigerungen für die Rohstoffe einher. Das bedeutet für die Industriebetriebe laufend steigende Faktoreinsatzkosten. Andererseits führt die Rohstoffknappheit zu einer starken Abhängigkeit der Industriestaaten von den Rohstoffländern. Schließlich verursacht die Verwertung der Rohstoff- und Energievorkommen in den Industrieländern eine große **Umweltbelastung,** z. B. durch Kraftwerke, Zementfabriken, Hochöfen. Die Wirtschaft muss große Anstrengungen unternehmen, um die Umweltbelastung für die Bevölkerung zu vermindern.

Der Anbau des Bodens: Durch neue Anbaumethoden und durch den Einsatz von Düngemitteln ist der landwirtschaftliche Ertrag in den letzten Jahrzehnten bedeutsam gestiegen. Trotzdem bedeutet die Verbesserung und Vergrößerung landwirtschaftlich nutzbaren Bodens in Anbetracht der wachsenden Erdbevölkerung eine wichtige und schwierige Aufgabe. Durch den verstärkten Einsatz von chemischen Düngemitteln und von Gülle ist es zu **Beeinträchtigungen des Grundwassers** gekommen. Außerdem erfolgt durch die intensive Bodennutzung eine zunehmende **Erosion.** Forderungen nach biologisch orientierten Anbaumethoden werden deshalb immer lauter.

Der Standort: Viele Unternehmen haben keine freie Standortwahl. Sie sind standortgebunden, z. B. durch die Rohstoffgewinnung. Andere Betriebe haben zwar Wahlmöglichkeiten, diese sind aber auf die Auswahl des geeigneten Standorts unter mehreren Möglichkeiten beschränkt. Solche Unternehmen sind bei der Standortwahl nur relativ frei. In der Landwirtschaft sind als Kriterien die Fruchtbarkeit des Bodens und die klimatischen Eigenheiten wichtig. Für andere Wirtschaftsbetriebe sind verkehrsmäßige Erschließung der Grundstücke, geologischer Gehalt des Bodens (z. B. an Grundwasser), Lage zum Absatzmarkt, Grundstückspreise u. a. wichtig.

Der Produktionsfaktor Arbeit

Menschliche Arbeit, d. h. geistige, körperliche und schöpferische Tätigkeit, zielt auf den Erwerb von Einkommen ab.

Vom Standpunkt der Produktion bewirkt sie zusammen mit den Produktionsfaktoren Boden und Kapital die Erstellung von Leistungen.

Gesamtwirtschaftlich müssen zwei **Aspekte der Arbeit** gesehen werden:

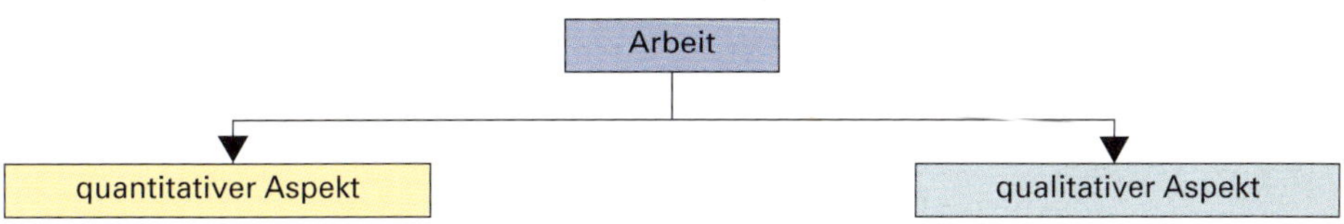

1 Rohstoff- und Energievorräte

Unter dem **quantitativen Aspekt** stellt sich einer Volkswirtschaft die Frage, ob eine ausreichende Zahl von Arbeitskräften zur Bewältigung der gestellten Aufgaben vorhanden ist.

Der **qualitative Aspekt** der Arbeit ist heute sehr bedeutsam geworden. Es geht darum, für bestimmte Aufgaben geeignete Arbeitskräfte zu finden. Da in der Wettbewerbswirtschaft die Unternehmen die besten Marktchancen haben, die den größtmöglichen technischen und ökonomischen Fortschritt verwirklichen, ist der **Aus-und Weiterbildung** große Aufmerksamkeit zu widmen. Im Welthandel ist dies für rohstoffarme Länder (wie die Bundesrepublik Deutschland) von entscheidender Bedeutung. In der heutigen Wirtschaftstheorie wird deshalb das **„Know-how"** (geistiges Kapital) zuweilen als **eigener Produktionsfaktor** gesehen. Für Arbeitnehmer ist aber nicht nur Spezialwissen zu fordern. Da sich die beruflichen Aufgaben fortwährend wandeln, ist auf eine hohe berufliche Beweglichkeit (Mobilität) zu achten.

Der Produktionsfaktor Kapital

Durch das Zusammenwirken der ursprünglichen Produktionsfaktoren Boden und Arbeit entsteht Kapital.

So kann ein Kraftfahrzeughandwerker, der in seiner Garage Automobile repariert,

- seinen Ertrag ausgeben, d. h. konsumieren, oder
- seine Erträge sparen (also Konsumverzicht leisten) und sich Maschinen und Werkzeuge anschaffen, mit denen er schneller, besser und billiger reparieren kann.

Im zweiten Fall hat der Handwerker **Kapital** gebildet. Er hat investiert. Ein anderer Betrieb hat für ihn Güter bereitgestellt, die nicht für den Konsum, sondern für eine rationellere Fertigung von Konsumgütern produziert wurden. Bei der Erstellung von Kapitalgütern spricht man in der Volkswirtschaftslehre deshalb auch von **Umwegproduktion.** Die Kapitalgüter selbst bezeichnet man als **produzierte Produktionsmittel.** Der Vorgang der Anschaffung dieser Güter heißt **Investition.** Da die Investitionsgüter einer Abnutzung unterliegen, müssen sie am Ende ihrer Nutzungsdauer ersetzt werden (Ersatzinvestition). Durch die Ersatzinvestition versucht man die Kapazität eines Unternehmens zu erhalten („Substanzerhaltung"). Die Neu- oder Nettoinvestition, die also über die Substanzerhaltung hinausgeht, erweitert die Kapazität eines Unternehmens und führt gesamtwirtschaftlich zu Wirtschaftswachstum.

Kapitalbildung ist nur durch Sparen und Investition möglich.

3.2.2.2 Die betriebswirtschaftlichen Produktionsfaktoren

Nehmen wir an, es sollen Normschränke aus Eisenblech gefertigt werden. Was wird dazu benötigt? Der Betrieb braucht erst einmal die Apparatur, mit der gefertigt werden soll:

- eine Werkshalle,
- Maschinen zum Blechschneiden, Bohren, Entgraten,
- Geräte und Vorrichtungen zum Schweißen, Entfetten, Lackieren,
- spezielle und universelle Werkzeuge, um die Maschinen richtig einstellen zu können,

- Werkzeuge für Handarbeiten,
- Transport- und Hebeeinrichtungen.

Wir sprechen hier von **Betriebsmitteln.**

Dann müssen alle jene Stoffe besorgt werden, die während des Produktionsprozesses verbraucht werden und somit die Grundlage des späteren Fertigerzeugnisses darstellen:

- Rohstoffe (Eisenblech, Kunststoff),
- Hilfsstoffe (Schweißmaterial, Schrauben, Lacke),
- Betriebsstoffe (Schmiermittel wie Öl, Grafit),
- Teile (Türverschlüsse, Bodenrollen).

Diese Materialien nennen wir **Werkstoffe.**

Neben diesen rein materiellen Voraussetzungen muss der Betrieb natürlich noch Personal bereitstellen. Da sind einmal Arbeitskräfte erforderlich, die unmittelbar an der Planung, der Produktion, aber auch bei der Beschaffung und beim Absatz mitwirken:

- Facharbeiter,
- Hilfskräfte,
- Techniker,
- Mitarbeiter im Einkauf und im Vertrieb usw.

} **ausführende Arbeitskräfte**

Zur Verwaltung und Steuerung des Betriebes sind aber auch noch Mitarbeiter nötig, die nur indirekt an der Leistungserstellung beteiligt sind. Diese Mitarbeiter haben die Aufgabe, den Einsatz von Betriebsmitteln, Werkstoffen und ausführenden Arbeitskräften insgesamt zu steuern und zu kontrollieren. Oder anders gesagt:
Ihnen obliegen die sog. Managementfunktionen **Planung, Leitung und Organisation.** Sie haben also eine leitende Funktion:

- Geschäftsführer,
- Abteilungsleiter,
- Meister usw.

} **leitende (führende) Arbeitskräfte**

Man nennt diesen Produktionsfaktor deshalb auch den **dispositiven Faktor.**

Die Erstellung der betrieblichen Leistung erfolgt durch das Zusammenwirken der Produktionsfaktoren Betriebsmittel, Werkstoffe, ausführende und leitende Arbeitskräfte.

Dabei sorgen die leitenden Mitarbeiter für die **wirtschaftlichste Kombination** der übrigen Produktionsfaktoren:

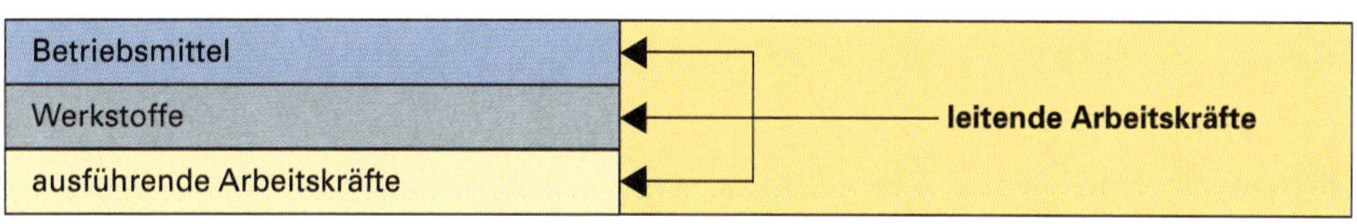

Zusammenfassung

Volkswirtschaftliche Produktionsfaktoren

Input	Produktion	Output
ursprüngliche Produktionsfaktoren: – Boden – Arbeit abgeleiteter Produktionsfaktor – Kapital	→ wirtschaftliche Kombination der Produktionsfaktoren →	Leistungen

a) **Boden**
- Abbau von Rohstoffen und Energiegewinnung, Probleme: Reichweite, Vorkommen, Preis, Umwelt,
- Anbau durch Land- und Forstwirtschaft,
- Standort.

b) **Arbeit**
- quantitativ,
- qualitativ,
- Probleme: Sachwissen (Know-how), Mobilität.

c) **Kapital**
- Kapitalbildung durch Sparen und Umwegproduktion.

Investition

- Ersatzinvestition – zur Substanzerhaltung
- Neu-, Nettoinvestition – zur Kapazitätserweiterung

Die betriebswirtschaftlichen Produktionsfaktoren

Betriebsmittel + Werkstoffe + ausführende Arbeitskräfte ← leitende Arbeitskräfte führen durch Planung, Entscheidung, Organisation und Kontrolle die wirtschaftliche Kombination herbei

Aufgaben

1. Machen Sie sich die Rohstoffsituation im Wirtschaftszweig Ihres Ausbildungsbetriebes klar.
2. Was ist Umwegproduktion?
3. Was sind produzierte Produktionsmittel?
4. Welche Rolle spielt die berufliche Bildung heute?
5. Stellen Sie volks- und betriebswirtschaftliche Produktionsfaktoren gegenüber.

3.2.2.3 Kombination und Substitution der Produktionsfaktoren

Unter Produktion verstehen wir die Kombination der Produktionsfaktoren zur Erstellung einer betrieblichen Leistung.

Betrachten wir die zur Produktion eines Blechschranks erforderlichen Produktionsfaktoren:

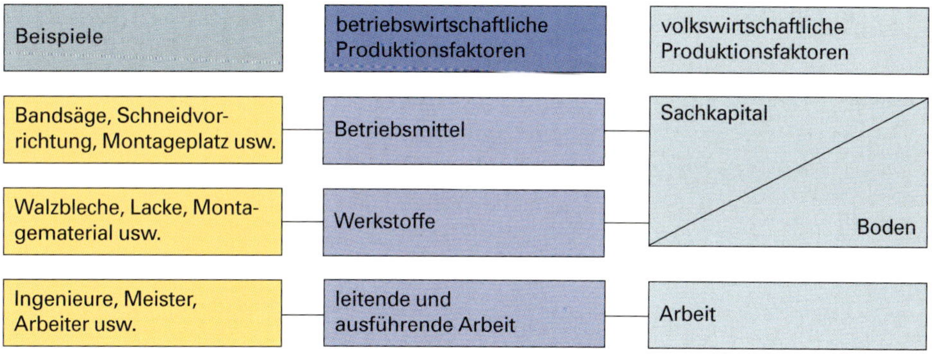

Aus dem Beispiel lassen sich zwei scheinbare Gegensätze ableiten:

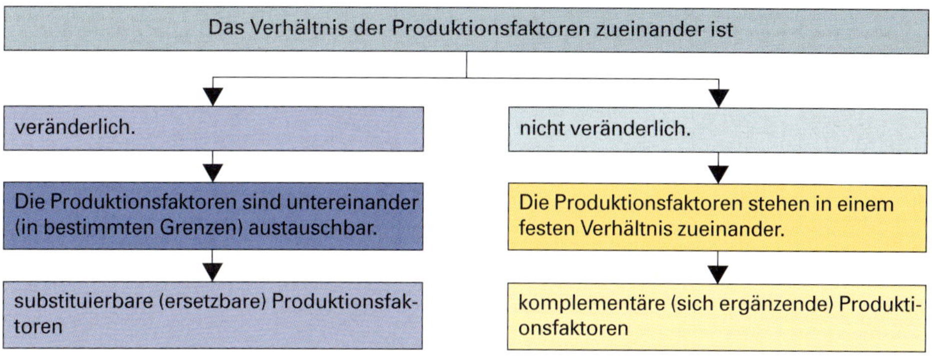

Die Produktionsfaktoren sind **substituierbar,** wenn z. B. bei der Produktion das Verhältnis von Arbeit und Kapital verändert werden kann. Dies ist der Fall, wenn

- für die Ausführung von Arbeitsgängen verschiedene Arbeitsverfahren infrage kommen, z. B. kann man ein Loch bohren oder stanzen, die Seitenteile des Schrankes sägen oder schneiden, bei der Montage schrauben oder schweißen,
- für ein Arbeitsverfahren mehrere Betriebsmittel mit einem unterschiedlichen Mechanisierungsgrad bereitstehen, z. B. ein Halb- oder Vollautomat.

Natürlich kann man bei keinem der Arbeitsverfahren auf einen der Produktionsfaktoren verzichten, auch nicht bei vollautomatischer Fertigung: Mitarbeiter müssen die Produktion vorbereiten und überwachen, Maschinen und Werkzeuge kosten Geld. Deshalb ist Substituierbarkeit immer nur in bestimmten Grenzen möglich. In diesem Rahmen ist die kostengünstigste Produktionsweise unter Berücksichtigung des wirtschaftlichen Prinzips anzustreben.

Die Minimalkostenkombination gibt das Verhältnis der Produktionsfaktoren an, bei dem die Produktionskosten am niedrigsten sind (Minimalprinzip). Preiserhöhungen bei einem Produktionsfaktor führen zu einer neuen Minimalkostenkombination.

In der Praxis stellt sich das Problem der kostengünstigsten Fertigung mit der Festlegung der Fertigungsmenge (kritische Menge), von der ab ein Arbeitsverfahren wirtschaftlicher ist als ein anderes.

Beispiel: *Verfahren a) Werkzeugkosten 10.000,00 €*
Material- und Lohnkosten 10,00 € pro Stück

Verfahren b) Werkzeugkosten 15.000,00 €
Material- und Lohnkosten 5,00 € pro Stück

Lösung:

Menge (Stück)	Kosten (in Tsd. €)	
	a)	b)
0	10	15
500	15	17,5
1000	20	20
1500	25	22,5
2000	30	25

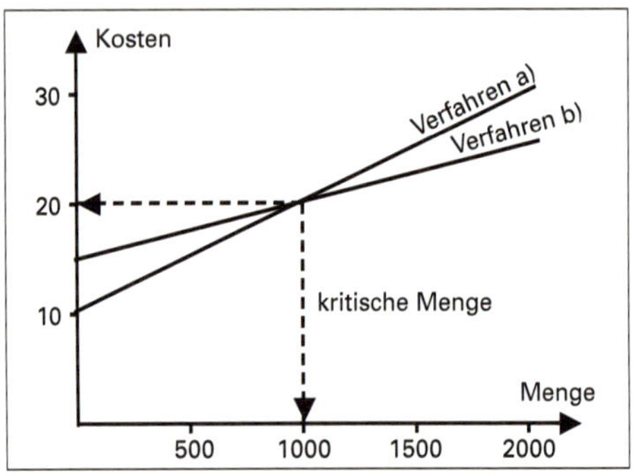

In vielen Fällen sind die Produktionsfaktoren nicht substituierbar, sondern **komplementär.** Hat sich der Betrieb durch Investition auf ein Fertigungsverfahren festgelegt, so ist das Verhältnis der Produktionsfaktoren fest. Es kann zumindest kurzfristig nicht geändert werden. So wird eine Maschine von einer Person bedient, eine zweite würde nur herumstehen. Eine Montagegruppe besteht aus fünf Personen. Eine Änderung kann nur langfristig durch Verwirklichung des technischen Fortschritts eintreten. In diesen Fällen ist folglich eine Minimalkostenkombination nicht möglich.

Da die Festlegung der Betriebsmittel langfristig erfolgt, herrschen in der Praxis komplementäre Produktionsfaktoren vor. Nur bei einer Wahlmöglichkeit zwischen mehreren Arbeitsverfahren bzw. verschiedenen Betriebsmitteln sind Produktionsfaktoren in Grenzen austauschbar.

Zusammenfassung

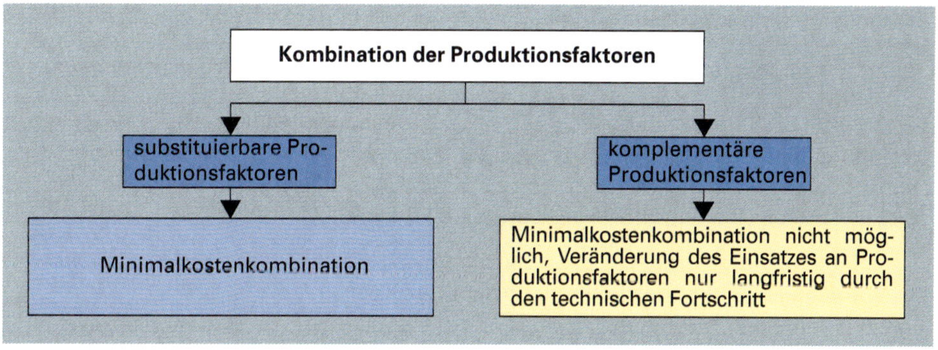

Aufgaben

1. Welche Rolle spielt das Wirtschaftlichkeitsprinzip in der Produktion?
2. Beschreiben Sie die Begriffe Minimalkostenkombination, substituierbare und komplementäre Produktionsfaktoren, kritische Menge.
3. Suchen Sie Beispiele für komplementäre und substituierbare Produktionsfaktoren.

3.2.2.4 Die Knappheit der Produktionsfaktoren

Begreift man den Produktionsprozess als eine Kombination der Produktionsfaktoren, so ist zu verstehen, dass eine **unbegrenzte Ausweitung der Güterherstellung** aus mehreren Gründen **nicht möglich** ist:

- Die Produktionsfaktoren stehen nur in beschränktem Umfang zur Verfügung (Energie, Rohstoffe), sie sind **knapp.**
- Eine weitere Erhöhung der Produktion führt zu einem erhöhten Verbrauch an Energie und an Werkstoffen, der in der Regel auch eine höhere **Umweltbelastung** durch Abfälle und Schadstoffe bewirkt.
- Natürlich führt dies auch zu einem **schnelleren Verbrauch endlicher Vorräte.**

Dem **Spannungsverhältnis zwischen Ökonomie und Ökologie** ist in geeigneter Weise schnell und wirksam Rechnung zu tragen.

3.2.3 Die Arbeitsteilung

Die Menschen waren in ihrer Frühzeit Selbstversorger. In der geschlossenen Hauswirtschaft sorgte jede Familie für die zur eigenen Bedarfsdeckung erforderlichen Güter. Natürlich war die Ergiebigkeit der Arbeitsleistung, verglichen mit der heutigen, nicht sonderlich groß. In der gegenwärtigen, hoch entwickelten Wirtschaft produziert jeder das, was er am besten kann, nicht das, was er braucht. Mit der ständigen Wiederholung gleichartiger Arbeitsverrichtungen wird ein Übungseffekt und damit eine große Geschicklichkeit bei der Arbeit erzielt. Zur Bedarfsdeckung ist es nötig, die produzierten Güter gegen andere einzutauschen (Tauschwirtschaft). Als Tauschmittel verwenden wir Geld.

Indem sich jeder Einzelne auf Tätigkeiten beschränkt, die seinen Neigungen und Eignungen entsprechen, entstehen die Berufe. Wir sprechen von gesellschaftlicher oder überbetrieblicher Arbeitsteilung.

Der Prozess der Berufsbildung setzt sich mit der zunehmenden Spezialisierung aufgrund technischer Entwicklungen immer mehr fort. Umfassende Berufe (z. B. Schmied) spalten sich in Spezialberufe (z. B. Hufschmied, Waffenschmied, Kesselschmied) auf. Wir bezeichnen diesen Vorgang als **Berufsspaltung.**

Betrachten wir unsere Wirtschaft als Ganzes, so stellen wir fest, dass die Arbeitsteilung in zwei Richtungen erfolgt: **vertikal** und **horizontal.**

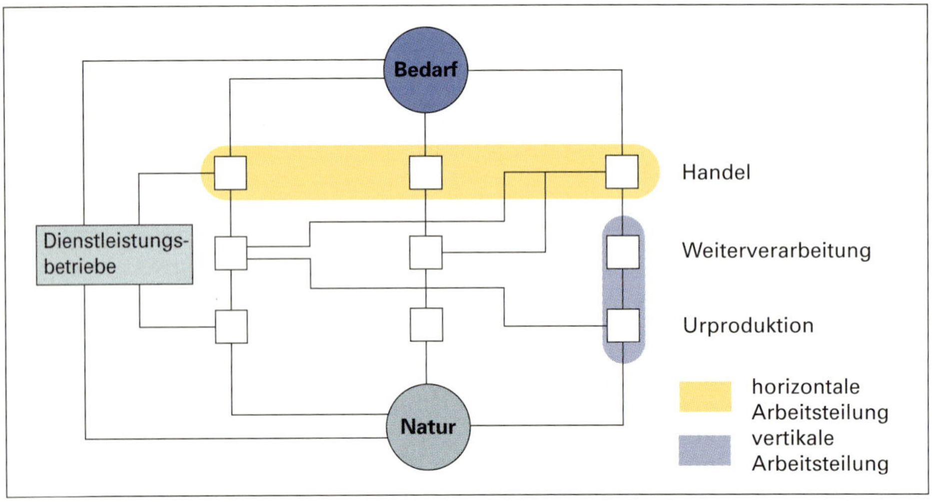

In **vertikaler Richtung** erkennen wir die Wirtschaftsstufen Urproduktion (z. B. Bergbau, Viehzucht), Weiterverarbeitung (z. B. Automobilproduzent, Lebensmittelhersteller) und Handel (Groß-, Einzel- und Außenhandel). Dienstleistungsbetriebe stellen ihre Leistungen allen Stufen, also auch den Haushalten, zur Verfügung (z. B. ein Malerbetrieb). Kein Betrieb kann die Gesamtleistung einer Wirtschaftsstufe allein erbringen, auch nicht ein Großbetrieb. Die Betriebe müssen sich auf bestimmte Güter und Leistungen beschränken (z. B. Sportschuhproduzent, Geigenbauer, Buchhändler). Kein Unternehmer kann Spezialist für alle Branchen und Märkte sein. Die Gesamtleistung einer Wirtschaftsstufe wird folglich von vielen Betrieben erbracht **(horizontale Arbeitsteilung).**

Die betriebliche Arbeitsteilung beabsichtigt die Ergiebigkeit der menschlichen Arbeit (d. h. die Arbeitsproduktivität) zu steigern. Sie kann entweder als Mengenteilung oder als Artteilung (Arbeitszerlegung) erfolgen.

Erhält ein Betrieb einen Auftrag über fünf Blechschränke und verfügt der Betrieb über fünf Arbeiter, so kann die Arbeit wie folgt aufgeteilt werden:

- **Mengenteilung:** Jeder Arbeiter fertigt einen Schrank, führt also alle anfallenden Arbeiten selbst durch.

- **Artteilung** (Arbeitszerlegung): Die Arbeit wird nach Verrichtung aufgeteilt: ein Arbeiter schneidet für alle Schränke die Bleche zurecht, der zweite bohrt, der dritte entgratet, ein vierter schweißt, der fünfte lackiert.

Durch Arbeitsteilung (speziell die Arbeitszerlegung) ist es aber auch möglich, die Produktivität von Betriebsmitteln zu steigern und Werkstoffe ergiebiger zu nutzen. Die Arbeitsteilung ist somit ein Mittel, die Verschwendung knapper Produktionsfaktoren zu verhindern. Die Zerlegung der Arbeit in kleinste Verrichtungen hat seine bedeutsamste Ausprägung in der Fließfertigung gefunden, die Endstufe stellt die vollautomatische Fertigung dar.

Mit der Arbeitsteilung werden folgende Rationalisierungseffekte angestrebt:
- ***Die Arbeitsmenge pro Zeiteinheit steigt.***
- ***Die Selbstkosten pro Stück sinken.***
- ***Die Einengung der Aufgabe steigert den Grad der Übung. Dies führt zu einer Erhöhung der Fertigungsmenge ohne vermehrte Beanspruchung (Steigerung der Arbeitsproduktivität).***
- ***Eine optimale Gestaltung der Arbeitsplätze ist möglich.***
- ***Es können auch ungelernte bzw. angelernte Arbeitskräfte eingesetzt werden.***
- ***Mitarbeiter können nach Eignung und Neigung verwendet werden.***
- ***Durch Spezialisierung können sich Qualitätsverbesserungen einstellen.***

Arbeitsteilung hat ihre Grenzen. Als Nachteile sind anzusehen:
- ***Die Mitarbeiter werden körperlich einseitig beansprucht.***
- ***Dies kann zu gesundheitlichen Schäden führen.***
- ***Vereinseitigung der Fähigkeiten.***
- ***Geistige Monotonie, Arbeitsüberdruss.***
- ***Eine schwindende Werkfreude bei den Mitarbeitern führt zu einer geringeren Motivation.***
- ***Der hohe Mechanisierungsgrad macht einen hohen Kapitalbedarf erforderlich.***
- ***Die Erzeugnisse legen innerbetrieblich lange Transportwege zurück. Dies erhöht die Kapitalbindung in der Fertigung.***

Als Möglichkeiten zur Einschränkung der Nachteile der Arbeitsteilung werden angesehen:
- **Jobrotation:** Die betroffenen Arbeitskräfte wechseln regelmäßig den Arbeitsplatz. Dies führt zu mehr Abwechslung bei der Arbeit.
- **Jobenlargement:** Die Arbeit wird mit anderen, gleichwertigen Arbeiten angereichert.
  Beispiel: *Ein Mitarbeiter bestückt eine Leiterplatte ganz.*
- **Jobenrichment:** Die Arbeit wird mit höherwertigen Arbeiten angereichert.
  Beispiel: *Ein Mitarbeiter darf das produzierte Werkstück selbst messen und prüfen.*

Durch internationale Arbeitsteilung versuchen Staaten, die Vorteile der Arbeitsteilung zu nutzen. Jede Volkswirtschaft produziert die Güter, für die sie aufgrund der qualitativen und der quantitativen Ausstattung mit Produktionsverfahren am geeignetsten erscheint.

Der über den inländischen Bedarf hinausgehende Überschuss der Produktion wird exportiert. So wird die deutsche Landwirtschaft kaum versuchen, in Treibhäusern Orangen anzubauen. Südfrüchte können südliche Länder billiger produzieren. Deutsche Bauern können dafür andere Staaten mit Molkereiprodukten versorgen. Die Vorteile der internationalen Arbeitsteilung werden allerdings mit einer größeren Abhängigkeit der Staaten untereinander erkauft.

Zusammenfassung

Arbeitsteilung

- **nach der Richtung**
  - vertikal: Urproduktion, Weiterverarbeitung, Handel und Dienstleistungsbetriebe erbringen jeweils einen Teil der wirtschaftlichen Gesamtleistung
  - horizontal: Auf jeder Wirtschaftsstufe erbringen viele Betriebe jeweils einen Teil der Leistung.
- **überbetrieblich**: Durch Berufsbildung und Berufsspaltung erfolgt eine Spezialisierung der Arbeitskräfte.
- **betrieblich**
  - Mengenteilung: Aufteilung von Aufträgen auf mehrere Personen (Betriebe), wobei jede Person alle Verrichtungen vornimmt
  - Artteilung (Arbeitszerlegung): Zerlegung von Vorgängen in kleinste Verrichtungen
- **international**: Einzelne Volkswirtschaften spezialisieren sich auf die Erstellung bestimmter Leistungen und exportieren die nicht selbst benötigte Produktionsmenge.

Aufgaben

1. Welche Berufe kennen Sie in folgenden Berufsfeldern: Schreiner, Händler, Bäcker, Datenverarbeitungskaufmann?
2. Welche Vorteile bringt die Arbeitsteilung mit sich?
3. Inwiefern ist Arbeitsteilung besonders für die Arbeitnehmer nachteilig?
4. Überprüfen Sie die Behauptung: Die Vorteile der Arbeitsteilung müssen durch eine stärkere Abhängigkeit der Betriebe und der Volkswirtschaften untereinander erkauft werden.
5. Nennen Sie Beispiele für die internationale Arbeitsteilung.

3.3 Handels- und Gesellschaftsrecht

3.3.1 Der Kaufmann

Die Vielfältigkeit des Wirtschaftslebens machte es erforderlich, die Vorschriften des Bürgerlichen Gesetzbuches durch besondere Rechtsnormen zu ergänzen. Diese sind im Handelsgesetzbuch (HGB) zusammengefasst:

Das HGB beinhaltet die für Kaufleute geltenden Sondervorschriften.

Kaufleute unterliegen besonderen Bestimmungen: Sie müssen eine Firma und Handelsbücher führen, sie dürfen Prokura erteilen und für sie gelten die besonderen Regelungen des HGB über Handelsgeschäfte (§ 343 ff. HGB).

§ 1 Abs. 1 HGB bestimmt, wer ein **Kaufmann** ist:

„Kaufmann im Sinne dieses Gesetzbuches ist, wer ein Handelsgewerbe betreibt."

Demnach kann Kaufmann jede **natürliche Person** sein, die ein Handelsgewerbe betreibt **(Einzelkaufmann),** unabhängig vom Wirtschaftszweig des Unternehmens. Die frühere Differenzierung nach Grundhandelsgewerben entfällt.

Unter Handelsgewerbe versteht man einen Gewerbebetrieb, der
- ***gegenüber der Öffentlichkeit in Erscheinung tritt,***
- ***dauernd mit der Absicht der Gewinnerzielung***
- ***unter Einsatz kaufmännischer und/oder technischer Fähigkeiten***

betrieben wird.

Das Handelsrechtsreformgesetz (HRefG) hat den § 1 Abs. 2 HGB neu gefasst: „Handelsgewerbe ist **jeder Gewerbebetrieb,** es sei denn, dass das Unternehmen nach Art und Umfang einen in kaufmännischer Weise eingerichteten Geschäftsbetrieb nicht erfordert." Mit diesem weit gefassten Begriff des Kaufmanns wird z. B. der Dienstleistungssektor dem klassischen Handelsgewerbe gleichgestellt. So werden z. B. Finanzdienstleister, Immobilienmakler, Handwerker, Betreiber von Fitnessstudios dem klassischen Warenhändler gleichgestellt.

Es ist also **jeder Gewerbetreibende** kraft Gesetzes Kaufmann, es sei denn, sein Unternehmen erfordert nach Art und Umfang keinen in kaufmännischer Weise eingerichteten Geschäftsbetrieb. Die Eintragung ins Handelsregister hat insoweit nur bekannt machenden Charakter (deklaratorisch). Kaufmännische Organisation heißt

- kaufmännische Buchführung,
- regelmäßiges Aufstellen von Inventar und Bilanz,
- Aufnehmen und Gewähren von Kredit,
- Beschäftigung kaufmännischer Mitarbeiter.

Kleinbetriebe unterhalb dieser Schwelle können **freiwillig** durch Eintragung ins Handelsregister die Kaufmannseigenschaft erwerben. Die Eintragung hat dann **rechtsbegründenden** (konstitutiven) Charakter.

§ 2 HGB

„Ein gewerbliches Unternehmen, dessen Gewerbebetrieb nicht schon nach § 1 Abs. 2 Handelsgewerbe ist, gilt als Handelsgewerbe im Sinne dieses Gesetzbuchs, wenn die Firma des Unternehmens in das Handelsregister eingetragen ist. Der Unternehmer ist berechtigt, aber nicht verpflichtet, die Eintragung nach den für die Eintragung kaufmännischer Firmen gleitenden Vorschriften herbeizuführen. Ist die Eintragung erfolgt, so findet eine Löschung der Firma auch auf Antrag des Unternehmens statt, sofern nicht die Voraussetzung des § 1 Abs. 2 eingetreten ist."

Dem Kleinunternehmen bleibt aber die Möglichkeit, seine Entscheidung für eine freiwillige Eintragung ins Handelsregister auch wieder rückgängig zu machen. Für kleine Gewerbetreibende, z. B. den Kiosk, die kleine Bäckerei, die kleine Gaststätte, gelten die Regelungen des **BGB.** Mit der Eintragung werden sie zu Kaufleuten, für die alle Vorschriften des **HGB** gelten. Die Kleinbetriebe, die die Kaufmannseigenschaft erwerben, erhalten damit die Gestaltungsmöglichkeit, eine Rechtsform des Handelsrechts zu wählen; z. B. können sie eine OHG oder KG gründen.

Alle nicht eingetragenen Kleinunternehmen unterliegen den Vorschriften des bürgerlichen Rechts (BGB). Das strenge HGB gilt für sie nicht.

Land- und forstwirtschaftliche Unternehmen, die nach Art und Umfang einen in kaufmännischer Weise eingerichteten Geschäftsbetrieb erfordern, gelten als Handelsgewerbe, wenn die Firma in das Handelsregister eingetragen ist (§ 3 Abs. 2 HGB).

§ 3 Abs. 2 HGB

„(2) Für ein land- oder forstwirtschaftliches Unternehmen, das nach Art und Umfang einen in kaufmännischer Weise eingerichteten Geschäftsbetrieb erfordert, gilt § 2 mit der Maßgabe, daß nach Eintragung in das Handelsregister eine Löschung der Firma nur nach den allgemeinen Vorschriften stattfindet, welche für die Löschung kaufmännischer Firmen gelten."

Gewerbliche Unternehmen der öffentlichen Hand **müssen** sich ins Handelsregister eintragen lassen.

Auf die **Personengesellschaften** offene Handelsgesellschaft und Kommanditgesellschaft finden die für Kaufleute geltenden Vorschriften Anwendung (§ 6 Abs. 1 HGB), weil es sich

- um **Handelsgesellschaften** handelt und
- sie stets ein **Handelsgewerbe** betreiben.

Neben den natürlichen Personen gibt es noch **juristische Personen.** Bei diesen müssen wir folgende Unterscheidung treffen (§ 6 HGB):

- **Kapitalgesellschaften** sind aufgrund ihrer Rechtsform Kaufmann **(Formkaufmann):** Aktiengesellschaft, Kommanditgesellschaft auf Aktien, Gesellschaft mit beschränkter Haftung. Sie sind auch dann Kaufmann, wenn sie keinen wirtschaftlichen, sondern einen wohltätigen Zweck verfolgen.
- **Kaufleute kraft Gesetzes:** eingetragene Genossenschaften, Versicherungsvereine auf Gegenseitigkeit.

Juristische Personen, die aufgrund ihrer Rechtsform oder kraft Gesetzes Kaufmann sind, bezeichnet man als Formkaufleute.

Zusammenfassung

Wer Kaufmann ist, bestimmt § 1 Abs. 2 HGB: jeder Gewerbetreibende

außer: Kleinbetrieb

aber: Wahlrecht auf Eintragung ins Handelsregister (konstitutive Wirkung)

jetzt: volle Gültigkeit des HGB (z. B. Prüfungspflicht nach dem Kauf einer Ware)

und: Möglichkeit der Wahl der Rechtsform nach dem HGB (z. B. OHG; KG)

Aufgaben

1. Warum ist der Inhaber eines Sandgrubenbetriebes Kaufmann?
2. Was versteht man unter kaufmännischer Organisation?
3. Welche Beweggründe könnte der Inhaber eines Kleinbetriebes haben, durch freiwillige Handelsregistereintragung die Kaufmannseigenschaft zu erwerben, und was verspricht er sich davon, sich nicht eintragen zu lassen?
4. Warum sind Kapitalgesellschaften immer ins Handelsregister einzutragen?
5. Prüfen Sie die Kleinbetriebe in Ihrem Wohnumfeld, ob sie die Möglichkeit der Handelsregistereintragung haben und ob Sie diese dann auch tatsächlich empfehlen würden?
6. Renate Krockow und Helga Radke betreiben in Berlin die Modeboutique „Mode 2000", die als Kleinbetrieb nicht in das Handelsregister eingetragen ist. Die beiden Inhaberinnen möchten ihr Geschäft erweitern, weil sich die Umsätze ständig verbessert haben. Um das Eigenkapital zu vergrößern, überlegen sie, ob sie einen/e Gesellschafter/in aufnehmen und eine OHG gründen sollen. Prüfen Sie, ob die rechtlichen Voraussetzungen für die Gründung einer Personengesellschaft vorliegen.
7. Der Bauunternehmer Klaus Scharlöck in Erfurt hatte in den letzten fünf Jahren 40 Mitarbeiter beschäftigt. Sein Unternehmen war als Gewerbebetrieb in das Handelsregister eingetragen worden. In letzter Zeit ging die Auftragslage seines Unternehmens stark zurück und er musste bis auf drei alle Mitarbeiter entlassen. Er möchte die Kaufmannseigenschaft nach HGB wieder rückgängig machen, weil ihm die Regelung über Vertragsstrafen nach dem § 343 BGB günstiger erscheint. Kann Scharlöck wieder die Position eines Nichtkaufmanns erreichen?
8. Horst Seebeck betreibt alleine und als Nichtkaufmann in Brandenburg/Havel ein Fitnessstudio. Zehn Tage nach Erhalt eines Sportgerätes stellt er an diesem einen groben Lackierfehler fest, den er nach weiteren acht Tagen bei seinem Lieferanten schriftlich rügt und Umtausch des Gerätes fordert. Dieser lehnt alle Gewährleistungsansprüche aus der Mängelrüge mit dem Hinweis ab, Seebeck hätte in seinem Fitnessstudio das Gerät unverzüglich nach dem Wareneingang prüfen müssen, außerdem sei die Rügefrist überschritten. Überprüfen Sie die Rechtslage für die Mängelrüge Seebecks.
9. Entscheiden Sie: Welche Kaufmannseigenschaft liegt vor?
   a) Ein Schreinermeister arbeitet allein und ist im Handelsregister eingetragen.
   b) Herr Huber befördert mit seinem Omnibus Personen und ist nicht im Handelsregister eingetragen.
   c) Landwirt Jensen betreibt eine Sandgrube und ist im Handelsregister eingetragen.
   d) Bankhaus Schmidt OHG
   e) Industrie AG
   f) Stadt- und Kreissparkasse Vestenberg
   g) Volksbank eG

3.3.2 Die Firma

Kaufleute betreiben ihr Gewerbe unter ihrer **Firma.**

Firma ist der Name eines Kaufmanns, unter dem er
- ***seine Geschäfte betreibt,***
- ***seine Unterschrift abgibt,***
- ***klagen und verklagt werden kann. (§ 17 HGB)***

Es handelt sich um einen Namen, der auch einen **Vermögenswert** darstellt: Beim Erwerb einer „Firma" muss man auch den **Firmenwert** mitbezahlen. Daneben stellt die Firma ein **absolutes Recht** dar, das gegen jedermann verteidigt werden kann.

Firmenbildung

Jede Firma, die folgende Merkmale erfüllt, ist eintragungsfähig.

- Sie muss sich anderen Unternehmen gegenüber unterscheiden.
- Die Gesellschaftsverhältnisse müssen ersichtlich sein.
- Die Haftungsverhältnisse müssen offensichtlich sein.

Bei Vorliegen dieser Voraussetzungen kann zwischen Personen-, Sach- oder Fantasiefirma gewählt werden. Alle Kaufleute müssen ihrer Firma einen entsprechenden **Rechtsformzusatz** beifügen. § 19 Abs. 1 HGB bestimmt:

Einzelkaufleute müssen den Zusatz „eingetragener Kaufmann" bzw. „eingetragene Kauffrau" oder die Abkürzung „e. Kfm." bzw. „e. Kfr." oder „e. K." verwenden.

Für **offene Handelsgesellschaften** und **Kommanditgesellschaften** ist zwingend der Zusatz „OHG" und „KG" vorgeschrieben. Aus der Bezeichnung GmbH & Co. KG geht hervor, dass der persönlich haftende Gesellschafter eine GmbH und keine natürliche Person ist.

Kapitalgesellschaften und **Genossenschaften** tragen die Abkürzung „AG" für Aktiengesellschaft, „GmbH" für Gesellschaft mit beschränkter Haftung und „eG" für eingetragene Genossenschaft.

Einzelkaufleute und **Personengesellschaften** dürfen auch **Sach- oder Fantasiefirmen** führen, **Kapitalgesellschaften** dagegen auch **Personen- oder Fantasiefirmen** wählen.

Arten der Firma

Man unterscheidet folgende **Arten der Firma:**

Personenfirma | Sachfirma | gemischte Firma

Personenfirma

- **Einzelkaufleute:** Der Firmenkern besteht aus dem **Familiennamen** des Kaufmanns und mindestens einem ausgeschriebenen **Vornamen** (§ 18 Abs. 1 HGB): z. B. Robert Müller. Die Bezeichnung „eingetragener Kaufmann", „eingetragene Kauffrau" oder eine allgemein verständliche Abkürzung dieser Bezeichnung, insbesondere „e. K.", „e. Kfm." oder „e. Kfr." muss der Firma des Einzelkaufmanns als Zusatz beigefügt sein.

- **Personengesellschaften**
  - **OHG:** Der Firmenkern enthält mindestens den **Namen eines Gesellschafters** und einen **Zusatz,** der das Vorhandensein einer OHG kennzeichnet: z. B. Müller OHG, Robert Müller OHG.
  - **KG:** Der Firmenkern enthält wenigstens den **Namen eines Vollhafters** und einen **Zusatz,** der das Vorhandensein einer KG kennzeichnet: z. B. Müller KG, Robert Müller KG.
- **GmbH:** Der Firmenkern enthält den **Namen** eines oder aller **Gesellschafter** und den **Zusatz** GmbH (§ 4 GmbHG): z. B. Robert Müller GmbH, Müller & Jensen GmbH.
- **AG:** Der Namen eines Gesellschafters und die Abkürzung „AG", z. B. Siemens AG.

Sachfirma

Bei der Sachfirma benennt die Firmenbezeichnung den Gegenstand des Unternehmens, z. B. Baugenossenschaft eG, Fahrrad AG. Irreführungen sind damit ausgeschlossen.

Gemischte Firma

Neben den Firmenkern tritt ein Firmenzusatz: z. B. Robert Müller Fahrradfabrik, Robert Müller OHG Fahrradfabrik, Müller KG Fahrradfabrik.
Unternehmer könnnen ihren Firmennamen **frei wählen,** unabhängig von der Rechtsform. Es ist erlaubt, Fantasienamen oder andere werbewirksame Namen zu wählen. Wichtig ist, dass die Firma mit einem Zusatz über die bestehende Rechtsform versehen wird, also z. B. GmbH oder KG. Beispiele: VELO AG, Schnelle Pedale KG, Kaufhaus Schindler e. K., Heiße Masche e. Kfr.

Grundsätze des Firmenrechts

Die Beachtung dieser Vorschriften wird durch den Grundsatz der **Firmenwahrheit** gefordert. Dieser bezieht sich auf den Firmenkern und den Firmenzusatz. Weitere Grundsätze des Firmenrechts sind:

- **Firmenausschließlichkeit** (§ 30 HGB): An einem Ort darf ein und dieselbe Firma nur einmal bestehen; die Firma zweier Betriebe muss deutlich unterschieden werden können. Dies ist z. B. nicht der Fall bei Meyer OHG und Meier OHG.
- **Firmeneinheit:** Jeder Kaufmann darf nur eine Firma führen. Das bedeutet, dass er für jedes Handelsgewerbe eine eigene Firma annehmen muss.
- **Firmenbeständigkeit:** Soll eine bisherige Firma bei Pacht, Kauf oder Erbschaft weitergeführt werden, so kann dies durch einen entsprechenden Zusatz gekennzeichnet werden (§ 22 HGB): z. B. Robert Müller, Inhaber Martin Jensen; Robert Müller Nachfolger; Martin Jensen, vormals Robert Müller.
- **Firmenöffentlichkeit:** Die Firma muss in das **Handelsregister eingetragen** werden (§ 29 HGB). Bei einer offenen Verkaufsstelle (z. B. einem Einzelhandelsgeschäft) ist der Firmenname an der Außenseite oder am Eingang anzubringen (§15 a GewO). Die **Geschäftsschreibenkundgabe** bei den Kapitalgesellschaften bedeutet, dass auf allen Geschäftsbriefen der Vorsitzende des Aufsichtsrats, sämtliche Vorstandsmitglieder bzw. Geschäftsführende Gesellschafter und die Eintragung ins Handelsregister angegeben werden.

Firmenschutz (§ 37 HGB)

Diese Grundsätze sind nur deshalb sinnvoll, weil ein **Firmenschutz** besteht:

- Wer unbefugt eine Firma benutzt, kann durch eine Ordnungsmaßnahme zur Unterlassung angehalten werden.

- Wer in seinen Rechten dadurch verletzt wird, dass ein anderer unbefugt eine Firma benutzt, kann von diesem die Unterlassung des Gebrauchs verlangen. Die Firma wird weiterhin durch das Warenzeichengesetz und das Gesetz gegen den unlauteren Wettbewerb geschützt.

§ 37 a HGB enthält Angaben, die für Geschäftsbriefe des Kaufmanns vorgeschrieben werden.

Die Firma bei Inhaberwechsel

Wechselt der Inhaber eines Handelsgeschäftes, so gibt es folgende Möglichkeiten:

- Der Käufer führt die Firma fort.
- Der Käufer führt die Firma nicht fort.
- Der Erbe führt die Firma fort.

Der **Grundsatz der Firmenbeständigkeit** ist von besonderer Bedeutung für den Erwerber **(Käufer)** eines Handelsgeschäftes (§ 25 Abs. 1 HGB):

Der Käufer eines Handelsgeschäftes haftet für alle Verbindlichkeiten des früheren Inhabers unbeschränkt und unbeschränkbar, wenn er die bisherige Firma fortführt.

Dies ist für die **Gläubiger des Verkäufers** vorteilhaft: Ihnen gegenüber haften der **Käufer und Verkäufer** eines Handelsgeschäftes als **Gesamtschuldner.** Zur Befriedigung ihrer Forderungen können sie sich wahlweise an den Käufer oder Verkäufer wenden. Dabei müssen sie jedoch **Verjährungsfristen** beachten (§ 26 HGB). Die **Haftung des Verkäufers** erlischt

- innerhalb der allgemeinen Verjährungsfristen (§ 195 ff. BGB),
- spätestens jedoch nach fünf Jahren.

Für den **Käufer** ist diese Regelung unter Umständen von Nachteil, da er z. B. für risikoreiche oder unbedachte Verbindlichkeiten des Verkäufers haften muss. Deshalb kann die **Haftung des Käufers ausgeschlossen** werden (§ 26 Abs. 2 HGB):

Ein Vertrag, durch den die Haftung des Käufers ausgeschlossen wird, ist den Gläubigern gegenüber wirksam, wenn
- ***er in das Handelsregister eingetragen worden ist oder***
- ***der Haftungsausschluss schriftlich mitgeteilt wurde.***

Neben den Verbindlichkeiten weist ein Handelsgeschäft auch **Forderungen** auf.

Hat der Verkäufer in die Fortführung der Firma eingewilligt, so gehen die Forderungen auf den Käufer über. (§ 25 Abs. 1 HGB)

Dies bedeutet für den **Schuldner:** Seine Schuld erlischt nur, wenn er an den Käufer bezahlt. Leistet er an den Verkäufer, so muss er nochmals an den Käufer zahlen.

Für den **Verkäufer** ist diese Regelung unter Umständen von Nachteil, da z. B. die Forderungen auf seine Leistung zurückgehen und einen Gewinn beinhalten können, der ihm zusteht. Deshalb kann die **Forderungsabtretung ausgeschlossen** werden (§ 25 Abs. 2 HGB):

Ein Vertrag, durch den die Abtretung der Forderungen an den Käufer ausgeschlossen wird, ist gegenüber den Schuldnern nur wirksam, wenn
- ***er in das Handelsregister eingetragen und bekannt gemacht worden ist oder***
- ***der Ausschluss ihnen schriftlich mitgeteilt wurde.***

Anders ist es, wenn der **Käufer die Firma nicht fortführt** (§ 25 Abs. 3 HGB):

Wird die Firma nicht fortgeführt, so haftet der Käufer nur dann für die Verbindlichkeiten,
- ***wenn er sich dazu verpflichtet und***
- ***dies den Gläubigern in handelsüblicher Weise mitteilt.***

Die Verpflichtung erfolgt durch eine Schuldübernahme (§§ 414, 415 BGB) oder durch eine Vermögensübernahme (§ 419 BGB). Die handelsübliche Mitteilung kann z. B. durch ein Schreiben erfolgen. Im Falle der Vermögensübernahme gehen auch die Forderungen auf den Käufer über.

Führt ein **Erbe** das Handelsgeschäft unter der bisherigen Firma fort, so haftet er für die Verbindlichkeiten wie der Käufer (§§ 25, 27 HGB).

Zusammenfassung

Die Firma
- ist der Name eines Vollkaufmanns, unter dem er seine Geschäfte betreibt, seine Unterschrift abgibt, klagen und verklagt werden kann.
- wird unter Beachtung folgender Grundsätze gebildet:
  - Firmenwahrheit
  - Firmeneinheit
  - Firmenöffentlichkeit
  - Firmenausschließlichkeit
  - Firmenbeständigkeit
- ist abhängig von der Rechtsform der Unternehmung.
- wird durch das Gesetz geschützt.
- wirkt sich auf die Haftung des Käufers eines Handelsgeschäftes aus:
  - Die Firma wird fortgeführt: Der Käufer haftet für die Verbindlichkeiten wie der bisherige Inhaber, es sei denn, die Haftung wird ausgeschlossen.
  - Die Firma wird nicht fortgeführt: Der Käufer muss sich zur Übernahme der Verbindlichkeiten verpflichten.
- wirkt sich auf den Übergang der Forderungen auf den Käufer eines Handelsgeschäftes aus.
  - Die Firma wird fortgeführt: Der Verkäufer tritt die Forderungen ab, es sei denn, die Abtretung ist ausgeschlossen.
  - Die Firma wird nicht fortgeführt: Nur im Falle der Vermögensübernahme gehen die Forderungen auf den Käufer über.

Aufgaben

1. Was versteht man unter einer Firma?
2. Welcher Kaufmann hat eine Firma?
3. Eine Firma lautet: Konservenfabrik Karl Huber Nachfahren.
   a) Welche Grundsätze des Firmenrechts werden beachtet?
   b) Wie haften die Erben, wenn Karl Huber vor drei Monaten verstorben ist?
4. Nennen Sie die Grundsätze des Firmenrechts und erläutern Sie jeden Grundsatz an einem Beispiel.
5. Was versteht man unter Firmenschutz?
6. Nehmen Sie Stellung zu folgender Behauptung: „Dem Namen einer Privatperson entspricht die Firma eines Kaufmannes."
7. Nennen Sie die Arten der Firma.
8. Heinrich Schmitt erwirbt ein Einzelhandelsgeschäft von Kurt Aumüller. Er will es unter der Firma „Kurt Aumüller" fortführen. Heinrich Schmitt bittet Sie um Rat. Worauf sollten Sie ihn unbedingt hinweisen?

3.3.3 Handelsregister

Nur derjenige ist **Kaufmann,** der unter seiner **Firma in das Handelsregister eingetragen** ist.

Das Handelsregister ist ein öffentliches Verzeichnis, das
- ***beim Amtsgericht geführt wird,***
- ***alle Kaufleute eines oder mehrerer Amtsgerichtsbezirke***
- ***unter Angabe bestimmter Tatbestände enthält.***

Es ist in **zwei Abteilungen** gegliedert:

Abteilung A	Abteilung B

– Einzelkaufleute
– Personengesellschaften
  – OHG
  – KG
	– Kapitalgesellschaften
	  – AG
	  – KGaA
	  – GmbH
	– VVaG

Eine **Eintragung** erfolgt in der Regel aufgrund einer **Anmeldung** durch den Berechtigten (§ 12 HGB), nur in Ausnahmefällen **von Amts wegen** (z. B. Insolvenzeröffnung [§ 32 HGB]; Erlöschen der Firma von Amts wegen [§ 31 Abs. 2 HGB]). Die Anmeldung zur Eintragung erfolgt

- persönlich oder
- in öffentlich beglaubigter Form.

Eingetragen werden können solche **Tatbestände,** die **für den Rechtsverkehr im Wirtschaftsleben von Bedeutung** sind. Beispiele:

Abteilung A	Abteilung B
– Firma	– Firma
– Name des Geschäftsinhabers bzw. der persönlich haftenden Gesellschafter	– Namen der Vorstandsmitglieder (AG), der Geschäftsführer (GmbH) bzw. der persönlich haftenden Gesellschafter (KGaA)
– Ort der Niederlassung	– Ort der Niederlassung
– Art der Prokura	– Gegenstand des Unternehmens
– Name des Prokuristen	– Höhe des Haftungskapitals
– Namen der Kommanditisten	– Tag der Satzungsfeststellung bzw. des Abschlusses des Gesellschaftsvertrags
– Einlagen der Kommanditisten	– Art der Prokura
	– Name des Prokuristen
geregelt in: §§ 8 ff., 53, 106, 162, HGB	geregelt in: §§ 8 ff., 53 HGB, §§ 39, 282 AktG, § 10 GmbHG
Die Unterschriften der Zeichnungsberechtigten müssen beim Registergericht hinterlegt werden.	

Zur Eintragung müssen angemeldet werden:

- **Entstehung** der Tatbestände
- **Veränderung** der Tatbestände
- **Löschung** von Tatbeständen

Der Inhalt der Anmeldung wird vom Registergericht überprüft.

Die **Eintragung** hat unterschiedliche **Wirkungen:**

Wirkung	**Bedeutung**	**Beispiel**
der Eintragung rechtsbegründend (konstitutiv)	Erst die Eintragung lässt die Tatsache rechtswirksam werden.	– Kaufmannseigenschaft bei Soll- und Kannkaufleuten – Rechtsfähigkeit bei Kapitalgesellschaften
rechtsbekundend (deklaratorisch)	Auch ohne Eintragung ist die Tatsache rechtswirksam.	– Beginn und Ende des Betriebs eines Musskaufmanns – Erteilung der Prokura

Die Eintragungen ins Handelsregister werden im **Bundesanzeiger** (Zentralhandelsregister) und durch mindestens eine **örtliche Tageszeitung** (Verkündungsblatt) **bekannt gemacht** (§§ 10, 11 HGB). Dem **Grundsatz der Öffentlichkeit** wird weiterhin dadurch Rechnung getragen, dass **jedermann Einsicht** in das Register und die Registerakte nehmen kann (§ 9 Abs. 1 HGB). Wer ein **berechtigtes Interesse** nachweist, kann sogar eine **beglaubigte Abschrift** von Register und Registerakte verlangen (§ 9 Abs. 2 HGB). Dennoch genießt das Handelsregister nur in beschränktem Umfang **öffentlichen Glauben:** Es wird lediglich die **Richtigkeit der Eintragung vermutet:**

- ***Eingetragene und bekannt gemachte Tatsachen muss ein Dritter (z. B. ein Geschäftspartner) gegen sich gelten lassen, auch wenn er sie nicht kannte oder nicht kennen musste (§ 15 Abs. 2 HGB).***
- ***Ist eine Tatsache nicht eingetragen und nicht bekannt gegeben, so kann sie einem Dritten nicht entgegengehalten werden, es sei denn, sie war ihm bekannt. (§ 15 Abs. 1 HGB)***

Das bedeutet:

- Die Prokura Egon Hauser wurde gelöscht; die Löschung wurde öffentlich bekannt gemacht. Der Schuldner Maier zahlt 1.000,00 € an Hauser. Die Robert Müller GmbH kann von Maier den Betrag nochmals verlangen.
- Die Prokura Karl Jensen wurde durch die Robert Müller GmbH intern widerrufen. Der Schuldner Maier zahlt nun mit befreiender Wirkung an Jensen. Anders wäre es, wenn die GmbH alle Geschäftsfreunde brieflich vom Widerruf verständigt hätte.

Zusammenfassung

Handelsregister

Anmeldung der einzutragenden Tatsache

↓

Prüfung der Anmeldung durch Registergericht

↓

Fortsetzung nächste Seite

Eintragung in	
Abteilung A	**Abteilung B**
Einzelunternehmen Personalgesellschaften	Kapitalgesellschaften VVaG
mit deklaratorischer oder konstitutiver Wirkung	

↓

Bekanntmachung in Bundesanzeiger und örtlicher Tageszeitung

↓

Vermutung der Richtigkeit der Eintragung (eingeschränkter öffentlicher Glaube)

Jedermann hat das Recht
- das Register und die Registerakte einzusehen;
- bei berechtigtem Interesse eine Abschrift zu verlangen.

Aufgaben

1. Welche Tatsachen müssen in das Handelsregister eingetragen werden? Nennen Sie fünf Beispiele.
2. Erläutern Sie die a) deklaratorische, b) konstitutive Wirkung der Eintragung ins Handelsregister.
3. Was versteht man unter dem „Grundsatz der Öffentlichkeit des Handelsregisters“?
4. In welchem Umfang genießt das Handelsregister öffentlichen Glauben?
5. Wie werden Veränderungen im Handelsregister bekannt gegeben?
6. Schildern Sie, wie eine Eintragung ins Handelsregister abläuft.
7. Wann erfolgt ein Eintrag in das Handelsregister?
8. Welche Tatbestände bei Unternehmen werden angegeben, die in das Handelsregister eingetragen werden?

Amtliche Bekanntmachungen

Handelsregister

Für die in ( ) gesetzten Angaben des Geschäftszweiges und der Anschrift besteht keine Gewähr.

Veränderungen

HR B 12 195 – 13.05.03: **PMG Parkhaus Marketing GmbH in Nürnberg** (90443; Gostenhofer Hauptstr. 35). Die Gesellschaft ist durch die rechtskräftige Konkursablehnung mangels Masse vom 6. April 2003 aufgelöst. Von Amts wegen eingetragen.

HR B 12 752 – 13.05.03: **SELLBYTEL Telefon- und Direktmarketing GmbH in Nürnberg** (90459; Nelson-Mandela-Platz 18–22). Zum Geschäftsführer ist bestellt: Besserer, Frank, Wirtschaftsinformatiker in Rösrath.

HR B 13 236 – 13.05.03: **Terraplan Reisebüro Heim GmbH in Nürnberg** (90402; Jakobstr. 9). Die Gesellschafterversammlung vom 8. April 2003 hat § 1 Absatz 1 (Firma) und § 2 (Gegenstand des Unternehmens) der Satzung geändert. Die Firma ist geändert in **Reisebüro Heim GmbH.** Gegenstand des Unternehmens: der Betrieb eines Reisebüros mit allen zu dieser Branche gehörenden Tätigkeiten.

Löschungen

HR B 4756 - 13.05.03: **LEBA Grundstücksverwaltungsgesellschaft mbH in Nürnberg** (90403); Josephsplatz 19). Die Liquidation ist beendet. Die Gesellschaft ist erloschen.

HR B 6323 - 13.05.03: **Roland Beichel GmbH in Nürnberg** (c/o Liquidation, 90552 Röthenbach, Laufer Weg 136). Die Gesellschaft ist aufgrund beendeter Liquidation erloschen.

HR B 8210 – 13.05.03: **Reinhard Steeger Gaststätten Beriebsgesellschaft mbH in Nürnberg** (90402; Am Pulversee 1). Die Gesellschaft ist aufgrund des § 2 des Gesetzes über die Auflösung und Löschung von Gesellschaftern und Genossenschaften von Amts wegen gelöscht.

HR B 10 374 – 15.05.03: **Seven Technologies GmbH in Burgthann-Mirmberg** (90559); Konratsbank 14a). Der Sitz der Gesellschaft ist nach Prerow /18375 Ostseeband Prerow; c/o BHI, Ziegelteich 29, 24103 Kiel) verlegt.

HR B 12 226 – 13.05.03: **„The Shop“ Warenhandels GmbH in Nürnberg** (90475; Altenfurther Str. 80). Die Gesellschaft ist aufgrund beendeter Liquidation erloschen.

3652226

3.3.4 Rechtsformen der Unternehmung

3.3.4.1 Überblick

Die Rechtsformen der Unternehmung sind uns dem Namen nach bereits bekannt:

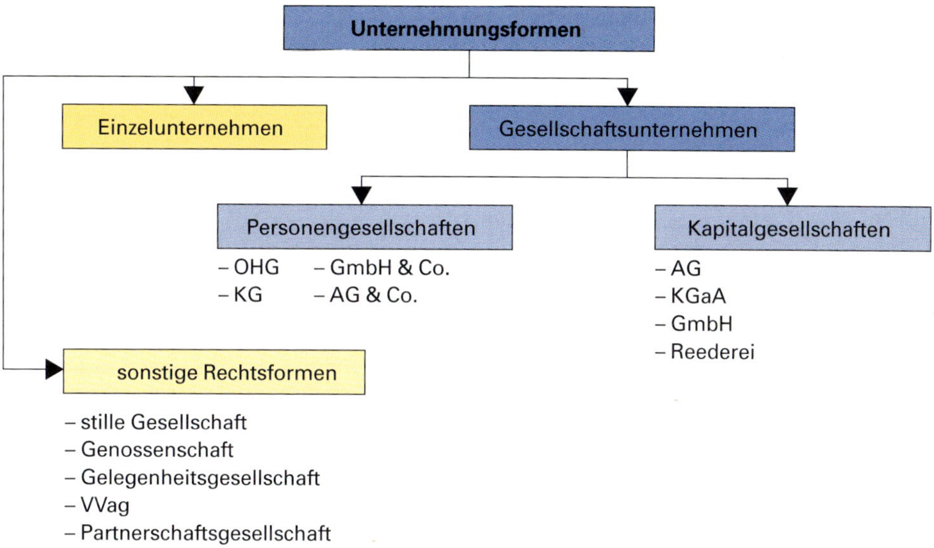

Die für das Wirtschaftsleben wichtigsten Unternehmungsformen wollen wir unter den Gesichtspunkten Kapitalaufbringung, Haftung, Geschäftsführung, Vertretung und Ergebnisverteilung untersuchen.

Kapitalaufbringung

Das (Eigen-)Kapital wird durch den oder die Eigentümer stets in folgender Form aufgebracht:

Das Eigenkapital wird aufgebracht in Form von	Beispiele	Art der Gründung	
Barmitteln	- Bargeld - Bankguthaben - Postbankguthaben	Bargründung	qualifizierte Gründung
Sachwerten	- Grundstücke - Maschinen - Waren	Sachgründung	
Rechtswerten	- Wertpapiere - Patente - Muster - Konzessionen - Lizenzen		

Haftung

Unter Haftung versteht man das Einstehen für Verpflichtungen, die durch
– einen Vertrag oder
– gesetzliche Vorschriften entstanden sind.

Der Begriff Haftung hat mehrere Bedeutungen:

- **Haftung für die Verbindlichkeiten der Unternehmung:** Für die Gläubiger ist es wichtig,
  - wer (Eigentümer und/oder Gesellschaft)
  - in welchem Umfang (Privatvermögen und/oder Gesellschaftsvermögen)

  für die Verbindlichkeiten der Unternehmung haftet.
- **Haftung der Eigentümer:** Die Wahl der Rechtsform eines Unternehmens hängt davon ab, ob der oder die Eigentümer
  - **begrenzt,** d. h. nur mit ihrem Anteil am Eigenkapital, haften;
  - über ihren Anteil am Eigenkapital hinaus noch **Zahlungen** leisten müssen;
  - **unbegrenzt,** d. h. auch mit ihrem Privatvermögen, haften.
- **Haftung der „Geschäftsführer" gegenüber der Gesellschaft:** Insbesondere bei den Kapitalgesellschaften stellt sich wegen der Trennung von Eigentum und Leitung die Frage, ob die „Geschäftsführer" für Handlungen haften, durch die der Gesellschaft ein Schaden zugefügt wurde.

Geschäftsführung und Vertretung

Beide Begriffe müssen streng auseinandergehalten werden:

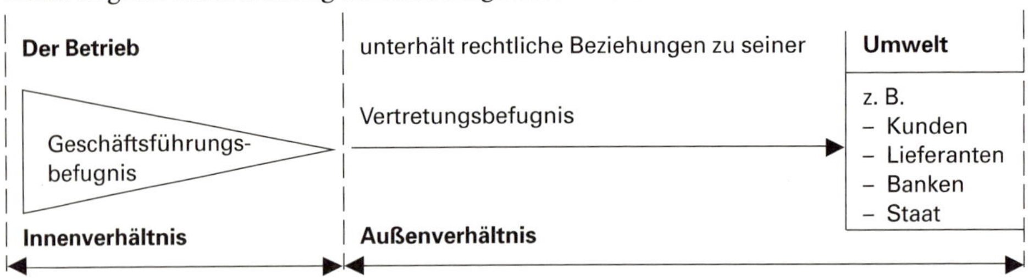

Wer z. B. mit einer Bank für einen anderen einen Darlehensvertrag abschließen will, den dieser tilgen muss, muss dazu berechtigt sein. Diese Berechtigung heißt **Vertretungsbefugnis.** Durch sie wird gewährleistet, dass das **Außenverhältnis rechtswirksam** gestaltet wird. Aber auch das Leben im Betrieb **(Innenverhältnis)** muss geregelt werden: Mitarbeiter werden befördert, Arbeitsaufträge werden erteilt, ein Organisationsplan wird erstellt usw. Dies bezeichnet man als **Geschäftsführungsbefugnis.** Geschäftsführungs- und Vertretungsbefugnis können auf **verschiedene Personen verteilt** werden: So ist z. B. der stellvertretende Einkaufsleiter befugt die Arbeitsgebiete unter den Sachbearbeitern aufzuteilen, das jeweils günstigste Angebot auszuwählen usw. Verträge mit den Lieferanten dagegen darf nur der Einkaufsleiter abschließen.

Aufgaben

1. Welche Arten der Gründung gibt es?
2. Wie werden die Unternehmungen nach ihrer Rechtsform eingeteilt?
3. Grenzen Sie Geschäftsführung und Vertretung anhand eines Beispiels voneinander ab.
4. Erläutern Sie den Begriff Haftung.
5. In welcher Form kann das Kapital aufgebracht werden?
6. Überlegen Sie: Welche Art der Gründung wird in der Praxis am häufigsten auftreten? Welche Probleme sind damit verbunden?

3.3.4.2 Einzelunternehmung

Die Einzelunternehmung ist auf ihren Eigentümer, den **Inhaber,** zugeschnitten. Er

- bringt das Kapital auf;
- haftet mit seinem eingebrachten Kapital und seinem Privatvermögen;
- verfügt über die unbegrenzte Geschäftsführungsbefugnis;
- verfügt über die unbegrenzte Vertretungsbefugnis.

Mit anderen Worten: Der Inhaber trägt allein das Risiko und die Verantwortung; er ist der „Herr im Haus". Dafür wird er durch den Unternehmerlohn entlohnt; der **Gewinn erhöht das Eigenkapital,** Verluste vermindern es. Die Einzelunternehmung ist typisch für Klein- und Mittelbetriebe. Sie ist die am häufigsten gewählte Rechtsform in unserer Wirtschaft. Etwa 90 % aller Unternehmen sind Einzelunternehmen.

Die mit der Einzelunternehmung verbundenen **Probleme** sind:

- Häufig ist die Kreditbasis schmal, da sich das Haftungskapital auf das Vermögen des Inhabers beschränkt.
- Die Wahl des Nachfolgers bereitet häufig Schwierigkeiten.

3.3.4.3 Offene Handelsgesellschaft (OHG)

Bei der OHG handelt es sich um eine Weiterentwicklung der Einzelunternehmung. Diese Rechtsform ist auch für Kleinbetriebe möglich.

Kapitalaufbringung

Zur Gründung einer OHG sind mindestens **zwei Gesellschafter** (Eigentümer) notwendig (§ 105 HGB).

Haftung

Die Gesellschafter haften **mit dem eingebrachten Kapital und ihrem Privatvermögen** für die Verbindlichkeiten der OHG

- als Gesamtschuldner,
- persönlich,
- unmittelbar (§ 128 ff. HGB).

Ein **neu eintretender Gesellschafter** haftet für alle Verbindlichkeiten, auch für solche, die vor seinem Eintritt entstanden sind (§ 130 HGB). Ein **ausscheidender Gesellschafter** haftet noch fünf Jahre nach seinem Austritt für alle Verbindlichkeiten, die bis zu diesem Zeitpunkt entstanden sind. Ansprüche, die einer kürzeren Verjährung unterliegen, verjähren innerhalb der jeweiligen kürzeren Frist (§ 159 HGB).

Geschäftsführung

Alle Gesellschafter sind dazu berechtigt und verpflichtet; ein **Ausschluss** eines oder mehrerer Gesellschafter kann im Gesellschaftsvertrag **vereinbart** werden (§ 114 HGB).

- Jeder geschäftsführende Gesellschafter ist befugt **gewöhnliche Geschäfte allein** vorzunehmen **(Einzelgeschäftsführungsbefugnis).** Widerspricht ein anderer Gesellschafter einem Geschäft, so hat die Handlung zu unterbleiben (§ 115 Abs. 1 HGB).
- Im Gesellschaftsvertrag kann vereinbart werden, dass die geschäftsführenden Gesellschafter gemeinsam die Geschäftsführung ausüben **(Gesamtgeschäftsführungsbefugnis),** so ist die Zustimmung aller geschäftsführenden Gesellschafter zur Vornahme einer Handlung notwendig (§ 115 Abs. 2 HGB).
- Für **außergewöhnliche Geschäfte** ist die Zustimmung aller Gesellschafter notwendig (§ 116 HGB).
- Die Erteilung der Prokura bedarf der Zustimmung aller geschäftsführenden Gesellschafter (§ 116 Abs. 3 HGB).
- Jeder Gesellschafter hat ein **Kontrollrecht:** Er kann sich von den Angelegenheiten der OHG persönlich unterrichten, die Handelsbücher und die Papiere einsehen und sich aus ihnen eine Bilanz anfertigen (§ 118 HGB).
- Die **Geschäftsführungsbefugnis** kann einem Gesellschafter nur aus wichtigem Grunde **durch ein Gerichtsurteil entzogen** werden (§ 117 HGB).

Vertretung

Die Vertretungsbefugnis erstreckt sich auf **alle gerichtlichen und außergerichtlichen Geschäfte und Rechtshandlungen** (§ 126 HGB). Sie umfasst alle gewöhnlichen und außergewöhnlichen Geschäfte (z. B. Veräußerung und Belastung von Grundstücken) sowie Erteilung und Widerruf der Prokura. Sie ist unbeschränkt und **unbeschränkbar:**

- Jeder Gesellschafter ist allein zur Vertretung ermächtigt **(Alleinvertretungsbefugnis),** sofern nicht ein Ausschluss vereinbart und ins Handelsregister eingetragen ist (§ 125 HGB).
- Im Gesellschaftsvertrag kann vereinbart werden, dass alle oder mehrere Gesellschafter nur in Gemeinschaft zur Vertretung ermächtigt sein sollen **(Gesamtvertretungsbefugnis,** § 125 HGB).
- Im Gesellschaftsvertrag kann vereinbart werden, dass jeder Gesellschafter nur zusammen mit einem Prokuristen zur Vertretung ermächtigt ist (§ 125 HGB).
- Die Vertretungsbefugnis kann einem Gesellschafter nur aus wichtigem Grunde **durch ein Gerichtsurteil entzogen** werden (§ 127 HGB).

Ergebnisverteilung

- **Während des Geschäftsjahres** ist jeder Gesellschafter zu **Privatentnahmen** berechtigt, die höchstens 4 % des Kapitalanteils betragen dürfen (§ 122 HGB).
- **Aufwendungen,** die ein Gesellschafter in Gesellschaftsangelegenheiten tätigt, werden ihm **ersetzt** und vermindern den Jahresgewinn (§ 110 HGB).

- Vom **Jahresgewinn** erhält jeder Gesellschafter **zunächst 4 % von seinem Kapitalanteil** (abzüglich der Privatentnahmen), der **verbleibende Rest** wird **nach Köpfen** verteilt (§ 121 HGB). Der nicht entnommene Gewinn wird dem Kapitalkonto gutgeschrieben.
- Ein **Jahresverlust** wird **nach Köpfen** verteilt und vom Kapitalkonto eines jeden Gesellschafters abgezogen (§§ 120, 122 HGB).

§ 109 HGB gestattet es den Gesellschaftern, die Geschäftsführung und die Ergebnisverteilung im Gesellschaftsvertrag abweichend von den gesetzlichen Vorschriften zu regeln.

Wirtschaftlich betrachtet verfügt die OHG über ein umfangreiches Haftungskapital, sodass die Kreditbasis breiter ist als z. B. bei der Einzelunternehmung. Geprägt wird die OHG vom gegenseitigen Vertrauen der Gesellschafter zueinander. Durch die Mitarbeit im Unternehmen sind alle Gesellschafter an einem möglichst großen Erfolg interessiert. Die OHG finden wir häufig bei Handelsbetrieben.

3.3.4.4 Kommanditgesellschaft (KG)

<u>Kapitalaufbringung</u>

Zur Gründung einer KG sind mindestens zwei Gesellschafter notwendig (§ 161 HGB).

<u>Haftung</u>

- Der **persönlich haftende Gesellschafter (Komplementär)** haftet wie der Gesellschafter einer OHG (§ 161 HGB).
- Ein **beschränkt haftender Gesellschafter (Kommanditist)** haftet nur mit seiner Einlage (§§ 161, 171 f. HGB).
- Die Haftung eintretender und ausscheidender Gesellschafter richtet sich nach den Regelungen über die OHG.

<u>Geschäftsführung</u>

Die **Kommanditisten** sind von der Geschäftsführung **ausgeschlossen.**

- Für die **Komplementäre** gelten die Vorschriften über die **Gesellschafter der OHG** (§ 161 Abs. 2 HGB).
- Bei **außergewöhnlichen Geschäften** ist die **Zustimmung der Kommanditisten** notwendig (§ 164 HGB).
- Die Erteilung der Prokura erfolgt nach den OHG-Vorschriften.
- Den **Kommanditisten** steht ein **Kontrollrecht** zu: Sie können die Vorlage der Bilanz verlangen und deren Richtigkeit anhand der Handelsbücher und Papiere überprüfen (§ 166 HGB).

<u>Vertretung</u>

Die **Komplementäre** vertreten die KG nach den Vorschriften über die **OHG** (§ 170 HGB).

<u>Ergebnisverteilung</u>

- Das **Recht auf Privatentnahme** und **auf den Ersatz der Aufwendungen** ist auf die **Komplementäre** beschränkt (§ 169 HGB).

- Vom **Jahresgewinn** erhält **jeder Gesellschafter zunächst 4 %** von seinem Kapitalanteil, der verbleibende **Rest** wird **in einem angemessenen Verhältnis** auf die Voll- und Teilhafter verteilt (§ 168 HGB). Ein Kommanditist hat erst dann ein Recht auf die Auszahlung seines Gewinnanteils, wenn sein Kapitalanteil voll eingezahlt ist (§§ 167 Abs. 2, 169 HGB).
- Ein **Jahresverlust** wird **in einem angemessenen Verhältnis** auf die Gesellschafter verteilt (§ 168 Abs. 2 HGB) und vom Kapitalkonto eines jeden Gesellschafters abgezogen. Die Verlustübernahme eines Teilhafters ist auf die Höhe seiner Einlage beschränkt (§ 167 Abs. 3 HGB).

Wie bei der OHG werden Geschäftsführung und Ergebnisverteilung im Gesellschaftsvertrag häufig abweichend von den gesetzlichen Vorschriften geregelt.

Wirtschaftlich gesehen, handelt es sich bei der KG um eine OHG mit „stillem“ Gesellschafter. Die Kapitalbasis wird durch die Kommanditisten verbreitert, die Kreditwürdigkeit steigt. Geldgeber werden beteiligt, die eine Begrenzung ihres Risikos wünschen. Die Komplementäre bleiben aber „Herr im Haus“. Besonders geeignet ist die KG für Familienbetriebe.

Zusammenfassung

Personengesellschaften		
Kapital-aufbringung	OHG	KG
	durch mindestens zwei Gesellschafter	

Haftung	Gesellschafter haften mit
	– eingebrachtem Kapital
	– Privatvermögen
		– Vollhafter (Komplementäre) haften
		  – mit Einlage
		  – Privatvermögen
		– Teilhafter (Kommanditisten) haften mit Einlagen

Geschäfts-führung	– gewöhnliche Geschäfte durch jeden Gesellschafter – außergewöhnliche Geschäfte durch alle Gesellschafter	– gewöhnliche Geschäfte durch jeden Komplementär – außergewöhnliche durch alle Komplementäre mit Zustimmung der Kommanditisten
Vertretung	– erstreckt sich auf alle Geschäfte und Rechtshandlungen und ist unbeschränkbar – Alleinvertretung durch jeden Gesellschafter (Komplementär) – Gesamtvertretung kann vereinbart werden – häufig: durch einen Gesellschafter (Komplementär) und einen Prokuristen	
Ergebnis-verteilung	– Ersatz der Aufwendungen – Privatentnahmen durch Gesellschafter (Komplementäre) – Jahresgewinn: 4 % vom Kapitalanteil	
	Rest nach Köpfen	Rest in einem angemessenen Verhältnis auf Voll- und Teilhafter
	– Jahresverlust: Verteilung nach Köpfen	– Jahresverlust: Verteilung in einem angemessenen Verhältnis
Sonstiges	Kontrollrecht der Gesellschafter	Kontrollrecht der Kommanditisten

3.3.4.5 Gesellschaft mit beschränkter Haftung (GmbH)

Bei der GmbH handelt es sich um die Weiterentwicklung der Personengesellschaften: Eigentümerunternehmerschaft und Haftungsbegrenzung werden miteinander kombiniert.

Kapitalaufbringung

- Bei der **Gründung** müssen **mindestens 25.000,00 € (Stammkapital)** durch den Gesellschafter aufgebracht werden. Die Einlage eines jeden Gesellschafters beträgt **mindestens 100,00 € (Stammeinlage)**, § 5 GmbHG. Jede **Stammeinlage** stellt einen **Geschäftsanteil** dar (§ 14 GmbHG), der veräußert oder vererbt werden kann (§ 15 ff. GmbHG). Der Anteil eines Gesellschafters darf nicht zurückgezahlt werden (§ 30 Abs. 1 GmbHG).
- Eine **Kapitalerhöhung** erfolgt durch die **Erhöhung der Stammeinlage** oder durch den **Eintritt eines neuen Gesellschafters.**
- Im **Gesellschaftsvertrag** kann eine **Nachschusspflicht** vereinbart werden: Die Gesellschafter müssen auf einen gemeinsamen Beschluss hin **Einzahlungen über ihre Stammeinlage hinaus leisten (Nachschüsse,** § 26 GmbHG).
  - **Beschränkte Nachschusspflicht:** Der Nachschuss ist auf einen bestimmten Betrag beschränkt (§§ 26 Abs. 3, 28 GmbHG).
  - **Unbeschränkte Nachschusspflicht:** Der Nachschuss ist nicht auf einen bestimmten Betrag beschränkt (§ 27 GmbHG).

Die Nachschüsse zählen nicht zur Stammeinlage. Eingezahlte Nachschüsse können an die Gesellschafter zurückgezahlt werden, wenn sie nicht zur Verlustdeckung benötigt werden (§ 30 Abs. 2 GmbHG).

Haftung

- Die **GmbH** haftet gegenüber ihren Gläubigern mit dem **Gesellschaftsvermögen** (§ 13 Abs. 2 GmbHG).
- Die **Gesellschafter** haften mit ihrer **Stammeinlage.**
- Die **Gesellschafter** müssen **Nachschüsse** leisten, wenn dies im Gesellschaftsvertrag vereinbart wurde.
- Jeder **Geschäftsführer** haftet gegenüber der GmbH für den entstandenen Schaden, wenn er die Sorgfalt eines ordentlichen Geschäftsmannes verletzt hat (§§ 43, 44, 82 GmbHG).
- Jedes **Aufsichtsratsmitglied** haftet gegenüber der GmbH (§ 52 GmbHG, § 116 AktG).

Geschäftsführung

Die Geschäfte einer GmbH werden von **Geschäftsführern** geführt. Geschäftsführer können sein:

- **jeder Gesellschafter,**
- andere, dazu **bestellte Personen** (§ 6 Abs. 3 GmbHG).

Die Geschäftsführungsbefugnis kann wie folgt geregelt werden:

- Die Geschäftsführer verfügen über die **Gesamtgeschäftsführungsbefugnis** (§ 6 GmbHG).
- Im Gesellschaftsvertrag oder durch die Gesellschaftsversammlung kann die Geschäftsführungsbefugnis **beschränkt** werden. Häufig sind Beschränkungen auf
  - bestimmte Arten von Geschäften (z. B. Geschäfte mit Kreditinstituten),
  - bestimmte Geschäfte (z. B. Aufnahme von Darlehen, § 37 Abs. 2 GmbHG).
- Die **Gesellschaftsversammlung überwacht** die Geschäftsführung der Geschäftsführer (§ 46 Ziff. 6 GmbHG).
- Prokuristen und Handlungsbevollmächtigte können nur mit **Zustimmung der Gesellschaftsversammlung** bestellt werden (§ 46 Ziff. 7 GmbHG).
- Bei **GmbHs mit mehr als 500 Arbeiternehmern überwacht der Aufsichtsrat** die Geschäftsführung und stimmt der Bestellung von Prokuristen und Handlungsbevollmächtigten zu (§ 77 BetrVG von 1952, § 111 AktG). Der Kreis der zustimmungspflichtigen Geschäfte kann erweitert werden.

Vertretung

- Gegenüber Dritten ist die **Gesamtvertretungsbefugnis der Geschäftsführer** in gerichtlichen und außergerichtlichen Angelegenheiten **unbeschränkt und unbeschränkbar** (§§ 35, 37 Abs. 2 GmbHG).
- Im **Gesellschaftsvertrag** kann vereinbart werden:
  - Einzelvertretung durch einen Gesellschafter,
  - gemeinschaftliche Vertretung durch zwei Geschäftsführer oder einen Geschäftsführer und einen Prokuristen.

Ergebnisverteilung

Ein **Gewinn** wird wie folgt verteilt (§ 29 GmbHG):

- Eine Einstellung in freiwillige Gewinnrücklagen **(Reservefonds)** ist möglich, aber nicht vorgeschrieben.
- Der Rest wird an die Gesellschafter im **Verhältnis der Geschäftsanteile ausgeschüttet** (§ 29 GmbHG), sofern im Gesellschaftsvertrag nichts anderes vereinbart ist.
- Ein **Gewinnvortrag** ist möglich.

Ein **Verlust** wird wie folgt ausgeglichen:

- Ausgleich durch einen **Gewinnvortrag** aus dem Vorjahr,
- **Auflösung der Reservefonds (Gewinnrücklagen),**
- **Nachschüsse** der Gesellschafter,
- **Verlustvortrag** in das kommende Geschäftsjahr.

Die Ergebnisverteilung ist meist im Gesellschaftsvertrag geregelt oder erfolgt durch einen Beschluss der Gesellschaftsversammlung.

Wirtschaftlich betrachtet verbindet die GmbH

- die Eigentümerunternehmerschaft der OHG
- mit der begrenzten Haftung der AG.

Allerdings leiden viele GmbHs aufgrund der geringen Kapitalstreuung unter Eigenkapitalmangel und damit unter einer schmalen Kreditbasis. Deshalb ist die GmbH häufig in der **mittelständischen Wirtschaft** und auch bei Großbetrieben zu finden. Sie eignet sich besonders für **Familienbetriebe.**

Da eine GmbH zu **jedem gesetzlich zulässigen Zweck** errichtet werden kann (§ 1 GmbHG), finden wir diese Rechtsform in weiten Bereichen:

- **gemischtwirtschaftliche Unternehmen** (Gesellschafter sind die öffentliche Hand und die private Wirtschaft): Wohnungsbaugesellschaften, kommunale Verkehrs- und Versorgungsbetriebe,
- **gemeinwirtschaftliche Unternehmen** (Ziel ist die Deckung öffentlichen Bedarfs): Wohnungsbaugesellschaften, öffentliche Verkehrsbetriebe,
- **Vermögensverwaltungsgesellschaften,**
- **Beteiligungsgesellschaften.**

Daneben gibt es noch **Sonderformen der GmbH,** denen einige wirtschaftliche Bedeutung zukommt:

- **Einmann-GmbH:** Die GmbH verfügt nur über einen einzigen Gesellschafter, der sein unternehmerisches Konzept in vollem Umfang verwirklichen kann.
- **Vertriebs-GmbH:** Ein Produktionsbetrieb überträgt den Vertrieb seiner Erzeugnisse einer eigens zu diesem Zweck gegründeten GmbH. Gründe dafür sind: Haftungsbeschränkung, Gewinnverschiebung, Steuerersparnis, Verschleierung des eigentlichen Eigentümers.
- **Betriebs-GmbH:** Unternehmen schließen sich zusammen, um ihre Erzeugnisse gemeinsam zu produzieren. Der Vertrieb wird von den Muttergesellschaften in eigener Regie und mit eigenen Marken durchgeführt. Wesentlicher Grund für die Betriebs-GmbH ist die Kostenersparnis aufgrund größerer Produktionsmengen (Kostendegression, Gesetz der Massenproduktion).
- **Betriebsverwaltungs-GmbH:** Ein Unternehmen überträgt sein Vermögen auf die GmbH und pachtet dieses dann wieder von der GmbH. Ausschlaggebend sind meist steuerlich und haftungsrechtliche Gründe.

Die Zahl der GmbHs erhöht sich ständig: Durch den Wegfall der Doppelbesteuerung im Rahmen der Körperschaftsteuerreform wird der Gewinn nur noch einmal, nämlich beim GmbH-Gesellschafter, versteuert. Wegen der Haftungsbeschränkung ist es deshalb für Einzelunternehmer bzw. Gesellschafter von Personengesellschaften interessant, ihre Unternehmungen in eine GmbH umzuwandeln. Diese Tendenz wird durch die Möglichkeit der Einpersonengründung gefördert, die die Rechtsform der GmbH z. B. für Handwerksbetriebe interessant macht.

3.3.4.6 Aktiengesellschaft (AG)

Bei der AG handelt es sich um eine typische Kapitalgesellschaft. Die einzige Verbindung zwischen dem Unternehmen und den Inhabern stellt der Kapitalanteil dar. Die **personelle Trennung** zwischen Eigentum und Leitung macht es notwendig, die **Inte-**

ressen der Inhaber durch besondere Maßnahmen **zu schützen.** Deshalb hat der Gesetzgeber die **Verfassung der AG** geregelt und bestimmte **Organe** festgelegt (§§ 76–147 AktG):

Organ	**Aufgabe**
Vorstand	eigenverantwortliche Leitung der Gesellschaft unter Wahrung der **Betriebsinteressen**
Aufsichtsrat	Überwachen des Vorstandes unter Wahrung der **Kapitalinteressen**
Haupt-versammlung	Fassen von Beschlüssen unter Wahrung der **Aktionärsinteressen**

Organe der AG

In der **Hauptversammlung** üben die Aktionäre ihre Rechte in den Angelegenheiten der AG aus (§ 118 AktG). Diese Rechte sind:

- **Stimmrecht** (§ 134 ff. AktG): Es wird grundsätzlich nach den Aktiennennbeträgen ausgeübt, d. h., je Kapitalanteil (z. B. 25,00 €) verfügt der Aktionär über eine Stimme. Der Aktionär kann sein Stimmrecht selbst ausüben oder durch einen bevollmächtigten Stellvertreter (z. B. einen Bekannten oder ein Kreditinstitut) wahrnehmen lassen.
- **Beschlussrecht** (§ 119 f. AktG): Mithilfe des Stimmrechts beschließt die Hauptversammlung in den im Aktiengesetz oder im Gesellschaftsvertrag (Satzung) genannten Fällen (z. B. Wahl der Kapitalvertreter im Aufsichtsrat, Satzungsänderungen). Die Beschlüsse werden grundsätzlich mit einfacher Mehrheit gefasst (§ 133 AktG), Satzungsänderungen (z. B. Kapitalerhöhung) bedürfen einer Dreiviertelmehrheit (§ 179 Abs. 2 AktG).
- **Auskunftsrecht** (§ 131 AktG): Jeder Aktionär kann vom Vorstand Auskunft verlangen.

Die **ordentliche Hauptversammlung** findet alljährlich statt (§ 120 AktG); eine **außerordentliche Hauptversammlung** ist einzuberufen, wenn es das Wohl der AG erfordert.

Der **Aufsichtsrat** überwacht die Geschäftsführung des Vorstandes (§ 111 AktG) und vertritt die AG gerichtlich und außergerichtlich gegenüber dem Vorstand (§ 112 AktG). Seine Mitglieder werden von

- der Hauptversammlung **(Kapitalvertreter),**
- den Arbeitnehmern **(Arbeitnehmervertreter)**

auf vier Jahre gewählt. Die Zahl der Arbeitnehmervertreter richtet sich danach, ob das Betriebsverfassungsgesetz 1952, das Mitbestimmungsgesetz oder das Montanmitbestimmungsgesetz auf die AG Anwendung findet (§ 96 AktG). Die Zahl der Aufsichtsratsmitglieder richtet sich nach dem Grundkapital (§ 95 AktG).

Auf den vierteljährlichen Aufsichtsratssitzungen (§ 110 Abs. 3 AktG)

- wird der Aufsichtsrat vom Vorstand über die wirtschaftliche Lage der Gesellschaft informiert (§ 90 AktG),
- prüft er die Bücher der AG (§ 111 AktG),
- fasst er seine Beschlüsse (§ 108 AktG).

Der Aufsichtsrat

- wählt aus seiner Mitte einen Vorsitzenden und mindestens einen Stellvertreter (§ 107 AktG),
- bestellt die Vorstandsmitglieder auf höchstens fünf Jahre (§ 84 Abs. 1 AktG),
- ernennt den Vorstandsvorsitzenden (§ 84 Abs. 2 AktG).

In großen Aktiengesellschaften ist es üblich, dass der Aufsichtsrat Ausschüsse bildet (z. B. Ausschuss für Investitionen, Ausschuss für Personalfragen), um seine Verhandlungen und Beschlüsse vorzubereiten und die Ausführung seiner Beschlüsse zu überwachen (§ 107 Abs. 3 AktG).

Dem **Vorstand** obliegt die **eigenverantwortliche Leitung** der AG (§ 76 ff. AktG). Vorstandsmitglieder unterliegen dem **Wettbewerbsverbot** (§ 88 AktG). Findet für die Gesellschaft das Montanmitbestimmungsgesetz bzw. das Mitbestimmungsgesetz Anwendung, so ist ein **Arbeitsdirektor** Vorstandsmitglied. Der Vorstand muss

- dafür sorgen, dass die erforderlichen Handelsbücher geführt werden (§ 91 AktG);
- innerhalb von drei Monaten nach dem Ende des Geschäftsjahres den Jahresabschluss (Bilanz, Gewinn- und Verlustrechnung), den Anhang und Lagebericht aufstellen (§ 264 HGB) und den Abschlussprüfern vorlegen (§ 148 AktG).

In großen Aktiengesellschaften ist es üblich, dass auch der Vorstand Ausschüsse bildet, um seine Verhandlungen und Beschlüsse vorzubereiten und die Ausführung seiner Beschlüsse zu überwachen.

Kapitalaufbringung

- Bei der **Gründung** müssen **mindestens 50.000,00 € (Grundkapital)** durch **eine oder mehrere Personen** (Gründer bzw. Aktionäre) aufgebracht werden (§§ 2, 6, 7 AktG). Das **Grundkapital** wird in der Bilanz als **gezeichnetes Kapital** ausgewiesen (§ 272 Abs. 1 HGB).
- Bei jeder **Kapitalerhöhung** wird durch die Aktionäre bzw. Unternehmensfremde, die Aktionäre werden wollen, das **Eigenkapital** um den Anteil am Grundkapital und um das Aufgeld (Agio) erhöht. Das **Agio** wird in der Bilanz als **Kapitalrücklage** ausgewiesen (§ 272 Abs. 2 HGB).

Über jeden Anteil, der mindestens 1,00 € beträgt, kann eine Urkunde, die Aktie, ausgestellt werden (§§ 8, 10 Abs. 5 AktG).

Der Gesetzgeber (§ 8 II AktG) erlaubt es Aktiengesellschaften, nennwertlose Stückaktien auszugeben. Sie lauten auf einen bestimmten Anteil am Grundkapital (gezeichnetes Kapital). Beispiel: Bei einem Grundkapital von 100 Mio. € und der Ausgabe von 10 Mio. Stückaktien beträgt der Anteil am Grundkapital ein zehnmillionstel Teil pro Aktie (entspricht 10,00 €). Der Anteil darf nicht unter 1,00 € (je Aktie) liegen.

Aktienarten

Aktien können **Rechte** in unterschiedlichem Umfang verbriefen:

- Die **Stammaktie** gewährt ihrem Inhaber die gewöhnlichen Mitgliedschaftsrechte (Stimmrecht, Recht auf Dividende und Anteil am Liquidationserlös, Bezugsrecht).
- Bei **Vorzugsaktien** kann eines dieser Rechte besonders betont oder ausgeschlossen werden. Wir unterscheiden:

Art des Vorzugs/Zweck	Bedeutung
Mehrstimmrecht Einfluss – eines Großaktionärs, – einer Familie soll gesichert bleiben.	Ausstattung z. B. mit fünffachem Stimmrecht; Ausgabe neuer Mehrstimmrechtsaktien seit 1. Januar 1966 verboten. (§ 12 AktG)
Vorzugsdividende – Ein Großaktionär soll besonders befriedigt werden. – Kleinaktionäre sollen zufrieden gestellt werden. – Neue Eigentümer sollen gefunden werden bei schlechtem Börsenkurs.	Höhere Dividende oder Mindestdividende oder Vorabdividende oder Bevorzugung bei der Verteilung der Restdividende; Kombinationen möglich.
Ohne Stimmrecht – Das Auftauchen eines Großaktionärs soll verhindert werden.	Stimmrecht wird zugunsten einer höheren Dividende aufgegeben.

An die **Übertragung** der Aktien können bestimmte Bedingungen geknüpft sein:

- In der Bundesrepublik Deutschland herrscht die **Inhaberaktie** vor. Der Besitzer der Aktie kann die mit ihr verbundenen Rechte geltend machen. Sie garantiert die Anonymität des Besitzers und ist deshalb sowohl für das breite Publikum als auch öffentlichkeitsscheue Kapitalbesitzer interessant. **Stammaktien** sind in der Regel Inhaberaktien.
- **Namensaktien** lauten auf den Namen des Inhabers und sind unter Bezeichnung des Inhabers nach Namen, Wohnort und Beruf im Aktienbuch der Gesellschaft zu führen. Der Verkauf muss der Gesellschaft gemeldet werden. Das Aktiengesetz schreibt vor, dass teileingezahlte Aktien stets als Namensaktien ausgegeben werden müssen. Dadurch weiß die AG stets, an wen sie sich wenden muss, um die ausstehenden Einlagen einzuberufen. Die Satzung der AG kann die Ausgabe von Namensaktien vorschreiben. Zum Teil handelt es sich in diesem Fall um Vorzugsaktien: Die AG will wissen, wer an ihr besondere Rechte hat.

  Die Namensaktie gewinnt in Deutschland an Bedeutung.

Haftung

- Die **AG** haftet mit ihrem **Eigenkapital** (Grundkapital und Rücklagen).
- Jeder **Aktionär** haftet mit seinem Anteil am Grundkapital zuzüglich des von ihm bezahlten Agios.

- Jedes **Vorstandsmitglied** haftet gegenüber der AG für den verursachten Schaden, wenn der die Sorgfalt eines ordentlichen und gewissenhaften Geschäftsleiters nicht anwendet (§ 93 AktG).
- Jedes **Aufsichtsratsmitglied** haftet gegenüber der AG wie ein Vorstandsmitglied (§§ 93, 116 AktG).

Geschäftsführung

- Der **Vorstand** verfügt über die **Gesamtgeschäftsführungsbefugnis** und leitet die AG in **eigener Verantwortung** (§§ 76, 77 AktG).
- Die **Gesamtgeschäftsführungsbefugnis** kann durch den Gesellschaftsvertrag (Satzung) oder die Geschäftsordnung des Vorstands **geändert** werden (§ 77 AktG).
- Die **Geschäftsführungsbefugnis** kann **beschränkt** werden (§ 82 Abs. 2 AktG). Häufig sind folgende Fälle:
  - Beschränkung der Geschäftsführungsbefugnis eines Vorstandsmitglieds auf einen Teilbereich der AG (z. B. ein Ressort oder eine Zweigniederlassung).
  - Bestimmte Arten von Geschäften (z. B. Errichtung einer neuen Fabrik) können nur mit Zustimmung des Aufsichtsrats vorgenommen werden (§ 111 Abs. 4 AktG).
- Die Vorstandsmitglieder müssen im Innenverhältnis diese Beschränkungen beachten (§ 82 Abs. 2 AktG).
- Der **Vorstand** ist an die Beschlüsse der **Hauptversammlung gebunden;** von ihr beschlossene Maßnahmen muss er durchführen (§§ 83 Abs. 2, 119 Abs. 1 AktG).
- Der **Aufsichtsrat überwacht** die Geschäftsführung des **Vorstands** (§ 111 AktG).
- Nur auf Verlangen des Vorstands kann die Hauptversammlung über Fragen der Geschäftsführung entscheiden (§ 119 Abs. 2 AktG).

Vertretung

- Die **Gesamtvertretungsbefugnis des Vorstands** in gerichtlichen und außergerichtlichen Angelegenheiten ist **unbeschränkt** und **unbeschränkbar** (§§ 78, 82 Abs. 1 AktG).
- Die **Gesamtvertretungsbefugnis** kann durch die Satzung oder einen Beschluss des Aufsichtsrats geändert werden (§ 78 Abs. 3 AktG):
  - Einzelvertretungsbefugnis für ein Vorstandsmitglied,
  - gemeinschaftliche Vertretung durch ein Vorstandsmitglied und einen Prokuristen.
- Durch einen Beschluss der Vorstandsmitglieder, die über die Gesamtvertretungsbefugnis verfügen, kann die Vertretungsbefugnis ebenfalls geändert werden (§ 78 Abs. 4 AktG):
  - Einzelvertretungsbefugnis zur Vornahme bestimmter Geschäfte oder bestimmter Arten von Geschäften,
  - gemeinschaftliche Vertretung durch ein Vorstandsmitglied und einen Prokuristen für bestimmte Geschäfte oder bestimmte Arten von Geschäften.

Jede Änderung der Vertretungsbefugnis ist in das Handelsregister einzutragen (§ 81 AktG).

Ergebnisverteilung

Ein **Jahresüberschuss** (§§ 266, 275 HGB) wird nach § 58 AktG wie folgt verteilt:

- **Ausgleich eines Verlustvortrags** aus dem Vorjahr
- **Einstellung in die Gewinnrücklage/gesetzliche Rücklage:** In sie sind so lange mindestens 5 % des Jahresüberschusses einzustellen, bis die Summe aus gesetzlicher Rücklage und Kapitalrücklage 10 % des gezeichneten Kapitals (Grundkapitals) beträgt (§ 150 Abs. 2 AktG). Die Satzung kann einen höheren Teil des Grundkapitals bestimmen, der dann als Gewinnrücklage/**satzungsmäßige Rücklage** auszuweisen ist.
- **Einstellung in die Gewinnrücklage/andere Rücklagen:** Stellen der Vorstand und der Aufsichtsrat den Jahresabschluss fest, dürfen höchstens 50 % des nach dem Abzug eines Verlustvortrags und der Einstellung in die gesetzlichen Rücklagen verbleibenden Betrags in die anderen Rücklagen eingestellt werden. Die Satzung kann einen größeren Teil (bei nicht börsenorientierten AGs auch einen geringeren Teil) bestimmen. Diese Ermächtigung erlischt, wenn die andere Rücklage 50 % des Grundkapitals beträgt (§ 50 Abs. 2 AktG).

Der verbleibende Rest heißt **Bilanzgewinn** (Reingewinn). Dieser wird durch **Beschluss der Hauptversammlung** wie folgt verteilt (§ 174 Abs. 2 AktG):

- Haben Vorstand und Aufsichtsrat den Jahresabschluss festgestellt, so können sie die **Einstellung** weiterer Beträge **in die Gewinnrücklage/andere Rücklagen** beschließen (§ 58 Abs. 3 AktG).
- Gewinnbeteiligung der Vorstandsmitglieder **(Vorstandstantiemen,** § 86 ff. AktG)
- Gewinnbeteiligung der Aufsichtsratsmitglieder **(Aufsichtsratstantiemen,** § 113 Abs. 3 AktG)
- **Gewinnbeteiligung der Arbeitnehmer**
- **Gewinnanteil der Aktionäre (Dividende,** §§ 58 Abs. 4, 60 AktG):
  Die Dividende kann ausgeschüttet werden als
  - Dividende für Stammaktien,
  - Dividende für Vorzugsaktien,
  - Bonus (Zusatz- oder Sonderdividende).
- **Gewinnvortrag:** Der nach Abzug aller genannten Verwendungsmöglichkeiten verbleibende Gewinn wird in das nächste Geschäftsjahr vorgetragen.

Ein **Jahresfehlbetrag** (Jahresverlust) wird wie folgt ausgeglichen:

- Ausgleich durch einen **Gewinnvortrag** aus dem Vorjahr (§ 150 Abs. 3, 4 AktG)
- Übernahme als **Verlustvortrag** in das kommende Geschäftsjahr (§ 150 Abs. 3, 4 AktG)

Wurde über **mehrere Geschäftsjahre** hinweg ein **Jahresfehlbetrag** erwirtschaftet, so können folgende Maßnahmen ergriffen werden (§ 150 AktG):

- Auflösung der Gewinnrücklage/andere Rücklagen
- Auflösung der Gewinnrücklage/gesetzlichen Rücklagen
- Auflösung der Kapitalrücklage
- Auflösung stiller Rücklagen (z. B. Verkauf von Grundstücken)

Wurde über **mehrere Geschäftsjahre** hinweg ein **Bilanzverlust** (Reinverlust) erzielt und sind kaum mehr Rücklagen vorhanden, muss zum Mittel der **Kapitalherabsetzung** (§§ 119, 222 ff. AktG) gegriffen werden.

Die **wirtschaftliche Bedeutung** der AG besteht darin, dass sich **große Kapitalmassen** durch **breite Streuung** unter die Öffentlichkeit (Publikumsaktiengesellschaften) relativ **leicht aufbringen** lassen. (Manche Aktiengesellschaften haben mehr als 300 000 Aktionäre.) Die Führung des Unternehmens und das Eigentum am Unternehmen sind völlig getrennt. Die **Führung** erfolgt durch **Fachleute,** die Angestellte des Unternehmens sind. Andererseits wird die Öffentlichkeit – und nicht nur die Eigentümer – aufgrund der **Publizitätspflicht** unterrichtet. Sie schlägt sich z. B. in der Veröffentlichung von Geschäftsbericht, Bilanz, Gewinn- und Verlustrechnung sowie von Anhang und Lagebericht nieder (§ 325 HGB).

Die AG ist die typische Unternehmungsform für **Großbetriebe** in Industrie, Handel, Bank- und Versicherungswirtschaft. Wir finden sie ebenfalls bei Betrieben der öffentlichen Hand (z. B. Stadtwerke, öffentlicher Nahverkehr) und bei Holdinggesellschaften.

Zu finden sind jedoch auch **Familienaktiengesellschaften:** Ihre Aktionäre sind entweder eine einzelne natürliche Person oder miteinander verwandte oder verschwägerte natürliche Personen (§ 76 Abs. 6 BetrVG 1952). Die Aktien werden meist weder im amtlichen Handel noch im geregelten Freiverkehr an einer bundesdeutschen Börse gehandelt. Für die beteiligten Personen ergeben sich folgende Vorteile: Ihre Haftung als Eigentümer der Familienaktiengesellschaft ist beschränkt, sie bleiben aber trotzdem „Herr im Haus". Durch eine Übertragung von Anteilen zu Lebzeiten wird Erbschaftsteuer gespart. Das Nachfolgerproblem (Generationswechsel) kann aus der Familie herausgelöst werden.

Die Möglichkeit der **Einpersonengründung** macht die Rechtsform der AG aus den genannten Gründen auch für kleine und mittelständische Unternehmen interessant: Durch die Möglichkeit der direkten Eigenkapitalfinanzierung bleibt die **kleine Aktiengesellschaft** von den Kreditgebern unabhängiger als ein vergleichbares Einzelunternehmen oder eine vergleichbare Personenhandelsgesellschaft. Die Eigenkapitalfinanzierung wird z. B. durch den Aktiennennbetrag von 1,00 € erleichtert. Durch die Möglichkeit, bei einer Kapitalerhöhung das Bezugsrecht auszuschließen, kann der Einfluss des Aktionärs und damit seine Selbstständigkeit erhalten bleiben. In die gleiche Richtung zielt die Vorschrift, dass neue Vorzugsaktien stimmrechtslose Aktien sein müssen.

Hat eine Aktiengesellschaft weniger als 500 Arbeitnehmer, so ist der Aufsichtsrat mitbestimmungsfrei (§ 76 Abs. 6 BetrVG von 1952).

Zusammenfassung

Gesellschaft mit beschränkter Haftung und Aktiengesellschaft

	GmbH	AG
Kapital-aufbringung	Gründung – mindestens 25.000,00 € (Stammkapital) – Mindestanteil 100,00 € (Stammeinlage)	Gründung – mindestens 50.000,00 € (Grundkapital) – Mindestanteil 1,00 €
	Kapitalerhöhung – Erhöhung der Stammeinlage – Eintritt eines neuen Gesellschafters	Kapitalerhöhung – Anteil am Grundkapital – Aufgeld (Agio)
	Nachschüsse – beschränkte Nachschusspflicht – unbeschränkte Nachschusspflicht	

	GmbH	AG
Haftung	– GmbH mit Vermögen – Gesellschafter mit Stammeinlage – Nachschüsse durch Gesellschafter	– AG mit Vermögen – Aktionäre mit Anteil am Grundkapital zuzüglich des Agios
Geschäftsführung	– Gesamtgeschäftsführungsbefugnis der Geschäftsführer – Änderung durch Gesellschaftsvertrag oder Gesellschafterversammlung möglich – Beschränkung möglich – Überwachung durch Gesellschafterversammlung bzw. Aufsichtsrat	– Gesamtgeschäftsführungsbefugnis des Vorstands – Änderung durch Satzung oder Geschäftsordnung des Vorstands möglich – Beschränkung möglich – Überwachung durch Aufsichtsrat
Vertretung	– Gesamtvertretungsbefugnis der Geschäftsführer – unbeschränkt und unbeschränkbar – andere Verteilung durch Gesellschaftsvertrag möglich – Selbstkontrahieren möglich Eintragung jeder Änderung ins Handelsregister	– Gesamtvertretungsbefugnis des Vorstands – unbeschränkt und unbeschränkbar – andere Verteilung durch Satzung oder Aufsichtsratsbeschluss möglich Eintragung jeder Änderung ins Handelsregister
Ergebnisverteilung	Jahresgewinn – Einstellung in freiwillige Gewinnrücklage (Reservefonds) – Ausschüttung im Verhältnis der Geschäftsanteile – Gewinnvortrag Jahresverlust – Ausgleich durch Gewinnvortrag – Auflösung des Reservefonds – Nachschüsse – Verlustvortrag Ergebnisverteilung meist durch Gesellschaftsvertrag oder Gesellschafterversammlung geregelt	Jahresüberschuss – Ausgleich eines Verlustvortrags – Einstellung in Gewinnrücklage/gesetzliche Rücklage – Einstellung in Gewinnrücklage/ andere Rücklage Bilanzgewinn – Einstellung in Gewinnrücklage/ andere Rücklage – Vorstandstantieme – Aufsichtsratstantieme – Gewinnanteil der Arbeitnehmer – Dividende – Gewinnvortrag Jahresfehlbetrag – Ausgleich durch Gewinnvortrag – Verlustvortrag – Auflösung anderer Rücklagen – Auflösung gesetzl. Rücklagen – Kapitalherabsetzung

Aufgaben

1. Warum muss bei AG und GmbH ein Mindestkapital aufgebracht werden?
2. Welche Probleme entstehen bei der AG durch die Trennung von Eigentum und Management?
3. Wie geschieht die Ergebnisverteilung bei der AG?
4. Welche Gründe können für die Gesellschafter einer OHG oder die Komplementäre einer KG ausschlaggebend sein, ihre Gesellschaft in eine GmbH & Co. KG umzuwandeln?
5. Warum ist die AG die geeignete Rechtsform für Großbetriebe, die GmbH dagegen für Mittelbetriebe?
6. Betriebsgesellschaften haben meist die Rechtsform einer GmbH. Welche Gesichtspunkte sind dafür ausschlaggebend?
7. Warum gibt es bei der AG gesetzliche Vorschriften über die Ergebnisverteilung, während dies bei anderen Unternehmensformen weitgehend dem Gesellschaftsvertrag überlassen bleibt?
8. Die bisherigen Gesellschafter einer OHG sind gestorben. Keiner der Erben möchte das Risiko auf sich nehmen die Gesellschaft weiterzuführen. Außerdem fehlt es ihnen an Fachwissen. In welche Rechtsformen könnte die OHG umgewandelt werden? Begründen Sie Ihre Vorschläge anhand der Gesichtspunkte Kapitalaufbringung, Haftung usw.
9. Warum muss jede Änderung der Gesamtvertretungsbefugnis in das Handelsregister eingetragen werden?
10. Warum gibt es bei den Kapitalgesellschaften eine Haftung der geschäftsführenden Personen gegenüber der Gesellschaft?
11. Was versteht man unter Nachschusspflicht bei der GmbH?
12. Wer kann Geschäftsführer einer GmbH sein?
13. Kann eine juristische Person Gesellschafter einer GmbH werden?
14. Wie kann die Geschäftsführungsbefugnis bei AG und GmbH beschränkt werden? Nennen Sie Gründe.
15. Schildern Sie, in welchem Verhältnis Hauptversammlung, Aufsichtsrat und Vorstand einer AG zueinander stehen.
16. Schlagen Sie im Aktiengesetz nach, in welchen Fällen die Hauptversammlung Beschlüsse fasst.

3.4 Mitarbeiter der Unternehmung (Handlungsvollmacht und Prokura)

Unter Vollmacht wird eine rechtsgeschäftlich übertragene Befugnis verstanden, für jemand anderen zu handeln.

Wir unterscheiden **Mitarbeiter mit Handlungsvollmachten** und **Mitarbeiter mit Prokura** (Handlungsbevollmächtigte und Prokuristen).

Welchen Umfang nehmen Handlungsvollmacht bzw. Prokura ein und welche Arten kann man danach unterscheiden?

Handlungsbevollmächtigte	Prokuristen
Die Handlungsvollmacht berechtigt in einem bestimmten Handelsgewerbe zur Vertretung von Geschäften, die dieses Handelsgewerbe gewöhnlich mit sich bringt. Der Umfang der Handlungsvollmacht kann vom Unternehmer nach Belieben festgelegt werden. **Nach dem Umfang** kann man folgende Arten der Handlungsvollmacht unterscheiden: **Allgemeine Handlungsvollmacht (Gesamtvollmacht)**: Sie ermächtigt zur Vornahme aller Geschäfte und Rechtshandlungen, die der Betrieb dieses Handelsgewerbes gewöhnlich mit sich bringt. Artfremde Geschäfte und solche von außergewöhnlichem Umfang sind ausgeschlossen. Diese Art der Vollmacht haben im Allgemeinen Abteilungsleiter, Filialleiter, Geschäftsführer, Betriebsleiter. **Artvollmacht**: Sie ermächtigt zur **ständigen** Vornahme einer bestimmten, zu einem Handelsgewerbe gehörenden Art von Geschäften. Artvollmacht haben z. B. Lagerverwalter, Einkäufer, Verkäufer, Buchhalter. **Einzelvollmacht (Sondervollmacht)**: Sie ermächtigt zur einmaligen Vornahme einzelner zu einem Handelsgeschäft gehörender Geschäfte (Forderungen einziehen, Darlehen aufnehmen). **Ladenvollmacht**: Sie ermächtigt Angestellte in einem Laden oder offenen Warenlager zu Verkäufen, zur Annahme von Waren sowie des Kaufpreises. Werden gesonderte Kassenangestellte beschäftigt, so haben nur diese Inkassovollmacht (Artvollmacht).	Die Prokura ermächtigt zu allen Arten von gerichtlichen und außergerichtlichen Geschäften und Rechtshandlungen, die der Betrieb eines Handelsgewerbes mit sich bringt (§ 49 HGB). Der Umfang der Prokura ist gesetzlich festgelegt. **Nach dem Umfang** kann man folgende Arten der Prokura unterscheiden: **Einzelprokura**: Eine einzelne Person ist allein ermächtigt. **Gesamtprokura**: Mehrere Personen sind gemeinschaftlich ermächtigt. Sie müssen ihre Handlungen gemeinsam absprechen und ihre Entscheidungen gemeinsam treffen und unterschreiben (§ 48 Abs. II HGB). **Filialprokura**: Wenn eine Unternehmung mehrere Niederlassungen unter verschiedenen Firmen betreibt, so kann die Prokura auf eine Niederlassung beschränkt sein (§ 50 Abs. III HGB). 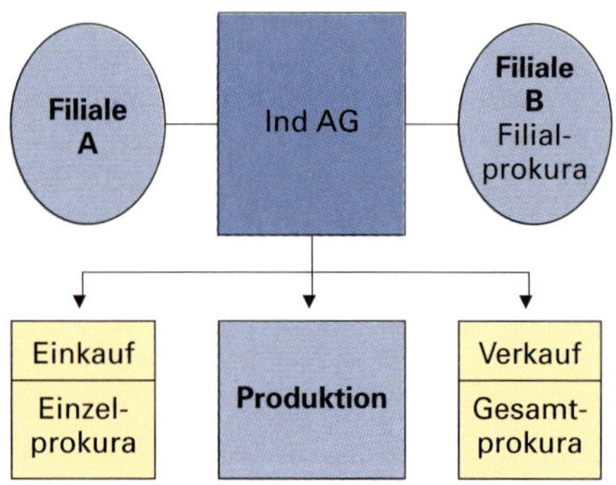

Wie wird Handlungsvollmacht bzw. Prokura erteilt?

Handlungsbevollmächtigte	Prokuristen
Allgemeine Handlungsvollmacht kann von – Voll- und Minderkaufleuten, – Prokuristen, – besonders dazu Ermächtigten erteilt werden. Die Erteilung der Vollmacht kann stillschweigend oder ausdrücklich vorgenommen werden. Die Gesamtvollmacht wird **nicht** in das **Handelsregister** eingetragen, in den meisten Fällen den Geschäftspartnern aber mitgeteilt.	Die Prokura kann nur von einem **Vollkaufmann oder seinem gesetzlichen Vertreter** mittels ausdrücklicher Erklärung, d. h. schriftlich oder mündlich, erteilt werden (§ 48 Abs. I HGB). Die Erteilung der Prokura ist zur **Eintragung in das Handelsregister anzumelden** (§ 53 Abs. I HGB). Prokura kann auch an beschränkt geschäftsfähige Minderjährige und an Personen, die keine Handlungsgehilfen (z. B. Ehefrauen) sind, erteilt werden.

Handlungsbevollmächtigte	Prokuristen
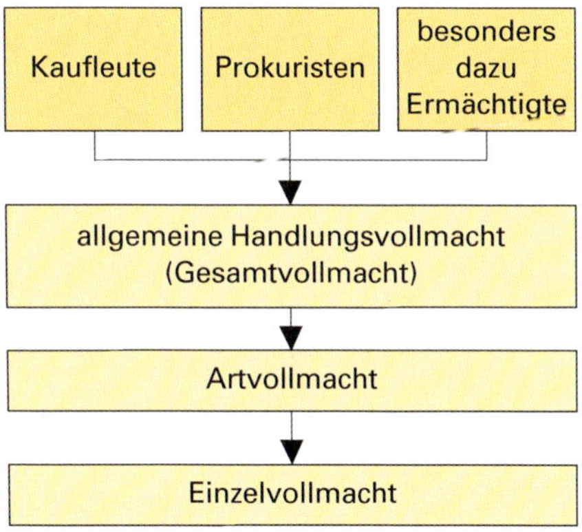	Zu beachten ist, dass die Prokura im **Innenverhältnis** (zwischen Unternehmer und Prokuristen also) bereits mit der Erteilung wirksam ist. Im **Außenverhältnis** (zwischen Prokuristen und Dritten also) hat die Prokura erst dann Wirksamkeit, wenn sie Dritten bekannt gemacht wurde oder sie in das Handelsregister eingetragen wurde. 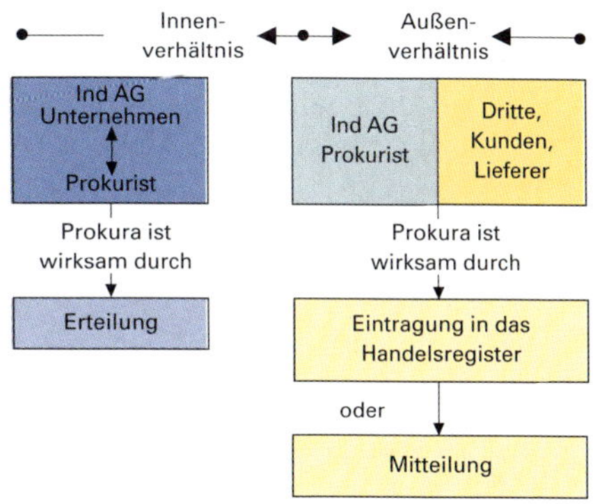

Welche Rechtsgeschäfte darf der Handlungsbevollmächtigte bzw. der Prokurist nicht oder nur mit besonderer Vollmacht ausüben?

Handlungsbevollmächtigte	Prokuristen
Der Handlungsbevollmächtigte ist außer zu den Rechtsgeschäften, die dem Prokuristen verboten sind, zu den folgenden **nicht berechtigt**: – Veräußerung oder Belastung von Grundstücken, – Eingehen von Wechselverbindlichkeiten, – Aufnahme von Darlehen, – Prozessführung, – Gesamtvollmacht auf andere übertragen.	**Gesetzliche Beschränkungen:** – Bilanz, Steuererklärungen unterschreiben, – Geschäft auflösen oder verkaufen, – Gesellschafter aufnehmen, – Insolvenz anmelden, – Prokura erteilen, – Eintragungen in das Handelsregister anmelden, – Eid für Unternehmer leisten. Für die Veräußerung und Belastung von Grundstücken benötigt der Prokurist eine Sondervollmacht.

Handlungsbevollmächtigte	Prokuristen
Zu diesen Geschäften ist der Handlungsbevollmächtigte nur ermächtigt, wenn ihm eine Art- oder Sondervollmacht dazu erteilt wurde. **Sonstige Beschränkungen** sind möglich, aber nur dann wirksam, wenn Dritte sie kannten oder kennen müssten. Im Allgemeinen werden sie dem Geschäftspartner mitgeteilt. Angenommen, der Gesamtbevollmächtigte A hat in Zukunft nur noch mit dem Gesamtbevollmächtigten B gemeinsam die Vertretungsmacht, so gelten alle Rechtsgeschäfte nur, wenn A und B gemeinsam handeln und unterschreiben. Diese Beschränkung brauchen Dritte nur dann gegen sich gelten lassen, wenn sie sie kannten oder kennen mussten.	**Sonstige Beschränkungen** sind **nur im Innenverhältnis** möglich, aber Dritten gegenüber **(im Außenverhältnis) unwirksam.** Angenommen, dem Prokuristen wird ausdrücklich die Aufnahme von Darlehen untersagt, so sind alle Darlehensverträge mit dem Dritten trotz Beschränkungen im Innenverhältnis rechtswirksam. Allerdings muss der Prokurist für den entstandenen Schaden einstehen. 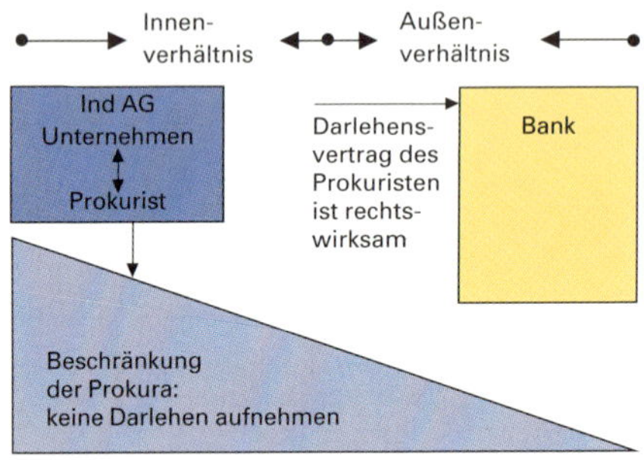

Wie unterschreibt der Handlungsbevollmächtigte bzw. der Prokurist?

Handlungsbevollmächtigte	Prokuristen
Der Bevollmächtigte zeichnet Schriftstücke mit einem Zusatz, der das Vollmachtsverhältnis ausdrücken soll (§ 57 HGB). In der Praxis ist es üblich, dass der Bevollmächtigte zum Namen der Firma seine Unterschrift mit dem Zusatz **„i. V."** (in Vollmacht) setzt, wenn er allgemeine Handlungsvollmacht besitzt. Für Art- oder Sondervollmacht wird meistens der Zusatz **„i. A."** (im Auftrag) angebracht. Ind AG / i. A. Krüger Ind AG / i. V. Kolbe	Der Prokurist zeichnet Schriftstücke in der Weise, dass er der Firma seinen Namen mit einem Zusatz beifügt, aus dem die Prokura hervorgeht (§ 51 HGB). Meistens steht der Zusatz **„ppa."** oder **„pp."** vor dem Namen der Firma oder vor der Unterschrift des Prokuristen: Ind AG / ppa. Kolbe / (Einzelprokura) Ind AG / pp. Krüger pp. Erbe / (Gesamtprokura)

Wie erlischt die Handlungsvollmacht bzw. die Prokura?

Handlungsbevollmächtigte	Prokuristen
Allgemeine Handlungsvollmacht erlischt – **durch Widerruf.** Er ist jederzeit möglich. – mit Beendigung **des Rechtsverhältnisses** (Ausscheiden aus Dienstverhältnis). – **durch Auflösung oder Veräußerung des Unternehmens.**	Die Prokura erlischt im Innenverhältnis – **durch Widerruf.** Allerdings wird das Beschäftigungsverhältnis davon nicht berührt. – **mit Beendigung des Rechtsverhältnisses** (Ausscheiden aus dem Dienstverhältnis). – **durch Auflösung oder Veräußerung des Unternehmens.** Die Prokura erlischt **nicht** durch den Tod des Inhabers des Unternehmens.

Handlungsbevollmächtigte	Prokuristen
	Im **Außenverhältnis** hat die Prokura erst dann ihre Wirksamkeit verloren, wenn das Erlöschen in das **Handelsregister** eingetragen (§ 53 Abs. III HGB) und bekannt gemacht wurde oder Dritte davon in Kenntnis gesetzt wurden. So lange dies nicht geschieht, gilt die Prokura im Außenverhältnis weiter. 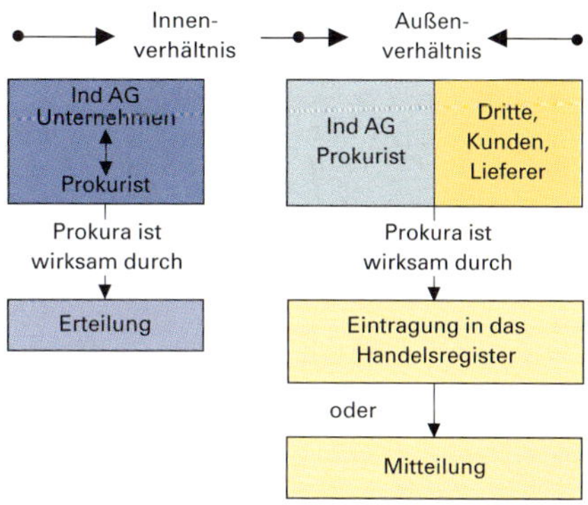

Der Generalbevollmächtigte ist nach dem Betriebsverfassungsgesetz 1972 (§ 5 Abs. 3) leitender Angestellter. Hält man sich an das Betriebsverfassungsgesetz 1972, so kann man auf den Umfang der Generalvollmacht schließen. Danach erfüllt der Generalbevollmächtigte **unternehmerische Aufgaben** und trifft selbstständig unternehmerische Entscheidungen. Im strengen Sinne des Betriebsverfassungsgesetzes 1972 ist er nicht mit Angestellten zu verwechseln, die allenfalls Leitungsfunktion innehaben. Da es **keine gesetzlichen Bestimmungen** über die **Vertretungsmacht** des Generalbevollmächtigten gibt, muss der **Umfang der Generalvollmacht** in jedem Einzelfall gesondert **vertraglich** niedergeschrieben werden. Der Generalbevollmächtigte wird **nicht** in das Handelsregister eingetragen und zeichnet nicht für die Firma, sondern handelt im Namen des Vollmachtgebers.

In der Praxis gehen seine tatsächlichen Befugnisse wesentlich über die des Prokuristen hinaus. Er vertritt die Unternehmung bzw. den Vollmachtgeber in allen Geschäften oder in allen Geschäften eines größeren betrieblichen Teilbereichs (z. B. In- und Auslandsvertrieb). Der wirkliche Funktionsbereich des Generalbevollmächtigten ist bei Kapitalgesellschaften und Einzelunternehmen unterschiedlich groß.

- Bei Aktiengesellschaften sind die Befugnisse der Vorstandsmitglieder durch das **Aktiengesetz** eingegrenzt. Generalbevollmächtigte wiederum haben nicht so umfassende Vollmachten wie die Vorstandsmitglieder. In den meisten Fällen ist ihr Vollmachtsbereich örtlich oder sachlich begrenzt.
- Bei Einzelunternehmen repräsentiert der Generalbevollmächtigte den Firmeninhaber nach innen und außen. Er vertritt den Vollmachtgeber vollständig bei der Leitung des gesamten Unternehmens (außer bei Rechtshandlungen, bei denen eine Stellvertretung gesetzlich ausgeschlossen ist).

Zusammenfassung

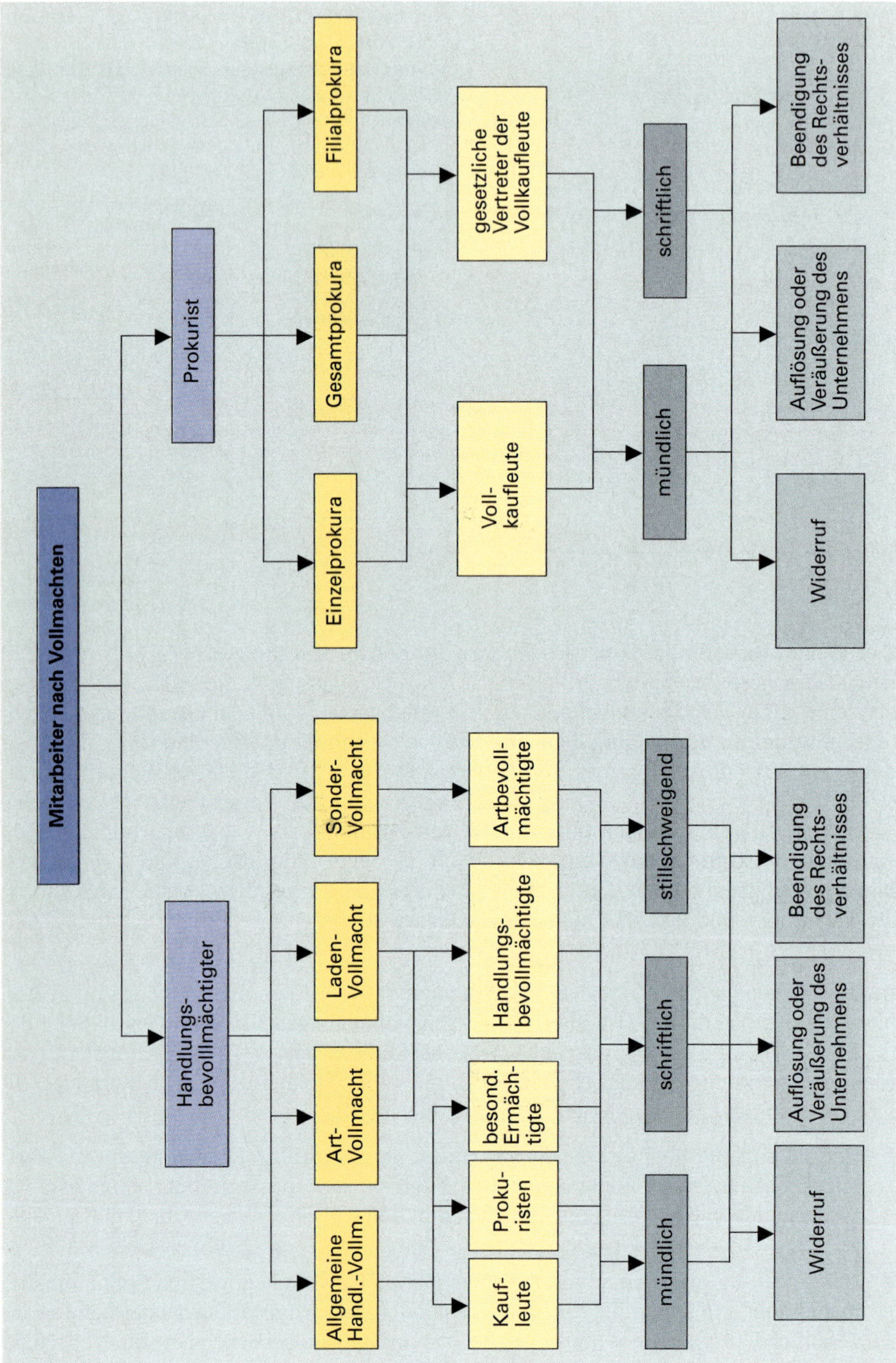

Aufgaben

1. Wer kann Prokura bzw. Handlungsvollmacht erteilen und in welcher Form kann dies geschehen?
2. Erklären Sie die Gründe für die Erteilung einer Gesamtprokura.
3. Wie wird unterzeichnet bei
   - Einzelprokura,
   - Artvollmacht,
   - Gesamtprokura,
   - allgemeiner Handlungsvollmacht?
4. Wie lassen sich Prokura bzw. allgemeine Handlungsvollmacht widerrufen?
5. Frau Pausch ist am 1. März zur Prokuristin ernannt worden. Am 10. März wurde die Prokura in das Handelsregister eingetragen. Wann ist die Prokura im Innenverhältnis und wann im Außenverhältnis wirksam und welche Bedeutung kommt dem zu?
6. Frau Pausch wird die Prokura am 1. Sept. entzogen. Die Eintragung in das Handelsregister erfolgte am 15. Sept. Frau Pausch nimmt am 10. Sept. für das Unternehmen bei der Stadtsparkasse ein Darlehen auf. Ist der Darlehensvertrag rechtsgültig abgeschlossen worden?
7. Beurteilen Sie, um welche Art von Handlungsvollmacht es sich in den folgenden Fällen handelt:
   - Vergleichen von Angeboten durch den Einkäufer,
   - Einstellung neuer Mitarbeiter durch den Personalchef,
   - Kauf eines Grundstücks,
   - Prokuristin Pausch beauftragt einen Mitarbeiter aus dem Einkauf, die Verhandlungen über die Aufnahme eines Darlehens mit der Bank zu führen.
8. Welche Rechtsgeschäfte kann der Prokurist abschließen und welche sind ihm gesetzlich untersagt?
   - Wechselverbindlichkeiten eingehen,
   - Mieten eines Lagergebäudes,
   - Gesamtvollmacht erteilen,
   - Grundstücke verkaufen,
   - Prokurist entlassen,
   - Eintragung einer Hypothek auf ein Grundstück des Unternehmens,
   - einen Prozess führen.
9. Die Ladenbaufirma Grabow und Wodtke OHG in Potsdam, die nach einer von ihr selbst entwickelten Konzeption Ladeneinrichtungen herstellt, möchte den Gesellschafter Grabow und die stille Gesellschafterin Thiel zu Prokuristen bestellen. Untersuchen Sie, ob es möglich ist, Herrn Grabow und Frau Thiel zu Prokuristen zu bestellen, und begründen Sie Ihre Entscheidung.

4 Wirtschaftsordnungen, Preisbildung und Wettbewerb

4.1 Die Wirtschaftsordnung

4.1.1 Problemstellung und Begriffsbildung

In allen Wirtschaftseinheiten – Staat, Unternehmungen, Haushalte – finden wirtschaftliche Vorgänge statt. Das Zusammenspiel aller Wirtschaftseinheiten in einer Volkswirtschaft wird von einer gewissen **Ordnung** bestimmt: Entweder übernimmt der **Markt** (dezentral) oder eine **zentrale Stelle** (meist eine staatliche) die **Lenkung** der Volkswirtschaft. Im einen Fall wird die Wirtschaftsordnung als **„Marktwirtschaft“,** im anderen Fall als **„Zentralverwaltungswirtschaft“** bezeichnet.

Bei dem wirtschaftlichen Lenkungsproblem geht es im Einzelnen um die Frage:

Wer bestimmt,

- welche Güter in welchen Mengen produziert werden sollen,
- in welcher Kombination der Produktionsfaktoren produziert werden soll,
- an wen Güter verteilt werden sollen?

Die **Entscheidung** über diese Fragen liegt

- in der Marktwirtschaft bei den Wirtschaftseinheiten, vor allem bei den Produzenten und Konsumenten,
- in der Zentralverwaltungswirtschaft bei einer zentralen Behörde.

Als Marktwirtschaft wird z. B. die Wirtschaftsordnung der Bundesrepublik Deutschland, Frankreichs, Großbritanniens und der USA bezeichnet. Im gleichen Sinne werden auch Begriffe wie

- Wettbewerbswirtschaft,
- Privatwirtschaft,
- kapitalistische Wirtschaft

gewählt.

Die Wirtschaftsordnungen der ehemaligen kommunistischen Länder bezeichnet man als

- Zentralverwaltungswirtschaft oder auch als
- sozialistische Wirtschaft,
- Planwirtschaft,
- Zwangswirtschaft.

Alle diese Bezeichnungen sind kaum zutreffend, weil die einzelnen Wirtschaftsordnungen sehr kompliziert sind und einzelne Tatbestände so miteinander verschmolzen sind, dass eine klare Trennung in die eine oder andere reine Form kaum vorzunehmen ist. Auch in den westlichen Wirtschaftsordnungen wird nicht alles dem Markt überlassen. Typisch für sie ist ein starker Sektor privater Wirtschaft und ein wirtschaftlicher Sektor der öffentlichen Hand, der dreißig bis fünfzig Prozent des Bruttoinlandsprodukts umfasst. Trotzdem lassen sich zwischen den „östlichen“ und „westlichen“ Ordnungen gravierende Unterschiede feststellen, wenn man das Typische an ihnen heraushebt. Deshalb stellen wir zunächst die Marktwirtschaft und die Zentralverwaltungswirtschaft als **idealtypische Modelle** heraus und vergleichen die Marktwirtschaft anschließend mit der Realität.

4.1.2 Das Modell der freien Marktwirtschaft

Die Theorie der reinen Marktwirtschaft wurde von den Engländern Adam **Smith** (1723 – 1790) und David **Ricardo** (1772 – 1823) entwickelt. Es ist die Wirtschaftsordnung des 19. Jahrhunderts, das durch die industrielle Revolution geprägt ist. Die Ideen des **Wirtschaftsliberalismus** basieren auf der Überzeugung, dass die Individuen völlige **wirtschaftliche Freiheit** genießen. Jeder am Wirtschaftsprozess Beteiligte geht von seinem **persönlichen Eigennutz** aus. Er kann frei darüber verfügen, **ob, wie lange und wo er seine Arbeitskraft einsetzt.** Sofern er über Betriebsmittel und Werkstoffe verfügt, kann er frei entscheiden, **was, wie viel und wie er produziert.** Die Preise für Güter, der Zins für das Kapital und die Höhe der Löhne werden nach den Gesetzen eines **schrankenlosen freien Wettbewerbs** bestimmt. In diesem System der natürlichen Freiheit **enthält sich der Staat jeder Einmischung** in das Wirtschaftsleben. Er sorgt für die Einhaltung der Gesetze, für den Schutz der Gesellschaft vor Angriffen anderer Nationen und schafft öffentliche Einrichtungen wie Schulen und Krankenhäuser.

Damit sich die Produzenten, Händler und Konsumenten wirtschaftlich frei entfalten können, werden das Privateigentum, die Vertragsfreiheit, die Gewerbe- und Berufsfreiheit garantiert.

Im Wettbewerb untereinander bemühen sich die Unternehmer um den **größtmöglichen Gewinn.** Dabei liegen diejenigen Unternehmer vorn, die sich am besten und schnellsten auf die **Wünsche der Verbraucher** einstellen. Die **Nachfrager bestimmen** weitgehend, was und wie viel angeboten wird. Die Unternehmer erhalten diese notwendigen Informationen über die **Preise,** die sich am **Markt bilden.** Der **Markt-Preis-Mechanismus** lenkt sozusagen von „unsichtbarer Hand“ das gesamte Wirtschaftsgeschehen (Marktpreisbildung vgl. 4.2.2.3).

Der Marktpreis

- ist ein **Gleichgewichtspreis,** wenn er Angebots- und Nachfragemenge zum Ausgleich („ins Gleichgewicht“) bringt,
- zeigt den Produzenten, nach welchen Gütern und in welchem Umfang **Bedarf** besteht. Nach diesen Informationen werden die Anbieter ihr wirtschaftliches Handeln ausrichten.

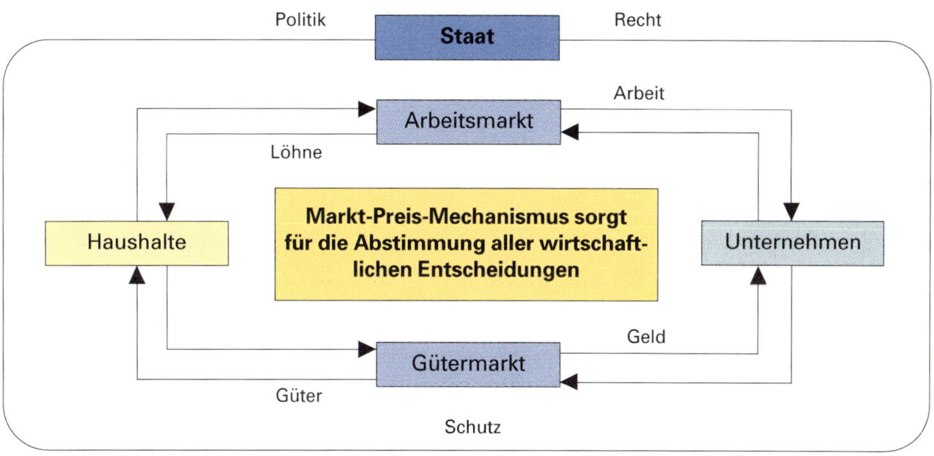

- **lenkt** die wirtschaftlichen Aktivitäten von Unternehmern und Arbeitskräften dorthin, wo ein Bedarf nach ihnen besteht.

Der Markt ist als Abstimmungsmechanismus für alle Arten von angebotenen und nachgefragten Gütern, Dienstleistungen, Kapitalien und Arbeitsleistungen zu verstehen.

Bedingungen für die Funktionsfähigkeit der freien Marktwirtschaft

Der **Preismechanismus** in der Marktwirtschaft funktioniert nur unter bestimmten Voraussetzungen:

- Es besteht eine **Vielzahl von Anbietern und Nachfragern,** von denen keiner wirtschaftlich so stark ist, dass er den Markt beeinflussen kann.
- Es werden **keine Preisabsprachen** getroffen.
- Die Märkte für alle Güter sind **überschaubar,** sodass die Marktteilnehmer jederzeit über Veränderungen orientiert sind.
- Die Marktteilnehmer handeln ausschließlich nach **wirtschaftlichen** Überlegungen.

Nachteile der freien Marktwirtschaft

Die **Wirtschaftsordnung des Frühkapitalismus** (19. Jahrhundert), wie sie in England und später in anderen Ländern praktiziert wurde, kommt dem Modell der **freien Marktwirtschaft** am nächsten. Zunächst wurde wie im Modell versucht die Freiheit der Individuen ohne staatliche Eingriffe zu verwirklichen. Mit dem Übergang zur industriellen Arbeitsweise entstanden mit Maschinen ausgerüstete Großunternehmen, die **riesige Kapitalien** auf sich vereinigten. So kam es zur **starken Konzentration** wichtiger Wirtschaftsunternehmen (z. B. im Bergbau, in der Eisen- und Stahlindustrie), die bald große Marktanteile auf sich vereinigten. Eng damit verbunden war die Verteilung **wirtschaftlicher Macht** auf wenige Unternehmen, die den **Wettbewerb einschränken** konnten. Im freien Spiel der Kräfte waren die Arbeiter, welche nur ihre Arbeitskraft anzubieten hatten, den finanziell starken Unternehmern unterlegen. Das führte zur **Verelendung** der breiten Massen und zu **unzumutbaren Arbeitsbedingungen. Wirtschaftskrisen** und **Massenarbeitslosigkeit** waren die Folge. Auch die Rolle der **Konsumenten** wich erheblich von den modellhaften Annahmen ab. Ihre wirtschaftliche Macht war keineswegs so stark, dass sie die Produktivkräfte steuern konnten. Die soziale Frage zwang den Staat, aus seiner Isolation herauszutreten und in das Wirtschaftsgeschehen **einzugreifen.**

Hauptmerkmale der freien Marktwirtschaft

Dezentrale Planung und Lenkung	Marktpreisbildung	Freier Wettbewerb
Völlige Entscheidungsfreiheit der Wirtschaftsteilnehmer verbunden mit der Garantie des Privateigentums, der Vertragsfreiheit, der Gewerbe- und Berufsfreiheit.	Die vielfältigen Wünsche der Verbraucher und die Pläne der Anbieter werden durch den Marktpreis in Einklang gebracht. Es gelten die allgemeinen Preisgesetze.	Alle Wirtschaftsteilnehmer handeln nach dem Prinzip des Eigennutzes bzw. der Gewinnerzielung und stehen in völlig freiem Wettbewerb miteinander.

4.1.3 Das Modell der Zentralverwaltungswirtschaft

In der Zentralverwaltungswirtschaft wird die Frage, was, wie, womit und für wen produziert werden soll, von einer zentralen Behörde entschieden.

Das bedeutet, dass Produktion und Verteilung von Millionen von Gütern aufeinander abgestimmt werden müssen. Die Zentrale setzt die Preise und Löhne fest, dirigiert die Arbeitskräfte dorthin, wo sie gebraucht werden und kontrolliert die Verteilung der Güter; der Außenhandel wird zentral gesteuert.

Arbeitslosigkeit, Überproduktion und Absatzkrisen werden vermieden, sofern Plan und Realität übereinstimmen. Da die Planbehörde über den Einsatz der Produktionsfaktoren bestimmt, muss sie auch die rechtliche Herrschaft über diese haben. Das Privateigentum daran ist folglich ausgeschlossen. **Oberstes Ziel der Volkswirtschaft ist die Erfüllung des Plans.**

Der Planungsvorgang

Angenommen, die politische Führung als oberste Entscheidungsstelle setzt sich zum Ziel, das Wachstum der Volkswirtschaft um rund 5 % zu erhöhen; deshalb sollen die Investitionsgüterindustrie weiter ausgebaut und u. a. 100 000 Drehbänke mehr hergestellt werden. Der Ablauf der Planung kann folgendermaßen erfolgen:

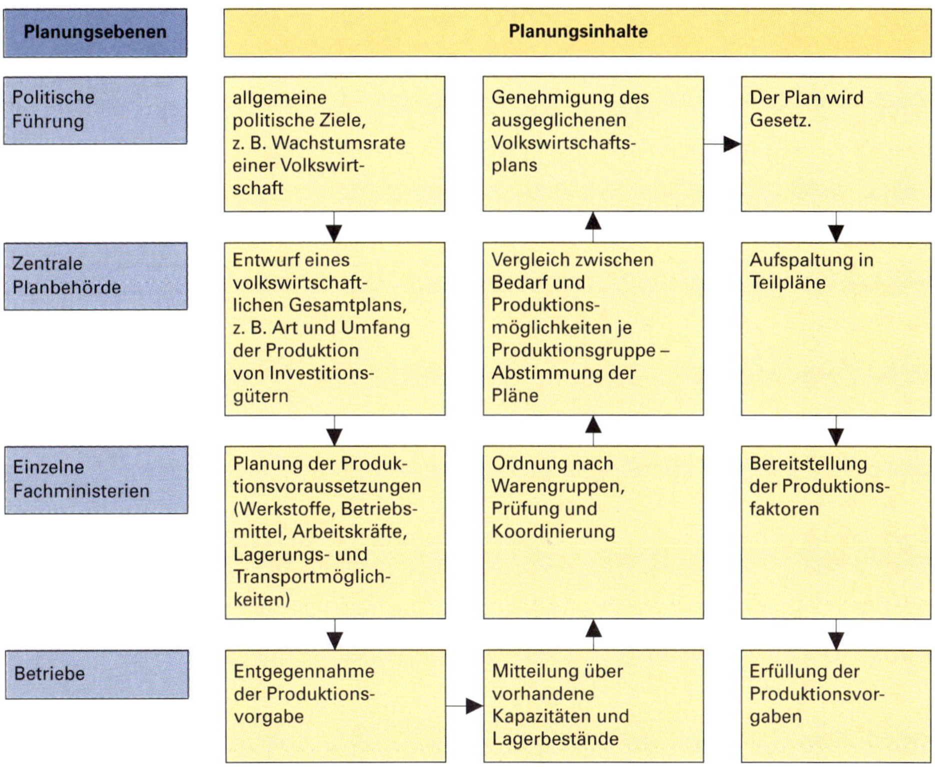

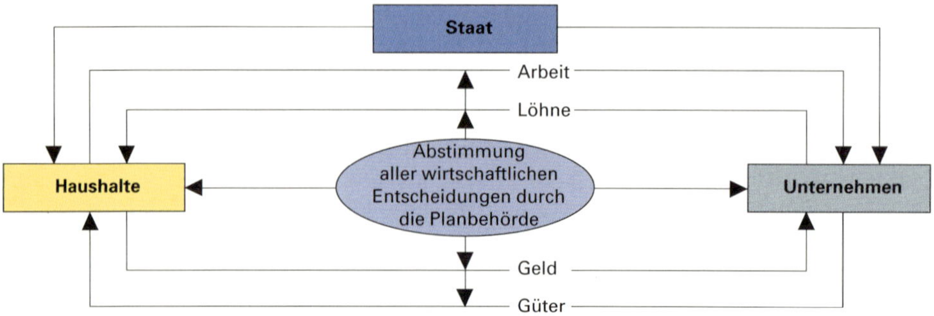

Hauptmerkmale der Zentralverwaltungswirtschaft

Zentrale Planung und Lenkung	Aufhebung des Privateigentums	Zentrale Preisfestsetzung	Zentralgesteuerte Verteilung
des Wirtschaftsgeschehens. Die Entscheidungsfreiheit der Wirtschaftsteilnehmer ist eingeschränkt. Die zentrale Planbehörde teilt die Produktionsfaktoren den Behörden zu.	an Produktionsmitteln. Die zentrale Planbehörde entscheidet über ihre Verfügbarkeit, in ihren Händen liegt auch das Bank- und Versicherungswesen.	für Güter, Dienstleistungen, Kapital und Arbeit.	aller Güter (über Bezugsscheine), zentralgesteuerter Außenhandel.

Wirtschaftskrisen (z. B. Inflation, Arbeitslosigkeit, Überproduktion, Absatzkrisen) lassen sich in einer Zentralverwaltungswirtschaft nur dann ausschließen, wenn die zentrale **Planung** mit der **wirtschaftlichen Wirklichkeit** übereinstimmt. Dies ist aber nicht der Fall. Würden z. B. einige Betriebe der Reifenindustrie ihre Planvorgaben nicht erfüllen, so hätte das verheerende Folgen für die Produktion in anderen Wirtschaftsbereichen (z. B. auf die Landmaschinenindustrie, auf die Fahrradfabriken, auf die Automobilindustrie). Die Landwirtschaft, das Transportwesen und der Handel wären betroffen, um nur einige Branchen zu nennen. Produktionsfaktoren würden verschwendet. Bei der engen Verflechtung der Wirtschaft wirken sich Fehlleistungen eines Betriebes unmittelbar auf eine Reihe anderer aus.

Allein wegen der komplizierten Bedarfserfassung ist bei Millionen von Güterarten eine in die Einzelheiten gehende **Wirtschaftsplanung** nicht möglich. Die **Umsetzung** der Planung in der Wirklichkeit scheitert u. a.

- an der schwierigen Planabstimmung zwischen allen Wirtschaftssubjekten,
- an der langsamen Anpassung an Bedarfsänderungen,
- an der totalen bürokratischen Organisation und an dem langen Instanzenweg der Behörden.

Als weitere **Nachteile der Zentralverwaltungswirtschaft** müssen genannt werden

- Tendenz zur Uniformierung der Güter,
- unbedingte Unterordnung aller Wirtschaftseinheiten unter den Plan,
- geringe Eigeninitiative und geringes Verantwortungsbewusstsein bei den Wirtschaftssubjekten (kein Privateigentum).

Zusammenfassung

Freie Marktwirtschaft	Zentralverwaltungswirtschaft
– dezentrale Planung und Lenkung	– zentrale Planung und Lenkung
– Privateigentum	– Staats- bzw. Genossenschaftseigentum
– Preisbildung für Güter, Kapitalien und Arbeitskräfte auf dem freien Markt	– Preisfestsetzung durch eine staatliche Behörde
– Gewerbe- und Berufsfreiheit	– staatliche Niederlassungen nach Plan
– freier Wettbewerb mit Gewinnstreben der Betriebe	– Planziele und Planerfüllung durch die Betriebe
– freies Bank- und Versicherungswesen	– zentrale Geld- und Kreditversorgung durch staatliche Behörden
– Wirtschaftsliberalismus	– Befehlswirtschaft
– freies Unternehmertum	– staatliche und wirtschaftliche Macht befinden sich in einer Hand

Aufgaben

1. Beschreiben Sie das Modell der freien Marktwirtschaft.
2. Nehmen Sie zu folgender Aussage Stellung: „Jeder Mensch hat, solange er nicht die rechtlichen Schranken überschreitet, vollkommene Freiheit, seine eigenen Interessen so, wie er will, zu verfolgen und seine Arbeit sowie sein Kapital mit der Arbeit und den Kapitalien anderer Menschen oder anderer sozialer Schichten in Wettbewerb zu bringen.“
   (Adam Smith)
3. Welche Bedingungen müssen erfüllt sein, damit die freie Marktwirtschaft funktionieren kann?
4. Wie wird die Frage „Was, wie viel und für wen soll produziert werden?“ in der freien Marktwirtschaft und in der Zentralverwaltungswirtschaft gelöst?
5. Welche Gründe sprechen gegen eine Lenkung der Volkswirtschaft durch den Staat?
6. Warum kann es in der Zentralverwaltungswirtschaft kein Privateigentum an Produktionsgütern geben?
7. Die politische Führung eines Staatswesens setzt sich die Produktion von 500000 Fahrrädern zum Ziel. Wie verläuft der Planungsprozess in einer Zentralverwaltungswirtschaft?

4.1.4 Die soziale Marktwirtschaft in der Bundesrepublik Deutschland

4.1.4.1 Ziele der sozialen Marktwirtschaft

Nach dem Zweiten Weltkrieg herrschte in Deutschland Arbeitslosigkeit, Inflation und Währungsverfall.

Im Jahre 1948 wurden die Weichen für den Wiederaufbau gestellt durch

- die Währungsreform,
- die Aufhebung der Preis- und Bewirtschaftungskontrollen.

Das Grundgesetz der Bundesrepublik Deutschland lässt die Frage nach einer bestimmten Wirtschaftsordnung **offen.** Die erste Bundesregierung entschied sich für die **soziale Marktwirtschaft** als Wirtschaftsordnung der Bundesrepublik Deutschland. Mit ihr sollten Fehler und Auswüchse der liberalistischen Marktwirtschaft vermieden werden. Dem Staat sollten mehr Kompetenzen eingeräumt werden.

Das Konzept der sozialen Marktwirtschaft übernimmt die Gesetze des **Marktmechanismus** und verbindet sie mit den Ansprüchen der Menschen nach

- sozialer Gerechtigkeit,
- persönlicher Freiheitsentfaltung,
- sozialer Sicherheit,
- Mitbestimmung,
- intakter natürlicher Umwelt.

Innerhalb des Ordnungsrahmens der sozialen Marktwirtschaft strebt die Wirtschaftspolitik folgende wichtige ökonomische Ziele an, die als das „Magische Viereck" bekannt sind (§ 1 StabG):

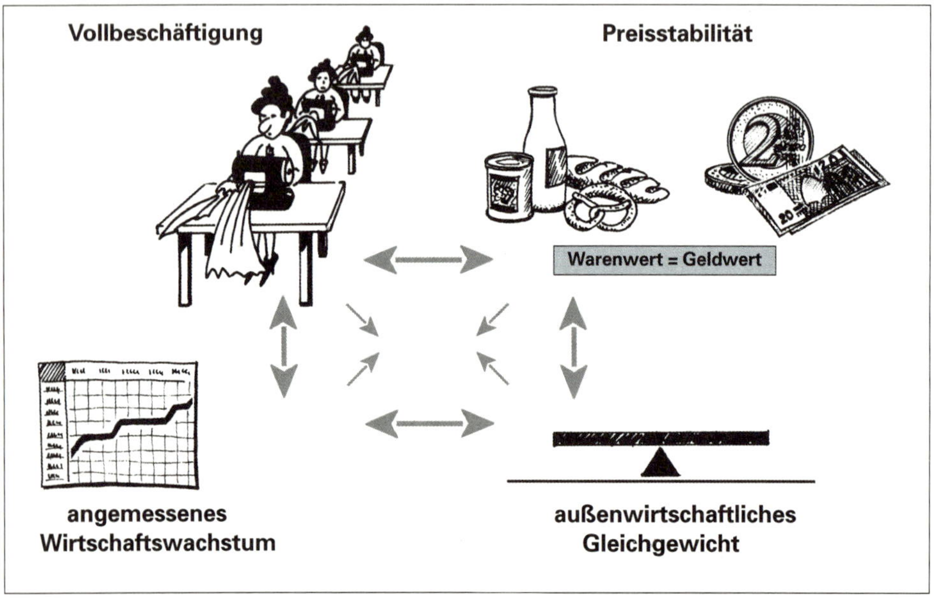

Im StabG nicht erwähnt, kommt dem wirtschaftspolitischen Ziel nach **Erhaltung der natürlichen Ressourcen** (Luft, Wasser, Boden, Pflanzen, Tiere) allergrößte Bedeutung zu.

Müller-Armack, der geistige Vater der sozialen Marktwirtschaft, gibt folgende Erklärung:

„Der Begriff der sozialen Marktwirtschaft kann als eine ordnungspolitische Idee definiert werden, deren Ziel es ist, auf der Basis der Wettbewerbswirtschaft die freie Initiative mit einem gerade durch die marktwirtschaftliche Leistung gesicherten sozialen Fortschritt zu verbinden."

4.1.4.2 Merkmale einer sozial gebundenen Wettbewerbsordnung

Die Aufgabe des Staates in der sozialen Marktwirtschaft besteht darin, dort ordnend einzugreifen, wo die Marktwirtschaft versagt, zu sozialen Ungerechtigkeiten oder anderen nicht erwünschten Entwicklungen führt. Ziel ist es, wirtschaftliche Freiheit und soziale Gerechtigkeit so gut wie möglich miteinander zu verbinden.

Dass sich die soziale Marktwirtschaft im Spannungsfeld zwischen individueller Freiheit und sozialer Gebundenheit befindet, lässt sich an einigen Beispielen verdeutlichen.

4.1.4.2.1 Privates Eigentum und öffentliches Eigentum

In der Wirtschaftsordnung der Bundesrepublik Deutschland befindet sich das **Eigentum an Produktionsmitteln** überwiegend **in der Hand privater** Unternehmer. Art. 14 GG gewährleistet den Bürgern das Recht auf Privateigentum. Der Abs. 2 betont gleichzeitig, dass der Gebrauch des Eigentums zugleich dem **Wohle der Allgemeinheit** zu dienen habe (Sozialbindung des Eigentums). Der Grundsatz **„Eigentum verpflichtet"** äußert sich z. B. in der Mitbestimmung im Betrieb und Unternehmen, in der Verpflichtung der Eigentümer von Wäldern und Seen, diese für die Erholung der Allgemeinheit offen zu halten. Eine **Enteignung gegen Entschädigung** ist möglich (Art. 14 Abs. 3), wenn sie dem **Wohle der Allgemeinheit** dient. Zum Beispiel ist eine Enteignung von Grundstücken möglich, wenn der **Staat ein Interesse** am Bau einer Umgehungsstraße hat. Daneben können auch Grund und Boden, Naturschätze und Produktionsmittel (also auch Unternehmen) in Gemeineigentum (Sozialisierung von Eigentum) umgewandelt werden (Art. 15 GG). Dazu bedarf es eines Gesetzes, das Art und Ausmaß der Entschädigung regelt.

Das Ziel von Unternehmen, die sich in Gemeineigentum befinden, ist **nicht die Gewinnmaximierung,** sondern die **Kostendeckung.** Um die Versorgung der Bevölkerung mit Schulen, Krankenhäusern, Elektrizität und Wasser sicherzustellen, hat der Staat verschiedene Unternehmen in eigene Hand übernommen.

4.1.4.2.2 Vertrags- und Gewerbefreiheit

Nach Art. 2 des Grundgesetzes genießen alle Bürger der Bundesrepublik Deutschland freie Entfaltungsmöglichkeit.

Eingeschlossen in dieses Recht ist die Möglichkeit, Verträge mit Unternehmen und Verbrauchern frei abzuschließen (vgl. § 305 BGB). Eine **Einschränkung der Vertragsfreiheit** findet z. B. in folgenden Fällen statt:

- Personen besitzen noch nicht die volle **Geschäftsfähigkeit,**
- Rechtsgeschäfte sind **nichtig,**
- Rechtsgeschäfte sind **anfechtbar,**
- **Verbraucher** werden wegen ihrer schwachen Stellung im Wirtschaftsleben geschützt (z. B. durch die Vorschriften über Haustürgeschäfte und ähnliche Geschäfte, Verbraucherkredite, Produkthaftungsgesetz, Gesetz gegen den unlauteren Wettbewerb, Preisauszeichnungsverordnung).

- der Wettbewerb wird gesetzlich geschützt bzw. gefördert (z. B. durch die Kartellgesetzgebung, Missbrauchsaufsicht, Fusionskontrolle, vgl. 4.4).

Nach Art. 12 GG und § 1 GewO ist es grundsätzlich jedermann möglich, ein Gewerbe zu betreiben.

Der **Schutz der Allgemeinheit** erfordert aber eine **Beschränkung der Gewerbefreiheit.** Die Gründung eines Gewerbes bedarf einer **staatlichen Genehmigung,**

- wenn Betriebsstätten aus Gründen der **Sicherheit** überwacht werden müssen,
- wenn zum Schutz der Allgemeinheit eine **besondere Ausbildung** zur Führung des Gewerbebetriebs erforderlich ist,
- wenn eine besondere **persönliche Zuverlässigkeit** nachzuweisen ist.

Einige **Beispiele** sollen den Sachverhalt verdeutlichen:

§ 1 der Handwerksordnung (HandwO) bestimmt, dass nur Personen, die im Besitz eines Meistertitels sind, zum Führen eines Handwerksbetriebes berechtigt sind.

§ 3 des Gesetzes über die Berufsausübung im Einzelhandel (EinzelhG) macht das Betreiben eines Einzelhandelsgeschäftes von der erforderlichen **Sachkunde und Zuverlässigkeit** des Unternehmers oder der mit der Leitung beauftragten Person abhängig.

Die Gewerbeordnung erfordert eine **besondere Genehmigung** für

die Errichtung von Anlagen	**bestimmte Gewerbetreibende**
welche durch die örtliche Lage oder die Beschaffenheit der Betriebsstätte für die Besitzer oder Bewohner der benachbarten Grundstücke oder für die Öffentlichkeit überhaupt erhebliche Nachteile, Gefahren oder Belästigungen herbeiführen können (§ 16 GewO), z. B. – Kalk-, Ziegel-, Zementindustrie (Schmutz), – Chemiefabriken (Gefahr), – Lackierereien (Geruch), – Kesselbau (Lärm).	(§§ 30 – 39 GewO) z. B. Gaststätten, Krankenanstalten, Beförderungsunternehmen, Apotheken, Versicherungsunternehmen.

4.1.4.2.3 Tarifautonomie

Die Tarifparteien (Gewerkschaften und Arbeitgeberverbände) fassen ihre Beschlüsse unabhängig von den Weisungen der Bundesregierung.

Sie berufen sich dabei auf die **Tarifautonomie,** welche durch Art. 9 Abs. 3 GG garantiert wird. Die Tarifpartner vertreten in erster Linie die Interessen ihrer Mitglieder, wobei sich ihre Entscheidungen durchaus zugunsten der Allgemeinheit auswirken können.

Ein **Beispiel** soll den Zusammenhang verdeutlichen:

Hohe Tarifabschlüsse

- bringen nach Ansicht der **Gewerkschaften** zusätzliche Einkommen für die Arbeitnehmer und verstärkte Nachfrage und Abbau der Arbeitslosigkeit;
- bedeuten nach Ansicht der **Arbeitgeber** höhere Kosten und eine Abnahme des Gewinns;
- können für die **Allgemeinheit**
  - Preissteigerungen und eine Abnahme der Reallöhne bedeuten, wenn die Unternehmer die höheren Kosten auf die Preise überwälzen;
  - bei Nichtüberwälzung der Kosten zu einem Rückgang der Investitionen und einer Zunahme der Arbeitslosigkeit führen.

Die Bundesregierung **erinnert** die Tarifpartner an ihre gesamtwirtschaftliche Verantwortung. Nach § 3 Stabilitätsgesetz hat sie die **Aufgabe,** „Orientierungsdaten für ein gleichzeitiges aufeinander abgestimmtes Verhalten der Gebietskörperschaften, Gewerkschaften und Unternehmerverbände zur Verfügung zu stellen. Diese Orientierungsdaten enthalten insbesondere eine Darstellung der gesamtwirtschaftlichen Zusammenhänge im Hinblick auf die gegebene Situation."

4.1.4.2.4 Markteingriffe des Staates (Arten)

Arten staatlichen Eingreifens

- **Marktsicherung:** Schaffung der rechtlichen Grundlagen als Voraussetzung eines echten Leistungswettbewerbs (z. B. Gesetz gegen Wettbewerbsbeschränkungen).
- **Marktbeeinflussung:** Aufrufe über die Massenmedien zu einem bestimmten wirtschaftlichen Verhalten (z. B. zur Energieeinsparung).
- **Marktregulierung:** Direkte Einflussnahme auf Angebot und Nachfrage zur Beeinflussung der Preise (z. B. An- und Verkäufe von Nahrungsmitteln durch die staatliche Einfuhr- und Vorratsstelle zur Regulierung des Preisniveaus).

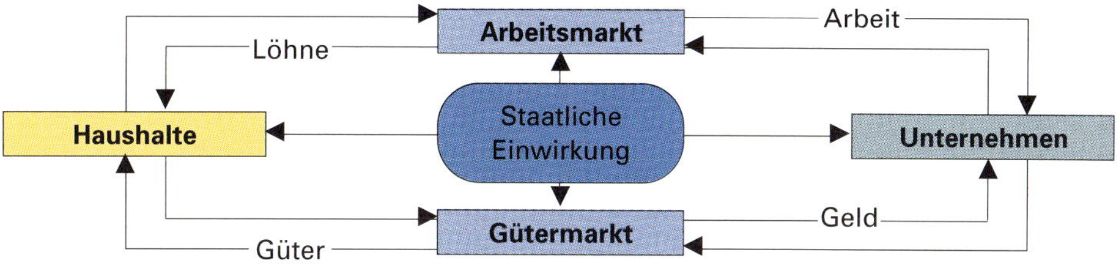

Die Eingriffe des Staates sollten marktkonform sein, d. h., der Markt-Preis-Mechanismus darf nicht gestört werden, weil der Markt sonst seiner Ausgleichsfunktion bzw. Informationsfunktion nicht nachkommen kann (vgl. 4.2.1).

4.1.4.2.5 Bereiche staatlichen Eingreifens

Das Modell des vereinfachten Wirtschaftskreislaufes zeigt, dass die soziale Marktwirtschaft einen Kompromiss aus **dezentraler Planung** und **staatlicher Einwirkung** darstellt:

- Wettbewerbssicherung
- Einkommens- und Vermögensverteilung
- Übernahme wirtschaftlicher Aufgaben durch den Staat
- soziale Sicherheit
- Stabilisierung des Wirtschaftsablaufes
- Erhaltung der Umwelt

Wettbewerbssicherung (vgl. 4.4)

Der freie Wettbewerb ist ein Ordnungsprinzip unserer demokratischen und ökonomischen Ordnung. Die staatliche Wettbewerbspolitik versucht zu verhindern, dass einzelne Betriebe den Wettbewerb ganz oder teilweise einschränken. Dieses allgemeine Ziel staatlicher Wettbewerbspolitik soll durchgesetzt werden mithilfe der

- Anwendung des **Gesetzes gegen Wettbewerbsbeschränkungen** (GWB, auch Kartellgesetz genannt),
- Anwendung der Vorschriften des **EWG-Vertrages,**
- Aufsicht bei Unternehmenszusammenschlüssen **(Fusionskontrolle)** und durch
- die **Missbrauchsaufsicht** für marktbeherrschende Unternehmen.

Die Einhaltung der gesetzlichen Bestimmungen des GWB wird vom **Bundeskartellamt** überwacht. Verstöße können mit Bußgeldern geahndet werden.

Der Sicherung des Leistungswettbewerbs dienen auch andere Gesetze und Verordnungen, z. B.

- das Gesetz gegen den unlauteren Wettbewerb,
- das Gesetz über die allgemeinen Geschäftsbedingungen.

Einkommens- und Vermögensverteilung

Erfolgt die Einkommensbildung nach dem reinen Leistungsprinzip, bleiben soziale Ungerechtigkeiten nicht aus. Der Staat greift mit einer Reihe von Gesetzen korrigierend ein und berücksichtigt dabei z. B. auch Alter, Familienstand, Gesundheit:

- progressive Besteuerung der Einkommen,
- allgemeine Sparförderung (z. B. steuerliche Erleichterung für Bausparleistungen, für Einzahlungen zur privaten Altersvorsorge),
- verschiedene Vermögensbildungsgesetze (z. B. Zuschuss zur vermögensbildenden Leistung).

Soziale Sicherheit

Die Aufwendungen des Bundes für Sozialleistungen nehmen den größten Anteil am öffentlichen Haushalt ein. Dazu gehören

- Zuschüsse zur Sozialversicherung,
- Sozialhilfe, Zuschüsse zur Arbeitslosenhilfe,
- Wohngeld, Hausratshilfe,
- Kindergeld, Arbeits- und Ausbildungsförderung,
- sozialer Wohnungsbau.

Stabilisierung des Wirtschaftsablaufes

In der sozialen Marktwirtschaft betreibt der Staat eine aktive Konjunkturpolitik, um gesamtwirtschaftliche Störungen und Krisen (z. B. Inflation, Massenarbeitslosigkeit) auszuschließen. Das **Stabilitätsgesetz** aus dem Jahre 1967 **verpflichtet in § 1 Bund, Länder und Gemeinden, ihre Haushalts- und Finanzpolitik auf gesamtwirtschaftliche Ziele auszurichten („magisches Viereck“).** Zu diesem Zweck ist der Bund verpflichtet eine fünfjährige **Finanz- und Investitionsplanung** zu erstellen, in welcher die zu erwartenden Einnahmen und Ausgaben gegenübergestellt und Entscheidungen für die Zukunft getroffen werden. Daneben bemüht sich die staatliche Wirtschaftspolitik, andere gesamtwirtschaftliche Größen wie

- Konsum,
- Einkommen,
- Investitionen,
- Außenbeitrag

aufeinander abzustimmen. Die Entscheidungen der Unternehmen, Haushalte, Gewerkschaften und Verbände bleiben unangetastet. Zur Unterstützung der Globalsteuerung der Regierung dienen

- der **Konjunkturrat:** Beratung aller konjunkturpolitischen Maßnahmen,
- der **Finanzplanungsrat:** Koordinierung der öffentlichen Finanzpläne.

Erhaltung der Umwelt

Angesichts der alarmierenden Umweltschäden steht die soziale Marktwirtschaft heute vor ihrer größten Herausforderung. Die expansive Zunahme von Produktion und Konsum führt zur Zerstörung der natürlichen Umwelt, weil

- mehr Schadstoffe und Müll erzeugt und
- die Ressourcen der Welt schneller ausgebeutet werden.

Die anstehenden Probleme sind mit dem Marktmechanismus nicht zu lösen. Der Staat muss sich als **Ordnungsinstanz** in das Wirtschaftsgeschehen einschalten, um Umweltschäden zu verhindern. Damit der Staat seine Umweltschutzziele erreichen kann, stehen ihm

- marktwirtschaftlich orientierte (marktkonforme) Instrumente,
- Verbote und Gebote (nicht marktkonforme Maßnahmen) zur Verfügung.

Einige **Beispiele** sollen verdeutlichen, wie der Staat zur Vermeidung von Umweltzerstörung direkt in den Wirtschaftskreislauf eingreift.

Marktkonforme Instrumente

- **Umweltabgabe:** Der Staat versucht über den Preis das Handeln der Wirtschaftenden im Sinne des Umweltschutzes zu beeinflussen. Nach dem **Abwasserabgabengesetz** muss das Unternehmen, das umweltschädliche Abwasser einleitet, eine Abgabe zahlen. Das Unternehmen hat die Wahl, die Zahlung der Abgabe zu leisten oder sein Umweltverhalten zu ändern. Selbstverständlich spielt die Abgabenhöhe eine entscheidende Rolle.
- **staatliche Investitionshilfen:** Unternehmen, die Investitionen zum Umweltschutz leisten, können Sonderabschreibungen vornehmen und dadurch ihre Steuerlast verringern. In die gleiche Richtung zielen zinsverbilligte Kredite, welche Unternehmen erhalten, die umweltfreundliche Anlagen bauen. Hierher gehört auch die staatliche Förderung von Kraftfahrzeugen, die bestimmte Abgasnormen einhalten.
- **Ökosteuern:** Über den Preis soll ein gewünschtes Nachfrageverhalten erreicht werden.

- **Vorsorgeprinzip:** Vorausschauende Maßnahmen zur Abwendung von Umweltgefahren.
- **Verursacherprinzip:** Grundsätzlich muss **derjenige** die Kosten der Umweltbelastung tragen, der für die Entstehung verantwortlich ist. Insofern entspricht das Verursacherprinzip dem **Grundgedanken der Marktwirtschaft.** Für die Unternehmen stellt das Verursacherprinzip eine Herausforderung dar, umweltschonende und zugleich kostengünstige Technologien zu entwickeln. Die Allgemeinheit soll erst dann mit den Kosten für die Beseitigung von Umweltschäden belastet werden, wenn der oder die Verursacher nicht oder nicht mehr festgestellt werden können.
- **Umwelthaftung:** In der politischen Diskussion ist die **„verschuldensunabhängige Gefährdungshaftung".** Sie bedeutet, dass ein Unternehmen, das Schadstoffe in die Umwelt abgibt, automatisch für die dadurch ausgelösten Schäden haftet. Während bisher der Geschädigte beweispflichtig war, braucht er nun nicht mehr nachzuweisen, dass die Ursache der Umweltschäden von bestimmten Schadstoffen eines bestimmten Unternehmens herrühren. Die **verschuldensunabhängige Gefährdungshaftung** hat im **Arzneimittelgesetz** und **Wasserhaushaltsgesetz** Eingang gefunden. Das Gesetz über die Umwelthaftung (UmweltHG) führte zur Verbesserung des Schutzes vor Umweltschäden. Die **verschuldensunabhängige Gefährdungshaftung** wurde für die Umweltmedien **Luft und Boden neu eingeführt.** Auch ohne Verschulden wird derjenige Betrieb haften, der durch den Betrieb seiner technischen Anlagen Luft und Boden beeinträchtigt und Schäden verursacht. Die Schadensursache wird nach dem UmweltHG schon dann zulasten des Betriebes vermutet, wenn die Anlage geeignet ist, den entstandenen Schaden hervorzurufen. Es werden alle Schäden ersetzt, die durch Verletzung von Körper, Gesundheit oder Eigentum entstehen. Die Haftung ist betragsmäßig nicht beschränkt. Die **Marktkonformität** dieser Maßnahmen liegt darin, dass ein Unternehmen die Abgabe umweltschädlicher Substanzen von vornherein vermeiden wird, um **Schadenersatzforderungen** aus dem Wege zu gehen.

Zu beachten ist allerdings, dass Ersatzansprüche immer auf Schäden beschränkt bleiben, für die ein individueller Verursacher ermittelt werden kann. Wie insbesondere das Waldsterben zeigt, können die Opfer des Waldsterbens keinen bestimmten Schädiger greifen und haftbar machen. Hier liegt eine Summierung von Emissionen vor, die durch Industrie, Kraftfahrzeuge, Heizungen u. a. m. verursacht werden. Entgegen dem Verursacherprinzip gehen die Umweltopfer leer aus.

Nicht marktkonforme (marktkonträre) Instrumente

- **Verbote:** Entscheidungen zugunsten der Umwelt werden erzwungen und nicht über den Marktmechanismus herbeigeführt.

  Beispiele:
  - *Rücknahmepflichten der Vertreiber für Transportverpackungen, Umverpackungen und Verkaufsverpackungen*
  - *Pfanderhebungspflicht für Getränkeverpackungen*
  - *Tempolimit auf Straßen*
  - *Verbot von Treibgasen in Sprühdosen*
  - *Fahrverbot für Kraftfahrzeuge bei Smogalarm*

Verbote greifen schnell und zuverlässig, allerdings sind genaue Kontrollen und empfindliche Strafen erforderlich.

- **Gebote:** Eine weitere nicht marktkonforme Methode, in das Wirtschaftsleben einzugreifen, stellen die vielfältigen Gebote dar. An erster Stelle seien hier die höchstzulässigen Grenzwerte genannt, die für die Abgabe von Schadstoffen staatlich festgelegt werden.

Beispiele:
- *Abgabe industrieller Schadstoffe in die Luft (Technische Anleitung – Luft): Hier handelt es sich um genehmigungsbedürftige Anlagen wie z. B. Müllverbrennungsanlagen, Raffinerien, chemische Fabriken, Anlagen der Eisen- und Stahlerzeugung und -verarbeitung, der Gas- und Nahrungsmittelherstellung sowie Zementwerke. Sie unterliegen gesetzlichen Anforderungen, wobei die Frage im Vordergrund steht: Inwieweit wird durch Luftverunreinigungen dieser Anlagen die menschliche Gesundheit beeinträchtigt?*

  Die Vorschriften der TA-Luft müssen von den Behörden bei der Genehmigung und Überwachung von industriellen Anlagen beachtet werden. Diese Vorschriften bestimmen auch die Grenzwerte der zulässigen Emissionen und Immissionen.
- *Abgabe von Schadstoffen aus Kraftwerken (Großfeuerungs-VO): Diese Verordnung schreibt eine Begrenzung aller Emissionen wie Schwefeldioxid, Stickstoffoxide, Kohlenmonoxid und Staub vor. Besonders scharf waren die Altanlagen von der Vorschrift betroffen. Sie mussten alle auf den Stand von Neuanlagen umgerüstet oder stillgelegt werden. Heutzutage sind alle westdeutschen Kohle-, Öl- und Gaskraftwerke weitgehend entschwefelt. Durch den Einbau von Katalysatoren in Kraftwerken ist auch der Stickoxidausstoß drastisch verringert worden.*
- *Abgabe von Schadstoffen der Kraftfahrzeuge (Smog-VO).*

Ob in einer Marktwirtschaft mit derartigen Vorschriften wirksamer Umweltschutz erreicht werden kann, hängt von der **Höhe** der zulässigen Grenzwerte ab. Es ist zu fragen, ob die soziale Marktwirtschaft zu Beginn des einundzwanzigsten Jahrhunderts die richtigen Rezepte hat, die anstehenden ökologischen Probleme zu lösen. In der öffentlichen Diskussion wird die Forderung erhoben, das ökologische Element stärker zu berücksichtigen und die Marktwirtschaft zu einer **„ökologisch-sozialen“** weiterzuentwickeln.

Zusammenfassung

Merkmale der sozialen Marktwirtschaft

1. Ihre Grundlagen sind Prinzipien, die bereits in der freien Marktwirtschaft vor 200 Jahren galten:
   - dezentrale Planung und Lenkung,
   - Privateigentum,
   - Marktpreisbildung.
2. Fehlentwicklungen der freien Marktwirtschaft werden durch staatliche Eingriffe korrigiert:
   - der Staat sorgt für einen funktionierenden marktwirtschaftlichen Wettbewerb (vgl. Gesetz gegen Wettbewerbsbeschränkungen),
   - der Staat betreibt aktive Konjunkturpolitik (vgl. das im Stabilitätsgesetz verfolgte Ziel des magischen Vierecks),
   - der Staat greift **direkt** und **indirekt** in den Wettbewerb ein. Er bedient sich dabei marktkonformer Methoden mit dem Ziel, den Menschen
     - soziale Sicherheit,
     - persönliche Freiheitsentfaltung,
     - soziale Gerechtigkeit,
     - Mitbestimmung in Unternehmen

   zu garantieren. In letzter Zeit ist die Erhaltung der natürlichen **Umwelt** als wichtige Aufgabe der Marktwirtschaft hinzugekommen.

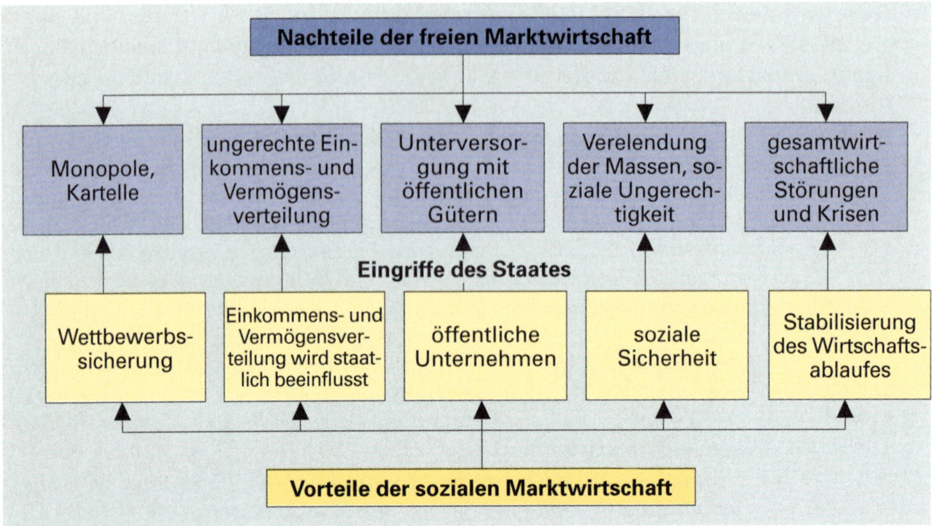

Aufgaben

1. Welche Nachteile versucht der Staat in der sozialen Marktwirtschaft auszugleichen?
2. Wie regelt und steuert der Staat in der sozialen Marktwirtschaft das Wirtschaftsgeschehen?
3. Welche Gesetze sollen der sozialen Gerechtigkeit dienen?
4. Nehmen Sie Stellung zu der These: „Wettbewerb so weit wie möglich – Planung so weit wie nötig."
5. Was soll die Aussage bedeuten: „Mehr Markt – weniger Staat"?
6. Nennen Sie Beispiele, wie der Staat auf Haushalte und Unternehmen einwirkt.
7. Informieren Sie sich in der Tagespresse. Schreiben Sie einige Probleme auf, die den Übergang vom Plansystem auf die Marktwirtschaft in Osteuropa so schwierig gestalten.
8. Welche Vor- und Nachteile haben die verschiedenen Instrumente der Umweltpolitik?
9. Versuchen Sie zu erklären, auf welche Weise die Wirksamkeit im Umweltschutz erhöht werden kann?
10. Wer die Umwelt schädigt und damit Kosten verursacht, der soll dafür zahlen. Zeigen Sie anhand des Waldsterbens und anderer Beispiele, mit welchen Schwierigkeiten das Verursacherprinzip verbunden ist. Wie beurteilen Sie den Trend der Kostenüberwälzung auf den Endverbraucher?

4.2 Markt und Preis

4.2.1 Die Ausgleichsfunktion des Marktes

Wer bestimmt, welche Güter und Leistungen produziert bzw. angeboten werden: die Unternehmen, die Haushalte oder gar ein Ministerium? Die Produzenten informieren sich über den Bedarf der Käufer und über deren Preisvorstellungen. Auch die Käufer verschaffen sich Informationen über das Angebot. Wir können dies gut auf Wochenmärkten beobachten. Dort treffen sich Anbieter und Nachfrager an Verkaufsständen und verschaffen sich „vor Ort" einen Marktüberblick (**konkreter** Markt). In der Wirtschaftstheorie verstehen wir allerdings unter Markt jedes Zusammentreffen von Angebot und Nachfrage, z. B. im Telefongespräch (**abstrakter** Marktbegriff).

Den Ort, an dem Anbieter und Nachfrager zusammentreffen, Informationen einholen und Tauschhandlungen (Güter gegen Geld) vornehmen, bezeichnet man als Markt. Er ist geografisch nicht festgelegt.

Der Ausgleich der unterschiedlichen Interessen erfolgt in der Marktwirtschaft über den Preis:

- Verkäufer wollen einen möglichst hohen Preis erzielen,
- Käufer einen möglichst niedrigen Preis zahlen.

Um möglichst viele Wünsche zu befriedigen, machen Anbieter und Nachfrager Abstriche von ihren Vorstellungen. Wer zu relativ hohen Preisen anbietet, verliert Nachfrager, da sich diese dann an billigere Anbieter halten. Ist das Preisniveau in einem Markt insgesamt zu hoch, geht die Gesamtnachfrage zurück. Die Unternehmer werden dann die Preise senken müssen. Andererseits bestimmt auch die Nachfrage den Preis: Ist ein knappes Gut sehr begehrt, so sind die Nachfrager bereit höhere Preise zu zahlen. Übersteigt das Angebot die Nachfrage, so sinken die Preise. Diese **Marktmechanismen** sind besonders gut bei Versteigerungen zu beobachten.

Märkte sind unterschiedlich stark organisiert. Für bestimmte Güter werden Märkte sogar regelrecht veranstaltet: Anbieter und Nachfrager treffen sich zu bestimmten Zeiten an einem bestimmten Ort (z. B. Messen, Versteigerungen, Börsen, Wochenmärkte). Der Vorteil solcher konkreter, **organisierter Märkte** besteht in einer großen Übersichtlichkeit über die Leistungen der Marktpartner. Oft wird der Marktausgleich sogar nach bestimmten **Regeln** vorgenommen (z. B. Börsen, Versteigerungen).

Auf einem **unorganisierten Markt,** d. h. auf einem in sehr viele Teilmärkte dezentralisierten Markt, haben die Marktpartner nicht den Überblick über alle Preise und Produktqualitäten. Der Marktausgleich ist sehr viel schwieriger und unübersichtlicher zu vollziehen. Wenn wir uns eine Armbanduhr kaufen wollen, ist es nötig, viele Anbieter aufzusuchen, um uns einen guten Überblick über die Marktlage zu verschaffen.

Der Arbeitsmarkt ist ein Beispiel dafür, dass Märkte sowohl organisiert als auch unorganisiert nebeneinander bestehen können. Sucht der Betrieb Personal (Buchhalter, Lagerarbeiter), so kann er beim Arbeitsamt (organisierter Markt) nachfragen oder aber auch eine Zeitungsanzeige (unorganisierter Markt) aufgeben.

In **zentral geleiteten Wirtschaftsordnungen** erfolgt die Regelung des Wirtschaftsprozesses nicht durch den Preis, sondern durch Anordnungen von **Verwaltungsbehörden.**

An dem vereinfachten Modell des Wirtschaftskreislaufs haben wir gesehen, dass es jeder Marktteilnehmer mit mehreren Märkten zu tun hat. Betrachten wir die Situation der Unternehmen näher. Sie beschaffen Produktionsfaktoren (auf den **„Faktormärkten"**) und setzen ihre Fertigerzeugnisse ab (auf den **Absatzmärkten**):

Der Betrieb hat es also mit vielen Märkten und mit vielen Marktpartnern zu tun. Und für alle Märkte gelten verschiedene sachliche und wirtschaftliche Bedingungen, aber auch unterschiedliche juristische Vorschriften (z. B. über den Kaufvertrag, den Arbeits- und den Tarifvertrag, über Zollvorschriften). Die Abstimmung von Angebot und Nachfrage vollzieht sich deshalb auf unzähligen „Märkten", kurz: dort, wo immer Marktpartner aufeinander treffen, unter fortwährend wechselnden Bedingungen.

Die gängigste Unterscheidung der Marktarten teilt den Markt ein nach der **Art der gehandelten Güter:**

- Gütermärkte (Rohstoffe, Konsumgüter, Investitionsgüter),
- Immobilienmarkt (Grundstücke, Gebäude),
- Arbeitsmarkt (Personal),
- Kapitalmarkt (kurz-, mittel-, langfristiges Kapital als Kredit oder als Eigenkapital),
- Markt für Dienstleistungen (z. B. Transport von Gütern und von Nachrichten).

Zusammenfassung

1. Der Ort, an dem Anbieter und Nachfrager zusammentreffen, um sich zu informieren und/oder zu kaufen oder zu verkaufen, heißt Markt.
2. Das Instrument der Veränderung zwischen Anbietern und Nachfragern ist der Preis.
3. Wir unterscheiden

   → organisierte Märkte, z. B. Messen, Börsen, Versteigerungen, Obst- und Gemüsemärkte.

   → unorganisierte Märkte
   - eigentlich Marktbegriff der Wirtschaftstheorie,
   - geografisch nicht festgelegt,
   - Treffpunkt von Angebot und Nachfrage,
   - zahlreiche Einzelmärkte.
4. Wir unterscheiden

   → Beschaffungsmärkte

   → Absatzmärkte

Aufgaben

1. Welche organisierten Marktveranstaltungen gibt es in Ihrer Heimatgemeinde?
2. Worauf sind Preisschwankungen bei Frischgemüse zurückzuführen?
3. Nennen Sie Beispiele für unorganisierte Märkte.
4. Mit welchen Beschaffungsmärkten hat es Ihr Ausbildungsbetrieb zu tun?
5. Ordnen Sie in organisierte und nicht organisierte Märkte:
   Stellensuche durch Inserat, beim Arbeitsamt, Kreditschalter bei der Bank, Aufnahme eines neuen Gesellschafters nach einer Zeitungsanzeige, briefliche Bestellung bei einem Lieferanten, telefonische Verhandlung mit einem Kunden, Internationale Automobilausstellung.
6. Informieren Sie sich über die besonderen Bedingungen auf den Beschaffungs- und Absatzmärkten Ihres Ausbildungsbetriebes.

4.2.2 Der Marktmechanismus

Auf dem Markt treffen sich Angebot und Nachfrage. Hier vollzieht sich die Preisbildung.

Dabei wirken folgende **Faktoren** auf die Angebots- und auf die Nachfragekurve ein:

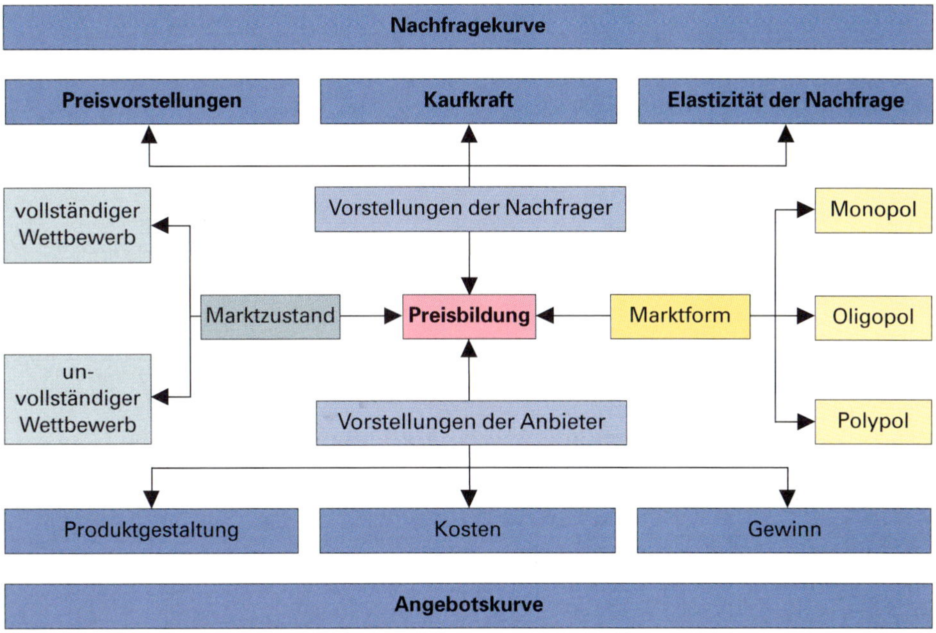

Um den Marktgesetzen auf die Spur zu kommen, werden wir das Nachfrage- und das Angebotsverhalten näher untersuchen.

4.2.2.1 Die Nachfragekurve

Die Nachfragekurve gibt die Beziehungen zwischen den Preisen und den Nachfragemengen wieder. In der Regel wird bei niedrigeren Preisen eine größere Gütermenge nachgefragt als bei höheren Preisen.

Dies hat zwei Gründe:

- Preissenkungen locken **neue** Käufer an,
- Preissenkungen reizen die **bisherigen** Käufer zu **zusätzlichen** Käufen.

Preiserhöhungen führen zu einer sinkenden Nachfrage, weil

- **die Nachfrager** sich beim Konsum **einschränken,**
- **die Nachfrager** das teuer gewordene Produkt durch ein anderes **ersetzen** (z. B. Butter durch Margarine). Wir sprechen von **Substitution.**

Stellen wir diese Zusammenhänge grafisch dar, so erhalten wir die **Nachfragekurve** (Nachfragefunktion) eines Gutes:

Preis pro Stück	10	9	8	7	6	5	4	3	2	1	0
Nachfrage	0	5	10	15	20	25	30	35	40	45	50

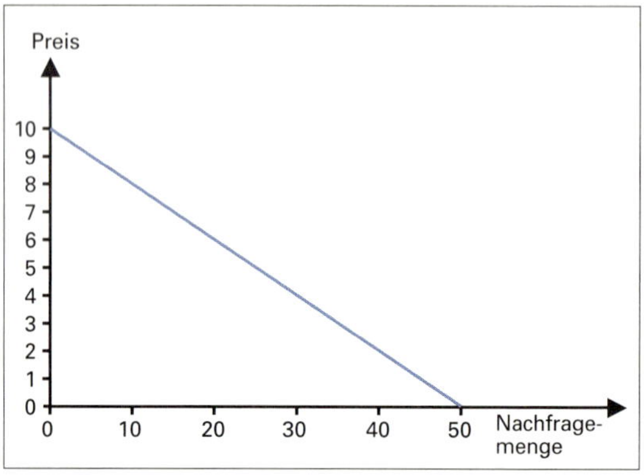

Das Nachfrageverhalten ist aber nicht nur durch den Preis zu erklären. Das **Einkommen** und die **Dringlichkeit,** ein Bedürfnis durch ein bestimmtes Gut zu befriedigen, spielen auch eine wichtige Rolle. Steigt z. B. das Einkommensniveau insgesamt bei gleichem Preisverhalten an, so kann zu jedem Preis mehr nachgefragt werden. Die Nachfragekurve verschiebt sich nach rechts. Sinkt das Einkommensniveau, so tritt eine Verschiebung der Nachfragekurve nach links ein. Bei gleich gebliebenem Preisverhalten kann jetzt zu jedem Preis nur eine geringere Menge nachgefragt werden.

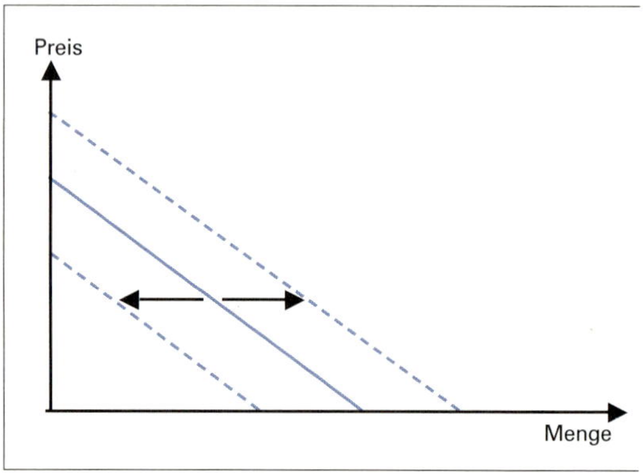

Güter des täglichen Bedarfs reagieren auf Einkommensänderungen am wenigsten heftig. Dagegen kann beobachtet werden, dass bei den sog. **inferioren** Gütern (Kartoffeln, Speck, Margarine usw.) bei Steigerungen des Einkommens die Nachfrage rückläufig ist. Diese Güter werden dann durch andere, höherwertige (**superiore Güter:** z. B. Ersatz von Seelachs durch norwegischen Lachs) ersetzt.

Für die Nachfrage nach Konsumgütern ist das sog. **verfügbare Einkommen** entscheidend. Damit ist der Teil des Einkommens gemeint, der nach Abzug von Steuern und Versicherungsbeiträgen für den Konsum verbleibt. Das **frei verfügbare Einkommen** ist der Teil des Einkommens, der nicht für die Deckung der lebensnotwendigen Bedürfnisse erforderlich ist. Dieses frei verfügbare Einkommen steht für die Deckung des Kultur- und Luxusbedarfs, aber auch für das Sparen zur Verfügung.

Unsere Nachfragekurve gibt eine Vereinfachung wieder: Preisänderungen um 1,00 € führen in unserem Beispiel in jedem Fall zu einer Zu- oder Abnahme der Nachfrage um 5 Stück. In Wirklichkeit können bei verschiedenen Produkten unterschiedlich starke Reaktionen der Nachfrage auf Preisänderungen beobachtet werden.

Die Preiselastizität der Nachfrage gibt das Ausmaß der mengenmäßigen Reaktion der Nachfrager (prozentuale Mengenänderung) auf Preisänderungen (prozentuale Preisänderung) bei einer Ware an.

3652268

Beispiel: (vgl. Zahlenstrahl auf S. 268)

Steigt der Preis von 4,00 € auf 6,00 €, so stellt dies eine Preisänderung von absolut 2,00 €, relativ 50 % dar.

Diese Preisänderung bewirkt einen Rückgang der Nachfrage von 30 Stück auf 20 Stück, d. h., die Nachfrage geht absolut um 10 Stück und relativ um 33,33 % zurück.

$$\textit{Preiselastizitätskoeffizient} = \frac{\textit{Mengenänderung in \%}}{\textit{Preisänderung in \%}} = \frac{33{,}33\ \%}{50\ \%} = \underline{\underline{0{,}67}}$$

Es liegt eine mittlere Preiselastizität vor.

- Bei **lebensnotwendigen Gütern** ist die Nachfrage **relativ unelastisch.** Beispiel: Würde man die Verkaufspreise für Speisesalz deutlich anheben, so bliebe die Nachfrage davon unberührt.
- **Luxusgüter** haben in der Regel eine **hohe Preiselastizität der Nachfrage.** Beispiel: Starke Preiserhöhungen für Videokameras würden zu kräftigen Absatzeinbußen führen.
- Bei vielen Produkten weichen die Verbraucher auf **Substitutionsgüter** aus. Preiserhöhungen bei Butter führen zu einer Erhöhung des Margarineabsatzes, wenn die Margarinepreise nicht gleichzeitig angehoben werden. Wir sprechen in diesem Fall von **Kreuzpreiselastizität.**
- Bei **komplementären** (= sich ergänzenden) **Gütern** führt die Erhöhung der Nachfrage bei einem Gut zu **Bedarfssteigerungen beim anderen Gut:** Wer ein neues Auto kauft, tritt auch als Nachfrager für Benzin auf!

Die Preiselastizität ist für den Betrieb meist ein Datum, d. h., sie kann nur in begrenztem Umfang langfristig durch Werbung verändert werden.

Schließlich spielt die **Mentalität der Nachfrager** eine Rolle. Für die Preispolitik sind hier folgende Fragen wichtig:

- Welchen Preis ist der Verbraucher bereit für ein bestimmtes Gut zu zahlen?
- Wie schätzt der Verbraucher das Produkt ein? Welchen Ruf hat ein Produkt?
- Welche Wertigkeit hat der Preis? Bei Investitionsgütern sind Qualität, Kapazität und Leistung häufig wichtiger als der Preis.
- Mit welcher Dringlichkeit soll ein Bedürfnis befriedigt werden?
- Werden Preissenkungen als Qualitätsverlust gewertet?

4.2.2.2 Die Angebotskurve

Die Angebotskurve gibt die Beziehungen zwischen den Preisen und den Angebotsmengen wieder. In der Regel wird bei höheren Preisen eine größere Gütermenge angeboten als bei niedrigen Preisen.

Dies hat zwei Gründe:

- Preiserhöhungen locken **neue** Anbieter an;
- Preiserhöhungen reizen die **bisherigen** Anbieter zu einer **zusätzlichen** Produktion.

Preissenkungen führen zu einem sinkenden Angebot, weil

- eine Reihe von Anbietern aufgrund ihrer **Kostensituation** aus dem Markt ausscheiden muss;
- eine Reihe von Anbietern aufgrund ihrer **Gewinnerwartungen** aus dem Markt ausscheiden muss.

Stellen wir diese Zusammenhänge grafisch dar, so erhalten wir die **Angebotskurve** (Angebotsfunktion) eines Produktes:

Preis pro Stück	1	2	3	4	5	6
Angebotsmenge	0	10	20	30	40	50

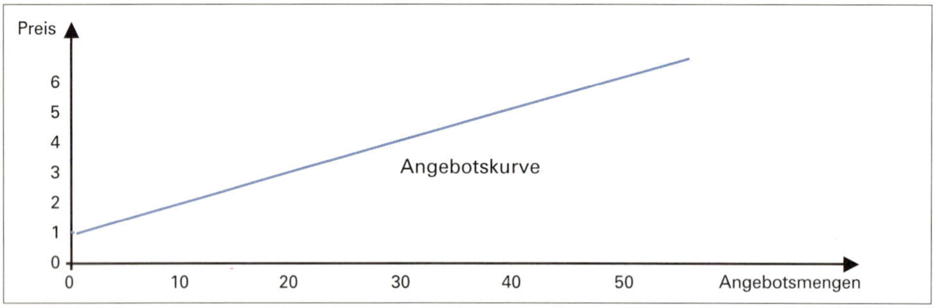

Von welchen Zielsetzungen lassen sich die Anbieter leiten? Mit dem Verkaufspreis möchten sie die Kosten decken und einen zufrieden stellenden Gewinn erwirtschaften. Als Preisuntergrenze sind somit die **Kosten** anzusehen. Die Höhe der Kosten hängt besonders vom Grad der Kapazitätsauslastung ab. Sind noch freie Kapazitäten verfügbar, so können die Produzenten ihr Angebot bei abnehmenden Stückkosten erhöhen. Der Anteil der fixen Kosten kann bei einer höheren Produktion auf eine größere Gütermenge umgelegt werden. Die Stückkosten sinken also mit steigender Produktion. Höhere Preise garantieren den Anbietern in diesem Fall **zusätzliche Gewinne.** Bei Erreichen der Kapazitätsgrenze entstehen allerdings im Verhältnis zur Ausbringung überproportional steigende Kosten: Der Verschleiß von Anlagen führt zu höheren Betriebskosten und zu häufigeren Reparaturen, für Arbeitnehmer müssen Überstundenzuschläge bezahlt werden usw. Die erzielten Stückgewinne werden mit jeder zusätzlich produzierten Mengeneinheit immer geringer.

Solange die Anbieter zusätzliche Erträge erwirtschaften können, die über die zusätzlichen, durch die Mehrproduktion verursachten Kosten hinausgehen, werden sie ihr Güterangebot erhöhen. Je höher der Preis ist, desto größer ist die Angebotsmenge, die einen größtmöglichen Gewinn gewährleistet.

Da die Kosten die Grundlage der Preise darstellen, müssen diese durch **Kalkulation** möglichst genau ermittelt werden. In der betrieblichen Wirklichkeit treten zwei Situationen auf:

- Durch **vorwärtsschreitende (progressive) Kalkulation** bildet man von den Kosten ausgehend die Verkaufspreise.
- Der Marktpreis ist ein Datum, d. h., der Betrieb muss von einem gegebenen Verkaufspreis ausgehen. Da auch die Kosten feststehen, ergibt sich der Gewinn durch die Differenz zwischen Marktpreis und den Kosten **(Differenzkalkulation).**

Progressive Kalkulation	€	€	Differenzkalkulation	€	€
Fertigungsmaterial	100,00		Fertigungsmaterial	200,00	
+ 10 % MGK	10,00		+ 10 % MGK	20,00	
Stoffkosten		110,00	Stoffkosten		220,00
Fertigungslöhne	195,00		Fertigungslöhne	190,00	
+ 100 % FGK	195,00		+ 100 % FGK	190,00	
Fertigungskosten		390,00	Fertigungskosten		380,00
Herstellkosten		500,00	Herstellkosten		600,00
+ 40 % VuVGK		200,00	+ 40 % VuVGK		240,00
Selbstkosten		700,00	Selbstkosten		840,00
+ 10 % Gewinn		70,00	+ 10,8 % Gewinn		91,00
Nettoverkaufspreis		770,00	Nettoverkaufspreis		931,00
+ 5 % Rabatt		40,53	+ 5 % Rabatt		49,00
Angebotspreis		810,53	**Marktpreis**		980,00

Diese Verfahren werden angewendet, wenn

- der Betrieb seine Preise auf dem Markt durchsetzen kann.

- von einem festen Marktpreis auszugehen ist;
- wegen der Marktsituation bei einem Erzeugnis ein geringer Gewinn erwirtschaftet wird, ein anderes Produkt dafür zu einem höheren Preis und Gewinn angeboten werden soll;
- der Verkaufspreis unter der psychologischen Preisschwelle für ein Erzeugnis bleiben soll.

Nicht jeder Verkaufspreis muss die gesamten Kosten eines Erzeugnisses (Vollkosten) decken. Bei der **Deckungsbeitragsrechnung** geht man davon aus, dass der Verkaufspreis eines Erzeugnisses mindestens die von diesem Erzeugnis direkt verursachten (variablen) Kosten decken muss. Jeder über diese Preisuntergrenze hinausgehende Betrag liefert einen Beitrag (Deckungsbeitrag) zur Abdeckung der **fixen** Kosten. Sind die fixen Kosten bereits durch die Deckungsbeiträge anderer Erzeugnisse beglichen, so bedeutet jeder zusätzlich erzielte Deckungsbeitrag Gewinn. Dieses Kalkulationsverfahren macht es also notwendig, die Kosten nach fixen und variablen Bestandteilen zu trennen:

Verkaufserlös	498,00 €
– variable Kosten	320,00 €
= Deckungsbeitrag	178,00 €

Über die Angebotsmenge eines Produzenten entscheidet aber auch die **Wettbewerbssituation** (vgl. Marktformen). Hat der Anbieter keinen Einfluss auf den Marktpreis (z. B. beim Polypol), so kann er im Rahmen seiner Marktpolitik eigentlich nur eine **Mengenanpassung** vornehmen: Er kann sein Marktvolumen ausschöpfen oder seine Angebotsmenge verringern. Der alleinige Anbieter eines Erzeugnisses (Monopolist) hat die Möglichkeit, durch eine Verknappung des Angebots den Marktpreis in die Höhe zu treiben.

Im Zusammenhang mit der Angebotskurve muss die Rolle der **Produktgestaltung** betrachtet werden. Die Produzenten versuchen mit der Konzeption eines Erzeugnisses den Erwartungen der Verbraucher zu entsprechen. Darüber hinaus versucht man, durch Weiter- und Neuentwicklung von Produkten weitere Nachfrage zu erzeugen und somit die Möglichkeit zu schaffen, auch das Angebot zu steigern.

Haben die Anbieter einen Einfluss auf den Marktpreis, so können Maßnahmen der Produktgestaltung Preismaßnahmen verdecken:

- Statt Preissenkungen wird die Qualität eines Erzeugnisses verbessert.
- Von indirekten Preiserhöhungen sprechen wir, wenn für ein Erzeugnis der Packungsinhalt bei gleich bleibendem Preis reduziert wird.
- Ein Erzeugnis wird in verschiedener Aufmachung (als eigene Firmenmarke und als Handelsmarke) zu unterschiedlichen Preisen verkauft.

4.2.2.3 Die Bildung des Marktpreises

Der Lehre von den Marktformen liegt das **Gesetz von Angebot und Nachfrage** zugrunde. Nach diesem Gesetz bestimmt sich der Preis nach dem Verhältnis des Angebots zur Nachfrage:

- ***Steigt das Angebot im Verhältnis zur Nachfrage (Nachfragelücke, Angebotsüberhang), dann sinkt der Preis.***
- ***Steigt die Nachfrage im Verhältnis zum Angebot (Angebotslücke, Nachfrageüberhang), dann steigt der Preis.***

Dieses Gesetz lässt sich natürlich auch **umkehren:** Danach bestimmt der Preis sowohl die angebotene als auch die nachgefragte Menge.

Verdeutlichen wir uns das **Gesetz von Angebot und Nachfrage** grafisch:

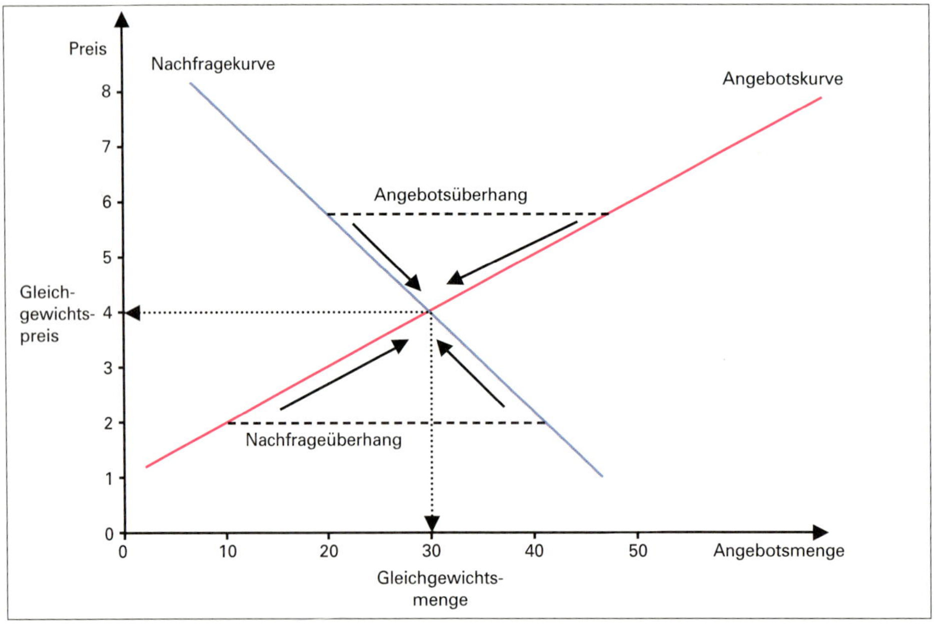

Angebots- und Nachfragekurve schneiden sich beim Preis von 4,00 € **(Gleichgewichtspreis)** und bei der Menge 30 Stück **(Gleichgewichtsmenge).** Wie kommt es dazu?

- Liegt der Preis unter dem Gleichgewichtspreis, z. B. bei 2,00 €, so werden die Anbieter nur 10 Stück anbieten, die Nachfrager dagegen 40 Stück nachfragen. Der Markt befindet sich in einem Ungleichgewicht. Es herrscht ein **Nachfrageüberhang** von 30 Stück, d. h., 30 Nachfrager kommen nicht zum Zuge. Da die Nachfrager in einem starken Wettbewerb stehen, werden die Anbieter die Preise anheben können.
- Liegt der Preis über dem Gleichgewichtspreis, z. B. bei 6,00 €, so werden die Anbieter zwar 50 Stück anbieten, die Nachfrager werden aber nur 20 Stück kaufen. Auch hier befindet sich der Markt in einem Ungleichgewicht. Es besteht ein **Angebotsüberhang** von 30 Stück. Jetzt stehen die Anbieter zueinander in einem starken Wettbewerb, der sie zwingt die Preise zurückzunehmen.
- Die Preisbewegung kommt in beiden Fällen erst zum Stillstand, wenn der **Gleichgewichtspreis** erreicht ist. Dann entsprechen sich Angebots- und Nachfragemengen. Alle Anbieter und Nachfrager, die bei diesem Preis auftreten, kommen zum Zuge: **Der Markt wird geräumt.**

Unterstellen wir, dass die Anbieter bei unterschiedlichen Faktoreinsatzkosten und Kapazitätsauslastung zu unterschiedlichen Stückkosten produzieren, so wird auch bei einem bestimmten Marktpreis die Gewinnsituation bei jedem Betrieb anders sein. Das heißt, es gibt Unternehmer, bei denen der Marktpreis (Gleichgewichtspreis) gerade noch die Stückkosten deckt. Wir nennen diese **Grenzunternehmer.** Sie müssen damit rechnen, dass sie bei einem Absinken des Marktpreises in die Verlustzone geraten und als Anbieter ausscheiden müssen. Das beschriebene Preis- und Mengenverhalten ist kennzeichnend für den **polypolistischen Wettbewerb auf vollkommenen Märkten,** z. B. auf Wochenmärkten, bei Warenbörsen.

4.2.3 Marktarten und Marktformen

4.2.3.1 Die Marktarten

Markt ist ein abstrakter Begriff. Wir verstehen darunter den Ort, an dem sich Anbieter und Nachfrager treffen. Er ist somit der Ort, an dem sich die Preisbildung vollzieht.

Beispiele:
- *Marktveranstaltungen wie Messen, Versteigerungen, Börsen, Wochenmärkte (organisierte Märkte)*
- *Betriebsformen des Groß- und Einzelhandels (Warenhäuser, Fachgeschäfte, Verbrauchermärkte usw.)*
- *alle Kontakte zwischen Anbietern und Nachfragern (z. B. Telefongespräche, Briefe)*

Eine wichtige Einteilung unterscheidet die Märkte nach den betrieblichen Funktionen Beschaffung und Absatz in **Faktormärkte** (Märkte für Produktionsfaktoren) und **Konsumgütermärkte.** Zwar vollzieht sich der Marktausgleich auf allen freien Märkten nach den Gesetzen von Angebot und Nachfrage, doch greift der Staat auf den einzelnen Märkten unterschiedlich stark ein.

Beispiele: **Eingriffe des Staates:**

Arbeitsmarkt	→	*Jugendarbeitsschutzgesetz, Mutterschutzgesetz, Arbeitsrecht usw.,*
Kreditmarkt	→	*Wechselgesetz, Gesetz über das Kreditwesen, Börsengesetz usw.,*
Investitionsgütermarkt	→	*Patentgesetz, Missbrauchsaufsicht im Kartellrecht usw.,*
Konsumgütermarkt	→	*Warenzeichengesetz, Gewährleistungsrecht usw.*

Am weitesten greifen staatliche Regelungen in den Arbeitsmarkt ein: Der Schutz der wirtschaftlichen, sozialen, gesundheitlichen und seelischen Belange des Einzelnen hat hier einen höheren politischen Stellenwert als das unbedingte Funktionieren der Marktgesetze.

4.2.3.2 Die Marktformen

Die Möglichkeit, Preispolitik zu betreiben, hängt im besonderen Maß von der Zahl der Mitwettbewerber und deren Bedeutung, d. h. von der Marktform, ab.

Kombinieren wir die Anzahl der Marktteilnehmer, so werden folgende Möglichkeiten sichtbar:

Nachfrager / Anbieter	viele	wenige	einer
viele	Polypol	Nachfrageoligopol	Nachfragemonopol
wenige	Angebotsoligopol	zweiseitiges Oligopol	beschränktes Nachfragemonopol
einer	Angebotsmonopol	beschränktes Angebotsmonopol	zweiseitiges Monopol

Diese Klassifizierung zeigt uns zwar die Grundtypen möglicher Marktformen, nichts aber über deren Vorkommen in der Wirklichkeit. Dazu müssen wir weitere Markteigenschaften in unsere Betrachtungen einführen. Danach unterscheiden wir vollkommene und unvollkommene Märkte.

Der vollkommene Markt erfüllt folgende Bedingungen:

1. Die auf dem Markt angebotenen Güter sind vollständig gleichartig („homogen").
2. Die Marktpartner entscheiden rational. Die Käufer bevorzugen nicht aus irgendwelchen Gründen einen Anbieter, d. h., sie haben keine „Präferenzen". Die Anbieter streben einen größtmöglichen Gewinn an.
3. Alle Marktteilnehmer sind vollständig über Kosten, Preise, Bedürfnisse usw. informiert. Sie haben also Marktübersicht (Markttransparenz).
4. Marktänderungen lösen sofortige Reaktionen der anderen Marktteilnehmer aus. Diese verfügen über eine hohe Anpassungsgeschwindigkeit.

falls eine oder mehrere Bedingungen fehlen:

unvollkommener Markt

Von unvollkommenen Märkten sprechen wir also immer, wenn

- die Verbraucher den Markt **nicht** völlig **überblicken,**
- die Produzenten den Markt bei an sich gleichartigen Gütern durch **Preisdifferenzierung** aufspalten,
- die Produzenten versuchen durch Werbung **Präferenzen** bei den Ansichten über die Produkte herbeizuführen (sog. Meinungsmonopol),
- Marktteilnehmer auf Marktänderungen **nicht sofort reagieren** können, weil die Markttransparenz fehlt.

In der Wirklichkeit herrschen deshalb unvollkommene Märkte vor.

Beziehen wir den Marktzustand in unsere Betrachtungen über die Marktformen mit ein, so eröffnet sich eine Vielzahl von Möglichkeiten. Beschränken wir uns deshalb auf die für die Wirklichkeit und für die theoretische Diskussion **wichtigsten Marktformen:**

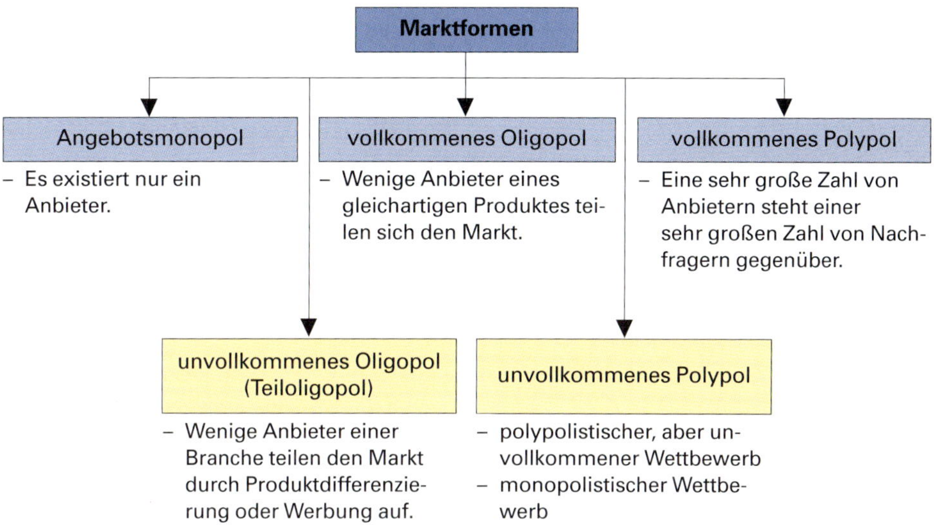

4.2.3.2.1 Die Preisbildung bei vollständigem Wettbewerb (Das Polypol)

Bei dieser Marktform steht einer großen Zahl von Nachfragern eine große Zahl von Anbietern gegenüber.

Da alle angebotenen Güter gleich („homogen") sind und die Nachfrager den Markt ausreichend überblicken können, also Markttransparenz herrscht, entsteht **kein Preiswettbewerb.** Es bildet sich der Preis am Markt, bei dem möglichst viele Anbieter und Nachfrager zum Zuge kommen (Gleichgewichtspreis). Der Unternehmer kann sich in seiner Preisgestaltung nur dem Gleichgewichtspreis anpassen.

Im folgenden Beispiel werden nach dem Gesetz von Angebot und Nachfrage einem Preis jeweils eine Angebots- und eine Nachfragemenge zugeordnet. Die kleinere von den beiden Mengen stellt den möglichen Absatz dar. Unterstellen wir Selbstkosten von 19,00 € pro Stück, so ergibt sich für jeden Preis eine spezifische Kosten- und Gewinnsituation:

Marktlage	Preis je Stück	Nachfrage	Angebot	Absatz	Umsatz	Kosten	Gewinn
Nachfrageüberhang	20	750	350	350	7.000	6.650	350
	21	700	430	430	9.030	8.170	860
	22	650	520	520	11.440	9.880	1.560
Gleichgewichtpreis	23	600	600	600	13.800	11.400	2.400
Angebotsüberhang	24	550	680	550	13.200	10.450	2.750
	25	500	770	500	12.500	9.500	3.000
	26	450	850	450	11.700	8.550	3.150
Monopolpreis	27	400	930	400	10.800	7.600	3.200
	28	350	1000	350	9.800	6.650	3.150

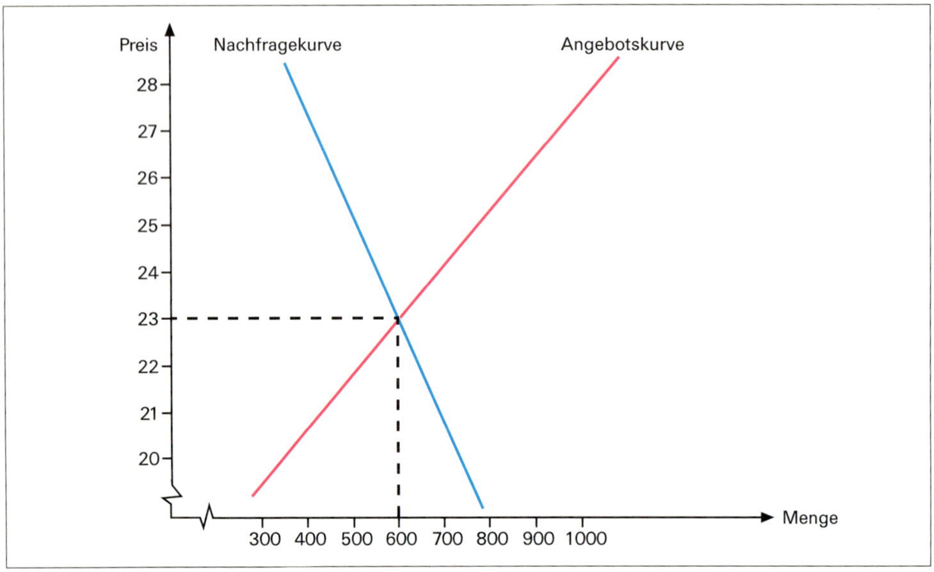

Das Beispiel zeigt:

- Beim Preis von 23,00 € (Gleichgewichtspreis) gleichen sich Angebot (600 Stück) und Nachfrage (600 Stück) an. Der Markt wird geräumt. Jede zu diesem Preis angebotene Menge wird gekauft. Zu diesem Preis kommt jeder Nachfrager zum Zug, der bereit ist diesen Preis zu zahlen.
- Beim Gleichgewichtspreis ergibt sich – verglichen mit anderen Marktsituationen – der größte Umsatz (13.800,00 €).
- Kein Anbieter kann Preispolitik betreiben. Der Preis ist ein festes „Datum".
- Die Anbieter können nur die Menge bestimmen, mit der sie am Markt agieren wollen („Mengenanpasser").

In der Praxis kommt der vollständige Wettbewerb z. B. nicht vor, weil

- das Güterangebot nicht homogen ist,
- die Nachfrager nicht die unterstellte Markttransparenz besitzen.

Das Polypol kann am ehesten noch an der Wertpapierbörse beobachtet werden.

Bei vollständigem Wettbewerb kann kein Marktteilnehmer Preispolitik betreiben. Die Zahl der Mitkonkurrenten ist sehr groß, der eigene Marktanteil (und damit die eigene Kapazität) ist verschwindend klein. Es herrscht ein scharfer Wettbewerb. Anbieter und Nachfrager passen sich an den Gleichgewichtspreis an.

4.2.3.2.2 Die Preisbildung beim Monopol

Der Monopolist ist der alleinige Anbieter eines Gutes. Er ist keinem Wettbewerb ausgesetzt und kann den Angebotspreis autonom, d. h. selbst, bestimmen.

Ist er am **höchstmöglichen (maximalen) Gewinn** interessiert, so wird er den Preis wählen, bei dem die Differenz zwischen Umsatz und Kosten am größten ist. In unserem Beispiel beträgt der Monopolpreis 27,00 € und die abgesetzte Menge 400 Stück.

Daraus ergibt sich:

- Der Monopolist kann **aktiv** Preispolitik betreiben.
- Seine Preise werden **über dem Gleichgewichtspreis** liegen.
- Da der Absatz im Vergleich zur vollständigen Konkurrenz niedriger ist, bleiben mehr Nachfrager unberücksichtigt; das sind vor allem **kaufkraftschwache Nachfrager.**
- Der Monopolist hat als alleiniger Anbieter große **wirtschaftliche Macht.**

In der Praxis kommt das reine Monopol (z. B. Branntweinerzeugung) kaum vor. Monopole können besonders kurzzeitig bei der Einführung neuer Erfindungen entstehen. Hat ein Anbieter eine monopolistische Stellung, so besteht die Gefahr, dass

- neue Anbieter angelockt werden,
- Ersatzgüter angeboten werden,
- das Bundeskartellamt in Wahrnehmung seiner Missbrauchsaufsicht überhöhte Preise verbietet.

4.2.3.2.3 Die Preisbildung beim vollkommenen Oligopol

Beim vollkommenen Oligopol teilen sich wenige Anbieter eines homogenen Gutes den Branchenumsatz.

Weicht ein Wettbewerber vom Konkurrenzpreis ab, so kann dies weitreichende Folgen haben:

- Bei Preissteigerungen kann ein Umsatzverlust eintreten,
- bei Preissenkungen müssen die Konkurrenten mit absatzpolitischen Maßnahmen reagieren.

Im Einzelnen kommen folgende **Marktsituationen** vor:

- Preissenkungen bei einem Anbieter führen zu einem **ruinösen Preiskampf,** bei dem sich die Wettbewerber unterbieten. Schwache Betriebe scheiden aus dem Wettbewerb aus. Diesen Preisauseinandersetzungen gehen die Betriebe in der Praxis verständlicherweise aus dem Weg.
- Preissenkungen und Preiserhöhungen werden von allen Mitwettbewerbern gemeinsam vorgenommen (z. B. bei Benzin). Die **friedliche Anpassungspolitik** kommt zustande durch

- (verbotene) ausdrückliche oder stillschweigende Preisabsprachen,
- Nachvollziehen der Preismaßnahmen des „Marktführers“ (meistens der umsatzstärkste Oligopolist).

- Preismaßnahmen werden nur in Zusammenhang mit **Produktdifferenzierungen** (z. B. verschiedene Packungsgrößen, Motorleistungen) vorgenommen. Dann liegt aber **bereits ein unvollkommenes Oligopol** vor. Die Güter sind hier nicht mehr homogen.

4.2.3.2.4 Die Preisbildung beim unvollkommenen Oligopol (Teiloligopol)

Bei dieser in der Wirklichkeit **vorherrschenden Marktform** werden von wenigen Anbietern Güter angeboten, die sich voneinander mehr oder weniger stark unterscheiden (inhomogene Güter).

Ein Branchenmarkt wird in mehrere Teilmärkte aufgespalten, in denen der jeweilige Anbieter eine monopolartige Stellung erhält.

Preismaßnahmen orientieren sich an den Erwartungen der Verbraucher.

Das **Teiloligopol** wird erreicht durch

- **Produktdifferenzierung:** Die angebotenen Güter unterscheiden sich durch
  - Packungsgröße (z. B. Lebensmittel),
  - Formgebung (z. B. Möbel),
  - Qualität (z. B. Elektrogeräte),
  - Geschmack (z. B. Genussmittel),
  - Verwendungsmöglichkeiten (z. B. Staubsauger).
- **Werbung:** Es wird versucht, ein Erzeugnis als einmalige Leistung darzustellen, auf die der Verbraucher „schwört“ (z. B. bei Genussmitteln). Erfolgt die Bindung des Verbrauchers an ein Erzeugnis durch die Werbung, sprechen wir vom Meinungsmonopol.

Oft führt eine schwierige Produkttechnik zum unvollkommenen oligopolistischen Wettbewerb. In der Investitionsgüterindustrie spezialisieren sich Unternehmen auf bestimmte Anlagen. Solche Unternehmen erhalten eine starke Marktstellung durch laufende Qualitätsverbesserungen. Wir finden hier große Anstrengungen im Bereich der Forschung und Entwicklung, die sich kleine Unternehmen kaum aufbürden könnten.

4.2.3.2.5 Das unvollkommene Polypol

Treten viele Anbieter vielen Nachfragern gegenüber, so handelt es sich um ein Polypol. In der Regel ist der Wettbewerb aber unvollständig, da

- die Nachfrager **keine Markttransparenz** haben,
- die Nachfrager **feste Kaufgewohnheiten** (z. B. nur bei einem bestimmten Händler) und **Verbrauchsgewohnheiten** (z. B. Markentreue bei Genussmitteln) haben,
- die Anbieter nur an ihrem Standort auf dem Markt agieren,
- die Güter **begrenzt substituierbar** sind usw.

Der Wettbewerb erhält dadurch monopolartige Züge, wir sprechen von **„monopolistischer Konkurrenz“.** In der Bundesrepublik Deutschland gibt es beispielsweise sehr viele Gaststätten, an einem Ausflugsort dagegen oft nur eine einzige. Der Gastwirt tritt in seiner

Marktnische (auch Teilmarkt genannt) als Monopolist auf. Er kann in diesem Fall eine eigenständige Preispolitik betreiben. Dabei ist sein preispolitischer Spielraum umso größer, je weniger ein Gut substituierbar ist.

4.2.4 Die Preispolitik der Unternehmen

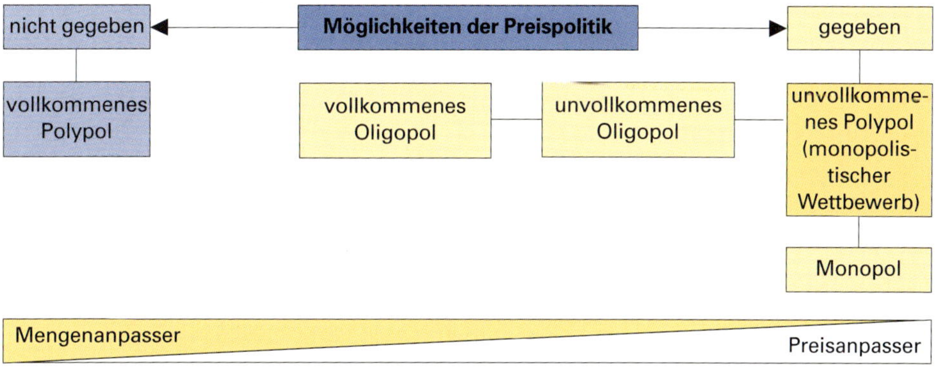

Im vollständigen Wettbewerb (Polypol) hat der Unternehmer keine Möglichkeit, Preispolitik zu betreiben, weil

- er nur einen geringen Marktanteil hat, den Gesamtmarkt also nicht beeinflussen kann;
- bei Preissenkungen die sprunghaft steigende Nachfrage wegen der geringen Kapazitäten gar nicht bedient werden kann;
- bei Preiserhöhungen die Nachfrager sofort zu Konkurrenten abwandern.

Der Marktpreis ist somit für den einzelnen Anbieter fest, er ist ein Datum. Ein preispolitischer Spielraum ist nicht vorhanden. Der Unternehmer bedient den Markt nur mit der auf ihn entfallenden Angebotsmenge, er ist **„Mengenanpasser“.** Je mehr Kriterien des vollkommenen Marktes fehlen, umso größer wird der preispolitische Spielraum **(„Preisanpasser“).** Die Betriebe können neben der Preispolitik aber auch noch Mengenpolitik betreiben.

Auf unvollkommenen Märkten versuchen Unternehmer einen monopolistischen Wettbewerb, indem sie die Preisunterbietung vermeiden und stattdessen mithilfe des absatzpolitischen Instrumentariums (Produktgestaltung, Werbung, Serviceleistung) Präferenzen aufbauen.

Betreibt ein Unternehmen aktiv **Preispolitik** so bieten sich folgende Möglichkeiten an:

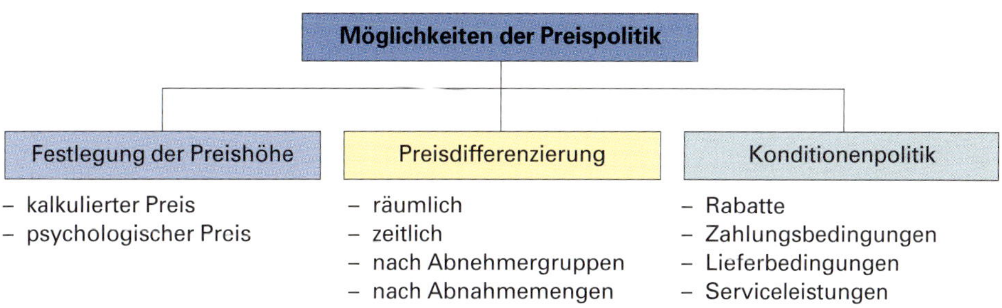

Preispolitik betreiben heißt zuerst einmal, seine **eigenen Preisvorstellungen** am Markt **durchzusetzen.** Der Unternehmer kann in diesem Fall seine **Selbstkosten** decken und einen **zufrieden stellenden Gewinn** einkalkulieren. Die Preisfindung durch Vorwärtskalkulation ist in der Investitionsgüterindustrie zu Hause und kommt bei hochpreisigen Gebrauchsgütern häufig vor. Bei Konsumgütern können wir bei den Verbrauchern zumindest vage Preisvorstellungen beobachten. Der Konsument toleriert Preise, die unterhalb gewisser Preisbarrieren liegen. Legen die Anbieter solche **psychologischen Preise** fest (z. B. gebrochene Preise: 4,99 €, 1,49 € oder runde Preise: 2,50 €, 5,00 €), so müssen sie vom Preis ausgehend rückwärts kalkulieren und den Gewinn bestimmen (Gewinnkalkulation). Da bei dieser Art der Preisfestsetzung das eine Produkt einen hohen Gewinn, das andere Erzeugnis einen kleinen oder gar keinen Gewinn erzielt, sprechen wir auch von **Mischkalkulation.**

Unter **Preisdifferenzierung** verstehen wir den Verkauf eines einheitlichen Gutes zu unterschiedlichen Preisen:

- Bei der **räumlichen** Preisdifferenzierung werden in verschiedenen Absatzgebieten unterschiedliche Preise verlangt (z. B. beim Einführungspreis, bei Intensivierung des Absatzes in einem Gebiet, beim Export).
- Bei der **zeitlichen** Preisdifferenzierung werden im Zeitablauf (z. B. Konjunktur, Saison) unterschiedliche Preise verlangt (z. B. Ski im Frühjahr, Winterreifen im Sommer).
- Bei der Preisdifferenzierung nach **Abnahmemengen** bekommen Käufer größerer Mengen Rabatte eingeräumt.
- Bei der Preisdifferenzierung nach **Abnehmergruppen** werden manche Nachfrager (z. B. Firmenangehörige, Haushalte, Betriebe) begünstigt.

Die **Konditionenpolitik** bewirkt eine preispolitische Feinabstimmung. Durch die Gewährung unterschiedlicher Konditionen (Rabatte, Lieferungs- und Zahlungsbedingungen, Serviceleistungen) können

- ursprünglich vorhandene, unterschiedliche Preisstellungen einzelner Anbieter egalisiert werden oder
- ursprünglich gleiche Preise bei einzelnen Anbietern zu deutlichen Preisabweichungen führen.

Zusammenfassung

1. **Nachfragekurve:** Steigende Preise führen zu einer sinkenden Nachfrage; sinkende Preise führen zu einer steigenden Nachfrage.
   Faktoren der Nachfrage:
   - Preisvorstellungen
   - Kaufkraft
   - Preiselastizität
2. **Angebotskurve:** Steigende Preise erhöhen das Güterangebot und umgekehrt.
   Faktoren des Angebots:
   - Kosten
   - Gewinn
   - Produktgestaltung

3. **Bildung des Marktpreises:** Der Schnittpunkt von Angebots- und Nachfragekurve ergibt den Gleichgewichtspreis. Es wird der größtmögliche Umsatz erzielt. Angebot und Nachfrage sind gleich groß.

Funktionen des Marktpreises:	– Informationsfunktion – Ausschaltungsfunktion – Lenkungsfunktion – Zuteilungsfunktion
4. **Marktarten:**	– Arbeitsmarkt – Kreditmarkt – Investitionsgütermarkt – Konsumgütermarkt
5. **Marktform:**	**Wettbewerb:**
vollständiger Wettbewerb (Polypol)	– Marktpreis ist ein Datum – kein Preiswettbewerb – Marktanpassung durch Mengenpolitik
Monopol	– der Monopolpreis gewährt den maximalen Gewinn
vollkommenes Oligopol	– ruinöser Preiswettbewerb oder – Preisanpassung an den Marktführer
unvollkommenes Oligopol (Teiloligopol)	– geringer Preiswettbewerb in einem von den Verbrauchererwartungen bestimmten Ausmaß – Produktdifferenzierung – Werbekonkurrenz – Qualitätskonkurrenz
unvollständiges Polypol	– eigenständige Preispolitik möglich – monopolistische Konkurrenz
6. Möglichkeiten der Marktanpassung	– Mengenanpasser – Preisanpasser
7. Preispolitik durch	– Festlegung der Preishöhe – Preisdifferenzierung – Konditionenpolitik

Aufgaben

1. Warum hat es keinen Einfluss auf den Kartoffelpreis, wenn ein Bauer die Produktion verdoppelt oder ganz einstellt?
2. „Der Marktpreis ist ein Datum."
   a) Unter welchen Voraussetzungen gilt das?
   b) Wie verhalten sich Anbieter und Nachfrager?
3. Warum beginnt die Angebotskurve bei 1 und nicht bei 0?
4. Formulieren Sie die genaue Umkehrung des Gesetzes von Angebot und Nachfrage.
5. Weisen Sie dieses Gesetz im Bereich der Landwirtschaft nach, indem Sie eine gute Ernte bzw. eine schlechte Ernte unterstellen.
6. Inwiefern kann auch ein Monopolist seine Monopolstellung verlieren?

7. Wie ist die Produkt- und die Werbepolitik der Waschmittelproduzenten zu erklären?
8. Suchen Sie Beispiele für die Kreuzpreiselastizität bei Substitutionsgütern.
9. Unterscheiden Sie den vollkommenen und den unvollkommenen Markt.
10. Welche Bedingungen sind beim Gleichgewichtspreis erfüllt? Unter welchen Bedingungen ist den Anbietern eine eigenständige Preispolitik möglich?
11. Überlegen Sie: Warum sind die Lenkungs- und die Zuteilungsfunktion des Preises in der Marktwirtschaft unter Berücksichtigung unterschiedlicher Einkommensverhältnisse und der Knappheit der Güter besonders umstritten?
12. Welche Möglichkeiten hat ein Oligopolist, sich Präferenzen zu verschaffen?
13. Warum gehen Oligopolisten einem Preiswettbewerb aus dem Wege? Welche Möglichkeiten der Wettbewerbspolitik werden in der Praxis bevorzugt?
14. Welche Aktivitäten kann ein Betrieb im Rahmen der Preispolitik entwickeln?
15. Der Patentschutz verleiht dem Erfinder eine monopolartige Stellung. Ist dies Ihrer Meinung nach marktkonform?

Fall:

16. Für folgende Preise eines Erzeugnisses gelten die Nachfrage- und Angebotsmengen:

Preis pro Stück	Nachfrage	Angebot
40,00 €	1 100	350
44,00 €	1 000	500
52,00 €	800	800
60,00 €	600	1 100
64,00 €	500	1 250
72,00 €	300	1 550

Ermitteln Sie den Gleichgewichtspreis, den größten Umsatz und den Monopolpreis. Berechnen Sie dazu die jeweiligen Umsätze, Kosten und Gewinne unter der Bedingung, dass die Selbstkosten für ein Stück 35,00 € betragen. Zeichnen Sie die Angebots- und Nachfragekurve.

4.3 Unternehmenskooperation und Konzentration

Die zwischenbetriebliche Zusammenarbeit erfolgt entweder aufgrund vertraglicher Vereinbarungen (Kooperation) oder durch Kapitalverflechtung (Konzentration).

Diese Zusammenarbeit kann in sehr lockerer Weise (Arbeitsgemeinschaften, Interessengemeinschaften) erfolgen. Es können aber auch straffe Bindungen (Konzern, Trust) entstehen, bei denen die wirtschaftliche Selbstständigkeit des einzelnen Betriebes stark eingeschränkt wird. Durch Unternehmenszusammenschlüsse vergrößert sich die wirtschaftliche Macht der beteiligten Betriebe, der Wettbewerb auf dem Markt wird eingeschränkt.

4.3.1 Ziele der Kooperation und Konzentration

Unternehmenszusammenschlüsse erfolgen, um

- die Wettbewerbsfähigkeit zu erhalten oder zu verbessern,
- den Wettbewerb einzuschränken,
- mehr Marktmacht zu erhalten,
- das wirtschaftliche Risiko zu vermindern,
- die Kosten zu senken,
- die Erträge zu steigern,
- Gewinn- und Rentabilitätssteigerungen zu erzielen.

Hinter diesen allgemeinen Gründen stehen **spezielle Ziele** in den einzelnen betrieblichen Teilbereichen:

Spezielle, konkrete Ziele der Unternehmenszusammenschlüsse

in der Beschaffung

- Verbesserung der Einkaufsbedingungen
- Sicherung des Inputs (Rohstoffe, Waren)
- mehr Nachfragemacht
- Einkaufsvorteile durch Großeinkauf
- Vereinheitlichung der Lieferungs- und Zahlungsbedingungen

in der Produktion

- Verbesserung der Produktivität
- Bereinigung des Fertigungsprogramms
- höhere Stückzahlen
- niedrigere Kosten
- bessere Kapazitätsauslastung
- Verwirklichung des techn. Fortschritts
- Zusammenarbeit in Forschung und Entwicklung
- Normung, Typung
- Stilllegung von Produktionskapazitäten

im Absatz

- Verminderung des Wettbewerbs
- gemeinsame Werbung
- gemeinsame Marktforschung
- einheitl. Kundendienst
- Bereinigung des Sortiments
- Errichtung gemeinsamer Vertriebseinrichtungen
- bessere Möglichkeiten für einen Preiswettbewerb
- Preisabsprachen
- Ausnutzung v. Marktchancen (z. B. im Export)

in der Finanzierung

- Verbreiterung der Kapitalbasis
- Verbesserung der Kreditwürdigkeit
- Erschließung neuer Möglichkeiten der Kapitalbeschaffung (z. B. durch Anleihen)
- Ausnutzung von Steuervorteilen

in der Verwaltung

- Austausch betrieblicher Erfahrungen
- Verwendung gemeinsamer DV-Programme
- Datenaustausch
- Einsatz rationeller Organisationsmittel
- gemeinsame Verwaltungseinrichtungen

Die allgemeinen und konkreten Ziele der Unternehmenszusammenschlüsse können teilweise auch durch eigenes Wachstum erreicht werden.

In der Praxis ist ein Vorherrschen der konkreten **Ziele des Absatzbereiches** zu beobachten (z. B. größerer Marktanteil, Verminderung des Wettbewerbs, einheitlicher Kundendienst). Dabei ist es oft von außen nicht zu erkennen, dass ein Unternehmenszusammenschluss stattgefunden hat: Bewährte Marken mit großer Marktgeltung bleiben erhalten (z. B. in der Elektroindustrie: Waschmaschinen, Herde, Unterhaltungselektronik).

Die verfolgten Ziele kommen in der Richtung des Unternehmenszusammenschlusses zum Ausdruck:

Richtung des Zusammenschlusses	**horizontal**	**vertikal**	**diagonal (anorganisch)**
Wesen	Zwei oder mehrere Betriebe einer Branche und auf einer Wirtschaftsstufe schließen sich zusammen.	Zwei oder mehrere Betriebe einer Branche, aber aus verschiedenen Wirtschaftsstufen schließen sich zusammen.	Zwei oder mehrere Betriebe verschiedener Branchen und/oder verschiedener Wirtschaftsstufen schließen sich zusammen.
Beispiele	Die Fahrradfabrik Müller AG wird von der Zweirad AG übernommen.	Die Zweirad AG übernimmt die Freilauf GmbH.	Die Zweirad AG übernimmt die Bierbrauerei BRAU AG.
vorrangige Ziele	– Beschränkung des Wettbewerbs – mehr Marktmacht	– Sicherung der Beschaffung – Rentabilität	– Risikostreuung – Rentabilität

4.3.2 Zusammenschlüsse auf vertraglicher Grundlage

Kartelle sind vertragliche Vereinbarungen rechtlich und wirtschaftlich selbstständiger Unternehmen einer Wirtschaftsstufe (horizontaler Zusammenschluss) zum Zwecke der Einschränkung des Wettbewerbs.

Die **wichtigsten Kartelle** sind:

Kartellart	Gegenstand
1. Konditionenkartell	Einheitliche Anwendung allgemeiner Lieferungs- und Zahlungsbedingungen.
2. Rationalisierungskartell	Einheitliche Anwendung von Normen und Typen.
3. Ausfuhrkartell	Absprachen zur Regelung des Wettbewerbs auf ausländischen Märkten.
4. Syndikat	Gemeinsame Verkaufsorganisationen, die den gesamten Vertrieb für die Kartellbeteiligten durchführt.
5. Krisenkartell	Anpassung der Produktionskapazitäten an den Bedarf bei nachhaltigem Rückgang der Nachfrage. Erlaubnis durch Kartellamt bzw. Wirtschaftsminister, wenn es das gesamtwirtschaftliche Interesse fordert.
6. Preiskartell	Einheitliche Festlegung von Verkaufspreisen, vor allem von Mindestpreisen.
7. Gebietskartell	Vereinbarung der Ausschließlichkeit für genau festgelegte Absatzgebiete (Gebietsschutz).
8. Produktionsquotenkartell	Verknappung des Angebots durch Vereinbarung von Produktionsmengen für die Beteiligten.

3652284

Bei der **Interessengemeinschaft** bleiben die beteiligten Betriebe rechtlich selbstständig. Bezweckt wird die Wahrnehmung gemeinsamer Interessen (z. B. Forschungs-und Entwicklungsarbeiten). Die beteiligten Betriebe vereinbaren in der Regel eine **Gewinnpoolung.** Gewinne, die man durch die Verwertung gemeinschaftlich erworbener Patente erzielt, werden nach vereinbarten Schlüsseln (z. B. Umsatz) verteilt. Bei der Interessengemeinschaft kommt es häufig zur intensiven Zusammenarbeit (z. B. gemeinsame Unternehmenspolitik auf Auslandsmärkten), sodass sie oft die Vorstufe zur Verschmelzung (Fusion) von Unternehmungen bildet.

Konsortien sind vertragliche Zusammenschlüsse zur Durchführung bestimmter Aufgaben. Nach Beendigung der Aufgabe lösen sich die Konsortien meist wieder auf. Man spricht deshalb auch von Gelegenheitsgesellschaften. Die beteiligten Betriebe arbeiten meistens in der Rechtsform der BGB-Gesellschaft zusammen. Zuweilen kommt es auch zur Gründung einer GmbH. Konsortien kommen vor als:

- **Bankenkonsortien.** Mehrere Banken schließen sich zusammen, um Aktien oder Obligationen zu übernehmen und die Platzierung auf dem Kapitalmarkt durchzuführen.
- **Industriekonsortien.** Mehrere Industriebetriebe erstellen gemeinsam eine Leistung (z. B. Bau und Einrichtung einer Papierfabrik). In der Regel tritt ein Partner nach außen als **Konsortialführer** auf. Dieser führt bevollmächtigt die Verhandlungen und trägt nach außen die Verantwortung. Auch bei der Auswertung von Patenten kommt es zur Gründung von Konsortien.

4.3.3 Zusammenschlüsse mit Kapitalbeteiligung

Der Konzern stellt einen Zusammenschluss rechtlich selbstständiger Betriebe unter einer einheitlichen Leitung dar. Der einzelne Betrieb verliert also seine wirtschaftliche Selbstständigkeit. Manchmal erfolgt die Beherrschung der beteiligten Betriebe durch eine Dachgesellschaft (Holding). Geben die Betriebe auch ihre rechtliche Selbstständigkeit auf, so sprechen wir von einem Trust. Dieser entsteht durch Verschmelzung (Fusion) von Unternehmen.

Konzernbetriebe sind miteinander

- durch **Beteiligung,**
- **organisatorisch,**
- oft auch **vertraglich** verbunden.

Durch die Kapitalbeteiligung übt ein Unternehmen auf die Leitung eines anderen Betriebes Einfluss aus. Das HGB bezeichnet erst einen Anteil von 20 % des Grundkapitals als Beteiligung (§ 271 Abs. 1 HGB). Da für Satzungsänderungen (z. B. Kapitalerhöhungen) eine Mehrheit von 75 % des Aktienkapitals erforderlich ist, kann nur ein mit 25 % beteiligter Betrieb solche Entscheidungen verhindern. Der 25 %-Anteil („Schachtel“) verleiht deshalb die sog. **Sperrminorität.** Eine völlige Beherrschung wird durch eine 75%ige Beteiligung erreicht.

Das Aktiengesetz unterscheidet zwei Formen des **Konzerns** (§ 18 AktG):

- **Unterordnungskonzern.** Ein beherrschendes Unternehmen („Muttergesellschaft“) beeinflusst das beherrschte Unternehmen („Tochtergesellschaft“).
- **Gleichordnungskonzern.** Bei dieser in der Wirklichkeit selten vorkommenden Form des Konzerns sind beteiligte Betriebe gleichberechtigt. Dieser Konzern entsteht durch Vertrag oder Aktientausch.

Sehr häufig kommt die Beherrschung von Unternehmen nach dem **Verschachtelungsprinzip** vor:

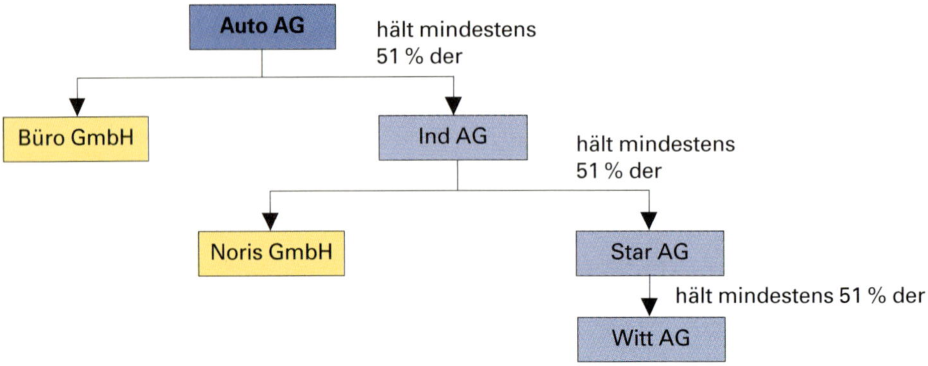

Die Auto AG herrscht in diesem Fall also über die Ind AG und auch über die Star AG sowie die Witt AG. In der Praxis sind zur Beherrschung einer AG selten 51 % erforderlich. Zur Entscheidungsbildung in der Hauptversammlung genügen bei **Publikumsaktiengesellschaften** wesentlich geringere Kapitalanteile, wenn nicht ein Interessengegensatz zu den Banken besteht, die über das Depotstimmrecht die Abstimmung für die nicht zur Hauptversammlung erschienenen Aktionäre vornehmen.

Besonders kritisch werden wegen ihrer großen wirtschaftlichen Macht **multinationale Unternehmen** (z. B. in der Mineralöl-, Elektro-, Automobilindustrie) betrachtet. Diese Unternehmen

- sind bei der Verlagerung ihres wirtschaftlichen Aktionsfeldes sehr flexibel,
- transferieren international große Gütermengen,
- transferieren international Gewinne und Kapital.

4.3.4 Folgen der Konzentration

Durch den Konzentrationsprozess entstehen **Großbetriebe mit großer wirtschaftlicher Macht.** Ob damit der **Wettbewerb** als Ordnungsprinzip der Marktwirtschaft gemindert wird oder gar ausgeschaltet wird, ist nicht zweifelsfrei zu beantworten.

Dies hängt davon ab,
- ob es sich um einen horizontalen, vertikalen oder diagonalen Zusammenschluss handelt,
- wie groß der Marktanteil der einzelnen Wettbewerber ist,
- welche Marktform vorliegt,
- ob es sich um einen vollkommenen oder einen unvollkommenen Markt handelt.

Eine Beeinträchtigung des Wettbewerbs ist zu vermuten, wenn es sich um einen horizontalen Zusammenschluss handelt und die beteiligten Betriebe große Marktanteile auf sich vereinigen. Dagegen leidet der Wettbewerb bei vertikalen und diagonalen Zusammenschlüssen nicht. Die Betriebe mit einer großen Fertigungstiefe und die Betriebe mit völlig unterschiedlichen Sortimenten („Mischkonzerne“) haben aber oft große wirtschaftliche Macht, obwohl sie in ihren Absatzmärkten nur geringe Marktanteile haben.

Diese Macht kommt zum Ausdruck
- in der Rolle, welche diese Betriebe für die Gesamtkonjunktur spielen,
- in der besonderen Verantwortung als Arbeitgeber,
- auf den Beschaffungsmärkten als bedeutsame Nachfrager.

In vielen Fällen ist Konzentration betriebswirtschaftlich notwendig: Eine technisch oder wirtschaftlich bedingte Mindestgröße schafft zuweilen erst die Voraussetzungen einer kostengünstigen Produktion (z. B. Großanlagenbau, Produktion von Fernsehgeräten). Häufig übersteigen manche Forschungs-, Entwicklungs- und Fertigungsaufgaben die finanziellen und technischen Möglichkeiten des einzelnen Herstellers (Datenverarbeitungsanlagen, Kraftwerksbau). Der Staat versucht durch seine Wettbewerbspolitik einen sinnvollen Konzentrationsgrad zu sichern und eine Monopolisierung zu verhindern. Seine betriebswirtschaftliche Grenze findet die Konzentration dort, wo weitere Produktivitätsfortschritte nicht mehr durch größere Wirtschaftseinheiten zu verwirklichen sind.

4.4 Staatliche Wettbewerbspolitik

Vereinbarungen zwischen miteinander im Wettbewerb stehenden Unternehmen und ein aufeinander abgestimmtes Marktverhalten, das auf eine Verhinderung, Beschränkung oder Verfälschung des Wettbewerbs gerichtet ist, sind verboten (§ 1 GWB).

Mit dieser Vorschrift wird für den Bereich der EU das **Kartellverbot** festgelegt. Durch einen Kartellmissbrauch benachteiligte Dritte erhalten damit die Möglichkeit zur **Zivilklage.**

Verboten sind insbesondere:

- **Preiskartelle:** Festlegung von Mindestpreisen, Vereinheitlichung von Liefer- und Zahlungsbedingungen;
- **Gebietskartelle:** Aufteilung von Absatzgebieten auf die Wettbewerber mit dem Ziel, auf dem lokalen Markt den Wettbewerb auszuschließen;
- **Produktionskartelle:** Beschränkung und Aufteilung von Produktionsmengen auf die Mitkonkurrenten;
- **Quotenkartelle:** Aufteilung von Aufträgen auf die Wettbewerber nach vorher festgelegten Quoten zum Ausschluss des Wettbewerbs.

Das Kartellgesetz regelt aber auch Ausnahmen. Mit einer Anmeldung auf eine **„Verbotsfreistellung“** kann seine solche Ausnahme erwirkt werden (§ 9 GWB).

Folgende **Anmeldekartelle** können beim Kartellamt **beantragt** werden:

- **Normen- und Typenkartelle** (§ 2 GWB): Sie dienen den einheitlichen Anwendungen von Normen und Typen.
- **Konditionenkartelle** (§ 2 GWB): Sie sollen die einheitliche Anwendung allgemeiner Geschäfts-, Lieferungs- und Zahlungsbedingungen ermöglichen. Skonti können einbezogen werden, Preiskonditionen allerdings nicht.
- **Spezialisierungskartelle** (§ 3 GWB): Sie dienen der Rationalisierung wirtschaftlicher Vorgänge.
- **Mittelstandskartelle** (§ 4 GWB): Sie schaffen Kooperationsmöglichkeiten für kleine und mittlere Betriebe, z. B. für einen gemeinsamen Einkauf ohne Abnahmezwang.

Bei allen Anmeldekartellen hat das Kartellamt innerhalb von drei Monaten die Möglichkeit des Widerspruchs, d. h. der Ablehnung des Antrags. Weitere Kartelle können durch eine Verfügung der Kartellbehörde (auf einen Antrag hin) wirksam werden. Solche **Verfügungskartelle** können sein:

- **Rationalisierungskartelle** (§ 5 GWB): Sie sollen die Leistungsfähigkeit der beteiligten Betriebe verbessern.
- **Beschaffungs- und Vertriebseinrichtungskartelle** (§ 5 GWB): Sie ermöglichen die Errichtung gemeinsamer Organe im Bereich der Beschaffung und des Vertriebs.
- **Strukturkrisenkartelle** (§ 6 GWB): Sie dienen der Anpassung von Kapazitäten (z. B. innerhalb der Produktion) an den Bedarf
- **Gewinn-Verbraucherbeteiligungskartelle** (§ 7 GWB): Sie beabsichtigen die Verbesserung der Erzeugung, der Verteilung und der Entsorgung von Gütern, wobei Verbraucher am Gewinn angemessen zu beteiligen sind.
- **Ministererlaubniskartelle** (§ 8 GWB): In Ausnahmefällen kann der Staat für das Gemeinwohl den Wettbewerb einschränken oder aufheben.

Die Fusionskontrolle[1]

Durch die Fusionskontrolle wird der Gefahr der Unternehmenskonzentration entgegengewirkt. Es ist die Aufgabe des Bundeskartellamtes, den freien Wettbewerb als ausschlaggebendes Merkmal der Marktwirtschaft sicherzustellen.

In der Fusionskontrolle gilt das Präventivprinzip, d. h., Zusammenschlüsse müssen vor der Durchführung angemeldet werden.

Ein **Unternehmenszusammenschluss** ist gegeben, wenn

- ein Unternehmen ein anderes Unternehmen ganz oder zu wesentlichen Teilen übernimmt,
- ein Unternehmen über ein anderes die Kontrolle z. B. durch einen Vertrag erlangt,
- sein Anteil am Kapital bzw. den Stimmrechten eines anderen Unternehmens auf mindestens 25 % bzw. 50 % steigt,
- es einem Unternehmen auf eine sonstige Weise gelingt, einen bestimmenden Einfluss auf ein anderes Unternehmen zu erhalten.

Nimmt das Bundeskartellamt eine marktbeherrschende Stellung an, so untersagt es den Unternehmenszusammenschluss. Fusionsgenehmigungen können von anderen Unternehmen angefochten werden.

Wenn ein Unternehmenszusammenschluss gesamtwirtschaftlich überwiegend Vorteile bringt, so kann der Bundeswirtschaftsminister trotz eines Verbots durch das Kartellamt in Ausnahmefällen eine Fusion doch noch erlauben (**Ministererlaubnis**).

Die Fusionskontrolle gilt für Unternehmenszusammenschlüsse, wenn

- weltweit mehr als 500 Millionen € Umsatz erzielt wird und
- eines der am Zusammenschluss beteiligten Unternehmen mehr als 25 Millionen € in Deutschland umsetzt.

Kleinere Fusionspartner, die einen niedrigeren Weltumsatz von unter 10 Millionen € haben, werden von der Fusionskontrolle nicht erfasst.

---
1 Fusion = Verschmelzung von Unternehmen

Die Missbrauchsaufsicht

Neben den Verboten unterstellt das GWB eine Reihe von Fällen der Missbrauchsaufsicht durch die Kartellbehörde. Davon betroffen sind:

- der Verkauf unter Einstandspreis,
- der Missbrauch wirtschaftlicher Macht durch marktbeherrschende Unternehmen,
- die Einhaltung des Verbots der Preisbindung und
- die Verhinderung überzogener Preisempfehlungen („Mondpreise").

Die Missbrauchsaufsicht gilt auch für Unternehmen, für die das GWB nicht in vollem Umfang gilt (z. B. Banken, Versicherungen und Versorgungsunternehmungen).

Zur Steuerung des Marktgeschehens kann der Staat eingreifen.

Wir bezeichnen indirekte Eingriffe des Staates als **marktkonforme Maßnahmen.** Der Staat versucht hier die Angebots- und die Nachfragekurve zu beeinflussen, z. B. durch

- **Konsumentensubventionen** (z. B. Miet- und Heizkostenzuschüsse);
- **Stützungskäufe.** Hier tritt der Staat als Käufer auf. Der Preis wird somit vor einem Verfall geschützt. Der Staat kann die aus dem Markt genommene Ware lagern oder exportieren.

Greift der Staat direkt in den Wettbewerb ein, so wird der Rahmen der Marktwirtschaft verlassen.

Wir sprechen von **nicht marktkonformen (marktkonträren) Eingriffen:**

- Die Festlegung von **Höchstpreisen.** Preissteigerungen sollen zum Schutz des Verbrauchers vermieden werden. Bei niedrigen Höchstpreisen werden die Anbieter die Angebotsmenge vermindern. Die gegenüber dem Güterangebot zu große Nachfrage („Angebotslücke") wird durch ein strenges Bezugssystem rationiert oder durch illegales Handeln zu höheren Preisen neutralisiert.
- Die Festlegung von **Mindestpreisen** soll die Anbieter schützen.
- Die **Subventionierung von Erzeugerpreisen.** Bekommen die Erzeuger Staatszuschüsse, um höhere Erzeugerpreise zu decken, so ist in der Regel zu beobachten, dass die Anbieter keinen Grund sehen, ihre Produktionsverhältnisse zu ändern (z. B. landwirtschaftliche Produkte innerhalb der EU).
- Die **Erhebung von Schutzzöllen** und die **Festlegung von Einfuhrkontingenten** sind ebenfalls keine marktkonformen Mittel, einen freien Wettbewerb zu sichern.

Der Verbraucherschutz

Der Verbraucherschutz wird gesetzlich vorgenommen oder durch Institutionen wahrgenommen.

- Die **Preisangabenverordnung** verpflichtet Einzelhändler, angebotene Waren durch Aufkleber, Schilder, Preislisten usw. auszuzeichnen. Aber auch Tankstellen, Gaststätten und Dienstleistungsbetriebe werden von dieser Vorschrift erfasst.
- **Verbraucherverbände** übernehmen die Aufklärung und Beratung der Verbraucher (z. B. durch Büros, Zeitschriften).
- **Gesetze** schützen die Verbraucher in vielen Fällen:
  - Das Gesetz gegen den unlauteren Wettbewerb (UWG) sieht vor:

- Verbot irreführender Werbung (§ 3 UWG).
- Verbot wahrheitswidriger Angaben über Mitwettbewerber (§ 14 f. UWG).
- Zulassung von Sonderveranstaltungen nur in bestimmten Fällen (z. B. bei Geschäftsaufgabe, Räumungsverkauf, Jubiläumsverkauf nach 25 Jahren).

– Das Markenrecht verbietet irreführende Marken (§ 14 MarkenG).
– Die Zivilprozessordnung.
– Das Produkthaftungsgesetz.
– Das BGB regelt Verbraucherkredite, Haustürgeschäfte und Allgemeine Geschäftsbedingungen.

Zusammenfassung

1.

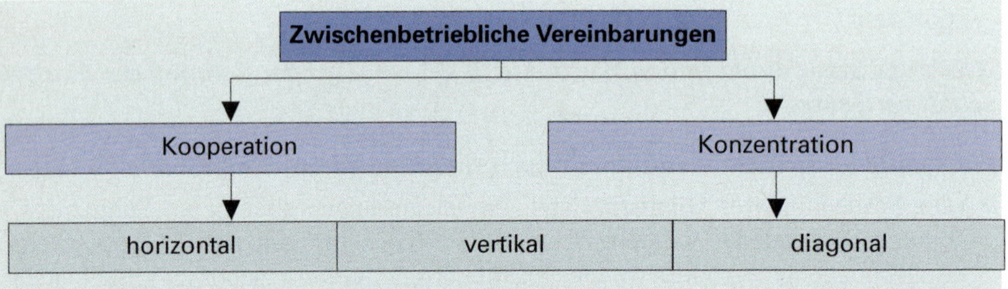

2. Kartell = horizontale Vereinbarung zum Zwecke der Einschränkung des Wettbewerbs, ist im Gebiet der EU verboten. Einige Kartellarten sind nach Beantragung zugelassen („Verbotsfreistellung“): z. B. Normen-, Typen-, Konditionenkartelle.

verbotene Kartelle	Anmeldungskartelle	Verfügungskartelle
• Preiskartelle • Gebietskartelle • Produktionskartelle • Quotenkartelle	• Normen- und Typenkartelle • Konditionenkartelle • Spezialisierungskartelle • Mittelstandskartelle	• Rationalisierungskartelle • Beschaffungs- und Vertriebseinrichtungskartelle • Strukturkrisenkartelle • Gewinn- und Verbraucher-Beteiligungskartelle • Ministererlaubniskartelle

3. Konsortien sind vertragliche Zusammenschlüsse zur Durchführung betrieblicher Aufgaben.
4. Konzern = Zusammenschluss rechtlich selbstständiger Betriebe unter einheitlicher Leitung.

Unterordnungskonzern | Gleichordnungskonzern

3652290

5.

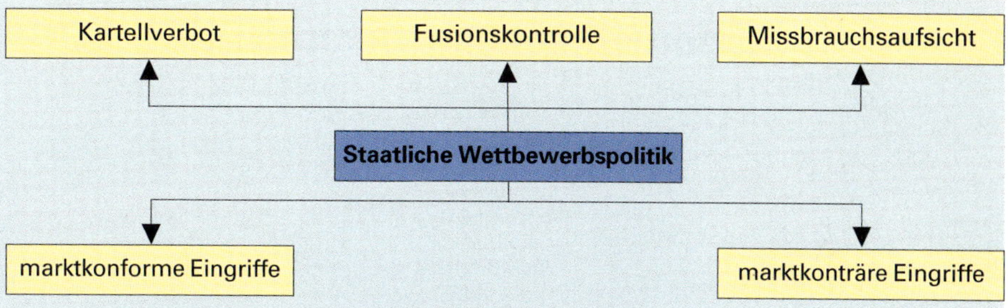

6.

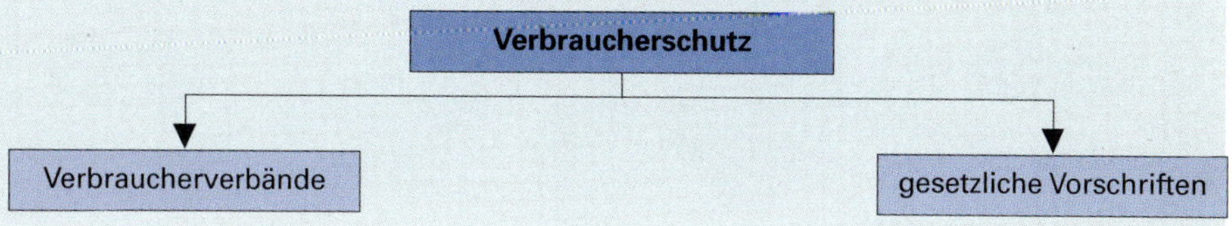

Aufgaben

1. Interpretieren Sie die Behauptung: Die 100 umsatzstärksten Unternehmen in der Bundesrepublik Deutschland erwirtschaften 25 % des Umsatzes der Gesamtwirtschaft.
2. Welche Ziele könnten in folgenden Fällen verfolgt werden?
   a) Ein Kaffeeproduzent erwirbt eine Zigarettenfabrik, der wiederum große Brauereien gehören.
   b) Zwei Produzenten von elektrischen Haushaltsgeräten schließen sich zusammen, treten vertrieblich aber getrennt auf.
   c) Die Computerindustrie gründet eine gemeinsame Forschungsgesellschaft.
   d) Die deutschen Brauereien werben mit dem Slogan: „Bier macht den Durst erst schön!“
   e) Klein- und Mittelbetriebe errichten eine gemeinsame Firma, die DV-Aufgaben übernimmt.
   f) Festlegung von einheitlichen Abmessungen für bestimmte Teile in einer Branche (Branchennorm).
   g) Festlegung von bestimmten Produktionsmengen in der Stahlindustrie der EU.
3. Was sind Kartelle? Nennen Sie Beispiele. Welche sind verboten, welche anmeldepflichtig und welche sind Verfügungskartelle?
4. Was sagt das Aktiengesetz zur Kapitalbeteiligung?
5. Beschreiben Sie einen Konzernaufbau Ihrer Wahl.
6. Warum haben auch „Mischkonzerne“ große wirtschaftliche Macht?
   Fälle:

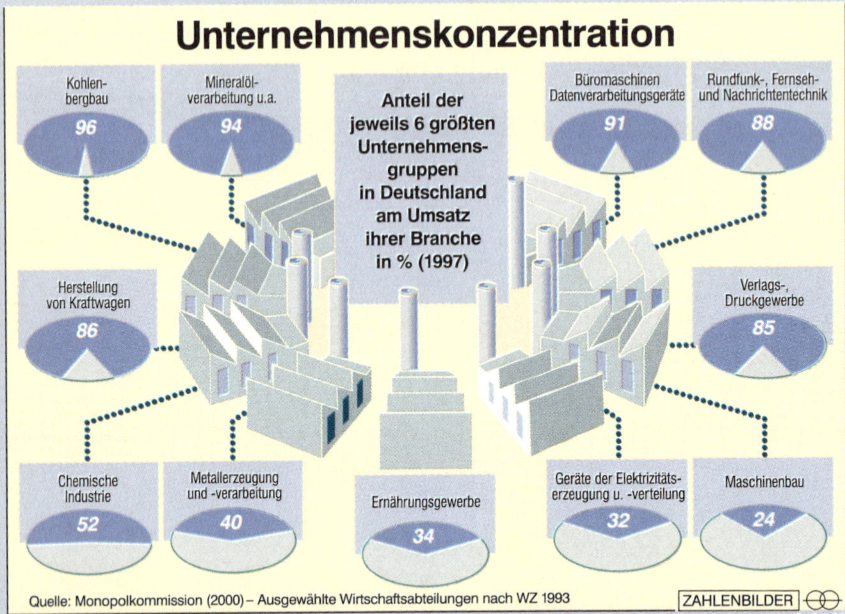

7. Wie ist der hohe Konzentrationsgrad in manchen Branchen zu erklären? Interpretieren Sie die Konzentration in den einzelnen Wirtschaftszweigen.
8. Was kommt im Tempo der Konzentration zum Ausdruck?
9. Die Unterordnung abhängiger Unternehmen in einer Vielzahl von Ländern unter eine zentrale Unternehmensleitung eröffnet neue strategische Möglichkeiten.
   Produktion und Verkauf in verschiedenen nationalen Volkswirtschaften erlauben eine planvolle Ausnutzung und sogar Verstärkung bestehender Währungsdifferenzen. Für die unauffällige Gewinnverlagerung von einem Land in ein anderes, für die Umgehung hoher Besteuerung und für das kurzfristige Ausnutzen von Währungskrisen haben die internationalen Konzerne die Technik der konzerninternen Übertragungspreise entwickelt. Die internationalen Konzerne können die Konjunkturpolitik der Nationalstaaten unterwandern. So hat z. B. die Zinspolitik der Zentralbanken, eines der wichtigsten konjunkturpolitischen Instrumente, auf sie kaum Einfluss. Denn sie finanzieren ihre Investitionen weitgehend aus Eigenmitteln und planen sie ohnehin über viele Jahre im Voraus und über Ländergrenzen hinweg. Auch andere inflationsdämpfende Maßnahmen haben auf internationale Konzerne nur geringe Wirkung, weil zumindest die großen Weltkonzerne in ihren jeweiligen Branchen eine so marktbeherrschende Stellung einnehmen, dass sie ihre eigene Preispolitik durchsetzen können.
   Der Beschäftigungspolitik eines Staates können die internationalen Konzerne in andere Länder ausweichen. Niemand kann sie zu Investitionen zwingen, solange die Freiheit des Unternehmers unangetastet bleibt, nämlich über das Ob, das Wann und das Wo seiner Investitionen in ausschließlich „privater“ Verantwortung zu entscheiden.
   (Gerhard Breidenstein, Internationale Konzerne).

   Wie verhalten sich multinationale Konzerne nach der Meinung des Autors bei
   a) der Gewinnentstehung in den einzelnen Ländern,
   b) der Konjunkturpolitik der Staaten,
   c) der Preispolitik,
   d) der Beschäftigungspolitik?

   Beschreiben Sie die Möglichkeiten nach einer Standortwahl innerhalb der EU, aber auch nach der Öffnung der Grenzen in den Ländern des ehemaligen Ostblocks.

3652292

5 Volkswirtschaftliche Gesamtrechnung

5.1 Der Wirtschaftskreislauf

5.1.1 Der einfache Wirtschaftskreislauf

In früheren Zeiten waren die Haushalte Selbstversorger. Heute stellen sie den Unternehmen ihre Arbeitsleistung zur Verfügung. Als Gegenleistung erhalten sie Geld (Lohn oder Gehalt). Damit sind die Haushalte in der Lage, bei den Unternehmen Güter zu kaufen, die sie für ihre Bedarfsdeckung benötigen.

Einem Güterkreislauf (Strom von Gütern und Leistungen) steht ein gleich großer Geldkreislauf gegenüber.

Fassen wir alle Unternehmen und alle Haushalte zu je einem Sektor zusammen, so lässt sich der „Wirtschaftskreislauf" wie folgt darstellen:

Betrachten wir die **Haushalte** genauer:

- Sie stellen den Unternehmen die Produktionsfaktoren Boden, Arbeit und Kapital zur Verfügung.
- Als Entgelt erhalten sie dafür von den Unternehmen Einkommen; dies bezeichnet man als **Einkommensbildung.**

Die **Haushalte** geben die Einkommen wieder aus:

- Sie beziehen von den Unternehmen Sachgüter und Dienstleistungen, die sie konsumieren. Deshalb nennt man diese Güter auch **Konsumgüter.**
- Die Konsumgüter bezahlen sie mit ihrem Einkommen; man spricht von Ausgaben bzw. **Konsumausgaben;** dies bezeichnet man als **Einkommensverwendung.**

Aus der Abbildung wird deutlich, dass jede Beziehung aus einem Strom und einem Gegenstrom besteht:

- Es gibt einerseits **güterwirtschaftliche Ströme** (Produktionsfaktoren, Konsumgüter).
- Als Gegenströme fließen **geldwirtschaftliche Ströme** (Einkommen, Konsumausgaben).

Aus dem **einfachen Kreislaufmodell** können wir ersehen, dass

- nur so viele Güter nachgefragt werden können, wie produziert wurden,
- die Unternehmer nur Güter absetzen können, wenn die Haushalte über ausreichende Einkommen verfügen,
- bei einer stationären (d. h. nicht wachsenden und nicht schrumpfenden) Volkswirtschaft die Güter und Geldströme gleich groß sind.

5.1.2 Der um die Kreditinstitute erweiterte Kreislauf

In einer Wirtschaft wie der unsrigen werden nicht nur Konsumgüter hergestellt, sondern auch **Produktionsgüter:**

Produktionsgüter kauft ein Unternehmen bei einem anderen Unternehmen ein. Sie können zur Produktion von Konsumgütern und anderen Produktionsgütern verwendet werden (Umwegproduktion).

Das Unternehmen muss die gekauften Produktionsgüter bezahlen. Aber mit welchem Geld kann dies geschehen? Bezeichnen wir die **Geldausgabe für Produktionsgüter als Investition,** so können wir feststellen: Investition durch die Unternehmen setzt voraus, dass die privaten Haushalte nicht ihr gesamtes Einkommen konsumieren.

Die Differenz zwischen dem erzielten Einkommen und den Konsumausgaben nennt man Sparen.

Sparen setzt voraus, dass die privaten Haushalte Konsumverzicht leisten. Man unterscheidet folgende **Arten des Sparens:**

- **Horten:** Die gesparten Beträge werden im Haushalt aufbewahrt (z. B. im „Sparstrumpf"). Das gesparte Geld wird dem Wirtschaftskreislauf entzogen.
- **(Eigentliches) Sparen:** Die gesparten Beträge werden den **Kreditinstituten** (Banken, Sparkassen, Kreditgenossenschaften) gegen Zahlung von Zinsen übergeben.

Im Wirtschaftskreislauf benötigen wir einen dritten Sektor, die **Kreditinstitute.**

Aufgabe der Kreditinstitute ist es, die von den privaten Haushalten gesparten Gelder zu sammeln und in Form von Krediten an die Unternehmen weiterzugeben.

Als **Entgelt** für die Kredite erhalten sie von den Unternehmen **Zinsen.** Aus diesen Zinsen zahlen sie an die privaten Haushalte

- die **Zinsen** für die überlassenen, gesparten Gelder;
- die **Einkommen** für die in Anspruch genommenen Produktionsfaktoren (genauso wie die Unternehmen).

Investitionen werden aber nicht nur über Kredite finanziert. Ein Teil der **Investitionen** wird mit **nicht ausgeschütteten** bzw. **nicht entnommenen Gewinnen** bezahlt. Der Umstand, dass häufig ein Teil des Gewinns im Unternehmen verbleibt, stellt eine besondere **Sparform der Unternehmerhaushalte** dar.

3652294

Unser Wirtschaftskreislauf weist jetzt folgende Geldströme aus:

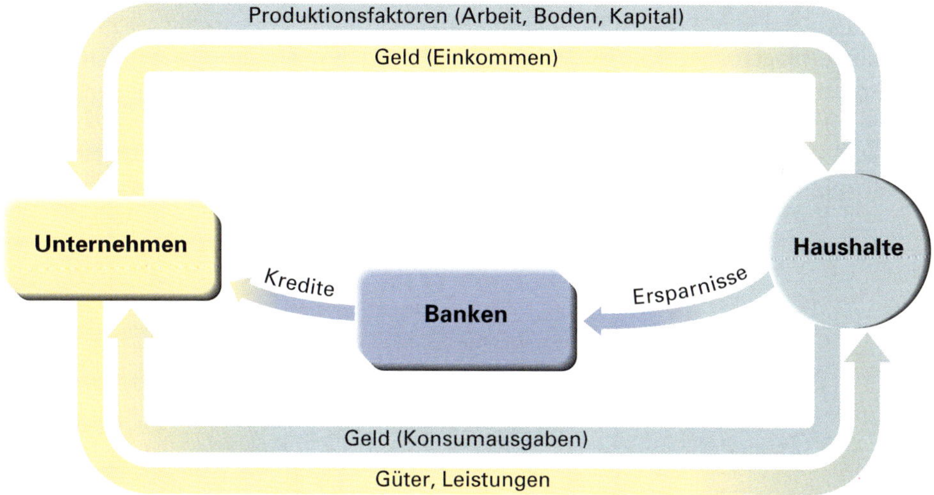

Aus diesem Kreislaufmodell können wir ableiten, dass

- die Höhe der Konsumausgaben die Güterproduktion bestimmt;
- die Unternehmen unsere Ersparnisse für die Anschaffung von Investitionsgütern benötigen;
- die Unternehmen nur so viel investieren können, wie gespart wird;
- die gesamte Produktion von Gütern und Leistungen einer Volkswirtschaft, grob gesagt, gleich groß ist mit der Summe der Konsumausgaben und der Ersparnisse.

5.1.3 Der Wirtschaftskreislauf einer geschlossenen Volkswirtschaft

Um den Wirtschaftskreislauf zu vervollständigen, müssen wir den **Staat** als vierten Wirtschaftssektor berücksichtigen. Im Gegensatz zu den privaten Haushalten wird der Staat auch als **öffentlicher Haushalt** bezeichnet.

Aufgaben des Staates sind
– die Befriedigung kollektiver Bedürfnisse;
– die Befriedigung individueller Bedürfnisse;
– Eingriffe in den Wirtschaftskreislauf.

Insbesondere die Erfüllung der ersten beiden Aufgaben macht **Ausgaben** notwendig:

- Die **privaten Haushalte** erhalten z. B. Renten, Kindergeld, Wohngeld, Sozialhilfe, Arbeitslosengeld **(Sozialleistungen).** Dies bezeichnet man als **Transferzahlungen,** d. h. Zahlungen, die ohne direkte Gegenleistung erfolgen. Sie stellen **Einkommen** dar, die aus einer **Umverteilung** des Einkommens der Produktionsfaktoren stammen.

- Aber auch **Unternehmen** erhalten Transferzahlungen, die als **Subventionen** bezeichnet werden.
- **Öffentliche Investitionen** für Schulen, Krankenhäuser, Straßen usw. schaffen **dauerhafte Anlagen.**
- Ausgaben für **öffentlichen Konsum** decken den **Personalaufwand** (Löhne, Gehälter und Bezüge der im öffentlichen Dienst Beschäftigten) und den **Sachaufwand** (z. B. für die Bundeswehr, die Polizei, die Gerichte, die öffentliche Verwaltung), der mit der Erfüllung der Staatsaufgaben anfällt. **Sachaufwand** führt zu Aufträgen an die Unternehmen, **Personalaufwand** zu **Einkommen der privaten Haushalte.**

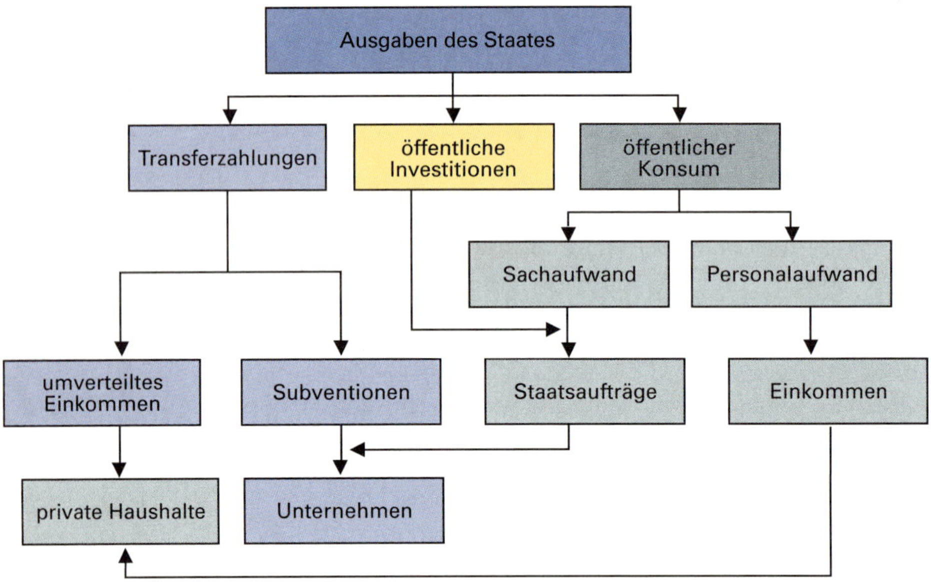

Zur Finanzierung seiner Ausgaben benötigt der Staat **Einnahmen.** Diese bezeichnet man als **direkte** bzw. **indirekte** Steuern, obwohl sie auch Sozialversicherungsbeiträge, Gebühren und Abgaben enthalten. Die Erhebung von Steuern nennt man auch **Zwangssparen.**

Reichen die Einnahmen nicht aus, um die Ausgaben zu decken, so muss der Staat Kredite aufnehmen. Als Kreditgeber kommen die privaten Haushalte direkt oder die Kreditinstitute als Sammelstellen infrage.

Was bedeutet nun der Begriff **„geschlossene Volkswirtschaft“**?

Geschlossen nennt man eine Volkswirtschaft, die zum Ausland keine wirtschaftlichen Beziehungen unterhält.

Der Wirtschaftskreislauf einer **geschlossenen Volkswirtschaft** weist folgende **Geldströme** aus.

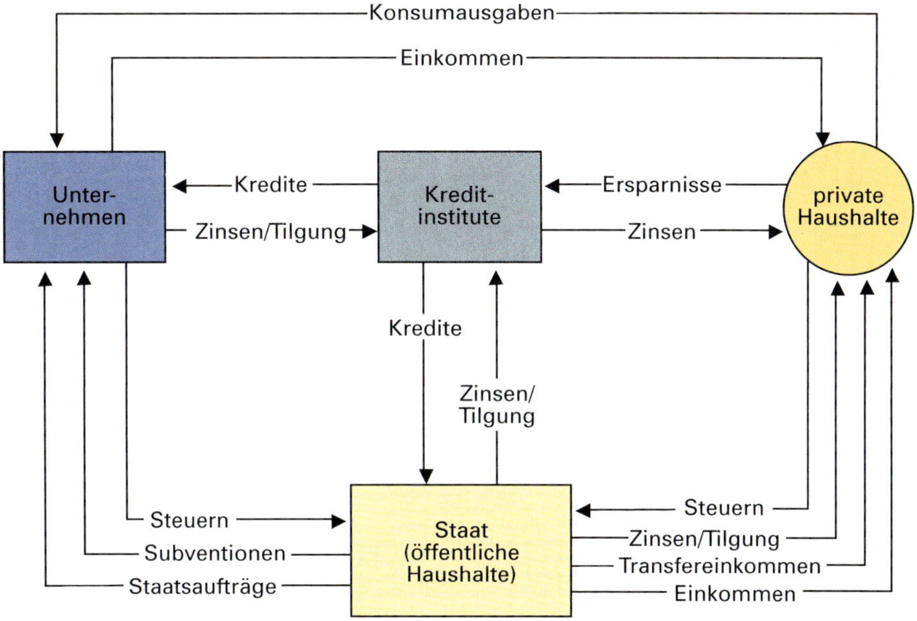

Aus diesem Kreislaufmodell können wir die **Rolle des Staates** in einer Volkswirtschaft ersehen:

- Er bestimmt durch die Höhe der Steuern, wie viel Einkommen den privaten Haushalten für Konsumausgaben und Sparen übrig bleibt.
- Nimmt er Kredit auf, so verringert er die Kreditmenge, die für die Unternehmen zur Verfügung steht. Dadurch kann die Investitionstätigkeit beeinträchtigt werden. Andererseits kann durch Staatsaufträge, die mit Krediten finanziert werden, die Investitionstätigkeit angekurbelt werden.
- Durch die Zahlung von Transfereinkommen trägt er zur sozialen Gerechtigkeit bei.
- Durch die Zahlung von Subventionen fließt den Unternehmen Geld zu, das sie weder selbst verdient noch in Form von Krediten aufgenommen haben. So kann er Betriebe oder Branchen unterstützen.

5.1.4 Der Wirtschaftskreislauf einer offenen Volkswirtschaft

Offen nennt man eine Volkswirtschaft, die zum Ausland wirtschaftliche Beziehungen unterhält.

Die wirtschaftlichen Beziehungen zwischen den **Unternehmen** und dem **Ausland** bestehen im

- **Export von Gütern:** Bezahlt das **Ausland** die Rechnungen, dann fließt Geld in Form von **Exporterlösen ins Inland;**
- **Import von Gütern:** Bezahlt das **Inland** die Rechnungen, dann fließt Geld in Form von **Importzahlungen ins Ausland.**

Aber auch die **privaten Haushalte** unterhalten wirtschaftliche Beziehungen zum **Ausland:**

- **Inländer** verbringen ihren **Urlaub im Ausland;** für die Inanspruchnahme dieser Dienstleistung fließt **Geld ins Ausland.**
- Umgekehrt verbringen **Ausländer** ihren **Urlaub im Inland,** sodass dafür **Geld ins Inland** strömt.
- Die **Gastarbeiter** überweisen einen Teil ihrer Einkommen ins Ausland; durch diese **Transfers** fließt **Geld ins Ausland.**

Die **Banken** unterhalten ebenfalls wirtschaftliche Beziehungen zum **Ausland:**

- **Kredite** werden an Ausländer **vergeben;** es kommt zu einem **Kapitalexport.**
- **Kredite** werden im Ausland **aufgenommen;** es kommt zu einem **Kapitalimport.**

Die wirtschaftlichen Beziehungen des **Staates** zum **Ausland** bestehen z.B. in der Zahlung

- von **Entwicklungshilfe,**
- von Beiträgen an **internationale Organisationen** (z. B. UNO).

Bei diesen **Transfers** fließt Geld vom Inland ins Ausland.

Die wirtschaftlichen Beziehungen, die eine Volkswirtschaft zum Ausland unterhält, werden mithilfe der Zahlungsbilanz erfasst.

Der Wirtschaftskreislauf einer **offenen Volkswirtschaft** weist folgende **Geld- bzw. Güterströme** auf:

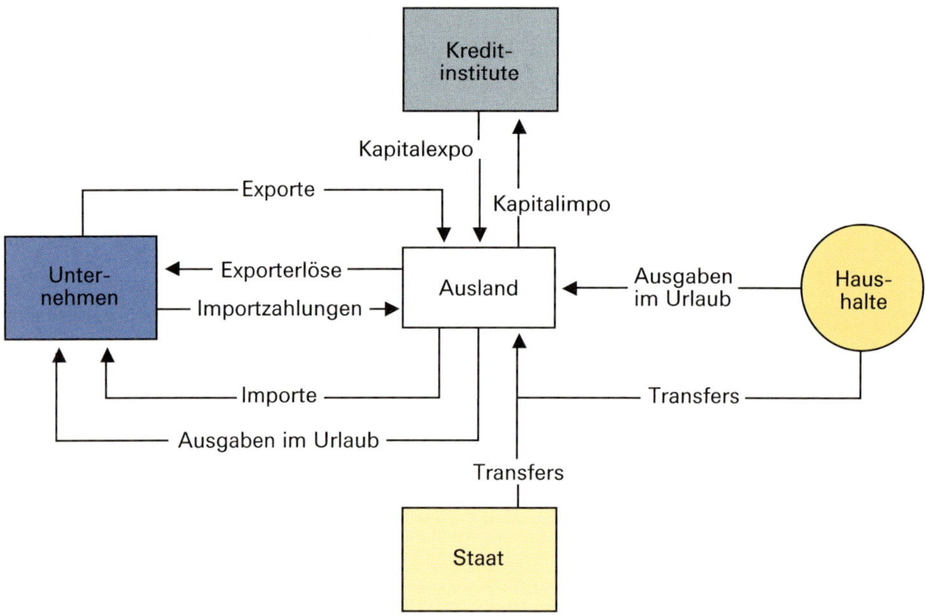

Aus diesem Kreislaufmodell können wir die **Bedeutung des Auslands** für eine Volkswirtschaft erkennen.

- Der **Export von Gütern** bedeutet Beschäftigung und damit Einkommen im Inland. Durch den Export wird die im Inland zur Verfügung stehende Gütermenge verringert, während die Exporterlöse zu einer Zunahme der Geldmenge führen. Dadurch kann es zu einer Geldentwertung **(Inflation)** kommen.

 3652298

- Für den **Import von Gütern** gilt genau das Gegenteil: Die Geldmenge verringert sich. Dadurch kann es zu einer Verbesserung des Geldwertes **(Deflation)** kommen. Geld, das die **Haushalte** im Ausland ausgeben oder ins Ausland überweisen, verringert die Nachfrage nach Konsumgütern im Inland.
- Kredite, die die **Banken** dem Ausland gewähren, verringern im Inland die Möglichkeit, Kredite zu vergeben. Dadurch kann die Investitionstätigkeit beeinträchtigt werden.
- Für Kredite, die im Ausland aufgenommen werden, gilt das Umgekehrte: Die Möglichkeiten der Investition nehmen zu.

Sind die Zahlungen an das Ausland gleich den Zahlungen vom Ausland, so spricht man von einer ausgeglichenen Zahlungsbilanz.

5.1.5 Der vollständige Wirtschaftskreislauf

Vollständig nennt man einen Wirtschaftskreislauf, der die Sektoren Haushalte, Unternehmen, Kreditinstitute, Staat und Ausland umfasst.

Es ist üblich, in dieses Kreislaufmodell nur **Geldströme** aufzunehmen und es gegenüber den bislang dargestellten Teilkreislaufmodellen zu **vereinfachen:**

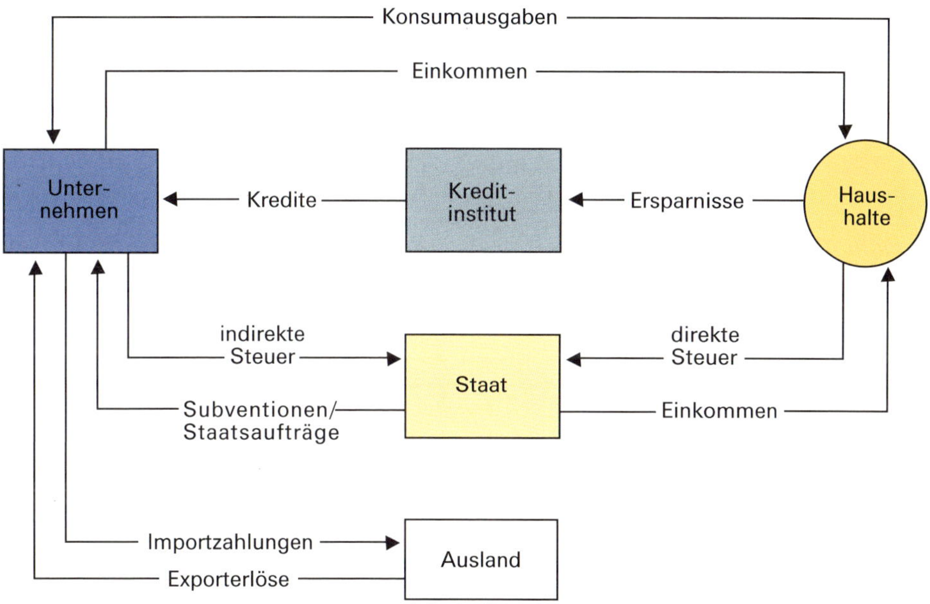

Zusammenfassung

1. Der einfache Wirtschaftskreislauf besteht aus den Sektoren Unternehmen und Haushalte. Die Haushalte stellen den Unternehmen die Produktionsfaktoren zur Verfügung und erhalten dafür Einkommen. Die Haushalte geben das Einkommen in Form von Konsumausgaben für Konsumgüter aus, die sie von den Unternehmen beziehen.
2. Im einfachen Kreislaufmodell stehen sich jeweils ein Güterstrom und ein Geldstrom gegenüber.

3. Der um die Kreditinstitute erweiterte Wirtschaftskreislauf berücksichtigt, dass es Unternehmen gibt, die Produktionsgüter produzieren. Investitionen durch die Unternehmen setzen Konsumverzicht (Sparen) bei den Haushalten voraus. Es ist Aufgabe der Kreditinstitute, die Ersparnisse zu sammeln und als Kredite an die Unternehmen weiterzuleiten.
4. In einer geschlossenen Volkswirtschaft gibt es die Sektoren Unternehmen, Haushalte, Kreditinstitute und Staat. Der Staat erzielt Einnahmen, indem er von den Haushalten und Unternehmen direkte und indirekte Steuern erhebt. Damit finanziert er seine Ausgaben: Einkommen seiner Bediensteten, Transferzahlungen im Sozialbereich (Sozialleistungen), Staatsaufträge und Subventionen an die Unternehmen.
5. Eine offene Volkswirtschaft unterhält wirtschaftliche Beziehungen zum Ausland. Beim Export fließen Güter ins Ausland und Geld ins Inland. Beim Import fließen Güter ins Inland und Geld ins Ausland. Jedem Güterstrom steht ein Geldstrom gegenüber.
6. Der vollständige Wirtschaftskreislauf besteht aus den Sektoren Unternehmen, Haushalte, Kreditinstitute, Staat und Ausland. Er stellt ein Modell dar, da viele Erscheinungen der Wirklichkeit in ihm nicht berücksichtigt sind.

Aufgaben

1. Warum muss man zwischen Unternehmer- und Arbeitnehmerhaushalten unterscheiden?
2. Nehmen Sie zu folgender Aussage Stellung: „Das von den Unternehmen gezahlte Einkommen fließt wieder an sie zurück."
3. Nennen Sie die Arten des Sparens.
4. Schildern Sie die Rolle der Kreditinstitute in einem Wirtschaftskreislauf.
5. Nennen Sie vier Ausgabenbereiche des Staates und schildern Sie seine Stellung im Wirtschaftskreislauf.
6. Wie finanziert der Staat seine Ausgaben?
7. Schildern Sie die wirtschaftlichen Beziehungen zwischen Inland und Ausland.
8. Überlegen Sie: Bisher war die Zahlungsbilanz eines Landes ausgeglichen. Jetzt ist ein Rückgang der Exporte zu verzeichnen. Wie wirkt sich dies auf den Wirtschaftskreislauf aus?

5.2 Zusammenhänge innerhalb der volkswirtschaftlichen Gesamtrechnung

Die volkswirtschaftliche Gesamtrechnung baut auf den Erkenntnissen des Wirtschaftskreislaufs auf.

In der Bundesrepublik wird die volkswirtschaftliche Gesamtrechnung vom Statistischen Bundesamt aufgestellt. Sie setzt sich aus folgenden Teilrechnungen zusammen:

3652300

5.2.1 Grundbegriffe der volkswirtschaftlichen Gesamtrechnung

Zweck der volkswirtschaftlichen Gesamtrechnung ist die Ermittlung des **Bruttoinlandsprodukts:**

Unter Bruttoinlandsprodukt versteht man die Summe aller Güter (Sachgüter und Dienstleistungen), die in einer Volkswirtschaft (in einem Land) innerhalb eines Jahres zu Marktpreisen erstellt werden.

Da die produzierten Güter zu Marktpreisen (Preise, die für die Güter bezahlt werden) bewertet werden, spricht man vom **Bruttoinlandsprodukt zu Marktpreisen** (BIP). Es wird wie folgt errechnet:

	Umsatz aus Verkäufen zu Marktpreisen (Produktionswert)
–	Vorleistungen
=	Bruttoinlandsprodukt zu Marktpreisen

Dieses Rechenschema beruht auf folgenden Überlegungen:

- Der **Produktionswert** ergibt sich aus den produzierten Mengen, multipliziert mit den Marktpreisen. Vereinfacht gesagt: Es handelt sich um die **Gesamtleistung** einer Volkswirtschaft.
- Um Doppel- bzw. Mehrfachzählungen eines Produktes zu vermeiden, muss der Produktionswert der vorherigen Produktionsstufen **(Vorleistungen)** abgezogen werden. Vorleistungen sind z. B. der Materialverbrauch (Verbrauch in Roh-, Hilfs- und Betriebsstoffen im Industriebetrieb), der Wareneinsatz im Handelsbetrieb, Aufwendungen für Miete und Pacht, Versicherungsbeiträge, Zinsaufwendungen, Aufwendungen für Dienstleistungen.
- Dadurch wird gewährleistet, dass nur die auf den jeweiligen Produktionsstufen erzeugten **Wertschöpfungen** (= der den Vorleistungen hinzugefügte Wert) berücksichtigt werden.

Im Inlandsprodukt werden **nicht** erfasst:

- Produktionsleistungen, die im **privaten** Haushalt **unentgeltlich für den eigenen Bedarf** erbracht werden (Hausfrauenarbeit, Renovierung der Wohnung, Gartenarbeit, Nachbarschaftshilfe) und
- **Schwarzarbeit.** Hier handelt es sich um die **ungesetzliche** Erstellung von Leistungen, z. B. unversteuerte Handwerkerleistungen, illegale Beschäftigung von Hilfskräften – speziell am Bau und in der Gastronomie.

Wie wir vom Wirtschaftskreislauf her wissen, hat eine offene Volkswirtschaft wirtschaftliche Beziehungen zum Ausland:

Das Bruttoinlandsprodukt zu Marktpreisen enthält die Gesamtheit aller wirtschaftlichen Leistungen, die von Inländern und Ausländern innerhalb der Grenzen eines Landes (in unserem Fall der Bundesrepublik Deutschland) erstellt werden.

Im Bruttoinlandsprodukt (BIP) sind die Bruttoinvestitionen enthalten. Werden die Abschreibungen davon abgesetzt, so erhält man das Nettoinlandsprodukt zu Marktpreisen. Die durch die Abschreibungen erfassten Wertminderungen müssen als Ersatzinvestitionen in unseren Wirtschaftskreislauf zurückfließen, wenn die Produktionskapazität unserer Wirtschaft erhalten bleiben soll. Für die volkswirtschaftliche Gesamtrechnung sind deshalb insbesondere die Erweiterungs- und Neuinvestitionen interessant, d. h. der Zuwachs unserer Produktionskapazitäten.

Korrigiert man das Nettoinlandsprodukt zu Marktpreisen um die Nettoproduktionsabgaben, so erhält man das Nettoinlandprodukt zu Faktorkosten, das auch als Nettowertschöpfung bezeichnet wird.

Unter Nettoproduktionsabgaben versteht man den Saldo zwischen Produktions- und Importabgaben und Subventionen.

Die Nettoproduktionsabgaben werden deshalb abgesetzt, weil die Unternehmen in ihre Preise für die abgesetzten Güter die Produktionsabgaben (z. B. Kostensteuern wie Kfz- und Gewerbesteuer, Verbrauchsteuern wie Mineralöl- und Tabaksteuer) und Importabgaben (z. B. Zölle) einkalkulieren und auf die Endverbraucher abwälzen. Erhaltene Subventionen (Zuschüsse) für ihre Güter verringern die Steuerlast der Unternehmen.

	Bruttoinlandsprodukt (BIP) zu Marktpreisen
–	Abschreibungen
	Nettoinlandsprodukt zu Marktpreisen
–	Nettoproduktionsabgaben
	Nettoinlandsprodukt zu Faktorkosten

Werden zum NIP zu Faktorkosten der Saldo der Primäreinkommen aus der übrigen Welt hinzugezählt (vgl. Abb. „Wichtige Begriffe aus der volkswirtschaftlichen Gesamtrechnung"), so erhält man das Volkseinkommen.

Unter **Saldo der Primäreinkommen aus der übrigen Welt** versteht man

- vom Ausland **empfangene** Erwerbs- und Vermögenseinkommen (z. B. aus Geld und Investitionen von Inländern im Ausland, dieses Einkommen fließt dem Inland zu)
- zuzüglich der **empfangenen** Subventionen aus dem Ausland
  = aus dem Ausland zugeflossen
- abzüglich ins Ausland **geleistete** Erwerbs- und Vermögenseinkommen (z. B. Geldanlagen und Investitionen von Ausländern im Inland, dieses Einkommen fließt dem Ausland zu)
- abzüglich **geleistete** Produktions- und Importabgaben an das Ausland.

Betrachten wir nun die volkswirtschaftliche Gesamtrechnung von der **Einkommensseite** her.

Vom Bruttoinlandsprodukt (BIP) ist das **Bruttonationaleinkommen (BNE)** zu unterscheiden.

Das Bruttonationaleinkommen (BNE) erhält man, wenn man zum Bruttoinlandsprodukt (BIP) den Saldo der Erwerbs- und Vermögenseinkommen zwischen Inland und Ausland zuzüglich des Saldos der empfangenen Subventionen aus dem Ausland und den geleisteten Produktions- und Importabgaben an das Ausland hinzurechnet.

	Bruttoinlandsprodukt (BIP)
+	Saldo der Erwerbs- und Vermögenseinkommen zwischen In- und Ausland
+	Saldo der empfangenen Subventionen und geleisteten Produktions- und Importabgaben
=	**Bruttonationaleinkommen (BNE)**

Die Differenz zwischen BIP und BNE ist also der **Saldo** der Primäreinkommen aus der übrigen Welt.

Das Nationaleinkommen zu Marktpreisen ergibt sich, wenn vom Bruttonationaleinkommen (BNE) die Abschreibungen abgezogen werden.

	Bruttonationaleinkommen (BNE)
–	Abschreibungen
	Nettonationaleinkommen (NNE)
–	Saldo der empfangenen Subventionen und geleisteten Produktions- und Importabgaben
	Volkseinkommen

Das Volkseinkommen setzt sich aus den Arbeitnehmerentgelten und den Unternehmens- und Vermögenseinkommen zuzüglich des Saldos der Primäreinkommen aus der übrigen Welt zusammen.

Schematisch können die Zusammenhänge wie folgt dargestellt werden:

Wichtige Begriffe aus der volkswirtschaftlichen Gesamtrechnung

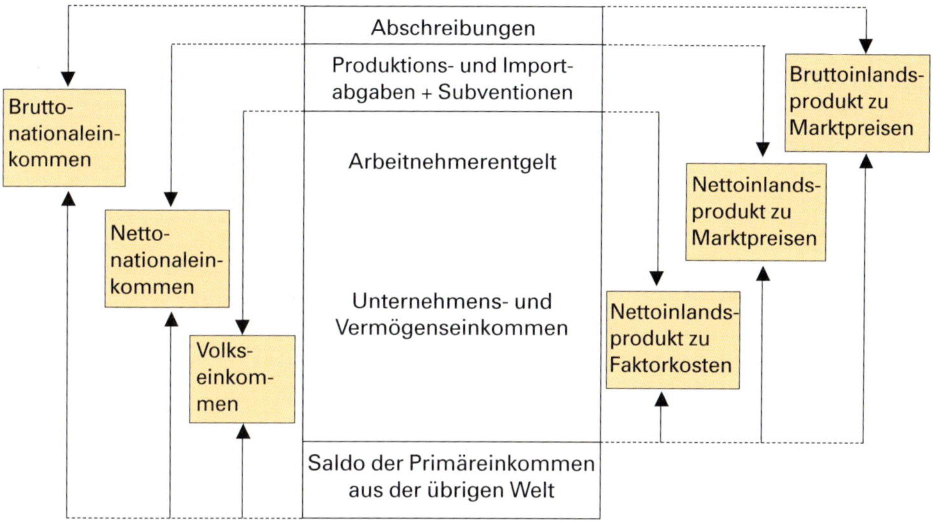

Die volkswirtschaftliche Gesamtrechnung erleichtert auch die **Beurteilung der wirtschaftlichen Entwicklung** eines Wirtschaftsraumes. Beziehen wir die Veränderung des Bruttoinlandsprodukts (BIP) innerhalb zweier aufeinander folgender Jahre auf das Ausgangsjahr, so wird die Entwicklung einer Volkswirtschaft deutlich.

Unter Wachstumsrate versteht man die prozentuale Veränderung des Bruttoinlandsprodukts gegenüber dem Vorjahr.

Beispiel:	*Bruttoinlandsprodukt*	*3.320 Mrd. €*
	Bruttoinlandsprodukt des folgenden Jahres	*3.460 Mrd. €*

$$\text{Wachstumsrate} = \frac{140 \cdot 100}{3.320} = 4{,}2\ \%$$

In dem Beispiel ergibt sich eine rein **ziffernmäßige (nominale) Zunahme** um 4,2 %.

Dies bedeutet:

- Der Zuwachs (140 Mrd. €) wird in Preisen des gerade abgelaufenen Jahres ausgedrückt.
- Der Wert des Basisjahres geht von den Preisen des vorhergegangenen Jahres aus.
- Sind in der Zwischenzeit die Preise gestiegen (oder gesunken), dann besteht die Zuwachsrate aus zwei Komponenten: der Preissteigerung (bzw. der Preissenkung) und der realen Wachstumssteigerung.

Beispiel: *Angenommen, im Beispiel von oben trat eine Preissteigerung von 2,3 % auf, dann betrug die tatsächliche Steigerung des Bruttoinlandsprodukts also nur 1,9 %.*

Durch die Bewertung des Bruttoinlandsprodukts mit den Preisen eines Basisjahres werden Preissteigerungen weitgehend ausgeschaltet.

In der Praxis treten Preissteigerungen auf, Preissenkungen kommen zwar in einzelnen Teilmärkten (z. B. bei elektronischen Bauteilen) vor, sind jedoch insgesamt volkswirtschaftlich nicht zu beobachten.

Das BIP in den jeweiligen Preisen (Marktpreisen) nennt man nominales Bruttoinlandsprodukt. Das BIP in den Preisen des Basisjahres nennt man reales Bruttoinlandsprodukt. Den Unterschied zwischen dem nominalen und dem realen Bruttoinlandsprodukt nennt man Preissteigerungsrate des BIP.

Die Unterschiede zwischen dem nominalen und dem realen BIP lassen sich wie folgt erklären:

- Die jeweiligen Preise sind die **Marktpreise des Berichtsjahres** (z. B. des Jahres 2003). Wurden z. B. die Marktpreise von 2003 gegenüber denen von 2002 bei gleicher Ausbringung erhöht, so **wächst das Bruttoinlandsprodukt wertmäßig, obwohl es mengenmäßig gleich geblieben ist.** Das so errechnete Bruttoinlandsprodukt bezeichnet man als **nominales Bruttoinlandsprodukt.**

Beispiel:

Jahr	*Autos (Stück)*	*Preis*	*nominales BIP*
2002	*1 000*	*20.000 €*	*20.000.000 €*
2003	*1 000*	*21.000 €*	*21.000.000 €*

*Veränderung des Bruttoinlandsprodukts in € allein aufgrund der **Preisänderung**. 1.000.000*

- Bewertet man die Gütermenge eines Jahres mit den Preisen eines Basisjahres (z. B. den Preisen des Jahres 1995), so werden dadurch die Preiserhöhungen ausgeschaltet. Veränderungen des Bruttoinlandsprodukts gegenüber dem Vorjahr sind somit allein mengenbedingt. Man spricht vom realen Bruttoinlandsprodukt, d. h. dem Bruttoinlandsprodukt, das keine Preissteigerungen enthält. Es ist besser als das nominale Bruttoinlandsprodukt geeignet, das Wachstum der Wirtschaft zu messen.

Beispiel:

Jahr	*Autos (Stück)*	*Preis*	*nominales BIP*
2002	*1 000*	*15.000 €*	*15.000.000 €*
2003	*1 100*	*15.000 €*	*16.500.000 €*

Veränderungen des Bruttoinlandsprodukts in € allein aufgrund einer Mengenänderung. 1.500.000

- ***Das nominale Bruttoinlandsprodukt wird von Preis- und Mengenänderungen beeinflusst.***
- ***Das reale Bruttoinlandsprodukt wird von Mengenänderungen beeinflusst.***

Aus diesen Aussagen lassen sich folgende Schlüsse ziehen:

- Nur wenn eine Volkswirtschaft **mengenmäßig wächst,** wird sie **reicher.**
- Hat die **reale Wachstumsrate** ein **negatives Vorzeichen,** so sinkt die Menge (wie in der Bundesrepublik Deutschland z. B. 1993) und man spricht von einem **negativen Wachstum.**
- Ist die **reale Wachstumsrate 0,** so bleibt die Menge gleich und man spricht von Stagnation.
- Ist die **reale Wachstumsrate 0 und steigen gleichzeitig die Preise** (wie in Argentinien 2002), so spricht man von einer **Stagflation.**

Zusammenfassung

	Bruttoinlandsprodukt zu Marktpreisen
–	Abschreibungen
=	Nettoinlandsprodukt zu Marktpreisen
–	Produktions- und Importabgaben abzüglich Subventionen
=	Nettoinlandsprodukt zu Faktorkosten
+	Saldo der Primäreinkommen aus der übrigen Welt
=	**Volkseinkommen**

Wertschöpfung, Inlandsprodukt und Nationaleinkommen		
Gegenstand der Nachweisung		Jahr 2002
in jeweiligen Preisen in Mrd. Euro		
	Bruttowertschöpfung (unbereinigt)	1.963,58
–	unterstellte Bankgebühr	65,00
=	Bruttowertschöpfung (bereinigt)	1.898,58
+	Nettogütersteuern	209,62
=	Bruttoinlandsprodukt	2.108,20
+	Saldo d. Primäreinkommen aus d. übrigen Welt	– 9,09
=	Bruttonationaleinkommen	2.099,71
–	Abschreibungen	318,48
=	Nettonationaleinkommen (Primäreinkommen)	1.780,63
–	Produktions- und Importabgaben	249,51
+	Subventionen	30,92
=	Volkseinkommen	1.562,04
–	Arbeitnehmerentgelt	1.130,03
=	Unternehmens- und Vermögenseinkommen	432,01

Quelle: Statistisches Bundesamt Deutschland, Volkswirtschaftliche Gesamtrechnung

Aufgaben

1. Erklären Sie die in der Zusammenfassung genannten Begriffe.
2. Was versteht man unter nominalem und realem Bruttoinlandsprodukt?
3. Welches von beiden ist besser geeignet das Wirtschaftswachstum zu messen?
4. Interpretieren Sie die amtliche Statistik im Hinblick auf wirtschaftliche Veränderungen.

5.2.2 Die Berechnung des Bruttoinlandsproduktes

Die gesamtwirtschaftliche Leistung ist **unter drei Aspekten** zu betrachten:

Entstehungsrechnung	Verwendungsrechnung	Verteilungsrechnung
Welchen Beitrag leisten die einzelnen Wirtschaftssektoren zur Entstehung des BIP?	Wofür wird das BIP verwendet?	Wie wird das Volkseinkommen auf verschiedene Einkommensarten verteilt?

Die Entstehungs-, Verwendungs- und Verteilungsrechnung stellt sich wie folgt dar:

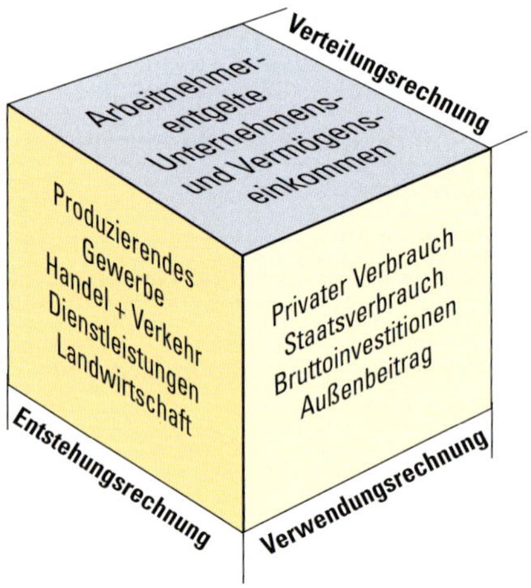

Entstehungsrechnung

Das Bruttoinlandsprodukt wird in verschiedenen Wirtschaftsbereichen – oder -sektoren – erwirtschaftet und zeigt deren Beiträge auf. Die Beobachtung der Entwicklung der prozentualen Anteile der einzelnen Sektoren zeigt, wie sich die gesamtwirtschaftlichen Strukturen im Zeitablauf ändern. So hat der Beitrag der Landwirtschaft seit der Industrialisierung stetig abgenommen. Er beträgt jetzt gerade noch ca. 1 %, während in den letzten Jahrzehnten die Bedeutung des Dienstleistungssektors steigt (vgl. Schaubild in der Zusammenfassung).

Im Rahmen der Entstehungsrechnung wird ermittelt, welchen Beitrag die einzelnen Wirtschaftsbereiche (Wirtschaftssektoren) zur Bruttowertschöpfung leisten.

Daraus ergibt sich folgende Rechnung:

Bruttowertschöpfung der Wirtschaftsbereiche	
Wirtschaftsbereich	Jahr 2002
in jeweiligen Preisen in Mrd. Euro	
Land-, Forst- und Fischereiwirtschaft	21,95
produzierendes Gewerbe ohne Baugewerbe	475,30
Baugewerbe	87,21
Handel, Gastgewerbe und Verkehr	365,00
Finanzierung, Vermictung und Unternehmensdienstleistungen	589,97
öffentliche und private Dienstleister	424,15
alle Wirtschaftsbereiche	**1.963,58**

Quelle: Statistisches Bundesamt Deutschland, Volkswirtschaftliche Gesamtrechnung

Verwendungsrechnung

Die Verwendungsrechnung gibt Auskunft darüber, **wer die** von einer Volkswirtschaft **erstellten Güter und Dienstleistungen** in Anspruch nimmt, also wer sie bekommt. Es werden Aussagen über die Höhe des Staatsverbrauchs und des privaten Konsums möglich, über den Spielraum für Investitionen und die Entwicklung des Außenhandels.

Im Rahmen der Verwendungsrechnung wird ermittelt, für welche Zwecke das Bruttoinlandsprodukt verwendet wird.

Daraus ergeben sich folgende Verwendungszwecke, orientiert an den im Wirtschaftskreislauf erfassten Wirtschaftssubjekten:

im Jahr 2002	
in jeweiligen Preisen in Mrd. Euro	
Konsumausgaben	1.644,67
– private Haushalte	1.199,58
– private Organisationen ohne Erwerbszweck	42,30
– Staat	402,79
Bruttoanlageinvestitionen	387,78
– Ausrüstungen	150,90
– Bauten	212,75
– sonstige Anlagen	24,13
Vorratsveränderungen und Nettozugang an Wertsachen	– 7,28
Inländische Verwendung von Gütern	2.025,17
Außenbeitrag (Exporte minus Importe)	83,03
– Exporte	748,27
– Importe	665,24
Bruttoinlandsprodukt	2.108,20

Quelle: Statistisches Bundesamt Deutschland, Volkswirtschaftliche Gesamtrechnung

Die Verwendungsrechnung spiegelt mehrere Ströme des Wirtschaftskreislaufs wider:

- Als **privater Verbrauch** werden die **Konsumausgaben** der privaten Haushalte erfasst.
- Die **Konsumausgaben des Staates** (Gebietskörperschaften: Bund, Länder, Gemeinden) umfassen die kostenlos zur Verfügung gestellten **staatlichen Güter** (z. B. öffentliche Verwaltung, Justiz, Landesverteidigung) und die **sozialen Sachtransfers.**
- Als **Bruttoanlageinvestitionen** werden die Investitionen in **Bauten und Ausrüstungen** erfasst.
- **Vorratsinvestitionen** beinhalten die **Bestandsveränderungen** bei Roh-, Hilfs-, Betriebsstoffen, Fremdbauteilen, Handelswaren, unfertigen und fertigen Erzeugnissen, die von anderen Unternehmen bezogen bzw. selbst erstellt werden.
- Der **Außenbeitrag** ist der Saldo von Ausfuhr und Einfuhr von Gütern und Dienstleistungen.

Verteilungsrechnung

Mit dieser Rechnung bekommen wir Auskünfte darüber, wie das Volkseinkommen (abgeleitet aus dem BIP) auf die Einkommensarten „Arbeitnehmerentgelte“ und „Unternehmens- und Vermögenseinkommen“ **verteilt** wird. Besonders interessant sind natürlich die Veränderungen der Prozentanteile, lassen sie doch einen Schluss über die politischen Absichten der Regierungen zu.

Im Rahmen der Verteilungsrechnung wird ermittelt, wie sich das Volkseinkommen auf die privaten Haushalte (Arbeitnehmer- und Unternehmerhaushalte) verteilt.

Das Bruttoeinkommen aus Arbeitnehmerentgelten ist **eindeutig** den Arbeitnehmern zuzurechnen. Dagegen ist das **Bruttoeinkommen aus Unternehmenstätigkeit und Vermögen** eine zusammengewürfelte Größe. Empfänger können sein:

- Unternehmerhaushalte
- Arbeitnehmerhaushalte
- Staat
- Unternehmen (Kapitalgesellschaften)

So entfällt fast die **Hälfte** aller Vermögenseinkommen (z. B. Zinsen, Mieten, Pachten) auf die **Arbeitnehmerhaushalte.**

Zu beachten ist:

Das Unternehmens- und Vermögenseinkommen enthält das Einkommen der privaten Haushalte und des Staates aus Gewinn, Zinsen, Nettomieten und -pachten (nach Abzug der Zinsen auf Konsumentenschulden bzw. auf die öffentlichen Schulden) sowie die nichtausgeschütteten Gewinne der Unternehmen mit eigener Rechtspersönlichkeit. Es entfällt zum größten Teil als Gewinn auf die privaten Unternehmen. Ein nicht genau zu ermittelnder Betrag des Unternehmens- und Vermögenseinkommens fällt bei Arbeitnehmern in Form von Zinserträgen aus Sparkonten, Bausparverträgen und Wertpapierbesitz sowie Erträgen aus Wohnungseigentum an.

aus: Bundesministerium für Wirtschaft und Arbeit, Leistung in Zahlen

Unter Lohnquote versteht man den prozentualen Anteil der Arbeitnehmerentgelte am Volkseinkommen.

$$\text{Lohnquote} = \frac{\text{Arbeitnehmerentgelte}}{\text{Volkseinkommen}} \cdot 100$$

Die Lohnquote betrug im Jahr 2000 72,4 %.

Man spricht in diesem Zusammenhang von der **Einkommensumverteilung:** Bis 1981 wuchs der Anteil der Arbeitnehmer am Volkseinkommen. Seitdem geht er zugunsten der Unternehmer zurück. Die Ursache ist ein starkes Ansteigen der Unternehmergewinne und eine geringere Erhöhung der Löhne und Gehälter als bisher. Diese Entwicklung hat sich seit 1998 zugunsten der Lohnquote geändert. **Zu beachten ist, dass im Gegenstück zur Lohnquote, d.h. in der Gewinnquote, auch die Zinseinkünfte und Aktienerträge der Arbeitnehmer enthalten sind.**

Entsprechend zur Lohnquote lässt sich die Gewinnquote errechnen:

Unter Gewinnquote versteht man den prozentualen Anteil des Unternehmens- und Vermögenseinkommens am Volkseinkommen.

$$\text{Gewinnquote} = \frac{\text{Unternehmens- und Vermögenseinkommen}}{\text{Volkseinkommen}} \cdot 100$$

Die Gewinnquote betrug im Jahr 2000 27,6 %.

Neben der Verteilung des Volkseinkommens ist es auch von wirtschaftspolitischer Bedeutung, das **verfügbare Einkommen der privaten Haushalte** zu ermitteln.

Das verfügbare Einkommen der privaten Haushalte bestimmt deren Konsum- und Sparverhalten.

Untersuchungen haben herausgefunden, dass

- etwa 50 % der **marktwirksamen Gesamtnachfrage** im Inland von den privaten Haushalten ausgeht, ohne dass von diesen Kredite in einem nennenswerten Umfang aufgenommen werden;
- der weitaus größte Teil der **Ersparnisse,** die zur Finanzierung der Investitionen benötigt werden, von den privaten Haushalten stammt.

Das **verfügbare Einkommen der privaten Haushalte** wird wie folgt errechnet:

	Volkseinkommen
–	Einkommen des Staates
–	nicht ausgeschüttete Gewinne der Unternehmen mit eigener Rechtspersönlichkeit
–	Abgaben (direkte Steuern und Sozialversicherungsbeiträge)
=	Nettoeinkommen
+	Transferzahlungen (Subventionen an die Haushalte)
=	verfügbares Einkommen der privaten Haushalte

Durch die Einbehaltung von Steuern und Sozialversicherungsbeiträgen vom Einkommen der privaten Haushalte einerseits und die Auszahlung von Transferleistungen andererseits findet eine Einkommensumverteilung durch den Staat statt.

Aussagekraft der Größe Bruttoinlandsprodukt (BIP)

- Das BIP wird als **Messgröße** für die Wirtschaft einer Volkswirtschaft und im internationalen Vergleich verwendet. Die Veränderungsquote des BIP ist ein Indikator für die konjunkturelle Lage eines Landes.
- Das BIP als **Vergleichsgröße**
  - Die Investitionsquote zeigt den Anteil der Investitionen am BIP. Für das Wachstum der Wirtschaft spielt sie eine bedeutende Rolle. Die Wirtschaft wächst umso stärker, je mehr investiert wird.

$$\text{Investitionsquote} = \frac{\text{Gesamtinvestitionen}}{\text{BIP}}$$

  - Die Konsumquote zeigt den Anteil des Privatkonsums am BIP

$$\text{Konsumquote} = \frac{\text{privater Konsum}}{\text{BIP}}$$

5.2.3 Kritik an der volkswirtschaftlichen Gesamtrechnung

Die Aussagekraft der volkswirtschaftlichen Gesamtrechnung wird aus mehreren Gründen kritisiert:

- In den meisten Ländern hat sich eine **Schattenwirtschaft** entwickelt, die sich der Messung entzieht und damit nicht in die offizielle Wirtschaftsstatistik eingeht. Unter Schattenwirtschaft versteht man insbesondere illegale Tätigkeiten wie Schwarzmarktgeschäfte (z. B. Zigaretten, Drogenhandel) und **Schwarzarbeit.**

  Es wird vermutet, dass die Wachstumsrate der Schattenwirtschaft erheblich höher ist als die Wachstumsrate des Bruttoinlandsprodukts. Die Schattenwirtschaft wird nicht nur nicht im Bruttoinlandsprodukt erfasst; sie schädigt auch die Sozialversicherung und führt zu Ausfällen bei den Steuereinnahmen, da weder Sozialversicherungsbeiträge noch Steuern abgeführt werden.
- **Die Arbeit der Hausfrau wird nicht erfasst,** die Tätigkeit einer Haushaltshilfe dagegen schon. Das Gleiche gilt für die Arbeiten, die im Rahmen des „do it yourself" ausgeübt werden. Man spricht in diesem Zusammenhang auch von Gütern, die nicht auf dem Markt gehandelt werden („nicht auf dem Markt gehandelte Outputs") oder von Selbstversorgung.
- **Sie misst nur quantitative Werte und lässt qualitative Aspekte außer Acht.** So wird etwa eine Qualitätsverbesserung bei einem Produkt (z. B. einem Auto) nur dann erfasst, wenn sie zu einer Preissteigerung führt.
- **Umweltschädliches Verhalten wird erfasst,** da die Beseitigung von Umweltschäden als wirtschaftliche Leistung erfasst werden kann. **Umweltschonendes Verhalten wird nicht erfasst,** es sei denn, es schlägt sich im Preis nieder.
- Das Gleiche gilt für **Fehlverhalten aller Art:** Je mehr Autounfälle z. B. passieren, desto höher ist das Bruttoinlandsprodukt; das gilt sowohl für die Autoreparatur als auch für die Heilbehandlung der verletzten Menschen. Das Gleiche gilt für zunehmenden Alkohol- und Tabakkonsum.

  Je mehr Einbrüche verübt werden, bei denen die Wohnungseinrichtung verwüstet wird (Vandalismus), desto höher ist das Bruttoinlandsprodukt aufgrund der notwendigen Ersatzbeschaffungen.

Zusammenfassung

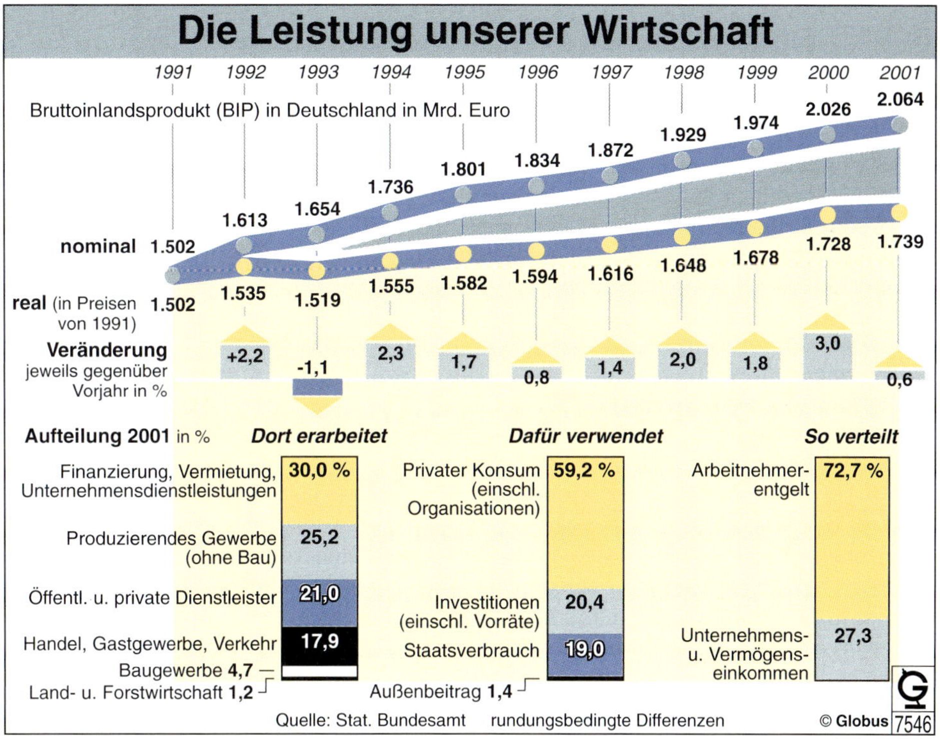

Aufgaben

1. Erläutern Sie folgende Begriffe: Entstehungsrechnung, Verwendungsrechnung, Verteilungsrechnung.
2. Was versteht man unter Einkommensumverteilung?
3. Erklären Sie den Begriff Lohnquote.
4. Schlagen Sie die aktuellen Zahlen zur Einkommensverteilung nach.
5. Erklären Sie den Begriff Gewinnquote.
6. Erklären Sie die wirtschaftspolitische Bedeutung des verfügbaren Einkommens der privaten Haushalte.

6 Grundzüge der Wirtschaftspolitik

6.1 Hauptziele der Wirtschaftspolitik

Wann kann die wirtschaftliche Entwicklung in der Bundesrepublik Deutschland als stabil bezeichnet werden?

Das Gesetz zur Förderung der Stabilität und des Wachstums der Wirtschaft vom 8. Juni 1967 („Stabilitätsgesetz") nennt als **Oberziel:** „Bund und Länder haben bei ihren wirtschafts- und finanzpolitischen Maßnahmen die Erfordernisse des **gesamtwirtschaftlichen Gleichgewichts** zu beachten." **Nach diesem Gesetz** besteht **Gleichgewicht** und damit Stabilität, wenn die folgenden vier **Einzelziele** gleichzeitig verwirklicht werden.

„Die Maßnahmen sind so zu treffen, dass sie im Rahmen der marktwirtschaftlichen Ordnung gleichzeitig
- ***zur Stabilität des Preisniveaus,***
- ***zu einem hohen Beschäftigungsstand und***
- ***außenwirtschaftlichem Gleichgewicht***
- ***bei stetigem und angemessenem Wirtschaftswachstum beitragen." (§ 1 StabG)***

Die Bundesregierung bekam mit dem Stabilitätsgesetz **Steuerungsmittel** in die Hand, um Instabilitäten der Wirtschaft zu bekämpfen. Die **Notwendigkeit des Gesetzes** ergab sich aus der Entwicklung einer hoch industrialisierten, mit der Weltwirtschaft verflochtenen Volkswirtschaft, in welcher die **Selbststeuerungskräfte** der Marktwirtschaft nicht mehr ausreichten.

„Stabilität und Wachstum der Wirtschaft erfordern heute vielmehr in unserer marktwirtschaftlichen Ordnung einen systematischen Einsatz von globalen[1] Steuerungsmitteln, mit denen der Wirtschaftsprozess vor **gesamtwirtschaftlichen Fehlentwicklungen** bewahrt werden kann." (Bundesministerium für Wirtschaft, „Das Gesetz zur Förderung der Stabilität und des Wachstums der Wirtschaft", Bonn 1970, S. 5)

In welchem gesellschaftlichen Zusammenhang ist die Stabilität der Wirtschaft zu sehen? Hat die Wirtschaft einen Eigenwert oder dient sie nur den vom Menschen aufgestellten Zielen? In einer demokratischen Gesellschaft kommen zu den im StabG genannten Zielen **weitere** hinzu wie **Erhaltung einer lebenswerten Umwelt, gerechte Einkommens- und Vermögensverteilung, soziale Sicherheit, Wohlstand und Freiheit. Besondere Bedeutung für die Gesellschaft hat der Kampf gegen die Umweltzerstörung gewonnen.**

Ob die Gesamtwirtschaft sich stabil oder instabil entwickelt, kann anhand von Indikatoren (Messziffern) festgestellt werden.

Die **vier Stabilitätsindikatoren** sind die Entwicklung
- des Preisniveaus,
- der Beschäftigung,
- der Differenz zwischen Exporten und Importen,
- der Produktion.

1 global = umfassend, hier: geld-, fiskal- und außenwirtschaftliche Maßnahmen

Das StabG enthält **keine zahlenmäßigen Angaben** darüber, wann die Gesamtwirtschaft sich stabil entwickelt hat. Herrscht **Preisniveaustabilität** bei 3 % oder bei bis 1 % Preissteigerungen der Lebenshaltungskosten? Herrscht **Vollbeschäftigung** bei einer Arbeitslosenquote von 2 % oder 4 %, ist das **Wachstum** der Wirtschaft bei 2 % oder bei 5 % angemessen? Die Bundesregierung ist nach § 2 des StabG verpflichtet, im Januar jedes Jahres dem Bundestag und Bundesrat einen **Jahreswirtschaftsbericht** vorzulegen, in welchem die vier wirtschaftspolitischen Ziele für das laufende Jahr quantifiziert werden. **Die Zielvorgaben (Zielprojektionen) des Bundesministeriums für Wirtschaft und Arbeit beruhen auf der aktuellen wirtschaftlichen Lage.**

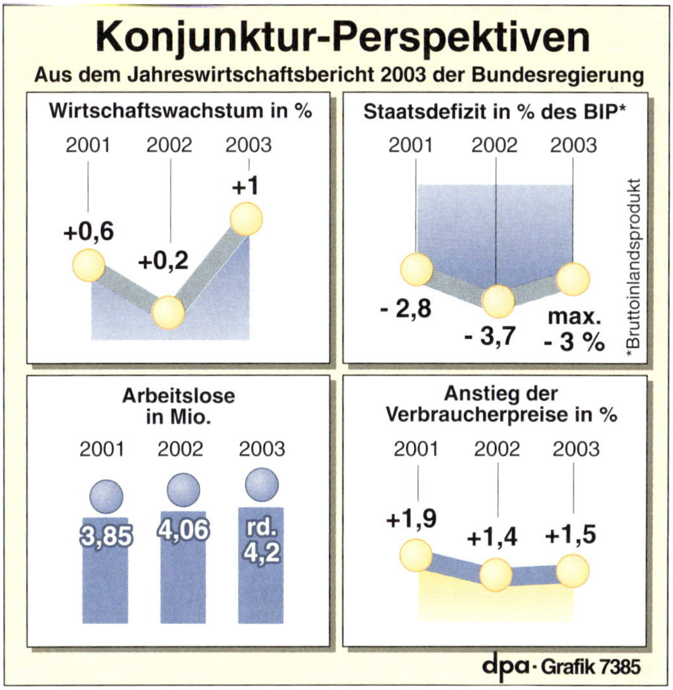

6.2 Wirtschaftspolitische Zielkonflikte

Im Stabilitätsgesetz wird das gleichzeitige Erreichen der vier wirtschaftspolitischen Ziele verlangt.

Gesamtwirtschaftliches Gleichgewicht besteht, wenn die in den Jahreswirtschaftsgutachten quantifizierten Ziele erreicht sind.

Ungleichgewichte bestehen, wenn die vorgegebenen Ziele von der tatsächlichen wirtschaftlichen Entwicklung abweichen. Aus der Darstellung des Konjunkturverlaufs der letzten Jahre geht hervor (vgl. 6.5), dass ein gesamtwirtschaftliches Gleichgewicht bisher nicht erreicht werden konnte und der Wirtschaftsablauf erheblichen Schwankungen unterlag. Weil das Idealziel nicht realisiert, sondern nur angestrebt werden kann, spricht man vom **„magischen Viereck“**.

Magisches Viereck

Vollbeschäftigung	Preisniveaustabilität
außenwirtschaftliches Gleichgewicht	Wirtschaftswachstum

Das Problem besteht vor allem darin, dass innerhalb des magischen Vierecks einzelne Ziele untereinander unvereinbar sind, andere hingegen sich einander ergänzen.

- **Konkurrenz der Ziele:** Ein Ziel wird umso leichter erreicht, je mehr ein oder andere Ziele vernachlässigt werden.
- **Komplementarität der Ziele:** Mit der Verfolgung eines Zieles wird gleichzeitig ein anderes Ziel erreicht (z. B. wenn mit der Verfolgung des Zieles Wirtschaftswachstum gleichzeitig Vollbeschäftigung erreicht wird).

Mögliche Zielkonflikte können sich aus dem gleichzeitigen Streben nach
- ***Preisniveaustabilität und Vollbeschäftigung,***
- ***außenwirtschaftlichem Gleichgewicht und Vollbeschäftigung,***
- ***Preisniveaustabilität und Wirtschaftswachstum ergeben.***

Aus dem Viereck wird ein Fünfeck, Sechseck oder Vieleck, wenn **andere wichtige gesellschaftspolitische Ziele** einbezogen werden, z. B.

- **die Erhaltung der natürlichen Lebensgrundlagen (Schutz der Umwelt),**
- gerechte Einkommens- und Vermögensverteilung,
- soziale Gerechtigkeit,
- Ausgleich der öffentlichen Haushalte.

6.2.1 Preisniveaustabilität – Vollbeschäftigung

Statistische Untersuchungen in westlichen Industrieländern haben ergeben, dass die **Inflationsrate** immer dann am höchsten ist, wenn **Vollbeschäftigung** herrscht. Daraus wurde vielerorts die These abgeleitet, dass Inflation der Preis für geringe Arbeitslosenquoten ist. Mit anderen Worten: Die Bekämpfung der Inflation ist nur auf Kosten der Vollbeschäftigung zu führen. Die Wechselbeziehung zwischen hohem Beschäftigungsstand und höheren Steigerungsraten des Preisniveaus kann nicht geleugnet werden. Aber liegt die Ursache der Preisänderungen im hohen Beschäftigungsstand?

Dies wäre der Fall, wenn bestimmte **Voraussetzungen** gegeben sind:

- Bei höherem Beschäftigungsstand steigt der Prozentsatz der Lohnsteigerungen,
- mit zunehmenden Steigerungsraten der Normallöhne erhöhen sich auch die Preissteigerungsraten.

Wenn die Änderung des Preisniveaus eindeutig durch die Lohnentwicklung bestimmt wird, besteht eine Unvereinbarkeit zwischen den Stabilitätszielen Preisniveaustabilität und Vollbeschäftigung.

Der hohe Beschäftigungsgrad kann **nicht als einzige Ursache** für den Anstieg des Preisniveaus angesehen werden. Steigt das Preisniveau des Inlands langsamer im Vergleich zum Ausland, so führt die hohe Auslandsnachfrage in einer vollbeschäftigten Wirtschaft zu Preissteigerungen **(importierte Inflation).**

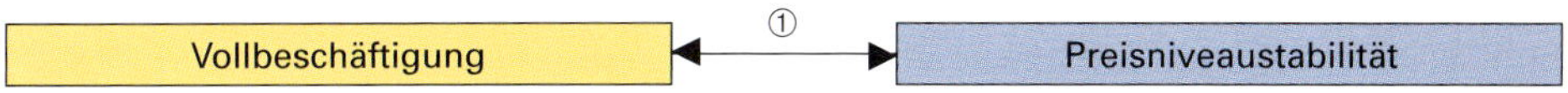

6.2.2 Außenwirtschaftliches Gleichgewicht – Vollbeschäftigung

Um Zahlungsbilanzüberschüsse in einer **vollbeschäftigten Wirtschaft** abzubauen, verfolgt die Regierung die Politik des Zahlungsbilanzausgleichs. Dies führt zu einem Sinken der Exportüberschüsse. Wird der Rückgang der Auslandsnachfrage nicht durch eine Zunahme der anderen Komponenten der gesamtwirtschaftlichen Nachfrage (Investitions-, Konsum- und Staatsnachfrage) ausgeglichen, so kommt es zu einem **Rückgang der Beschäftigung,** gleichzeitig aber auch zu einem Eindämmen der importierten Inflation.

- **Konkurrierendes Zielpaar:** außenwirtschaftliches Gleichgewicht – Vollbeschäftigung.
- **Komplementäres Zielpaar:** außenwirtschaftliches Gleichgewicht – Preisniveaustabilität.

Ist die Zahlungsbilanz in einer **unterbeschäftigten Volkswirtschaft** ausgeglichen, wird die Regierung eine Politik der gesamtwirtschaftlichen Nachfragesteigerung (z. B. durch Erhöhung der Staatsausgaben, Stärkung der Auslandsnachfrage wie Abwertung und Exportförderung) betreiben. Das Ziel des außenwirtschaftlichen Gleichgewichts wird bewusst vernachlässigt, damit das Ziel der Vollbeschäftigung leichter erreicht wird. Nachfragesteigerungen führen, solange die Wirtschaft unterbeschäftigt ist, zu keinen nennenswerten Preisniveauerhöhungen.

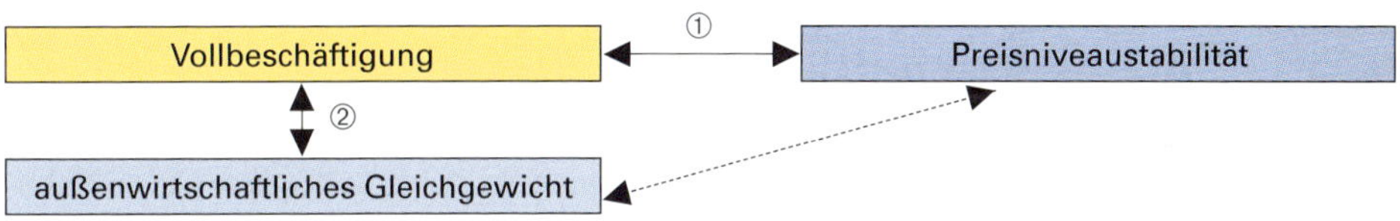

6.2.3 Preisniveaustabilität – Wirtschaftswachstum

Ein Wachstum der Wirtschaft (gemessen an der Höhe des Bruttoinlandsprodukts) führt zu Preissteigerungen, wenn bei ausgelasteten volkswirtschaftlichen Kapazitäten die gesamtwirtschaftliche Nachfrage größer ist als das gesamtwirtschaftliche Angebot.

In einer solchen Zeit der Hochkonjunktur wachsen die Einkommen und es herrscht Vollbeschäftigung. Versucht die Regierung die hohen Preissteigerungsraten durch eine entsprechende Wirtschaftspolitik zu bremsen, so führt dies zu einem Wachstumsrückgang und zu einer höheren Arbeitslosenquote. Viele Wirtschaftspolitiker betrachten eine schleichende Inflation als „Schmiermittel einer wachsenden Wirtschaft". Allerdings führen langfristig hohe Inflationsraten zur Einschränkung der unternehmerischen und staatlichen Investitionen sowie zur Kürzung der Konsumausgaben der Haushalte. Die Folge ist ein Wachstums- und Beschäftigungsrückgang. Dieser Prozess wird verstärkt, sollte das Inland höhere Preissteigerungsraten als das Ausland aufweisen.

Ist die gesamtwirtschaftliche Nachfrage geringer als das gesamtwirtschaftliche Angebot und es herrscht bei **unausgelasteter Kapazität** Preisniveaustabilität, ist die staatliche Wirtschaftspolitik auf Wachstum ausgerichtet. Eine Ausweitung der Investitions-, Staats- und Konsumnachfrage führt dann zu einer höheren Beschäftigung und einer Zunahme des Bruttoinlandsprodukts. **Solange die Wirtschaft bei Unterbeschäftigung wächst, bleibt die Preisniveaustabilität unangefochten.** Sind hingegen die Produktionsanlagen bei steigender Nachfrage **voll ausgelastet,** werden die Unternehmen die **Preise erhöhen,** soweit es die Wettbewerbslage zulässt. Ob die Beschäftigung mit steigendem Bruttoinlandsprodukt zunimmt, hängt u. a. davon ab, inwieweit die Unternehmen Erweiterungsinvestitionen tätigen. Rationalisierungsinvestitionen führen in den meisten Fällen zu Arbeitsplatzverlusten bei gleichzeitiger Vermehrung der Güter und Dienstleistungen.

- **Konkurrierendes Zielpaar:** Preisniveaustabilität – Wirtschaftswachstum
- **Komplementäres Zielpaar:** Wirtschaftswachstum – Vollbeschäftigung

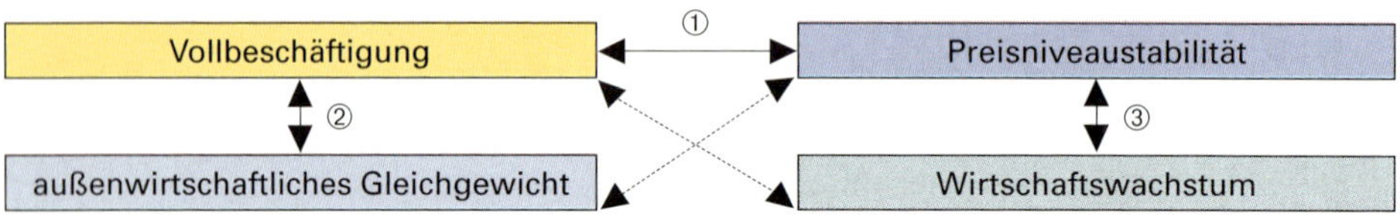

6.2.4 Wirtschaftswachstum – außenwirtschaftliches Gleichgewicht

Eine expansive, auf Wachstum ausgerichtete Wirtschaftspolitik erhöht bei Unternehmen und Haushalten die Einkommen. Sollte die inländische Produktion der steigenden Nachfrage nicht nachkommen und/oder die Importgüter können billiger angeboten werden, kommt es zu einer Zunahme des Imports an Gütern und Dienstleistungen. **Das außenwirtschaftliche Gleichgewicht wird gestört.**

Zahlungsbilanzüberschüsse können der Motor für inländisches Wirtschaftswachstum sein. Mit der Zunahme der Exporte wächst der Auftragsbestand innerhalb der Unternehmen; infolgedessen muss mehr Personal beschäftigt werden. Sofern die Kapazitäten an Betriebsmitteln nicht ausreichen, müssen Neuinvestitionen getätigt werden. In einer wachsenden Wirtschaft steigen die Einkommen bei Unternehmen und Arbeitnehmern, wodurch weitere Wachstumseffekte ausgelöst werden.

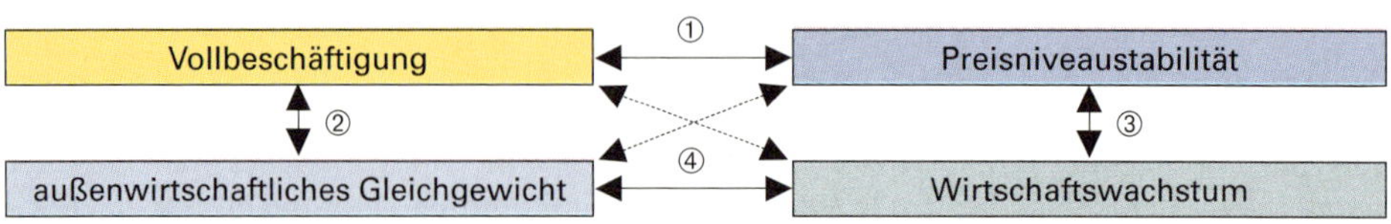

3652316

6.2.5 Wirtschaftswachstum – Erhaltung einer intakten Umwelt

Eine auf Wachstum ausgerichtete Wirtschaftspolitik ist vor allem aus ökologischer Sicht kritisiert worden. Es hat sich nämlich gezeigt, dass mit Zunahme von Produktion und Konsum sich auch Verschlechterungen in der Lebens-, Arbeits- und Umweltsituation ergeben. Es wachsen die Aufwendungen, die nötig sind, die wachstumsbedingten Schäden zu verringern oder vorbeugend zu vermeiden. Diese Ausgaben fallen insbesondere an für

- Folgekosten von Umweltschäden,
- Umweltschutzausgaben,
- Folgelasten für die Menschen (Zivilisationskrankheiten),
- defensive Gesundheitsausgaben.

Hinzu kommt, dass das Bruttoinlandsprodukt (BIP) als Messlatte für das Wirtschaftswachstum infrage gestellt wird,

- weil die **Lebensqualität der Menschen** nicht von seiner Höhe abhängig ist und
- weil das BIP die **Auswirkungen des Wachstums auf die Umwelt** falsch zum Ausdruck bringt.

Es registriert nämlich nicht, wenn der Wald stirbt, die Menschen häufiger krank werden, Gewässer und Böden verschmutzt werden, Gebäude durch Umweltverschmutzung beschädigt werden. Eigentlich müsste durch Abschreibungen nun das BIP sinken. Das ist aber nicht der Fall. Im Gegenteil: Je mehr ausgegeben wird, um gegen die weitere Verschlechterung der Umwelt anzukämpfen (z. B. Streuung von Kalk im Wald) oder um den früheren Zustand wiederherzustellen (z. B. Säuberung von Gewässern), umso stärker wächst das BIP. Es nimmt nämlich nur Zahlungen auf, egal, welchem Zweck sie dienen.

Das traditionelle Viereck gemäß StabG reicht als Richtschnur staatlicher Wirtschaftspolitik nicht mehr aus. Zusätzlich kommt der **Umweltschutz** als wirtschaftspolitische Aufgabe hinzu.

Unter Einbeziehung des gesellschaftspolitischen Zieles „Erhaltung der Umwelt" ergibt sich ein weiteres konkurrierendes Zielpaar:

Wirtschaftswachstum ◄— ⑤ —► Erhaltung der Umwelt

Zusammenfassung

Ziele der Wirtschaftspolitik

Oberziel: gesamtwirtschaftliches Gleichgewicht

gesamtwirtschaftliches Angebot = gesamtwirtschaftliche Nachfrage

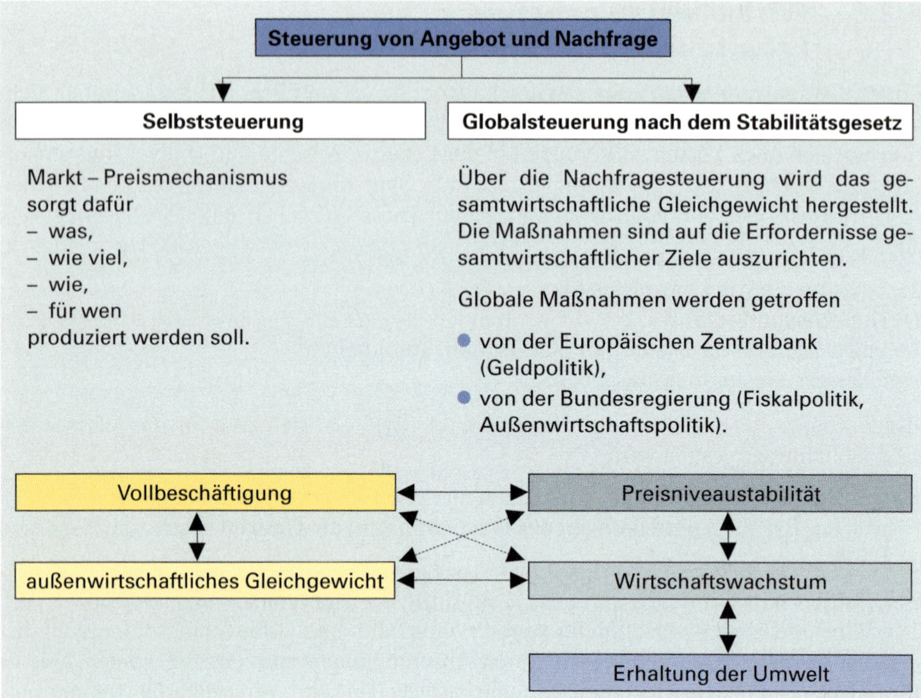

Aufgaben

1. Welche weiteren Zielkonflikte können entstehen, wenn zum „magischen Viereck“ das Ziel der „Erhaltung einer lebenswerten Umwelt“ hinzutritt?
2. **Zielprojektion des Jahreswirtschaftsberichts**

Zeitraum	Arbeitslose	Preisanstieg	Wachstum
1994	10,0 %	3,0 %	1–1,5 %
1996	10,0 %	2,0 %	1,5 %
1997	11,0 %	1,5 %	2,5 %
1998	11,1 %	0,9 %	2,8 %
1999	10,5 %	1,0 %	2,0 %
2000	8,2 %	2,2 %	3,4 %
2001	9,0 %	1,75 %	2,75 %

Begründen Sie den Wandel in den Jahreszielvorgaben für die Bundesrepublik Deutschland mit der wirtschaftlichen Entwicklung.

6.3 Preisniveaustabilität und Geldwertveränderungen

Preisniveaustabilität bedeutet **nicht**, dass die Preise für Güter und Dienstleistungen in einem bestimmten Zeitraum gleich bleiben. In einer Marktwirtschaft müssen sich die Einzelpreise verändern können. Das Preisniveau bleibt aber konstant, wenn die Preissteigerungen durch Preissenkungen anderer Güter und Dienstleistungen ausgeglichen werden.

6.3.1 Zielvorgaben

Eine quantitative Zielvorstellung von der Stabilität des Preisniveaus veröffentlichte das Bundeswirtschaftsministerium erstmals im **Jahreswirtschaftsbericht** 1967. Das Preisniveau ist stabil, wenn der Preisindex für das Bruttoinlandsprodukt um nicht mehr als 1 % steigt. Eine Änderung brachte der Jahreswirtschaftsbericht aus dem Jahre 1971; danach liegt Geldwertstabilität bei einem Anstieg des Preisniveaus von 1,8 – 2,3 % vor. Die EZB hat für das Jahr 2002 ein Ziel von 2 % vorgegeben.

Die Definition der Stabilität kann nicht ein für alle Mal zahlenmäßig bestimmt werden, sondern muss von den politisch Handelnden in Anbetracht der wirtschaftlichen Entwicklung ständig neu bewertet werden. Ausdruck der politischen Bewertung der Ziele ist der Jahreswirtschaftsbericht.

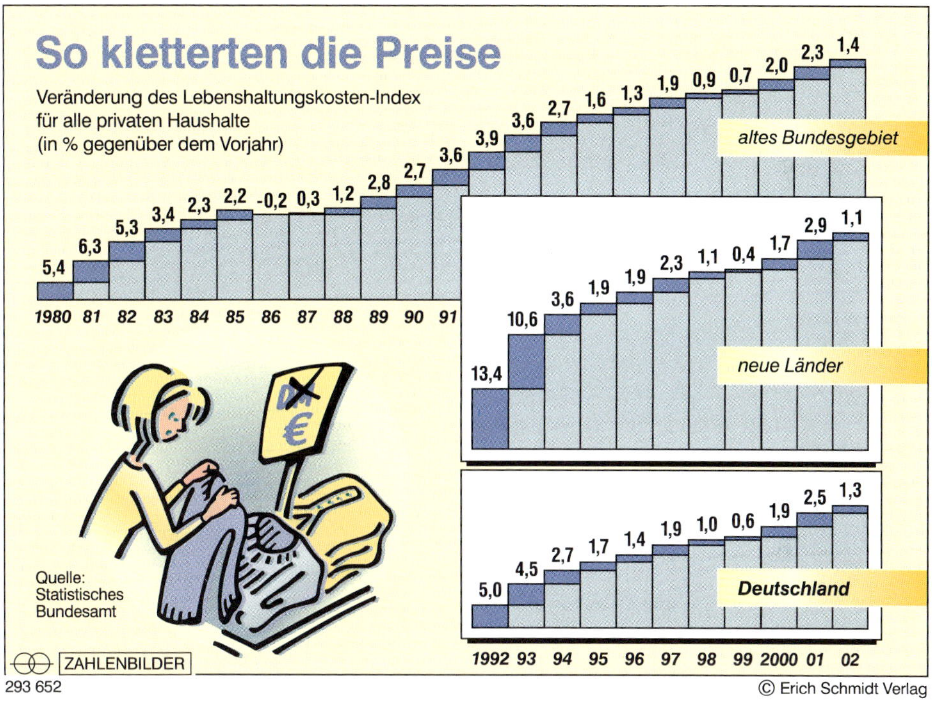

6.3.2 Messung von Geldwertveränderungen

Steigt das Preisniveau deutlich an, so spricht man von Inflation oder Geldentwertung. Das bedeutet, dass der Käufer für 100,00 € **weniger** kaufen kann, seine Kaufkraft ist gesunken. Umgekehrt: Sinkt das Preisniveau, so steigt die Kaufkraft.

$$\text{Kaufkraft} = \frac{100}{\text{Preisniveau}}$$

Beispiel: *Steigt der Preisindex für die Lebenshaltung aller privaten Haushalte von 1997 bis 2003 von 100 auf 124,4, so sinkt die Kaufkraft:*

$$\textit{Kaufkraft} = \frac{100}{124{,}4} = 0{,}8039$$

Das bedeutet, dass 100,00 € im Jahre 2003 noch einen Wert von 80,39 € haben, verglichen mit 1997.

Die Veränderungen des Preisniveaus werden mithilfe von **Preisindizes** gemessen:

- Preisindex des Bruttoinlandprodukts
- industrieller Erzeugerpreisindex
- Preisindex für Importgüter
- Preisindex für die private Lebenshaltung

Der Preisindex für die Lebenshaltung aller privaten Haushalte zeigt die Entwicklung des Preisniveaus für bestimmte „Gütermengen" innerhalb eines bestimmten Zeitraumes.

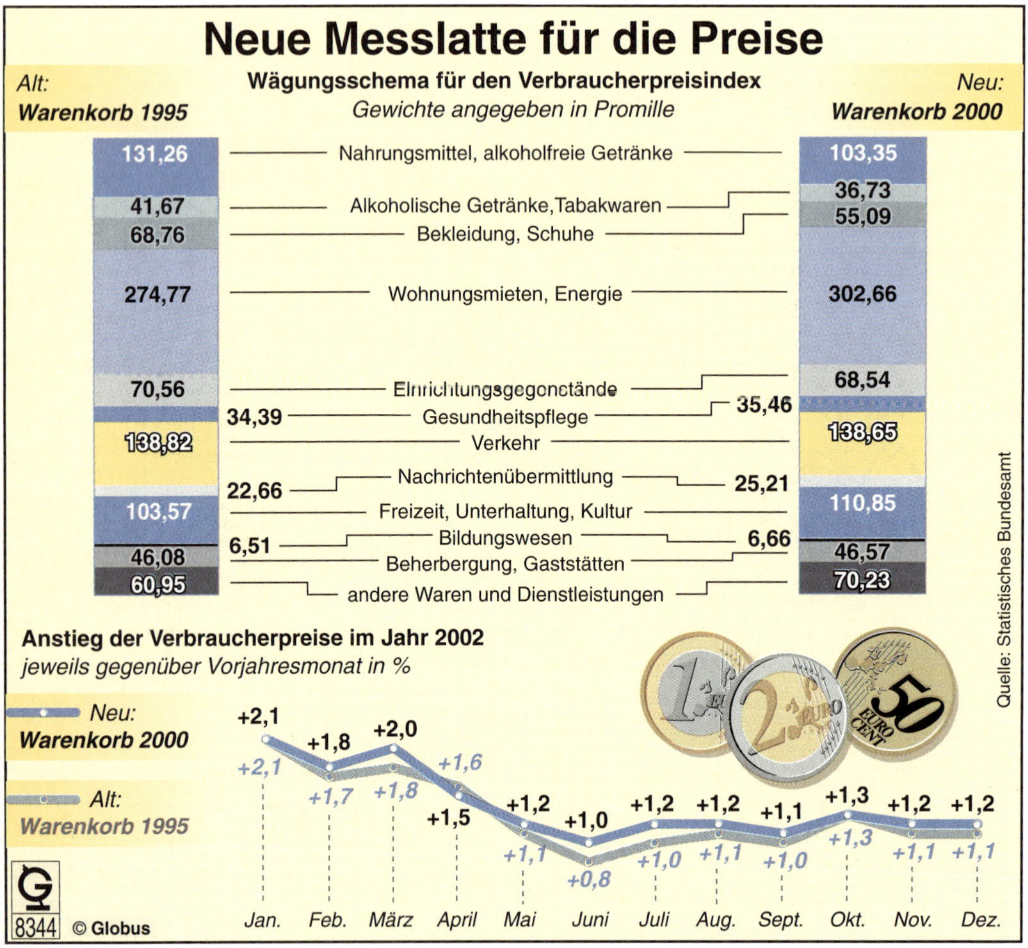

Wegen der Bedeutung für die privaten Haushalte wird der Preisindex für die Lebenshaltung ständig in Presse, Rundfunk und Fernsehen veröffentlicht.

6.3.3 Ursachen für die Ungleichgewichte beim Geldwert

Veränderungen des Geldwertes können in zweifacher Form auftreten:

Der Geldwert sinkt (= Inflation).	**Der Geldwert steigt** (= Deflation).
Für eine bestimmte Gütermenge ist innerhalb einer Zeitspanne ein höherer Geldbetrag aufzubringen.	Für eine bestimmte Gütermenge ist innerhalb einer Zeitspanne ein geringerer Geldbetrag aufzuwenden.

Ursachen der Inflation

Ursprünglich können Preisniveausteigerungen von der **Nachfrageseite** oder der **Angebotsseite** ausgehen.

Nachfragebedingte Inflation

Angebot an Gütern durch In- und Ausland	Nachfrage nach Gütern durch In- und Ausland

= Gleichgewicht

Es besteht Gleichgewicht, wenn die nachfragewirksame Geldmenge dem gesamtwirtschaftlichen Güterangebot entspricht.

Angebot	Nachfrage
mengenmäßige Ausdehnung	zusätzliche monetäre Nachfrage

= erneutes Gleichgewicht

Durch Geldschöpfung dehnt sich die gesamtwirtschaftliche Nachfrage aus. Solange keine Vollbeschäftigung besteht und die Kapazitäten nicht ausgelastet sind, kann das güterwirtschaftliche Angebot sich anpassen.

Angebot	Nachfrage
	zusätzliche monetäre Nachfrage

= Ungleichgewicht

Die Wirtschaft befindet sich im Zustand der Vollbeschäftigung – auch die übrigen Produktionsfaktoren sind ausgelastet. Nimmt infolge der Geldschöpfung die gesamtwirtschaftliche Nachfrage weiterhin zu, so kommt es zum Anstieg des Preisniveaus, weil die Gütermenge nicht weiterhin gesteigert werden kann.

Die **Ausdehnung der monetären gesamtwirtschaftlichen Nachfrage** wird durch die **Geldschöpfung bei der EZB** (z. B. Kreditaufnahmen der Geschäftsbanken bei der EZB, Kapitalzuflüsse aus dem Ausland) und durch eine **erhöhte Umlaufgeschwindigkeit des Geldes** ermöglicht. (Je schneller das Geld eingenommen und wieder ausgegeben wird, umso stärker verbreitert sich der Geldstrom.)

Die gesamtwirtschaftliche Überschussnachfrage führt dann zur Inflation, wenn sie durch Geldschöpfung finanziert wird und das Güterangebot mengenmäßig nicht gesteigert werden kann.

Die Überschussnachfrage setzt sich aus 4 Komponenten zusammen:

Überschussnachfrage

der Haushalte nach Konsumgütern für den privaten Konsum	der Unternehmer nach Investitionsgütern	des Staates für seinen Konsum und seine Investitionen	des Auslandes nach Konsum- und Investitionsgütern
führt zur: Konsuminflation	führt zur: Investitionsinflation	führt zur: Staatsinflation	führt zur: importierten Inflation
Nachfragesteigerung durch Einkommenserhöhungen, Auflösung von Sparguthaben und Kreditaufnahmen führen zu höherem Preisniveau bei Konsumgütern.	Erhöhte Nachfrage nach Investitionsgütern wird durch Kreditaufnahmen bei Geschäftsbanken finanziert. Da die Investitionsgüterindustrie ihre Kapazitäten ausgelastet hat, steigt das Preisniveau bei derartigen Gütern.	Finanzieren in einer ausgelasteten Volkswirtschaft Bund, Länder und Gemeinden ihre Haushaltsdefizite (Ausgaben > Einnahmen) über Kredite, so führt dies zu einem Anstieg des Preisniveaus.	Exportüberschüsse führen zu einem Ansteigen der inländischen Geldmenge bei gleichzeitiger Abnahme der entsprechenden Gütermenge (Güterlücke). Die Ursachen der erhöhten Auslandsnachfrage liegen in dem stärkeren Preisanstieg im Ausland gegenüber dem im Inland. Die inländische Geldmenge weitet sich gleichfalls bei Kapitalzuflüssen infolge eines höheren inländischen Zinsniveaus aus.

Angebotsbedingte Inflation

In den letzten Jahrzehnten konnte in den westlichen Industriestaaten beobachtet werden, dass trotz Unterbeschäftigung und rückläufiger Nachfrage das Preisniveau gestiegen ist (Stagflation = Stagnation + Inflation). Die Theorie der Nachfrageinflation konnte dafür keine Erklärung bieten, denn danach hätte das Preisniveau sinken müssen.

Die Theorie der angebotsbedingten Inflation geht davon aus, dass die Preise sich nicht nur durch das Spiel von Angebot und Nachfrage auf dem Markt bilden, sondern von den Unternehmen je nach Kostensituation und Gewinnaufschlägen autonom[1] bestimmt werden.

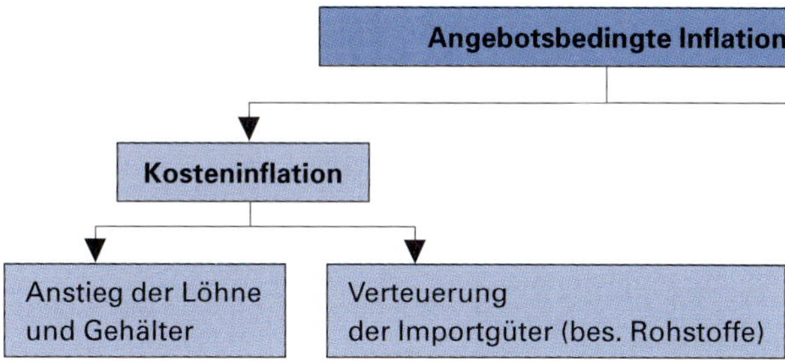

- **Kosteninflation:** Die Automobilindustrie konnte lange Zeit die Preise für Kraftfahrzeuge trotz rückläufiger Nachfrage deutlich heraufsetzen. Die Ursache einer solchen Entwicklung ist in der zunehmenden **Unternehmenskonzentration** und der **Vermachtung der Märkte,** die zur Einschränkung des Wettbewerbs führt, zu suchen. Oligopolistische und monopolistische Marktformen überwiegen.
- **Lohninflation:** Die Löhne und Gehälter steigen, ohne dass die Produktivität gesteigert wird. Die Unternehmer wälzen die höheren Lohnkosten aufgrund ihrer Machtstellung auf dem Markt auf die Preise ab. Sind die Gewerkschaften in der Lage, wegen der Preissteigerungen höhere Löhne durchzusetzen **(Lohn-Preis-Spirale),** so steigt das allgemeine Preisniveau.
- **Importierte Kosteninflation:** Je höher der Konzentrationsgrad im betreffenden Wirtschaftszweig ist, umso eher können Preissteigerungen bei Rohstoffen (z. B. Rohöl) auf die Preise abgewälzt werden.
- **Gewinninflation:** Die Unternehmen kalkulieren auf ihre Kosten einen bestimmten Gewinnzuschlag und können den **Preis auf dem Markt durchsetzen.** Je stärker die Machtstellung auf dem Markt, desto höher die Gewinnzuschläge. Bei rückläufigem Absatz und Kapazitätsgrad steigen die Kosten (Vollkostenprinzip) und damit die Preise, weil die Gewinnspanne nach Möglichkeit beibehalten werden soll. Selbstverständlich kann auch der Staat für eine Reihe von Gütern und Dienstleistungen die Preise indirekt (z. B. über die Erhöhung der Verbrauchsteuern) erhöhen.

1 autonom: selbstständig, allein

Die Ursachen der Inflation lassen sich nicht eindeutig der einen oder anderen Theorie zuordnen, weil Impulse sowohl von der Nachfrageseite als auch von der Angebotsseite ausgehen können. Dennoch ist es für die Bekämpfung der Inflation von Bedeutung, die ursächlichen Zusammenhänge zu kennen.

Formen der Inflation

Sichtbarkeit

offene Inflation

Preisniveausteigerungen sind für jedermann erkennbar.

verdeckte (zurückgestaute) Inflation

Obwohl ein Nachfrageüberhang besteht, verhindert der Staat durch die Verhängung von Preisstopps ein Ansteigen der Preise, z. B. ist während und nach dem Ende des Zweiten Weltkrieges ein Nachfrageüberhang durch die Kriegsfinanzierung des Staates eingetreten.

Geschwindigkeit

schleichende Inflation

geringes, aber ständiges Ansteigen des Preisniveaus von Jahr zu Jahr, z. B. seit 1950 in der Bundesrepublik Deutschland

galoppierende Inflation (Hyperinflation)

Bei Preissteigerungen von monatlich mehr als 50 %, z. B. wurden von 1918 bis 1923 riesige Defizite des Staates durch die Geldschöpfung gedeckt.

Deflation

Eine Deflation ist gekennzeichnet durch die Zunahme des Geldwertes, verbunden mit einem Rückgang der Beschäftigung.

Ursachen der Deflation
gesamtwirtschaftliche Nachfrage < gesamtwirtschaftliches Angebot

Haushalte konsumieren weniger.

- zu hohe Kreditzinsen
- zu hohe Steuern
- zu starke Preissteigerungen
- pessimistische Beurteilung der Zukunft

Unternehmen investieren weniger.

- zu hohe inländische Kreditzinsen
- pessimistische Beurteilung der Zukunft
- lohnende Geldanlagen im Ausland

Staatliche Einnahmen sind größer als die Ausgaben.

- Rückgang der Staatsaufträge
- rigorose Sparmaßnahmen

Ausländische Nachfrage nach Inlandsgütern sinkt.

- Preisniveau im Ausland sinkt
- Außenwert der inländischen Währung steigt
- abschwächende Konjunktur auf wichtigen Exportmärkten

3652324

Verlauf der Deflation

Nachfragerückgänge führen zu **unausgelasteten Kapazitäten.**

↓

In der **Investitionsgüterindustrie** kommt es zu Entlassungen und zur Verminderung der Einkommen.

↓

Die Nachfrage nach Konsumgütern geht wegen der Einkommensverminderung zurück – die Preise für diese Güter sinken **(Geldwert steigt)**.

↓

Die Konsumgüterindustrie fragt weniger Investitionsgüter nach – die Preise für diese Güter sinken **(Geldwert steigt)**.

↓

Weitere Nachfragerückgänge lösen erneute Entlassungen aus **(Massenarbeitslosigkeit)**, **Notverkäufe** und **Flucht aus den Sachwerten** erhöhen das Güterangebot.

↓

Die gesamte Volkswirtschaft kann in die Depression **(Tiefstand)** geraten.

In der Weimarer Republik kam es in den Jahren von 1929 bis 1933 zu einer tief greifenden Deflation.

6.3.4 Auswirkungen von Geldwertschwankungen

Inflationsauswirkungen

Je mehr das Preisniveau steigt (gemessen am Preisindex für die Lebenshaltung), desto stärker sinkt der Geldwert.

Von dem Verlust der Kaufkraft sind alle **Unternehmen,** alle **privaten** und **öffentlichen Haushalte** betroffen.

Auswirkungen auf die Einkommensverteilung

- Benachteiligt sind vor allem die **Rentner** und **Arbeitnehmer,** weil deren Einkommen für einen gewissen Zeitraum fest fixiert sind. Die Kaufkraftverluste sind **umso größer,** je stärker die Preise steigen und je länger der Zeitraum zwischen den jeweiligen Rentenerhöhungen ist. Das Gleiche trifft auf die **Arbeitnehmer** zu, deren Höhe der Einkommen durch Tarifverträge von meist einem Jahr fest verankert ist. Sie werden zusätzlich benachteiligt durch die Erhöhung der Beiträge zur Sozialversicherung sowie durch die stärkere Lohnbesteuerung.
- Nimmt der **Nettolohn** (Bruttolohn abzüglich Lohnsteuer, Kirchensteuer, Solidaritätsbeitrag, Sozialversicherungsbeiträgen) stärker zu als das allgemeine Preisniveau, so ist der **Reallohn** gestiegen. Das bedeutet, dass die Arbeitnehmer sich mehr Güter und Dienstleistungen kaufen können – ihr Lebensstandard ist also gestiegen. Der Nominallohn auf dem Lohn- und Gehaltszettel ist unverändert geblieben. Umgekehrt sinkt der Reallohn, wenn das Preisniveau stärker steigt als der Nettolohn.

- Für die **Unternehmer** ist ein Preisanstieg mit Kostenerhöhungen beim Einsatz von Produktionsfaktoren verbunden. Bei **nachfragebedingter** Inflation gelingt es den Unternehmern, die Inflationsrate auf die Preise abzuwälzen. Von der **angebotsbedingten** Inflation sind auch die Unternehmen benachteiligt.

Auswirkungen auf die Vermögensverteilung

- **Für Inflationen gilt:** Der **Gläubiger** wird **benachteiligt,** der **Schuldner begünstigt.** Dies gilt insbesondere dann, wenn die Inflationsrate (z. B. 7%) höher als der Kreditzinssatz (z. B. 4%) ist. Je länger zudem der Kreditzeitraum ist, umso größer ist der Geldwertschwund und der Verlust des Gläubigers. Weil gerade die Arbeitnehmer und Rentner in den meisten Fällen Kontensparer sind oder ihr Geld in festverzinslichen Wertpapieren angelegt haben, sind sie vom Geldwertschwund besonders betroffen. Alle diejenigen, die ihr Vermögen in Sachwerten (z. B. Grundstücke, Häuser, Produktivvermögen) investiert haben (z. B. Selbstständige, Unternehmer), können ihre Vermögenswerte erhalten bzw. durch Spekulation sogar vermehren. Die Hyperinflation von 1923 führte zur Vermögensumschichtung zuungunsten der Schwachen, weil die Schuldner (z. B. Staat, Unternehmen) sich mit „wertlosem" Geld von ihrer Verpflichtung befreiten.
- Die Inflation führt zu einer „Flucht in die Sachwerte". **Besitzer von Geldvermögen** versuchen sich vor Kaufkraftverlusten zu schützen, indem sie **Sachvermögen** erwerben. Damit verschiebt sich die Vermögensverteilung zugunsten der Selbstständigen und Unternehmer.

Auswirkungen auf den Staat

Die Löhne und Gehälter der Arbeitnehmer steigen nominell besonders in der schleichenden Inflation an. Die **Einkommen** des Staates **steigen,**

- weil immer mehr Arbeitnehmer in die Progressionszone der Lohnbesteuerung geraten und mehr Lohn- und Einkommensteuer zahlen,
- weil durch das höhere Preisniveau die Arbeitnehmer auch höhere indirekte Steuern (besonders Umsatzsteuer) zahlen.

Andererseits **steigen** die **Ausgaben** des Staates,

- weil die Beamten und Beschäftigten des öffentlichen Dienstes höhere Lohn- und Gehaltsforderungen durchsetzen,
- weil für die nachgefragten Güter ein höherer Preis zu zahlen ist,
- weil die öffentlichen Haushalte in Zeiten steigender Steuereinnahmen dazu neigen, hohe Staatsausgaben zu beschließen, die bei späteren rückläufigen Einnahmen zu hohen Defiziten führen. Der Staat ist also nicht nur Gewinner der Inflation.

Deflationsauswirkungen

Eine Deflation führt zum Sinken des Preisniveaus und bewirkt eine Steigerung der Kaufkraft.

Man könnte annehmen, dass alle Wirtschaftsteilnehmer aus Deflationen Vorteile ziehen würden. In Wirklichkeit führt sie zu weit reichenden nachteiligen Einschnitten in die Wirtschaft:

- Die Kapazitätsauslastung der Unternehmen sinkt, es kommt zu Einschränkungen bzw. zum Stillstand der Produktion.
- Massenentlassungen von Arbeitnehmern sind die Folge.
- Die Einkommen und Gewinne sinken rapide.
- Sachwerte werden verkauft. Ein Zusammenbruch der gesamten Volkswirtschaft ist möglich.
- Sparer und Gläubiger von Darlehen werden begünstigt – Schuldner benachteiligt.

Stagflation

Von einer Stagflation spricht man, wenn sich die Inflationsrate erhöht, während das Wirtschaftswachstum stagniert bzw. absinkt.

In Deutschland trat dieses Phänomen – Anstieg der Inflation bei stagnierender Wirtschaft und Arbeitslosigkeit – zwischen 1973 bis 1974 und 1980 auf, als die Ölpreise stark anstiegen. Die Gründe, warum das gesamtwirtschaftliche Angebot nicht erweitert wird, sind aber vielfältiger. Einige seien beispielhaft genannt:

- **Die Stagflation folgt der angebotsinduzierten Inflation:** Die Unternehmer sind in der Lage ihre höheren Kosten für den Einsatz der Produktionsfaktoren (Arbeit, Werkstoffe, Kapital) auf die Preise abzuwälzen. Obwohl die Löhne steigen, sind die Konsumenten nicht bereit, die höheren Preise zu zahlen. Die Folge ist, dass in vielen Branchen die Beschäftigung zurückgeht. Die Inflation schreitet weiter voran, obschon sich das Verhalten der Konsumenten verändert hat. Die Wirtschaft wächst nicht mehr an.
- **Die Stagflation ist eine Folge volkswirtschaftlicher Strukturveränderung:** Durch neue Technologien, Veränderung der Bedürfnisse der Konsumenten oder Auftreten neuer Wettbewerber ist eine Anpassung der Unternehmer an die Entwicklung erforderlich. Werden diese strukturellen Anpassungen unterlassen, überaltern die Unternehmen und die Produktivität sinkt, während gleichzeitig die Kosten starr bleiben. Langfristig müssen diese Unternehmen Entlassungen vornehmen, während die Preise für Güter in den Zukunftsbranchen steigen, da zu wenig Angebot besteht.
- **Die Stagflation ist eine Folge aufgebauter Überkapazitäten in wichtigen Branchen:** Dies ist der Fall, wenn infolge hoher Umsätze und Unternehmensgewinne bzw. hoher Erwartungen in die wirtschaftliche Zukunft zu viel investiert wurde. Die Beschäftigung stagniert, weil für die Überkapazitäten der Absatz fehlt, während die Inflation insgesamt weiterhin anhält.
- **Die Stagflation als Folge fehlender Nachfrage nach Konsumgütern:** Wird die zukünftige wirtschaftliche Entwicklung pessimistisch beurteilt, so halten sich viele Nachfrager nach Konsumgütern zurück, was ungünstige Auswirkungen auf die Investitionsgüterindustrie hat. Der Nachfragerückgang führt zu einem Rückgang der Beschäftigung, während die Inflation gesamtwirtschaftlich weitergeht.

Zusammenfassung

Geldwertschwankungen

Inflation

Ursachen

- nachfragebedingt
  - gesamtwirtschaftliche Nachfrage (Konsum, Investition, Staat, Ausland) > gesamtwirtschaftliches Angebot (inländische Produktion, Import)
- angebotsbedingt
  - Kosteninflation
  - Gewinninflation

Formen

- nach der Sichtbarkeit
  - offene
  - versteckte
- nach der Geschwindigkeit
  - schleichende
  - galoppierende (Hyperinflation)

Deflation

Ursachen

gesamtwirtschaftliche Nachfrage < gesamtwirtschaftliches Angebot

Stagflation

stagnierendes Wirtschaftswachstum bei anhaltender Inflation

Aufgaben

1. Unterscheiden Sie zwischen der nachfragebedingten und der angebotsbedingten Inflation
   - im Hinblick auf die Ursachen,
   - im Hinblick auf die Auswirkungen auf Unternehmen und Arbeitnehmer.
2. Welche Ursachen hatte die Hyperinflation von 1923?
3. Wie kam die zurückgestaute Inflation während und nach dem Zweiten Weltkrieg zustande?
4. Erklären Sie, warum eine Inflation gerade „den kleinen Mann" trifft.
5. Wie kann eine Stagflation entstehen?
6. Begründen Sie die individuelle unterschiedliche Belastung der privaten Haushalte durch Preissteigerungen, indem Sie die prozentualen Anteile der Güter am Warenkorb betrachten. Legen Sie dabei auch Ihre private Verbrauchsstruktur zugrunde.
7. Legen Sie dar, warum sich die Deflation von 1930 bis 1932 in der Weimarer Republik heute in der sozialen Marktwirtschaft nicht mehr wiederholen könnte.

6.4 Vollbeschäftigung und Beschäftigungsschwankungen

6.4.1 Zielvorgaben

Das Ziel „Vollbeschäftigung“ wurde **erstmals im Jahreswirtschaftsbericht** der Bundesregierung **1967** fixiert: „Unter Vollbeschäftigung – oder hohem Beschäftigungsgrad – wird in der Zielprojektion eine Arbeitslosenquote von **0,8 %,** gemessen als Anteil der Arbeitslosen an den abhängigen Erwerbspersonen, verstanden.“ Seither ist das Ziel „Vollbeschäftigung“ in der Bundesrepublik Deutschland immer wieder in **veränderter** Form vorgegeben worden. Die Bundesregierung definiert heute „Vollbeschäftigung“ als einen **möglichst geringen Anteil** der Arbeitslosen an den Beschäftigten **(Arbeitslosenquote).**

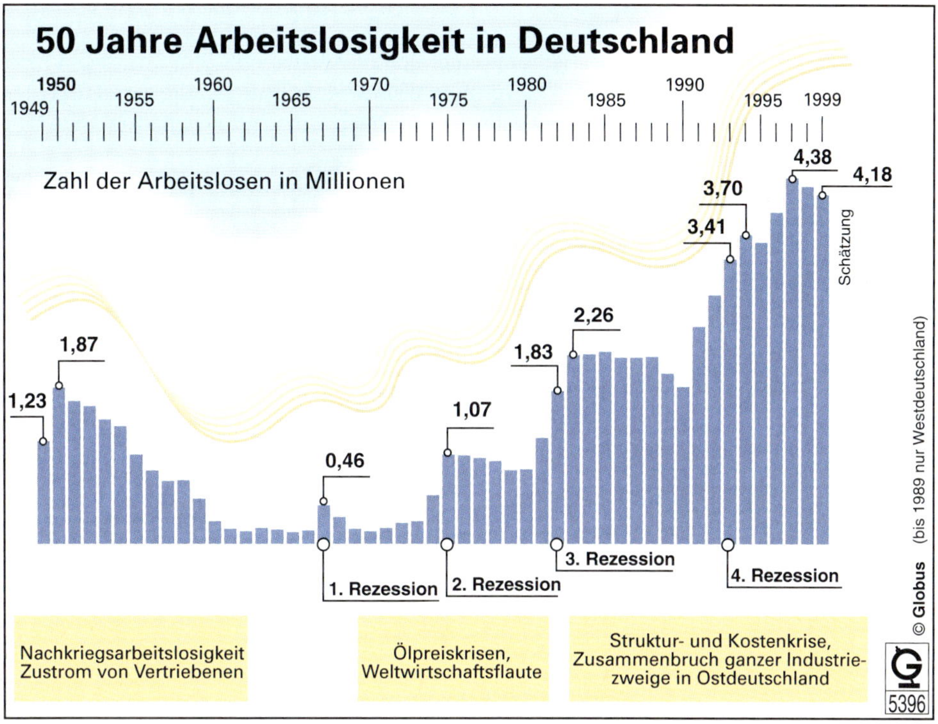

6.4.2 Messung des Beschäftigungsstandes

Der Beschäftigungsstand einer Volkswirtschaft erreicht dann 100 %, wenn alle Produktionsfaktoren voll ausgelastet sind (Produktionsanlagen und Arbeitskräfte).

Betrachtet man die Vollbeschäftigung der Arbeitskräfte in einer Volkswirtschaft, so wird der Beschäftigungsstand an folgenden **Indikatoren**[1] gemessen:

- **Arbeitslosenquote** bzw.
- **Differenz** zwischen der Zahl der Arbeitslosen und den offenen Stellen.

1 Indikator = Anzeiger

Als **arbeitslos** gilt, wer

- erwerbsfähig ist,
- vorübergehend in keinem Beschäftigungsverhältnis steht oder nur eine geringfügige Beschäftigung ausübt,
- beim Arbeitsamt als Arbeitssuchender gemeldet ist.

Finden nicht alle Erwerbsfähigen und -willigen einen Arbeitsplatz, obwohl die offenen Stellen die Zahl der registrierten Arbeitslosen übersteigt, so spricht man von **Bodensatzarbeitslosigkeit.** Als Ursachen können genannt werden:

- **die saisonale Arbeitslosigkeit:** Sie wird verursacht durch jahreszeitliche und witterungsbedingte Einflüsse (z. B. im Winter im Baugewerbe). Sie ist kaum zu vermeiden.
- **die friktionelle Arbeitslosigkeit:** Sie entsteht durch den freiwilligen Wechsel des Arbeitsplatzes.

Zum Bodensatz der Arbeitslosen gehören auch jene Erwerbspersonen, die wegen ihres Alters oder wegen Krankheit schwer zu vermitteln sind oder die nicht bereit sind für einen neuen Arbeitsplatz den Wohnort zu wechseln oder nach Umschulungsmaßnahmen eine andere Art der Tätigkeit auszuüben.

Indikator

$$\text{Arbeitslosenquote} = \frac{\text{Arbeitslose}}{\text{zivile Erwerbspersonen}} \cdot 100\%$$

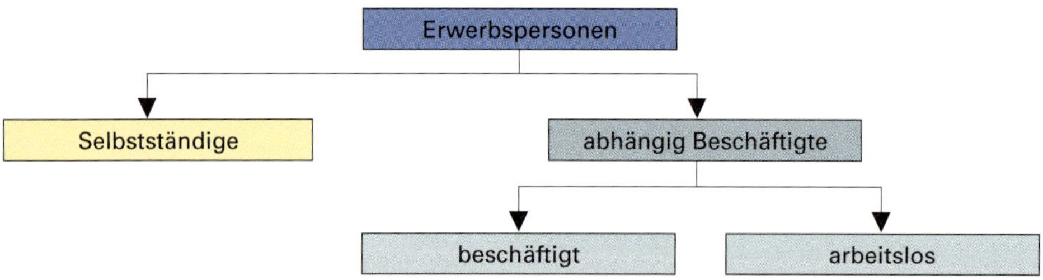

Dieser Indikator hat allerdings nur beschränkte Gültigkeit, weil

- ein Teil der Arbeitnehmer nach Verlust ihres Arbeitsplatzes sich **nicht registrieren** lassen,
- **ausländische Arbeitnehmer,** die keine Arbeit mehr finden, in ihre Herkunftsländer zurückkehren,
- **Arbeitnehmer aus Nicht-EU-Ländern** nach Auslaufen der Arbeitserlaubnis das Land verlassen müssen,
- **ein Teil** der Arbeitslosen nur **scheinbar** eine Arbeit sucht.

Vollbeschäftigung: Zahl der Arbeitslosen = Zahl der offenen Stellen

Für die Zeit von 1965 bis 1984 hat sich gezeigt, dass die Zahl der offenen Stellen mit Abnahme der Arbeitslosenzahlen zunimmt und umgekehrt.

Auch aus diesem Beschäftigungsindikator können nur beschränkte Schlussfolgerungen in Bezug auf die Beschäftigung von Erwerbspersonen gezogen werden, weil

- auch in den so genannten Boomjahren, wo die Zahl der offenen Stellen größer war als die der registrierten Arbeitslosen, **nicht alle** Erwerbstätigen einen Arbeitsplatz gefunden haben **(Bodensatzarbeitslosigkeit),**
- viele Unternehmen **vorsorglich einen Bedarf** an Arbeitskräften **anmelden,** obwohl ihre Produktionskapazitäten zur Beschäftigung dieser Personen nicht ausreichen (Zahl der offenen Stellen wird zu hoch ausgewiesen).

6.4.3 Ursachen für die Ungleichgewichte in der Beschäftigung

Unterbeschäftigung

Die letzten 10 Jahre zeigen Instabilitäten auf dem Beschäftigungssektor, weil die quantitativ definierten Ziele in der Realität nicht erreicht wurden. Die Meinungen über die **Ursachen** gehen weit auseinander. Die **Grundformen der Arbeitslosigkeit** lassen sich folgendermaßen gliedern:

- **Strukturelle Arbeitslosigkeit:** Sie wird durch langfristige Veränderungen in der Angebots- und Nachfragestruktur einer Volkswirtschaft verursacht.
  - **Lücken in der Nachfrage,** weil Bezieher kleinerer Einkommen als Käufer „nicht zum Zuge" kommen (z. B. relativ hohe Belastung durch direkte und indirekte Steuern);
  - **Güterangebot** wird durch staatliche Eingriffe (z. B. Subventionen) fehlgesteuert (z. B. im Kohlenbergbau);
  - **zunehmender Einsatz** der Informations- und Kommunikationstechnologie in der Produktion und Verwaltung von Unternehmen (z. B. in der Elektroindustrie);
  - **Arbeitsplätze** werden unrentabel, weil die Personalkosten über dem Produktivitätswachstum liegen (führt zu Schwarzarbeit in der Bauindustrie, zu Billigimporten in der Spielwarenindustrie, zu Produktionsverlagerungen in das Ausland);
  - **Bevorzugung** von Rationalisierungsinvestitionen gegenüber Innovationsinvestitionen;
  - **Ausbleiben** von Produktneuentwicklungen, für die bei breiten Einkommensschichten noch ein ungesättigter Bedarf besteht;
  - **andere Ursachen:** die Außenwirtschaft, die Wechselkurse, die Finanzpolitik des Staates, die Geldpolitik der EZB.
- **Konjunkturelle Arbeitslosigkeit:** Die gesamtwirtschaftliche **Nachfrage** ist zu **gering,** sodass die Beschäftigung in zahlreichen Wirtschaftszweigen zurückgeht und nicht alle Erwerbswilligen einen Arbeitsplatz finden.

Gleichgewicht besteht, wenn die gesamtwirtschaftliche Nachfrage ebenso groß ist wie das gesamtwirtschaftliche Angebot.

Dieses Gleichgewicht kann bei Vollbeschäftigung oder bei Unterbeschäftigung bestehen, wenn nicht alle Erwerbswilligen beschäftigt werden können. Im letzten Fall müssen, um ein Vollbeschäftigungsgleichgewicht zu erreichen, die **Nachfrage gesteigert** oder die Importe beschränkt werden.

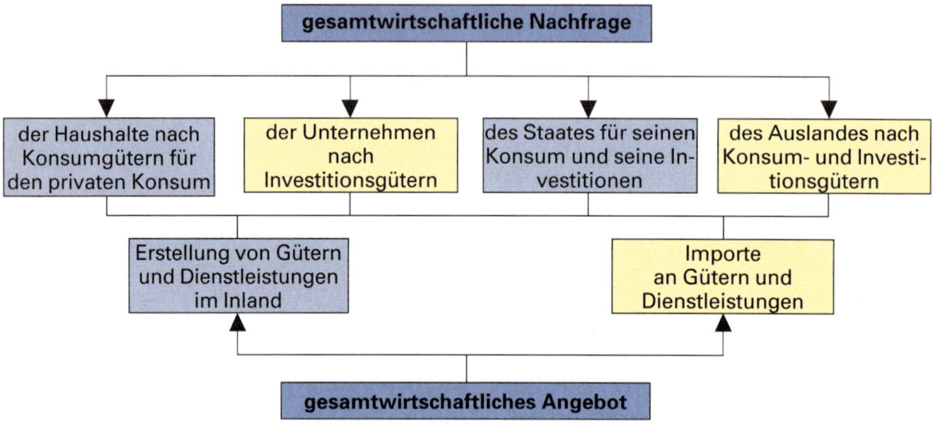

Zur Beseitigung der strukturellen Arbeitslosigkeit werden folgende Maßnahmen vorgeschlagen:

- **Verbesserung des Investitionsklimas** für die Unternehmer, d. h., es werden Möglichkeiten zu **Kosteneinsparungen** und somit zu **Ertragsverbesserungen** geboten.
- Staatliche Investitionsprogramme: Dieser Vorschlag beruht auf der Überlegung, dass zusätzliche Staatsausgaben zu zusätzlichen Investitionen der Unternehmer führen. Ein nicht funktionierender Arbeitsmarkt muss Impulse durch den Staat empfangen.
- Förderung der Gründung von Betrieben im **„tertiären Sektor".** Während vermutlich das produzierende Gewerbe und auch der Handel von einer Schrumpfung der Beschäftigtenzahl ausgehen müssen, brauchen Betriebe, die **Dienstleistungen** anbieten, künftig mehr Mitarbeiter.
- Das Gleiche gilt für Betriebe, die Leistungen zum **Umweltschutz** erbringen.
- Förderung **arbeitsintensiver** Produktionsverfahren (Handwerk, Auftragsfertigung). Durch die Belebung der Inlandsnachfrage werden mehr Arbeitsplätze geschaffen gegenüber der Exportbelebung, da Exportgüter kapitalintensiver – weniger arbeitsintensiv – produziert werden.
- Veränderungen der Arbeitsbedingungen wie
  - Reduzierung der Wochenarbeitszeit,
  - Reduzierung der Lebensarbeitszeit,
  - Vermehrung von Teilzeitbeschäftigungen,
  - Jobsharing (d. h., zwei Mitarbeiter teilen sich einen Arbeitsplatz),
  - flexible Arbeitszeiten,
  - Abbau von Überstunden.

Die konjunkturelle und die friktionelle Arbeitslosigkeit sind eher zu beseitigen als die strukturelle, die heute auf dem Arbeitsmarkt vorherrscht.

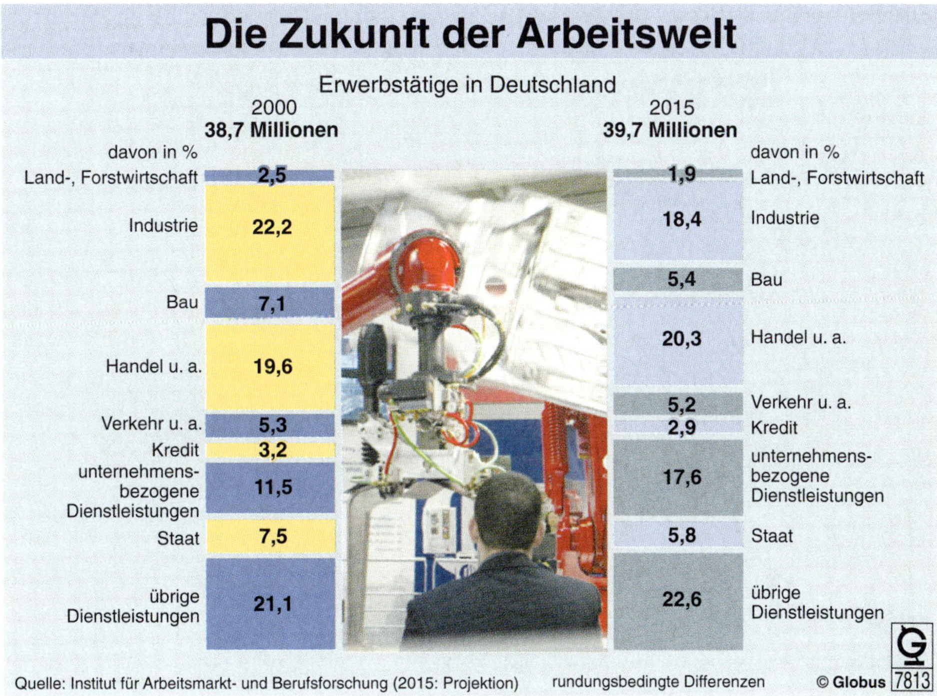

Überbeschäftigung

Der Begriff ist umstritten.

Man spricht von Überbeschäftigung, wenn die Zahl der offenen Stellen erheblich größer ist als die Zahl der Arbeitslosen.

Auf die mangelnde Aussagefähigkeit des Indikators „offene Stellen" wurde bereits hingewiesen.

Die **„Überbeschäftigung"** des Produktionsfaktors Arbeit ließe sich so umschreiben:

- **alle Erwerbspersonen** besitzen einen Arbeitsplatz,
- **darüber hinaus** müssen Rentner und bisher nicht berufstätige Frauen beschäftigt werden,
- **ausländische Arbeitskräfte** müssen angeworben werden,
- oft muss **Mehrarbeit** geleistet werden.

Selbst in Boomjahren ist dies nicht der Fall gewesen.

Zusammenfassung

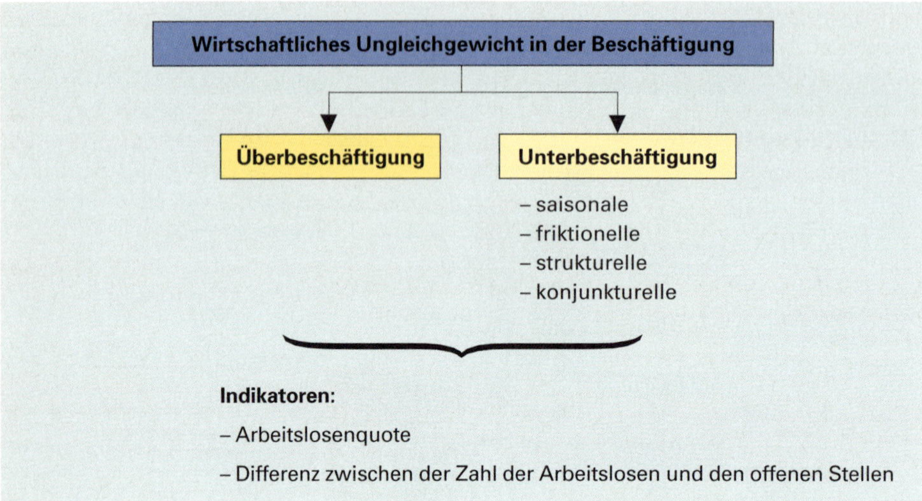

Aufgaben

1. Erklären Sie den Begriff „Bodensatzarbeitslosigkeit".
2. Erklären Sie die Ursachen der „Bodensatzarbeitslosigkeit".
3. Unterscheiden Sie konjunkturelle und saisonale Arbeitslosigkeit.
4. Erklären Sie die verschiedenen Arten der Arbeitslosigkeit anhand von Beispielen.
5. Warum gibt es kein Patentrezept gegen die strukturelle Arbeitslosigkeit?
6. Nennen Sie Ursachen für die hohe Arbeitslosigkeit seit 1990.
7. Die Parteien beurteilen die Maßnahmen zur Beseitigung der Arbeitslosigkeit unterschiedlich. Wie schätzen Sie jeweils die Wirkungen der einzelnen Maßnahmen ein?
8. Blättern Sie im Buch vor und lesen Sie das Kapitel „Arbeitslosenversicherung". Welche gesamtwirtschaftlichen Kosten sind mit der Arbeitslosigkeit verbunden?
9. Welche Leistungen bietet die Arbeitslosenversicherung arbeitslosen Erwerbspersonen?

6.5 Wirtschaftswachstum

6.5.1 Zielvorgaben

Die Zielformulierung des StabG „stetiges und angemessenes Wirtschaftswachstum" ist absichtlich unbestimmt gehalten. Jede Bundesregierung ist nämlich nach § 2 StabG verpflichtet im Rahmen ihres Jahreswirtschaftsberichts eine **Zielprojektion** (Vorstellung der angestrebten wirtschaftspolitischen Ziele) darzulegen. Im Laufe der Zeit ist das angestrebte Wachstumsziel quantitativ immer wieder von den einzelnen Bundesregierungen unterschiedlich festgelegt und der tatsächlichen Entwicklung der Wirtschaft angepasst worden.

6.5.2 Messung des Wirtschaftswachstums

Will man das Wirtschaftswachstum einer Volkswirtschaft beurteilen, so greift man üblicherweise auf das Bruttoinlandsprodukt (BIP) zurück. Es zeigt an, wie viele Güter und Dienste in einer Volkswirtschaft in einem Jahr erzeugt wurden. Bereinigt man das BIP zu Marktpreisen um die jährliche Geldentwertung, so erhält man das reale BIP. Das **reale BIP** zeigt die im Vergleich mit einem anderen Jahr real zur Verfügung stehende Menge an Gütern und Diensten. Die **Wachstumsrate** gibt Auskunft über die reale Veränderung des BIP in Prozenten gegenüber den Vorjahren. Sie lässt erkennen, wie viel **mehr** Güter und Dienste geleistet wurden.

Wirtschaftswachstum liegt dann vor, wenn das reale BIP einer Volkswirtschaft oder pro Einwohner zugenommen hat.

Nach dem Stabilitätsgesetz muss das Wirtschaftswachstum „stetig und angemessen“ sein:

- Ein **stetiges Wirtschaftswachstum** liegt vor, wenn das reale BIP von Jahr zu Jahr wächst: Konjunkturschwankungen (Wachstumsschwankungen) sollen durch die staatliche Wirtschaftspolitik (Konjunkturpolitik) ausgeschlossen werden. Nach einer anderen Auffassung wird dieses Ziel erreicht, wenn eine Volkswirtschaft langfristig wächst: Konjunkturschwankungen sind zulässig, aber das reale BIP muss langfristig wachsen. Dies kommt im Wachstumstrend zum Ausdruck.
- Ein **angemessenes Wirtschaftswachstum** liegt vor, wenn das Wachstum des realen BIP mit den anderen Zielen des magischen Vierecks in Einklang steht: Das Wirtschaftswachstum sollte demnach so groß sein, dass es weder die Vollbeschäftigung noch die Geldwertstabilität gefährdet.

6.5.3 Bestimmungsfaktoren für das Wirtschaftswachstum

Wie viel Wachstum eine Wirtschaft hervorbringen kann, hängt weitgehend vom **Wirtschaftspotenzial** eines Landes ab. Es bestimmt den Wohlstand und das Wachstum eines Landes. Je stärker das Wirtschaftspotenzial eines Landes wird, umso mehr Güter und Dienste können erzeugt werden.

Von welchen **Faktoren** hängt das Wirtschaftspotenzial ab? Die folgende Übersicht zeigt die wichtigsten Bestimmungsfaktoren.

Bestimmungsfaktoren des Wirtschaftspotenzials eines Landes

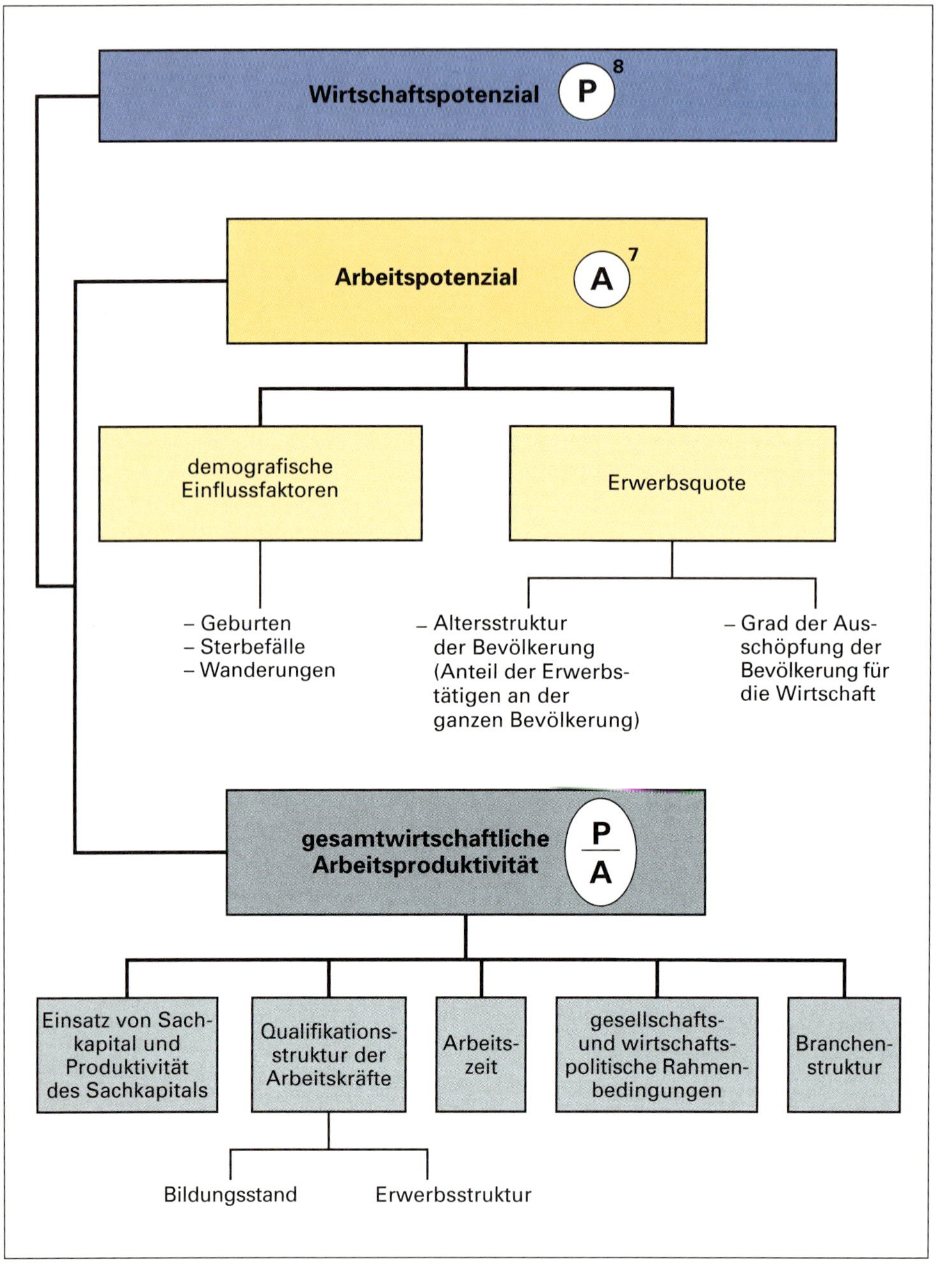

7 A = Arbeitspotenzial = arbeitsfähige und arbeitswillige Bevölkerung.

8 P = Bruttoinlandsprodukt.

nach: Dubs, Rolf: Volkswirtschaftslehre, 6. Aufl. 1994, S. 82

Das **Arbeitspotenzial** (Zahl der Erwerbstätigen) wird durch die

- **altersmäßige statistische Bevölkerungsentwicklung** (demografische) und die
- **Erwerbsquote** bestimmt.

Die **Bevölkerungsentwicklung** wiederum hängt ab von Geburten, Sterbefällen, Zustrom bzw. Abwanderung von ausländischen Arbeitskräften.

Die **Erwerbsquote** hängt davon ab, wie viel Erwerbswillige und Erwerbsfähige die gesamte Wohnbevölkerung aufweist. Die Erwerbsstruktur ist umso schlechter, je überalterter die erwerbswilligen und -fähigen Menschen sind und je weniger von ihnen der Wirtschaft zur Verfügung stehen (z. B. durch vorzeitigen Ruhestand, Frühpensionierungen).

Die **gesamtwirtschaftliche Arbeitsproduktivität** umschreibt das Verhältnis von BIP (Output) und dem Einsatz von Ressourcen[1]. Wie sich das Verhältnis gestaltet, hängt von den folgenden **Einflussfaktoren** ab:

- Wie hoch ist das **Sachkapital,** das einem Land zur Verfügung steht? Besondere Bedeutung gewinnt die Frage, ob und inwieweit Investitionen das BIP erhöhen. Mit anderen Worten: Wie viel Millionen € müssen investiert werden, damit das BIP um eine Million € zunimmt?
- Ein weiterer Faktor ist die **Qualität der Arbeitskräfte.** Hierzu zählt besonders der Ausbildungsstand der Arbeitnehmer und ihr richtiger Einsatz am Arbeitsplatz, der keine Unter- oder Überforderung gegenüber der Arbeitssituation ergeben sollte.
- Von Bedeutung ist auch die **Länge der Arbeitszeit.** In hoch entwickelten Industriestaaten ist sie rückläufig. Die Produktivität der Arbeitskräfte hängt u. a. von ihrem richtigen Einsatz ab. Einen Beitrag dazu leisten neue **Arbeitszeitverhältnisse** wie Teilzeitarbeit, Jobsharing, Block- und veränderte Schichtarbeitszeiten, Leiharbeit, freie Mitarbeiter, Telearbeit, bedarfsabhängige Arbeitszeit und **flexible Arbeitszeiten** wie Jahresarbeitszeitverträge, Gleitzeit, variable Arbeitszeit.
- Ein wichtiger Bestimmungsfaktor für das Wirtschaftspotenzial (BIP) sind die **gesellschafts- und wirtschaftspolitischen Rahmenbedingungen,** unter denen sich die Wirtschaft entfaltet. Zu den wichtigsten Rahmenbedingungen zählen die Marktordnung (z. B. die soziale Marktwirtschaft), die Steuergesetzgebung, das Wirtschaftsrecht, ökologische Rahmenvorgaben durch den Staat, Rechtssicherheit, Infrastruktur, Ausbildungsmöglichkeiten, Lebensqualität, Ressourcen, stabile Währung.
- **Zukunftsträchtige Branchen** eines Landes stärken das Wirtschaftspotenzial und lassen Wachstumseffekte zu (z. B. Umwelttechnologien, Kommunikationstechniken).

6.5.4 Grenzen des quantitativen Wachstums

In der vorindustriellen Zeit lebten die Menschen im Einklang mit der Natur. Die Abfälle, die bei der Produktion und beim Konsum anfielen, wurden von der Natur **mühelos verkraftet.** Heute wird die Natur

- als Mittel zur Produktion von immer **mehr Gütern**
- für immer **mehr Menschen**

weitgehend ohne Rücksicht auf ökologische Zusammenhänge benutzt.

1 Ressourcen = Bestände einer Volkswirtschaft an Produktionsfaktoren

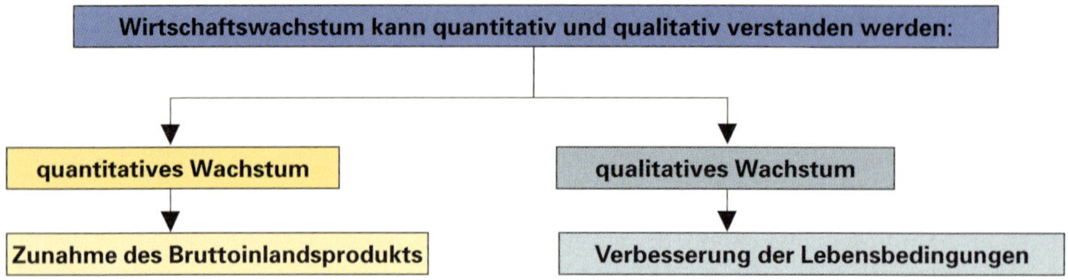

Ein weiteres Wachstum des BIP wird **befürwortet,** weil

- die **Beseitigung der Umweltschäden** kostspielige Investitionen erfordert, die nur mit einem weiteren Wirtschaftswachstum finanziert werden können,
- die **Armut in der Welt,** insbesondere in den Entwicklungsländern, sich nur mit stetigem Wirtschaftswachstum überwinden lässt,
- es Arbeitsplätze sichert und **neue** Arbeitsplätze schafft,
- es **mehr Konsum** ermöglicht (besonders für kaufkraftschwache Konsumenten),
- die **Einkommens- und Vermögensverteilung** problemloser erfolgt; alle bekommen einen Anteil an der Mehrproduktion,
- die Ausgaben aus der **Sozialversicherung** eher bewältigt werden können,
- günstige Voraussetzungen für die Gestaltung der **Arbeitsbedingungen** geschaffen werden können.

Ein **ungesteuertes quantitatives Wachstum** hat aber viele **negative Folgen:**

- Die Energie- und Rohstoffvorräte der Erde werden zu **schnell ausgebeutet.** Nicht regenerierbare (wieder herstellbare) Bodenschätze werden für immer verbraucht.
- Laufende Produktionssteigerungen erzeugen **Schadstoffe** (Abwasser, Gase, Gifte), die von der Natur nicht mehr aufgenommen und neutralisiert werden. Die Folge ist eine Zerstörung der natürlichen Lebensbedingungen für Mensch und Tier.
- Auch eine wachsende Wirtschaft gewährleistet noch **keine gerechte** Einkommens-und Vermögensverteilung.
- **Materialistische Weltanschauungen** werden gefördert.
- Mit der Verwirklichung des technischen Fortschritts **erlahmen** auch die **Beschäftigungseffekte des Wachstums.**
- Dem wachsenden Wohlstand in den Industrienationen stehen der **Hunger** und die **Armut** in den Entwicklungsländern gegenüber **(Nord-Süd-Gefälle).**

Viele Kritiker eines ungezügelten Wirtschaftswachstums vertreten die Auffassung, dass die Bevölkerung einer hoch entwickelten Wirtschaft von einem weiteren Wachstum keinen Nutzen mehr hat,

- weil die Folgekosten des Wachstums überproportional steigen (z. B. hohe Aufwendungen für Abwasserreinigung, Müllbeseitigung, Gewässerschutz, Luftreinhaltung, Lärmschutz, Trinkwassererhaltung) und
- weil ein allzu großer Wohlstand negative psychologische und soziale Auswirkungen hat (z. B. abnehmender Gemeinsinn, zunehmender Egoismus).

Das mit der zunehmenden Zerstörung der natürlichen Lebensbedingungen entstehende Umweltbewusstsein ist verantwortlich, dass heute das **qualitative Wachstum** gefordert wird. Die Messung dieser Größe bereitet erhebliche Schwierigkeiten. Allgemein muss man von einer **Verbesserung der Lebensbedingungen** ausgehen.

Diese könnte mithilfe der **sozialen Indikatoren** erfasst werden:

- Verbesserung des **Gesundheitswesens:** z. B. Senken der Säuglingssterblichkeit, Zahl von Personal und Betten in Krankenhäusern,
- **Umweltschutz:** Wasser-, Luft- und Bodenreinhaltung, Abfallbeseitigung,
- **Bildung:** Verbesserung des Bildungsniveaus, Zahl der Schüler pro Lehrer,
- **Wissenschaft und Forschung:** Forschungsaufgaben, Zahl der wissenschaftlich Tätigen,
- **Erwerbstätigkeit:** Arbeitslosenzahl, Arbeitszeit, Urlaubsdauer, Arbeitssicherheit,
- **Vermögensverhältnisse:** z. B. Wohnungsbestand, betriebliche Vermögensbeteiligung,
- soziale Sicherheit,
- Familie und Umwelt.

In einer sozialen Marktwirtschaft kann der Markt allein den Übergang vom quantitativen zum qualitativen Wachstum nicht bewerkstelligen. Dazu ist vielmehr erforderlich, dass der Staat die Rahmenbedingungen schafft, damit Wirtschaftswachstum nicht zulasten der Lebensqualität geht (vgl. 4.1.4 und 6.2.5).

Zusammenfassung

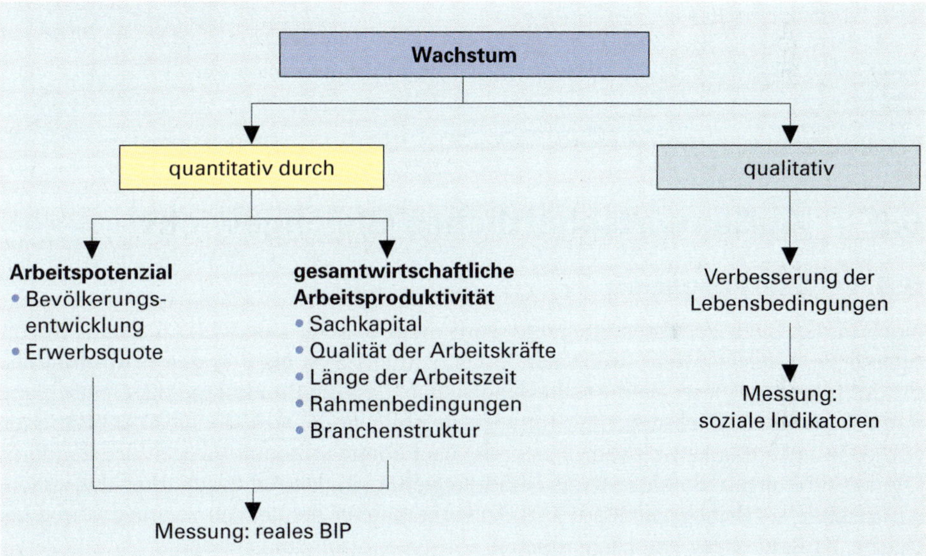

Aufgaben

1. Können wir auf ein quantitatives Wachstum verzichten?
2. Warum war nach Kriegsende das quantitative Wachstum so wichtig?
3. Beschreiben Sie die Beziehungen zwischen Wachstum und Arbeitsplätzen aus der unten wiedergegebenen Übersicht.
4. Wie ist es zu erklären, dass trotz Konjunkturaufschwung die Arbeitslosigkeit nicht deutlich zurückgeht?
5. Erwägen Sie die Vorteile und die Nachteile des quantitativen Wachstums?
6. Was verstehen Sie unter qualitativem Wachstum? Wie kann dieses gemessen werden? Überlegen Sie weitere soziale Indikatoren.

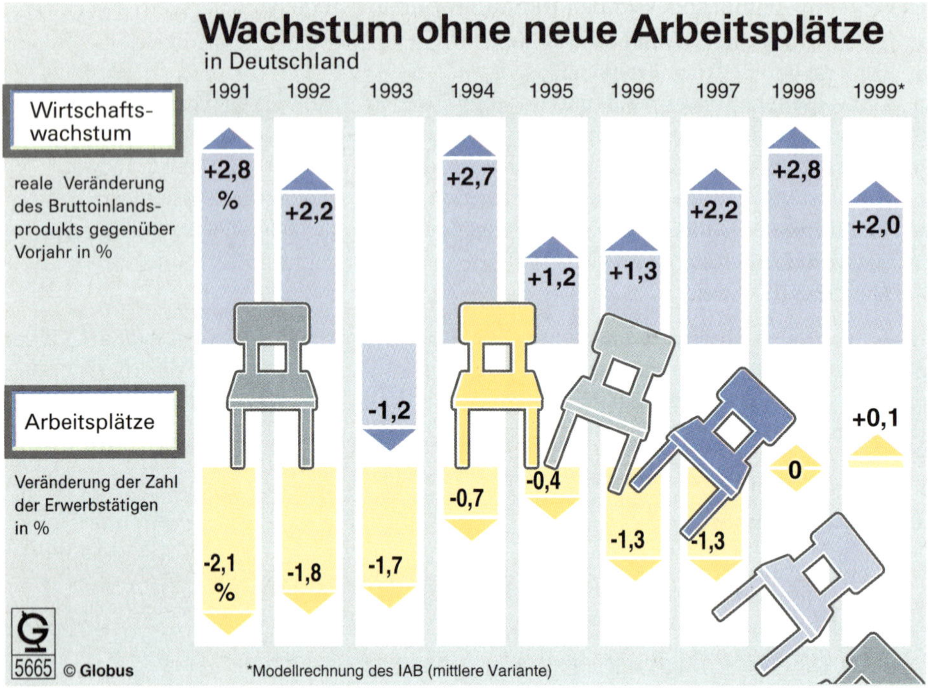

6.6 Außenwirtschaftliches Gleichgewicht

6.6.1 Zielvorgaben

Noch in den Siebzigerjahren erachtete die Bundesrepublik Deutschland als außenwirtschaftliches Gleichgewicht, wenn der Außenbeitrag **1,5 % bis 2 % des Bruttoinlandsprodukts betrug.** Dieser Betrag sollte dazu dienen, dass die Bundesrepublik Deutschland ihren Zahlungsverpflichtungen für Entwicklungshilfe und internationale Organisationen (EU, UNO, Weltbank, Weltwährungsfonds) nachkommen konnte. Wegen der ständigen Ölpreiserhöhungen modifizierte die Bundesregierung in den Achtzigerjahren das außenwirtschaftliche Gleichgewicht auf 3 % Außenbeitrag. In den letzten zwanzig Jahren betrug der **Außenbeitrag** durchschnittlich 2,3 % des Bruttoinlandsprodukts.

6.6.2 Messung und Bedeutung

Als rohstoffarmes Land muss die Bundesrepublik Deutschland die meisten Rohstoffe importieren. Diese müssen mit Devisen (ausl. Zahlungsmittel) bezahlt werden, an die das Land durch Exporte an Fertigprodukten oder Kapitalimporte (Ausländer legen Geld bei heimischen Banken an) gelangt. Schließlich wirken sich Zahlungen an internationale Organisationen, Ausgaben deutscher Touristen im Ausland, Überweisungen der Gastarbeiter in ihre Heimatländer, Investitionen im Ausland ähnlich wie Güterimporte aus. Sind in einem Land die Importe ständig größer als die Exporte, sind die Devisen und Goldvorräte bald aufgebraucht und das Land ist zahlungsunfähig. Im umgekehrten Fall erhöht sich die inländische Geldmenge um den Betrag des Exportes (bei Abnahme der Gütermenge im Inland), sodass die Gefahr von Preissteigerungen besteht. Wegen der Wichtigkeit der Außenwirtschaft für

- den Geldwert,
- die Beschäftigung,
- das Wachstum,
- die Versorgung der Bevölkerung mit Gütern und Dienstleistungen

ist es notwendig, alle Vorgänge im internationalen Waren-, Dienstleistungs- und Kapitalverkehr innerhalb einer Wirtschaftsperiode systematisch darzustellen **(Zahlungsbilanz).**

Von außenwirtschaftlichem Gleichgewicht spricht man, wenn sich die Zahlungseingänge und Zahlungsausgänge zwischen der Bundesrepublik Deutschland und dem Ausland ausgleichen.

Außenwirtschaftliche Ungleichgewichte führen zu Störungen im Wirtschaftsverkehr mit dem Ausland.

Inland		**Ausland**
Abnahme der Gütermenge	Exporte →	Zunahme der Gütermenge
Zahlungseingänge	← Geld	Zahlungsausgänge
= Zunahme der Devisen (Gefahr der importierten Inflation)		= Abnahme der Devisen (Gefahr der internationalen Zahlungsunfähigkeit)

Der Außenbeitrag ist die Differenz zwischen dem Export und dem Import von Waren und Dienstleistungen (Saldo von Handels- und Dienstleistungsbilanz).

6.7 Umweltschutz

Die **Qualität der Umwelt** stellt sich uns als Luftqualität, Sauberkeit der Flüsse, Seen und Meere, gesunde und artenreiche Flora und Fauna usw. dar. Sie hat damit den Charakter öffentlicher Güter. Dies bedeutet:

- Diese sind jedermann zugänglich, niemand kann von der Nutzung ausgeschlossen werden.
- Die Nutzung erfolgt „gebührenfrei“. Da ein Marktpreis nicht oder nur sehr schwer ermittelt werden kann, neigen die Benutzer dazu, öffentliche Güter gedankenlos und extensiv zu nutzen. Die Verantwortung für den Zustand dieser Güter wird in der Regel dem Staat überlassen.
- Umweltfreundliches Verhalten wird deshalb häufig durch staatliche Maßnahmen erzwungen.

Umweltpolitik muss deshalb auch Gegenstand der Wirtschaftspolitik sein:

Die langfristige Wirtschaftspolitik muss so angelegt sein, dass die Wiederherstellung und die Erhaltung einer lebenswerten Umwelt gewährleistet sind.

Dem Umweltschutz kommt wirtschaftspolitisch eine wachsende Bedeutung zu. Deshalb ist zu klären, welche

- Aufgaben die **Umwelt als Wirtschaftsfaktor** übernimmt,
- **Ziele** für die Umweltschutzpolitik formuliert werden müssen,
- **Instrumente** der Umweltschutzpolitik wirksam sind, bereits vorhanden sind bzw. erst entwickelt werden müssen.

6.7.1 Ökologie und Ökonomie

Die **Natur** hat ökonomisch folgende Aufgaben:

- Die Natur stellt **Konsumgüter** zur Verfügung (Luft, Wasser, Erholung).
- Sie liefert wichtige Rohstoffe und Energieträger **(Ressourcen).**
- Sie nimmt **Schadstoffe** auf, die bei der Produktion und beim Konsum anfallen.

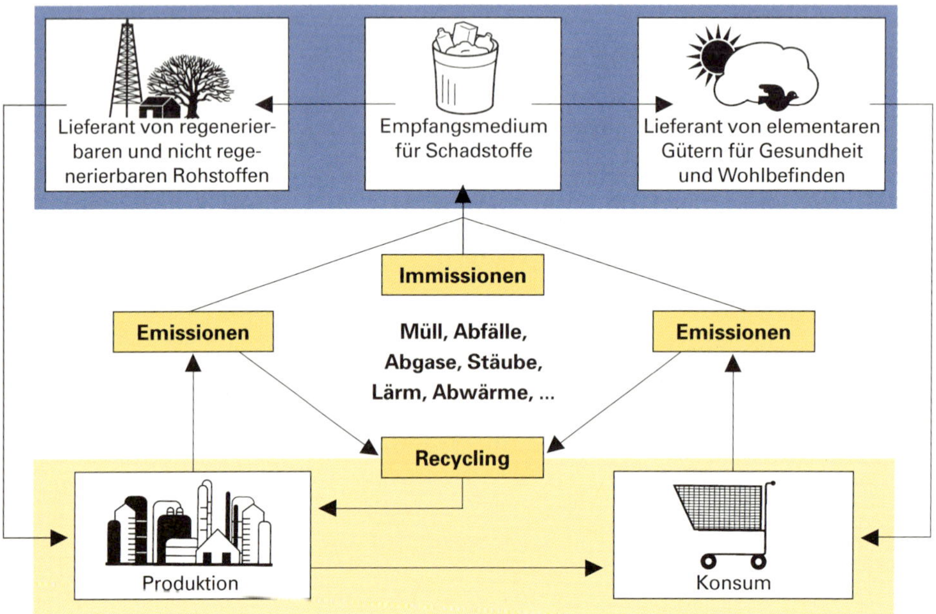

Zwischen diesen Funktionen können folgende **Zusammenhänge** sichtbar gemacht werden:

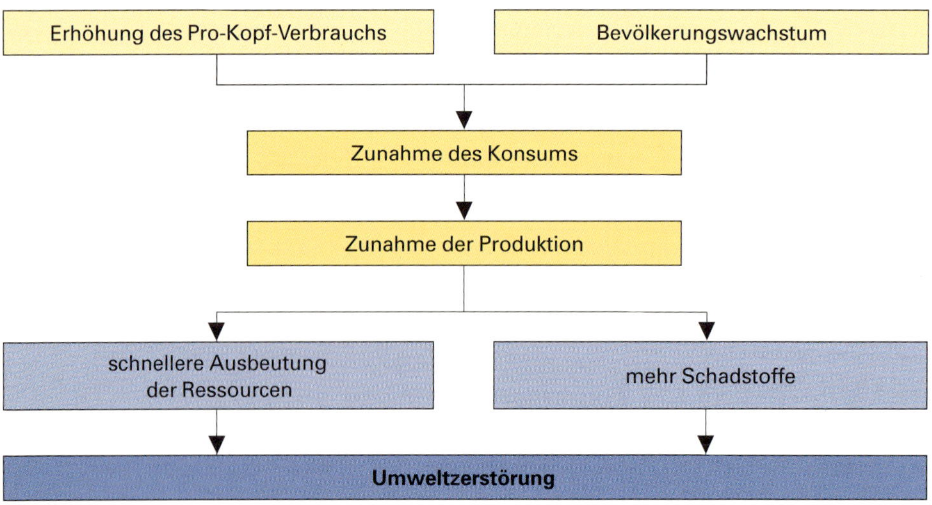

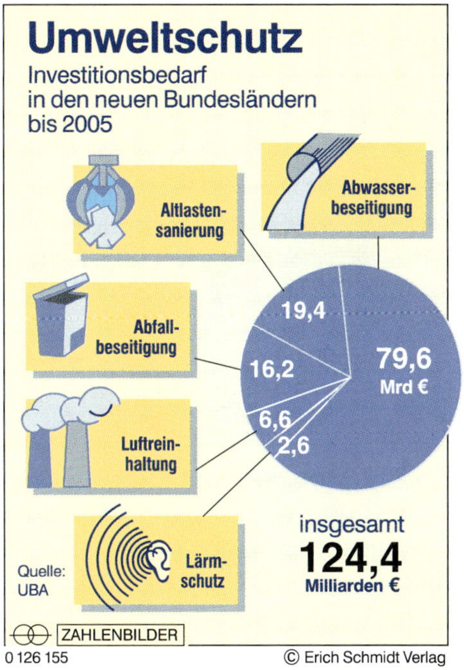

Daraus ergeben sich für die Gegenwart und für die Zukunft **Folgen:**

- Das quantitative Wachstum wird durch die **Umweltbelastung** begrenzt.
- Die **Beseitigung** der Umweltschäden verursacht **hohe Aufwendungen.**
- Der Umweltschutz löst weitere **wirtschaftliche Aktivitäten** aus und schafft somit **neue Arbeitsplätze.**
- Die Ausgaben für den Umweltschutz können z.B. durch den sparsameren Umgang mit den Rohstoffen **(Recycling,** d.h. Wiederverwertung von Rohstoffen) reduziert werden.

Gewinne und Verluste von Arbeitsplätzen

positive Beschäftigungswirkungen	**negative Beschäftigungswirkungen**
150 000 bis 370 000 Arbeitsplätze werden durch – Investitionen, – Betrieb von Anlagen, – Verwaltungsaufgaben	50 000 bis 70 000 Arbeitsplätze können durch Verzögerung oder Behinderung von Investitionen (Investitionsstau) zeitweise nicht besetzt werden.
für den Umweltschutz – ausgelastet, – gesichert oder – geschaffen.	5 000 Arbeitsplätze gehen jährlich durch Auslandsinvestitionen infolge von strengeren Umweltschutzbedingungen im Inland verloren. 2 000 Arbeitsplätze gehen jährlich durch Kostensteigerungen infolge von Umweltschutzmaßnahmen verloren.

Quelle: Wicke, Lutz: Umweltökonomie – Eine praxisorientierte Einführung

Die meisten wirtschaftlichen Aktivitäten beeinträchtigen auch die Umwelt positiv oder negativ:

Umweltwirksame Maßnahmen führen zu

externem Nutzen = Verbesserung der Umweltqualität

oder

externen Kosten = Schäden, die die Gesellschaft durch wirtschaftliche Aktivitäten erleidet

Die externen Kosten werden in der Kostenrechnung des Verursachers überwiegend nicht erfasst.

Beispiele:
- *Waldschäden, die durch Industrie- und Verkehrsabgase verursacht werden.*
- *Gewässerverschmutzung durch ungeklärte Abwässer*
- *Fluglärmbelastung*

Der Anbieter eines Gutes (z. B. Energieerzeugung, Kunststoffspielzeug) oder einer Leistung (z. B. Flugreisen) bietet zu billig an. Der privatwirtschaftliche Preis solcher Güter und Dienstleistungen ist niedriger als es nach einem gesamtgesellschaftlichen Kosten-Nutzen-Verhältnis angemessen wäre. Die Kosten zur Verbesserung der geschädigten Umwelt fallen der Allgemeinheit zur Last.

Welche volkswirtschaftlichen Belastungen im nächsten Jahrzehnt auf die Mitgliedsländer der EU (und auf andere Staaten) zukommen, zeigt das folgende Schaubild:

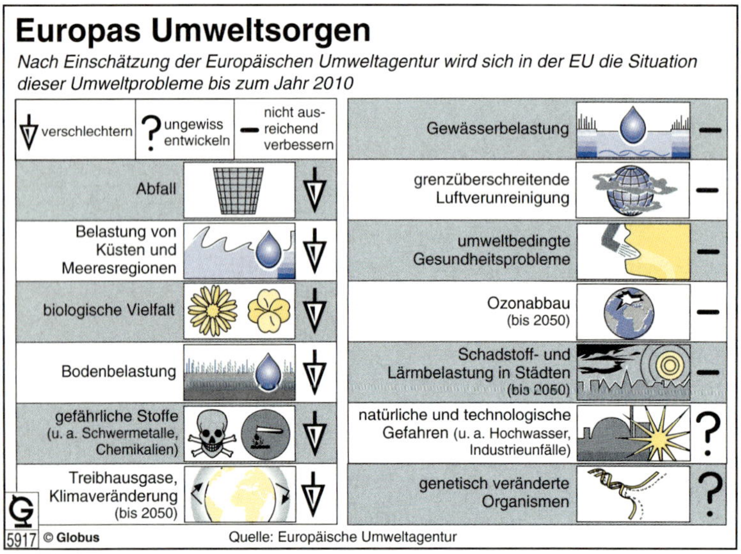

Zusammenfassung

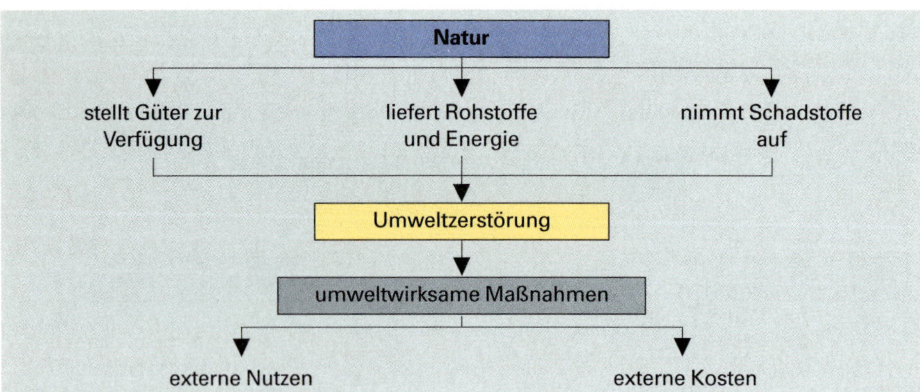

Aufgaben

1. Interpretieren Sie das Schaubild.

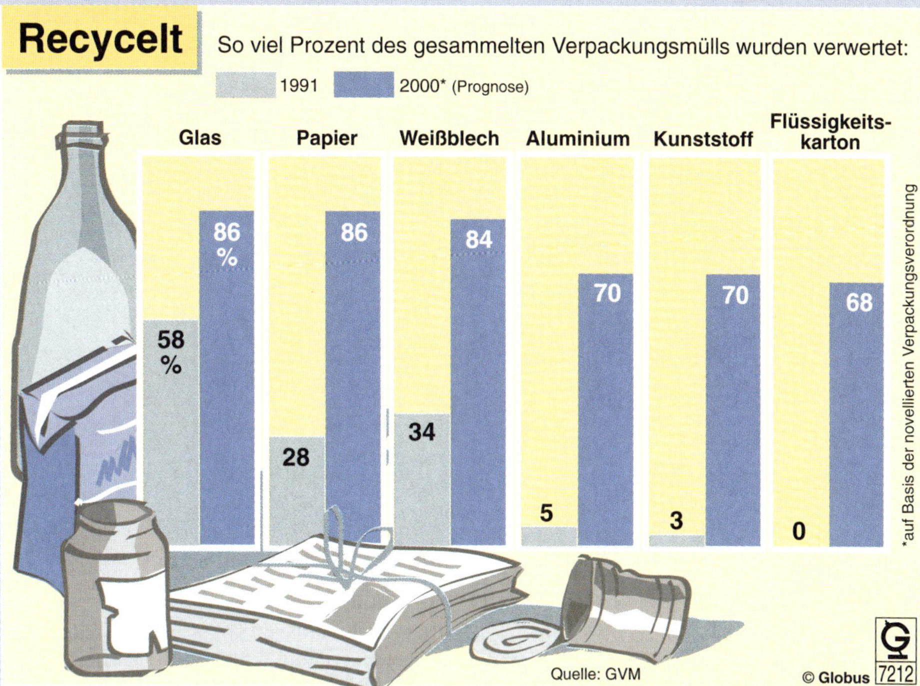

2. Erklären Sie: Warum führt die ständige Zunahme der Kraftfahrzeugdichte zu extremen Kosten in der Volkswirtschaft?
3. Nehmen Sie an, die Umweltgüter (z. B. Luft, Wald, Gewässer) hätten einen Preis. Wie würde sich ihre Zerstörung bzw. Verschmutzung auf die Preiskalkulationen von Unternehmen auswirken?
4. Stellen Sie Ihre persönlichen Vorteile und die Nachteile der Inanspruchnahme der öffentlichen Verkehrsbetriebe gegenüber.
5. Welche Maßnahmen des Umweltschutzes können Sie in Ihrem privaten Bereich vornehmen? Stellen Sie diese Maßnahmen zu folgenden Schwerpunkten zusammen:
   - Einkauf umweltschonender Produkte,
   - wieder verwendbare Verpackungen,
   - Mülltrennung,
   - Verwendung von Hygiene- und Putzmitteln,
   - Problemmüll,
   - Energieeinsparungen,
   - Wasserverbrauch.

6.8 Einkommens- und Vermögensverteilung

Maßnahmen, mit deren Hilfe der Staat versucht Änderungen bei der Einkommens- und Vermögensverteilung herbeizuführen, sind Gegenstand der Verteilungspolitik.

Das **Ziel der Verteilungspolitik** muss es sein,

- eine ungerechte Konzentration
- von Einkommen und Vermögen
- auf wenige Haushalte zu verhindern.

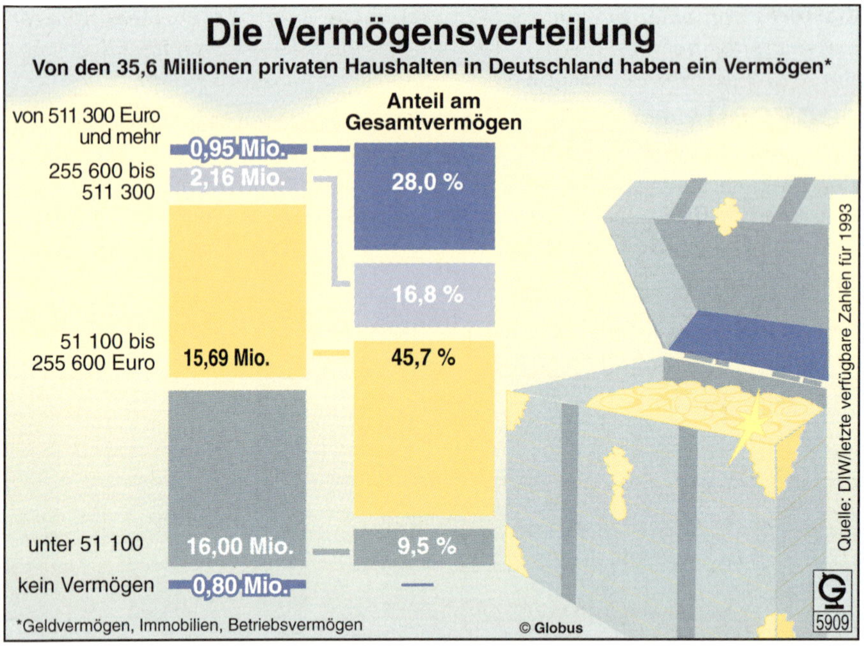

Wenige haben viel – viele haben wenig

75.000 Euro Immobilienvermögen, 45.000 Euro Geldvermögen und 20.000 Euro Betriebsvermögen je Haushalt – das sind die statistischen Durchschnittswerte über das private Vermögen in Deutschland. Die Wirklichkeit sieht jedoch ganz anders aus: Wenige haben viel, viele haben wenig, andere haben überhaupt nichts. Nach Berechnungen des Deutschen Instituts für Wirtschaftsforschung gibt es rund 800 000 Haushalte ohne jedes Vermögen. Ihnen stehen 34,8 Millionen Haushalte mit Vermögen gegenüber. Fast die Hälfte dieser Haushalte (16 Millionen) hat ein Vermögen bis zu einem Wert von 50.000 Euro. Vom Gesamtvermögen in Deutschland entfällt auf diese Haushalte knapp ein Zehntel. In der Spitze finden sich 950 000 Haushalte (= 2,7 Prozent) mit Vermögenswerten von 500.000 Euro und mehr. Sie besitzen ein Vermögen von zusammen rund 1,43 Bio. Euro; das sind 38 Prozent des gesamten Immobilien-, Geld- und Betriebsvermögens in Deutschland.

Statistische Angeben: Deutsches Institut für Wirtschaftsforschung (DIW) Globus

Mittel der Einkommensverteilungspolitik

- Das **wichtigste Mittel** ist die **Gestaltung des Einkommensteuerrechts,** besonders des Steuertarifs. Der progressive Steuertarif belegt die Bezieher höherer Einkommen mit einem höheren Steuersatz als die Bezieher niedriger Einkommen. Einkommensschwache Personen sind ganz von der Steuerpflicht befreit, solange ihr Einkommen den steuerlichen Grundfreibetrag nicht überschreitet.
- **Befreiung der Geringverdiener von der Sozialversicherung**
- **Indirekte Steuern** (Umsatzsteuer, Verbrauchsteuern). Sie sind insofern kritisch zu bewerten, als sie die Bezieher kleiner Einkommen relativ stärker belasten.
- Mit **Subventionen** (z. B. Kindergeld, Wohngeld, Investitionshilfen) wird Einkommens- bzw. Leistungsschwachen geholfen.
- Der Staat nimmt auch einen **Einfluss auf die Lohnbildung.** Er ist Tarifpartner bei den Lohnabschlüssen für den öffentlichen Dienst. Politiker werden zuweilen als Schlichter bei Tarifauseinandersetzungen gewählt.

Man spricht von einer Einkommensumverteilung, wenn die Bezieher höherer Einkommen stärker belastet werden, die Steuereinnahmen für Transferzahlungen (z. B. Wohngeld) an einkommensschwache Personen verwendet werden.

Die Bezieher höherer Einkommen können leichter Vermögen bilden als Geringverdiener. Dazu beziehen Besitzer von Vermögen auch Einkommen, z. B. Miete, Zinsen. Damit verstärkt sich noch die Ungleichheit bei den Einkommen. Unbestritten ist bei allen politischen Kräften in Deutschland, dass die Einkommen leistungsabhängig sind. Das höhere Einkommen ist das ökonomisch bedeutsamste Motiv in der Leistungsgesellschaft. Man kann auch sagen:

Wer einen höheren Anteil an der Erstellung des Bruttoinlandsproduktes leistet, hat auch einen größeren anteiligen Anspruch bei der Verteilung.

Mittel der Vermögensverteilungspolitik

Hier geht es entweder um eine Umverteilung des **Vermögensbestandes** oder die **Verteilung** der **Vermögenszuwächse (Vermögensbildung).**

Die Umverteilung des **Vermögensbestandes** kann bewirkt werden durch

- die **Erbschaftsteuer,**
- die **Lastenausgleichsabgabe,** bei der Vermögensbesitzer zugunsten von Vertriebenen und von Flüchtlingen zu Abgaben verpflichtet waren.

Zum Zwecke der **Vermögensbildung** wurde eine Reihe von Instrumenten entwickelt.

Beispiele:
- *Vermögensbildungsgesetz*
- *Begünstigungen beim Erwerb von Wohneigentum (Abschreibung, Baukindergeld)*
- *Begünstigungen beim Erwerb von Arbeitnehmerbeteiligungen*
- *Bausparförderung*
- *Beteiligung der Arbeitnehmer am Unternehmensgewinn*

Die Veränderung der Vermögensstruktur kann auch durch die Bezahlung eines **Investivlohns** erreicht werden. Aus Lohnbestandteilen werden Arbeitnehmer am Vermögen ihres Arbeitgebers beteiligt.

Grundsätzlich gibt es dafür zwei Wege:

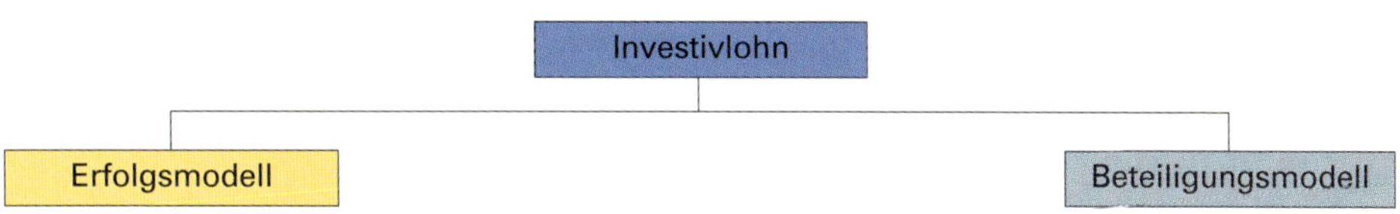

- Beim **Erfolgsmodell** wird der Arbeitnehmer am Unternehmensergebnis beteiligt. Er bezieht neben einem festen Grundlohn noch einen variablen Bonus, dessen Höhe vom Ertrag des Unternehmens abhängt.
- Beim **Beteiligungsmodell** wird der Arbeitnehmer Miteigentümer seines Beschäftigungsbetriebes. Damit beteiligt er sich auch an den Risiken und den Chancen des Unternehmens.

Zusammenfassung

Mittel der Einkommensverteilung	**Mittel der Vermögensverteilung**
– Steuern – Subventionen – staatlicher Einfluss auf die Lohnbildung	Bestandsverteilung – Lastenausgleichsabgabe – Erbschaftsteuer Verteilung der Vermögenszuwächse = Vermögensbildung – Sparförderung – Begünstigungen beim Erwerb von Wohneigentum – Begünstigungen beim Erwerb von Arbeitnehmerbeteiligungen – Arbeitnehmerbeteiligungen am Unternehmensgewinn – Bausparförderung
– Leistungen der Unternehmen	Investivlohn – Erfolgsmodell – Beteiligungsmodell

Aufgaben

1. Nennen Sie Transferzahlungen und ihre Empfänger.
2. Welche Vorteile hat der Wohnungseigentümer gegenüber einem Mieter?
3. Warum wird in Wahlkämpfen um die Verteilungspolitik besonders heftig diskutiert?

6.9 Schwankungen gesamtwirtschaftlicher Entwicklungen

6.9.1 Konjunkturelle und saisonale Schwankungen

6.9.1.1 Begriffe

Nach aller Erfahrung vollzieht sich der Wirtschaftsablauf nicht gleichmäßig, sondern unterliegt gewissen Schwankungen. Diese Störungen werden manchmal durch besondere Ereignisse hervorgerufen wie z. B. technische Erfindungen, Kriege, politische Ereignisse, Naturkatastrophen. Beobachtungen haben ergeben, dass der Wirtschaftsablauf **regelmäßig wiederkehrenden Schwankungen** unterliegt: Nach einer Zeit wirtschaftlicher Blüte folgt ein Niedergang und diesem wiederum ein wirtschaftlicher Aufschwung. Diesen in einem Zeitabstand von drei bis sechs Jahren erfolgenden wellenförmigen Verlauf der Wirtschaftstätigkeit bezeichnet man als **Konjunkturzyklus.**

„Konjunktur ist eine Erscheinung mehrjähriger und mit gewisser Regelmäßigkeit auftretender wirtschaftlicher Expansion (Ausdehnung) und Kontraktion (Schrumpfung)." (Spiethoff)

Ein Konjunkturzyklus lässt sich in verschiedene Phasen (Konjunkturphasen) unterteilen. Am häufigsten wird das Vierphasenmodell verwendet:

1. Phase: Aufschwung (Expansion)
2. Phase: Hochkonjunktur (Boom)
3. Phase: Abschwung (Rezession, Kontraktion)
4. Phase: Tiefstand (Depression)

Man unterscheidet zwei **Wendepunkte** eines Konjunkturzyklus:

- unterer Wendepunkt: Übergang vom Tiefstand zum Aufschwung,
- oberer Wendepunkt: Übergang von der Hochkonjunktur zum Abschwung.

Als **Maßstab** zur **Messung** von Konjunkturschwankungen wird im Allgemeinen das **reale Bruttoinlandsprodukt** verwendet. Das Bruttoinlandsprodukt wird auch als Schlüsselindikator bezeichnet, weil es besonders treffend die Veränderungen einer abgelaufenen Wirtschaftsperiode kennzeichnet und alle Arten von Gütern und Dienstleistungen umfasst.

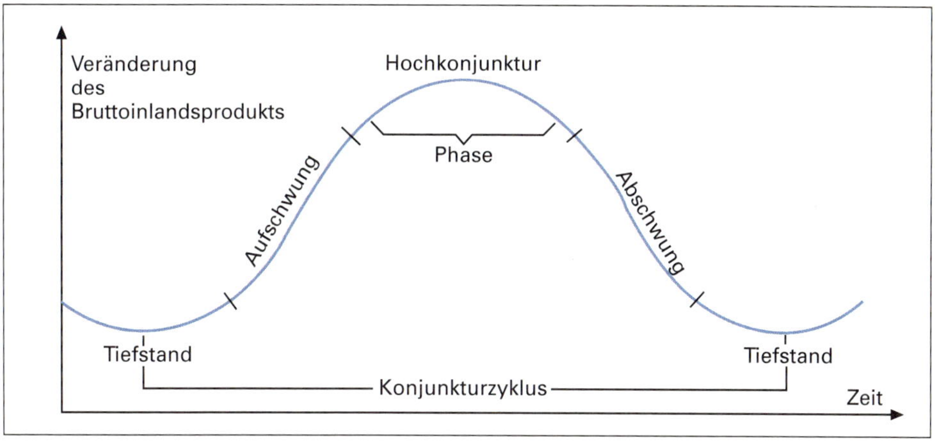

Von den Konjunkturschwankungen zu unterscheiden sind **saisonale Schwankungen** und der **Trend.**

Saisonschwankungen treten zu besonderen Jahreszeiten auf und dauern meist nur einige Wochen oder Monate. Sie können in den meisten Fällen von den Wirtschaftsbeteiligten gut vorhergesehen werden. Ihre Ursachen sind ganz unterschiedlich, sie liegen z. B.

- im Klima und Wetter (Bauindustrie, Land- und Forstwirtschaft, Brennstoffhandel, Getränkeindustrie, Sportartikel),
- im Verbraucherverhalten (hohe Einzelhandelsumsätze zur Weihnachtszeit),
- in der Lage der Urlaubszeiten und Feiertage (ausgebuchte Ferienhotels),
- in Modeerscheinungen (Bekleidungsindustrie).

Die langfristige Veränderung des realen Bruttoinlandsprodukts bezeichnet man als **Trend.** Er zeigt die Entwicklungstendenz einer Volkswirtschaft an. Einzelne Konjunkturabschwünge und -aufschwünge sind als Abweichungen vom langfristigen Mittelwert anzusehen.

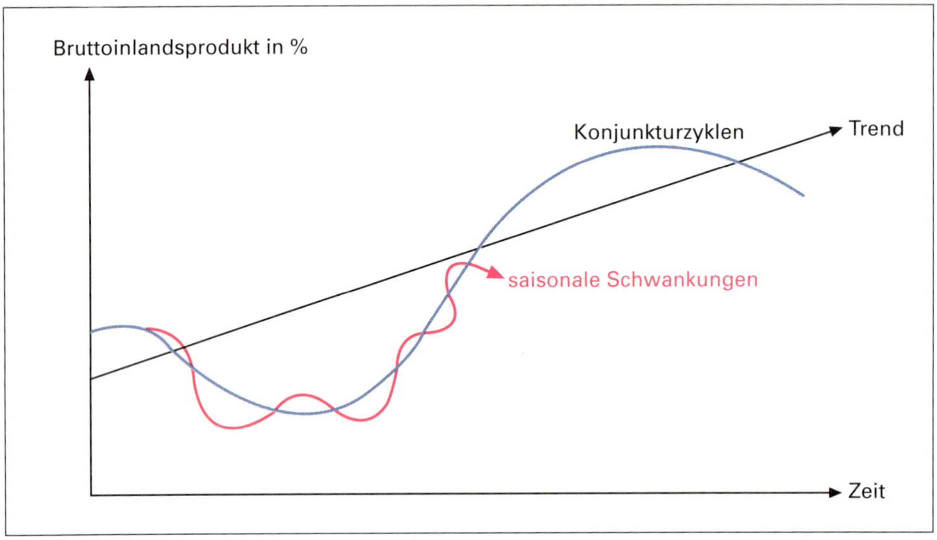

6.9.1.2 Konjunkturphasen

Kein bisher beobachtetes Konjunkturgeschehen wiederholt sich in derselben Weise. Jeder Konjunkturablauf zeigt individuelle Züge und ist historisch einmalig. Der Grund liegt darin, dass sich die technischen und wirtschaftlichen Bedingungen (z. B. neue technische Erfindungen, Produktneuentwicklungen, Veränderungen der Nachfrage und Produktionsmethoden) im Laufe der Zeit ständig ändern.

Es gibt bei den Konjunkturphasen typische Merkmale, die wiederkehren und die sich abgrenzen und beschreiben lassen.

1. Aufschwungphase

In dieser Phase steigt die gesamtwirtschaftliche Nachfrage; dadurch nimmt der Auftragsbestand und die Kapazitätsauslastung zu. Zusätzliche Arbeitskräfte werden eingestellt und beziehen Einkommen. Die Nachfrage nach Konsumgütern steigt. Die Unternehmer nehmen Kredite bei zunächst noch niedrigen Zinsen auf. Die Aktienkurse steigen, da allgemein mit steigenden Unternehmergewinnen gerechnet wird.

2. Phase der Hochkonjunktur

In der Hochkonjunktur herrscht Vollbeschäftigung und in den Unternehmen sind die Produktionskapazitäten ausgelastet – Lohn- und Preiserhöhungen sind die Folge. Die Investitionsbereitschaft der Unternehmer nimmt ab, weil die Zinsen steigen und die Gewinne infolge der Kostensteigerungen abnehmen. In der Investitionsgüterindustrie sinkt in Folge die Beschäftigung. Der obere Wendepunkt ist überschritten – eine neue Phase der wirtschaftlichen Entwicklung beginnt.

3. Abschwungphase

Die Verringerung der gesamtwirtschaftlichen Nachfrage führt zur Drosselung der Produktion und zu einem Anstieg der Kurzarbeit und der Arbeitslosenzahl. Mit der Abnahme der Kreditnachfrage ist ein Sinken der Zinssätze verbunden. Die Gewinne schrumpfen – die Aktienkurse sinken. Die Zuwachsraten der Löhne nehmen ab, ebenso die Preissteigerungsraten.

4. Phase des Tiefstands (Depression)

Die geringe gesamtwirtschaftliche Nachfrage führt zu unausgenützten Kapazitäten, Betriebsstilllegungen und Insolvenzen. Eine enorme Zunahme der Arbeitslosigkeit ist die Folge. Weil die Banken einen hohen Kreditspielraum besitzen, sinken die Zinsen. Die rückläufige Nachfrage wirkt bremsend auf die Preissteigerungsraten. Die Einschätzung der wirtschaftlichen Lage ist äußerst pessimistisch.

6.9.1.3 Konjunkturindikatoren

Die Veränderung des realen Bruttoinlandsprodukts diente uns bisher zur Messung des Konjunkturverlaufs. Es gibt eine ganze Reihe **anderer** Indikatoren (z. B. Arbeitslosenquote, Auftragseingang, Veränderung der Industrieproduktion, Kapazitätsauslastung), mit deren Hilfe die allgemeine wirtschaftliche Lage festgestellt (diagnostiziert) werden kann.

Die Konjunkturdiagnose ist die statistische Erfassung der gesamtwirtschaftlichen Lage und die Analyse einzelner gesamtwirtschaftlicher Größen (z. B. Produktion, Beschäftigung, Nachfrage, Preise).

Nach der Feststellung der gesamtwirtschaftlichen Lage können anhand der Indikatoren Voraussagen (Prognosen) über die zukünftige konjunkturelle Entwicklung angestellt werden.

Indikatoren sind Zeitreihen einzelner gesamtwirtschaftlicher Größen, die den Wirtschaftsverlauf messen und Voraussagen über seine zukünftige Entwicklung gestatten.

Derartige Konjunkturindikatoren sind z. B.

- der Auftragseingang der Industrie,
- die Zukunftserwartungen der Unternehmen,
- die Produktion in verschiedenen Wirtschaftszweigen,
- der Preisindex für die Lebenshaltung, für die industriellen und landwirtschaftlichen Produkte,
- die Lagerbestände,
- die Kapazitätsauslastung,
- die industrielle Güterproduktion,
- die Zahl der Arbeitslosen,
- die Zinsentwicklung,
- das Volkseinkommen,
- das Bruttoinlandsprodukt,
- die Güterexporte und -importe,
- das Geldvolumen.

Konjunkturforschung (Konjunkturdiagnose und -prognose) betreiben in der Bundesrepublik Deutschland z. B. die Deutsche Bundesbank, wirtschaftswissenschaftliche Forschungsinstitute, bestimmte Bundesministerien. Ihre Ergebnisse sind die Grundlage für konjunkturpolitische Entscheidungen der **Bundesregierung**.

Wie schwer es ist, den Verlauf der Konjunktur für das nächste Jahr vorauszusagen, zeigen die unterschiedlichen Prognosen der neun führenden Wirtschaftsforschungsinstitute. Ihre Prognosen für das Jahr 2003 wiesen eine folgende Schwankungsbreite auf:

	Wachstum	reale Zunahme der Investitionen	Zunahme des Exports	Preisanstieg
9 Institute	0,6 – 1,4 %	-0,3 – 1,9 %	2,4 – 6,4 %	0,9 – 1,6 %

Ziel konjunkturpolitischer Maßnahmen ist die Beeinflussung von konjunkturellen Schwankungen, um Störungen des gesamtwirtschaftlichen Gleichgewichts (gesamtwirtschaftliche Nachfrage = gesamtwirtschaftliches Angebot) zu vermeiden.

Der Verwirklichung dieser Ziele dient

- die Geldpolitik (vgl. 6.10.3),
- die Fiskalpolitik (vgl. 6.10.4),
- die Außenwirtschaftspolitik (vgl. 6.10.5).

Zusammenfassung

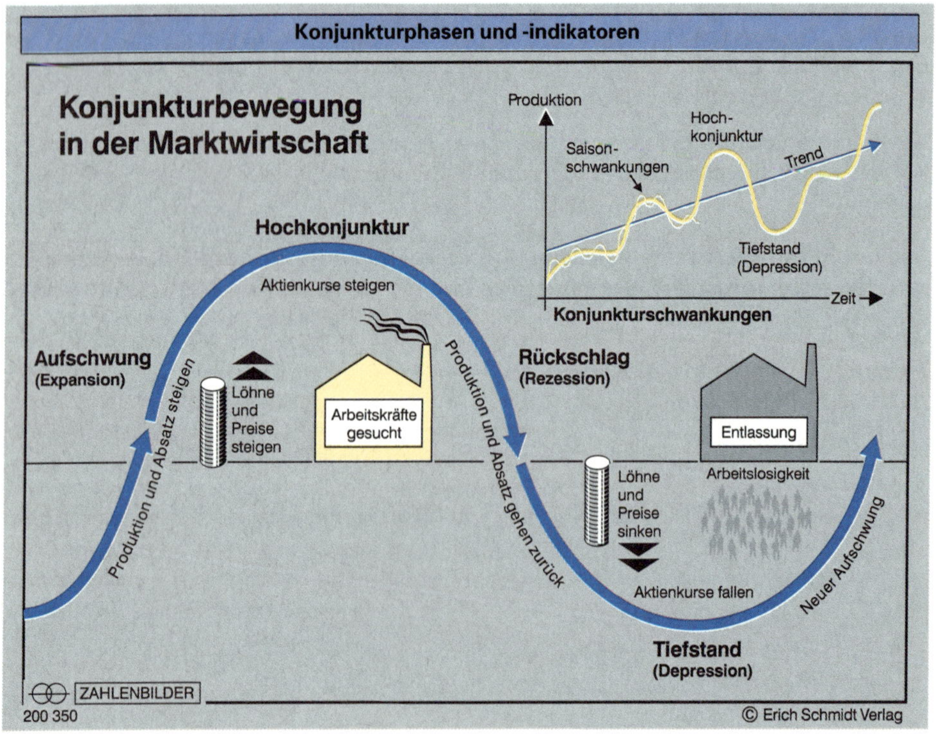

Aufgaben

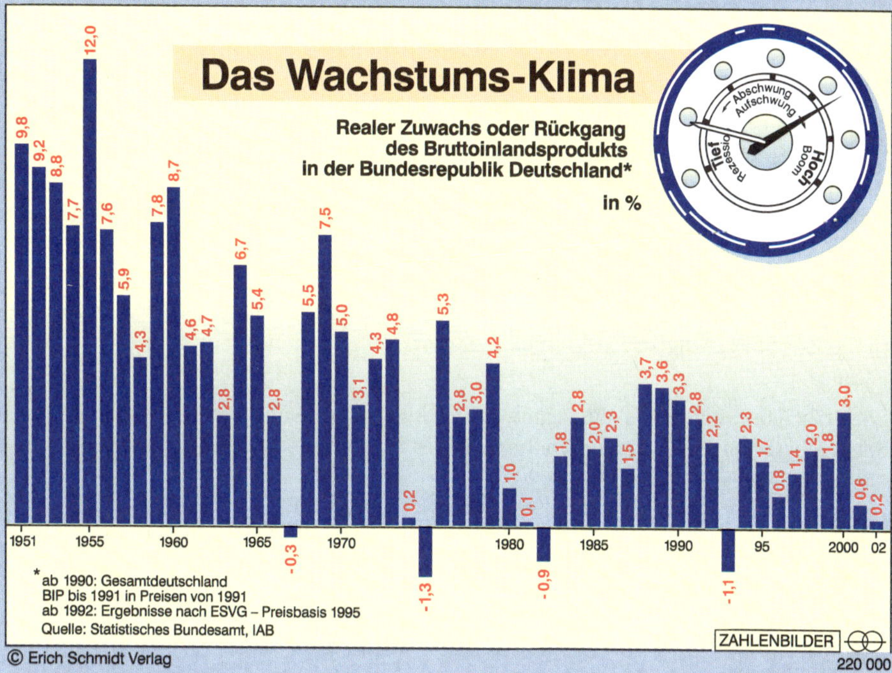

1. Interpretieren Sie den Konjunkturverlauf in der Bundesrepublik Deutschland nach der vorstehenden Abbildung:
   a) Nach welchem Gesichtspunkt wurden die drei abgeschlossenen Konjunkturzyklen ermittelt?
   b) Vergleichen Sie die jeweiligen Konjunkturaufschwünge.
   c) Wie entwickelte sich das reale Wachstum des Bruttoinlandsprodukts?
   d) Vergleichen Sie den durchschnittlichen Zuwachs des Bruttoinlandsprodukts in den letzten 24 Jahren und suchen Sie Gründe für die Unterschiede.
   e) Ermitteln Sie den Trend in der Entwicklung des realen Bruttoinlandsprodukts.
2. Erstellen Sie eine Matrix für die Entwicklung der folgenden Konjunkturindikatoren in den einzelnen Konjunkturphasen nach folgendem Muster:

Bezeichnung der Phasen / Konjunkturindikatoren	Aufschwung	Hochkonjunktur (Boom)	Abschwung (Rezession)	Tiefstand (Depression)

- Absatz
- Produktion
- Beschäftigung
- Einkommen
- Zinsniveau
- Preisentwicklung
- Aktienkurse

6.10 Möglichkeiten der Konjunkturbeeinflussung

6.10.1 Ziele der Konjunkturpolitik

Konjunkturschwankungen führen zu gesamtwirtschaftlichen **Ungleichgewichten.** Sie äußern sich in

- Geldwertschwankungen (Inflation, Deflation),
- Beschäftigungsschwankungen (Arbeitslosigkeit, Überbeschäftigung),
- Wachstumsstörungen,
- außenwirtschaftlichen Ungleichgewichten (Überschüsse oder Defizite in der Leistungsbilanz).

Mit der Konjunkturpolitik wird versucht derartige Schwankungen im Wirtschaftsablauf zu beseitigen. Oberstes Ziel ist es, ein volkswirtschaftliches Gleichgewicht herzustellen, in dem die Ziele des **„Magischen Vierecks"** verwirklicht werden. Zu diesem Zweck muss in der Phase

- der **Hochkonjunktur** die Wirtschaft vor Überhitzung bewahrt werden und in der Phase
- der **Depression bzw. Rezession** mit neuen Wirtschaftsaktivitäten begonnen werden, um eine wirtschaftliche Erholung einzuleiten.

6.10.2 Mittel der Konjunkturpolitik

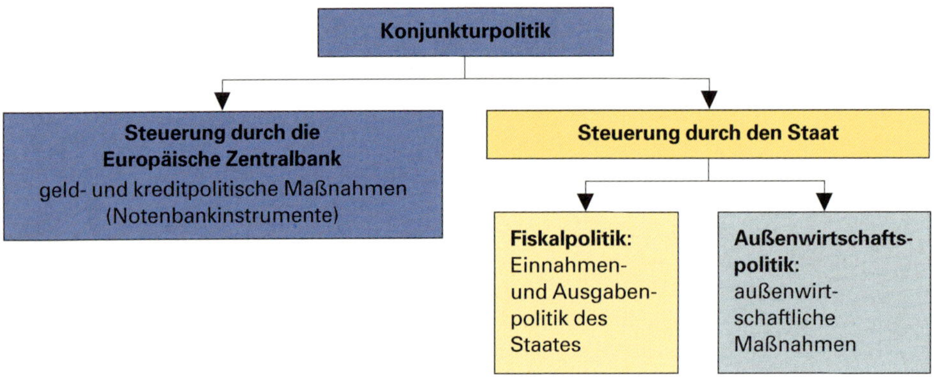

6.10.3 Geldpolitik des Europäischen Systems der Zentralbanken

6.10.3.1 Stellung und Aufgaben der Europäischen Zentralbank (EZB)

Seit 1. Januar 1999 ist die Zuständigkeit für die Geldpolitik in den 12 Euro-Ländern auf das **Europäische System der Zentralbanken (ESZB)** übergegangen. Die Zentralbanken der drei Mitgliedsländer, die nicht am Euro-Währungsgebiet teilnehmen (Schweden, Großbritannien, Dänemark), haben einen Sonderstatus. Der Ausdruck Euro-System bezeichnet das Zentralbank-System der EWU, das durch die 12 nationalen Zentralbanken der Euro-Länder sowie die EZB gebildet wird. Das bedeutet, dass die Euro-Länder keine eigenständige Geldpolitik mehr betreiben. Die Entscheidung, wie viel Geld umlaufen soll, treffen nicht mehr sie, sondern die Währungsunion. **Das oberste Ziel des ESZB ist die Gewährleistung der Preisniveaustabilität.** Unter Wahrung dieser Aufgabe ist das ESZB verpflichtet die allgemeine Wirtschaftspolitik der Gemeinschaft zu unterstützen.

Das ESZB besteht aus der Europäischen Zentralbank (EZB) und den Präsidenten der nationalen Zentralbanken.

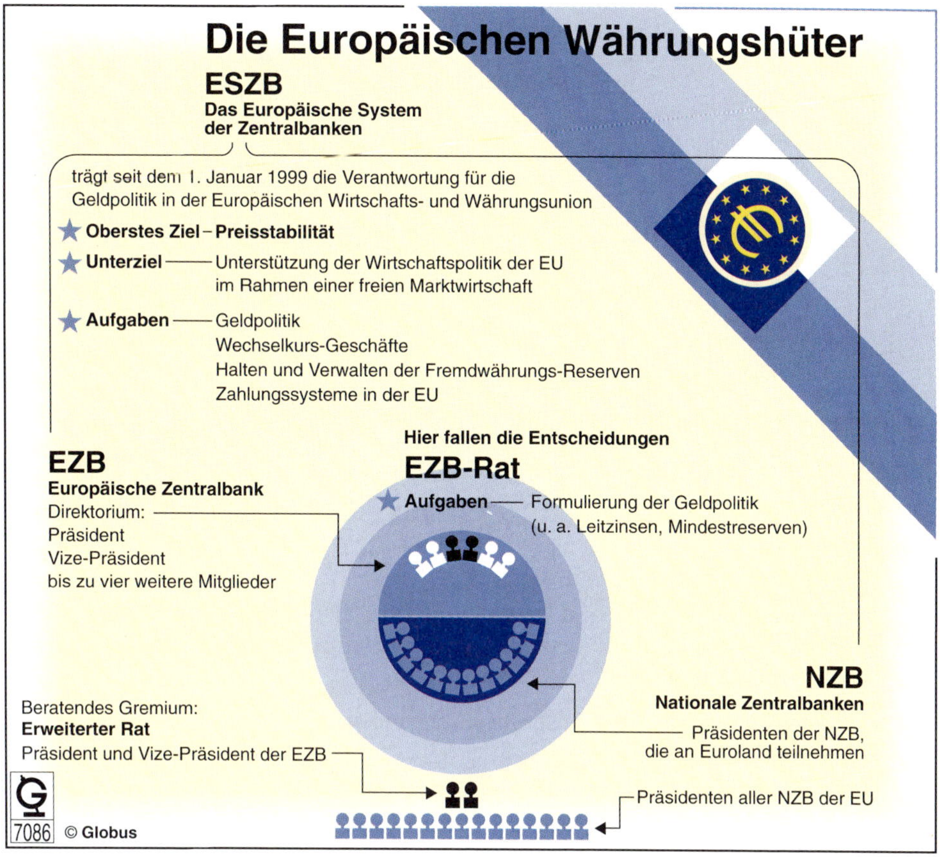

Die Leitung des ESZB erfolgt durch den **EZB-Rat.** Er ist das oberste Beschlussorgan und als solcher legt er die **Geldpolitik der Gemeinschaft** fest. Ihm gehören die Präsidenten der Zentralbanken der Mitgliedsländer der Währungsunion und das Direktorium der EZB an. Die Beschlüsse des EZB-Rates werden auf Weisung des Direktoriums von den nationalen Zentralbanken ausgeführt.

Jede Zentralbank ist die Bank der Banken. Im Rahmen dieser Aufgabe hat sie für die **Versorgung mit Geld (Liquidität)** und für die **Abwicklung des Zahlungsverkehrs** der im Inland ansässigen bzw. niedergelassenen Banken zu sorgen. Die nationalen Zentralbanken des Euro-Systems haben ihre rechtliche Eigenständigkeit behalten und haben eine starke Stellung im EZB-Rat. Sie sind von Weisungen ihrer Regierungen oder der Organe der Gemeinschaft vollständig **unabhängig.** Außerdem besteht ein umfassendes Beeinflussungsverbot durch die Organe der Gemeinschaft bzw. der Regierung.

Die Deutsche Bundesbank ist also integraler Bestandteil des ESZB. Ihr Entscheidungsspielraum ist gegenüber früher eingeschränkt. Ihre **Hauptaufgabe** ist zur **Stabilität des Euro** beizutragen, insbesondere hat sie

- die **Refinanzierung** der Kreditinstitute durchzuführen,
- die **Bargeldversorgung** vorzunehmen,
- die **Währungsreserven** zu verwalten und
- für die bankmäßige **Abwicklung des Zahlungsverkehrs** im In- und Ausland zu sorgen.

Das ESZB darf **keine Kredite** an Regierungen, Organe der Gemeinschaft oder andere staatliche Einrichtungen vergeben. Damit wird das oberste Ziel, die Preisniveaustabilität, weiterhin gewährleistet.

Ohne **Zustimmung der EZB** dürfen die Zentralbanken des Euro-Systems keine Banknoten oder Münzen ausgeben.

Wechselkursvereinbarungen gegenüber Drittlandswährungen darf das ESZB nicht treffen. Diese Vollmacht besitzt nur der Ministerrat der EU.

Für die Geldpolitik steht dem ESZB für die EWU ein **umfassendes Instrumentarium** zur Verfügung, das in zwei Bereiche unterteilt werden kann: die **Offenmarktgeschäfte und die ständigen Fazilitäten.** Ein weiteres Instrument des ESZB ist die **Geldmengensteuerung** durch die **Mindestreservepolitik.**

6.10.3.2 Das geldpolitische Instrumentarium des ESZB

Zielvorgabe

Das ESZB bedient sich der Zentralbanken, also auch der deutschen Bundesbank, wenn es seine Ziele durchsetzen möchte. Die Beschlüsse des ESZB beruhen im Wesentlichen auf der **Geldmengensteuerung.** Es wird jährlich das **Geldmengenziel** und ein konkretes **Inflationsziel** vorgegeben. Die Kombination beider Ziele stellt eine Neuerung in der Geldpolitik dar. Für das Jahr 2003 wurde der Referenzwert für ein Wachstum der Geldmenge M3 auf 4,5 % festgelegt und ein Anstieg der Inflation, gemessen am Verbraucherindex für die Euro-Währungsunion, von 2 % vorgegeben. Auf Basis dieses geldpolitischen Konzepts werden die europäischen Volkswirtschaften mit Geld (Liquidität) ausgestattet.

Einfluss auf das Geldvolumen

Auf die Entwicklung der Geldmenge M3 kann die EZB bzw. die Bundesbank aber nicht direkt Einfluss nehmen. Das Geld, das die Banken ihren Kunden ausbezahlen, müssen diese vorher bei der Zentralbank bzw. ihrer Zweigstelle (in Deutschland die LZB) bezogen haben. Um sich Bargeld zu verschaffen, müssen die Kreditinstitute bei ihrer Zentralbank über genügend Guthaben verfügen. Um ausreichend Zentralbankguthaben zu bekommen, müssen sie sich bei der Zentralbank verschulden (refinanzieren), denn nur das ESZB kann Zentralbankgeld zur Verfügung stellen. Hier setzt die Geldpolitik des ESZB an: **Der EZB-Rat beschließt, wie viel Geld die Kreditinstitute erhalten und welche Zinsen sie dafür bezahlen müssen.**

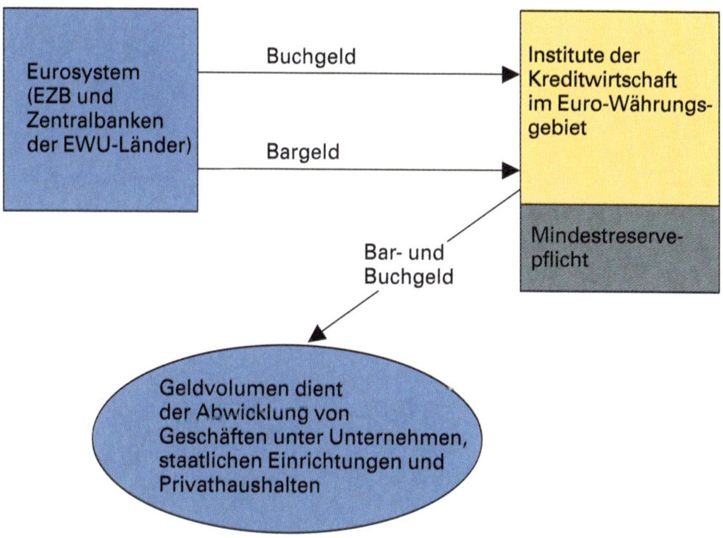

Der Einfluss des Zinses

Steigen die Zinsen, welche die Banken für Kredite bei ihrer Zentralbank zahlen müssen, so werden auch sie ihren Kunden höhere Zinsen berechnen. Sinken die Zentralbankzinsen, so zahlen auch die Bankkunden einen geringeren Zins.

Über die Zinssätze kann das ESZB auf die Geldmenge Einfluss nehmen.

Steigen die Zinsen für die Bankkunden, so werden sie weniger Kredite aufnehmen – das Geldmengenwachstum verlangsamt sich. Werden die Kredite für die Bankkunden billiger, werden sie sich stärker verschulden. Sie erhalten mehr Buchgeld, das zum Teil auch bar abgehoben wird – das Wachstum der Geldmenge M3 beschleunigt sich.

Erhöhung der Leitzinsen

↓

Kreditinstitute geben die gestiegenen Refinanzierungskosten über höhere Zinsen an die Kunden weiter. Die Kreditnachfrage sinkt.

↓

Geldmenge verringert sich.

↓

Preisniveau sinkt, sofern die angebotene Gütermenge durch die Produzenten gleich bleibt.

Die Mindestreserve

Das ESZB besitzt einen weiteren Hebel, mit dem es die Refinanzierung der Kreditinstitute steuert. Diese müssen sich auch deshalb bei der Zentralbank refinanzieren, weil sie einen bestimmten Prozentsatz ihrer Einlagen als Mindestreserve im ESZB behalten müssen. (Vergleiche den Punkt Mindestreserve.)

6.10.3.3 Einsatz geldpolitischer Instrumente durch die Zentralbank

Geldpolitische Steuerung

↓

durch Offenmarktgeschäfte

Liquiditätszuführung

- Kreditgewährung gegen Verpfändung von Wertpapieren, Handelswechseln, Kreditforderungen
- Kauf von Wertpapieren
- Kauf von Devisen per Kasse und gleichzeitiger Verkauf zu einem bestimmten Termin

Liquiditätsabschöpfung

- Hereinnahme von Einlagen
- Verkauf von Schuldverschreibungen
- Verkauf von Wertpapieren
- Verkauf von Devisen per Kasse und gleichzeitiger Kauf zu einem bestimmten Termin

durch ständige Fazilitäten

- Gewährung von Übernachtkredit („Tagegeld“)
- Hereinnahme von Einlagen bis zum nächsten Tag

6.10.3.3.1 Offenmarktpolitik

Die Offenmarktgeschäfte der EZB gleichen im Wesentlichen den bisherigen Wertpapierpensionsgeschäften der Bundesbank. Sie stellen das zentrale geldpolitische Instrument der EZB dar. Die größte Bedeutung haben hierbei die so genannten **Hauptrefinanzierungsinstrumente** (Zinssatz 2003 2,5 %).

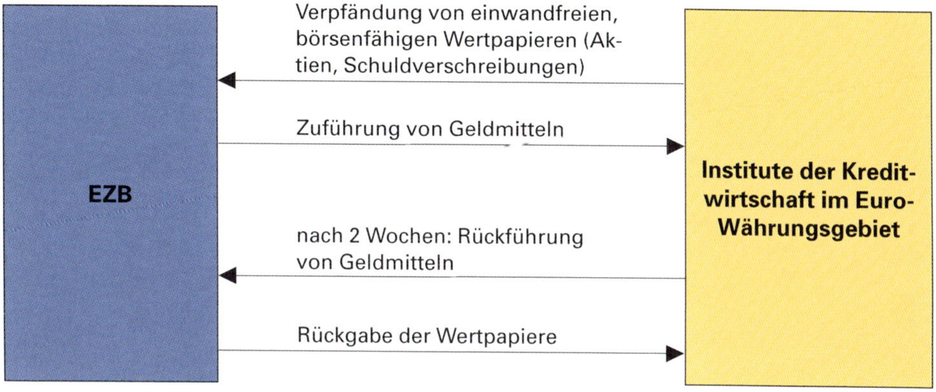

Das **Hauptrefinanzierungsgeschäft** stellt das zentrale geldpolitische Instrument der EZB dar. Dabei handelt es sich um Kredite mit einer Laufzeit von 14 Tagen, die im Tenderverfahren (Versteigerung) zugeteilt werden. Als Sicherheit verpfänden die Kreditinstitute bonitätsmäßig einwandfreie börsenfähige Schuldverschreibungen, Aktien und Kreditforderungen. Nach Ablauf von 2 Wochen werden die Geldmittel an die EZB und die Wertpapiere an die Geschäftsbanken zurückgegeben. Der EZB-Rat entscheidet darüber, ob die Liquidität der Geschäftsbanken ausgeweitet oder verringert wird.

- Eine mengenmäßige Erhöhung der Kreditvergabe führt zu einer Liquiditätszufuhr im Bankensystem.
- Eine mengenmäßige Senkung verringert die Liquidität im Bankensystem.

Die Kreditvergabe erfolgt über das Tenderverfahren, das in folgenden Schritten erfolgt:

1. Tenderankündigung durch die EZB und die nationalen Zentralbanken
2. die Geschäftsbanken geben ihre Gebote ab
3. die EZB stellt alle Gebote zusammen
4. Zuteilung durch die EZB und Bekanntgabe des Tenderergebnisses
5. Bestätigung der Ergebnisse
6. Valutierung der Liquidität (Quelle: Deutsche Bundesbank)

Es gibt folgende Arten des Tenderverfahrens:

- Mengentender
- Zinstender

Beim Mengentender legt die EZB den Zinssatz fest, zu dem Gebote (Beträge) der Kreditinstitute angenommen werden.

Bei einer Überzeichnung des Höchstbetrages werden die Gebote der Kreditinstitute anteilig zugeteilt.

Beispiel: *Zinssatz* *3 %*
Höchstbetrag *10.000 Millionen Euro*
Summe der Gebote *50.000 Millionen Euro*
Jedes Kreditinstitut, das geboten hat, erhält 20 % seines Gebotes zugeteilt.

Der Mengentender gewährleistet die **Zinsführerschaft der EZB.** Wird durch die Gebote der Kreditinstitute die Mengenvorstellung der EZB nicht erreicht, leidet die Kreditwirtschaft bald unter Liquiditätsschwierigkeiten. Diese müssen dann durch teure Kredite behoben werden.

Beim Zinstender geben die Kreditinstitute Gebote ab, die sowohl den Zinssatz als auch den Betrag beinhalten.

Die EZB legt intern, d. h. ohne die Bieter zu informieren, einen Höchstbetrag fest. Bei einer Überzeichnung werden die Gebote in der Reihenfolge der Zinsgebote befriedigt.

Beim **Zinstender,** den die EZB in der Regel einsetzt, können die Zinserwartungen der EZB von den Zinsgeboten der Kreditinstitute abweichen. Die EZB übt dann mithilfe der Zuteilungsmenge Druck auf die Liquidität der Banken aus und zwingt sie somit ihren Zinsvorstellungen zu folgen.

Durch längerfristige Refinanzierungsgeschäfte wird ebenfalls Liquidität gegen Verpfändung von Wertpapieren zugeführt. Es sind dies Dreimonatskredite, die ebenfalls im Tenderverfahren ausgeschrieben und in monatlichen Abständen angeboten werden. Was die Fristigkeit anbelangt, so ersetzen diese Geschäfte die **frühere Diskontpolitik** der Bundesbank.

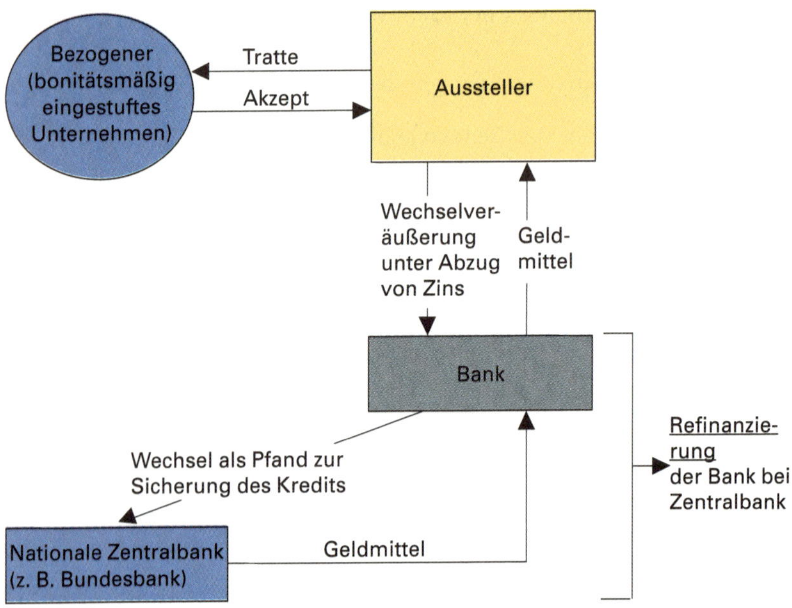

Die Banken können **Wechsel** ohne Mengenbeschränkung **als Pfand** (als Sicherheiten) bei der Bundesbank **zur Refinanzierung** einsetzen. Auch in der Währungsunion können nämlich die Unternehmen ihre Wechsel bei der Bank veräußern. Die Bundesbank kauft diese Wechsel zwar nicht mehr im Rediskontverfahren an, aber sie nimmt sie als Pfand von den Banken entgegen. Infrage kommen allerdings nur Wechselforderungen von solchen Unternehmen, welche die Bundesbank anhand der Jahresabschlüsse als **„notenbankfähig"** eingestuft hat. Die Obergrenze für die Restlaufzeit der refinanzierungsfähigen Wechsel wurde von 3 auf **6 Monate** erhöht. Den Einzug der fällig gewordenen Wechsel übernimmt die Landeszentralbank (LZB) kostenfrei für die einreichende Bank.

6.10.3.3.2 Ständige Fazilitäten

Fazilität ist eine Kreditmöglichkeit, die bei Bedarf in Anspruch genommen wird.

Spitzenrefinanzierungsfazilität

Bei der **Spitzenrefinanzierungsfazilität** handelt es sich um einen Übernachtkredit, der einem Kreditinstitut gewährt wird. Hat zum Beispiel eine Geschäftsbank am Tagesschluss einen kurzfristigen Geldbedarf, so kann sie sich eine bestimmte Summe zu einem festen Zinssatz bei ihrer Zentralbank gegen Sicherheiten (Wertpapiere oder Wechsel) ausleihen. Dabei gibt es keine Höchstgrenzen. Dieses Instrument gleicht dem früheren Lombardkredit (Zinssatz 2003 3,5 %).

Einlagefazilität

Hat eine Geschäftsbank am Tagesschluss überschüssige Liquidität, so kann sie diese bei der Zentralbank über Nacht, d. h. bis zum nächsten Geschäftstag, anlegen. Der **Zinssatz für den Übernachtkredit** stellt die **Obergrenze des Zinssatzes** für Tagesgeld am Geldmarkt dar. Der **Zinssatz für die Einlagefazilität** dagegen stellt die **Untergrenze** dar. Würde der Zinssatz am Geldmarkt darübersteigen, so wird sich jede Bank billiger das Geld über die Zentralbank besorgen als am Markt (z. B. von anderen Banken) ausleihen. Niedrigere Geldmarktzinsen kann es auch nicht geben, weil jede Bank bei ihrer Zentralbank das Geld billiger erhält als am Markt. Diese beiden Zinssätze bilden den so genannten Korridor für die Zinsentwicklung am Geldmarkt (Zinssatz 2003 1,5 %).

6.10.3.3.3 Mindestreservepolitik

Die Kreditinstitute sind verpflichtet einen vom EZB-Rat festgesetzten Prozentsatz der Einlagen sowie der aufgenommenen kurz- und mittelfristigen Kredite als Guthaben beim ESZB zu unterhalten.

Die Wirkung ist die folgende: Die beim ESZB zu unterhaltenden Guthaben können von den Kreditinstituten nicht mehr für die Kreditgeschäfte eingesetzt werden. Der Mindestreservesatz wird von der EZB **variiert**. Damit besitzt das ESZB einen **zweiten geldpolitischen Hebel,** um die Geldschöpfung der Kreditwirtschaft zu steuern. Zu Beginn der Währungsunion setzte der EZB-Rat den Mindestreservesatz auf 2 % fest.

Der **Mindestreservesatz** wird berechnet von

- täglich fälligen Einlagen,
- Einlagen mit vereinbarter Laufzeit von bis zu 2 Jahren,

- Einlagen mit vereinbarter Kündigungsfrist von bis zu 2 Jahren,
- ausgegebenen Schuldverschreibungen mit vereinbarter Laufzeit von bis zu 2 Jahren und
- Geldmarktpapieren.

Die Mindestreserve der Kreditinstitute wurde 2003 von der EZB mit ca. 2,75 % **verzinst**.

Gehen wir, um die Wirkungsweise der Mindestreservepolitik zu verstehen, von einem **Beispiel** aus: Herr Müller zahlt bei der X-Bank 2.000,00 € auf sein Gehaltskonto ein. Nehmen wir an, die X-Bank muss 10 % der Einlage als Mindestreserve auf ihr Girokonto bei der Landeszentralbank überweisen.

Durch die Mindestreserve wird dem Bankensystem Liquidität entzogen.

Dadurch, dass die X-Bank 200,00 € auf ihrem Girokonto bei der LZB unterhalten muss, kann sie nicht mehr 2.000,00 € als Kredit vergeben, sondern nur noch 1.800,00 €. Die Tatsache, dass die X-Bank aus einer Einlage von 2.000,00 € einen Kredit von 1.800,00 € machen kann, bezeichnet man als **Buchgeldschöpfung.**

Durch die Mindestreserve werden die Möglichkeiten der Geschäftsbanken, Buchgeld zu schöpfen, beeinflusst.

Frau Huber nimmt bei der X-Bank einen Kredit über 1.800,00 € auf, den sie natürlich verzinsen muss (Sollzinsen). Die Höhe der Zinsen hängt ab von der Höhe der

- Mindestreserve,
- Zinsen, die die Bank an Herrn Müller als Habenzinsen zahlen muss
- Kosten der Bank,
- Gewinnerwartung der Bank,
- Zinssätze von Konkurrenzbanken.

Berücksichtigen wir **nur die Habenzinsen,** die Herr Müller erhält, so können wir eine **Mindestverzinsung des Kredits** errechnen:

- Habenzinsen an Herrn Müller: 3 % von 2.000,00 €: 60,00 €
- Sollzinsen von Frau Huber: 60,00 €

$$\text{in \%: } \frac{100}{1800} \cdot 60 = 3{,}33\ \%$$

Das bedeutet:

Durch die Mindestreserve wird die Höhe der Sollzinsen (Kreditzinsen) beeinflusst.

Senkt der EZB-Rat die Mindestreservesätze, so
- steigt die Liquidität im Bankensystem;
- steigt die Kreditaufnahme;
- sinken die Kreditzinsen;
- wird die Wirtschaftstätigkeit (Konjunktur) angekurbelt.

Erhöht der EZB-Rat die Mindestreservesätze, so
- sinkt die Liquidität im Bankensystem;
- sinkt die Kreditaufnahme;
- steigen die Kreditzinsen;
- wird die Konjunktur gebremst.

Der EZB-Rat wird demnach
- bei nachlassender oder geringer Wirtschaftstätigkeit die Mindestreservesätze senken,
- in der Hochkonjunktur die Mindestreservesätze erhöhen.

Zusammenfassung

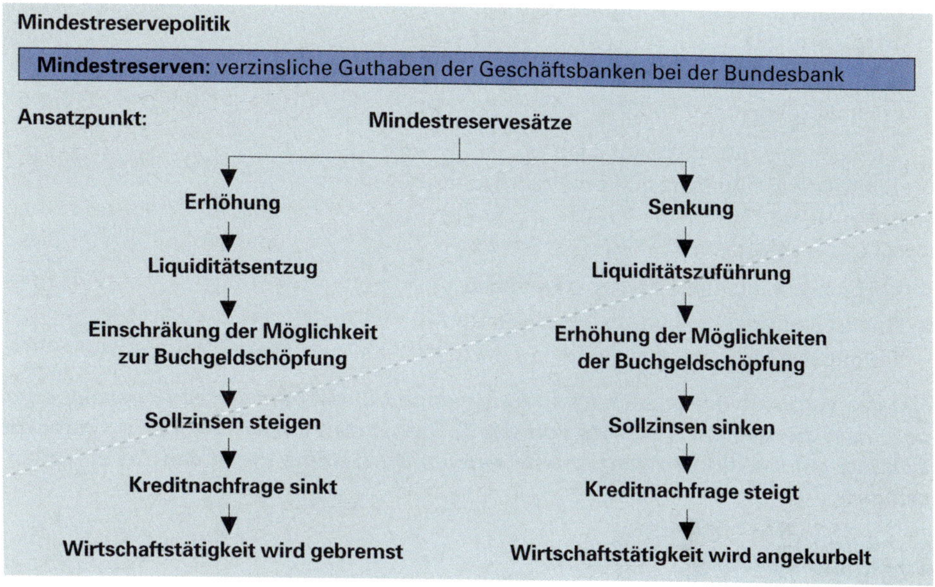

6.10.3.4 Geldmengenbegriffe

Wenn mehr Geld in einer Volkswirtschaft umläuft als Güter und Dienste zum Kauf zur Verfügung stehen, so steigen die Preise, es herrscht Inflation (inflare = aufblähen). Eine gute Messlatte, um die Inflationsgefahr zu messen, stellt die **Geldmenge** in der EWU dar.

Unter Geldmenge versteht man das von Unternehmen, Privathaushalten und staatlichen Stellen gehaltene Bar- und Buchgeld.

Guthaben der Banken untereinander oder einer Bank beim ESZB fallen nicht unter den Begriff „Geldmenge“, weil sie nicht regelmäßig für Güterkäufe verwendet werden.

Zu den Aufgaben der EZB gehört es, die **Geldmenge zu steuern.** Es kann aber nur etwas gesteuert werden, wenn

- ein **Ziel** festgelegt worden ist (Soll),
- die **Wirklichkeit** anhand von Indikatoren gemessen wird,
- die Abweichungen des Soll vom Ist ermittelt wird **(Soll-Ist-Vergleich).**

Jährlich legt der Rat der EZB das **Ziel** fest: Er beschließt, in welchem Umfang die **Geldmenge** in den kommenden 12 Monaten **steigen** soll. Dabei geht er von folgenden **Überlegungen** aus:

- Wie wird in den kommenden 12 Monaten das reale Produktionspotenzial (Produktionskapazität) wachsen **(erwartetes Wachstum des Produktionspotenzials)**?
- Wie hoch wird der **unvermeidliche Preisanstieg** sein?
- Wie entwickelt sich die **Umlaufgeschwindigkeit des Geldes** mittelfristig?

Als Ergebnis wird das **Ziel der Geldmenge** festgelegt. Als **Indikator** verwendet die EZB die **Geldmenge M3 (Geldvolumen M3),** die sich wie folgt errechnet:

Bargeldumlauf
+ Sichtguthaben
= Geldmenge M1
+ Einlagen mit Laufzeit bis zu 2 Jahren
+ Einlagen mit Kündigungsfrist bis zu 3 Monaten
= Geldmenge M2
+ Repogeschäfte[1]
+ Geldmarktfondanteile, Geldmarktpapiere
+ Bankschuldverschreibungen bis zu 2 Jahren
= Geldmenge M3

Hat der Vergleich der tatsächlichen Geldmenge M3 mit dem Geldmengenziel ergeben, dass sie sich nicht so, wie von der EZB erwartet, entwickelt hat, so setzt die EZB ihre geldpolitischen Instrumente ein, um die Geldmenge in das Ziel zurückzubringen.

Zusammenfassung

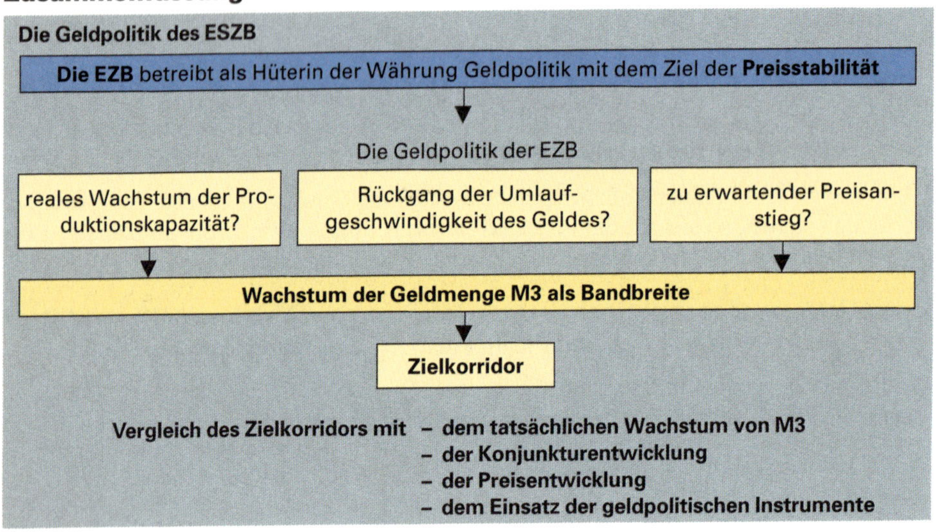

Aufgaben

1. Beschreiben Sie die geldpolitischen Instrumente der EZB.
2. Das Wirtschaftswachstum soll gebremst werden. Welche Maßnahmen wird die EZB ergreifen?
3. Aufgrund welcher Überlegungen legt die EZB das Geldvolumen fest?
4. Beschreiben Sie das Mengen- und das Zinstenderverfahren.
5. Welche Hebel besitzt die EZB, um das Bankensystem mit Liquidität zu versorgen?

1 Repogeschäft: Verkauf von Wertpapieren gegen Geldmittel mit der gleichzeitigen Vereinbarung, Wertpapiere gleicher Art und Menge zu einem zukünftigen Termin mit einem festgesetzten Preis zurückzukaufen.

6.10.4 Fiskalpolitik

6.10.4.1 Begriffe

Der Staat hat in einer Gesellschaft wie der Bundesrepublik Deutschland vielfältige Aufgaben zu übernehmen. Er hat z. B.

- die öffentliche Sicherheit zu gewährleisten,
- Einrichtungen im Bildungs- und Kulturbereich zu schaffen,
- Verkehrswege zu erschließen,
- die Gerichtsbarkeit zu gewährleisten,
- Vermögen umzuverteilen.

Zur Erfüllung seiner Aufgaben benötigt der Staat Einnahmen. Einnahmen und Ausgaben werden im öffentlichen Haushalt gegenübergestellt. Die Haushalte von Bund, Ländern und Gemeinden nehmen über ihre Einnahmen und Ausgaben am gesamtwirtschaftlichen Geschehen teil.

Die Finanzwissenschaft untersucht die Wirtschaft der öffentlichen Hand. Die Finanzpolitik zeigt geeignete Wege und Mittel des Staates, um mithilfe seiner Einnahmen und Ausgaben bestimmte Ziele zu erreichen. Der Teil der Finanzpolitik, der sich die Beeinflussung der Konjunktur zum Ziel setzt, wird als Fiskalpolitik[1] bezeichnet.

6.10.4.2 Der Staatshaushalt

Im Haushaltsplan stellt der Staat (Bund, Länder und Gemeinden) im Voraus für jedes Jahr die zu erwartenden Ausgaben und Einnahmen gegenüber. Ehe der Haushaltsplan als Gesetz verabschiedet wird, müssen die Parlamente über ihn beraten.

Die Einnahmen und Ausgaben des Staates werden in **ordentliche** und **außerordentliche** unterteilt und im Haushalt gegenübergestellt.

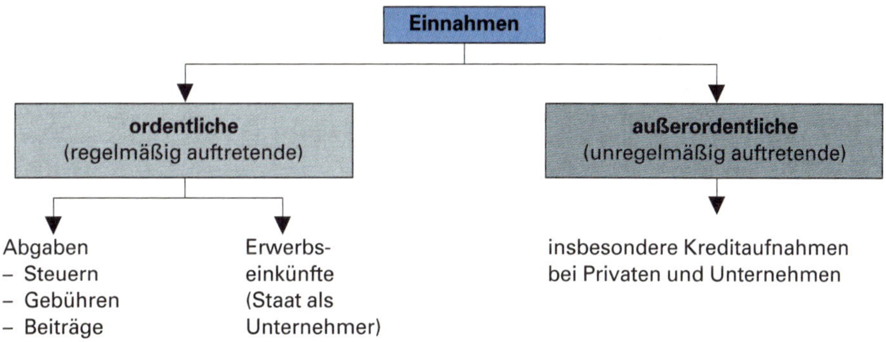

Steuern sind Zwangsabgaben, die natürliche und juristische Personen laufend oder einmalig an den Staat zahlen, ohne dass sie dafür eine direkte Gegenleistung erhalten.

Weitere **Abgaben,** durch die der Staat Einnahmen erzielt, sind:

- **Gebühren,** die für die **Inanspruchnahme** öffentlicher Dienstleistungen zu zahlen sind (z. B. Gebühr für den Kindergarten, die Müllabfuhr, die Ausstellung eines Reisepasses, die Leistungen der Gerichte);

1 Fiskus (lat. = Geldkorb): Bezeichnung des Staates als Wirtschaftseinheit, die Einnahmen und Ausgaben tätigt und Staatsvermögen verwaltet. Fiskalpolitik wird auch als Sammelbegriff für fiskalische und monetäre Maßnahmen des Staates im Dienste der Konjunkturpolitik bezeichnet.

- **Beiträge,** d. h. einmalige oder wiederkehrende Leistungen zur Finanzierung gemeinschaftlicher Einrichtungen, die der Beitragspflichtige möglicherweise in Anspruch nimmt (z. B. Erschließungsbeiträge der Grundstückseigentümer, Beiträge zur gesetzlichen Sozialversicherung, Kurtaxe, Rundfunk- und Fernsehbeitrag, Beiträge zur Industrie- und Handelskammer);
- **Verwaltungsabgaben** (z. B. Geldstrafen, Bußgelder).

Daneben gibt es noch eine Reihe steuerähnlicher **Sonderabgaben,** deren Aufkommen sich jährlich auf mehr als 5 Mrd. € beläuft. Beispiele für Sonderabgaben sind:

- berufsgenossenschaftlicher Ausgleich,
- Zuckerabgabe (Produktion, Lagerung),
- Insolvenzgeld-Pauschale,
- Abwasserabgabe,
- Schwerbehindertenabgabe,
- Fehlbelegungsabgabe.

Auch aus Unternehmungen der **öffentlichen Hand erhält der Staat Einkünfte.** So überweisen die Bundesbank, aber auch Stadtwerke zum Teil beträchtliche Gewinne an die öffentlichen Kassen.

Ausgaben

ordentliche

nach Sachgebieten gegliedert:
- Sachaufwand
- Personalaufwand
- Sozialleistungen
- Subventionen
- Schuldendienst

außerordentliche

insbesondere für Katastrophenschäden

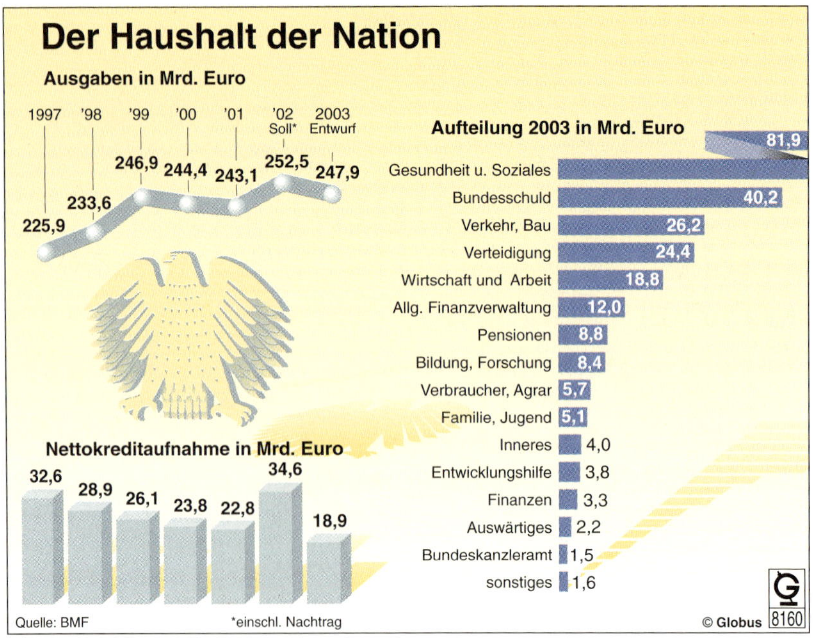

6.10.4.3 Überblick über die Steuerarten

Die Steuern lassen sich nach mehreren Gesichtspunkten einteilen:

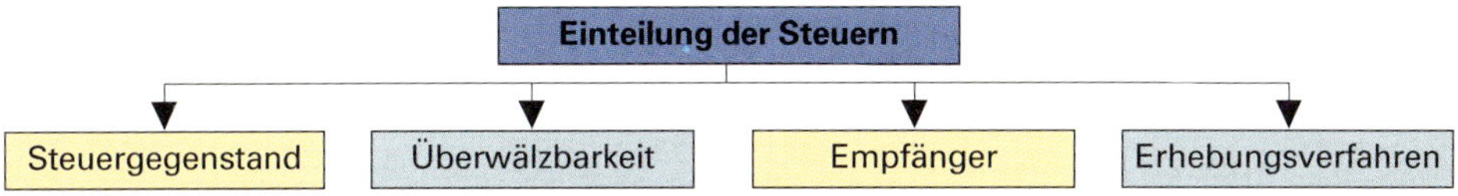

Einteilung der Steuern nach dem Steuergegenstand

Steuern		
Besitzsteuern	**Verbrauchsteuern**	**Verkehrsteuern**

Personensteuern
– Einkommensteuer
  – veranlagte Einkommensteuer
  – Lohnsteuer
  – Kapitalertragsteuer
  – Zinsabschlagsteuer
– Körperschaftsteuer
– Erbschaftsteuer
– Kirchensteuer
– Solidaritätszuschlag
Realsteuern
– Grundsteuer
– Gewerbesteuer
– Hundesteuer
	– Mineralölsteuer
	– Tabaksteuer
	– Biersteuer
	– Branntweinsteuer
	– Zölle
		– Umsatzsteuer
		– Grunderwerbsteuer
		– Versicherungsteuer
		– Kraftfahrzeugsteuer
		– Lotteriesteuer

Besitzsteuern sind

- **Personensteuern (Subjektsteuern),** die von natürlichen oder juristischen Personen erhoben werden, weil ihnen Einkommen zufließt oder weil sie über ein Vermögen verfügen,
- oder **Realsteuern (Objektsteuern),** die von Personen dafür bezahlt werden müssen, weil sie **bestimmte Sachen** besitzen.

Verbrauchsteuern werden auf den Verbrauch bestimmter Waren (z. B. von Genussmitteln, Benzin) erhoben. Zu den Verbrauchsteuern können die Zölle gerechnet werden.

Mit den **Verkehrsteuern** wird der Warenumsatz und der Umschlag bestimmter Werte (z. B. Grundstücke) belastet.

Einteilung nach der Überwälzbarkeit

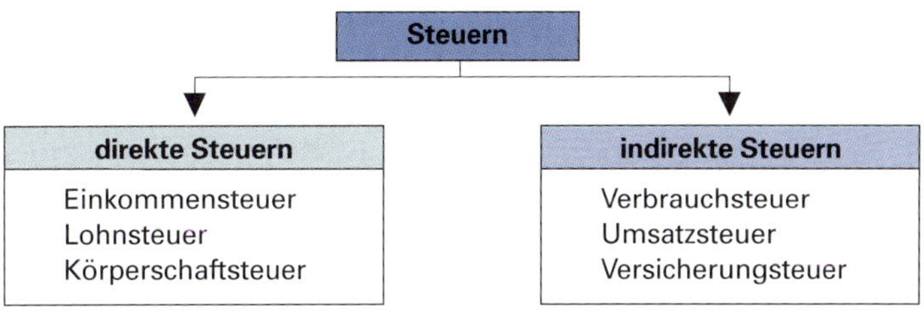

Direkte Steuern werden vom Steuerschuldner erhoben und sind von diesem auch zu tragen. Der Steuerschuldner zahlt diese Steuern direkt an den Steuergläubiger, das Finanzamt. Eine Ausnahme bildet die Lohnsteuer, die der Einfachheit halber vom Arbeitgeber einbehalten und an das Finanzamt überwiesen wird; jedoch erfolgt die Endabrechnung direkt zwischen dem Steuerschuldner und dem Finanzamt durch die Einkommensteuererklärung.

Indirekte Steuern sind Bestandteile der Güterpreise; sie werden von den Unternehmen vereinnahmt und an den Steuergläubiger weitergeleitet. Der Steuerpflichtige merkt von der Besteuerung nichts.

Einteilung nach dem Empfänger (Art. 106 GG)

Die Steuern fließen

- ausschließlich dem Bund zu **(Bundessteuern),**
- ausschließlich den Ländern zu **(Ländersteuern),**
- ausschließlich den Gemeinden zu **(Gemeindesteuern)**

oder sie werden zwischen den Gebietskörperschaften (Bund, Länder, Gemeinden) aufgeteilt **(Gemeinschaftsteuern).** Die Verteilungsschlüssel gehen aus der Abbildung auf dieser Seite hervor.

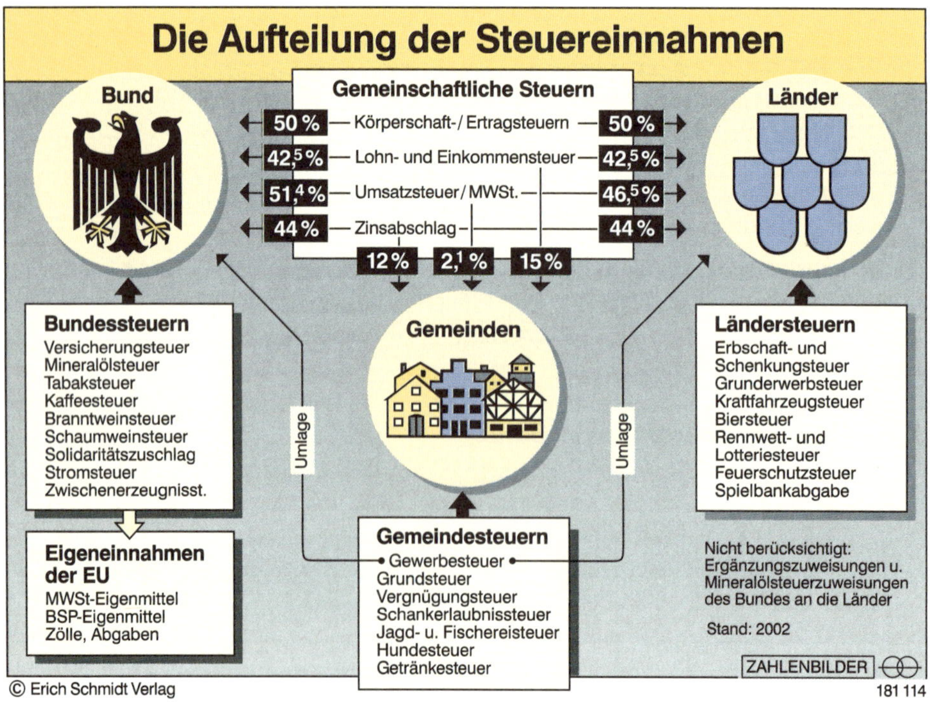

Einteilung der Steuern nach dem Erhebungsverfahren

Steuererhebung

Abzugsverfahren	Veranlagungsverfahren
- Lohnsteuer - Kapitalertragsteuer - Körperschaftsteuer (ausgeschüttete Gewinne) - Zinsabschlagsteuer	- Einkommensteuer - Gewerbesteuer - Körperschaftsteuer (einbehaltene Gewinne)

Beim **Abzugsverfahren** wird dem Empfänger des Einkommens nur der Nettobetrag ausgezahlt: Bei der Lohnsteuer z. B. errechnet der Arbeitgeber die Steuerschuld, zieht sie vom Bruttoeinkommen ab und überweist die Steuerschuld direkt an das Finanzamt. Nach Ablauf des Kalenderjahres kann der Steuerpflichtige im Rahmen der Einkommensteuererklärung direkt mit dem Finanzamt abrechnen und überzahlte Beträge zurückfordern. Dieses Verfahren wurde aus Vereinfachungsausgleichs- und Sicherheitsgründen gewählt, um Steuerehrlichkeit zu erzielen.

Beim **Veranlagungsverfahren** macht der Steuerpflichtige auf amtlichen Formularen eine Steuererklärung. Anhand der Steuererklärung errechnet das Finanzamt die Steuerschuld (Veranlagung). Der Steuerpflichtige erhält einen **Steuerbescheid.** Personen, die am Veranlagungsverfahren teilnehmen, leisten in der Regel **vierteljährliche Steuervorauszahlungen,** die dann mit der Steuerschuld aus der Veranlagung verrechnet werden.

6.10.4.4 Gesamtwirtschaftliche Wirkungen der Steuerpolitik

Der Staat erlässt Steuergesetze und macht somit Steuerpolitik. Er kann über seine Steuergesetze zum Beispiel Einfluss auf die Einkommen seiner Bürger nehmen, die Wettbewerbsfähigkeit der Unternehmen beeinflussen, die wirtschaftliche Situation der Familien verbessern, wirtschaftsschwache Gebiete finanziell fördern, Umweltschutz betreiben, den Wirtschaftsablauf beeinflussen und vieles andere mehr. Im Kern verfolgt der Staat mit seiner Steuergesetzgebung folgende Ziele:

Ziele der Besteuerung

fiskalische	verteilungs- und sozialpolitische	wirtschafts- und finanzpolitische

Fiskalische Ziele

Der Staat benötigt Steuereinnahmen zur Deckung seiner vielfältigen Aufgaben. Je besser er den Bedarf der Bürger nach öffentlichen Gütern (z. B. Gesundheitswesen, Bildungswesen, Umwelt, Sicherheit) deckt, umso zufriedener sind sie. Andererseits kann der Staat kein Interesse daran haben, durch eine übermäßig hohe Steuerbelastung der Bürger und Unternehmen deren Leistungswillen zu schmälern.

Verteilungs- und sozialpolitische Ziele

Zur Förderung der sozialen Gerechtigkeit versucht der Staat eine Umverteilung von Einkommen und Vermögen zwischen sozial starken und sozial schwächeren Schichten der Bevölkerung vorzunehmen. Grundsätzlich geht der Staat bei der Besteuerung von dem **Prinzip der Leistungsfähigkeit** aus. Die **direkte Besteuerung** richtet sich nach den Einkommens- und Vermögensverhältnissen. Bezieher höherer Einkommen müssen mehr Steuern zahlen als Steuerpflichtige mit niedrigen Einkommen. Beim derzeitigen **progressiven Einkommensteuertarif** nimmt die Höhe der Steuerbelastung mit der Höhe des Einkommens sogar überproportional zu. Bei den **indirekten Steuern** (z. B. Umsatzsteuer, Verbrauchsteuern) werden Bürger mit niedrigen Einkommen **relativ hoch belastet,** was unsoziale Auswirkungen hat. Andererseits hat eine **niedrigere direkte Besteuerung** den Vorteil, dass der Einkommensbezieher für Verbrauchsausgaben mehr Geld zur Verfügung hat.

In den letzten Jahren ist das **steuerliche Existenzminimum** aufgestockt worden. Steuerpflichtige, deren Bezüge eine bestimmte Grenze nicht **überschreiten,** brauchen **keine Einkommensteuer** zu zahlen. Auch Kinderfreibeträge tragen zur **Steuerentlastung der Familien** bei. In die gleiche Richtung zielen der Haushaltsfreibetrag, der Ausbildungsfreibetrag, das Baukindergeld und der Pflegepauschbetrag.

Wirtschafts- und finanzpolitische Ziele

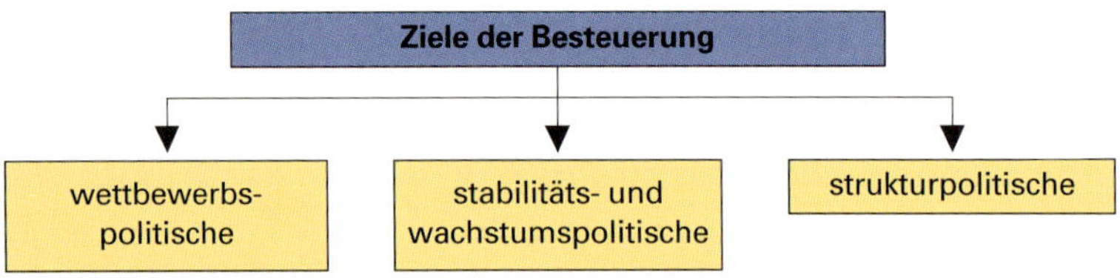

Wettbewerbspolitische Ziele: Die Steuerpolitik muss darauf achten, dass die steuerliche Belastung von inländischen Unternehmen sich dem internationalen Wettbewerb anpasst. Dabei ist die steuerliche Belastung von Auslandsunternehmen als Vergleich heranzuziehen. Die **Gewinne** der Unternehmen unterliegen der **Einkommensteuer** bzw. der **Körperschaftsteuer** (bei juristischen Personen wie z. B. der AG, der GmbH) und der **Gewerbeertragsteuer.**

Stabilitäts- und wachstumspolitische Ziele: Über die Steuerpolitik kann der Staat die konjunkturelle Entwicklung der Wirtschaft beeinflussen. Nach dem **Stabilitätsgesetz** hat es der Staat in der Hand,

- die **Einkommen- und Körperschaftsteuer** für die Dauer eines Jahres um maximal 10 % zu erhöhen oder zu senken,
- einen **Konjunkturzuschlag** (rückzahlbar) zur Einkommen- und Körperschaftsteuer zu erheben (§ 26 Abs. 3 StabG),
- **Abschreibungsvergünstigungen** zu gewähren oder aufzuheben (§ 26 Abs. 2 StabG),
- einen **Investitionsbonus** (§ 27 StabG) zur Belebung der Investitionstätigkeit zu gewähren.

Steuererleichterungen bieten eine Möglichkeit, das Wirtschaftswachstum zu beschleunigen. Nach Abzug aller Steuern sollte den Unternehmen ein ausreichender Gewinn übrig bleiben,

- um Erweiterungsinvestitionen vorzunehmen,
- Arbeitsplätze zu schaffen und
- Rücklagen zu bilden.

Eine zu starke Besteuerung der Unternehmen engt ihren finanziellen Spielraum ein und ermuntert sie dazu, Investitionen im Ausland vorzunehmen. Hinzu kommt, dass zu hohe Steuersätze ausländische Investoren abschrecken.

Strukturpolitische Ziele: Einer der Schwerpunkte der Steuerpolitik ist die steuerliche Förderung des wirtschaftlichen Aufbaus in den **neuen Bundesländern.** Die Steuergesetzgebung hat erhebliche Steuererleichterungen bewilligt, um den wirtschaftlichen Strukturwandel in den neuen Ländern zu erleichtern. Grundlagen für die Förderung bilden

- **das Gesetz über Sonderabschreibungen und Abzugsbeträge im Fördergebiet (Fördergebietsgesetz) und**
- **das Investitionszulagengesetz.**

Investitionszulagen gewährt das Finanzamt auf Antrag bei Ausrüstungsinvestitionen durch das verarbeitende Gewerbe und das Handwerk. Begünstigte Investitionen sind die Anschaffung und Herstellung von neuen abnutzbaren Gütern des Anlagevermögens (z. B. Maschinen). Ausgenommen sind geringwertige Wirtschaftsgüter, Personenkraftwagen und Luftfahrzeuge.

Sonderabschreibungen können für bewegliche und unbewegliche (z. B. Bauten) abnutzbare Anlagegüter vorgenommen werden. Basis sind die Anschaffungs- bzw. Herstellkosten. Allerdings ist die Regelung zeitlich begrenzt.

6.10.4.5 Das klassische Haushaltsprinzip

Nach dieser Auffassung ist der Haushalt des Staates stets **ausgeglichen,** d. h., die Steuereinnahmen entsprechen in ihrer Höhe den Staatsausgaben. Das bedeutet, dass

- in der **Hochkonjunktur** die vermehrten Steuereinnahmen zu höheren Staatsausgaben führen,
- in der **Depression** die gesunkenen Steuereinnahmen sinkende Staatsausgaben nach sich ziehen.

Man bezeichnet eine solche Finanzpolitik als **prozyklisch,** weil sie in einem Fall die Hochkonjunktur weiter anheizt und im anderen Fall die depressive Phase verstärkt.

Das klassische Haushaltsprinzip führte die deutsche Wirtschaft Anfang der Dreißigerjahre noch tiefer in die Krise. Als während der Weltwirtschaftskrise 1929 bis 1932 die Arbeitslosenquote auf 25 % stieg und das Volkseinkommen und damit die Steuereinnahmen drastisch zurückgingen, senkte die Reichsregierung die Staatsausgaben.

6.10.4.6 Die Theorie von Keynes

Der britische Nationalökonom John Maynard Keynes (1883 – 1946) vollzog die Abkehr vom ausgeglichenen Staatshaushalt. Abweichend vom klassischen Haushaltsprinzip sollten nach seiner Theorie die Staatseinnahmen je nach Konjunkturzyklus mal größer oder kleiner als die Staatsausgaben sein. Seine Gedanken, die 1967 in das Stabilitätsgesetz aufgenommen wurden, beruhen auf der folgenden Theorie:

Das Niveau der Beschäftigung und des Volkseinkommens wird von der Höhe der gesamtwirtschaftlichen Nachfrage bestimmt.

Nachfrage der Unternehmer nach Investitionsgütern nimmt wegen verringerter Gewinnerwartung ab.

↓

Höhe der Investitionsgüterproduktion sinkt.

↓

Rückgang der Beschäftigung in der Investitionsgüterindustrie.

↓

Volkseinkommen verringert sich.

↓

Ausgaben der Haushalte für privaten Konsum gehen zurück.

↓

Nachfrage nach Konsumgütern schrumpft.

↓

Höhe der Konsumgüterproduktion sinkt.

↓

Rückgang der Beschäftigung in der Konsumgüterindustrie.

↓

Weiteres Absinken des Volkseinkommens.

↓

Gesamtwirtschaftliche Nachfrage und gesamtwirtschaftliches Angebot gleichen sich auf einem Produktionsniveau aus, bei dem **Unterbeschäftigung** herrscht.

Ob die Exportnachfrage in diesem Prozess zu- oder abnimmt, hängt u. a. von der wirtschaftlichen Situation des Auslands selbst ab.

Nach Keynes reichen die **Selbstheilungskräfte** der Volkswirtschaft nicht aus, um **automatisch** aus dem Zustand der **Dauerarbeitslosigkeit** herauszufinden. Die gesamtwirtschaftliche Nachfrage kann nach der Keynes'schen Theorie über die **ökonomische Tätigkeit des Staates** gesteigert werden, sodass sie dem Ziel der Vollbeschäftigung entspricht. Ein umgekehrter, sich verstärkender Prozess würde beginnen.

Ziel der Fiskalpolitik muss es sein, über eine Steigerung der gesamtwirtschaftlichen Nachfrage das gesamtwirtschaftliche Gleichgewicht zu erreichen.

6.10.4.7 Antizyklische Fiskalpolitik

Die gesamtwirtschaftliche Nachfrage kann gesteuert werden, indem

- die Gebietskörperschaften ihre eigenen Ausgaben verändern,
- die Nachfrage der privaten Unternehmen und
- die Nachfrage der privaten Haushalte

über Steuer- und Transferzahlungen beeinflusst wird.

Man spricht von antizyklischer Fiskalpolitik, wenn der Staat seine Einnahmen und Ausgaben zur Dämpfung konjunktureller Schwankungen einsetzt.

Konjunkturschwankungen äußern sich auf zweierlei Weise:

- Die gesamtwirtschaftliche Nachfrage ist **größer** als das gesamtwirtschaftliche Angebot: Der Staat betreibt eine Politik der Nachfragedämpfung, indem er die öffentlichen und privaten Ausgaben drosselt. Haushaltsüberschüsse sind stillzulegen (Tilgung von Schulden oder Bildung einer Konjunkturausgleichsrücklage).
- Die gesamtwirtschaftliche Nachfrage ist **kleiner** als das gesamtwirtschaftliche Angebot: Die fehlende Nachfrage hat der Staat durch die Erhöhung seiner Ausgaben über die Einnahmen auszugleichen. Dabei entstehende Haushaltsdefizite werden durch Kredite ausgeglichen.

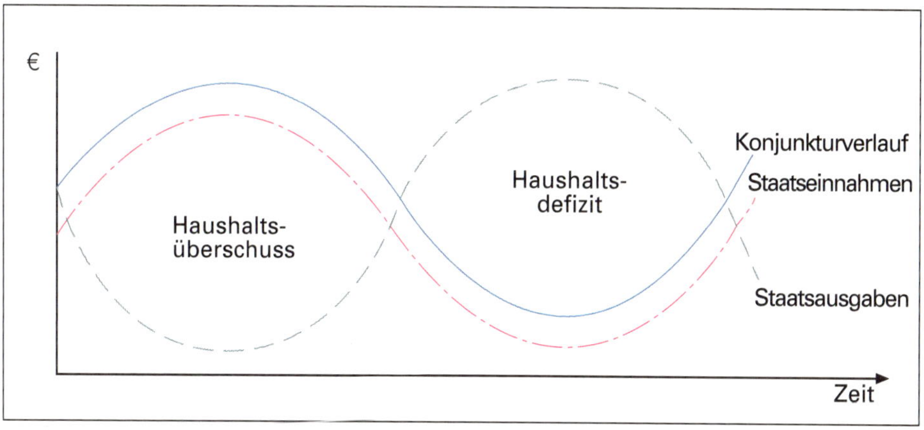

6.10.4.8 Konjunktursteuerung auf der Grundlage des Stabilitätsgesetzes

6.10.4.8.1 Instrumente

§ 1 des Stabilitätsgesetzes verpflichtet Bund und Länder, ihre Haushalts- und Finanzwirtschaft auf gesamtwirtschaftliche Ziele auszurichten.

Zu diesem Zweck bestimmen die §§ 5 – 8 und 14 eine antizyklische Finanzpolitik und die §§ 9 – 11 eine fünfjährige Finanz- und Investitionsplanung.

Zur Beeinflussung der gesamtwirtschaftlichen Nachfrage stellt das Stabilitätsgesetz die folgenden Instrumente zur Verfügung:

- **Ausgabenpolitik**
  - Veränderung der Staatsnachfrage (§ 6 Abs. 1, 2 StabG)
- **Einnahmenpolitik**
  - Veränderung der Einkommen- und Körperschaftsteuer sowie der Abschreibungssätze (§ 26 StabG)
  - Begrenzung und Erweiterung der Kreditaufnahmen (§§ 6 Abs. 3 und 19 StabG)

6.10.4.8.2 Maßnahmen in der Hochkonjunktur

Nach dem StabG können folgende nachfragedämpfende Maßnahmen von der Bundesregierung ergriffen werden:

- **Senkung der Staatsausgaben**

  Die Bundesregierung kann den Bundesfinanzminister ermächtigen
  - „die Verfügung über bestimmte Ausgabemittel,
  - den Beginn von Baumaßnahmen und
  - das Eingehen von Verpflichtungen zulasten künftiger Rechnungsjahre von dessen Einwilligung abhängig zu machen“ (§ 6 Abs. 1 StabG).

  Dadurch frei werdende Mittel sind zur **Schuldentilgung** oder zur Bildung einer **Konjunkturausgleichsrücklage** zu verwenden. Dadurch wird wirksame Nachfrage dem Wirtschaftskreis direkt entzogen. Diese Vorschrift gilt entsprechend für die Länder.
- **Konjunkturausgleichsrücklage**

  Nach § 5 Abs. 2 StabG sollen Haushaltsüberschüsse zur Schuldentilgung sowie zur Überführung in die Konjunkturausgleichsrücklage verwendet werden. Mit der Stilllegung von Steuermehreinnahmen wird die gesamtwirtschaftliche Nachfrage gedrosselt. Die Konjunkturausgleichsrücklage ist bei der Deutschen Bundesbank zinslos anzusammeln und darf nur zur Deckung zusätzlicher Ausgaben verwendet werden (§ 7 StabG).
- **Erhöhung der Einkommen- und Körperschaftsteuer**

  Die Dämpfung der Nachfrage der privaten Haushalte und **Unternehmen** erfolgt durch die Heraufsetzung der Einkommensteuer und Körperschaftsteuer um maximal 10 % für die Dauer eines Jahres (§ 26 Abs. 3 StabG). Eine besondere Form stellt der rückzahlbare Konjunkturzuschlag zur Einkommen- und Körperschaftsteuer dar.

- **Aufhebung von Sonderabschreibungen und erhöhten Absetzungen (§ 26 Abs. 2 StabG)**
  Diese Maßnahme führt zur Abschöpfung von Nachfrage, weil das zu versteuernde Einkommen bzw. der zu versteuernde Gewinn steigt und somit einer höheren Besteuerung unterliegt.

  Beispiele: – *Unternehmen:* *zeitweise Aussetzung der degressiven Abschreibung*
  – *private Haushalte:* *befristete Aufhebung von erhöhten Absetzungen für Ein- und Zweifamilienhäuser und Eigentumswohnungen*

- **Begrenzung der Kreditaufnahme (§ 19 StabG)**
  Zur Abwehr einer Störung des gesamtwirtschaftlichen Gleichgewichts kann die Bundesregierung eine Begrenzung der Kreditaufnahme von Bund, Ländern und Gemeinden anordnen.

6.10.4.8.3 Maßnahmen in der Rezession bzw. Depression

- **Erhöhung der Staatsausgaben**
  Nach § 6 Abs. 2 StabG kann die Bundesregierung bestimmen, dass bei einer Abschwächung der allgemeinen Wirtschaftstätigkeit **zusätzliche** Ausgaben (zusätzlich zu den in den ordentlichen Haushalten beschlossenen Ausgaben) getätigt werden. Die erforderlichen Maßnahmen können in Form von Konjunkturprogrammen getroffen werden, wie sie zur Überwindung der Rezessionen 1967/68 und 1974/75 abgewickelt wurden (z. B. **Vergabe** von staatlichen Aufträgen an private Wirtschaftsunternehmen wie Bauindustrie, Elektroindustrie, **Subventionen** für den sozialen Wohnungsbau, **Transferzahlungen** wie Kindergeld, Renten).

- **Die Finanzierung zusätzlicher öffentlicher Ausgaben**
  erfolgt
  - aus der Konjunkturausgleichsrücklage (§ 7 StabG),
  - durch Kreditaufnahmen bei der Bundesbank (aber nur kurzfristig und in begrenztem Umfang).

  Die Politik des Verschuldens des Staates zum Zweck der Konjunkturförderung bezeichnet man als **Deficitspending.** Mit den nicht durch Einnahmen gedeckten Staatsausgaben erwartet der Staat, dass über die Ankurbelung der Wirtschaft die zukünftigen Einnahmen wieder steigen.

  Durch Deficitspending wird dem Wirtschaftskreislauf eine **zusätzliche nachfragewirksame** Geldmenge zugeführt. In einer unterbeschäftigten Wirtschaft entsteht keine Inflationsgefahr.

- Nach § 11 StabG sind bei abschwächender Wirtschaftstätigkeit **Investitionsvorhaben beschleunigt** zu planen und kurzfristig durchzuführen.

- **Senkung der Einkommen- und Körperschaftsteuer**
  Nach § 26 Abs. 3 StabG wird die Bundesregierung ermächtigt durch Rechtsverordnung für ein Jahr die erwähnten Steuern um maximal 10 % zu senken. Ziel dieser Maßnahme ist die Erhöhung des verfügbaren Einkommens der Privaten bzw. die Erhöhung des Gewinns der Unternehmen. Der Staat erwartet eine Belebung der Konsum- und Investitionsnachfrage.

- **Investitionsbonus (§ 27 StabG)**

Zur Belebung der Investitionstätigkeit kann einem Unternehmen bei Anschaffung oder Herstellung eines Wirtschaftsgutes (z. B. einer Maschine im Wert von 100.000,00 €) ein Abzug von der Körperschaftsteuer bis zur Höhe von 7,5 % der Anschaffungs- oder Herstellkosten gewährt werden (7.500,00 € können von der Steuerschuld abgezogen werden). Der Investitionsbonus ist als eine Art von Geldgeschenk zu verstehen, mit dem Investitionen belohnt werden sollen.

- **Wiedereinführung von Abschreibungsvergünstigungen**
- **Finanzierung der Einnahmeausfälle**

Steuersenkungen, Abschreibungsvergünstigungen und Investitionsboni führen zu Einnahmeausfällen, die durch

- Auflösung der Konjunkturausgleichsrücklage und
- durch Kreditaufnahme bei privaten Haushalten und Unternehmen (durch Ausgabe von Geldmarktpapieren gemäß § 6 Abs. 3 StabG) finanziert werden.

Bei der Bekämpfung der Rezession in den Jahren 1966/67 konnte das Stabilitätsgesetz erfolgreich angewendet werden.

Mithilfe der antizyklischen Haushaltspolitik wird versucht das gesamtwirtschaftliche Gleichgewicht wieder herzustellen. Allerdings kann eine solche Politik über mehrere Konjunkturzyklen hinaus betrieben zu neuen Ungleichgewichten führen.

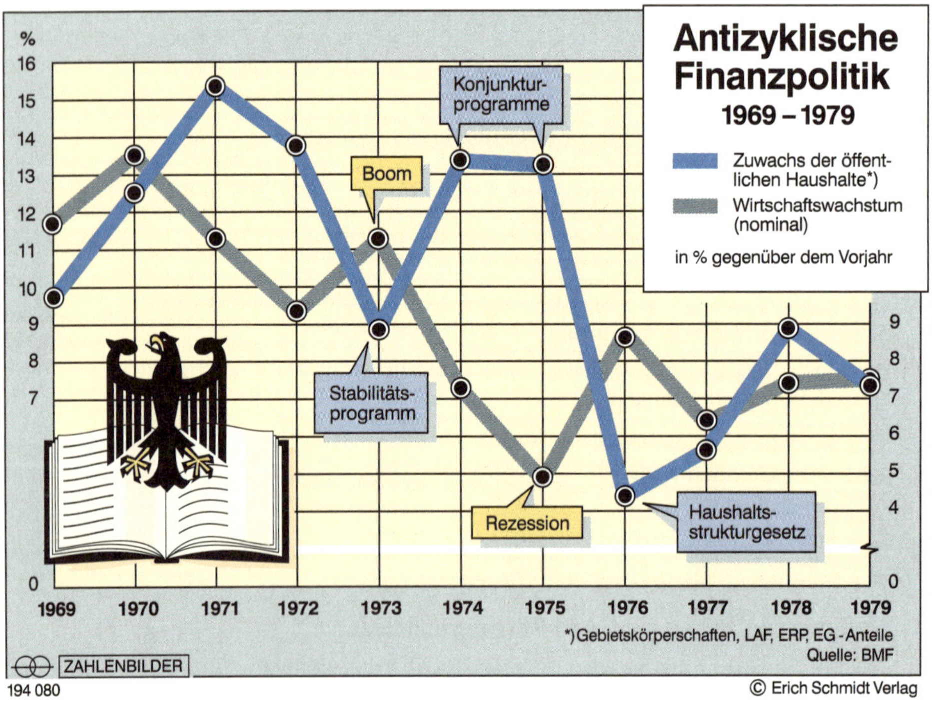

Fundamentale Schwächen zeigte das Gesetz

- in **Hochkonjunkturen,** weil es Instrumente zur Dämpfung zwar vorsieht, aber **nicht vorschreibt.**

- bei **strukturell bedingter Arbeitslosigkeit,** die mit dem Nachfrageinstrumentarium nicht bekämpft werden konnte.
- in beiden **Energiekrisen,** als die Inflations- und Arbeitslosenraten stiegen. Die Instrumente der Globalsteuerungen passten nicht mehr zu den Problemen.

Der Stabilitäts- und Wachstumspakt

Der 1997 von den EU-Mitgliedstaaten beschlossene Stabilitäts- und Wachstumspakt verpflichtet die Bundesrepublik Deutschland

- zu einer dauerhaft soliden Finanz- und Geldpolitik und
- auf mittlere Sicht zu einem nahezu ausgeglichenen Staatshaushalt bzw. zu einem Etatüberschuss.

Ein **jährliches Stabilitätsprogramm** gibt Auskunft über

- den Haushaltssaldo der nächsten Jahre und über
- die voraussichtliche Entwicklung der Schuldenquote.

Ziel des **Stabilitätsprogramms der deutschen Bundesregierung** von Dezember 2002 ist

- der Abbau des jährlichen Staatsdefizits bis zum Jahre 2005 auf 1 % des Bruttoinlandsprodukts und
- die Senkung der Staatsverschuldung von derzeit 61 % auf 59,5 % des BIP bis 2005.

Mit dem Stabilitäts- und Wachstumspakt leisten die Mitgliedstaaten der Europäischen Währungsunion zugleich einen wichtigen Beitrag zur Stabilität der einheitlichen europäischen Währung.

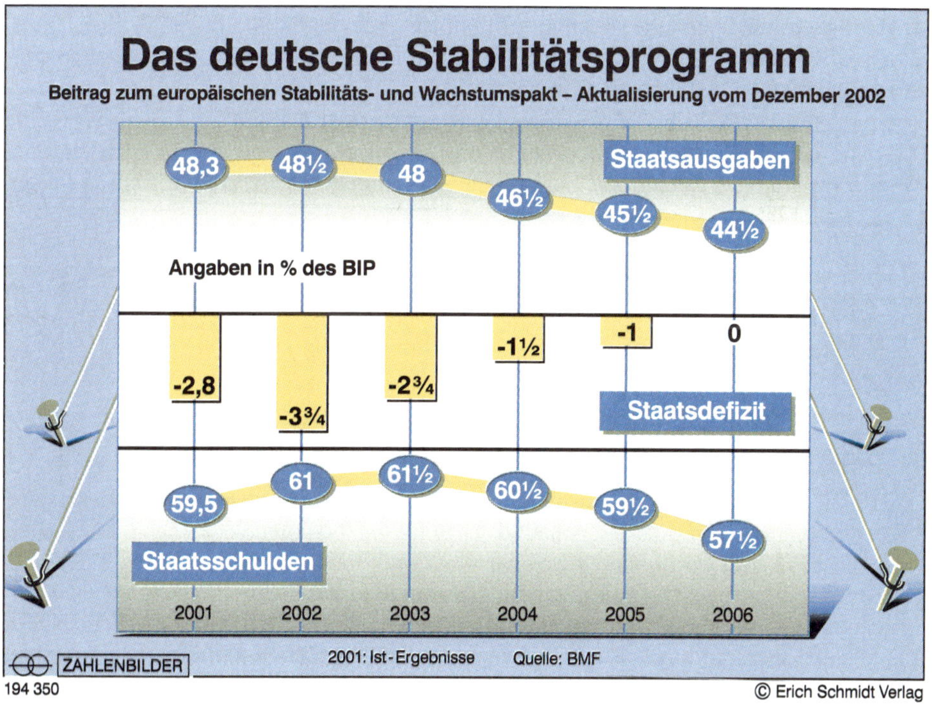

6.10.4.8.4 Probleme der staatlichen Konjunkturpolitik

Die antizyklische Fiskalpolitik stößt in der Bundesrepublik Deutschland bei ihrer Verwirklichung auf eine Reihe von Problemen. Hier einige Beispiele:

1. Der Bundeshaushalt umfasst etwa die Hälfte der Gesamtausgaben der Gebietskörperschaften – der Rest entfällt auf die Länder und Gemeinden. Eine antizyklische Fiskalpolitik des Bundes ist wirkungslos, wenn Länder und Gemeinden **entgegengesetzte** Entscheidungen treffen. Eine **Koordination** der fiskalpolitischen Maßnahmen ist schwierig, zumal die Länder nach Art. 109 Abs. 1 GG in ihrer Haushaltswirtschaft souverän sind (nach § 17 StabG erteilen sich Bund und Länder Auskünfte bei ihrer Finanzplanung).
2. Das Stabilitätsgesetz ordnet in den §§ 9 und 14 für Bund und Länder die Aufstellung eigener Finanzpläne an. Für die **Gemeinden** gelten **keine** entsprechenden Verpflichtungen.
3. Die in § 6 Abs. 2 StabG erwähnten zusätzlichen Ausgaben dürfen nur für Zwecke verwendet werden, die im Finanzplan vorgesehen sind. Das bedeutet, dass zusätzliche Investitionen nicht in Form von **neuen Investitionen** vorgenommen werden dürfen.
4. Konjunkturpolitische Maßnahmen zeigen erst mit einer gewissen **zeitlichen Verzögerung** Wirkung (z. B. die Veränderung der Steuersätze).
5. Antizyklische Fiskalpolitik erfordert die notwendige **Abstimmung** mit der **Geldpolitik** der EZB.
6. Bei den meisten Ausgabeentscheidungen geht der Staat langfristige Verpflichtungen ein. Das bedeutet, dass höhere Ausgaben, die infolge antizyklischer Fiskalpolitik vorgenommen werden, nicht ohne weiteres bei normalisiertem Konjunkturverlauf wieder **rückgängig** gemacht werden können.
7. Der **Spielraum** staatlicher Konjunkturpolitik ist begrenzt, weil über 90 % aller Staatsausgaben in den Haushalten bereits gesetzlich festgelegt sind (z. B. für soziale Sicherung, Verteidigung, Personalaufwendungen).
8. Unter anderem wegen der Schwierigkeit zuverlässiger Konjunkturprognosen ist die **Dosierung** der Investitionsprogramme problematisch. Allgemein wird kritisiert, dass eine Variation der Steuersätze um höchstens 10% zu gering ist, um Wirkung zu zeigen.

6.10.4.9 Fiskalismus und Monetarismus

Das Stabilitätsgesetz mit seinem nachfrageorientierten Instrumentarium bezieht seine theoretische Fundierung aus den Arbeiten des britischen Nationalökonomen J. M. Keynes. Nach dieser Theorie entstehen Ungleichgewichte bei Preisen, Produktion und Beschäftigung durch **Nachfrageschwankungen im privaten Sektor,** die durch veränderte Gewinnerwartungen entstehen. Die fehlende private Nachfrage muss durch die **staatliche Nachfrage** ersetzt werden, um Krisen zu vermeiden. Die staatlichen Konjunkturprogramme werden durch Haushaltdefizite finanziert (Deficitspending).

In den Siebziger- und zu Beginn der Achtzigerjahre entstand zum „Keynesianismus" eine wirtschaftstheoretische **Gegenbewegung,** die auf den Gedanken des amerikanischen Nobelpreisträgers **Milton Friedman** beruhte, der so genannte **Monetarismus.** Die Monetaristen glauben, dass Schwankungen bei Preisen und Beschäftigung auf das abwechselnde Bremsen und Ankurbeln der Konjunktur mithilfe der Geld- und Fiskalpolitik zurückzuführen sind. Nach ihrer Ansicht führt eine **Geldmengenausweitung** gleichzeitig zur **Ausweitung** der gesamtwirtschaftlichen **Nachfrage** und damit zu Fehlentwicklungen. Den Ausweg sehen die Monetaristen in einer strengen Geldmengenregulierung. Die **Geldmenge müsse sich am langfristigen Wirtschaftswachstum („Produktionspotenzial") orientieren.** Geld- und Fiskalpolitik sind nicht mehr konjunkturpolitisch einzusetzen, sondern zu **verstetigen.** Das bedeutet:

- Die Zielgröße des Geldmengenwachstums ist festzulegen, zu verkünden und konsequent einzuhalten. Mit der richtigen Dosierung der Geldmenge betreibt die Notenbank Stabilitätspolitik.
- Ziel der Fiskalpolitik sind niedrige Steuersätze und ausgeglichene Haushalte. Eine Nachfragesteuerung über die Haushalte ist überflüssig.

Wirtschaftswachstum wird nach der Lehre der Monetaristen nicht durch Veränderung der gesamtwirtschaftlichen Nachfrage, sondern über die Angebotsseite verbessert.

6.10.4.10 Angebotsorientierte Wirtschaftspolitik

Die lupenreine Lehre der Monetaristen hat sich weltweit nicht durchgesetzt, weil die Erfahrung lehrte, dass

- auch bei knapper Geldmenge die Nachfrage überhöht sein kann, weil die **Umlaufgeschwindigkeit** des Geldes zunehmen kann,
- die Geldmenge nicht genau **steuerbar** ist: Sind die Banken nicht einer hundertprozentigen Mindestreservepflicht unterworfen, können sie durch Kreditvergabe die Geldmenge ausweiten.

Wichtige Teile der monetaristischen Lehre sind von einigen Ländern der westlichen Welt übernommen worden.

In der Bundesrepublik Deutschland

- ging 1974 die **Deutsche Bundesbank** zur Geldmengensteuerung über; allerdings sehen die Bundesbank und die EZB im Geldmengenziel keine Wunderwaffe, sondern nur **ein** Mittel zur Stabilisierung des Wirtschaftsverlaufes. An der üblichen Aufgabenteilung von Geld- und Fiskalpolitik hat sich nichts geändert.
- gewannen ab 1982 die Gedanken einer **angebotsorientierten Wirtschaftspolitik** Einfluss auf die Entscheidungen der Wirtschaftspolitiker.

Das Konzept der **angebotsorientierten** Wirtschaftspolitik ist als Reaktion auf die damals aufkommende Stagflation (Stagnation plus Inflation) zu verstehen. Die Stagflation konnte weder mit den Ideen der Monetaristen noch mit denjenigen der Fiskalisten erfolgreich bekämpft werden. Sie beruhte auf einer **angebotsbedingten Investitionsschwäche** der Unternehmer. Diese ist dadurch gekennzeichnet, dass die Kosten der Unternehmer (insbesondere die Personalkosten) stärker stiegen als die Produktivität (Kosteninflation). Das führte zu sinkenden Unternehmensgewinnen, deren Folge eine Abnahme der Investitionen war. Die Rezession wurde verstärkt.

Zur **Überwindung der rezessiven Entwicklung** wurden folgende Maßnahmen vorgeschlagen:

- Steuersenkungen, Abschreibungserleichterungen,
- Förderung von zukunftsgerichteten Investitionen,
- schrittweiser Abbau übermäßiger Subventionen,
- Verbesserung der Rahmenbedingungen für die Wirtschaft,
- Kürzung der konsumtiven Ausgaben des Staates,
- Begrenzung des Wohlfahrtsstaates,
- Reprivatisierung von staatlichen Unternehmen,
- Abbau staatlicher Reglementierungen,
- Abbau von Haushaltsdefiziten,
- Begrenzung der jährlichen staatlichen Neuverschuldung.

Kritische Würdigung

Alle Konzepte zur Überwindung konjunktureller Störungen sind in einer Zeit entstanden, in der eine bestimmte Konjunkturlage vorherrschte. Sie können deshalb nicht auf jede spezielle Störung des gesamtwirtschaftlichen Gleichgewichts angewandt werden. In reiner Form wird keines der drei vorgestellten Konzepte in der Wirklichkeit zu finden sein, sondern immer nur eine Kombination aller drei Ansätze. Unter Berücksichtigung der aktuellen wirtschaftlichen Situation werden deshalb konjunkturpolitische Instrumente angewandt, die auf die einzelnen Konzepte zurückgeführt werden können.

Zusammenfassung

Möglichkeiten staatlicher Konjunkturpolitik		
	Einsatz der Instrumente in der Hochkonjunktur	Einsatz der Instrumente in der Rezession bzw. Depression
Maßnahmen	Drosselung der Staatsausgaben Steuererhöhungen Abbau von Steuervergünstigungen Herabsetzung der Abschreibungssätze Abbau von Transferzahlungen, Schuldentilgung, Konjunkturrücklage Beschränkung der Kreditaufnahmemöglichkeit	zusätzliche Staatsausgaben Steuersenkungen Investitionsprämien Erhöhung der Abschreibungssätze Erhöhung von Transferzahlungen Kreditaufnahmen finanzieren Haushaltsdefizit
Auswirkungen	Dämpfung der gesamtwirtschaftlichen Nachfrage ↓ Preisniveaustabilität	Ausweitung der gesamtwirtschaftlichen Nachfrage ↓ Vollbeschäftigung

Probleme staatlicher Konjunkturpolitik
1. **Koordination** finanzpolitischer Maßnahmen 2. mangelnde **Einbindung** der Gemeinden 3. zusätzliche Ausgaben in Form von **neuen** Investitionen nicht möglich 4. **zeitliche** Probleme beim Mitteleinsatz 5. **Abstimmung** zwischen Geld- und Fiskalpolitik 6. **politische** Hemmnisse 7. **geringer Spielraum** der öffentlichen Haushalte 8. **Dosierung** der Mittel

Fiskalismus	Monetarismus
Entstehung von Nachfragelücken im privaten Sektor	enger Zusammenhang zwischen Geldmenge und gesamtwirtschaftlicher Nachfrage
Ausfüllen der Lücke durch staatliche Nachfrage	Steuerung der Geldmenge
Finanzierung durch Haushaltsdefizite	Wachstumsrate der Geldmenge orientiert sich am güterwirtschaftlichen Wachstum (Bruttoinlandsprodukt)
Globalsteuerung	Selbstheilungskräfte des Marktes
nachfrageorientierte Konjunkturpolitik	Wachstum der Wirtschaft durch Verbesserung der Angebotsseite

Aufgaben

1. Erläutern Sie die klassische Haushaltspolitik.
   Warum verstärkte eine solche Politik Anfang der Dreißigerjahre die Depression?
2. Erklären Sie das Prinzip der antizyklischen Fiskalpolitik.
3. Welche Eingriffsinstrumente des Stabilitätsgesetzes sind geeignet bei folgenden Wirtschaftseinheiten die Nachfrage **einzudämmen** bzw. **zu beleben:**
   a) Staat,
   b) private Unternehmen,
   c) private Haushalte.
4. Angenommen, das Oberziel der Wirtschaftspolitik bestünde in einer Dämpfung der gesamtwirtschaftlichen Nachfrage; um welche Maßnahmen der Geldpolitik müssten die Instrumente der Fiskalpolitik ergänzt werden?
5. Erläutern Sie die direkte und indirekte staatliche Beeinflussung der gesamtwirtschaftlichen Nachfrage anhand der folgenden Fakten:
   Die Staatsquote (Anteil der öffentlichen Ausgaben insgesamt am Bruttoinlandsprodukt zu Marktpreisen) hat sich bei 50 % eingependelt. Dabei ist zu beachten, dass ein großer Teil der Staatsausgaben nicht für die eigentlichen Staatszwecke (z. B. Personalausgaben für Beamte und Angestellte, Rüstungsausgaben), sondern für die Umverteilung des (Transfer-) Einkommens getätigt wird. Die Umverteilungsquote beträgt ca. 30 %.
   $$\text{Umverteilungsquote} = \frac{\text{öffentliche Einkommensübertragungen}}{\text{Ausgaben der öffentlichen Haushalte insgesamt}} \cdot 100$$
6. Welche Ausgabenposten des Bundeshaushalts können nicht zur antizyklischen Haushaltspolitik herangezogen werden? Begründen Sie Ihre Meinung.
7. Welchen Zweck erfüllt die Konjunkturausgleichsrücklage?
8. Unter welchen Umständen kann eine antizyklische Fiskalpolitik zu einer immer größeren Staatsverschuldung führen?
9. Welches sind die wichtigsten Probleme bei der Verwirklichung der Fiskalpolitik?
10. Nennen Sie die wesentlichen Merkmale der monetaristischen Theorie.
11. Wo liegen die Schwächen und Stärken der monetaristischen Lehre?

6.10.5 Außenwirtschaftspolitik

6.10.5.1 Die Zahlungsbilanz

Unter Zahlungsbilanz versteht man die Aufzeichnung aller wirtschaftlichen Transaktionen (= Übertragung von Gütern, Dienstleistungen und Vermögenswerten) zwischen dem Inland und dem Ausland innerhalb eines bestimmten Zeitraums.

Aufgrund dieser Begriffsbestimmung bezeichnet man die Zahlungsbilanz auch als **außenwirtschaftliche Gesamtrechnung** im Gegensatz zur volkswirtschaftlichen Gesamtrechnung. Sie wird von der Deutschen Bundesbank erstellt.

Die Zahlungsbilanz der Bundesrepublik Deutschland, deren Gliederung sich an den Richtlinien des Internationalen Währungsfonds orientiert, weist verschiedene **Teilbilanzen** aus:

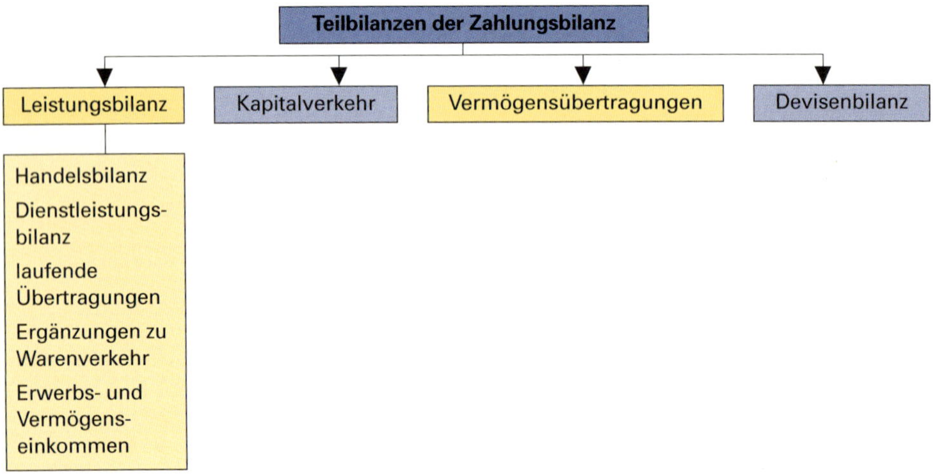

Der Außenhandel (Export und Import von Waren) wird mithilfe der Handelsbilanz erfasst.

Die Handelsbilanz erfasst die **Warenausfuhren** und **Wareneinfuhren,** die zwischen den Wirtschaftssubjekten Unternehmen und Ausland im Wirtschaftskreislauf stattfinden. Die Ausfuhren werden zu Fob (free on board)-Werten, die Einfuhren zu Cif (cost, insurance, freight)-Werten erfasst. Man könnte auch sagen: Aus- und Einfuhren werden zu den Werten erfasst, die die Lieferungen beim Überschreiten der deutschen Grenze haben.

In der Dienstleistungsbilanz werden die Ausfuhren (Einnahmen) und Einfuhren (Ausgaben) an Dienstleistungen, die so genannten unsichtbaren Aus- und Einfuhren, erfasst.

Zu den Dienstleistungen gehören:

- Reiseverkehr
- Transportleistungen (Frachten, Personenbeförderung, Hafendienstleistungen)
- Erträge aus dem Transithandel
- Versicherungsdienstleistungen (Versicherungsprämien)
- Finanzdienstleistungen (Bankprovisionen)
- übrige Dienstleistungen (Patente, Lizenzen, Forschung und Entwicklung, Ingenieur- und sonstige technische Dienstleistungen, EDV-Leistungen, Bauleistungen, Montagen, Ausbesserungen, Regiekosten, kaufmännische Dienstleistungen, Werbe- und Messekosten, Post- und Kurierdienste, Regierungsleistungen)
- Transithandel

Der Saldo aus Handels- und Dienstleistungsbilanz ergibt den **Außenbeitrag**.

Als laufende Übertragungen werden Zahlungen vom Ausland (Leistungen vom Ausland) und an das Ausland erfasst (Leistungen an das Ausland), die ohne unmittelbare Gegenleistung erfolgen.

Zu den laufenden Übertragungen gehören:

- **öffentliche Übertragungen** (Zahlungen an bzw. durch den Staat)
  - Zahlungen des Staates an internationale Organisationen (z. B. Zahlungen an die EU, die UNO)
  - Zuwendungen an Entwicklungsländer
  - Renten, Pensionen, Unterstützungszahlungen
- **private Übertragungen** (Zahlungen an bzw. durch Private)
  - Renten, Pensionen, Unterstützungszahlungen
  - Heimatüberweisungen der Gastarbeiter
  - Versicherungstransaktionen

Die vierte **Teilbilanz der Leistungsbilanz** sind die **Ergänzungen zum Warenverkehr:** Als solche wird im Wesentlichen der Lagerverkehr erfasst.

Als Erwerbs- und Vermögenseinkommen werden die Zahlungsvorgänge (Einnahmen und Ausgaben) erfasst, die Entgelt für den Einsatz von Produktionsfaktoren (Faktoreinkommen) darstellen.

Als Erwerbs- und Vermögenseinkommen werden erfasst:

- Kapitalerträge (aus Direktinvestitionen, Wertpapieranlagen, Zinsen für Kredite)
- Arbeitnehmerentgelte

In der Leistungsbilanz spiegeln sich alle Zahlungsvorgänge mit dem Ausland wider, die Einfluss auf Einkommen und Verbrauch haben; deshalb wird sie auch Bilanz der laufenden Posten genannt.

Als Vermögensübertragungen werden solche Zahlungsvorgänge erfasst, durch die sich das Vermögen der beteiligten Länder ändert.

Beispiele für Vermögensübertragungen sind Schuldenerlasse durch die öffentliche Hand und Private, Schenkungen, Erbschaft- und Schenkungsteuern, Zahlungen der EG an die Bundesrepublik Deutschland (z. B. Zuschüsse zu Infrastrukturmaßnahmen).

Im Kapitalverkehr (Kapitalbilanz) werden alle Kapitalbewegungen mit dem Ausland erfasst.

Zum Kapitalverkehr gehören Direktinvestitionen, Wertpapieranlagen, kurz- und langfristiger Kreditverkehr und sonstige Transaktionen.

Der Saldo aus Leistungsbilanz, Vermögensübertragungen und Kapitalverkehr muss gleich sein dem Saldo aus der Devisenbilanz.

Dies ist aber nie der Fall: Schuld daran sind

- **nicht erfassbare Posten** (z. B. Exporte ohne Ausfuhrerklärung, Ausfuhr von € durch Touristen; für eine Reihe von Vorgängen wie z. B. den Geldtransfer von Gastarbeitern liegen nur Schätzwerte vor);
- **statistische Ermittlungsfehler** (z. B. ist eine periodengerechte Zuordnung der Transaktionen nicht immer möglich).

Rechnerisch erfolgt der Ausgleich der Zahlungsbilanz durch den Saldo der statistisch nicht aufgliederbaren Transaktionen (Restposten).

6.10.5.2 Ursachen für Ungleichgewichte in der Zahlungsbilanz

Beschränken wir uns zunächst auf die **Ungleichgewichte in der Handels- und Dienstleistungsbilanz.**

Angebot und Nachfrage nach Gütern und Dienstleistungen auf dem internationalen Markt sind abhängig von
– den Preisen, – dem Einkommen, – dem Wechselkurs.

Alle drei Faktoren wiederum beeinflussen sich gegenseitig.

Wir können folgende **Wirkungen** feststellen:

- Wenn das inländische Preisniveau fällt, das ausländische Preisniveau steigt oder die Inlandswährung abgewertet wird, so entstehen **Exportüberschüsse** an Gütern und Dienstleistungen **(aktive Handels- und Dienstleistungsbilanz).**
- Wenn das inländische Preisniveau steigt, das ausländische Preisniveau sinkt oder die Inlandswährung aufgewertet wird, so entstehen **Importüberschüsse (passive Handels-und Dienstleistungsbilanz).**

Sind die **Wechselkurse fest,** z. B. zwischen der Bundesrepublik Deutschland und einem Land, das dem Euro-Währungsraum angehört, z. B. den Niederlanden, und die **Preisniveaus** beider Länder **ändern sich,** so kommt es zu **Ungleichgewichten:** Steigen die **Preise** in den Niederlanden schneller als bei uns, so werden deutsche Waren in den Niederlanden billiger. Unsere Handelsbilanz weist einen **Überschuss** auf, die niederländische ein **Defizit.**

Die gleiche Wirkung würde eintreten, wenn die beiden **Preisniveaus** gleich bleiben, sich aber die **Wechselkurse** ändern, z. B. zwischen Deutschland und Dänemark.

Der **kurzfristige Kapitalverkehr** wird beeinflusst von

- **Zinsniveau:** Sind die Zinsen im Inland höher als im Ausland, so kommt es zu einem Kapitalzufluss (Kapitalimport); sind die Zinsen im Inland niedriger als im Ausland, so kommt es zu einem Kapitalabfluss (Kapitalexport).
- **Spekulation:** Gilt eine Währung als „abwertungsverdächtig", so kommt es zu Kapitalabflüssen ins Ausland, da man nach der Abwertung mehr inländische Währung besitzt. Das Gleiche gilt, wenn die Währung als „aufwertungsverdächtig" gilt: Es kommt zu Kapitalzuflüssen.
- **politischen Unsicherheiten:** Staaten, in denen Unsicherheit über die politische Zukunft herrscht, verzeichnen eine Kapitalflucht, Staaten mit stabilen politischen Verhältnissen einen Kapitalzufluss.

Der **langfristige Kapitalverkehr** ist von anderen Motiven bestimmt:

- Zum Beispiel bedingt die Erschließung eines fremden Marktes Direktinvestitionen, da in diesem Land vorzugsweise Waren aus einheimischer Produktion gekauft werden.
- Die langfristige Kreditaufnahme durch Staat und Unternehmen erfolgt auch im Ausland; es kommt zu einem Kapitalimport. Ein bestimmter Staat eignet sich besonders zur Aufnahme langfristiger Kredite; es kommt zu einem Kapitalexport.

Andere Ursachen für Zahlungsbilanzungleichgewichte sind:

- Wandlungen der Nachfragestruktur (z. B. verstärkte Ausgaben für hochwertige Textilien, für Fernreisen)
- Wandlungen der Produktionsstruktur (z. B. Tendenz zur Automation)
- Entwicklung neuer Güter und Dienstleistungen (z. B. Multimedia, Informationssysteme)
- Verschärfung der internationalen Konkurrenz (z. B. billiges Spielzeug aus Fernost)

Zahlungsbilanzungleichgewichte sind entweder
– Zahlungsbilanzüberschüsse – oder Zahlungsbilanzdefizite.

Zahlungsbilanzüberschüsse

- erhöhen den Gold- und Devisenbestand (Währungsreserven) des betreffenden Landes;
- erhöhen seine Geldmenge;
- verstärken die Beschäftigung und das Wirtschaftswachstum;
- führen bei Vollbeschäftigung zu Preissteigerungen (importierte Inflation).

Zahlungsbilanzdefizite

- vermindern den Gold- und Devisenbestand (Währungsreserven) des betreffenden Landes;
- verringern den inländischen Geldumlauf;
- führen zu Beschäftigungsrückgängen und vermindern das Wirtschaftswachstum;
- führen zu einem Rückgang der Preissteigerungen.

6.10.5.3 Maßnahmen der Zahlungsbilanzpolitik

Hat ein Staat ein **Zahlungsbilanzdefizit** (z. B. hervorgerufen durch einen Importüberschuss), so entsteht eine **Liquiditätslücke,** da die Devisenabflüsse durch die Bezahlung der Importe höher sind als die Devisenzuflüsse aufgrund der Exporterlöse. Bevor der Staat zu dem **Mittel der Abwertung** greift, hat er folgende Möglichkeiten, die **Liquiditätslücke** zu schließen:

- Er löst Währungsreserven auf. Dadurch werden die „Ersparnisse" eines Staates aufgezehrt.
- Er nimmt Kredite bei anderen Notenbanken auf.
- Er senkt das inländische Preisniveau: Durch Maßnahmen, die zu Kostensenkungen führen (z. B. Abbau von Sozialabgaben, Zahlung von Subventionen an die Unternehmen), werden die Erzeugnisse billiger, der Export wird gefördert.
- Das Volkseinkommen wird mit dem Ziel gesenkt, dass weniger Importgüter gekauft werden.

Ein dauerhafter **Zahlungsbilanzüberschuss** (z. B. hervorgerufen durch Exportüberschüsse) vermehrt die Devisenbestände eines Staates und **vergrößert das Geldvolumen** im Inland. Der hohe Export führt gleichzeitig zu einer **Verminderung des Güterangebots im Inland.** Vermehrtes Geldvolumen einerseits und vermindertes Güterangebot andererseits führen zu **Preissteigerungen. Maßnahmen,** die vor einer Aufwertung ergriffen werden mit dem Ziel, dies zu verhindern, wären:

- Erhöhung des Preisniveaus und damit eine Drosselung der Exporte; dadurch steigt das Güterangebot im Inland;
- Erhöhung der jetzt billigeren Importe.

Zusammenfassung

ZAHLUNGSBILANZ	
Transaktionen, die zu Zahlungseingängen führen (Einnahmen)	Transaktionen, die zu Zahlungsausgängen führen (Ausgaben)
A. LEISTUNGSBILANZ	
1. Handelsbilanz	
Warenausfuhr	Wareneinfuhr
2. Ergänzungen zum Warenverkehr	
Ergänzungen zur Ausfuhr	Ergänzungen zur Einfuhr
3. Dienstleistungsbilanz	
Leistungen vom Ausland	Leistungen an das Ausland
4. Erwerbs- und Vermögenseinkommen	
Einnahmen	Ausgaben
5. laufende Übertragungen	
Leistungen vom Ausland	Leistungen an das Ausland
B. VERMÖGENSÜBERTRAGUNGEN	
Leistungen vom Ausland	Leistungen an das Ausland
C. KAPITALBILANZ	
Direktinvestitionen Wertpapiereinlagen Kreditverkehr	
Kapitaleinfuhr	Kapitalausfuhr

D. RESTPOSTEN	
Restposten	Restposten
E. Veränderung der Netto-Auslandsaktiva der Bundesbank (DEVISENBILANZ)	
Zunahme der Währungsreserven	Abnahme der Währungsreserven

Aufgaben

1. Erklären Sie die in der Zusammenfassung genannten Begriffe und nennen Sie zu den einzelnen Teilbilanzen mehrere Beispiele.
2. Warum ist eine Zahlungsbilanz immer ausgeglichen (im buchhalterischen Sinn)?
3. Wodurch kann ein Handelsbilanzüberschuss innerhalb der Zahlungsbilanz neutralisiert werden?
4. Überlegen Sie: Ist ein Zahlungsbilanzüberschuss in jedem Fall vorteilhaft?
5. Warum muss ein Zahlungsbilanzdefizit beseitigt werden? Nennen Sie geeignete Maßnahmen.
6. Nennen Sie die Ursachen von Zahlungsbilanzungleichgewichten.

6.10.5.4 Wechselkurspolitik

6.10.5.4.1 Begriffe

Beispiel: Deutsche Exporteure erhalten als Gegenleistung für gelieferte Waren (z. B. Maschinen) von ihren amerikanischen Kunden (Importeure) US-Dollar (Devisen). Diese Dollar werden von dem deutschen Exporteur bei seiner Geschäftsbank in Euro umgetauscht. Ein deutscher Importeur dagegen benötigt amerikanische Dollar, um Waren zu bezahlen, die er aus den USA bezogen hat. Er beschafft sich diese gegen Euro bei seiner Bank, welche die Dollar an den amerikanischen Lieferer überweist.

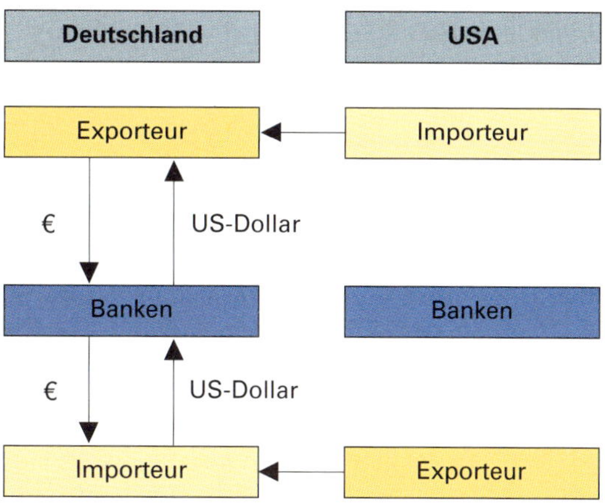

Der Devisenmarkt (Markt für ausländische Zahlungsmittel) wird von allen Geschäftsbanken gebildet. Der Preis für Devisen (Wechselkurs) bildet sich nach Angebot und Nachfrage.

Unter Wechselkurs versteht man den Preis einer einheimischen Währungseinheit gegenüber einer ausländischen Währung.

Er bezieht sich in der Regel auf 100 Einheiten, in Ausnahmefällen auf 1 000 oder eine Einheit.

Ist der **Außenwert** der eigenen Währung hoch, so ist die Fremdwährung billig zu haben und umgekehrt.

Der **Binnenwert** einer Währung dagegen wird bestimmt durch das Preisniveau im Inland (Inflationsrate).

Das Recht der Bürger eines Landes, einheimische oder fremde Währung frei und uneingeschränkt zum geltenden Kurs umzutauschen, bezeichnet man als **Konvertibilität.**

6.10.5.4.2 Verschiedene Wechselkurssysteme

Der Wechselkurs (Devisenkurs) kann auf verschiedene Weise bestimmt sein:

Wechselkurssysteme

starrer Wechselkurs	fester (stabiler) Wechselkurs	freier (flexibler) Wechselkurs
Die Regierung setzt den Wechselkurs fest und beschränkt oder verbietet den freien Devisenverkehr. Starre Wechselkurse unterliegen keinen Veränderungen. Eine Neufestsetzung erfolgt nur in größeren Zeitabständen.	Die Regierung setzt den Wechselkurs fest, der nach Angebot und Nachfrage innerhalb bestimmter Bandbreiten um einen Mittelkurs schwanken kann.	Die Tageskurse bilden sich durch Angebot und Nachfrage am Devisenmarkt. Entweder gibt es überhaupt keine Eingriffe der nationalen Notenbank in das Spiel von Angebot und Nachfrage (Floating) oder die Notenbank greift gelegentlich in die Kursbildung ein, um größere Schwankungen zu verhindern („schmutziges Floating")

6.10.5.4.3 Starre Wechselkurse

Starre Wechselkurse gab und gibt es bei allen Währungen, die der Devisenzwangswirtschaft unterlagen bzw. unterliegen. In der Devisenzwangswirtschaft wird der Zahlungsverkehr mit dem Ausland teilweise oder vollständig staatlich kontrolliert. Derjenige, der inländische Währung in ausländische umtauschen will, muss eine staatliche Genehmigung einholen. Starre Wechselkurse gibt es heute noch in einzelnen Entwicklungsländern.

6.10.5.4.4 Feste Wechselkurse

Feste Wechselkurse schwanken nach Angebot und Nachfrage innerhalb bestimmter Bandbreiten um einen Mittelkurs.

In den Neunzigerjahren bestand zwischen Deutschland und den meisten europäischen Ländern das System fester Wechselkurse. Innerhalb bestimmter Bandbreiten – z. B. 4,5 % oder 30 % – konnten die Wechselkurse schwanken.

Feste Wechselkurse weisen drei Kennzeichen auf:

- Es gibt einen **Mittelkurs (Währungsparität/Leitkurs):** Dieser wird durch die Regierungen der beteiligten Länder vereinbart (z. B. ausl. Einh. = 90,00 €) oder einseitig festgelegt.

- Es gibt **Bandbreiten:** Der Tageskurs darf um einen bestimmten Prozentsatz (z. B. 2,25 %) nach oben oder unten vom Mittelkurs abweichen (z. B. kann der Kurs für 100 ausländische Einheiten zwischen 92,025 € und 87,975 € schwanken). Die **obere Bandbreite** befindet sich zwischen 90,00 € und 92,025 €, die **untere Bandbreite** zwischen 90,00 € und 87,975 €.
- Der Tageskurs bildet sich durch **Angebot und Nachfrage an der Devisenbörse:**
  - Ist das Angebot an ausländischen Einheiten größer als die Nachfrage, so sinkt der Tageskurs unter den Mittelkurs;
  - ist das Angebot an ausländischen Einheiten kleiner als die Nachfrage, so steigt der Tageskurs über den Mittelkurs.

Aufbau eines Systems fester Wechselkurse

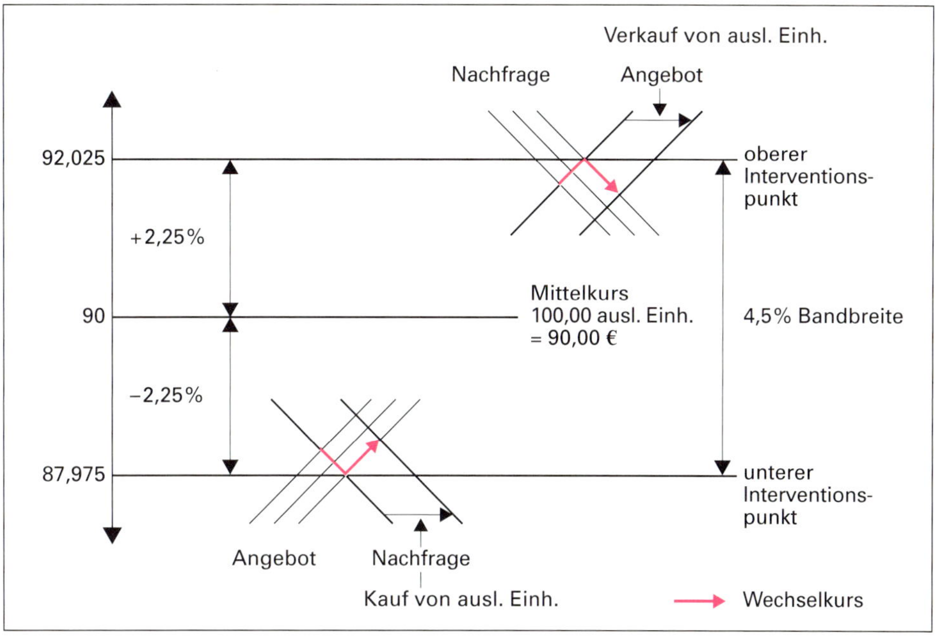

Da aber ein oberer Kurs von 92,025 € und ein unterer Kurs von 87,975 € **nicht überschritten** werden dürfen, muss die Notenbank an der **Devisenbörse intervenieren,** d. h., sie muss bei Erreichen des

- **oberen Interventionspunktes ausländische Einheiten verkaufen;** dadurch wird das Angebot erhöht, es bildet sich ein Gleichgewichtspreis unterhalb des oberen Interventionspunktes.
- **unteren Interventionspunktes ausländische Einheiten kaufen;** dadurch wird die Nachfrage erhöht, es bildet sich ein Gleichgewichtspreis oberhalb des unteren Interventionspunktes.

Man sagt: Die Notenbank betreibt Kurspflege.

Innerhalb eines Systems fester Wechselkurse sind **Paritätsänderungen** notwendig, wenn

- die Zahlungsbilanz eines Landes ein **fundamentales Ungleichgewicht** aufweist, d. h. über mehrere Jahre hinweg aktiv oder passiv ist;
- die Notenbank das Über- bzw. Unterschreiten der Interventionspunkte nicht mehr verhindern kann (z. B. wegen zu starker Spekulationen auf eine Auf- oder Abwertung der betreffenden Währung).

Paritätsänderungen (Neufestsetzung oder Veränderung des Wechselkurses, z. B. um 10 %)	
Abwertung (**Heraufsetzung** der Parität)	**Aufwertung** (**Herabsetzung** der Parität)
bisher: 100,00 ausl. Einh. = 90,00 €	
jetzt: 100,00 ausl. Einh. = 99,00 € Es müssen mehr € aufgebracht werden, um 100 ausl. Einh. zu bekommen.	jetzt: 90,00 ausl. Einh. = 81,00 € Es müssen weniger € aufgebracht werden, um 100 ausl. Einh. zu bekommen.

Die Entscheidung über eine Paritätsänderung traf nicht die Notenbank, sondern die Regierung.

Fand eine Auf- bzw. Abwertung der aus **EWS** beteiligten Währungen statt, so sprach man von einem **Realignment** (Neufestsetzung der Wechselkurse).

Paritätsänderungen haben folgende **Auswirkungen:**

Eine **Abwertung** führt zu

- einem **Rückgang der Importe,** weil die Importgüter für Inländer teurer geworden sind,
- einer **Steigerung der Exporte,** weil inländische Güter für Ausländer billiger geworden sind,
- einer **Verteuerung der Auslandsreisen** für inländische Urlauber,
- zu **vermehrten Einnahmen** aus Dienstleistungen im Inland, da die Preise für Ausländer gesunken sind,
- einem **Zustrom von Auslandskapital** zu Zwecken der Investition bzw. zum Kauf von Effekten infolge niedriger Kurse,
- einer **Aktivierung der Zahlungsbilanz.**

Eine **steigende Beschäftigung** und eine Zunahme von Einkommen und des Konsums sind zu erwarten.

Eine **Aufwertung** führt zu

- einer **Steigerung der Importe**, weil ausländische Güter für Inländer billiger geworden sind,
- einem **Rückgang der Exporte**, weil die inländischen Güter für Ausländer teurer geworden sind,
- einer **Verbilligung der Auslandsreisen** für inländische Urlauber,
- **verminderten Einnahmen** aus Dienstleistungen im Inland, da die Preise für Ausländer gestiegen sind,
- einem **Abfluss von Kapital,** weil die Ausländer ihre Inlandsguthaben wieder in Auslandsgelder umtauschen,
- einer **abnehmenden Aktivität** der Zahlungsbilanz.

Die Konkurrenz ausländischer Anbieter im Inland steigt, weil sie nun zu niedrigeren Preisen anbieten können. Ein **Rückgang der Beschäftigung** im Inland ist zu erwarten, was mit einem Rückgang der Einkommen und des Konsums verbunden ist.

Die **Vorteile fester Wechselkurse** sind:

- Exporteure und Importeure verfügen über eine klare Kalkulationsgrundlage. Das Wechselkursrisiko ist nahezu ausgeschlossen.
- Die beteiligten Länder werden veranlasst ihre Wirtschaftspolitik zu koordinieren (aufeinander abzustimmen), um ständige Paritätsänderungen zu vermeiden. Sie begünstigen folglich die **wirtschaftliche Integration staatlicher Gemeinschaften** (z. B. EU).

Die **Nachteile fester Wechselkurse** sind:

- Das Austauschverhältnis (Kurs) einer Währung entspricht **nicht** ihrem **tatsächlichen Wert.** Dem Wechselkurs sollten die **Kaufkraftparitäten** zugrunde liegen.
- Auf- und Abwertungen **hinken** zeitlich **hinterher;** meist ist die Entscheidung über eine Paritätenänderung gekennzeichnet von langwierigen innen- und außenpolitischen Auseinandersetzungen.
- Stabile Wechselkurse setzen **ausgeglichene Zahlungsbilanzen** voraus. Ein automatischer Ausgleich der Zahlungsbilanz stellt sich nicht ein.
- Länder **mit chronisch passiver Zahlungsbilanz** verlieren ständig Währungsreserven und sind auf die Hilfe des Auslands angewiesen.
- Bei Exportüberschüssen wird die **ausländische Inflation importiert.** Die Gründe dafür sind:
  - Die Geldmenge wird durch die Devisenüberschüsse vergrößert.
  - Die inländische Gütermenge sinkt durch den Export.
  - Zur Verteidigung der festen Wechselkurse muss die Notenbank die Devisenüberschüsse durch die Hingabe von inländischer Währung aufkaufen.
  - Steigende Rohstoffpreise führen zu einer Verteuerung der Produktion und damit zu Preissteigerungen.

6.10.5.4.5 Freie Wechselkurse

Die Funktionsweise freier Wechselkurse

Durch das freie Spiel von Angebot und Nachfrage an den Devisenmärkten ergibt sich eine **automatische Kursanpassung.** Eine Paritätsanpassung durch die Regierung entfällt. Die Zahlungsbilanz wird automatisch ausgeglichen:

- Sind z. B. die inländischen Güterpreise niedriger als die Güterpreise im Ausland, so entsteht dennoch kein Zahlungsbilanzüberschuss. Der kurzfristige Nachfragestoß nach dem Euro, der durch die Bezahlung der Exporte entsteht, bewirkt eine Verteuerung des Euro. Es entfällt der Preisvorteil und damit der Kaufanreiz für Ausländer nach deutschen Waren.
- Steigen die Güterpreise im Inland, so lässt die Nachfrage nach dem Euro nach. Der Kurs des Euro sinkt. Es entsteht ein neuer, zusätzlicher Kaufanreiz für deutsche Waren.

Vorteil freier Wechselkurse

- Der Marktmechanismus sorgt für eine ausgeglichene Zahlungsbilanz.
- Die Inflation ausländischer Währungen wird nicht importiert. Die Notenbank ist nicht gezwungen ausländische Währungen aufzukaufen oder zu verkaufen.

Nachteile freier Wechselkurse

- Die **Wechselkurse** können **stark schwanken.**
- Exporteure und Importeure haben **keine genauen Kalkulationsgrundlagen.** Besonders im langfristigen Anlagengeschäft können durch Kursschwankungen starke Gewinneinbußen oder -erhöhungen eintreten. Es besteht ein großes **Kursrisiko,** das durch zusätzliche Maßnahmen der Exporteure **abgesichert** werden muss (z. B. Rechnungserstellung in Euro, **Devisentermingeschäfte).**

Die Devisenkurse, die sich an der Frankfurter Börse durch Angebot und Nachfrage ergeben, werden als **amtliche Devisenkurse** veröffentlicht.

Davon sind die Devisenkurse zu unterscheiden, die den Kunden am Bankschalter erwarten. Diese bezeichnet man als **Freihandelskurse.**

Zusammenfassung

Devisenbewirtschaftung: Umtausch einheimischer in fremde Währung nur mit staatlicher Genehmigung

Konvertibilität: freier Umtausch einheimischer in fremde Währung

Wechselkurs: Austauschverhältnis zweier Währungen

Wechselkurssysteme		
freie (flexible)	starre	feste

Paritätsänderungen

ständig durch Angebot und Nachfrage	durch eine staatliche Verfügung	von Zeit zu Zeit nötig: ● Abwertung ● Aufwertung

Vorteile

freie (flexible)	feste
● Zahlungsbilanz tendiert zum Gleichgewicht ● keine importierte Inflation	● klare Kalkulationsgrundlage ● begünstigt wirtschaftliche Integration

Nachteile

freie (flexible)	feste
● (starke) Kursschwankungen ● Kursrisiko	● Kurs entspricht nicht dem wirklichen Wert. ● importierte Inflation

Aufgaben

1. Erklären Sie die Begriffe Konvertibilität, Parität, Devisenbewirtschaftung, starre, feste und flexible Wechselkurse.
2. Wie wirken sich
   a) eine Unterbewertung des Euro gegenüber dem US-Dollar auf die Zahlungsbilanz aus.
   b) eine Überbewertung des Euro gegenüber dem US-Dollar auf die Zahlungsbilanz aus.
3. Warum erübrigen sich Paritätsschwankungen seitens der Regierung bei flexiblen Wechselkursen?

4. Nennen Sie die Vor- und Nachteile der flexiblen und der festen Wechselkurse.
5. Was sind die Gründe für freie Wechselkurse gegenüber anderen Währungen?
6. Wie wirkt sich der gestiegene Außenwert des Euro auf den Export deutscher Waren in Drittländer aus? Nennen Sie die Auswirkungen auf die Produktion und auf die Beschäftigung von Arbeitnehmern im Inland und auf die Gewinne deutscher Unternehmen. Berücksichtigen Sie dabei Branchen, die besonders exportorientiert sind.
7. Wie erklären Sie sich die Tatsache, dass trotz des Werteverfalls des US-Dollars bestimmte Exportgüter deutscher Unternehmen darunter nicht gelitten haben?

6.10.5.5 Das Europäische Währungssystem (EWS) im geschichtlichen Abriss

Im Jahr 1972 beschlossen die Staaten der EG und die beiden Nicht-EG-Länder Norwegen und Schweden den Europäischen Währungsverbund (die sog. Währungsschlange). Sie vereinbarten ihre **Wechselkurse stabil** zu halten und sie nur um 2,25 % nach oben und unten vom Leitkurs abweichen zu lassen. Gegenüber dem US-Dollar und den Währungen anderer Länder sollten die Kurse frei schwanken **(Gruppenfloating).** 1979 wurde der Währungsverbund zum Europäischen Währungssystem (EWS) erweitert.

Zielsetzung des EWS: Mit dem EWS sollte ein System geschaffen werden, das den Einigungsprozess innerhalb der Europäischen Gemeinschaft vorantreibt und zu größerer währungs- und wirtschaftspolitischer Stabilität führt.

- Ein System fester Wechselkurse (bei Konvertibilität der Währungen) soll die Mitgliedstaaten zwingen ihre Wirtschaftspolitiken einander anzugleichen.
- Die europäischen Unternehmen erhalten mit festen Wechselkursen für den innergemeinschaftlichen Handel feste Rechen- und Kalkulationsgrundlagen.

Mechanismen des EWS

Das EWS basierte auf festen, aber anpassungsfähigen Wechselkursen, verbunden mit einem gegenseitigen Währungsbeistand für die Finanzierung von Zahlungsbilanzdefiziten. Wechselkursschwankungen wurden nur in einer **Bandbreite** von 2,25 % nach oben und unten zugelassen. Sobald eine Währung gegenüber einer anderen den oberen oder unteren **Interventionspunkt** erreichte, waren die Zentralbanken der betroffenen Länder gezwungen, auf den Devisenmärkten einzugreifen. Die Zentralbank der starken Währung (z. B. DM) kaufte die schwache Währung (z. B. italienische Lira) auf Devisenmärkten auf. Der Kurs der schwachen Währung stieg. Die Zentralbank der schwachen Währung verkaufte die starke Währung, sodass deren Kurswert sank.

Erhöhung der Bandbreiten: Das Ziel, zwischen den Mitgliedsländern zu stabilen Wechselkursen zu kommen, wurde nicht erreicht. Seit der Gründung des EWS bis 1993 wurden die Wechselkursparitäten 18-mal neu angepasst (Realignment). Zu groß waren die Unterschiede in den Inflationsraten, Haushaltsdefiziten und den Zahlungsbilanzen zwischen den einzelnen Ländern. Die Bandbreiten wurden deshalb 1993 auf 15 % nach oben und unten ausgedehnt. Eine Ausnahme galt lediglich zwischen den Niederlanden und der Bundesrepublik Deutschland, die an den alten Bandbreiten von 2,25 % festhielten.

Die neue Schwankungsbreite von 15 % bedeutete:

- Die Eingriffe (Interventionen) der Zentralbanken an den Devisenmärkten wurden seltener, weil die Wechselkurse stärker schwanken durften.

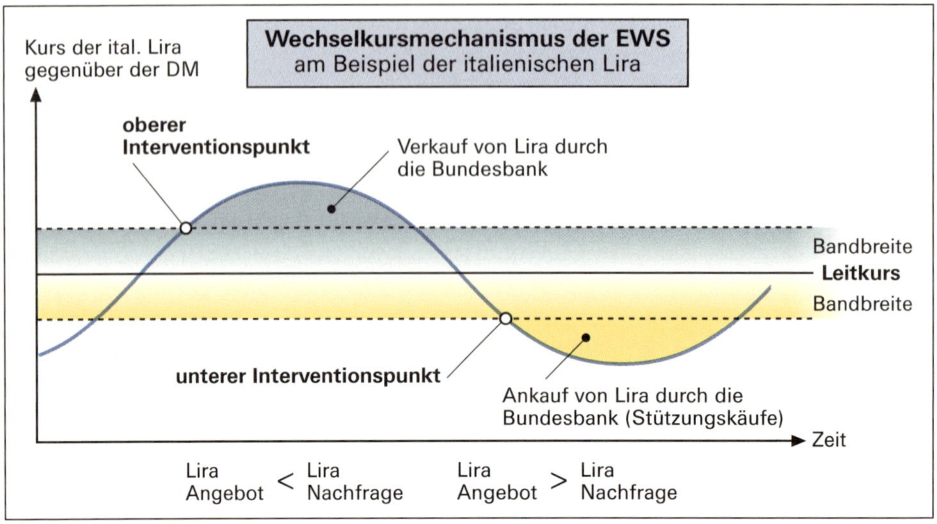

Merkmale des EWS: Der Kern des EWS ist die **europäische Währungseinheit (European Currency Unit = ECU).** Innerhalb des EWS hatte die europäische Währungseinheit folgende Aufgaben:

- Sie wurde als Reservewährung und Zahlungsmittel unter den EWS-Zentralbanken verwendet.
- Sie diente als Rechengröße für Finanztransaktionen.
- Sie war Bezugsgröße für den Wechselkursmechanismus.

Die ECU wurde weder gedruckt noch geprägt, weil es sich nur um eine Verrechnungseinheit zwischen den europäischen Zentralbanken handelte. Außerdem diente sie als **Leitkurs** für die Wechselkurse der EU-Staaten. Seiner Zeit war die ECU eine **Korbwährung,** die sich in einem bestimmten Verhältnis aus den Währungen der EWS-Länder zusammensetzte. Ihr Wert resultierte aus der Summe der gewichteten Kurse der Korbwährungen.

Zusammensetzung des ECU-Währungskorbes

In nationalen Währungen setzte sich eine ECU wie folgt zusammen. Die Währungen Österreichs, Finnlands und Schwedens sind nicht berücksichtigt, weil sie erst 1995 der EU beigetreten sind.

DM	0,6242	(32,68 %)	FF	1,332	(20,79 %)
£	0,08784	(11,17 %)	Lit	151,8	(7,21 %)
hfl	0,2198	(10,21 %)	bfr	3,301	(8,38 %)
lfr	0,130	(0,33 %)	dkr	0,1976	(2,71 %)
ir.£	0,008552	(1,08 %)	Dr	1,440	(0,49 %)
Pta	6,885	(4,42 %)	Esc	1,393	(0,71 %)

Der Wert einer ECU, ausgedrückt in Einheiten der EU-Währungen, konnte sich durch schwankende Wechselkurse ändern. Der Tageswert einer ECU, ausgedrückt in der Währung eines Mitgliedslandes (z. B. DM), ergab sich folgendermaßen: Die elf Fremdwährungsbeträge, bewertet zu ihren aktuellen Wechselkursen in DM, wurden mit der Inlandswährung (z. B. DM) addiert.

3652394

1 ECU war demzufolge: 0,6242 DM + 1,332 FF + 0,2198 hfl ....

Zusammensetzung des ECU-Korbes (seit 1. Jan. 1994 unveränderlich)		Tageskurs der ECU-Währungen am Tag der Festlegung				Errechneter DM-Gegenwert der ECU-Korb-bestandteile
Währungen	**Einheiten**				**DM**	**DM**
Deutsche Mark	0,6242				–	0,624200
Pfund Sterling	0,08784	1	Pfund	=	2,9115	0,255746
Französischer Franc	1,332	100	FF	=	29,6510	0,394951
Italienische Lira	151,8	1.000	Lit	=	1,0215	0,155063
Holländischer Gulden	0,2198	100	hfl	=	88,7620	0,195098
Belgischer Franc	3,301	100	bfrs	=	4,8424	0,159847
Luxemb. Franc	0,130	100	lfrs	=	4,8424	0,006295
Dänische Krone	0,1976	100	dkr	=	26,243	0,051856
Irisches Pfund	0,008552	1	ir. £	=	2,6568	0,022720
Griechische Drachme	1,440	100	Dr	=	0,6341	0,009131
Spanische Peseta	6,885	100	Pta	=	1,1823	0,081401
Portugies. Escudo	1,393	100	Esc	=	0,9865	0,013741
ECU-Korb	**1**					**1,97004**

Mit Beginn der Währungsunion, also am 1. Jan. 1999, wurde die europäische Währungseinheit ECU durch den Euro ersetzt. Weil im EWS für jede Währung ein ECU-Leitkurs festgelegt war, hatte man einen Anhaltspunkt, zu welchem Kurs die einzelnen Währungen in die Euro-Währung umgerechnet wurden. Zu Beginn des Jahres 1998 war die ECU = 1,9757 DM oder 6,642 FF wert.

6.10.5.6 Die Europäische Wirtschafts- und Währungsunion (EWWU)

Die EWWU soll eine Stabilitätsgemeinschaft mit **einer** stabilen Währung sein (Euro). Aus diesem Grund sollten nur solche Länder an der Währungsunion teilnehmen, die niedrige Inflationsraten hatten und deren gesamte Wirtschaftsentwicklung annähernd gleich war. Die Aufnahme in die EWWU war von vier Voraussetzungen (sog. **Konvergenzkriterien**[1]) abhängig. Die folgende Abbildung gibt die **vier Konvergenzkriterien** zur Erreichung der EWWU wieder:

Konvergenzkriterien

Wirtschaftliche Stabilität als Teilnahmevoraussetzung für die Währungsunion

Inflationsrate: Im Jahr vor der Konvergenzprüfung darf die durchschnittliche Preissteigerungsrate nicht mehr als 1,5 % über dem Durchschnitt der drei Länder mit den niedrigsten Inflationsraten liegen.

1 Konvergenz = Angleichung, Annäherung

Haushaltsdefizit:	Es darf nicht mehr als 3 % des Inlandsproduktes betragen.
Staatsverschuldung:	Sie muss unter 60 % des Bruttoinlandsproduktes liegen.
Rendite:	Die durchschnittliche Rendite langfristiger Staatsanleihen darf im Jahr der Konvergenzprüfung nicht mehr als 2 % über dem Durchschnitt der drei Länder mit der niedrigsten Inflationsrate liegen.
Wechselkurse:	Während mindestens zwei Jahren vor der Konvergenzprüfung müssen die Bandbreiten des Europäischen Währungssystems eingehalten werden.

Zeitplan für die EWWU

März 1998: Konvergenzberichte des Europäischen Währungsinstituts (EWI) und der EU-Kommission mit Empfehlung über die Mitgliedschaft in der EWWU.

Mai 1998: Beurteilung der Konvergenzberichte und Entscheidung der Staats- und Regierungschefs der EU-Länder, welche Staaten an der EWWU teilnehmen werden. Errichtung der Europäischen Zentralbank (EZB).

1. Jan. 1999: Beginn der 3. Stufe der Europäischen Wirtschafts- und Währungsunion. Die Umrechnungskurse zwischen den teilnehmenden Währungen und dem Euro werden unwiderruflich festgelegt. Devisenmärkte für diese Währungen bestehen nicht mehr. Die EZB betreibt eine gemeinsame europäische Geld- und Währungspolitik in Euro.

1999 bis 2001: Umstellung des privaten und öffentlichen Sektors auf den Euro.

1. Jan. 2002: Ausgabe der auf Euro lautenden Banknoten und Münzen. Die nationalen Währungen werden eingezogen. Renten, Gehälter und sonstige Größen im Rechtsverkehr werden in Euro ausgedrückt.

1. Juli 2002: Die Umstellung ist abgeschlossen, die nationalen Währungen verlieren an Gültigkeit. Öffentliche Schuldverschreibungen werden in Euro umgestellt und verzinst.

Die Euro-Zone

Seit dem 1. Januar 1999 sind elf Mitgliedstaaten der Europäischen Union zu einem einheitlichen Währungsgebiet zusammengeschlossen, in dem die nationalen Währungen durch den Euro als gemeinsame Währung abgelöst wurden: Belgien, Deutschland, Finnland, Frankreich, Irland, Italien, Luxemburg, die Niederlande, Österreich, Portugal und Spanien. Griechenland kam 2001 als 12. Mitgliedsland hinzu. (Von den übrigen EU-Mitgliedern lehnten Großbritannien und Dänemark einen Beitritt zur Währungsunion ab. Schweden hatte wesentliche Teilnahmekriterien verfehlt.)

Innerhalb der EU bildet die so genannte **Euro-Zone** einen Währungs- und Wirtschaftsraum, der mit rund 303 Millionen Einwohnern fast ein Sechstel der Weltproduktion und ein Fünftel des Welthandels auf sich vereinigt und damit, ökonomisch gesehen, etwa die Statur der USA erreicht. Mit der Währungsunion wurden die Voraussetzungen für einen **echten Binnenmarkt** geschaffen, auch wenn dessen Vorteile erst nach und nach voll zur Wirkung kommen:

- Zwischen den teilnehmenden Staaten gibt es **keine Wechselkursrisiken** mehr; das erleichtert den Handel über die Grenzen hinweg.
- Es bildet sich ein größerer und effizienterer Finanzmarkt heraus.

- Die Kosten für grenzüberschreitende Bankgeschäfte sinken.
- Es gibt mehr Preistransparenz und Wettbewerb, da sich Güter- und Dienstleistungsangebote aus verschiedenen Ländern anhand der Euro-Preise unmittelbar miteinander vergleichen lassen – das gilt spätestens seit 2002, als der Euro auch als Bargeld an die Stelle der nationalen Währungen trat.

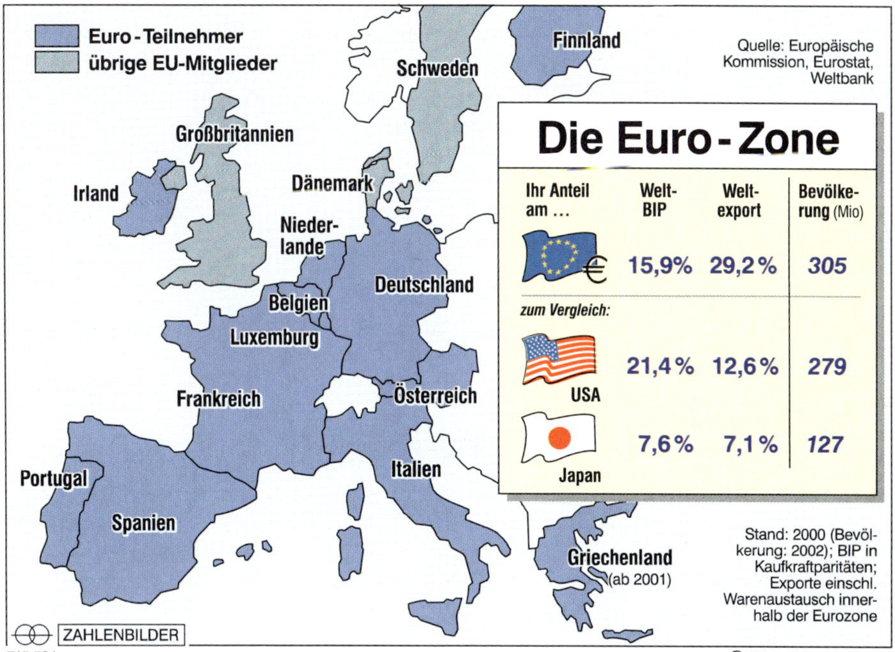

715 531 © Erich Schmidt Verlag

Die Europäische Zentralbank (EZB)

Art. 105 des EG-Vertrages bestimmt: „Das vorrangige Ziel des Europäischen Systems der Zentralbanken (ESZB) ist es, Preisstabilität zu gewährleisten."

Eine zentrale Rolle in der EWWU spielt die Europäische Zentralbank (EZB). Die Notenbanken der EU-Staaten sind für die Feinabstimmung in ihren Ländern verantwortlich. Ihre Präsidenten haben **eine** Stimme im Rat der EZB, wo die richtungweisenden Entscheidungen getroffen werden. Die Umsetzung der Leitlinien übernimmt die EZB. Von großer Wichtigkeit ist die Unabhängigkeit der EZB von politischen Weisungen. Die Stabilität der Euro-Währung wäre gefährdet, könnten die Regierungen der Teilnehmerstaaten ihre Staatsfinanzen auf Kosten der Geldwertstabilität verbessern.

Die **Unabhängigkeit der EZB** ist unter verschiedenen Aspekten zu sehen.

- **Funktionelle** Unabhängigkeit: Die EZB hat keine Verpflichtung, eine den Geldwert gefährdende Wirtschaftspolitik der EU-Länder zu unterstützen.
- **Personelle** Unabhängigkeit: Die Mitglieder des Rates der EZB werden nicht von den Regierungen ernannt, sondern werden von den Zentralbanken der Länder entsandt.
- **Finanzielle** Unabhängigkeit: Die EZB verfügt über einen eigenen Haushalt. EZB-Gewinne fließen den einzelnen EU-Ländern nach ihrem Anteil am Bruttoinlandsprodukt der EU-Länder zu.

Aufgaben der Europäischen Zentralbank (EZB)		
Hüterin der europäischen Währung	**Bank der europäischen Geschäftsbanken**	**Bank der EWWU-Staaten**
● Erhaltung der Preisstabilität	● Versorgung der europäischen Geschäftsbanken mit Liquidität	● Ausgabe öffentlicher Anleihen
● Festsetzung von Leitkursen	● Rationalisierung des Zahlungsverkehrs innerhalb und außerhalb der EWWU	● Verwahrung der Einlagen
● Wechselkursstabilität	● Ausgabe von Banknoten	● Gewährung von Krediten

Gegenüber der Europäischen Währungsunion werden Vorbehalte geäußert, denen gegenüber auch Vorteile zu nenen sind:

Europäische Währungsunion

Vorteile:	Vorbehalte:
– Wegfall des Währungsrisikos innerhalb der EWWU	– Skepsis gegenüber der Stabilisierung der vier Konvergenzkriterien (Haushaltsstabilität, Preis-, Zins- und Wechselkursstabilität) durch die Mitgliedstaaten
– Wegfall des Währungsumtausches (Kosten entfallen)	
– Rationalisierung des Zahlungsverkehrs (Transaktionskosten entfallen)	– Skepsis gegenüber einer gleich gerichteten Wirtschafts- und Währungspolitik durch die EU-Staaten
– Überblick der Unternehmen auf den verschiedenen Güter- und Dienstleistungsmärkten ermöglicht günstige Absatz- und Bezugsmöglichkeiten.	– Mangelnde Wettbewerbsfähigkeit und schwächere Wirtschaftskraft südlicher Länder führen zu politischem Druck auf die EZB.
– Realisierung eines wirklichen Binnenmarktes durch eine einheitliche Währung	
– Eine einheitliche EU-Währung ist gegenüber Währungsturbulenzen gefestigt; Voraussetzung: einheitliche Zinspolitik innerhalb der Mitgliedstaaten.	– Bundesbank verliert Kompetenzen für die Geldpolitik.
– Der Finanzmarkt wird größer; bessere Finanzierungsmöglichkeiten für die Unternehmen; breiteres Angebot für Geldanlagen.	– Höhere Inflationsraten in den Mitgliedstaaten könnten sich nachteilig auf das deutsche Preisniveau auswirken.
	– mangelnde Strukturreformen auf dem Gebiet der Sozialgesetzgebung und des Arbeitsmarktes
	– Politische Krisen in einzelnen EU-Ländern wirken sich auf den Außenwert des Euro aus.

Zusammenfassung

Europäisches Währungssystem

Ziel: stabile Währungszone in Europa, feste Wechselkurse zwischen den Mitgliedswährungen

März 1979: Kursschwankungen nach oben und unten in einer Bandbreite von 2,25 %

August 1993: Erweiterung der Bandbreiten auf 15 % oberhalb und unterhalb der festgelegten Mittelwerte

Inkrafttreten des Vertrages von Maastricht und Schaffung der Europäischen Union (EU), November 1993

Ziel: Schaffung der Europäischen Wirtschafts- und Währungsunion (EWWU) im 3-Stufenplan

Stufe 1 (1990):	**Stufe 2 (1994):**	**Stufe 3 (1999):**
– Annäherung (Konvergenz) der Staaten in der Wirtschafts- und Währungspolitik – Ziel: anhaltendes Wachstum ohne Inflation bei hoher Beschäftigung – Minderung der nationalen Unterschiede in der Wirtschaftspolitik	– Errichtung des Europäischen Währungsinstituts (EWI) als Vorläufer der Europäischen Zentralbank (EZB) – Gewicht der Währungen im ECU-Korb wird unwiderruflich festgelegt – Festlegung von Zugangskriterien für die EU: stabiles Preisniveau, gesunde Staatsfinanzen, stabile Wechselkurse, stabiles Zinsniveau – Prüfung der Konvergenzkriterien – Festlegung der Teilnehmerstaaten an der EWWU	– einheitliche Währung im Binnenmarkt – Europäische Zentralbank und Europäisches System von Zentralbanken – unabhängige und einheitliche Geld- und Wechselkurspolitik durch die Europäische Zentralbank (EZB) – abgestimmte, stabilitätsorientierte Wirtschafts- und Finanzpolitik durch die Regierungen der Mitgliedstaaten – **Seit 2002:** Noten und Münzen kommen in Umlauf. Der Euro ist seit Januar 2002 Barzahlungsmittel.

Aufgaben

1. Welche Ziele verfolgt die EWWU?
2. Welche Vorteile hat eine einheitliche europäische Währung für die europäischen Unternehmen und für Sie als Verbraucher(in)?
3. Welche Vorbehalte haben die Skeptiker? Wie würden Sie entscheiden?
4. Welche **Rollen** spielen Verbraucherverbände, Banken, Gewerkschaften, Interessenverbände der Industrie bei der Diskussion um die Einführung des Euro als gemeinsame europäische Währung? Erarbeiten Sie eine Stegreifrede zur Position einer von Ihnen bevorzugten Gruppe.

6.11 Maßnahmen der Strukturpolitik

Unter Strukturpolitik versteht man die wirtschaftspolitischen Maßnahmen, mit deren Hilfe der Staat die Gestaltung der Wirtschaftsstrukturen beeinflussen und verbessern will.

Die Strukturpolitik versucht die Wirtschaft langfristig zu gestalten. Ansatzpunkte dazu sind:

- Regionen (z. B. neue Bundesländer),
- Wirtschaftszweige (z. B. Schwerindustrie, Luft- und Raumfahrttechnik),
- Unternehmen (z. B. Förderung von mittelständischen Betrieben),
- Technologien (z. B. Informatik, Kommunikationstechnologien).

Die Strukturpolitik hat zwei große Aufgabengebiete, die aber nicht getrennt voneinander betrachtet werden dürfen.

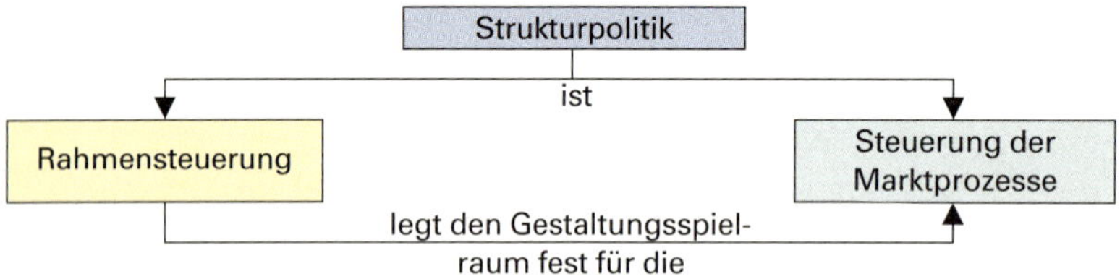

Die **Rahmensteuerung** versucht langfristig die **Strukturfaktoren** zu gestalten. Dies sind

- **Bevölkerung** (Zahl, Verteilung),
- **Umfeld** (Verkehrswege, Bodenschätze, Ökologie),
- **Wirtschafts- und Gesellschaftsordnung** (Wettbewerbsrecht, Umweltschutzvorschriften).

Diese **Rahmenbedingungen** stellen den Datenkranz für die Aktionsmöglichkeiten der auch kurzfristigen **Steuerung der Marktprozesse** dar. Innerhalb dieses Rahmens versucht der Staat

- die Wettbewerbsbedingungen (z. B. in der EU) zu erhalten,
- den Wettbewerb zu fördern,
- die berufliche Mobilität der Arbeitnehmer zu erhöhen.

Die Steuerung der Marktprozesse bestimmt über

- die **Geschwindigkeit** und
- die **Intensität**
- den **Strukturwandel.**

In diesem Zusammenhang wird hin und wieder eine verordnete Planung der Strukturpolitik in Form der staatlichen **Investitionslenkung** gefordert. Allerdings sind dann in einem marktwirtschaftlichen System **individuelle Gestaltungsmöglichkeiten** stark eingeengt. Auch wurde in der Vergangenheit die Einrichtung eines Sachverständigenrates („Strukturrat") gefordert. Stattdessen wurde lediglich die jährliche **Strukturberichterstattung** verwirklicht.

Der strukturpolitische Datenkranz verändert sich aber nicht nur durch geplante Gestaltung, sondern auch durch politische, gesellschaftliche, technische und ökologische Verschiebungen. In jüngster Zeit wurden solche Verschiebungen innerhalb der Produktion und der Beschäftigungsstruktur u. a. hervorgerufen durch

- die Öffnung der osteuropäischen Staaten,
- die Verwirklichung der EU,
- die Realisierung des technischen Fortschritts,
- dauerhafte Änderungen des Konsum- und des Kaufverhaltens (z. B. Internet-Einkauf).

Das Wirtschaftswachstum ist von der Strukturproblematik zu unterscheiden, doch muss darauf hingewiesen werden, dass auch Wirtschaftswachstum Strukturen verschiebt.

Begleiterscheinungen des Wachstums sind
- ***Veränderungen der Produktivität,***
- ***Veränderungen der Preis- und Kostenstrukturen,***
- ***Substitution von Produkten beim Konsum.***

Somit treten mit dem Wachstum ein:

- Einkommensänderungen,
- Änderungen der Nachfragestruktur,
- Verdrängung von Produkten,
- Schrumpfung von Wirtschaftszweigen,
- Verschiebungen beim regionalen Bedarf an Arbeitskräften,
- Verschiebungen der Qualifikationsanforderungen.

Die **Strukturanalyse** muss sichtbar machen, welche Veränderungen rein auf Wachstumsprozesse zurückzuführen sind. Damit wird auch der Rahmen für die Strukturpolitik sichtbar, innerhalb dessen Maßnahmen durchzuführen sind.

Die **Felder für Maßnahmen** der Strukturpolitik sind:

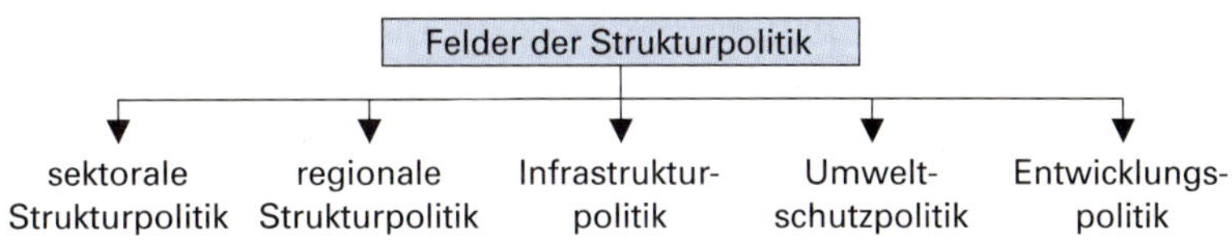

Von **Kritikern strukturpolitischer Maßnahmen** werden folgende Argumente angeführt:

- Die Eingriffe **begünstigen** einzelne Sektoren, Regionen, Branchen, Technologien und Unternehmen, z. B. den Bergbau. Andere, nicht so im Brennpunkt stehende Bereiche werden gleichzeitig vernachlässigt.
- Hilfe für die einen führt zu **Begehrlichkeiten** von anderen. Hilfsmaßnahmen z. B. für einen Großbetrieb der Baubranche führen dazu, dass auch andere Betriebe dieses Wirtschaftszweiges gefördert werden wollen.
- Die Förderung von vermeintlichen Zukunftsbranchen (z. B. Elektronik, Gentechnik) führt **nicht zur Gewissheit,** dass auch diese Technologien Märkte mit zukünftigen großen Chancen sind.

- Unterstützungsleistungen können dazu führen, dass im internationalen Wettbewerb auch die ausländische Konkurrenz gefördert wird. Befürchtet wird also eine **internationale Interventionsspirale.**
- Die Förderung von Branchen und von Regionen ist **nicht marktkonform.** Die Selbstheilungskräfte der Marktwirtschaft erlahmen.

6.11.1 Sektorale Strukturpolitik

Ziel der sektoralen Strukturpolitik ist die Unterstützung und Förderung wirtschaftlich schwacher oder in ihrer Existenz bedrohter Wirtschaftsbereiche.

Beispiele für solche Wirtschaftszweige sind der Schiffbau, der Bergbau und die Landwirtschaft, die in unserem Land – teilweise seit Jahrzehnten – mit Strukturproblemen zu kämpfen haben.

Strukturpolitische Maßnahmen im Bereich der Wirtschaftssektoren
sind z. B.:

- staatliche Preisfestsetzungen im Bereich der Landwirtschaft
- Zuschüsse (Subventionen) zu den Forschungs- und Entwicklungsaufwendungen, um neue, zukunftsorientierte Technologien zu fördern (z. B. Entwicklung eines Automotors, der kein Benzin mehr braucht (Brennstoffzellenantrieb); Förderung der Luft- und Raumfahrt
- Förderung des Mittelstandes (mittelständische Betriebe)
- Erhebung von Importzöllen auf die Einfuhr ausländischer Produkte
- Festlegung von mengen- oder wertmäßigen Einfuhrbeschränkungen (Einfuhrkontingenten)

Da kranke Wirtschaftssektoren häufig auf bestimmte Regionen (Gebiete) konzentriert sind (z. B. der Schiffbau in Rostock, der Erzbergbau in der Oberpfalz), werden sektorale Wirtschaftsprobleme zu regionalen Wirtschaftsproblemen (strukturschwache Gebiete).

6.11.2 Regionale Strukturpolitik

Ziel der regionalen Strukturpolitik ist es, wirtschaftlich unterentwickelte Gebiete zu fördern (Verbesserung der regionalen Wirtschaftsstruktur).

Beispiele für solche Regionen sind die östlichen Bundesländer (vom Strukturwandel bedrohte Gebiete) und Ostfriesland (Gebiet, dessen Wirtschaftskraft unter dem Bundesdurchschnitt liegt).

Strukturpolitische Maßnahmen im Bereich der Regionen
sind z. B.:

- Erschließung von Industriegelände
- Durchführung von Ausbildungs-, Fortbildungs- und Umschulungsmaßnahmen
- Subventionierung der Ansiedlung neuer Betriebe (z. B. durch billiges Bauland, Gewerbesteuerfreiheit, zinsgünstige Kredite, Sonderabschreibungen)

Regionale Strukturpolitik ist häufig auch Infrastrukturpolitik: Es mangelt z. B. an der Ansiedlung von Industriegebieten, weil die Verkehrsanbindung an die Wirtschaftszentren schlecht ist.

6.11.3 Infrastrukturpolitik

Infrastruktur ist die Gesamtheit aller öffentlichen und privaten Einrichtungen in einem Wirtschaftsgebiet, die von der Allgemeinheit genutzt werden kann.

Aus der Definition ergeben sich zwei Aspekte:

- **Erstellung** der Infrastruktur (in der Regel durch öffentliche Investitionen),
- **Nutzung und Erhaltung** der Infrastruktur (also die Frage, für wen und für welchen Zweck wurde sie bereitgestellt).

Maßnahmen der **öffentlichen Investitionen** erstrecken sich auf:

- das Unterrichtswesen (Allgemeinbildung, Erstausbildung, Weiterbildung, Studium),
- das Gesundheitswesen (Krankenkassen, Ärzte, Kliniken),
- die soziale Sicherung (Sozialversicherungen),
- das Kulturangebot, Möglichkeiten der Erholung,
- das Wohnungswesen,
- die Verkehrserschließung (öffentlicher Verkehr, Straßen),
- Entsorgung und Umweltschutz.

Infrastrukturmaßnahmen führen zu einer Verbesserung der

- Standortsituation und der
- Qualifikation der Arbeitskräfte.

Wird keine ausreichende Infrastruktur vorgehalten, so wird die Erstellung wirtschaftlicher Leistungen **limitiert** (d. h. durch die vorhandene Infrastruktur begrenzt).

Maßnahmen der Infrastrukturpolitik sind deshalb Maßnahmen der

Arbeitsmarktpolitik	Standortpolitik
(z. B. Entsendegesetz, Umschulungsmaßnahmen)	(zur Ansiedlung neuer Betriebe bzw. Stärkung der bereits vorhandenen Betriebe)

6.11.4 Umweltschutzpolitik

6.11.4.1 Ziele der Umweltschutzpolitik

Das Hauptziel der Umweltschutzpolitik kann **allgemein** wie folgt formuliert werden:

Gegenstand der Umweltschutzpolitik ist
– die Aufrechterhaltung oder
– die Verbesserung
der Umweltqualität.

Das Anspruchsniveau der Umweltqualität wird

- von der Möglichkeit des **Überlebens** der Menschen, aller Tierarten und aller Pflanzenarten als **Mindestbedingung** und
- von den gesellschaftlichen Ansichten

bestimmt.

In der Öffentlichkeit werden **konkrete Ziele** zum Teil heftig und kontrovers diskutiert. Die folgende Aufstellung soll einen Überblick geben, ohne den Anspruch auf Vollständigkeit bzw. eine schnelle Realisierung zu erheben:

- **Herstellung langlebiger, reparaturfreundlicher Güter:** (z. B. das Langzeitauto),
- **Energiesparen und Ersatz der nicht regenerierbaren Energieträger durch regenerative Energiequellen** (so weit wie möglich):
  - Einsatz Energie sparender Techniken bei Elektrogeräten,
  - Nutzung der Sonnen- und Windenergie,
  - Biogaserzeugung,
  - Bau von Müllkraftwerken,
  - Abwärmenutzung durch Kraft-Wärme-Kopplung,
  - bessere Wärmedämmung bei Gebäuden und Heißwasserleitungen,
  - Einführung von Höchstgeschwindigkeiten im Straßenverkehr.
- **Beseitigung** oder **Vermeidung** von **Schadstoffen:**
  - hohe Besteuerung von Alt-Autos ohne Katalysator,
  - Einführung eines Tempolimits,
  - Rauchgasentschwefelung,
  - mehrere Sicherungssysteme bei Kernkraftwerken,
  - Verschärfung der Sicherungssysteme für chemisch-pharmazeutische Betriebe,
  - Herabsetzung der zulässigen Normen für Abwasser,
  - Förderung biologisch-organischer Anbaumethoden in der Landwirtschaft.
- Förderung der **öffentlichen Verkehrsbetriebe:**
  - Ausbau der öffentlichen Verkehrsmittel,
  - Einschränkung des Individualverkehrs usw.
- Umweltschonender und energiesparender **Städtebau:**
  - Sanierung der Innenstädte,
  - Schaffung verkehrsberuhigter Zonen,
  - Tempo 30 in Wohngebieten,
  - Begrünung der Städte.

Umweltschutz ist eine **internationale Aufgabe** (Reinhaltung der Luft und der Gewässer). **National** besteht für viele Forderungen eine Übereinstimmung bei allen politischen Kräften. Einzelne Forderungen (z. B. Ausstieg aus der Anwendung der Kernenergie) werden kontrovers diskutiert.

Umweltschützende Maßnahmen sind immer dann geboten, wenn ihr gesellschaftspolitischer Nutzen größer ist als ihre Kosten.

6.11.4.2 Instrumente der Umweltschutzpolitik

Zur Durchsetzung der Umweltschutzziele stehen folgende **Instrumente** zur Auswahl:

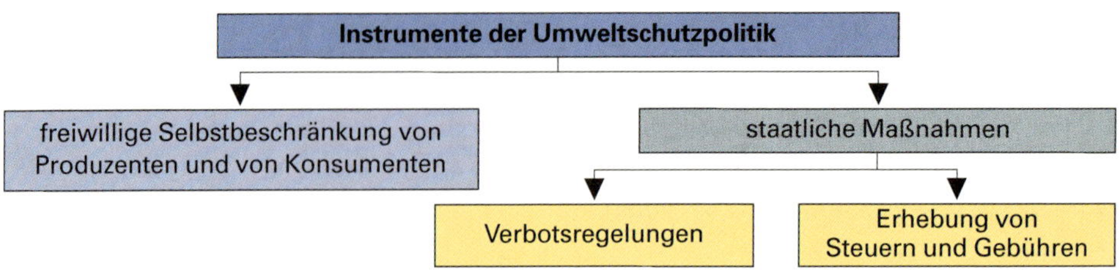

Freiwillige Selbstbeschränkung von Produzenten und von Konsumenten: Dieses Instrument baut auf ein **ausgeprägtes Umweltbewusstsein** in der Gesellschaft auf. Die Vorteile sind darin zu sehen, dass der Staat nicht reglementierend eingreifen muss und dass somit die Selbstbeschränkung nicht als Einbuße an persönlicher Freiheit empfunden wird. Nachteilig ist, dass sich ein Problembewusstsein erst entwickelt, wenn bereits ein Schaden eingetreten ist.

Beispiele:
- *freiwilliges Tempolimit*
- *Abgabe von Problemmüll (z. B. Batterien) bei Sammelstellen*
- *Verwendung von Pfandflaschen*
- *Landbau nach biologischen Verfahren*

Verbotsregelungen: Durch Gesetze, Verordnungen und Verwaltungsvorschriften führt der Staat **hoheitliche Regelungen** herbei. Er erzeugt mit seinen Vorschriften ein bestimmtes Niveau an Umweltqualität. Nachteilig ist, dass verlangte Normen (z. B. Immissionen) willkürlich festgelegt werden. So stellen sich zulässige Ausstoßmengen an Schadstoffen im Nachhinein zuweilen als zu niedrig heraus. Verbotsregelungen schreiben Strukturen fest bzw. verlangen häufige Neufassungen der Vorschriften (z. B. Novellierungen des Bundesimmissionsschutzgesetzes).

Beispiele: **Gesetze:**
- *Bundes-immissionsschutzgesetz*
- *Abfallbeseitigungsgesetz*
- *Wasserhaushaltsgesetz*
- *Waschmittelgesetz*

Verordnungen und Verwaltungsvorschriften:
- *Großfeuerungsanlagen-Verordnung*
- *Technische Anleitung (TA)-Luft*
- *TA-Abfall*
- *Katalog wassergefährdender Stoffe*
- *Gefahrstoffverordnung*
- *Smog-Verordnung*

Abgabenlösung: Hier wird eine Schadstoffeinheit (z. B. eine Tonne Schwefeldioxid) mit einer **Steuer** oder einer **Gebühr** belegt. Nachteilig wirken sich die Verteuerungen der Produktionskosten aus. Betriebe weichen, um die Kostenerhöhung zu umgehen, auf ausländische Standorte aus. Arbeitsplätze gehen verloren. Für die Abgabenlösung sprechen aber folgende **Vorteile:**

- Die Umwelt stellt für die Betriebe keine freien Güter mehr zur Verfügung. Für die „Nutzung der Umwelt“ ist ein **Preis** zu zahlen.
- Das **Verursacherprinzip** wird angewendet. Wer umweltschädigende Prozesse betreibt, trägt dafür auch die Kosten.
- Werden die Kostenerhöhungen über den Preis weitergegeben, so **sinkt die Nachfrage** nach umweltschädigenden Gütern.
- Die Unternehmer werden veranlasst, **umweltschonende Verfahren** rasch einzuführen.
- **Der Staat erzielt zusätzliche Einnahmen,** die für die Verbesserung der Umweltqualität ausgegeben werden können.

6.11.5 Entwicklungspolitik

Unter Entwicklungspolitik versteht man die Gesamtheit aller Maßnahmen, die zur Entwicklung unterentwickelter Volkswirtschaften (bzw. der Hebung des Lebensstandards) beitragen.

Konkreten einzelnen Zielen der Entwicklungspolitik muss ordnungspolitisch der **Rahmen für wirtschaftspolitische Maßnahmen** bestimmt werden: Welche **Wirtschaftsordnung** entspricht der im Entwicklungsland vorherrschenden Denkweise? In jüngster Zeit legen sich Entwicklungsländer verstärkt auf die **soziale Marktwirtschaft** fest.

Bei zu entwickelnden Volkswirtschaften ist davon auszugehen, dass Einzelziele nicht nach den Maßstäben von § 1 des StabG festgelegt werden können.

Bescheidene Zieldefinitionen unterscheiden dabei zwischen der Entwicklung der Leistungserstellung **(Wachstumsziel)** und der Verteilung des Volkseinkommens **(Verteilungsziel).**

Entwicklungspolitische Ziele	
Wachstum	**Verteilung des Volkseinkommens**
unter Beachtung • einer Optimierung der Produktionsstruktur • einer am Gesamtwohl orientierten Einkommensverwendung	unter Beachtung • der Reduzierung der Armut • einer gerechten Verteilung • einer Verteilung, die Kapitalbildung ermöglicht

Für die Entwicklungspolitik sind **geld- und finanzpolitische Maßnahmen** wichtig, die eine Förderung der Kapitalbildung zum Ziel haben.

Geldpolitische Maßnahmen:

- Entwicklung und Aufbau einer finanziellen Infrastruktur (Gründung einer Zentralbank, Ausbau des Bankenwesens).
- Förderung der privaten Investitionsbereitschaft, z. B. durch Zinspolitik und Geldmengenpolitik.
- Entwicklung und Förderung der privaten Spartätigkeit durch Prämien und Anreizsysteme.
- Währungspolitik zur Erzielung eines außenwirtschaftlichen Gleichgewichts.

Finanzpolitische Maßnahmen:

- Die Einführung bzw. Erhöhung indirekter Steuern (z. B. Umsatzsteuer) führt zur Kapitalbildung beim Staat.
- Durch direkte Steuern (z. B. Einkommensteuer) lässt sich das Ziel einer leistungsgerechten Besteuerung erreichen. Durch eine gezielte Anwendung kann es zur Kapitalbildung bei Privatleuten kommen.
- Investitionsfördernde Ausgabe der staatlichen Mittel.
- Zielgruppenorientierte Staatsausgaben.

Solche Maßnahmen können auch

- **sektoral** getroffen werden, d. h. zur Förderung von Wirtschaftsbereichen („Sektoren") eingesetzt werden, z. B. zur Förderung der Landwirtschaft oder der Schwerindustrie,
- **regional** eingesetzt werden, z. B. um eine unterschiedliche Entwicklung von Regionen bzw. von städtischen und ländlichen Gebieten zu verhindern,
- **zielgruppenorientiert** eingesetzt werden, um bestimmte Bevölkerungsgruppen zu fördern (z. B. die Bauern, Handwerker).

3652406

6.11.6 Grundzüge und Ziele der Europäischen Strukturpolitik

Die Mitgliedstaaten bzw. Regionen der Europäischen Gemeinschaft weisen aufgrund ihrer natürlichen Ressourcen und sozioökonomischen Besonderheiten teilweise gravierende Entwicklungsunterschiede auf. Die Europäische Union hat es sich daher im Rahmen der gemeinsamen Politik von Beginn an (1957) zur vorrangigen Aufgabe gemacht, den Entwicklungsabstand zwischen den einzelnen Regionen und den Entwicklungsrückstand der am stärksten benachteiligten Gebiete in der Europäischen Gemeinschaft zu verringern.

Mit Verabschiedung der Agenda 2000 wurde auch die Strukturpolitik der Europäischen Union reformiert. Für den Planungszeitraum der **Förderperiode** von **2000 – 2006** wurden **drei vorrangige Ziele** der Strukturpolitik formuliert:

- **Ziel 1 fördert** die Entwicklung und strukturelle Anpassung der **Regionen** mit **Entwicklungsrückstand.** Die Ausweisung entsprechender Fördergebiete ist an bestimmte Kriterien gebunden (BIP < 75 % des Gemeinschaftsdurchschnitts). In Deutschland erfüllen lediglich die neuen Bundesländer diese Kriterien.
- **Ziel 2** unterstützt die wirtschaftliche und soziale Umstellung von **Gebieten mit Strukturpoblemen** sowohl in ländlichen als auch in städtischen und industriell geprägten Gebieten einschließlich der von Fischerei abhängigen Gebiete. Die Ausweisung entsprechender Fördergebiete ist ebenfalls an bestimmte Kriterien gebunden (niedrige Bevölkerungsdichte, hoher Anteil der Beschäftigten in der Landwirtschaft, hohe Arbeitslosenquote, Bevölkerungsrückgang).
- **Ziel 3** verfolgt die Anpassung und **Modernisierung der Bildungs-, Ausbildungs- und Beschäftigungspolitiken und -systeme.**

Zur **finanziellen Unterstützung** der Strukturpolitik wurden so genannte **Strukturfonds** eingerichtet, die jeweils auf unterschiedliche Aufgabenbereiche ausgerichtet sind:

- Der **E**uropäische **F**onds für **R**egionale **E**ntwicklung **(EFRE)** gewährt finanzielle Strukturhilfen im Rahmen von regionalen Entwicklungsprogrammen für die am stärksten benachteiligten Regionen.
- Der **E**uropäische **S**ozial **F**onds **(ESF)** fördert Maßnahmen zur Berufsausbildung, Umschulung und zur Schaffung von Arbeitsplätzen.
- Der **E**uropäische **A**usrichtungs- und **G**arantiefonds **F**ür die **L**andwirtschaft **(EAGFL)** finanziert Preisstützungsmaßnahmen und Ausfuhrerstattungen und unterstützt Maßnahmen zur Rationalisierung, Modernisierung und Strukturentwicklung in der Landwirtschaft. Darüber hinaus werden aus diesem Fonds auch Maßnahmen zur Strukturverbesserung ländlicher Gebiete unterstützt.
- Das **F**inanz**I**nstrument für die **A**usrichtung der **F**ischerei **(FIAF)** unterstützt Strukturmaßnahmen im Fischereisektor und Maßnahmen zur Herstellung eines Gleichgewichts zwischen Nutzung und Bestandserhaltung.

Zusammenfassung

Strukturpolitik

Ansatzpunkte

Wirtschaftszweige | Regionen | Unternehmensgrößen | Technologien

Rahmensteuerung — Gestaltungsspielraum → Steuerung der Marktprozesse

Die Bundesregierung erstellt jährlich einen Strukturbericht.

Sektorale Strukturpolitik

unterstützt und fördert wirtschaftlich schwache oder in ihrer Existenz gefährdete Wirtschaftssektoren z. B. durch:

- Subventionen
- Mittelstandsförderung
- staatliche Preisfestsetzungen
- Einfuhrzölle
- Einfuhrkontingente

Regionale Strukturpolitik

fördert wirtschaftlich unterentwickelte (strukturschwache) Regionen z. B. durch:

- Erschließung von Gewerbegebieten
- Durchführung von Maßnahmen der Berufsbildung
- Subventionierung der Ansiedlung neuer Betriebe

Infrastrukturpolitik

stellt der Allgemeinheit öffentliche und private Einrichtungen zur Verfügung durch

Erstellen einer Infrastruktur

- öffentliche Investitionen

Nutzung und Erhaltung einer Infrastruktur

- Qualifikation der Arbeitskräfte
- Verbesserung der Standortsituation

Umweltpolitik

will die Umweltqualität aufrechterhalten bzw. verbessern.

- allgemeines Ziel: Schaffen eines Umweltbewusstseins
- konkrete Ziele: Energie- und Rohstoffeinsparungen, Reduktion von Schadstoffen, Landschaftspflege

durch den Einsatz von Instrumenten:

- Förderung des Umweltbewusstseins mit dem Ziel einer freiwilligen Selbstbeschränkung von Produzenten und Konsumenten
- staatliche Maßnahmen wie Gebote, Verbote, Erhebung von Abgaben

Entwicklungspolitik

will zur wirtschaftlichen Entwicklung unterentwickelter Volkswirtschaften beitragen:

- Förderung des Wirtschaftswachstums
- gerechte Verteilung des Volkseinkommens

durch den Einsatz von Instrumenten, die zur Kapitalbildung führen:

- geldpolitische Maßnahmen,
- finanzpolitische Maßnahmen,

die sektoral, regional oder zielgruppenorientiert eingesetzt werden.

Aufgaben

1. Überlegen Sie: Warum hat die Strukturpolitik andere Ansatzpunkte als die Konjunkturpolitik?
2. Was versucht das Entsendegesetz zu regulieren?
3. Welche Strukturprobleme entstehen durch die freie Wahl des Arbeitsplatzes in der EU?
4. Inwiefern limitiert eine fehlende Infrastruktur die volkswirtschaftliche Entwicklung?

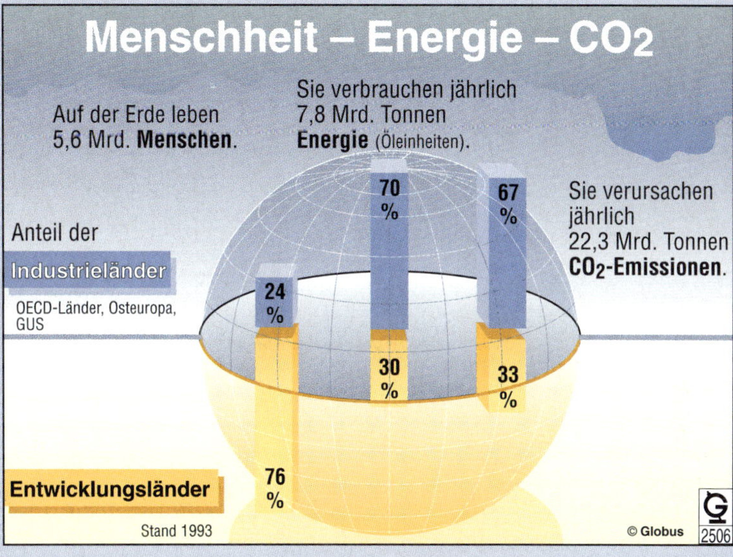

5. Welche Maßnahmen des Umweltschutzes können Sie in Ihrem privaten Bereich vornehmen? Stellen Sie diese Maßnahmen zu folgenden Schwerpunkten zusammen:
   - Einkauf umweltschonender Produkte,
   - wiederverwendbare Verpackungen,
   - Energieeinsparungen,
   - Problemmüll,
   - Wasserverbrauch,
   - Verwendung von Hygiene- und Putzmitteln.
6. Interpretieren Sie das oben stehende Schaubild. Was ist die Folge, wenn Entwicklungsländer weiter industrialisiert werden und die Industrieländer auf ein rein quantitatives Wachstum setzen? Ziehen Sie auch Folgen für die deutsche Wirtschaft.
7. Die Kehrseite des Wohlstands der Deutschen ist der Abfall an Müll. Für jeden Bundesbürger waren dies 2001 fast 500 kg. Machen Sie Vorschläge, wie das dringende Müllproblem zu bewältigen ist.
8. Welche Konsequenzen hat der Umweltschutz für den Arbeitsmarkt?
9. Denken Sie nach: Welche Konsequenzen ergeben sich für die Automobilindustrie, wenn sie zum Bau des Langzeitautos übergeht?
10. Erwägen Sie die Vorteile und die Nachteile eines Ausstiegs aus der Kernenergie?
11. Von einem Bonner Politiker stammt der Satz: „Ohne staatliche Maßnahmen gibt es keinen wirksamen Umweltschutz.“ Überprüfen Sie diese Aussage auf ihre Richtigkeit.
12. Was sind die Vorteile und die Nachteile der Verbotsregelungen.
13. Überprüfen Sie die Aussage: „Die Abgabenlösung ist die marktwirtschaftliche Entsprechung des Umweltschutzes.“ auf ihre Richtigkeit.
14. Die Industrieländer halten sich mit Maßnahmen der Entwicklungshilfe oftmals zurück. Es wird befürchtet, dass die Verteilung der Mittel nicht optimal erfolgt. Suchen Sie Gründe für dieses Verhalten.

15. Welche aktuellen Maßnahmen der Entwicklungshilfe kennen Sie? Worauf stellen diese Ihrer Meinung nach ab?

16. Welche strukturpolitischen Ziele werden mit dem Solidarbeitrag für die neuen Bundesländer verfolgt?

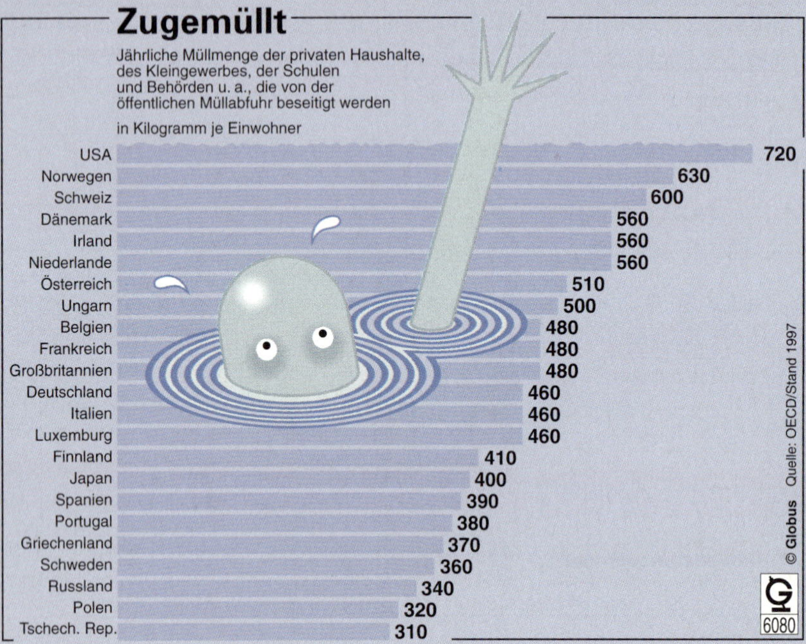

Stichwortverzeichnis

3652412

3652413

3652416